# COMENTÁRIOS
# AO
# CÓDIGO PENAL

NÉLSON HUNGRIA
Membro da Comissão Revisora do Anteprojeto do Código Penal.
Membro da Comissão Elaboradora dos Anteprojetos da Lei das Contravenções Penais e do Código de Processo Penal. Ministro do Supremo Tribunal Federal

MIGUEL REALE JÚNIOR
Professor Titular de Direito Penal da Faculdade de Direito da Universidade de São Paulo (USP)

LUCIANO ANDERSON DE SOUZA
Professor Doutor de Direito Penal da Faculdade de Direito da Universidade de São Paulo (USP)

# COMENTÁRIOS AO CÓDIGO PENAL

Dec.-Lei n. 2.848, de 7 de dezembro de 1940

Volume V

Arts. 121 a 136

5ª edição

GZ EDITORA
Rio de Janeiro
2018

OAB EDITORA

5ª edição - 2018



Atualizador
*Miguel Reale Júnior / Luciano Anderson de Souza*

CIP - Brasil. Catalogação-na-fonte.
Sindicato Nacional dos Editores de Livros, RJ.

H916c
5. ed.
v. 5

Hungria, Nélson

Comentários ao Código Penal: Dec.-Lei n. 2.848, de 7 de dezembro de 1940: / Nélson Hungria, Miguel Reale Júnior, Luciano Anderson de Souza. - 5. ed. - Rio de Janeiro: LMJ Mundo Jurídico, 2018.

540 p.; 24 cm. (Comentários ao Código Penal; 5)

Apêndice
Inclui bibliografia e índice
ISBN 978-85-9524-045-2

1. Brasil [Dec.-Lei n. 2.848, de 7 de dezembro de 1940]. 2. Brasil [Lei n. 7.209, de 11 de julho de 1984]. 3. Processo penal - Brasil. I. Reale Júnior, Miguel. II. Souza, Luciano Anderson de. III. Título. IV. Série.

18-50953
CDU: 343.1(81)


GZ EDITORA

e-mail: contato@editoragz.com.br
www.editoragz.com.br
Av. Erasmo Braga, 299 - sala 202 – 2º andar – Centro – Rio de Janeiro – RJ – CEP 20010-170
Tels.: (0XX21) 2240-1406 / 2240-1416 – Fax: (0XX21) 2240-1511

Impresso no Brasil
*Printed in Brazil*

# ÍNDICE SISTEMÁTICO

**SEGUNDA PARTE**
**Miguel Reale Júnior / Luciano Anderson de Souza**

*À memória de A. J. da Costa e Silva,*
*inolvidável mestre e amigo.*

*Às Irmãs Cassão,*
*em testemunho de gratidão e estima.*

# APRESENTAÇÃO

Foram marcantes no Direito Penal brasileiro os Comentários ao Código Penal de Nelson Hungria, obra com a qual completou o seu labor como principal elaborador do Código Penal de 1.940.

Os Comentários já contaram anteriormente com uma atualização parcial por parte do não menos relevante jurista, Heleno Cláudio Fragoso. Vem agora de receber acréscimo importante com a contribuição dada por René Ariel Dotti, que nos brindou com consistentes considerações baseadas na mais recente doutrina, enriquecendo os dois primeiros volumes, relativos, respectivamente, ao Título I, Da Aplicação da Lei Penal e ao Título II, Do Crime.

Por solicitação do ilustre advogado, Clemente Hungria, e do editor Guilherme Zinconi, coube a mim e a um grupo de jovens penalistas, com o quais venho realizando trabalhos ao longo dos últimos tempos[1], enfrentar a tarefa de atualizar os volumes relativos aos Comentários à Parte Especial do Código Penal, ou seja, do volume V ao volume IX.

O volume V, ora objeto de atualização, compreendia a análise dos artigos 121 a 136, ou seja, dentre os crimes contra a pessoa, do Homicídio à Omissão de Socorro.

Dividi esta corajosa tarefa de se colocar ao lado de Hungria com o jovem Doutor pela Faculdade de Direito da USP, hoje assistente do Departamento de Direito Penal, Luciano Anderson de Souza. Colaborou na revisão do trabalho a mestranda Paula Thieme Kagueiama.

Segundo nossa perspectiva, de acordo com a Editora, cabia, mais que tudo, tratar de questões que sofreram ao longo do tempo evolução de compreensão, mormente em face do desenvolvimento da Bioética. Além desta vertente, que nos pareceu a mais relevante, cumpria também atender à necessidade de comentar novas disposições legais introduzidas no Código Penal e na legislação Extravagante, como o Código Brasileiro de Trânsito.

A criação em nosso direito da figura do crime hediondo era aspecto importante a ser analisado, pois o homicídio qualificado passou a ser assim caracterizado, cabendo, portanto, trazer a exame esta categoria de delito mencionada na Constituição Federal de 1.988, mas objeto de lei, primeiramente, em 1.990, como resposta ao crescimento da violência urbana, de início em vista da reiteração de casos de extorsão mediante sequestro.

Todavia, logo em seguida estendeu-se esta categorização aos homicídios qualificados, que vieram, então, a ganhar a inclusão de novas figuras penais, na linha do que entendemos ser uma "ilusão penal", ou seja, a crença quase ingênua de as penas graves abstratamente cominadas exercerem algum poder intimidativo.

Assim, acrescentaram-se ao rol de crime qualificados no homicídio:

(i) **o feminicídio**, buscando maior repressão ao homicídio em que é vítima a mulher, morta em razão da sua condição sexual (homicídio contra a mulher por razões da condição de sexo feminino – Lei nº 13.104, de 2015). Em parágrafo, procurou-se, com fórmulas abertas,

---

1 *Direito Penal – jurisprudência em debate*. Quatro volumes na 1a. ed, GZ e volume único, 2a. ed. Saraiva, São Paulo, 2.016 – coordenador Miguel Reale Júnior; *Código Penal Comentado*, São Paulo, Saraiva, 2.017 – coordenador Miguel Reale Júnior.

definir o que viria a ser condição de sexo feminino, ou seja, quando o crime envolve: violência doméstica e familiar ou menosprezo ou discriminação à condição de mulher.

(ii) **o homicídio praticado contra autoridade policial**, integrante do sistema prisional, ou contra seu cônjuge ou parente até terceiro grau (homicídio contra autoridade ou agente descrito nos arts. 142 e 144 da Constituição Federal, integrantes do sistema prisional e da Força Nacional de Segurança Pública, no exercício da função ou em decorrência dela, ou contra seu cônjuge, companheiro ou parente consanguíneo até terceiro grau, em razão dessa condição – Lei nº 13.142, de 2015).

Igualmente, aumentou-se a pena da lesão corporal se a vítima estiver nessas circunstâncias.

Criou-se, também, uma causa de aumento de pena na hipótese do crime praticado por milícia privada: (crime for praticado por milícia privada, sob o pretexto de prestação de serviço de segurança, ou por grupo de extermínio, Lei n. 12.720 de 2.012).

Uma nova figura surgiu com relação à Omissão de Socorro, que, na verdade, como se verá, não constitui um crime omissivo, mas um crime comissivo, consistente na exigência de garantias para atendimento de paciente em estado emergencial, tipo penal ora contemplado pelo art. 135-A.

O Código Brasileiro de Trânsito inovou ao tratar, diferentemente do Código Penal, o crime de homicídio culposo, bem como a Omissão de Socorro por parte do condutor de veículo envolvido em acidente de trafego. Mereceu, então, o Código de Trânsito comentários a respeito no final do trabalho.

Mas, como realçado, uma parte relevante foi dedicada à Bioética, enfrentando os angustiosos terrenos da Ortotanásia, Eutanásia, Testamento Vital e da nova relação entre médico e paciente.

Outros temas delicados trazidos à discussão dizem respeito ao Suicídio Assistido, admitido em alguns países, e considerado de importância discutir em face dos princípios da autonomia privada e da beneficência.

Outro assunto polêmico, que muito evoluiu desde os Comentários de Hungria de 1.958, é o relativo ao Aborto, admitido em várias legislações nas quais sempre nos espelhamos, mas que remanesce imutado em nosso país. Todavia, um debate de peso se travou em nossa Suprema Corte sobre o Aborto de Anencefálico, questão essa ora também tratada.

Para finalizar esta breve apresentação, cumpre lembrar outro tema em que a Bioética e o Direito se imbricam, qual seja, o das cirurgias de mudança de sexo, que amplo debate causou em nossa jurisprudência, desde o conhecido julgamento de cirurgião plástico paulista condenado por lesões corporais gravíssimas e depois absolvido por maioria de votos pelo Tribunal de Justiça de São Paulo.

São estas as matérias que submetemos à apreciação dos leitores de Nelson Hungria, sem qualquer mínima pretensão de chegar sequer perto da grandeza do mestre, polemista e literato, cuja cultura jurídica e geral o permitiu ser insuperável.

***Miguel Reale Júnior***
*Professor Titular de Direito Penal da Faculdade de Direito da Universidade de São Paulo (USP)*

# OS CLÁSSICOS DO DIREITO BRASILEIRO

Os principais juristas brasileiros estiveram relacionados com a atividade da advocacia, quase sempre em púlpitos ou em tribunais, nascendo a ciência do exercício do seu labor. O advogado esteve envolvido diretamente com a produção de obras, de estudos, de artigos e de dissertações sobre o Direito e a Justiça. Com frequência, Presidentes e Conselheiros do Conselho Federal da Ordem dos Advogados do Brasil publicaram obras jurídicas de natureza marcante e profunda na cultura jurídica do país.

Não se pode esquecer a memória do penalista que foi Nelson Hungria, talvez o mais importante ao longo da História, com seus **Comentários**, mesmo anterior à Reforma da Parte Geral do Código Penal, ainda têm apontado para a direção certa na interpretação da norma criminal. No Direito Civil, por outro lado, Caio Mário da Silva Pereira trouxe significativas análises sobre este direito e sobre o Código Civil de 1916, em **Instituições**, dando uma explicação clara e sucinta capaz de explicar o problema de pronto. Também Presidente do Conselho Federal, Miguel Seabra Fagundes escreveu um dos principais pilares do moderno Direito Administrativo brasileiro, tratando dos limites e da forma de se discutir judicialmente o ato normativo.

Para celebrar o passado, mas também para abrir as portas para o futuro, pretende-se lançar obras marcantes do Direito brasileiro e que foram decisivas para a construção do Direito atual, no começo do século XX. Junto com a Editora GZ, a Editora do Conselho Federal da Ordem dos Advogados do Brasil lança-se na reconstrução da memória jurídica brasileira, para alavancar o estudo do Direito Penal, do Direito Civil e do Direito Administrativo, dentre outras matéria que se vai resgatar. A construção de um Direito eficiente, profissional e democrático na República depende da pesquisa e do estudo jurídico, razão pela qual se pretende a edição de tais obras e outras mais.

*Marcos Vinícius Furtado Coelho*

# PRIMEIRA PARTE

Nélson Hungria

# INTRODUÇÃO

## CLASSIFICAÇÃO DOS CRIMES EM ESPÉCIE

**BIBLIOGRAFIA** – Rocco (Arturo), *L'oggetto del reato e della tutela giuridica penale,* 1932, n. 192 e *ss.;* Florian, *Introduzione ai delitti in specie,* 1915, p. 3 e ss.; Von Liszt, *Tratado* de *Direito Penal alemão,* trad. de José Higino, tomo II, § 79; Liszt-Schmidt, *Lehrbuch des deutschen Strafrechts (Tratado de direito penal alemão),* 1927, p. 454 e ss.; Lombardi, *Costume sociale e delinquenza,* 1933, p. 441 e ss., e *Delitti contro la fede pubblica,* in *Trattato* de Florian, 1935, p. 101 e ss.; Montesquieu, *L'esprit des lois,* ed. Génève, 1771, t. II, p. 9; Beccaria, *Dei delitti e* delle *pene,* § 25; Carrara, *Programma,* 1906, § 108; Pessina, *Elementi di diritto penale,* v. II, *Introduzione;* Manzini, *Trattato di diritto penale,* 1934, v. IV, n. 727; Maggiore, *Principii di diritto penale,* v. II, *Introduzione;* Merkel, *Derecho penal,* trad. esp. de Dorado, § 108; Stoos, *Lehrbuch des* oesterreischen *Strafrechts* (*Tratado de direito penal austríaco),* 1918, § 84; Hafter, *Schweizerisches Strafrechts, besonderer Teil* (Direito penal *suíço,* parte especial), 1937, § 1º; Thormann e Overbeck, *Das schweizerische Strafgesetezbuch* (*Código penal suíço*), 1940, 2º volume, *Introdução;* Galdino Siqueira, *Direito penal brasileiro,* parte especial, *Introdução;* Sabatini, *in Il Codice Penale* de Ugo Conti, v. II, n. 1 e 2; Frank, *Strafgesetezbuch* für *das deutsche Reich* (*0 código penal* do *império alemão*), 1908; Logoz, *Commentaire du code pénal suisse,* 1940; Antolisei (F.), *Manuale di diritto penale, parte speciale,* I, 1954; Maurach, *Deutsches Strafrecht, besonderer Teil,* 1953.

## COMENTÁRIO

**1.** A classificação dos crimes em espécie, segundo um critério sistemático, é exigência de técnica legislativa. Não se trata de um tema fundamental de direito penal. Certamente, não pode este, como ciência, desdenhar critérios fixos de orientação; mas, como observa Maggiore, a ciência do direito penal não decairia de sua importância se os crimes fossem, ao invés de coordenados sistematicamente, "distribuídos numa ordem qualquer, mesmo a alfabética".

A vantagem prática da classificação das entidades criminais, dentro da lógica de um sistema, é prestar um auxílio mnemônico aos que consultam o Código Penal. Seria de difícil trato um código que deixasse de catalogar, de maneira mais ou menos racional, os "tipos" de crimes. Antes das primeiras codificações penais, não se conhecia uma classificação de crimes afeiçoada aos moldes de um sistema orgânico. Predominavam na espécie, até então, critérios empíricos meramente formais ou demasiadamente genéricos. O direito romano distinguia entre *delicta publica* e *delicta privata,* conforme a respectiva acusação e processo coubessem a qualquer do povo ou somente à parte ofendida. Afora esse mesmo critério *processualístico,* os criminalistas práticos da Idade Média não cuidaram de sistema algum na enumeração dos crimes. Quando muito, alinhavam-nos em ordem alfabética, como fez Julius Clarus na sua *Practica Criminalis,* começando pelo *adultério* e rematando com a *usura.*

Só no século da Renascença, quando o pensamento humano se libertou da diretriz escolástica, é que se esboçaram critérios de classificação menos *extrínsecos* que os das fontes romanas. Grotius e Puffendorf foram os primeiros a tentar uma classificação de cunho sistemático. O primeiro, tomando por base o *Decálogo,* dividia os crimes conforme sua gravidade; o segundo repartia-os em seis categorias: crimes contra Deus, crimes contra a sociedade e o Estado, crimes contra o indivíduo *(vita et membra non vitalia),* (crimes contra a família, crimes contra *alias res expetibiles,* (crimes patrimoniais) e crimes contra a honra e a boa fama.

Beccaria, o célebre pioneiro do direito penal moderno, assim classificava os crimes: *a)* crimes que atacam diretamente a sociedade ou quem a representa; crimes que ofendem o indivíduo na sua vida, bens e honra; c) crimes contrários ao que todo cidadão deve ou não fazer no sentido do bem público.

Gradativamente, foi sendo fixado o racional critério de classificar os crimes segundo a sua objetividade jurídica (isto é, tendo-se em vista o bem ou interesse jurídico tutelado pela lei penal e que o crime ofende ou põe em perigo), o que, aliás, já acenava o direito canônico: *qualitas delicti desumenda est ex objecto legis.* Filangieri assim o formulava: "A divisão geral dos crimes consiste, afinal, em reduzir a algumas classes os crimes, segundo o seu objeto. A divindade, o *Princeps,* a ordem pública, a fé pública, o direito das gentes, a boa ordem das famílias, a vida, a dignidade, a honra, a propriedade privada de todos os membros da sociedade formam os objetos dos nossos deveres e dos nossos costumes sociais."

Carrara distinguia os crimes em *naturais* e sociais: *naturais* os que lesam imediatamente um direito do indivíduo como tal ou atribuído a este pela própria lei da natureza (vida, integridade pessoal, honra, liberdade, direitos de família, propriedade); *sociais* os que ofendem imediatamente um direito nascido do estado de associação e comum a todos os membros da coletividade (justiça, moral pública, tranquilidade pública, fé pública, saúde pública, religião, monopólios do Estado, direitos políticos).

Igualmente, Pessina fala em crimes *contra* o *direito individual* e crimes *contra o direito social.* Assim formulado, o critério distintivo ressente-se da doutrina do direito natural, que admitia a errônea concepção de direitos inatos ou preexistentes à vida em sociedade. O indivíduo só tem direitos como membro da comunhão social. Além disso, cumpre acentuar que o direito penal não protege interesses jurídicos do indivíduo (ainda quando constituam *direitos subjetivos)* porque sejam tais, mas somente *per accidens,* isto é, somente quando e enquanto coincide a sua proteção com a do interesse social. A reforçada tutela penal somente diz com interesses *socialmente* relevantes. Um interesse jurídico dos indivíduos *uti singuli* só *eventualmente,* e não necessariamente é objeto de proteção penal e penalmente indiferente à lesão de um interesse individual que não gravite na órbita do interesse social.

Franz von Liszt classifica os crimes em *crimes contra os bens jurídicos do indivíduo* (crimes contra o corpo e a vida, crimes contra os bens incorpóreos, crimes contra os direitos autorais, crimes contra os direitos patrimoniais) e *crimes contra os bens jurídicos da coletividade* (crimes contra o Estado, crimes contra o poder público, crimes contra a administração pública). Outros tratadistas preferem uma divisão tripartida: crimes contra os interesses do indivíduo, crimes contra os interesses da coletividade e crimes contra os interesses específicos do Estado (Frank, Hafter).

Pelo seu minucioso rigor sistemático, ressai a classificação proposta por Arturo Rocco. Partindo de um conceito de Jhering e de Von Liszt, o insigne penalista italiano acentua que a existência humana é o centro de irradiação de todos os bens ou interesses juridicamente protegidos (entendendo-se por *bem* tudo aquilo que pode satisfazer a uma necessidade humana e por *interesse* a avaliação subjetiva do bem como tal); mas, como a existência humana se apresenta, ora como existência do homem individualmente considerado, ora como existência do homem em estado de associação com outros homens, isto é, como coexistência ou convivência dos homens em sociedade, segue-se a distinção entre bens ou *interesses jurídicos* individuais e bens ou *interesses jurídicos coletivos.* A essa distinção deve corresponder a distinção dos crimes, pois estes são lesões ou criam perigo de lesão aos bens ou interesses jurídicos que, segundo a triagem feita pelo legislador, merecem a enérgica tutela penal. Os bens ou interesses jurídicos penalmente protegidos podem ser alinhados na seguinte gradação: 1º) os relativos ao indivíduo; 2º) os relativos à família; 3º) os relativos à sociedade; 4º) os relativos ao Estado; 5º) os relativos à sociedade dos Estados. Os bens ou interesses jurídicos do indivíduo são: *materiais pessoais* (vida, integridade pessoal); imateriais ou *morais pessoais* (honra, liberdade); patrimoniais (propriedade, posse), ou mistos (direitos autorais). Os bens ou interesses jurídicos da família ou se referem à sociedade conjugal (vinculo monogâmico, fidelidade conjugal), ou à sociedade familiar em sentido amplo (moral familiar, *status familiae,* assistência familiar). Os bens ou interesses jurídicos da sociedade referem-se a esta como *unidade sociológica* (distinta dos membros que a compõem e distinta do Estado, que é a sua síntese orgânica). Tais são: a ordem pública, a fé pública, a incolumidade pública, a moral pública, a religião.

Os interesses ou bens jurídicos do Estado são: 1º - bens ou interesses jurídicos públicos do Estado, que se subdividem em: *a)* bens ou interesses políticos do Estado (unidade, integridade, independência e honra do Estado; fidelidade e obediência ao Estado etc.); *b)* bens ou interesses referentes à atividade administrativa do Estado; c) bens ou interesses jurisdicionais do Estado ou relativos à administração da justiça; 2º - bens ou interesses públicos do indivíduo (liberdades políticas, direitos eleitorais); 3º - bens ou interesses jurídicos públicos de um Estado estrangeiro (honra dos Estados estrangeiros, paz internacional). Os bens ou interesses jurídicos da sociedade dos Estados correspondem às necessidades sempre crescentes da existência da comunhão internacional (segurança dos transportes por mar, prevenção contra moléstias contagiosas, incolumidade dos cabos submarinos etc.).

Contra a *communis opinio* e o *jus positum,* que referem a classificação dos crimes à sua objetividade jurídica, insurge-se Lombardi, propondo que se funde nos *motivos* o critério informativo dessa classificação.

Segundo o professor da Universidade de Nápoles, os crimes deviam ser divididos em cinco grupos: *crimes culposos* (que, aliás, *de lege ferenda,* deviam ser excluídos dos códigos penais, passando à categoria de simples delitos civis), *crimes originados do instinto de conservação ou da paixão instintiva, da ira ou da ebriedade produzida pelo álcool ou substância estupefaciente, crimes sexuais* (produzidos pelo instinto da *libido), crimes oriundos da vaidade, da ambição, da inveja, do fanatismo, do mórbido desejo de notoriedade e, finalmente, crimes provocados pela cobiça e avareza.*

É de convir, porém, consoante a crítica de Florian, que o critério do *motivo* é imperfeito e conduz à perplexidade. O mesmo *movens* (por exemplo, o *intuito* de *lucro)* pode inspirar crimes de natureza diversíssima, e, reciprocamente, crimes da mesma índole, como, *verbi gratia,* os *homicídios* podem ser determinados pelos mais variados motivos. Além disso, é muitas vezes difícil, senão impossível, na prática, descobrir-se ou fixar-se, de modo Inequívoco, o móvel do crime.

O novo Código Penal brasileiro manteve o critério tradicional de classificar os crimes segundo sua objetividade jurídica; mas, divergindo do Código de 90, começa pelas crimes contra os interesses ou bens jurídicos individuais (cri*mes contra a pessoa* e *crimes patrimoniais)* até chegar aos crimes contra os interesses do Estado como *poder administrativo* (não cuida o Código dos crimes contra a personalidade do Estado ou crimes político-sociais, que continuam sendo objeto de legislação especial). Entre essas duas classes, figura a dos crimes contra os bens ou interesses jurídicos da *sociedade* (entendida esta como *comunhão civil* ou *povo).* Cumpre notar que os crimes contra a *família* estão englobados com os crimes contra a sociedade: os interesses jurídicos daquela são uma subclasse dos interesses jurídicos de ordem geral. Desde a Constituição de 37, a família está colocada sob a "proteção especial do Estado", e vem assumindo, através da legislação ordinária, o cunho de uma verdadeira instituição pública.

A ordem de classificação adotada pelo Código não só corresponde à ordem de *apresentação histórica* dos crimes (os atentados contra a pessoa foram, presumivelmente, as formas primitivas da criminalidade), como atende ao critério metodológico de partir do mais simples para atingir o mais complexo.

A "Parte Especial" divide-se em onze títulos, com as seguintes rubricas:

Dos crimes contra a pessoa;
Dos crimes contra o patrimônio;
Dos crimes contra a propriedade imaterial;
Dos crimes contra a organização do trabalho;
Dos crimes contra o sentimento religioso e contra o respeito aos mortos;
Dos crimes contra os costumes;
Dos crimes contra a família;
Dos crimes contra a incolumidade pública;
Dos crimes contra a paz pública;
Dos crimes contra a fé pública;
Dos crimes contra a administração pública.

# PARTE ESPECIAL

## Título I
## DOS CRIMES CONTRA A PESSOA

**2.** A pessoa humana, sob o duplo ponto de vista material e moral, é um dos mais relevantes objetos da tutela penal. Não a protege o Estado apenas por obséquio ao indivíduo, mas, principalmente, por exigência de indeclinável interesse público ou atinente a elementares condições da vida em sociedade. Pode dizer-se que, à parte os que ofendem ou fazem periclitar os interesses específicos do Estado, todos os crimes constituem, em última análise, lesão ou perigo de lesão contra a *pessoa*. Não é para atender a uma diferenciação essencial que os crimes particularmente chamados *contra a pessoa* ocupam setor autônomo entre as *species delictorum*. A distinção classificadora justifica-se apenas porque tais crimes são os que *mais imediatamente* afetam a pessoa. Os bens *físicos* ou *morais* que eles ofendem ou ameaçam estão intimamente consubstanciados com a personalidade humana. Tais são: a *vida*, a *integridade corporal*, a *honra* e a *liberdade*.

A *vida* é pressuposto da personalidade e é o supremo bem individual. A *integridade corporal* é condição de plenitude da energia e eficiência do indivíduo como pessoa natural. Tutelando esses *bens físicos* do indivíduo, a lei penal está servindo ao próprio interesse do Estado, pois este tem como elemento primacial a *população*, e à sua prosperidade não é indiferente a saúde ou vitalidade de cada um dos membros do corpo social. E por isso mesmo que correspondem a interesses imediatos ou diretos do Estado, esses bens são inalienáveis, indisponíveis, irrenunciáveis por parte do indivíduo. Representam o conteúdo de direitos subjetivos que a lei penal considera intangíveis, ainda quando preceda, para o seu ataque, o consentimento do *subjectum juris*[1].

---

1 O novo Código não contém um dispositivo geral sobre o *consentimento do ofendido*. Nem era isso preciso. Sustentando uma crítica que fizéramos ao anteprojeto Alcântara Machado, assim nos externamos: "Entre as causas objetivas de exclusão de crime, o anteprojeto, no art. 15, n. 1, inclui o *consentimento do ofendido*, quando o objeto do crime for um bem ou interesse jurídico de que o respectivo titular possa validamente dispor. Critiquei o dispositivo por supérfluo. Raciocinemos. Como é elementar, o direito penal não protege interesses individuais por si mesmos, senão porque e enquanto coincidentes com o interesse público ou social; mas, em certos casos, por exceção, condiciona a existência do crime ao dissenso do lesado. Assim, nos crimes patrimoniais e, em geral, naqueles em que o *constrangimento*, o *engano* ou o *arbítrio* por parte do agente entram como condições essenciais. Em tais casos, o não consentimento do ofendido é *elemento*

O novo Código, neste particular, é mais radical que o anterior: não se recusa *privilegium* ao homicídio ou à *violatio corporis* do *consensiente*[2] e incrimina o simples induzimento ou auxílio ao suicídio (posto que este se consume ou de sua tentativa resulte lesão corporal grave), como também não faz transigência alguma com a violência praticada em "duelo".

A *honra* e a *liberdade*, por sua vez, são *bens morais* necessários a cada indivíduo, para o fim de sua tranquila participação e êxito no convívio social. E também incidem na órbita finalística do Estado, que, resguardando-os, preserva a paz e a ordem sociais, pois tende a evitar motivos de cizânia entre os indivíduos e a arbitrária interferência de uns na esfera de atividade lícita de outros. Como em geral os direitos de personalidade ou inerentes à pessoa, à honra e à liberdade não podem ser objeto de "negócio jurídico"; mas, como

---

*constitutivo* do crime. Ora, se o inciso n. I do art. 15 a eles se refere, sua superfluidade salta aos olhos. É meridianamente claro que se não pode reconhecer a criminalidade de um fato que carece de uma das condições *sine quibus* da sua qualificação legal como crime. O axioma não precisa ser trazido para o texto da lei. O Sr. Alcântara Machado, entretanto, entende que podem apresentar-se outros casos em que o consentimento do ofendido seja excludente do crime. Quais são eles?

Por isso mesmo que se trata de uma exceção ao caráter *publicístico* do direito penal, só se pode falar, do ponto de vista penal, em bem ou interesse jurídico renunciável, a exclusivo arbítrio do seu titular, estritos casos em que a própria lei penal, na sua parte especial, explícita ou implicitamente, o reconheça.

Não há investigar alhures as hipóteses de *livre disponibilidade* de direitos penalmente tutelados. É este o ponto intransponível para os que, seduzidos pelas chamadas *questões elegantes* de interpretação do *ius positum*, defendem o critério aceito pelo ilustre projetista... O Sr. Alcântara Machado faz alusão especial à *violência esportiva* e ao *dano*. No primeiro caso, não é o consentimento do ofendido que exclui a punibilidade ou o crime, mas a ausência de *voluntas sceleris* ou, se se repele a noção normativa do dolo, a *licitude objetiva* da ação dirigida ao evento lesivo (o esporte violento é permitido e regulado pela própria lei do Estado). No segundo caso, o consentimento do ofendido exclui a injuricidade penal, porque o *dano* é crime patrimonial, que pressupõe, *per definitionem*, a vontade contrária do lesado... A razão está com Paoli *(Il consenso dell'offeso nel progetto preliminare.* Rocco, in *Scuola Positiva, 1928*, p. 207 e ss.): "[...] o consentimento do ofendido não tem jamais o prestígio de excluir a ilicitude da lesão de um bem jurídico protegido pela lei penal, senão quando esta assim o disponha, e isso em razão do interesse público, sempre direto e imediato, que a lastreia." Veja-se, sobre o tema, O. Stevenson, *Da exclusão de crime*, p. 113 e ss.

---

2 A Exposição de motivos cita como exemplo do *delictum exceptum*, a que se refere o § 1º do art. 121, o homicídio eutanásico ou por piedade, que, segundo as legislações que expressamente o contemplam, é condicionado à súplica da vítima; mas, aqui, não é o consentimento da vítima que justifica a atenuação da pena, senão a nobreza do motivo determinante.

a tutela penal, na espécie, é concedida, principalmente, pelo fim político de prevenir discórdias *(ne cives ad arma. veniant)* ou indébitos entraves ao jogo normal das atividades coexistentes, desaparece a *ratio essendi* da incriminação, desde que as ofensas à honra ou à liberdade individual anteceda o consentimento do paciente, e o fato não se apresente *contra bonos mores.*

O Código, como já vimos, dedica aos "crimes contra a pessoa" o Título I da sua "Parte Especial". Subdivide-se o título em seis capítulos, na seguinte ordem:

I – Dos crimes contra a vida;
II – II Das lesões corporais;
III – Da periclitação da vida e da saúde;
IV – Da rixa;
V – Dos crimes contra a honra;
VI – Dos crimes contra a liberdade individual.

O capítulo VI, por sua vez, desdobra-se em quatro *seções:*
I – Dos crimes contra a liberdade pessoal;
II – Dos crimes contra a inviolabilidade do domicílio;
III – Dos crimes contra a inviolabilidade de correspondência;
IV – Dos crimes contra a inviolabilidade dos segredos.

O Código de 90 alinhava em títulos distintos do reservado aos crimes contra a pessoa ("crimes contra a segurança da pessoa e vida") os crimes contra a liberdade Individual ("crimes contra o livre gozo e exercício dos direitos individuais") e os crimes contra a honra ("crimes contra a honra e boa fama"). Não se justificava a separação. Trata-se de crimes ligados pelo mais estreito parentesco. Como justamente acentua o Ministro Campos, na Expo*sição de motivos* que acompanhou o projeto definitivo do novo Código, "a *honra* e a *liberdade* são interesses ou bens jurídicos inerentes à pessoa, tanto quanto o direito à vida ou à integridade física".

Já não consagra o novo Código um capítulo especial ao "duelo", deixando, assim, de seguir o exemplo do Código anterior, que chegava a cuidar quase *regulamentarmente* dos trâmites e circunstâncias do duelo e considerava *delicta excepta* o homicídio e a lesão corporal decorrentes do *cavalheiresco* encontro armado. Explicando o repúdio a tal critério de tolerância para com o duelo, assim se exprimiu a Exposição *de motivos:* "Sobre tratar-se de um fato inteiramente alheio aos nossos costumes, não há razão convincente para que se veja no homicídio ou ferimento causado em duelo um crime *privilegiado:* com ou sem as *regras cavalheirescas,* a destruição da vida ou lesão da integridade física de um homem não pode merecer transigência alguma do direito penal. Pouco importa o *consentimento recíproco* dos duelistas, pois, quando estão em jogo *direitos inalienáveis,* o *mutuus consensus* não é causa excludente ou sequer minorativa da pena. O desafio para o duelo e a aceitação dele são, em si mesmos, fatos penalmente indiferentes; mas, se não se exaurem como simples jactância, seguindo-se-lhes efetivamente o duelo, os contendores responderão, conforme *o* resultado, por *homicídio* (consumado ou tentado) ou lesão corporal (isto é, como homicidas ou *vulneratores* comuns). Durante os 50 anos de vigência do Código Batista Pereira, os duelos no Brasil não passaram de casos esporádicos, oriundos de exasperado *cabotinismo.*

Conservar no texto do novo Código a outorga de tratamento especialmente benigno à violência praticada em duelo não seria mais do que persistir na preocupação simiesca e ridícula de imitar critérios legislativos de outros países, em torno de um fato que jamais entrou em nossos hábitos sociais. E seria de todo desaconselhável que a nossa lei penal continuasse, com uma sugestão indireta, a contribuir para o advento, entre nós, do espírito de truculência na solução das questões pessoais - espírito que, culminando na Alemanha de Hitler, levou Hans Kerl, no *Memorial prussiano* sobre o direito penal nacional-socialista, a proclamar a legitimidade do duelo: "O direito penal do novo Estado não pode submeter à pena um fato profundamente radicado *no* seio do povo e que, como expressão de virilidade e bravura, depara crescente reconhecimento e apoio por parte da coletividade[3].

E dizer-se que foi para isto que o mundo viveu vinte séculos de cristianismo...

3 *"Das Strafrecht des neuen Staat kann nicht unter Strafe stellen, was tiefen im Volkstum wurzelt und was als Ausfluss mannhaften und wehrhaften Geistes in der Volksgemeinschaft weitreichende Anerkennung und Billigung findet."*

## Capítulo I

## DOS CRIMES CONTRA A VIDA

3. A lei penal, com a sua próvida e reforçada tutela, procura resguardar a incolumidade do indivíduo humano até mesmo antes do seu *nascimento,* ou, mais precisamente, desde a sua *concepção:* não só protege a segurança ou conservação do "ser vivo, nascido de mulher", como a da *spes hominis,* da *spes personae,* do germe fecundado no seio materno. Segundo a ordem em que os alinha o Código, são os seguintes os crimes contra a vida: o "homicídio" (doloso e culposo), o "induzimento, instigação ou auxílio ao suicídio", o "infanticídio" e o "aborto".

Fora do capítulo I do Título I da "Parte Especial", o Código prevê vários crimes *qualificados* pelo evento "morte" (casos de *homicídio preterdoloso)* ou em que este figura como "condição de maior punibilidade" (arts. 127, 129, § 3º, 133, § 2º, 134, § 2º, 135, parágrafo único, 136, § 2º, 137, parágrafo único, 223, parágrafo único, 232, 258, 263, 264, parágrafo único, 267, §§ 1º e 2º, e 285), ou resulta de violência empregada para assegurar a execução, impunidade ou vantagem de outro crime, como no caso de latrocínio (art. 157, § 3º). Impunha-se a separação, por necessidade de técnica, pois em tais casos o evento "morte", sem alterar o *nomen juris* do crime a que sucede ou está conexo, forma com este uma *unidade complexa.* O rigor do Código foi ao ponto de não incluir no setor dos crimes contra a vida a "lesão corporal seguida de morte" (art. 129, § 3º), deixando, assim, de seguir o exemplo contrário de outros Códigos, entre os quais o argentino.

**Homicídio simples**

***Art. 121.*** *Matar alguém:*

*Pena – reclusão, de seis* a *vinte anos.*

Caso de diminuição de pena

§ 1º Se o *agente comete* o *crime impelido por motivo* de *relevante valor social ou moral, ou sob* o *domínio de violenta* emoção, *logo* em *seguida* a *injusta provocação* da *vítima,* o *juiz pode reduzir* a *pena* de *um sexto* a *um terço.*

**Homicídio Qualificado**

§ *2º* Se o *homicídio* é *cometido:*

*I – mediante paga ou* promessa *de recompensa, ou por outro motivo torpe;*

*II – por motivo fútil;*

*III – com emprego* de *veneno, fogo, explosivo, asfixia, tortura ou outro meio insidioso ou cruel, ou* de *que possa resulta, perigo comum;*

*IV – à traição, de emboscada, ou mediante dissimulação ou outro recurso que dificulte ou torne impossível a defesa do ofendido;*
*V – para assegurar a execução, a ocultação, a impunidade ou vantagem* de *outro crime:*
*Pena – reclusão,* de *doze* a *trinta anos.*

**DIREITO COMPARADO** - Códigos: alemão, §§ 211 a 216; italiano, arts. 575, 576, 577, 579 e 587; suíço, arts. 111 a 114; português, arts. 349, 351, 353 e 355; francês, arts. 295, 296, 299 e 304; holandês, arts. 287, 288, 289 e 293; espanhol, arts. 405 a 407; polonês, arts. 225, §§ 1º e 2º, e 227; iugoslavo, arts. 135 a 137; dinamarquês, arts. 237 e 239; turco, arts. 170 e 174; japonês, §§ 199 a 201 e 203; soviético, arts. 136 a 138; norueguês, § 233; argentino, arts. 79 a 81; uruguaio, arts. 310 a 312; chileno, arts. 390 e 391; húngaro, arts. 278 a 281; peruano, arts. 1º a 153; boliviano, arts. 479 a 502; colombiano, arts. 362 a 364; mexicano, de 1931, arts. 302 a 304; paraguaio, arts. 334 a 338; venezuelano, arts. 407 a 409; cubano, arts. 431 a 437; equatoriano, arts. 425 a 428; guatemalteco, arts. 298 a 300; haitiano, arts. 240 e ss.; hondurenho, arts. 403 a 405; nicaraguano, arts. 348 a 353; panamenho, arts. 311 a 314.

**BIBLIOGRAFIA** - Impallomeni, *Delitti contro la persona,* in *Trattato* de Cogliolo, v. 2º, parte 2ª, 1889, e *L'omicidio nel diritto penale,* 1900; Holtzendorff, *Das Verbrechen des Mordes und die Todesstrafe (O assassinato e a pena de morte),* 1857; Irureta Goyena, *El delito de homicidio,* 1928; Wharton, *On Homicide,* 1907; Ferri, *L'omicida,* 1925; Vannini, *Il delito* di *omicidio,* 1935; Alimena (Bernardino), *L'omicidio,* in *Enciclopedia* de Pessina, v. IX, p. 380 e ss.; *I limitti* e *i modificatori dell'imputabilità,* 1899, e *Principii di diritto penale,* v. II, p. 309 e ss., 1912; Manzini, *Trattato di diritto penale,* v. VIII, n. 2.876 a 2.884, 1937; Hafter, *Schweizerisches Strafrecht, Delikte gegen Leib und Leben (Direito penal suíço, delitos contra* o *corpo* e *a vida),* 1937; Carrara, *Programma,* parte especial, v. I, 8ª ed.; Eusébio Gómez, *Tratado de derecho penal,* v. II *(Delitos contra la persona),* 1939; Civoli, *Trattato* di *Diritto Penale,* v. 4º, p. 6 e ss., 1916; Frank, *Das Strafgesetezbuch für das Deutsche Reich,* 1908, p. 339 e ss.; Von Liszt, *Tratado de direito penal,* trad. de José Higino, v. 2º, §§ 80 a 82, 1899; Liszt-Schmidt, *Lehrbuch des Deutschen Strafrechts (Tratado de direito penal alemão),* §§ 81 a 84, 1927; Crivellari, *Codice penale,* v. 7, p. 705 e ss., 1896; Altavilla, *Delitti contro la persona,* in *Trattato* de Florian, 1934, e *La colpa,* 1949; Merkel, *Derecho penal,* tradução espanhola de Dorado, § 117; Maggiore, *Principii* di *diritto penale,* v. II, p. 427 e ss.; Hofman e Ferrai, *Trattato di Medicina Legale,* 1914; Mário Carrara, *Medicina Legale,* 1928; Pellegrini, *Trattato di Medicina Legale,* 1932; Borri,

Cevidalli e Leoncini, *Trattato di medicina legale,* 1922; Afrânio Peixoto, *Elementos* de *medicina legal,* 1910; Sousa Lima, *Medicina legal,* 1924; Saltelli-Di Falco, *Commento Teorico-pratico del nuovo codice penale,* v. II, p. 875 e ss.; Longo, *Commento al Codice Penale italiano, 1911,* v. II, p. 301 e ss.; Gleispach, *Tötung (Homicídio), in Das kommende Deutsche Strafrecht* (*O futuro direito penal alemão),* de Gürtner, 1936; Julius Clarus, *Practica Criminalis,* verb. *Homicidium,* 1568; Jannitti Piromalo, in *Il Codice Penale,* de Ugo Conti, v. III, p. 211 e ss.; Cavallo, *Il Delitto Tentato,* 1934, e *La Responsabilità Obbiettiva nel Diritto Penale,* 1937; Vannini, *Il Tentativa nella Dottrina* e *nel Codice Penale italiano,* 1912, e *Manuale di Diritto Penale Italiano* (parte especial), 1949; Civoli, *Del Tentativa,* na *Enciclopedia* de Pessina, V; Pannain, *Omicidio,* in *Nuovo Digesto Italiano;* Castori, *Il Tentativa,* in *Trattato* de Cogliolo, I, p. III, p. 313 e ss.; Alimena (Francesco), *La questione dei mezzi inidonei nel tentativa,*1930; Heller, *La dottrina del tentativo,* trad. de Zanotelli, in *Il Progetto* Rocco *nel Pensiero Giuridico Contemporaneo;* Sardinha, *A Tentativa Impossível,* 1941; Finzi, *Il Delitto Preterintenzionale,* 1925; Manci, *Il Delitto Passionale;* Mellusi, *Queli che amano* e *uccidono,* 1924, e *Delinquenti del Amore,* 1932; Rabinowicz, O *crime passional,* trad. de F. Miranda, 1933; Lira, *Policia e justiça para* o *amor,* 1938; Jorge Severiano, *Justificativas penais,* 1936, e *Criminosos passionais,* criminosas *emocionais,* 1940; Osmã Loureiro, *Modificativos da pena* no *direito brasileiro,* 1933; Morselli, *L'uccisione pietosa,* 1923; Binding (e Hoche, *Die Freigabe des Vernichtung des lebensuwertem Lebens (A liberdade de eliminação do homem sem valor vital*), 1920; Del Vecchio, *Morte benéfica,* 1928, e *La Nozione Generale del Tentativo,* in *Scuola Positiva,* fasc. mai.- jun., 1934; Jiménez de As**ú**a, *Libertad de amar y derecho a morir,* 1929; Licurzi, *El derecho de matar,* 1934; García Pintos, El *respecto a* la *vida, 1935;* Bouza, El *homicidio por piedad,* 1935; Floriano de Lemos, *Direito de matar* e *curar,* 1933; Cosonello, *Teoria delle cause oggettive di cessazione del reato,* 1941; Pedro Vergara, *Da legítima defesa subjetiva,* 1929, e *Dos motivos determinantes no direito penal,* 1937; Baldassarre, *I moventi a delinquere,* 1930; Elster, *Eutanásia,* in *Zeitschrift* **für** *die ges. Stratfrechtswissenschaft,* v. 35, 1915; Ranieri, *Colpevolezza* e *personalità del reo,* 1933, e *La causalità nel diritto penale, 1936;* Sebastián Soler, *Derecho penal argentino,* 1940; Nerio Rojas, *Medicina legal,* 1936; Garraud, *Traité théorique et pratique du droit penal français,* 1914; Gerland, *Deutsches Reichsstrafrecht (Direito penal do Império Alemão),* 1922; Galdino Siqueira, *Direito penal brasileiro,* v. 2º, n. 359 a 373, 1924; Pergola, *Il reato,* 1930; Marciano, *Colpa con previsione e dolo eventuale,* in *Scritti in Onore dei Prof.* Ugo Conti; Angioni, *Il problema della causalità materiale* (in *Scritti in onore dei Prof.* Ugo Conti), *Le cause che escludono l'illeceità obbiettiva penale,* 1930, e *La premeditazione,* 1933; Penzo, *Studi sul* *progetto preliminare di un nuovo codice penale italiano,* 1929, e *La difesa legittima,* 1939; Delgou, *Teoria dei consenso dell'avente diritto, 1936;* Grispigni, *Il consenso dell'offeso,* 1924; Cândido Mota Filho, *Da premeditação,* 1937, e *Do estado de necessidade,* 1938; Santoro, *Il caso fortuito nel diritto penale,* 1937, e *Dos crimes contra a pessoa, 1941;* Cecchi, *L'uccisione in combatimento di box,* 1931, e *Teoria del evento nel reato,* 1937; Bento de Faria, *A criminalidade nos esportes,* 1929; Ari Franco, O *desportista* e o *direito penal,* 1936; Fioretti, *Su la legittima difesa,* 1894; Hungria, *A legitima defesa putativa, 1936;* Contieri, Lo *stato di necessità,* 1939; Fulci, L'*intenzione nei singoli reati,* cap. III, 1927; Costa e Silva, *Código penal,* 1930; Battaglini, *Diritto penale,* 1937; Beling, *Die Lehre von Verbrechen (A doutrina do crime),* 1906; Falchi, *Diritto penale romano,* v. II, 1932; Mommsen, *Derecho penal romano,* trad. esp. de Dorado, v. II, I, 4º, cap. III; Lemos Sobrinho, *Da legítima defesa,* 1931; Antolisei, *Il rapporto di causalità nel diritto penale,* 1934; Bernau, *Causalità adequata*?, in *Scuola Positiva,* v. XII, p. 113 e ss.; Montalbano, *Il rapporto di causalità materiale nel codice penale,* in *Scuola Positiva,* fasc. mar.-abr., 1937, p. 120; Romero, *Dicionário de direito penal,* verbs. *homicídio* e *tentativa;* De Marsico, *Coscienza* e *volontà nella nozione dei dolo,* 1930; Heller, *La dottrina del tentativo nel progetto Rocco,* in *Il progetto Rocco nel pensiero giuridico contemporaneo,* p. 253; Soares de Melo, O *delito impossível, 1936;* Frosali, *L'errore nella teoria* del *diritto penale,* 1933; Oscar Stevenson, *Da exclusão* de *crime,* 1941; Vidal-Magnol, *Cours de droit criminel,* 1928; Carlos Xavier, *Estatutos penais,* 1941; F. **Fávero**, *Medicina legal,* 1942; Almeida Júnior, *Lições de medicina legal, 1948;* Simonin, *Médicine légale judiciaire,* 1947; Maurach, *Deutsches Strafrecht, besonderer Teil,* 1953; Niethammer, *Lehrbuch des Besonderen Teils des Strafrechts, 1950.*

## COMENTÁRIO

**4.** O homicídio é o tipo central dos crimes contra a vida e é o ponto culminante na orografia dos crimes. É o *crime* por excelência. É o padrão da delinquência *violenta* ou *sanguinária,* que representa como que uma reversão atávica às eras primevas,[1] em que a luta pela vida, presumivelmente, se ope-

1 Segundo o postulado da escola antropológica criminal, a gênese da criminalidade está no *atavismo,* de modo que há perfeita identidade entre a delinquência e a infância da humanidade, não passando o crime de um fenômeno de retrocesso anormal do homem aos tipos primitivos. A hipótese é sedutora, mas está hoje em descrédito. Como observa Gemelli *(Le dottrine moderne della delinquenza),* a teoria do atavismo **é** diretamente filiada à concepção darwiniana, tendo sido desta que Haeckel deduziu a sua famosa *lei biogenética fundamental,* que serviu a Lombroso e seus adeptos.

rava com o uso normal dos meios brutais e animalescos. É a mais chocante violação do senso moral médio da humanidade civilizada.

Como diz Impallomeni, todos os direitos partem do direito de viver, pelo que, numa ordem lógica, o primeiro dos bens é o bem da vida. O homicídio tem a primazia entre os crimes mais graves, pois é o atentado contra a fonte mesma da ordem e segurança geral, sabendo-se que todos os bens públicos e privados, todas as instituições se fundam sobre o respeito à existência dos indivíduos que compõem o agregado social.

---

A crer-se em Haeckel, a *ontogênese* (isto é, o desenvolvimento individual) é a recapitulação da *filogênese* (isto é, o desenvolvimento da espécie). O *homo sapiens*, na sua ontogênese, passaria, assim, por múltiplos estádios, desde a *monera* até ele próprio. E pode acontecer que, durante esse processo evolutivo, se verifique uma *parada*, seja na formação de um órgão, seja na de um tecido, resultando daí uma *anomalia regressiva*. Ora, para que fosse verdadeira essa doutrina, seria preciso demonstrar que, em determinado estádio, os embriões de classes diversas fossem perfeitamente iguais. Semelhante fato, entretanto, não ocorre. Em qualquer estádio, uma espécie difere da outra, tanto quanto difere dela no estado adulto.

Eis a lição de Corazzi: "Os poucos embriólogos que, como eu, tiveram a paciência de levar até o fim o trabalho de cenobita, que é o estudo da genealogia celular, seguindo o desenvolvimento do ovo de um animal, célula por célula, a começar da primeira segmentação e, depois, divisão por divisão, desde a descendência dos blastômeros individuais até a formação do embrião, sabem quanto os ovos diferem entre si antes mesmo que comece a segmentação, não só por suas dimensões ou pela cor, como intrinsecamente, quer do ponto de vista químico, quer do ponto de vista dinâmico."

Waismmann assim desprestigia a hipótese de Haeckel: "Não deve parecer estranho que o homem, durante o desenvolvimento ontogenético, apresente semelhanças mais ou menos acentuadas com certos estádios que em outros animais são permanentes. Isto se explica, se considerarmos que o desenvolvimento embrional se opera, conforme sua natureza intrínseca, mediante processos de crescimento que lhe são intimamente coligados e procede necessariamente do simples para o composto, do genérico para o específico. Tal desenvolvimento deve, pois, começar por um estádio unicelular e percorrer diversos estádios pluricelulares, que se avizinham do modo sempre mais determinado do tipo completo; de sorte que deve necessariamente revelar, nos diversos estádios, graus também diversos de perfeição, até que seja finalmente alcançado o termo do desenvolvimento. Todos estes processos poderiam perfeitamente verificar-se ainda que não precedesse nenhuma hipotética filogênese! Como se pode, então, afirmar, com Haeckel, que o desenvolvimento do embrião do homem é uma evidentíssima recapitulação de sua filogênese? Isto é simplesmente fantástico."

Os estudos de Dareste, Loeb e outros (como ainda reporta Gemelli), sobre a produção artificial de anomalias e monstruosidades nos embriões e, por outro lado, os estudos sobre toda a série de órgãos rudimentares, demonstram que as anormalidades se explicam mais facilmente por uma qualquer influência mecânica, que tenha agido durante o desenvolvimento embrional, do que pelo recurso a imaginárias ou ignotas forças regressivas.

O *crimen homicidii* constitui um tema preponderante da ciência jurídico-penal. Pode dizer-se que a *parte geral* do direito penal sistematizado não foi mais do que a generalização dos critérios e princípios fixados pelo direito romano e pelo direito intermédio acerca do homicídio. Por outro lado, o mais vasto capítulo da *criminologia* é consagrado ao estudo dos *criminosos violentos*, de que o *homicida* é o expoente máximo. O problema da criminalidade é, antes de tudo, e acima de tudo, o problema da prevenção e repressão do homicídio. Não cabe aqui, nem mesmo em breve resumo, a exposição das múltiplas teorias e conclusões que, a tal propósito, têm sido postuladas e defendidas no campo da biologia, da antropologia, da psicologia ou da sociologia criminais. Temos que apreciar o *delito máximo* apenas sob o ponto de vista estritamente jurídico, isto é, como o fato humano que, sob o *nomen juris* de homicídio, corresponde a um "molde" específico da lei penal.

**5.** Segundo a clássica definição de Carmignani, homicídio *(de hominis excidium)* é a *violenta hominis caedes ab homine injuste patrata* (ocisão violenta de um homem injustamente praticada por outro homem).

Acoima-se de pleonástica esta definição, pois sujeito ativo do crime é sempre o *homem* e todo crime tem por pressuposto a *injustiça.*

Dever-se-ia, então, adotar uma outra velha definição: *violenta vitae hominis ademptio* (violenta eliminação da vida de um homem). Ou esta outra, ainda mais breve: "destruição da vida humana".[2] Preferível, entretanto, é a fórmula de Carmignani. Não há nela demasiada explicitude, senão a ideia exata do definido. As preconizadas fórmulas substitutivas não evitam a ambiguidade, pois tanto é eliminação ou destruição da vida humana o crime de homicídio quanto a morte de um homem ocasionada por um animal *(pauperies)*, ou a praticada por alguém em legítima defesa (ato lícito) ou casualmente (fato penalmente indiferente).

A incriminação do homicídio data das mais antigas civilizações. Nos tempos bíblicos, era punido com a pena de morte: *"qui percusserit et occiderit hominem, morte moriatur" (Levítico,* cap. XXIV, 17).[3]

Em Atenas, a princípio, a punição não tinha o rigor oriental: chegava-se a conceder ao homicida a faculdade de exilar-se (e somente quando retor-

---

2 É a definição acolhida por Von Liszt: *"Totung ist die Zerstörung des menschlichen Lebens."* O homicídio doloso era assim, lapidarmente, definido pelos juristas medievais: *"Hominis caedes animo necandi patrata"*.

3 Vigorava, então, em toda a sua plenitude, a lei de Talião: *"Oculum pro oculo, dentem pro dente, manum pro manu, pedem pro pede, adustionem pro adustione, vulnus pro vulnere, livorem pro livore" (Êxodo,* cap. XXI, 24, 25).

nasse era punido com a pena de morte). Dizia Demóstenes que "os fundadores deste uso, deuses ou heróis, refletiram que não havia necessidade de oprimir um desgraçado, mas abrandar-se o seu sofrimento na medida do possível". Dracon, entretanto, reproduziu a severidade da lei mosaica.

Em Roma, desde a remota época de Numa Pompílio, era punida com o extremo suplício a *caedes* violenta do *civis (o servus* era considerado uma *res* e, portanto, não podia ser sujeito passivo do homicídio). Daí o nome de *paricidium (paris excidium,* isto é, ocisão de um *civis sui juris)* dado ao crime em questão nas primitivas leis romanas. A *Lei das XII Tábuas* preceituava: *"Si quis hominem liberum dolo sciens morti duit (dederit) paricida esto."* O latim clássico não conheceu o termo *homicidium,* que só mais tarde foi empregado.[4] A famosa *Lex Cornelia,* promulgada ao tempo de Sila, designava os homicidas, à falta de outro vocábulo, como *sicarii.*

Desde então, a pena do homicídio passou a variar, segundo a condição dos réus: a *deportatio* e a *confiscatio* para os *altiores in honore aliquo positi,* a *decapitatio* para os que *secundo gradu sunt honestiores,* e a *subjectio ad bestias* ou a *vivicrematio* para os *humiliores.* Foi Justiniano, nos seus *libri terribiles,* que restabeleceu a indistinta aplicação da pena de morte para os homicidas. A tentativa de homicídio (apreciado *ex re* o *animus occidendi)* era equiparada, desde o reinado de Adriano, ao homicídio consumado: *"Qui hominem non occidit, sed vulneravit ut occidat, pro homicida damnandum: et ex re constituendum hoc: nam si gladium strinxerit et in eo percusserit, indubitate occidendi animo id eum admisisse". (Dig.,* 48, 8, I, 3.)

No primitivo direito germânico, ao contrário do direito romano, não tinha o homicídio caráter de *crimen publicum,* pois somente dava lugar ao direito de vingança por parte da família do morto ou à *compositio.* A prestação pecuniária que, neste último caso, devia ser feita pelo criminoso, transformou-se, posteriormente, numa verdadeira *multa,* cabendo parte dela ao Estado, como *preço da paz (Friedensgeld, fredum),* e a outra parte (chamada *Wehrgeld* ou *Widrigild)* aos parentes da vítima. Distinguia-se entre o homicídio com perfídia, clandestino ou *furtivo modo (Murdrum)* e o homicídio simples, que apresentava duas formas: o homicídio temerário *(ausu temerario)* e o homicídio provocado *(se defendendo, aliqua causa cogente).*

Com o ressurgir do direito romano e a influência do direito canônico, perdeu o homicídio o caráter de ofensa privada, exasperando-se a pena, que passou a ser, de regra, a de morte.

Os práticos italianos comumente discriminavam entre o *homicidium simplex* e o *homicidium qualificatum* ou *deliberatum,* este mais severamente

4 Mommsen, ob. cit., v. II, p. 93.

punido. Ensinava Julius Clarus: *"Simplex homicidium est illud, quod committitur sine qualitate animi deliberati. Deliberatum vem est, quod committitur ex proposito cum illa qualitate."* E a lição prosseguia: *"Homicidium simplex autem ex quatuor modis committi potest, scilicet, necessitate, casu, culpa, dolo. Necessitate, cum quis ad sui necessariam defensionem alium interficit. Casu autem dicitur committi homicidium, cum quis alium occidit sine culpa, aliud facere cogitans... Culpa dicitur homicidium committi, quando quis non dolose, neque animo occidendi, sed inadvertenter alium interfecit... Dolosum autem homicidium dicitur, quando quis animo aliquem occidendi illum interficit. Dicitur tamen simplex homicidium quando haec deliberatio illum occidendi non ex intervallo praecessit, sed in rixa, vel calore iracundiae supervenit... Deliberatum autem homicidium quatuor etiam modis committi potest, scilicet ex proposito absque alia qualitate, secundo ex insidiis, tertio proditorie, quarto per assassinium. Ex proposito dicitur committi homicidium, quando quis aggreditur alium praevia animi deliberatione ex intervallo praecedente, illum interficit... Ex insidiis dicitur homicidium, quando aliquis expectat alium, positus in loco, qui ab illo praevideri verisimiliter non poterat, animo eum occidendi, illumque ex improviso venientem aggreditur, et interficit... Proditorie vero dicitur committi homicidium, quando aliquis nulla praecedente inimicitia alium interficit, puta, quis veniens tecum tanquam socius itineris, nulla interveniente rixa te percutio, vel dum sederes mecum in mensa, vel si cum me tibi amicum esse fingerem, ita a tergo percutio... Per assassinium autem dicitur committi homicidium, quando sit pecunia interveniente"*.

Nos tempos modernos, os códigos e legislações penais, em geral, continuam a distinguir, para diverso tratamento penal, entre uma forma simples e uma forma agravada de homicídio, adotando ou não especiais *nomina juris*. O Código francês fala em *meurtre* (homicídio doloso simples) e *assassinat*, que é o *meurtre* praticado *avec préméditation* ou de *guet-apens* (emboscada), ou com o emprego de *tortures* ou *actes* de *barbarie*. Note-se que o *assassinato* do direito moderno já não é o *assassinium* dos juristas medievais, circunscrito ao caso do homicídio mercenário ou perpetrado mediante paga.[5] O Código alemão distingue entre *Totschlag* (homicídio simples) e *Mord* (homicídio com reflexão, *mit überlegung*). A lei anglo-americana refere-se ao *manslaughter* (homicídio praticado *without malice*, como *in a sudden quarrel or in a heat of passion*, ou mesmo involuntariamente) e *murder* (homicídio

5 O vocábulo *assassino* procede de *haschischino*, nome que se dava aos sicários a soldo de Hassan-Ben-Sabbab, chamado o *Cheik* da *Montanha* (chefe de seita na Síria), que lhes propinava *haschisch*, para fazê-los mais dispostos e valentes, ou para dominá-los pela necessidade de satisfação do vício.

com *malice prepense or aforethought).* O Código espanhol distingue entre *asesinato* (homicídio *"con alevosía", "por precio o promesa remuneratoria", "por media* de *inundación, incendio* o *veneno", "con premeditación conocida",* ou *"con ensañamiento")* e *homicidio simple.* O recente Código suíço também distingue entre *meurtre* e *assassinat* (sendo este o homicídio *"avec préméditation denotant qu'il* (o delinquente) *est particulièrement pervers ou dangereux").*

O novo Código brasileiro, a exemplo do anterior, só emprega o termo *homicídio,* mas distingue duas modalidades: *homicídio simples* (art. 121, *caput)* e *homicídio qualificado* (art. 121, § 2º), este com pena autônoma, quantitativamente mais severa do que a cominada àquele. Foi assim rejeitada a sugestão de certos códigos recentes, como o polonês e o dinamarquês, que não fazem distinção apriorística entre homicídio e homicídio,[6] deixando ao juiz a faculdade de apreciar livremente a gravidade do caso concreto e aplicar a pena que lhe pareça justa, dentre as cominadas na lei.

Na configuração do homicídio qualificado, o novo Código toma em consideração certos *motivos determinantes* (interesse de remuneração ou outro motivo *torpe* e o motivo *fútil),* certos *modos de execução* (emprego de *veneno, fogo, explosivo, asfixia, tortura* ou *outro meio insidioso ou cruel, ou* de *que possa resultar perigo comum; à traição,* de *emboscada, ou mediante dissimulação, ou outro recurso que dificulte ou torne impossível a defesa* do *ofendido)* e certos *fins* visados pelo agente ("assegurar a execução, a ocultação, a impunidade ou vantagem de outro crime").

O cunho nitidamente sintomático das agravantes casuisticamente enumeradas no § 2º do art. 121, no sentido da maior criminosidade do agente, justifica o destaque *in abstracto* dessa modalidade de homicídio e a apriorística exasperação da pena. Nem com isto se ofende o critério de relativa individualização da pena, pois ao juiz restará sempre a regra geral do art. 42,[7]que, se lhe não permite descer abaixo do *minimum* da pena cominada ao homicídio qualificado, autoriza-lhe a apreciação integral do fato e do agente, para uma conscienciosa determinação da pena, a partir desse *minimum.* A distinção *a priori* de uma forma agravada de homicídio

6 O Código dinamarquês limita-se, ao configurar o homicídio, a esta fórmula genérica (art. 237): "Aquele que mata outra pessoa é passível, a título de homicídio, de prisão por cinco anos até a perpetuidade." O Código polonês não é menos conciso (art. 223): "Aquele que mata um homem é punido com prisão superior a cinco anos ou perpétua ou com a pena de morte."

7 "Art. 42: Compete ao juiz, atendendo aos antecedentes e à personalidade do agente, à intensidade do dolo ou grau da culpa, aos motivos, às circunstâncias e consequências do crime: [...] II – fixar, dentro dos limites legais, a quantidade de pena aplicável".

só seria condenável, se se lhe fizesse corresponder, inexoravelmente, uma pena única e intratável.

Já não figuram como agravantes qualificativas do homicídio a premeditação, a relação de parentesco próximo ou de disciplina ou hierarquia entre o agente e a vítima, a superação de obstáculos defensivos da vítima, a entrada ou tentativa de entrada em casa do ofendido, o ajuste entre dois ou mais agentes, a falta de respeito à idade do ofendido, o achar-se o ofendido sob a proteção da autoridade pública, o emprego de diversos meios, o aproveitamento de calamidade pública, ou desgraça particular do ofendido, e a reincidência.

De tais circunstâncias, algumas nem sequer estão consignadas entre as que, *in genere*, segundo o Código, *sempre agravam a pena* (art. 44). Assim, por exemplo, a *premeditação*, que, entretanto, em outras legislações constitui, precisamente, o traço diferencial do *assassinato* ou a agravante qualificativa, por excelência, do homicídio.[8] Nem mesmo o *parricídio* foi previsto como

8 Razões de sobra tinha o legislador pátrio para repelir o critério de agravação *a priori* da pena por motivo da *premeditação*, que poderá ser ou não um índice de perversidade do agente. Muito antes do advento da Escola Positiva (que pleiteia o radical cancelamento da agravante da premeditação), já Holtzendorff evidenciara que a premeditação, ao contrário do conceito tradicional, não revela, por si mesma, perversidade ou abjeção de caráter, senão resistência à ideia criminosa. É mais perigoso aquele que mata *ex improviso*, mas por um motivo tipicamente perverso, do que aquele que mata depois de longa reflexão, mas por um motivo de particular valor moral ou social. O indivíduo ponderado, cujo poder de autoinibição oferece resistência aos motivos determinantes de uma conduta antissocial, não é mais temível do que o indivíduo impulsivo, que não sabe *sobrestar antes de começar*. Segundo a clássica definição de Carmignani, a premeditação, relacionada ao homicídio, é o *"occidendi propositum frigido pacatoque animo susceptum, mora habens atque occasionem querens, ut crimen veluti exoptatum finem perficiat"*. Seriam, assim, os requisitos da agravante o *intervalo de tempo (mora habens)* e a *frieza* e *calma de ânimo (frigidus pacatusque animus)*. Ora, o primeiro é tudo quanto há de mais arbitrário e inconcludente. Quanto ao segundo, não passa, como diz Costa, de um atributo da personalidade psicofísica ou psicofisiológica do agente, e nada tem a ver com o processo volitivo. A frieza e calma de ânimo é um modo de ser do temperamento. Com frieza e calma de ânimo, tanto se pode cometer um crime quanto uma ação nobilíssima (Ferri).

Na tentativa de reabilitar a *premeditação* como agravante, cuidou-se de ampliar o seu conceito: deve ser referida à índole moral dos motivos determinantes e à escolha de meios que tornem mais fácil ou menos aleatória a execução do crime. Tal critério, porém, levou à conclusão lógica de que se devia abolir, por inexpressiva e inútil, a agravante em questão, bastando que se formulassem agravantes referidas aos motivos e aos meios empregados ou modo de execução.

Não impediu o descrédito da *premeditação* a defesa que lhe fez Rocco (Alfredo), na *Relazione*, sobre o projeto do atual Código italiano (devendo notar-se que nos anteprojetos não figuravam essa agravante): *"Vi sarebbe ragione di escluderla, se la premeditazione*

homicídio particularmente reprovável, e com isto o Código não fez mais do que manter-se fiel a um de seus critérios centrais, qual o de dar preponderância, na apreciação do crime e do criminoso, aos motivos determinantes.

---

*non fosse altro che quella specie di dolo che si contrappone al dolo d'impeto. Ma nel dolo vi è una scala, che sale per gradi, dal cosi detto dolo d'impeto, alla riflessione normale, ed infine alla premeditazione. Questa aggiunge un* quid pluris *a quel grado* di *riflessione, che è comune alla maggior parte delle azione delituose.*" Mas, que é o *quid pluris* a que se refere Rocco? Para Angioni *(La premeditazione)*, a *tensão do propósito até a fixação* é que constitui o *quid pluris* da reflexão própria da premeditação, em cotejo com o grau de reflexão comum à maior parte das ações delituosas. Ora, semelhante *tensão,* sobre ser inaferível, não significa outra coisa senão a continuada predominância do *motivo mais forte;* de modo que este, sim, é que deve ser apreciado na sua *qualidade,* para dele se deduzir a maior ou menor punibilidade do agente.

A premeditação foi sempre objeto de infindáveis controvérsias. Nem a doutrina nem a jurisprudência conseguiram formular, a respeito, uma noção pacífica. Gautier, quando da elaboração do projeto do Código suíço, justamente observava *(Protokoll der zweiten Expertenkommission,* v. II, p. 149): "*La préméditation est um critère qui manque tout-à-fait de précision, puisque l'on n'a pas pu, jusqu'ici, se mettre d'accord sur le sens de ce mot. C'est un critère extrêmement incertain aussi pour la raison que la préméditation, qu'on l'entende dans l'un ou dans l'autre sens, est toujours un fait purement intérieur et qui peut fort bien ne pas se traduire par des actes perceptibles. C'est de plus un critère faux et incomplet, en ce qu'il ne dénote pas avec certitude et dans tous les cas sans exceptio un caractère criminel particulièrement dangereux*". O novo Código suíço, afinal promulgado em 1937, manteve a figura do *assassinato* caracterizado pela premeditação, mas, supondo atender à ponderação de Gautier, exige uma espécie de premeditação *qualificada:* "*Si le délinquant a tué dans des circonstances ou avec préméditation dénotant qu'il est particulièrement pervers ou dangereux, il sera puni* de *la reclusion à vie.*" Para saber se a premeditação revela perversidade ou periculosidade, é imprescindível que se faça apelo à índole dos motivos impelentes. Só mesmo a força da tradição explica a persistência dessa agravante no direito positivo, não obstante sua falta de sentido ético-jurídico.

Entre nós, a premeditação teve adversários declarados. Osmã Loureiro (ob. cit., p. 125) acentua e aplaude a tendência moderna no sentido de "proscrever dos códigos a premeditação, como agravante, por se confundir com o simples mecanismo da vontade criminosa, substituindo-se esta indicação pela investigação dos motivos". Costa e Silva (ob. cit., p. 298) assim se pronuncia: "Os modernos autores de psicologia criminal despiram a premeditação de sua antiga importância. Hoje ela nem sempre indica, na pessoa delinquente, grau mais elevado de depravação moral. O indivíduo que, obedecendo a sentimentos honrosos, pratica certo crime premeditadamente, – exemplo seja, um homicídio, – não é mais perverso do que aquele que, por motivos torpes ou insignificantes, sem essa circunstância, comete fato idêntico." Cândido Mota Filho é dos que defendem ponto de vista diverso, na sua erudita monografia *Da premeditação;* mas esta foi o *canto de cisne* da velha agravante no direito brasileiro.

A premeditação é desconhecida dos Códigos peruano, argentino, dinamarquês e polonês, entre outros. Os projetos Galdino Siqueira, Sá Pereira e Alcântara Machado já a haviam abolido, quer como agravante genérica, quer como agravante específica. O novo Código não tinha outro caminho a seguir.

Por mais nefando que seja *in abstracto* o parricídio, podem apresentar-se *in concreto* motivos tais que, excepcionalmente, apaguem o seu cunho de repulsividade.

Suponha-se o caso do filho que, num assomo de indignação, mata o pai, a quem encontra, bêbedo, espancando a própria mulher, mãe do agente. Tenha-se em vista ainda aquela dolorosa página de Maupassant sobre um parricida movido ao crime pela revolta contra o requintado egoísmo dos pais, que não vacilavam em sacrificá-lo a um desarrazoado preconceito de honra.

O mesmo critério que levou o Código a não incluir o parricídio na casuística do homicídio qualificado, induziu, e com maioria de razão, a que procedesse de modo idêntico no tocante à ocisão do filho pelo pai, ao fratricídio, ao uxoricídio ou à ocisão do marido pela mulher, bem como, de modo geral, a que rejeitasse a extensa catalogação do art. 294, § 1º, do Código de 90.

**6. O sujeito passivo do crime de homicídio.** O *sujeito passivo* do homicídio é o "ser vivo, nascido de mulher". A destruição do embrião ou feto humano no útero materno não é *homicídio,* contemplando-a a lei penal sob o *nomen juris* de *aborto,* menos severamente punido.

Para a configuração objetiva do homicídio, é indiferente a *idade* da vítima: tanto é homicídio a ocisão do feto *intra partum* quanto a do macróbio. Deve notar-se, entretanto, que a eliminação do feto ou recém-nascido pela própria mãe, "sob a influência do estado puerperal, durante o parto ou logo após", constitui um *homicidium privilegiatum,* sob o título especial de *infanticídio* (art. 123).

É indiferente, do mesmo modo, para a identificação do *facinus singulare et nefarium,* o grau de vitalidade da vítima: a morte violenta do recém-nascido *inviável* ou a supressão do minuto de vida que reste ao moribundo é homicídio. Uma vida, diz Impallomeni, não deixa de ser uma vida só porque esteja próxima a extinguir-se. O novo Código compreende sob o *nomen* juris de homicídio (ressalvada a hipótese especial do infanticídio) até mesmo a destruição do feto durante o parto,[9] isto é, antes mesmo de verificar-se a possibilidade de vida extrauterina. Foi adotado o critério do Código italiano, que, neste particular, é assim comentado por Maggiore (ob. cit., p. 441): "O Código atual, para cortar cerce a controvérsia científica, resolveu a questão

9 O feto *nascente* é já considerado *homem,* sob o ponto de vista penal. Segundo adverte Vannini (ob. cit., p. 7), "o produto da concepção adquire a individualidade que o torna objeto capaz do crime em questão (homicídio), não já no instante em que adquire vida autônoma, destacando-se do corpo da mãe, mas desde que, terminado o processo fisiológico da gravidez, se inicia o seu desprendimento do útero materno".

não considerando a vitalidade como elemento essencial para a existência do homem, e incrimina sob o título de *homicídio* até mesmo o *feticídio,* ou, seja, a ocisão de um feto durante o parto. Há, portanto, homicídio toda a vez que se destrua a vida de um recém-nascido... Ainda que *não vital,* posto que *vivo,* salvo quando a vida seja, por algum defeito de conformação, apenas aparente."

É suficiente a vida; não importa o grau da capacidade de viver.[10] Igualmente não importam, para a existência do homicídio, o sexo, a raça, a nacionalidade, a casta, a condição ou valor social da vítima. Varão ou mulher, ariano ou judeu, parisiense ou zulu, brâmane ou pária, santo ou bandido, homem de gênio ou idiota, todos representam *vidas humanas.*

O próprio *monstro* (abandonada a antiga distinção entre *ostentum* e *monstrum)* tem sua existência protegida pela lei penal. Já não vigora o princípio bárbaro de que *monstrosos partus sine fraude caedunto.*[11]

**7. A objetividade jurídica do homicídio.** Somente pode ser sujeito passivo do homicídio o ser humano *com vida.* Mas, que é vida? Ou, mais precisamente: como ou quando começa a vida? Dizia Casper: "Viver é respirar; não ter respirado é não ter vivido". Formulado assim irrestritamente, não é exato o conceito, ainda mesmo que se considerasse vida somente a que se apresenta de modo autônomo, *per* se *stante,* já inteiramente destacado o feto do útero materno. A respiração é uma *prova,* ou melhor, a infalível prova da vida; mas não é a imprescindível condição desta, nem a sua única prova. O neonato apneico ou asfíxico não deixa de estar vivo pelo fato de não respirar. Mesmo sem a respiração, a vida pode manifestar-se por outros sinais, como sejam o *movimento circulatório,* as *pulsações do coração* etc. É de notar-se, além disso, que a própria destruição da *vida biológica* do feto, no início do

10 Conf. Altavilla (ob. cit., p. 39): "*La natura ha le sue deviazioni patologiche od anche teratologiche per cui possono essere procreati organismi* i quali, *per la mancanza* o *l'anomalia* di *organi essenziali, nascono vivi, ma non vitali: essi espulsi dall'utero possono avere per alcune ore vibrazioni organiche, che si spengono man mano che le imperfezioni anatomiche* o *fisiologiche urtano con le necessità imposte dal mondo esterno. Ora anche lo spegnimento di queste vibrazioni reintra nel concetto di* morte *il cui termine antinomico è vita* e *non vitalità*".

11 No caso dos *indivíduos* duplos ou xifópagos, ter-se-á sempre um duplo homicídio doloso, ainda que a ação imediata do criminoso tenha atingido um só dos seres unidos. É o que observa Manzini (ob. cit., n. 2.877): "Se o criminoso queria matar ambos os *irmãos "siameses,* é claro que responde por dois homicídios dolosos, em concurso material; se sua ação era determinada pelo propósito de matar um só, implicava, por necessidade lógica e biológica, a vontade de matar ambos, de vez que a morte de um determina, normalmente, também a morte do outro, e, assim, quanto a esta, subsiste o dolo eventual. No caso excepcionalíssimo, em que uma pronta e eficaz intervenção cirúrgica logre salvar a vida de um deles, o réu responderá por homicídio consumado e tentativa de homicídio".

parto (com o rompimento do saco amniótico), já constitui *homicídio,* embora eventualmente assuma o título de *infanticídio.*

**8. Irrelevância de "concausas".** O novo Código não contempla a *concausa,* em hipótese alguma, como especial minorante objetiva no crime de homicídio. Já não é reduzida a pena, quando para o resultado "morte" hajam concorrido as *condições personalíssimas* do ofendido ou a *inobservância,* por parte deste, *do regime médico-higiênico reclamado pelo seu estado.* O *privilegium* concedido ao *homicídio doloso concausal,* segundo as fórmulas dos §§ 1º e 2º do art. 295 do Código de 90, não era uma solução de equidade, mas um atestado de aberrante condescendência para com o criminoso. Se o agente procede *necandi animo* (isto é, com dolo, direto ou eventual, específico do homicídio), que importa, sob o ponto de vista penal, a preexistência, concomitância ou superveniência de uma causa que, embora alheia ao cálculo do agente, favoreça ou condicione a eficiência letal da lesão infligida, sem ultrapassar a órbita do perigo criado por esta ou incidindo na sua linha de desdobramento físico? Argumenta-se que, em tal caso, não obstante a existência do *animus occidendi,* O evento "morte", do ponto de vista objetivo, não pode ser imputado exclusivamente à conduta do agente e, assim; a pena deve ser diminuída. Afeiçoando-se a tal critério, o antigo Código, entretanto, não lhe prestava estrita fidelidade: reduzia a pena na hipótese das "condições personalíssimas do ofendido" (isto é, condições anátomo-fisiológicas *anormais* ou *excepcionais,* mas não *patológicas)* e na de "inobservância do regime médico-higiênico", mas equiparava à lesão mortal *per se* a que produz a morte por coeficiência da "constituição ou estado mórbido anterior" da vítima (isto é, concausas *patológicas).* Era evidente o ilogismo, desde que idêntico, em qualquer dessas hipóteses, o grau de cooperação da concausa. Tanto faz que a morte tenha resultado da concorrência, por exemplo, do estado hemofílico ou diabético do ofendido, quanto da fragilidade congênita do seu osso frontal, atingido pelo golpe, ou de um processo infeccioso consequente à lesão recebida. No caso de "inobservância do regime médico-higiênico", a redução da pena era maior do que no das "condições personalíssimas", por entender-se que se apresentava ainda menos íntima a coligação entre o fato do agente e a concausa. Era a preocupação de miúdo objetivismo, para a graduação da punibilidade, a redundar no despropósito de considerar-se a evitabilidade do resultado letal como uma *condição de menor punibilidade* do homicídio doloso, ou de admitir-se uma estranha compensação parcial entre o dolo do agente e a negligência da vítima.

O legislador de 1940 não contemporizou com o critério tradicional: separou, como conceitos distintos, a *causalidade* (física) e a *culpabilidade,* e consagrou, em princípio, no tocante à primeira, a teoria chamada da *equivalência dos antecedentes* ou da *conditio sine qua non.*[12] Em face do art. 11 *(caput)* do novo Código, é sempre integral e solidariamente responsável pelo resultado concreto, do ponto de vista lógico-causal, "a ação ou omissão sem a qual o resultado não teria ocorrido". Nada importa que haja cooperado com a ação ou omissão, para o advento do resultado, outra força causal (concausa). Nenhuma diferença existe entre *causa* e *concausa,* entre *causa* e *condição,* entre *causa* e *ocasião.*

Todas as forças que contribuem para o resultado *in concreto,* apreciadas em conjunto ou *uti singuli,* são *causa* dele, equivalendo-se na sua eficiência. Nem uma só delas pode ser abstraída, pois, de outro modo, se teria de concluir que o resultado, na sua forma concreta, não teria ocorrido. Formam elas uma unidade incindível. Relacionadas ao evento, tal como este ocorreu, foram todas igualmente *necessárias,*[13] embora qualquer delas, sem o concurso das outras, não tivesse sido *suficiente.* A ação ou omissão, como cada uma das outras causas concorrentes, é condição *sine qua non* do resultado. O nexo causal entre a conduta do agente e o resultado não é *interrompido* ou *excluído* pela interferência *cooperante* de outras causas. Assim, no crime de homicídio, relação causal entre o agente e o resultado "morte" não deixa de subsistir, ainda quando para tal resultado haja contribuído, por exemplo, a particular condição fisiológica da vítima ou a falta de tratamento adequado.

A equivalência dos antecedentes causais é um dado de lógica pura, e nada impede que seja reconhecido na esfera jurídico-penal, desde que se não confundam a causalidade objetiva e a causalidade subjetiva (culpabilidade), a *imputatio facti* e a *imputatio juris.* Se o reconhecimento do nexo causal entre a conduta do agente e o resultado coincidisse com o *juízo de culpabilidade,* a teoria da equivalência seria, no terreno do direito penal, evidentemente imprestável, pois autorizaria, para o efeito da responsabilidade, uma *regressão infinita* às condições antecedentes. No caso de homicídio, por exemplo, seria penalmente responsável até mesmo o fabricante da arma com que foi o crime praticado.

A teoria em questão é a preferível dentre todas as formuladas sobre a causalidade física,[14] pois serve a uma solução simples e prática do problema.

12 A *teoria da equivalência* remonta a Stuart Mill, mas foi Von Buri que, inspirado ou não no filósofo inglês, a formulou no campo do direito penal.

13 Stuart Mill, *A system of logic* (ed. L. Green & Co., 1919, p. 214): *"All the conditions were equally indispensable to the production of the consequent."*

14 Dentre as numerosas teorias sobre a causalidade, à parte a da equivalência, são dignas de menção as seguintes:

A pergunta – *quando a ação ou omissão é causa do resultado?*, ela responde de modo claro e categórico: a ação ou omissão é sempre causa quando, suprimida *in mente* ("processo de eliminação hipotética", na frase de Thyrén), o

---

*Teoria da causalidade adequada* (Von Kries, Von Bar): causa é a condição em geral idônea ou *adequada* a determinar o fenômeno. Também esta teoria não distingue entre causa e condição: todo antecedente é causal, desde que se apresente como *fator típico*, isto é, desde que mantenha com o fenômeno uma relação de regularidade estatística (uma relação de *constância*, segundo id *quod plerumque accidit).*
*Teoria da causa humana exclusiva* (Antolisei): para a existência do nexo de causalidade, em sentido jurídico, é necessário que o homem, com sua ação ou omissão, tenha posto em ato uma condição do evento, e mais que a produção deste não se tenha verificado pelo concurso de fatos excepcionais *(raríssimos)*, pois, se tal concurso advém, o nexo entre a ação ou omissão e o evento é simplesmente *ocasional*, e não basta para que se possa imputar o evento ao agente ou omitente.
*Teoria da eficiência* (Birkmayer, Stoppato): causa é a condição mais eficaz (*"Ursache ist die wirksamste Bedingung);* causa é a força que produz um fato.
*Teoria da condição insubstituível* (G. Müller): só é causa a condição indispensável em relação ao evento.
*Teoria da causa próxima* (que remonta a Bacon): *"in jure non remota causa, sed proxima spectatur"*. É preciso distinguir entre *causa* (causa imediata) e *condição* (causa remota): só a primeira pode ser tomada em conta pelo direito.
*Teoria da causa decisiva* (Köhler): causa é o *elemento dinâmico* que decide da espécie do efeito. Os *elementos estáticos* são simples *condições* e, como tais) juridicamente imponderáveis.
*Teoria* do *equilíbrio* (Binding): causa é a *força última*, que, rompendo o equilíbrio entre os elementos favoráveis (positivos) e os contrários (negativos), produz o evento.
*Teoria do movimento atual* (Horn): causa é o *movimento* atual, em contraposição ao estado inerte.
*Teoria da causa relevante para* o *direito penal* (M. L. Müller, Mezger): causa, do ponto de vista lógico, é qualquer condição (como na teoria da equivalência); mas a existência do nexo causal não induz, *a priori*, a relevância deste para o direito penal: só é jurídico-penalmente relevante a causa idônea (a idoneidade, aqui, diversamente da teoria de Von Kries ou da causalidade adequada, não é necessária para a existência do nexo causal, mas para a relevância jurídico-penal).
*Teoria da causa típica* (Beling): não existe propriamente um problema de causalidade, mas apenas a questão de *enquadramento (Subsumtion)* do fato no "molde" penal, mediante a interpretação do texto legal, especialmente do sentido do "verbo" que preside à configuração do crime. Segundo Beling *(Die Lehre von Verbrechen*, p. 208), a teoria da causalidade não pertence à teoria da ação, mas à do conteúdo de fato do crime, segundo o *tipo legal ("sie gehört nicht zur Handlungslehre, sondern in die Lehre von Tatbestande, und zwar von den materielen Tatbestanden").*
*Teoria da tipicidade condicionada* (Ranieri): existe nexo causal, em direito penal, quando entre uma determinada conduta *típica* (isto é, correspondente à descrita por uma norma penal) e um determinado evento, consistente em particular modificação do mundo externo (também descrita, de regra, na dita norma), existe uma relação que tenha os característicos de *sucessão, necessidade* e *uniformidade.*
*Teoria da condição perigosa* (Grispigni): a conduta humana é causa de um evento, não apenas quando lhe é condição (condição simples), mas, além disso, quando, apreciada *ex ante*, constitua um *Perigo*, relativamente à superveniência do evento.

resultado *in concreto* não teria ocorrido. Mas a causalidade física não é, nem podia ser o único pressuposto da punibilidade: acha-se igualmente subordinada à *culpabilidade* do agente. Averiguado um evento penalmente típico na sua objetividade, cumpre indagar, primeiramente, se foi *causado* por alguém e, em seguida, se o agente procedeu *dolosa* ou *culposamente,* O requisito da culpabilidade é, sob o prisma jurídico-penal, um corretivo à excessiva amplitude do conceito de causa (no sentido puramente lógico). Assim, no exemplo acima dado, o fabricante da arma ofensiva não é penalmente chamado a contas pelo resultado "morte", pois este não lhe pode ser *psiquicamente* imputado, a título de dolo ou culpa.

É preciso notar que, adotando a teoria da equivalência, o Código não o fez *sic et simpliciter,* pois lhe abre uma exceção, no terreno mesmo da pura causalidade objetiva. Dispõe o parágrafo único do art. 11 que "a superveniência de causa independente exclui a imputação quando, por si só, produziu o resultado" (salvo os "fatos anteriores", que se imputam "a quem os praticou"). Trata-se, como dissemos, de uma *exceção,* e não, como pode parecer (pela exegese literal), uma simples aplicação da regra formulada no *caput* do artigo. O parágrafo prevê a hipótese da *independência relativa* da causa superveniente.[15] Seria ele uma superfluidade se se referisse à hipótese da *independência absoluta,* pois esta já está reconhecida na parte principal do artigo, *a contrario sensu,* como excludente da causalidade oriunda da ação ou omissão. Se a *causa superveniens* se incumbe sozinha do resultado, e não tem coligação alguma, nem mesmo ideológica, com a ação ou omissão, esta passa a ser, no tocante ao resultado, uma "não causa". Tomemos o exemplo formulado por Von Liszt: *A* fere mortalmente o barqueiro *B,* mas este, antes que sobrevenha a morte em consequência do ferimento, perece afogado, porque um tufão fez soçobrar o barco. Em face do art. 11, *caput,* é claro que a *A* não pode ser imputada a morte de *B,* pois, ainda que suposta inexistente a sua ação, tal resultado teria igualmente ocorrido.

Não é, portanto, de casos como este que cogita o parágrafo do art. 11. E tem-se de chegar, então, em face do mesmo parágrafo, à seguinte conclusão: para interromper ou excluir o nexo causal, basta que sobrevenha à ação ou

15 Não se refere o Código, no parágrafo único do art. 11, às causas *preexistentes* ou *concomitantes;* de modo que estas somente quando *absolutamente* independentes excluem a causalidade desenvolvida pela ação ou omissão. Exemplos: *A* fere mortalmente *B,* mas este vem a morrer, não em consequência do ferimento, mas por efeito de uma dose de veneno que pouco antes ingerira; *A* desfecha um tiro mortal contra *B.* no mesmo instante em que este morre *exclusivamente* por efeito de um colapso cardíaco. Neste último caso, se há incerteza sobre a primazia de uma das causas, deve ser aplicado o *in dubio pro reo,* respondendo o agente apenas por tentativa de homicídio.

omissão uma causa *relativamente independente,* que se encarregue, por si só, de produzir o resultado. Figure-se o seguinte caso: Tício fere mortalmente Mévio, mas este, recolhido a um hospital, vem a morrer pela ingestão de uma substância tóxica que, ao invés do medicamento prescrito, lhe ministra, inadvertidamente, a enfermeira. Dentro da lógica da teoria da equivalência (endossada pelo *caput* do art. 11), o resultado "morte" teria de ser imputado a Tício, pois, se não fora a ação deste, Mévio não teria sido levado para o hospital e, portanto, não teria sido vítima da troca de remédio por veneno. É força, porém, convir que há uma *relativa* independência entre a ação de Tício e a causa sucessiva: não se achava esta na linha de desdobramento físico (ou *anatomopatológico,* como diz Montalbano) do resultado da ação de Tício. Sobreveio, com o descuido da enfermeira, um novo processo causal, que se substituiu ao primitivo, acarretando, por sua exclusiva eficácia, o resultado "morte". Tício deve responder somente por *tentativa* de homicídio. Se se abstrai o conceito ideológico de causalidade, não há dúvida que, no caso figurado, como acentua Pergola,[16] se apresentam dois processos causais distintos e autônomos: um que vai da ação de Tício até a lesão corporal de Mévio, com os seus consectários físicos ou anatomopatológicos (certos ou eventuais), e outro que vai da inadvertência da enfermeira até a morte de Mévio.

Para a solução de casos que tais, em que a causa superveniente, do ponto de vista relativo, não coopera propriamente com a causa primitiva, é que o parágrafo único do art. 11 cria um *temperamento* à teoria da equivalência, considerando interrompido ou truncado o nexo causal entre a conduta do agente e o resultado.[17] A limitação que o parágrafo introduz à regra do artigo deve ser entendida, repita-se, no próprio terreno objetivo-causal, isto é, sem qualquer apelo ao requisito da *culpabilidade.* Restringindo a teoria da equivalência,[18] o parágrafo não se orienta pela *teoria da adequação* ou qualquer outra que, implícita ou explicitamente, entrose a causalidade física com a causalidade psíquica. A causa superveniente, a que se refere o parágrafo, exclui a imputação do resultado ao agente, não porque tenha sido *imprevisí-*

16 *Il reato,* p. 382.

17 Na sua *Exposição* de *motivos,* assim se exprime o ministro Campos: "Somente no caso em que se verifique uma *interrupção de causalidade,* ou seja, quando sobrevém uma causa que, sem *cooperar* propriamente com a ação ou omissão, ou representando uma cadeia causal autônoma, produz, por si só, o evento, é que este não poderá ser atribuído ao agente, a quem, em tal caso, apenas será imputado o evento que se tenha verificado por efeito exclusivo da ação ou omissão." *(Rev. Forense,* Rio, 1941, v. 85, p. 445.)

18 A teoria da equivalência, nem mesmo em doutrina, persiste com a pureza ou rigor com que a formulou Von Buri.

*vel* ou *incalculável,* mas *porque a lei assim* o *determina,* considerando excluída a causalidade originária da ação ou omissão.

**9. O elemento subjetivo.** Para o efeito da responsabilidade penal, *como* já se disse, não basta averiguar a existência do vínculo causal objetivo entre a ação ou omissão e o resultado: cumpre, igualmente, que se reconheça a culpabilidade do agente, isto é, se ele procedeu com *dolo* ou *culpa stricto sensu.* Dolo é a vontade *livre e conscientemente* exercida no sentido do resultado antijurídico.[19] Diz-se *direto,* quando o agente prevê como certo o resultado,

---

19 O novo Código não repeliu a noção *normativa* do dolo. Dolo é a *voluntas sceleris.* Não existe sem a *consciência da injuricidade.*
Objeta-se que, em relação ao indivíduo *responsável* (isto é, dotado de capacidade de direito penal), o conhecimento da lei penal é presunção *juris et de jure* e, assim, a inclusão da consciência da injuricidade no conteúdo do dolo colidiria com a irrelevância do *error juris criminalis.* Ora, a inserção da consciência da injuricidade no conceito do dolo nada tem a ver com a inescusabilidade do erro de direito. Um indivíduo pode ter ciência de que tal ou qual fato constitui o elemento objetivo de um crime e não ter, entretanto, ao realizá-lo, a intenção ou vontade de se pôr em antítese com o escopo de utilidade social ou moral positiva colimado pela norma penal, ou, por outras palavras, sem o *animus* de contrastar a reprovação ético-social que informa o *praeceptum* penal. Com o incriminar um fato, descrevendo-lhe abstratamente o *corpus,* a lei não quer significar que, toda a vez que se apresente *in concreto* uma ação consciente realizando esse *corpus,* se deva sumariamente, sem admissão de prova em contrário, reconhecer que o agente se propôs um fim antijurídico ou criminoso. Isto valeria por confinar a responsabilidade penal a título de dolo ao rude e árido objetivismo do *factum pro dolo accipitur. Consciência da injuricidade,* na contextura do dolo, é o *juízo de valor* pelo qual o agente reconhece no fato, cuja execução empreende, aquele mesmo que a lei ou a *opinio juris* popular reprova como violação do dever de disciplina social. Não há dizer-se que a representação subjetiva da correspondência formal do fato a um *modelo abstrato* de crime importa, de si mesma, necessariamente, a consciência da injuricidade. Esta não é um infalível consectário daquela.
Será, acaso, réu de homicídio doloso o cirurgião que ocasiona a morte prematura do seu cliente no curso de uma operação *arriscada* (isto é, com previsão da probabilidade do resultado letal), mas aconselhada pela ciência como *último recurso?*
A confirmação de que o novo Código consagrou a noção normativa do dolo, e não a puramente *psicológica,* esta no explícito reconhecimento da exclusão de dolo no caso das chamadas *descriminantes putativas* (art. 17, 2ª parte). O indivíduo que, por erro plenamente justificado pelas circunstâncias, se supõe, por exemplo, em estado de legitima defesa e mata o seu pseudoagressor, fica isento de pena por *ausência de dolo* (e não porque o fato seja objetivamente lícito, como na autêntica legitima defesa). Esta solução é incompatível com a noção puramente psicológica do dolo. Se tivesse aceito tal noção, que, limitando o dolo à simples representação da importância do ato de vontade como causa, certa ou provável, de um resultado correspondente ao *conteúdo* de *fato* de um crime, pretende que o requisito da *injuricidade* deva ser apreciada de um ponto de vista

para cujo advento, precisamente empreende o ato de vontade; e *eventual*, quando o agente, prevendo como provável ou possível o resultado, assume o risco de produzi-lo.

Por outro lado, *culpa* é a omissão da atenção ou diligência normalmente empregadas para prever ou evitar a lesão de bens ou interesses jurídicos alheios (veja-se, adiante, número 31). Diz-se *inconsciente*, quando o agente não previu o evento lesivo, embora tivesse podido prevê-lo; e *consciente*, quando, previsto o evento como possível, não procurou o agente evitá-lo (pressuposta a sua evitabilidade), *esperando*, sincera, mas levianamente, que não ocorresse.

Em doutrina, costuma-se distinguir entre dolo *determinado* e dolo *indeterminado*, considerando-se subespécies do último o dolo *alternativo* (previsão de resultados diversos, que reciprocamente se excluem, propondo-se o agente a realizar qualquer deles, indiferentemente) e o *eventual*. É de rejeitar-se, porém, a distinção.

O dolo pode ser *mais ou menos determinado*, mas nunca *indeterminado*. O pretendido *dolo indeterminado* (sobrevivência do antigo *dolus* generalis) admite um verdadeiro contrassenso, qual seja o de uma vontade de fazer mal ou delinquir *in genere*. No dolo alternativo, não há indeterminação da vontade: quando se querem, indiferentemente, resultados diversos, sabendo-se que um excluirá os outros, a vontade é tão determinada como quando se quer um resultado único. Também não é indeterminada a vontade no dolo eventual: quando a vontade, dirigindo-se a um certo resultado, não recua ou não refoge da prevista possibilidade de outro resultado, *consentindo* no seu advento, não pode haver dúvida de que esse outro resultado participa da volição do agente, embora de modo secundário ou mediato. A menção expressa que faz o Código ao dolo eventual, para equipará-lo ao dolo direto (em que o resultado é querido de modo principal e imediato), plenamente se justifica: não obstante a justeza do raciocínio de que "quem arrisca, quer", não tem faltado quem, para um desarrazoado tratamento benigno, procure afastar essa forma de culpabilidade para o terreno da *culpa consciente*.

Em face da definição do dolo e da culpa, isto é, das duas únicas formas da culpabilidade, segue-se que, não obstante a relação causal-objetiva entre a ação ou omissão e o resultado, inexiste a culpabilidade, sob a forma de

---

rigorosamente objetivo (e, portanto, nada tem a ver com o dolo). O Código não podia ter deixado de aprovar a intolerável ilação de Von Liszt (um dos precursores da teoria do *dolus* facti, na interpretação do *direito positivo alemão)*: "Não aproveita ao agente a errônea suposição de que a ação, por ele reconhecida como genericamente antijurídica, incide num dos casos excepcionais em que a injuricidade é excluída."

dolo, se o agente se encontrava sob *coação irresistível* (art. 18) ou sob a influência de *erro essencial* (espontâneo ou provocado por terceiro), ainda que vencível (art. 17); e mesmo sob a forma de culpa, se era invencível o erro ou se o advento do resultado escapava à previdência comum ou, se previsto, não podia ser evitado. A condição mínima da culpabilidade é a *previsibilidade ou evitabilidade* do *eventus damni* (ou do *eventus periculi).* O que está além da previsão ou diligência comuns *não é exigível,* sob o ponto de vista jurídico-penal, do *homo medius,* ainda que não se trate, rigorosamente, de *caso fortuito* ou de *força maior.* No que respeita ao *casus* e à *vis major,*[20] é de notar-se que, antes de excluírem a culpabilidade, excluem a própria relação causal entre a ação ou omissão e o resultado. Notadamente, para resolver a hipótese da superveniência do *casus,* quando este, rompendo a causalidade em curso, se incumbe, por sua conta exclusiva, da produção do resultado, é que foi formulado o parágrafo único do art. 11; e quanto à *força maior,* é bem de ver que, sob a pressão dela, o homem não passa de um joguete da fatalidade: não é um *dominus,* mas um *servus* da energia causal; não *age:* é *agido.*

Expostas estas noções gerais sobre a culpabilidade, passemos a tratar do dolo *distintivo* do homicídio. Pode ser ele definido como a vontade consciente e livre de eliminar uma vida humana. O resultado "morte" pode ser querido por si mesmo, ou secundariamente a outro resultado (lícito ou ilícito). No primeiro caso, temos o homicídio com dolo direto: *A,* com um tiro de revólver, quis matar *B* e matou; no segundo caso, apresenta-se o homicídio com dolo eventual: *A,* quando vai desfechar o tiro para matar *B,* prevê que pode matar *C,* que está junto de *B;* mas não desiste da ação, assumindo o risco desse outro resultado, que, efetivamente, vem a ocorrer.[21]

---

20 Distingue-se entre o caso fortuito e a força maior: no primeiro, o resultado, se fosse previsível, seria evitável; na segunda, ainda que previsível ou previsto, o resultado é inevitável juridicamente (ou para efeito da exclusão da responsabilidade), porém, equiparam- se o *casus* e a vis *major:* tanto faz não poder prever um vento, quanto prevê-lo, sem, entretanto, poder evitá-lo.
MANZINI (ob. cit., II, n. 283) entende que *"la comune distinzione tra caso fortuito e forza maggiore non ha alcuna ragione d'essere: essa è una delle tante frasi vuote e sonare di cui si campiace il gergo giudiziario".* E prossegue: *"Tutto aI più si puó dire che caso si riferisce alla considerazione statica dell'evento, e forza maggiore alla contemplazione dinamica dell'evento stesso, ancorchè neppure ció sia sempre esatto come quando l'energia causale si esercita non contro le forze individuali d'azione o di resistenza, ma esclusivamente sulle cose di cui l'individuo è centro sociale."*

21 Neste último caso, se ocorre também a morte de *B,* responde *A* por dois homicídios dolosos; se *B* fica ileso ou apenas ferido, responde *A,* quanto a ele, por tentativa de homicídio e homicídio doloso.

Como reconhecer-se a *voluntas ad necem?* Trata-se de um *factum internum,* e desde que não é possível pesquisá-lo no "foro íntimo" do agente, tem-se de inferi-lo dos elementos e circunstâncias do fato externo. O fim do agente se traduz, de regra, no seu ato. O sentido da ação (ou omissão) é, na grande maioria dos casos, inequívoco. Quando o evento "morte" está em íntima conexão com os meios empregados, de modo que ao espírito do agente não podia deixar de apresentar-se como resultado necessário, ou ordinário, da ação criminosa, seria inútil, como diz Impallomeni,[22] alegar-se que não houve o *animus occidendi:* o fato atestará sempre, inflexivelmente, que o acusado, a não ser que se trate de um louco, agiu sabendo que o evento letal seria a consequência da sua ação e, portanto, quis matar. É sobre *pressupostos de fato,* em qualquer caso, que há de assentar o processo lógico pelo qual se deduz o dolo distintivo do homicídio.

Certa dificuldade pode surgir, às vezes, na prática, para distinguir se se trata de homicídio com *dolo eventual* ou de homicídio com *culpa consciente.*[23] O que deve decidir, em tal caso, são ainda as circunstâncias do fato, de

---

Não obstante a unidade de ação, *A* representou-se dois resultados antijurídicos, e quis ambos distintamente (art. 51, § 1º, 2ª parte), embora um de modo secundário. Diversa do caso ora figurado é a hipótese da *aberratio ictus,* que reclama, portanto, solução diversa (veja-se, adiante, n. 19).

---

22 *L'Omicidio,* p. 80.

23 O dolo eventual e a culpa consciente têm um traço comum; quer num, quer noutra, o resultado criminoso é previsto pelo agente; mas, como ensina Logoz (ob. cit., p. 66), "[...] a diferença entre essas duas formas de culpabilidade apresenta-se quando se faz a seguinte pergunta: '*por que,* em um e outro caso, a previsão das consequências possíveis não impediu o inculpado de agir?' A esta pergunta uma resposta diferente deve ser dada, segundo haja dolo eventual ou culpa consciente. No primeiro caso (dolo eventual), a importância inibidora ou negativa da representação do resultado foi, no espírito do agente, mais fraca do que o valor positivo que este emprestava à prática da ação. Na alternativa entre duas soluções (desistir da ação ou praticá-la, arriscando-se a produzir o evento lesivo), o agente escolheu a segunda. Para ele, o evento lesivo foi como que o menor de dois males. Em suma, pode dizer-se que, no caso de dolo eventual, foi por egoísmo que o inculpado se decidiu a agir, custasse o que custasse. Ao contrário, no caso de culpa consciente, é por leviandade, antes que por egoísmo, que o culpado age [...]. Em tal caso, com efeito, o valor negativo da previsão do resultado possível era, para o agente, mais forte que o valor positivo que atribuía à prática da ação. Se estivesse persuadido de que o resultado sobreviria realmente, teria, sem dúvida, desistido de agir. Não estava, porém, persuadido disso. Calculou mal. Confiou em que o resultado não se produziria, de modo que a eventualidade, inicialmente prevista, não pôde influir plenamente no seu espírito. Em conclusão: não agiu por egoísmo, mas por leviandade; não refletiu suficientemente."

par com os *motivos do agente*. Somente eles poderão demonstrar que o acusado agiu com perversa ou egoística indiferença, consciente de que seu ato poderia acarretar a morte da vítima e preferindo arriscar-se a produzir tal resultado, ao invés de renunciar à prática do ato (dolo eventual); ou se agiu apenas levianamente, na inconsiderada persuasão ou esperança de que não ocorresse o resultado previsto como possível (culpa consciente). Se o fato, com seus elementos sensíveis, é equívoco, ou se há dúvida irredutível, ter-se-á, então, de aplicar o *in dubio pro reo,* admitindo-se a hipótese menos grave, que é a da culpa consciente.[24]

São bem conhecidas, a respeito do dolo eventual, as chamadas "fórmulas de Frank". A primeira delas assim decide: "A previsão do resultado como *possível* somente constitui dolo, se a previsão do mesmo resultado como *certo* não teria detido o agente, isto é, não teria tido o efeito de um decisivo motivo de contraste". É esta a fórmula denominada "teoria hipotética do consentimento", a que o próprio Frank acrescentou esta outra (chamada "teoria positiva do consentimento"): "se o agente se diz a si próprio: *seja como for, dê no que der, em qualquer caso não deixo de agir*", é responsável a título de dolo.[25]

Ambas as fórmulas deverão servir de orientação para o juiz, mas é claro que, para sua aplicação aos casos concretos, terá ele de ater-se às circunstâncias da ação e motivos do agente.

Figuremos os seguintes casos:

Um médico, para fim científico, experimenta *in anima nobili* uma certa substância química, que *pode* causar a morte do paciente, e o resultado letal vem, realmente, a ocorrer. Dá-se, aqui, sem dúvida, um homicídio com dolo eventual.

Tício, agindo em legítima defesa do seu amigo Mévio, atracado em luta com Semprônio, que procura esfaqueá-lo, dispara um tiro para abater o último, mas acontecendo que o atingido é Mévio, que tomba morto. Pelas circunstâncias, verifica-se que Tício naturalmente previu como possível esse resultado; mas não se pode afirmar que tivesse *consentido* nele: seu propósito era salvar, e não matar o amigo. Responderá por homicídio com culpa consciente.

---

24 Von Hippel (ob. cit., v. II, p. 315): "Se a atitude psíquica do dolo eventual existe, ou não, no momento da ação, deverá decidi-lo o juiz, com fundamento na apreciação objetiva das circunstâncias do fato. Pode, em alguns casos, persistir a dúvida, e, então, deverá ser rejeitada, por deficiência de prova, a hipótese de dolo." *("Ob der psychische Tatbestand des dolus eventualis zur Zeit der Tatvorlag oder nicht, darüber hat der Richter aut Grund objektiver Würdigung der Sachlage zu entscheiden. Dabei kõnnen ein einer Kleinen Minderzahl von Fällen Zweifel bleiben; dann ist Vorsatz als nicht feststellbar abzulehnen.")* No mesmo sentido: Thormann e Overbeck (ob. cit., p. 99) e Logoz (ob. cit., p. 62).

25 Frank, ob. cit., p. 132: *"Sagt sich der Täter: mag es so oder anders sein, so oder unders werden, auf jedem Fall handle ich, so ist sein Verschulden ein vorsätzliches."*

Um motorista, dirigindo o· seu carro com grande velocidade, para atender ao compromisso de um encontro com hora certa, divisa à sua frente um transeunte, que, à aproximação do veículo, fica atarantado e vacilante, sendo atropelado e morto. Evidentemente, o motorista previu a possibilidade desse evento; mas, deixando de reduzir ou anular a marcha do carro, teria aceito o risco de matar o transeunte, ou esperou que este se desviasse a tempo de não ser alcançado? Na dúvida, a solução não pode ser outra senão a do reconhecimento de um homicídio com culpa consciente.

Suponha-se, entretanto, que o motorista, recebendo a notícia de que um seu filho foi vítima de uma grave queda e precisa de ser transportado ao Pronto-Socorro, sai com o seu veículo em louca disparada, indiferente à sorte dos transeuntes que se lhe antolham, e colhe um deles, esmagando-o: o *complexo motivante* está a indicar que o motorista preferiu assumir o risco de tal evento a deixar de prosseguir na desabalada carreira. O homicídio ser-lhe-á imputado a título de dolo eventual.

O Código, ao definir o dolo eventual, inspirou-se, até certo ponto, na extensiva fórmula preconizada pela antiga Comissão de reforma do direito penal alemão: "*Vorsätizlich handelt auch, wer es zwar nur für möglich, hält, aber doch in Kauf nimmt, dass er der Erfolg herbeiführt...*" (isto é, "também age dolosamente aquele que prevê apenas como possível o resultado, mas consciente do risco de causá-lo").[26]

Hans Frank *(Nationalsozialistisches Handbuch f. Rechts und Gesetzgebung*, p. 1.341) explica que a expressão *in Kauf nehmen,* empregada nesta fórmula, quer dizer "estar consciente do risco" *("mit bewussten Gefahrrisiko").*

---

26 Donnedieu de Vabres *(La politique criminelle* des *Etats autoritaires*, p. 96) assim se refere à fórmula alemã: "Os delitos culposos "ocupam, entre os delitos puramente materiais e os delitos dolosos, uma situação intermediária. O problema delicado é relativo ao caso da *culpa consciente,* conhecida em França com o nome de *dolo eventual.* A maior parte dos códigos modernos, notadamente o Código Penal francês e o Código alemão de 1871, deixam aos tribunais a tarefa de resolvê-lo.
Nossa jurisprudência, Inspirando-se no princípio de *benignior interpretatio,* soluciona a questão com grave prejuízo de interesses cada dia mais respeitáveis, pela assimilação do dolo eventual à simples culpa. O moderno legislador penal alemão propôs-se, com muita felicidade, preencher a lacuna. O projeto de 1927 (§ 17) assimilava à *intenção criminosa* o caso de quem, sem ter interesse no evento lesivo, sem querê-lo, estava consciente dele e, por sua conduta, consentiu em que ocorresse *(Einwilligungstheorie).* Mais rigoroso é ainda o projeto nacional-socialista. Entende ele que, mesmo faltando a consciência, já a indiferença leviana, o fato de quem se fia cegamente 'em sua boa estrela' merece ser equiparado ao dolo. O projeto substitui a noção da *Einwilligung* ou do *Einverstandensein* pela fórmula *in den Kauf nehmen.*"

Ao invés de traduzir fielmente a expressão alemã *in der Kauf nimmt*, o Código, mais restritivamente, fala em "assume o risco". A propósito da fórmula germânica, disserta Schäfer *(in Das kommende deutsche Strafrecht*, col. Por Gürtner, parte geral, p. 61): "[...] exigir o 'consentimento' importa critério demasiadamente restrito, pois não abrange os casos em que o agente, prevendo a possibilidade de ocasionar o resultado, não *aprova*, mas afasta mentalmente tal possibilidade com leviana indiferença, ou, em contraste com os prudentes conselhos da experiência, confia no acaso ou levianamente que o resultado não sobrevirá. Uma tal atitude psíquica é tão grave que, do ponto de vista do novo Estado, em que a proteção da coletividade sobreleva a do indivíduo, deve ser reconhecida como espécie de dolo, isto é, da mais grave forma da culpabilidade. É o que fez a Comissão, que não exige o 'consentimento', declarando bastante o *estar consciente do risco*."

Não é este o ponto de vista do Código. *Assumir* o *risco é alguma coisa* mais *que ter consciência de correr* o *risco: é consentir* previamente no resultado, no caso que venha este, realmente, a ocorrer. Pela leitura da *Exposição de motivos*, não padece dúvida que o Código adotou a *teoria do consentimento*. Diz o Ministro Campos: "Segundo o preceito do art. 15, n. I, o dolo (que é a mais grave forma da culpabilidade) existe não só quando o agente quer diretamente o resultado *(effectus sceleris)*, como quando assume o risco de produzi-lo. O *dolo eventual* é, assim, plenamente equiparado ao *dolo direto*. É inegável que arriscar-se conscientemente a produzir um evento vale tanto quanto querê-lo; ainda que sem *interesse* nele, o agente o ratifica *ex ante*, presta anuência ao seu advento."[27] Este raciocínio remonta a Bohemero: "*Qui enim vult antecedens specifice, non potest nolle consequens si est praevisum ac cognitum... voluit necem specifice, etsi eventualiter voluerit... in eventum inde sequuntum consensisse*".

**10. Crimes qualificados pelo evento "morte".** Há certos crimes em que, seguindo-se o resultado "morte", não compreendido no dolo do agente, dá-se uma "condição de maior punibilidade". É o que acontece em relação ao *aborto provocado por terceiro* (art. 127, *in fine)*, à *lesão corporal* (art. 129, § 3º), ao *abandono de incapazes* (art. 133, § 2º), à *exposição ou abandono de recém-nascido* (art. 134, § 2º), à *omissão de socorro* (art. 135, parágrafo único,

27 Justíssima foi a crítica ao Projeto Sá Pereira, que ultrapassara todos os limites toleráveis na conceituação do dolo eventual: "Responde por dolo aquele que tiver querido produzir a lesão ou criar o perigo de lesão causado com o seu ato, ou o que o praticar *quando se devessem prever como necessárias ou prováveis as consequências* que dele resultaram". *Dever prever* não equivale a *ter previsto*, e sem previsão não é concebível o dolo.

*in fine),* à *rixa* (art. 137, parágrafo único), aos *crimes sexuais violentos* (arts. 223, parágrafo único, e 232), aos *crimes contra a incolumidade pública* (arts. 258, 263, 264, parágrafo único, e 285), à *extorsão mediante sequestro* (art. 159, § 3º). Em tais casos, como em geral nos chamados crimes *preterintencionais* (mais propriamente: *preterdolosos)* ou "qualificados pelo resultado" (nos quais o *majus delictum* ou resultado mais grave do que o visado pelo agente importa uma pena especialmente agravada),[28] vigoram, do ponto de vista da causalidade, os mesmos princípios já anteriormente expostos. Para que o resultado *ultra intentionem aut voluntatem* seja fisicamente imputado ao agente, não basta que haja simples *sucessão* entre o seu advento e a ação ou omissão. Também aqui, não vale a fórmula *post hoc, ergo propter hoc.* É preciso que o *majus delictum* (evento mais grave não querido) *resulte* da ação ou omissão, devendo entender-se, também aqui, que o nexo causal se interrompe nos termos do parágrafo único do art. 11. Figure- se o seguinte caso: Tício, com uma bengala, fere levemente Mévio, e este, ao dirigir-se a uma farmácia próxima, para medicar-se, é atropelado e morto por um automóvel. Não é aplicável, em tal hipótese, o título de "lesão corporal seguida de morte" (art. 129, § 3º), mas apenas o de lesão corporal leve (art. 129). Outro exemplo: Tício provoca aborto em sua mulher, e esta, em virtude de uma infecção consequente, é recolhida ao hospital, onde vem a morrer devido a grosseiro erro de técnica do médico encarregado da curetagem. A morte da paciente, em tal caso, não *qualifica* o aborto. Ainda outro exemplo: *A*, com o fim de extorsão, sequestra *B* numa cabana, que, algum tempo depois, sobrevindo uma tempestade, é atingida por um raio, sendo *B* fulminado. O crime é de *extorsão mediante sequestro* na sua forma simples. Mais outro exemplo: *A* deixa de prestar assistência a *B*, que encontra, ferido e exânime, numa estrada, acontecendo que, em seguida, *B* é trucidado por inimigos. Não ocorre, na hipótese, a forma qualificada de *omissão de socorro* (art. 135, parágrafo único, *in fine).*

Averiguado, porém, o vínculo causal entre a ação ou omissão e o *majus delictum,* a que título responde por este o agente? A antiga doutrina falava em *dolo indireto* ou *dolo implícito.* Feuerbach preferia que se dissesse *"culpa dolo determinata"* (*"durch Dolus bestimmte Culpa"*). A teoria do dolo indire-

---

28 É de causar estranheza a afirmativa de Jorge Severiano (*Comentários ao código penal brasileiro,* v. l, p. 219) de que o novo Código "não cogitou expressamente· dos crimes preterintencionais". O que ele devia dizer é que o Código não contém uma *norma geral* sobre a *preterintencionalidade,* que seria, aliás, inteiramente inútil, porque não *se* trata de forma especial de culpabilidade; mas todos os casos tradicionais de crime preterintencional estão particularmente previstos e apenados na *Parte Especial.*

to, isto é, de um dolo reconhecível no caso em que se previu um resultado menos grave do que o efetivamente ocorrido, sendo este *facilmente previsível*, caiu em descrédito. Não há falar-se em dolo onde não há efetiva previsão do resultado. Pressuposto que o *majus delictum* não é previsto, ou, se previsto, não é querido, nem mesmo eventualmente, segue-se que somente a título de culpa poderá ser imputado. É corrente dizer-se, entretanto, que, em face do direito positivo, nos crimes preterintencionais, a responsabilidade do agente pelo resultado mais grave independe da condição de culpabilidade, bastando o simples nexo de causalidade física. Trata-se, ao que se apregoa, de casos anômalos de responsabilidade meramente objetiva. Vem daí a acerba e justa crítica que, a propósito de tais crimes, é formulada ao direito penal moderno. Afirma Löffler que o tratamento jurídico-penal dos crimes em questão é um "baldão ignominioso de nossa época", e Beling denomina-o "um vestígio de barbaria". Identifica-se na espécie a sobrevivência do famigerado aforismo *"versanti in re illicita imputantur omnia quae sequuntur ex delicto"*. É um resquício da época anterior a Bohemero e Nettelbladt-Glaentzer, isto é, do tempo em que Gandinus podia afirmar, sem engulhos de consciência: *"Si aliquis commisit homicidium casu, aut dabat operam rei illicitae, aut non... Si vero dabat operam rei illicitae, sive adhibuit diligentiam sive non, semper ei imputatur."* Cedendo à impugnação doutrinária, os códigos e projetos de código, na atualidade, entenderam de ressalvar *expressamente* o princípio de que *não há pena sem culpa ("nulla poena sine culpa", "pas de peine sans culpabilité", "nessuna pena senza colpevolezza", "keine Strafe ohne Schuld").*[29] O Código norueguês (1902) dispõe (§ 43): "Quando a lei estabelece uma pena agravada para o caso em que o crime produza consequências involuntárias, a agravação somente se aplica se o agente podia ter calculado a possibilidade de tais consequências, ou não procurou evitá-las com os meios de que dispunha, desde que veio a conhecer o perigo." No mesmo sentido, o Código dinamarquês (1930). O Código polonês assim preceitua (art. 15, § 2º): "As consequências da ação que importam uma penalidade agravada não são tomadas em conta, senão quando o agente as previu ou devia prevê-las." O Código suíço confina o princípio ao crime de lesões corporais: *"La peine sera la réclusion si la victime est morte des suites de la lésion et si le délinquant avait pu la prévoir"* (art. 122, n. 2); *"Lorsque le déliquant aura causé un résultat grave qu'il n'avait pas voulu et qu'il n'avait pu prévoir, il sera puni pour la lésion qu'il avait voulu faire"* (art. 124). Já o Projeto austríaco de 1912 prescrevia

29 Várias teorias têm sido excogitadas em amparo à responsabilidade objetiva, mas nenhuma delas conseguiu justificar a permanência desta no direito penal (veja-se V. Cavallo, *La responsabilitá obbiettiva nel diritto penale).*

(§ 7º): *"Die erhöten Strafen, die das Gesetz an den Eintritt bestimmter Folgen einer strafbaren Handlung knüpft, dürfen nur dann verhängt werden, wenn der Täter die Folgen fahrlässig herbeiführt"* (isto é, as penas agravadas que a lei comina em razão de determinada consequência de um crime somente se aplicam se o agente produziu culposamente tal consequência"). O Projeto alemão da antiga *Strafrechtskommission,* repetindo o Projeto de 1927, declara: *"Die an eine besondere Folge der Tat geknüpfte höhere Strafe trifft den Täter nur, wenn er die Folge wenigstens fahrlässig herbeigeführt hat."* ("A pena agravada em razão de especial resultado da ação só se impõe quando o agente, pelo menos culposamente, haja dado causa a esse resultado.")

Na primeira fase da revisão do Projeto Alcântara Machado, Costa e Silva enviou à Comissão Revisora a seguinte nota: "Entendo que o futuro Código, para não incorrer na pecha de atrasado, deve repelir toda responsabilidade sem culpa (a *Erfolgshaftung* dos alemães). Assim o aconselha uma sã política criminal." E terminava propondo a seguinte fórmula:

"Pelos resultados que agravam especialmente as penas só responderá o agente que os houver causado pelo menos culposamente."

A Comissão assentiu, a princípio, em introduzir no projeto substitutivo, como parágrafo ao antigo art. 12, um preceito assim redigido:

"Pelos resultados que agravam ou aumentam especialmente as penas não responde o agente quando derivados de caso fortuito."

Era o categórico repúdio ao *"qui in re illicita versatur etiam pro casu tenetur"*. Na sua profusa crítica ao *Substitutivo,* Alcântara Machado impugnou o parágrafo: "Não se percebe" – dizia ele – "pelo menos à primeira vista, quais os resultados que agravam ou aumentam as penas." É claro que o dispositivo se referia à hipótese dos *crimes qualificados pelo resultado,* pois, de outro modo, não teria sentido; e assim o defendeu a Comissão: "O § 2º do art. 12 do Substitutivo extirpa, uma vez por todas, o escalracho da *responsabilidade objetiva.* O brocardo *nulla poena sine culpa* deve ser o princípio orientador de qualquer reforma, em matéria de legislação penal. Toda a vez que a superveniência de um determinado *resultado* (não necessário à consumação do crime) é *condição de maior punibilidade* ou *agravante especial,* o aumento da pena não será aplicado, se tal *resultado* derivar de caso fortuito, ou não puder ser imputado ao agente, pelo menos a título de culpa *stricto sensu."* Na fase final de *montagem* do Substitutivo, foi o parágrafo, entretanto, retirado, não figurando no projeto definitivo. Concordou-se, no seio da Comissão, que se tratava de uma advertência supérflua. Não já porque deixara de ser repetida a vetusta fórmula do § 6º do art. 27 do Código de 90, que só atribuía ao *casus* efeito excludente de pena quando o agente não estivesse incidindo *in re illicita;* não já porque se repelira a *culpa ex lege,* ou não já porque se adotara o princípio de que, salvo os casos expressos de punibilidade a título de culpa, ninguém responde pelo crime senão a título de dolo;[30] mas porque, segundo o próprio critério estatuído sobre a causalidade física, o resultado não pode ser imputado ao agente, quando produzido por causa sucessiva e independente. Em face do parágrafo único do art. 11, a intervenção do *caso fortuito,* rompendo o nexo causal inicial e incumbindo-se, sozinho, do resultado, impede, primacialmente, que este seja materialmente atribuído ao agente (ressalvada a imputação pelos fatos anteriores, se constituírem crime). Devendo entender-se que tal norma é aplicável em qualquer caso (onde a lei não distingue, não é dado ao intérprete distinguir), não havia necessidade de repeti-la na disciplina dos "crimes qualificados pelo resultado". O agente responderá apenas pelo *antecedente doloso* ou pelo *minus delictum,* quando o evento mais grave *(excesso no fim)* tiver sido determinado por caso fortuito. Sem dúvida, o *exercitium rei illicitae* faz *presumir a culpa* pelo evento *praeter voluntatem;* mas trata-se de presunção *juris tantum:* a prova em contrário limitará a responsabilidade ao *crime-base.* Por outras palavras: a responsabilidade pelo *majus delictum* depende, como em relação a qualquer outro resultado antijurídico, da condição mínima de responsabilidade, isto é, da previsibilidade ou prevenibilidade desse resultado. Não só o dispositivo formulado pela Comissão Revisora era ocioso: também o era o de Costa e Silva. Em face do que se firmara sobre a culpabilidade, tal como ficou definitivamente consagrado no Código, era inegável que pelo resultado antijurídico não responde o agente senão quando este lhe haja dado causa pelo menos culposamente. Diga-se, com Battaglini,[31] que, nos crimes qualificados pelo resultado, basta, para o efeito da responsabilidade pelo *majus delictum,* a culpa levíssima da lei aquília; mas não se fale, em caso algum, na interpretação do novo Código, em *responsabilidade objetiva,* ou *responsabilidade sem culpa.*

**11. Homicídio "*praeter voluntatem*" e homicídio concausal.** A distinção entre o homicídio doloso concausal e os crimes qualificados pelo evento "morte" está apenas em que, naquele, há a *voluntas ad necem* (direta ou

30 Na *Exposição* de *motivos,* diz o Ministro Campos: "No tocante à *culpabilidade* (ou elemento subjetivo do crime, o projeto não conhece outras formas além do *dolo* e da *culpa stricto sensu.* Sem o pressuposto do dolo ou da culpa *stricto sensu, nenhuma* pena será irrogada. *Nulla poena sine culpa.* Em nenhum caso haverá presunção (entenda-se: presunção *absoluta* ou *juris et* de *jure)* de culpa. Assim, na definição da culpa *stricto sensu,* é inteiramente abolido o dogmatismo da 'inobservância de alguma disposição regulamentar', *pois* nem sempre é *culposo* o evento subsequente."

31 Ob. cit., p. 151.

eventual), enquanto nestes, não. Quer num, quer noutro caso, a atividade do agente é condição *sine qua non* do resultado letal, formando com os demais coeficientes causais uma unidade incindível. No homicídio doloso concausal, porém, o evento "morte" incide no campo da vontade do agente (este quis matar ou previu que mataria); de modo que não há razão para que se identifique, na espécie, uma variante *privilegiada* de homicídio doloso. Já no outro caso, o resultado letal apresenta-se alheio à intenção ou vontade do agente, embora este pudesse prevê-lo; de tal sorte que, se o antecedente intencional ou voluntário não constituísse crime (crime-base, *minus delictum),* o agente só teria de responder a título de homicídio culposo. Os crimes qualificados pelo resultado "morte" não são mais do que uma *unidade complexa* entre o crime-base e homicídio culposo. É verdade que a essa unidade complexa é cominada pena superior à soma das penas cominadas, respectivamente, ao crime-base e ao homicídio culposo; mas isto se explica: merece maior punição, do ponto de vista ético-jurídico, aquele que, ao dar causa, culposamente, a um homicídio, já se encontrava no *exercitium rei illicitae.*

**12. Meios executivos do homicídio.** O homicídio pode ser causado tanto por *ação* (disparo de tiro, punhalada, propinação de veneno, estrangulamento, inoculação de micróbios de um *morbus* letal etc.), como por *omissão* (privar de alimentos, negar possível salvamento a um periclitante etc.). O Código, como se vê do art. 11, não distingue, em matéria de causalidade, entre ação e omissão. A eficácia causal da omissão, no entanto, tem sido objeto de infindáveis controvérsias. Tem-se procurado demonstrar que a omissão é *mecanicamente* causal, – o que vale pela tentativa de provar o esferoidismo de um espeto. O problema só admite solução quando se considera que *causa* não é apenas um conceito *naturalístico,* senão também um conceito *lógico.* Do ponto de vista lógico, é *condição* de um resultado a não interferência de forças que podem impedir o seu advento. Quem deixa de impedir um evento, *podendo* fazê-lo, é *condição* dele, tanto quanto as *condições* colaterais que tendiam para a sua produção. Tendo adotado a *teoria da equivalência,* que não distingue entre *causa* e *condição,* o Código não podia deixar de reconhecer a identidade causal entre a ação e a omissão. Não conservou ele, entretanto, um dispositivo que o Projeto Alcântara Machado fora buscar ao Código italiano (e já reproduzido no Código uruguaio). "Não impedir um evento que se tem o dever jurídico de evitar, equivale a causá-lo" (ulteriormente, o dispositivo foi assim modificado: "Faltar à obrigação jurídica de impedir o evento equivale a causá-lo."[32]

32 Já o projeto alemão de 1913 (§ 14) dispunha: "Pela produção de um resultado por omissão só é punível quem era juridicamente obrigado a evitar, mediante ação, O advento do

Fez bem a Comissão Revisora em riscar o dispositivo. Uma vez que se reconhece, do ponto de vista lógico (como já fazia o Projeto Alcântara), que a omissão é *causal,* redunda numa incoerência declarar-se, em seguida, que a omissão *equivale à causa.* E inteiramente ocioso é dizer-se que a omissão só tem relevância penal, como causa, quando represente o descumprimento de um dever jurídico. Ora, também a ação só tem sentido penal quando é contrária ao dever jurídico. O evento lesivo resultante de uma omissão *lícita* não constitui crime: é *objetivamente lícito.*

Quando existe o *dever jurídico* de impedir o evento? Pode ele resultar: *a)* de um mandamento, expresso ou tácito, da ordem jurídica; *b)* de uma relação contratual; c) de uma situação de perigo, que se tenha precedentemente criado, ainda que sem culpa.

Assim, a omissão é *meio executivo* de homicídio (que será doloso ou culposo, segundo a omissão for dolosa ou culposa) nos seguintes casos, figurados para exemplos: a mãe deixa de amamentar o filho, vindo este a morrer de inanição; o enfermeiro, ajustado para cuidar de um doente, deixa que este morra, omitindo o tratamento prescrito; o cirurgião não retira uma pinça que, ao fazer uma laparotomia, esqueceu no abdômen do paciente, que, em consequência, vem a morrer; um indivíduo, tendo retido outro em cárcere privado, deixa-o morrer por falta de alimento; um hábil nadador convida alguém a acompanhá-lo em longo nado, e, a certa altura, percebendo que o companheiro perde as forças, não o acode, deixando-o perecer afogado. Os meios executivos do homicídio podem ser também: *diretos* (isto é, aqueles em que o instrumento ofensivo é manejado pelo próprio agente no momento físico da ação) ou *indiretos* (homicídio por intermédio de um irresponsável ou de um animal); *físicos* (mecânicos, químicos, patogênicos) ou *morais.* Não padece dúvida a praticabilidade do homicídio por *meios morais,* embora difícil, senão muitas vezes impossível, a prova da causalidade. Numa de suas novelas, Monteiro Lobato nos diz de um indivíduo que ocasionou intencionalmente a morte de outro, de temperamento apoplético, provocando-lhe, com uma anedota habilmente contada, após lauto repasto e farta vinhaça, um acesso de hilaridade. O fato é perfeitamente possível na realidade.

Também de susto, de medo ou de dor moral se pode fazer morrer um homem, notadamente se predisposto ao chamado *trauma psíquico.* Eis a lição de Borri-Cevidalli (*Trattato di medicina legale,* v. II, p. 1.006): "Um cho-

---

resultado." (*"Wegen Herbeiführung eines Erfolgs durch Unterlassung ist nur strafbar, wer rechtlich verpflichtet war, den Eintritt des Erfolgs durch Handeln zu verhindern").* Tal dispositivo *foi* reproduzido nos projetos de 1919, 1925 e 1927; mas a Comissão do *Reichstag o* cancelou.

que moral, uma brusca impressão pode ser causa de distúrbios mórbidos transitórios ou permanentes e, eventualmente, de morte; mas a experiência demonstra que, mais do que os estados de júbilo ou impressões de alegria, têm eficácia patogênica os estados depressivos de dor e de angústia, as violentas impressões de medo e de terror. Raras vezes se adoece ou se morre por uma alegria ainda que violenta, mas não é difícil adoecer e não é excepcional morrer sob a ação de uma dor profunda ou de um grande susto. A ação emotiva, qualquer que seja, pode agir sozinha, mas, na maioria dos casos, opera aliadamente a condições preexistentes, que lhe agravam a repercussão sobre as funções vitais."

**13. Prova da materialidade do homicídio.** O homicídio é, tipicamente, um *crime material:* é inconcebível sem que se verifique o evento *morte de um homem.* Como em geral nos crimes que deixam vestígios, é base essencial da acusação, na espécie, o *exame de corpo de delito,* isto é, a constatação da *materialidade* do crime. Nem mesmo a confissão do acusado, sem outro elemento de convicção, supre a falta do *corpus delicti,* pois o confitente pode ter-se equivocado ou ser um autoacusador, ou ter sido coagido a declarar-se autor do crime.[33] O exame de corpo de delito pode ser *direto* (mediante a inspeção ocular e autópsia do cadáver, para averiguação da *causa mortis,* meios que a produziram etc.) ou *indireto* (por meio de testemunhas, quando os vestígios do crime não possam ser *pericialmente* verificados). Será possível o êxito de um processo penal por crime de homicídio sem que apareça o cadáver da vítima? Dizia Carrara: "Não se pode afirmar que existe crime de homicídio, enquanto não esteja averiguado que um homem tenha sido morto por obra de outro. E não se pode dizer que um homem haja morrido, enquanto não se encontra o seu cadáver ou, pelo menos, os restos deste, devidamente reconhecidos." Tal critério é demasiadamente rigoroso, e poderia, na sua irrestrição, conduzir à impunidade de manifestos autores de homicídio. Haja vista o caso citado por Irureta Goyena:[34] dois indivíduos, dentro de uma barca no rio Uruguai, foram vistos a lutar renhidamente, tendo sido um deles atirado pelo outro à correnteza, para não mais aparecer. Foram

---

33 Por se haver desatendido a isso, com violação, aliás, do art. 158 do Código de Processo Penal, é que ocorreu o famoso erro judiciário de Araguari, de que resultou a condenação dos irmãos Naves pelo suposto homicídio de Benedito Pereira Caetano, que, anos depois, retornava, vivo e são, da Bolívia, para onde se mudara, levando dinheiro subtraído a seus pais. A *confissão* dos acusados havia sido extorquida pela violência de um delegado militar.

34 Ob. cit., p. 18.

baldadas as pesquisas para o encontro do cadáver. Ora, se, não obstante a falta do cadáver, as circunstâncias eram de molde a excluir outra hipótese que não fosse a da morte da vítima, seria intolerável deixar-se de reconhecer, em tal caso, o crime de homicídio. Faltava a *certeza física,* mas havia a absoluta *certeza moral* da existência do homicídio. Conforme justamente observa Goyena, não se deve confundir o "corpo de delito" com o "corpo da vítima", e para a comprovação do primeiro basta a certeza moral sobre a ocorrência do evento constitutivo do crime. Somente enquanto seja possível formular-se dúvida, ainda que mínima, em torno à morte da desaparecida vítima de uma violência, é que se deve afastar a possibilidade de imputação do homicídio. Eloquente advertência em tal sentido foi um filme intitulado *Fúria,* exibido, há alguns anos, nos cinemas brasileiros. O seu episódio central era um *crime de multidão* contra um indivíduo suspeito de *kidnapping* e que fora recolhido a uma cadeia pública. Os sediciosos atearam fogo à cadeia, que ficou reduzida a escombros. Entre estes não foi encontrado o cadáver do prisioneiro, mas apenas um anel reconhecido como de seu uso. Deduziu-se, então, que o corpo do desgraçado fora totalmente consumido pelo fogo e, embora não estivesse excluída a hipótese de ter o prisioneiro conseguido salvar-se, fugindo, sem ser visto, por uma brecha que se abrira na parede de sua cela, os incendiários foram processados, e estavam a pique de ser condenados, quando, em plena sala de julgamento, surgiu a pseudovítima: a hipótese de sua fuga e salvamento, até então rejeitada, era a única verdadeira.

Se o fugitivo não tivesse voltado, movido por um impulso de generosidade, os sediciosos teriam sido injustamente condenados por homicídio consumado. Desde que seja formulável uma hipótese de inexistência do evento "morte", não é admissível uma condenação a título de homicídio. A *verossimilhança,* por maior que seja, não é jamais a *verdade* ou a *certeza,* e somente esta autoriza uma sentença condenatória. Condenar um *possível* delinquente é condenar um *possível* inocente.

**14. Tentativa de homicídio.** Como todo *crime material,* o homicídio admite *tentativa.* Particularizado o disposto no art. 12, n. II, do Código, o homicídio se diz *tentado* quando, iniciada a *execução* (isto é, o ataque ao bem jurídico "vida"), não se verifica o evento "morte", por circunstâncias alheias à vontade do agente. Na conformidade da doutrina sobre os *graus de realização* do crime em geral, não há distinguir, no tocante ao elemento subjetivo, entre homicídio consumado e homicídio tentado: quer num, quer noutro caso, o dolo distintivo é a *voluntas ad necem.* A diferença somente existe *a parte objecti:* no homicídio consumado, uma vida humana é eliminada; no homicídio tentado, uma vida humana apenas corre o perigo de ser eliminada. A tentativa de homicídio é o inverso do homicídio preterintencional ou *ultra voluntatem* (art. 121, § 3º): neste, não há o *animus occidendi,* mas verifica-se o evento "morte"; naquela, há o *animus occidendi,* mas o evento "morte" não se verifica.

Ao definir o crime tentado[35] em geral, o novo Código permaneceu fiel ao critério tradicional, exigindo, como requisito imprescindível, o *começo de execução,* isto é, não admite que se estenda o conceito da tentativa aos atos simplesmente *preparatórios.* Nem podia ser de outro modo, desde que consagrada a noção realística do crime: não há crime quando não se apresenta, pelo menos, um perigo de dano, a possibilidade de lesão de um bem jurídico penalmente tutelado. Enquanto não atinge esse *minimum* de atuação objetiva, a vontade criminosa, do ponto de vista penal, é um *nada jurídico.* Vá que seja resgatada com abluções de água benta, em penitência de confessionário; mas não provoca a repressão penal, o exercício do *jus puniendi* por parte do Estado. *Cogitationis poenam nemo patitur.* Este princípio continua vigorante na consciência jurídica universal, e não há de ser a dialética dos *subjetivistas* ortodoxos, que o fará repudiar pelo direito penal, ainda que destocado este dos exageros individualistas. Já se censurou o novo Código pelo seu apego, na conceituação da tentativa, ao critério objetivo.[36] O requisito do "começo de execução", diz-se, é uma velharia, um resíduo bolorento de Feuerbach. Não se faz mister, para reconhecer a tentativa punível, que haja uma ameaça concreta à incolumidade de um bem jurídico penalmente tutelado: basta que a *voluntas sceleris* se exteriorize na *actio,* nada importando que esta seja tão inócua como uma punhada no vácuo. Pretende-se, então, que ao invés da noção fixada pelo Código, devia ter sido preferida a seguinte: "Tentativa é a manifestação, por atos inequívocos, da intenção de cometer crime, que não se consuma, por circunstâncias independentes da vontade do agente." Ora, aí está: não se considera a tentativa como uma ação informada pela *voluntas sceleris,* mas como uma *voluntas sceleris* revelada por uma *ação.* É assim como quem, tendo de definir a papoula, ao invés de dizer que é uma flor de cor vermelha, dissesse que é a cor vermelha numa flor. Recuando da absurda ilação de que a tentativa punível pode ser reconhecida até mesmo quando alguém confesse ter tido in *mente* o propósito de cometer um crime, a teoria subjetiva exige que a *cogitatio* se revele por *atos inequívocos,* sejam estes *executivos* ou *preparatórios.* Figuremos o seguinte caso: Tício, tendo recebido uma bofetada de Caio, corre a um armeiro, adquire um revólver, carrega-o com

35 A tentativa de crime é um crime em si mesma, um *subtipo* do crime a que é relacionada.

36 Sardinha, ob. cit., p. 114.

seis balas e volta, ato seguido, à procura do seu adversário, que, entretanto, por cautela ou casualmente, já não se acha no local da contenda; Tício, porém, não desistindo de encontrar Caio, vai postar-se, dissimulado atrás de uma moita, junto ao caminho onde ele habitualmente passa, e ali espera em vão pelo seu inimigo, que tomou rumo inteiramente diverso. Não se pode conceber uma série de atos mais inequivocamente reveladores da intenção de matar, embora todos eles sejam meramente *preparatórios.* Segundo o critério subjetivista, Tício teria de responder por tentativa de homicídio. Mas, pergunta-se: teria ele realmente disparado o seu revólver contra Caio, se o tivesse encontrado? Teria ele vencido, efetivamente, a distância que existe entre a concepção de um plano e a sua execução? Não teria ele, à vista de Caio, desistido de sacrificar ao seu ódio uma vida humana? Não teria triunfado nele, no derradeiro momento, a força de inibição que anula a *spinta* criminosa?

O critério da *inequivocidade dos atos,* por si só, é precaríssimo: faz de um *projeto* uma *realidade,* de uma *sombra* um *corpo sólido.* Revelar a intenção de matar não é o mesmo que estar tentando matar. Só se pode falar em crime *ten*tado quando haja um efetivo *ataque* a um bem jurídico sob a tutela penal. Só então se inicia a violação da lei penal. Não basta a intenção inequívoca: é preciso que se apresente uma situação de *hostilidade* imediata ou direta ao bem jurídico.

A *antiqualha* de Feuerbach há de persistir no direito penal, enquanto este não reconhecer crimes de mera intenção.[37] Pode deixar-se de aludir, no texto legal, ao *começo* de *execução;* mas este voltará a impor-se, irresistivelmente, como critério de interpretação (como está acontecendo em relação ao atual Código italiano), pois, dentro do conceito realístico do crime, é o único viável.

Afirma-se que os atos executivos e os atos preparatórios são, às vezes, *fronteiriços,* e ainda não se achou um método infalível para distinguir-se entre uns e outros. Reconheça-se que, de fato, não se pode formular, na espécie, uma impecável teoria de *mecânica jurídica;* mas pode ser fixado um critério de orientação relativamente satisfatório. Não vamos, aqui, enlear-nos no "aranhol" das múltiplas teorias que, a propósito, têm sido aventadas, desde a *cronológica* de Menocchius até a *formal-típica* dos modernos autores alemães. Pelo que já acima ficou dito, o critério distintivo mais aconselhável é o seguinte: ato *executivo* (ou de tentativa) é o que *ataca o* bem jurídico; ato *preparatório* é o que possibilita, mas não é ainda, do ponto de vista objetivo,

---

37 Como disse Ferri *(Relazione* ao seu Projeto de 1921), "a teoria subjetiva espiritualiza unilateralmente a Justiça penal, atribuindo valor tirânico à mera intenção do delinquente e destacando-o de sua atividade exterior".

o *ataque* ao bem jurídico.[38] Assim, tendo-se em vista o homicídio, serão atos preparatórios: a aquisição da arma ou do veneno, a procura do local propício, o ajuste de auxiliares, o encalço do adversário, emboscada, o fazer pontaria com a arma de fogo, o sacar o punhal; serão atos executivos: o disparo do tiro, o deitar o veneno no alimento destinado à vítima iludida, o brandir o punhal para atingir o adversário. Nos casos de irredutível dúvida sobre se o ato constitui um ataque ou apenas uma predisposição para o ataque, o juiz terá de pronunciar o *non liquet,* negando a tentativa.

**15. Tentativa inadequada ou crime impossível.** Na solução do problema da *tentativa inadequada* ou *crime impossível,* também o novo Código não alterou o direito anterior, e continuou na boa companhia de Feuerbach. O seu art. 14 é, no fundo, uma reprodução do parágrafo único do art. 14 do Código de 90: a punibilidade da tentativa é excluída quando, por ineficácia absoluta do meio empregado ou por absoluta impropriedade do objeto, era impossível a consumação do crime. Esta solução é igualmente imposta como um corolário do conceito realístico do crime.[39] Na tentativa com meio absolutamente inidôneo, falha uma das condições essenciais à existência de um crime, isto é, a ocorrência, pelo menos, de um real perigo de dano. Na tentativa sobre objeto absolutamente impróprio, a atipicidade penal é ainda mais evidente: inexiste o bem jurídico que o agente supõe atacar.

Dá-se a ineficácia absoluta do meio quando este, por sua própria essência ou natureza, é incapaz de produzir o evento a que está subordinada a consumação do crime. Exemplo: Tício, tendo resolvido eliminar Caio, ministra-lhe erroneamente bicarbonato de sódio ao invés da dose de estricnina que adquirira para esse fim. Dá-se a absoluta impropriedade do objeto quando este, por sua condição ou situação, torna impossível a produção do evento típico do crime. Exemplos: Tício, supondo seu inimigo a dormir, quando

38 Conf. M. E. Mayer (ob. cit., p. 352): *"Ausführungshandlungen sind diejenigen, die das Rechtsgut angreifen; die erste Angriffshandlung ist der Anfang der Ausfültrung. Vorbereitungshandlungen enthalten keinen Angriff, lassen also den betriedeten Zustand des Rechtsgutes unverändert"* (isto é, "Atos executivos são os que atacam o bem jurídico; o primeiro ato de agressão é o começo da execução. Atos preparatórios não encerram ataque algum, deixando imperturbado o estado de paz do bem jurídico").

39 A esta consideração não atende Soares de Melo (ob. cit., p. 178), quando propõe seja a tentativa inadequada punida como *delictum sui generis:* "O delito impossível nas condições em que é "perpetrado, quer pela falta do objeto, quer pela inidoneidade do meio, não pode de forma alguma alcançar o resultado visado. É diferente, portanto, da tentativa e do delito falho. Assim, deve ser punido com penas menores que as cominadas para aquelas duas figuras delituosas. Deve ser tratado como *delictum sui generis.*"

na realidade está morto, desfecha-lhe punhaladas; Mévio, na penumbra da alcova, desfecha tiros sobre o leito em que supõe achar-se deitado o seu inimigo, quando o certo é que este ainda não se recolhera à casa.

A decisão consagrada pelo Código é a da chamada *teoria objetiva atenuada,* que, ao contrário da *teoria objetiva pura,* reconhece tentativa punível no caso de *relativa* inidoneidade do meio empregado ou do objeto visado. Dá-se a inidoneidade relativa do meio quando este, embora normalmente capaz de produzir o evento intencionado, falha no caso concreto, por uma circunstância acidental na sua utilização. Exemplo: um indivíduo visa ao seu adversário com um revólver e dá ao gatilho, mas a arma *nega fogo.* Ocorre a inidoneidade relativa do objeto: *a)* quando uma condição acidental do próprio objeto *neutraliza* a eficiência do meio empregado no ataque; *b)* quando, presente o objeto no início da ação se ausenta no curso desta. Exemplos: Tício desfecha um tiro contra Mévio, mas o projetil é interceptado por uma cigarreira metálica que a vítima traz consigo; Caio, penetrando à noite no quarto de Semprônio, a quem tenciona matar, dispara um tiro sobre a cama em que o supõe deitado, mas que ele, na realidade, tendo percebido o ataque, abandonara momento antes.

Em tais casos, não há porque excluir a tentativa punível: o bem jurídico correu sério perigo, não se consumando o crime por circunstância alheia à vontade do agente, isto é, o desarranjo acidental da arma, a interferência casual de uma força neutralizadora ou a ausência *sucessiva* do objeto.[40]

---

40 Os penalistas fizeram do problema da tentativa inadequada um quase inextricável "cipoal" de *teorias.* Não há, talvez em direito penal, assunto mais controvertido. Tem-se procurado em vão uma teoria capaz de resolver todos os casos imagináveis. Os subjetivistas comprazem-se em excogitar os exemplos mais desconcertantes, para demonstrar a inexatidão do critério da inidoneidade *absoluta* de meios: açúcar propinado ao diabético, sal de cozinha ministrado a quem antes ingerira calomelano, a "oração da morte" (a sovada *Todbeten* dos autores alemães) rezada *contra* um indivíduo supersticioso e cardíaco... Como se a *intenção* de *matar* só aferível através de fatos, pudesse ser praticamente comprovada em tais casos *exóticos,* quando falha o *eventus damni...* No direito positivo e na doutrina, porém, continua dominante a teoria objetiva atenuada. Entre nós, um adversário dela (Sardinha, ob. cit., p. 116) afirma que, para salvaguarda do interesse da defesa social, o novo Código devia tê-la repudiado, seguindo o exemplo do atual Código Penal italiano, entre outros. O ardoroso crítico leu o art. 56 do Código Rocco, mas não se apercebeu do art. 49. O que aconteceu foi o seguinte: o Código italiano entendeu que a chamada *tentativa inadequada* nada tinha a ver com a tentativa propriamente dita, e disciplinou-a como *crime impossível,* assim dispondo: "A punibilidade é também excluída quando, pela inidoneidade da ação ou pela inexistência do seu objeto, é impossível o evento lesivo ou perigoso". Interpretado literalmente, o Código italiano teria recuado aquém de Feuerbach, excluindo a punibilidade sempre que a ação for inidônea (sem distinguir entre inidoneidade absoluta e relativa)... Positivamente, não é o Código brasileiro que descuida do interesse da defesa social.

Conforme acentua a *Exposição de motivos,* o Código fez uma concessão à *teoria sintomática* (formulada pela Escola Positiva), que, sobrepondo a *periculosidade subjetiva* à real periclitação do bem jurídico, entende que a tentativa, ainda que com meios inidôneos ou sobre objeto inexistente, deve ser punida, desde que revele a periculosidade do agente. Embora tivesse condicionado a aplicação da *medida de segurança,* do mesmo modo que a da pena, à prática de fato previsto como crime, permite o Código, por exceção, no caso da tentativa inadequada ou crime impossível, quando reconhecida a periculosidade do agente, seja este submetido a *liberdade vigiada* (arts. 76, parágrafo único, e 94, n. III). Foi uma solução acertada. O critério *sintomático* não pode ter senão uma importância secundária ou complementar. A periculosidade subjetiva é um critério informativo ou justificativo da *medida de segurança* e não da *pena,* e por si mesmo não pode constituir crime: é imprescindível à existência deste uma situação de fato que concretize, pelo menos, um efetivo perigo de lesão a um bem jurídico protegido pela lei penal, pois, de outro modo, a justiça penal passaria a exercer-se no terreno do mais puro arbítrio.

**16. Tentativa e "*impetus*".** Uma velhíssima doutrina declara a tentativa de homicídio incompatível com o *impetus.* Os argumentos de Carrara e Hauss, entre outros, são, em tal sentido, bem conhecidos. Na violência praticada num acesso de ira, a intenção do agente, diz Carrara,[41] é duvidosa: queria ele matar ou simplesmente ferir? Não se pode deduzir o *animus necandi* da natureza dos *meios* empregados, a não ser que estes tenham por consequência *necessária* ou *quase necessária* o evento "morte". Dizer-se que o agente tinha a *intenção de matar* porque a arma empregada *podia matar* é um raciocínio

---

Quando foi da discussão do Projeto Sá Pereira-Morais-Bulhões no seio da Conferência de Criminologia, reunida no Rio, em 1936, Galdino Siqueira propôs que se adotasse a seguinte fórmula, que ele, ainda recentemente, defendeu no seu opúsculo *Código Penal Brasileiro:* "A tentativa por meio inidôneo ou contra objeto impróprio será punível, quando as circunstâncias conhecidas pelo agente no momento da ação não excluíam a possibilidade da consumação do crime." Era a mesma fórmula que, imitada de Von Liszt, já Galdino introduzira no seu Projeto de 1913. Segundo a lição de Von Liszt, a tentativa inadequada deve ser punida quando, em face das circunstâncias conhecidas do agente e apreciadas *ex ante,* do ponto de vista do homem normal, não estava inteiramente fora de dúvida a possibilidade do resultado. Esta fórmula, em nossa modesta opinião, não resolve coisa alguma. É claro que o agente, se se trata de um homem normal, sempre age na persuasão errônea da possibilidade do resultado. Se não fora tal erro, isto é, se tivesse conhecido, por qualquer circunstância, a impossibilidade do evento, não teria empreendido a ação, pois, de outro modo, não seria um homem normal, mas um insensato.

41 *Programma,* p. g., I, n. 368.

falso: *a)* porque, inferindo dos *meios* o *fim* querido, supõe um cálculo em quem não age por cálculo, mas por subitânea comoção; *b)* porque abstrai um dado da experiência comum, qual seja o de que o homem encolerizado se serve do primeiro instrumento que encontra à mão, sem refletir se o seu efeito é ou não mortífero; c) porque esquece a verdade estatística, segundo a qual o uso de armas, sejam estas de corte ou de fogo, tem como resultado mais frequente, ao invés do *homicídio,* as lesões *corporais.*

Vejamos, agora, como disserta Hauss:[42] "Algumas vezes, notadamente quando se trata de violência contra a pessoa, a intenção criminosa é indeterminada *(dolus indeterminatus).* "O agente não tem especialmente por fim ocasionar a morte ou produzir ferimentos (graves ou leves): quer realizar, a qualquer preço, seu desígnio de fazer mal a outrem, sejam quais forem as consequências do seu ato de violência... O fato cometido com a intenção indeterminada de fazer mal não pode jamais constituir tentativa. Deve ter-se em vista unicamente o resultado produzido, e punir tal resultado como doloso, qualquer que ele seja. *"Dolus indeterminatus determinatur eventu."*

É manifesto o superficialismo dessa argumentação, que parte de uma premissa errônea, qual seja a existência de um *dolo indeterminado* ou de um *dolus generalis.* A *intenção indeterminada de fazer mal* (a genérica *intention de nuire,* da doutrina francesa) é uma pura fantasia e um absurdo lógico. Por mais súbita que seja a resolução criminosa, não falta ao agente um fim determinado. O estado emocional, por mais agudo, não realiza o contrassenso de uma vontade agindo sem escopo definido. E não deixa de ser *determinado* o dolo quando ao espírito do agente se representam dois resultados diversos e ele empreende a ação querendo qualquer deles, indiferentemente. Quem age para *matar* ou *ferir* tem dois fins" *determinados,* embora de modo alternativo ou sabendo que um exclui o outro. O aforismo *dolus in determinatus determinatur ab eventu* não passa de um critério prático de *transação,* que, muitas vezes, só serve ao demasiado açodamento ou aberrante benevolência dos juízes.[43] Não se deve levar para a doutrina do dolo e da tentativa o que apenas representa a solução de uma dificuldade prática no terreno da prova. A tentativa pode existir tanto nos crimes de ímpeto, quanto nos crimes refletidos. É tudo uma questão de prova, posto que a indagação do *animus necandi* não pode deixar de ser feita *ab externo,* diante das circunstâncias objetivas. A maior dificuldade de tal prova nos crimes de ímpeto nada tem a ver com a possibilidade conceitual da tentativa. Já a *Relazione* sobre o Projeto

---

42 *Droit pénal belge,* I, n. 432 e 433.

43 Como diz Maggiore (ob. cit., p. 238), a regra *dolus indeterminatus determinatur ab eventu* não tem valor científico: é um critério probatório empírico.

penal italiano de 1887 fixava nitidamente a solução acertada: "Nos crimes de ímpeto, se é certo que as paixões, invadindo o ânimo, lhe precipitam as determinações, isto não impede necessariamente a possibilidade da tentativa; nem a dificuldade da prova no aferir-se da intenção dirigida à execução de um dado malefício é boa razão para desarmar a lei e tornar deficiente a tutela jurídica. A lei penal não pode ocupar-se de uma ou outra dessas contingências de fato, mas apenas estabelecer em que consiste o elemento intencional da tentativa, salvo ao juiz, em seguida, o dever de avaliar com prudência o complexo das circunstâncias do fato, para decidir, por exemplo, se o criminoso, que feriu alguém num assomo de cólera, tencionava matar."

Se se verifica, em face das circunstâncias, que, não obstante a instantaneidade da resolução, o agente, empregando os meios que empregou, teve consciência de que, com o seu ato podia ocasionar a morte da pessoa visada, não há outra solução lógica, na hipótese de não superveniência de tal resultado, senão a de imputar-lhe o fato a título de tentativa de homicídio.

**17. Tentativa e dolo eventual.** Do mesmo modo que é conciliável com o *dolo* de *ímpeto,* a tentativa de homicídio também o é com o *dolo eventual.* Este ponto de vista é inquestionável em face do novo Código, que equiparou o dolo eventual ao dolo direto. Se o agente *aquiesce* no advento do resultado "morte", previsto como possível, é claro que este entra na órbita de sua volição (veja-se n. 9): logo, se, por circunstâncias fortuitas, tal resultado não ocorre, é inegável que o agente deve responder por homicídio tentado. É verdade que, na prática, é dificílimo identificar-se a tentativa no caso de dolo eventual, notadamente quando resulta *incruenta* ou totalmente *improfícua.* Mas, repita-se: a dificuldade de prova não pode influir na conceituação da tentativa.

**18. Homicídio e erro essencial.** O homicídio doloso é excluído, se intervém erro sobre o *fato que* o *constitui* (art. 17, princ., do Código), como no caso, sempre citado, do professor de anatomia que golpeia mortalmente um corpo humano ainda vivo, supondo golpear um cadáver. É também excluída a *species* dolosa do homicídio quando o agente, "por erro plenamente justificado pelas circunstâncias, supõe situação de fato que, se existisse, tornaria a ação legítima" (art. 17, *in fine).* O novo Código, neste particular, aceitou o ponto de vista que sempre defendemos: reconhece na espécie uma *causa excludente de culpabilidade* (salvo a responsabilidade a título de culpa *stricto sensu,* se o erro é inescusável) e não uma *causa excludente de crime* ou da *injuricidade objetiva do tato.*[44] O caso mais frequente é o do indivíduo que, por errônea

44 Veja-se nossa *Legítima defesa putativa,* Ed. Jacinto, 1936.

percepção da realidade, supõe que se acha em legítima defesa e pratica o ato de violência. É a chamada *legítima defesa putativa,* sobre a qual já assim dissertamos: "O erro que importa a imunidade penal da ação praticada em legítima defesa putativa é tão somente o que versa sobre os pressupostos objetivos da legítima defesa. Trata-se de uma aberrante percepção da realidade, que induz o agente a supor que a sua ação incide nesse caso de excepcional exclusão de injuricidade. Se o agente erra, não sobre as condições de fato, *in concreto,* da legítima defesa, mas acerca da respectiva noção jurídica ou legal, como, por exemplo, se supõe que seja legítima a reação ainda contra uma agressão finda ou futura, seu erro é irrelevante, porque é um erro de direito, e *error juris nocet.* No reconhecimento da legítima defesa putativa, o que importa averiguar é se o agente, em razão do erro de representação das circunstâncias, teve a *certeza* (fundada convicção) de que agia na situação de fato a que a lei subordina a excepcional licitude da ação, a título de legítima defesa. Evidentemente, não é de confundir-se a legítima defesa putativa com o chamado *pretexto de legítima defesa,* em que o indivíduo age na plena consciência de que, com a sua conduta violenta, não se acha em estado de legítima defesa (ex.: *A,* amante da mulher de *B,* faz, muito de indústria, com que este surpreenda o adultério, e, quando vai ele a investir, armado de punhal, contra o par criminoso, abate-o com um tiro de revólver). E ainda mesmo que o agente proceda na *dúvida* sobre a identidade entre a sua ação e a ação autorizada *in abstracto* pela lei, apresenta-se, também em tal caso, um crime doloso, pois que, como dizem os italianos, *chi arrischia vuole.* O que exclui o dolo é tão somente a *certeza subjetiva* de que se não age *contra jus.* A legítima defesa putativa supõe que o agente atuou na *sincera e íntima convicção* da *necessidade* de debelar uma agressão atual (ou iminente) e injusta. Cumpre, entretanto, examinar se o erro era ou não vencível, ou, o que vale o mesmo,

---

O novo Código rejeitou o critério artificioso do atual Código italiano, que equipara as *descriminantes putativas* às descriminantes autênticas. Este critério, sobre ser inaceitável do ponto de vista técnico-jurídico, levaria, em face da nossa legislação sobre o dano *ex delicto,* as mais graves injustiças. Dispõe o Código Civil, art. 1.540: "As disposições precedentes (sobre reparação do dano no caso de homicídio e lesões corporais) se aplicam ainda no caso em que a morte, ou lesão, resulte do ato considerado crime justificável, *se não foi perpetrado pelo ofensor em repulsa de agressão do ofendido.*" A Lei n. 387, de 27 de janeiro de 1937 (sobre o amparo das famílias dos funcionários vitimados no cumprimento do dever) estatui, no seu art. 2º: "A pensão a que se refere o art. 1º desta lei será paga depois do julgamento final do autor do crime e somente quando não for o mesmo absolvido *pelo reconhecimento da justificativa da legítima defesa.*" Ora, equiparada a legitima defesa putativa a legítima defesa autêntica, isto é, identificada a reação contra uma agressão imaginária à reação contra uma agressão real, estaria frustrado o direito assegurado pelos dispositivos acima citados.

se ao agente faltou ou não, nas circunstâncias dadas, a *possibilidade* de consciência da injuricidade da ação: no primeiro caso, não há crime doloso ou culposo, mas o *casus,* uma *infelicitas fati,* um evento indiferente ao direito penal; no segundo, resta um crime culposo. Como aferir-se, porém, na prática, da natureza do erro? Um critério único deve ser prefixado: é de presumir-se, *usque dum probetur contrarium,* que o erro obstou, invencivelmente, à possibilidade de conhecimento da injuricidade da ação, quando se verifica que à errônea impressão do agente, nas mesmas circunstâncias em que este se encontrou, não teria escapado uma pessoa de atenção e calma comuns. O *ponto de referência* é exclusivamente o *homem normal,*[45] o tipo comum de sensibilidade psicoética, o *bonus paterfamilias* do direito romano, o *homo medius* de Quetelet, o *abstrakt Mustermann* de Von Buri. É o *homo typicus* que se deve ter em vista, e não o próprio agente, em função de si mesmo, apreciado na sua conduta habitual, segundo o seu temperamento mais ou menos emotivo, sua maior ou menor coragem pessoal, seu maior ou menor poder de atenção, sua maior ou menor impressionabilidade ou reatividade. Ainda mesmo que advenha de uma excitação ou perturbação momentânea, o erro será inescusável, se tal estado de ânimo não for justificado pelas circunstâncias, tendo-se sempre em vista a resistência psíquica do comum dos homens, e não a do agente. É o justo critério adotado pela Corte de Cassação italiana, em aresto de 6 de junho de 1932, citado por Manzini: [46]"*Non basta il timore di un danno imminente, ma è indispensabile la ragionevolezza di tale timore per la media dell'umana sensibilità e delle normali circostanze degli avvenimenti.*"[47] Convenha-se que o erro, em qualquer caso, exclui o dolo; mas não excluirá a culpa, se se apresenta como uma *anormalidade* em face da experiência comum. O direito penal não pode negar-se a si mesmo, para

---

45 O *homem normal* deve ser entendido sob um ponto de vista estatístico, isto é, tendo-se em atenção id *quod plerumque accidit.*
Não interessa ao nosso tema saber se há um homem *rigorosamente normal,* segundo um tipo ideal psicológico; mas, apenas, que há um *homem normal* como símbolo e medida de diligência ordinária. Segundo Di Tullio, o homem normal é aquele que consegue atingir e "adquirir, pela influência da educação e do ambiente, uma suficiente capacidade dc prever, de avaliar e de inibir-se, de modo a poder facilmente adaptar-se às exigências complexas da vida social e, pelo menos, às restrições da moral codificada".

46 Ob. cit., v. II, p. 302, nota 2.

47 Segundo reporta Wharton, *Criminal law,* v. I, p. 786), é este o ponto de vista também dominante na jurisprudência penal norte-americana: o medo escusativo, na *supposed self-defence, "must be the fear of a reasonable person, or must be a reasonable tear, and the killing must have been under the influence of these fears.* Notadamente, *"coward's unreasonable fear for his own safety not justify a homicide".*

deixar inteiramente à margem das suas sanções os indivíduos *assustadiços, pusilânimes* ou *nervosos,* facilmente propensos a tomarem *espectros* pela realidade, ou a *fare legge* di *un sogno,* com sacrifício de seus concidadãos e da ordem jurídica. A não ser que se identifique no fato o efeito ou um índice de autêntica enfermidade mental, a pena, em tais casos, como nos crimes culposos em geral, se impõe e justifica (à parte a sua eficiência de *prevenção geral),* porque a lembrança do *malum passionis* será sempre um *contramotivo* à exagerada impressionabilidade ou imponderação do indivíduo, no sentido de afeiçoá-lo ao ritmo normal da vida social.

Dentro do ponto de vista positivístico, adstrito ao apriorismo de afinidade entre delinquência e anormalidade psíquica, dizia Magri[48]que os crimes culposos revelam *"una vera e propria anomalia nel reo, che consiste in una deficienza* o *alterazione nel meccanismo dell'attenzione, che lo rende inadatto alla vita civile nel suo elevato sviluppo".* A réplica de Bianchedi, porém, é cerrada: "[...] *non solo non* è *vero che il delitto colposo dipenda sempre da alterazione dei meccanismo dell'attenzione, essendo esso proprio talora di persone che hanno un meccanismo impeccabile e la sola pecca che presentano costoro si e quella di averlo serbato inerte e sonnechiante; ma ancor quando tale meccanismo è alterato, perchè mai deve dirsi che ci troviamo sempre di fronte a un pazzo, più che di fronte a un individuo che con opportuno regime penale e sotto lo stimolo della coazione, di questo mezzo artificiale che la legge, a mezzo della pena, fornisce, può scuotere la sua inerzia e vincere la mala abitudine o il vizio transeunte della sua attenzione?"*[49]

O que se tem a fazer, na apreciação do erro que dá lugar à legítima defesa putativa, é apenas, e exclusivamente, figurar a situação de fato ou o conjunto de circunstâncias objetivas em que ele ocorreu, e indagar como teria procedido um homem de tipo psicológico normal, se se encontrasse no lugar do acusado: se não se depara *desconformidade* alguma, o erro é escusável; caso contrário, é inescusável e não elide a responsabilidade a título de culpa. Para o reconhecimento

da *boa-fé,* no sentido restrito da exclusão do dolo, pode ter-se em vista, como quer Manzini,[50] a *personalidade do agente, seu grau de habitual perspicácia* e *resistência psíquica,* ou, como pondera Vergara,[51] "deve o juiz estudar os fatos, os acontecimentos exteriores, em face da personalidade do

48 *Una nuova teoria generale della criminalità.*

49 Ob. cit., p. 168.

50 Ob. cit., vol. II, p. 303.

51 *Da legítima defesa subjetiva,* p. 151.

réu, da sua psicologia... para saber se tais fatos eram capazes de produzir tal convicção num indivíduo que se apresenta com estas ou aquelas particularidades", ou ainda, como se exprime um aresto citado pelo mesmo autor, cumpre ter em conta "o temperamento nervoso e impressionável do réu, propenso a perturbar-se e desorientar-se; mas, para constatar aquela *boa-fé* que exclui também a culpa *stricto sensu*, não é admissível outro critério senão este: a apreciação da *razoabilidade* do erro, de que ela deriva, deve ser feita tomando-se por padrão o *überlegt Mann* (pessoa ponderada) de que falava Binding, ao tratar do *excessus defensionis*.[52] Não há razão alguma para que se deixe de adotar no tratamento do erro de cálculo na legítima defesa putativa o mesmo critério genérico de avaliação do erro de observação que informa a culpa em sentido estrito: não é a atenção habitual do agente ou a diligência que ele costuma empregar *in rebus suis*, mas a atenção e diligência próprias do comum dos homens. De modo geral, a culpa, como diz Fauconnet,[53] é "*tout* ce *qui révèle une adresse ou une prudence inférieure à la moyenne, à la diligence du bon père* de *famille*". O erro invencível, excludente de culpa, é somente aquele que não pode ser superado com a diligência ordinária, com o atilamento comum, com a reflexão inerente à média capacidade humana, com a lição da experiência vulgar. Pouco importa que o agente tenha sido induzido ao erro pelo seu temperamento especial: também o delinquente doloso é arrastado ao crime pela sua índole própria, e nem por isso deixa de ser plenamente responsável.

À parte os *imbecis* da atenção ou os verdadeiros *enfermos das faculdades associativas* (desacreditado o critério de generalização de Magri) a reclamarem *medidas de segurança*, antes que a prisão comum, deve ser punido todo indivíduo que, ocasionando um evento lesivo a outrem, por grosseira desatenção, revele, por isso mesmo, no convívio social, uma deficiência de adaptação às condições necessárias ao equilíbrio das atividades coexistentes, um *desajustamento* com as normas jurídicas de disciplina e coordenação sociais. A pena intervém, aqui, principalmente, como uma medida pedagógica. O desatento (abstraídas as formas patológicas) é um indivíduo que, no dizer de Meloni,[54] "*ha riserva di energie volitive dentro di sè, di cui si defrauda* e si *dispoglia o che lascia inoperose ed inerti, per aver ignorato* o *disconosciuto il*

---

52 *Handbuch des s Strafrechts*, v. I, p. 751: deve considerar-se a defesa como necessária "*als der Angegriffene bei Schützung der Gefahr den **überlegten** Mann nicht verleugnet hat*" (isto **é,** "quando o agredido, ao proteger-se contra o perigo, proceda como uma pessoa ponderada").

53 *La responsabilité.*

54 *La colpa penal e la colpa civil.*, p. 124-125.

*valore etico-sociale dell'attenzione"*, de modo que deve ser estimulado pela pena, para o efeito da aquisição daquela *"sfera superiore di potere, che caratteriza l'assidua e volontaria disciplina dell'attenzione"*. Não se trata de um indivíduo irreconhecível sob o prisma da psicologia normal: a sua deficiência ético-social é, principalmente, uma resultante de causas exógenas (maus hábitos, educação mal orientada etc.), e, assim, pode ser corrigida pela atuação artificial de outras causas externas, entre as quais, sem dúvida, a pena ressai com a sua incontestável eficiência estimulante. Em síntese: para que, na legítima defesa putativa, seja excluída *qualquer* culpabilidade, é necessário que, reconstituídas todas as circunstâncias objetivas, antecedentes ou concomitantes à ação, [55] e aferidas, não segundo a opinião do agente, mas segundo o entendimento comum, se verifique que era realmente impossível àquele libertar-se do seu erro.

Extensa é a casuística da legítima defesa putativa, mas registremos, para o respectivo *diagnóstico,* as seguintes hipóteses, figuradas ou reportadas por Carrara, Löffler, Stephen, Bianchedi e Jerschke:

*A)* Certo indivíduo, vendo-se alcançado por um seu inimigo, que empunha, visando-o, uma arma de fogo, saca de seu revólver, dispara e mata-o. Verifica-se, a seguir, que a vítima trazia sua arma descarregada e tencionava apenas amedrontar o seu desafeto.

*B) A* atravessa, à noite, uma floresta, onde sabe que costuma acoitar-se um bandido perigoso, e é repentinamente surpreendido com a intimativa de alguém que, de arma em punho, lhe barra o caminho: "A bolsa ou a vida!" Sem perder o sangue frio, consegue distrair por um momento o salteador e, sacando do seu revólver, abate-o com um tiro. Constata- se, posteriormente, que todo o episódio anterior não passava de um gracejo, preparado por um amigo de *A,* para experimentar-lhe a coragem.

C) *A,* armado de um sabre, persegue o ladrão noturno que lhe invadiu a casa e, percebendo um vulto a ocultar-se num canto, toma-o pelo ladrão, quando, na realidade, era um doméstico, e prostra-o com um golpe.

*D) A* desperta pela madrugada com um ruído no seu aposento e vê um homem a entrar pela janela. Ao crepúsculo matutino, toma-o por um ladrão e, servindo-se de uma pistola que tem à mesa de cabeceira, desfecha-lhe certeiro tiro. Vem-se depois a averiguar que se tratava de um operário ajustado,

---

55 Assim, por exemplo, não devem ser indiferentes as condições de tempo (se é dia ou noite) ou de lugar (se o fato ocorre em lugar ermo ou frequentado, no tumulto de um conflito ou num pacífico encontro esportivo), as relações anteriores entre o acusado e o suposto agressor, a índole deste (se impetuosa ou moderada, se perversa ou não), conhecida daquele etc.

sem que *A* o soubesse, para um reparo na janela, e que, para melhor certificar-se da obra a fazer, achara de penetrar no quarto, julgando-o desocupado.

*E)* Um habitante da cidade de Forli (Itália), em dia de carnaval, vê irromper por sua casa a dentro dois mascarados e, julgando-se em face de agressores, investe e mata um deles com um trinchete.

F) Um francês (digno patrício do Tartarin, de Daudet...), penetrando numa floresta da Sicília, com o espírito saturado de histórias sobre um imaginário *brigantaggio* siciliano, divisa dois guardas campestres armados, que pacificamente percorriam a mata e, tomando-os por bandidos, dispara repetidamente a sua espingarda, matando-os.

G) *A* procura *B* em sua casa, para ultimar um negócio, e sobrevém uma discussão entre os dois, que mutuamente se injuriam. *B* intima *A a* retirar-se, mas só depois de alguma relutância, e sem que cesse o bate-boca, é atendida a intimativa, dirigindo-se *A* para a porta da rua. Segue-o *B* e de novo o defronta no vestíbulo. *A*, julgando que vai ser agredido, puxa de uma faca e fere o seu antagonista.

Nos casos *sub A* e *B*, é incontestável a ausência de qualquer culpabilidade: a *aparência* do *periculum praesens* era de molde, sem dúvida alguma, a iludir qualquer pessoa de mediana prudência ou ponderação. Em qualquer deles, as circunstâncias se acumpliciavam, unívocas, para gerar no espírito do agente a *certeza* de que se achava naquela precisa situação de fato em que é legítimo o emprego de violência contra outrem. Não havia *sobrestar com siso antes de começar,* ou refletir sobre a primeira impressão: a *necessidade* da reação afigura-se com a evidência mesma da realidade. Também nos casos *sub* C e D, não se pode, sem excesso de rigor, impugnar a *razoabilidade* do erro como motivo de exculpação, tendo-se em vista que o estado emocional consequente à impressão de insegurança experimentada por um homem de resistência psíquica média com a presença de um ladrão em sua casa, à noite, é de jeito a privá-lo do seu habitual senso de escrupulosa circunspeção.[56] Os casos restantes, se afastam a hipótese de crimes dolosos, não excluem, entretanto, a responsabilidade a título de culpa. Ajusta-se-lhes, como uma luva, esta advertência de Bianchedi: "[...] *se l'errore nacque da una allucinazione*

56 Idêntico ao caso citado no texto *sub* C é o que Manzini assim registra e comenta: "Em dezembro de 1925, em Jersey City (Estados Unidos da América), um certo Antônio Carbone, despertado, noite alta, por um rumor suspeito, armou-se e pôs-se à procura de supostos ladrões. Não tendo encontrado pessoa alguma e já de volta ao seu quarto, viu abrir-se a porta deste, e disparou, matando, sem que a tivesse reconhecido, sua própria filha, que vagueava pela casa em estado de sonambulismo. Somente na hipótese em que Carbone soubesse que a filha tinha o hábito de levantar-se à noite em tal estado, poder-lhe-ia ser imputado o fato a título de homicídio culposo." *(Trattato,* II, p. 303, nota 1.)

*del'intelletto, di cui l'uomo, con lo adoperare cautamente i sensi e la ragione, si poteva liberare, noi non sappiemo esimerlo da responsabilità e gli imputiamo a colpa la sua condotta precipitata e irreflessiva, che fu causa di male irreparabile, che potevasi facilmente evitare, e non trova giustificazione specialmente per chi, così alla leggiera, obbedendo ai voli della fantasia, si avventura senza il più piccolo appiglio, che dia ragione dell'atto, a manomettere la vita dei cittadini [...]. La supposta necessità difensiva dice che colui non è un malvaggio, ma la precipitazione, la irreflessività, la inosservanza del dovuto rispetto alla vita umana che comanda di agire con prudenza, a ragione veduta, prima di recarle nocumento, e vieta di cedere così alla lesta a una prima impressione, dicono che quell'uomo, sano e maturo di mente, è un essere pericoloso alla vita dei cittadini e alla sicurezza dell'ordine giuridico."*

Um dos casos de legítima defesa putativa mais frequentes na prática é o que se apresenta quando um indivíduo, no calor de uma discussão, faz emprego de violência contra o seu antagonista, ao perceber que este leva a mão à cintura ou ao bolso traseiro da calça, no gesto de quem vai sacar uma arma, e vem-se depois a verificar que a vítima se achava desarmada ou trazia uma arma ineficiente, não tendo passado o seu gesto de uma pura encenação.[57] O tratamento do caso varia, naturalmente, com as circunstâncias. Primacialmente tem-se de indagar do caráter da vítima e do conhecimento ou informação, que, a respeito, possuía o acusado. Se este sabia o seu adversário um indivíduo violento e habituado a andar armado, já se depara um elemento de convicção no sentido da *plausibilidade* da suposição do iminente perigo de agressão.[58] Cumpre ainda perquirir dos pródromos do fato:

---

57 Quando se constata que a vítima era realmente portadora de uma arma ofensiva, costuma-se reconhecer em favor do acusado a própria legítima defesa, ainda mesmo que não haja *certeza* se a vítima chegaria a usar efetivamente da arma. O critério mais acertado, entretanto, é o reconhecimento da *ausência* de *dolo* ou de *culpabilidade*. O que se tem a verificar é se foi *razoável* a errônea suposição do agente de achar-se na iminência de uma agressão injusta, e isto basta para excluir qualquer responsabilidade penal.

58 WHARTON (ob. cit., n. 263): *"The character of the deceased as a violentand dangerous man, offered an evidence for the purpose of showing that the accused had reason to believe himself to be in danger, is not material unless knowledge of such character upon the part of the accused is shown. Though a person has a for being quarrelsome, evidence to the effect cannot be received in a provocation against another for killing him, unless it was previously that the accused knew it, and therefore might more reasonably apprehend danger from him. And the general reputation of the deceased for carryng concealed weapons cannot be given in evidence, it appears that the slayer had knowledge of the habit... And the general reputation of the deceased for going armed will be presumed to have been known to the accused where they reside in the same community... And information upon the part of the accused that the deceased was a violent and turbulent man accustomed to go about armed*

natureza da dissenção, atitudes anteriores da vítima para com o acusado, ameaças acaso proferidas por aquela contra este, tensão da hostilidade entre ambos etc. Por último, devem ser apreciadas as circunstâncias imediatamente antecedentes ao fato, como, por exemplo, se a vítima, simultaneamente ao gesto de sacar a arma, avançava decididamente para o acusado, ou se, ao contrário, deixava transparecer que apenas queria inspirar medo, fazer bravata, não passar da ameaça; se era possível à vítima realizar a ameaça, ou se logo acorreram circunstantes a intervir etc. Se as circunstâncias, *seu* conjunto, examinadas segundo *id quod plerumque accidit,* não evidenciarem a razoabilidade ou *normalidade* da *crença* no *periculum praesens,* o acusado não poderá eximir-se de pena a título de culpa, se não for o caso, bem entendido, de identificar-se um dissimulado crime *doloso,* ou o denominado *pretexto* de *legítima defesa.*

**19. Homicídio e erro acidental.** O Código reconhece, expressamente, a irrelevância do *error* in *persona* ou *in corpore* (art. 17, § 3º) e do *erro na execução (aberratio ictus seu actus)* (art. 53), equiparando as duas hipóteses, desde que, na última, o desvio do *ictus* se dê *a persona in personam,* não tendo sido também atingida a pessoa visada. Quer numa, quer noutra hipótese, só há um crime, punível a título de dolo. Quanto ao *error in persona,* a solução no sentido de um crime único, sem exclusão do dolo, é pacífica.[59] Via de regra a lei penal protege o bem jurídico sem ter em linha de conta quem seja o seu titular. Assim, ao incriminar o homicídio, o que ela procura resguardar não é a vida de Pedro, ou a de Sancho, ou a de Martinho, mas a *vida humana,* a vida do homem *in genere.* A *identidade* da vítima não é elemento constitutivo do homicídio, de modo que o erro a tal respeito é meramente *acidental* (atinente ao objeto material, e não ao *objeto jurídico,* que é, na espécie, a vida de um homem, qualquer que ele seja), não excluindo, portanto, a imputação a título de dolo.[60]

No tocante à *aberratio ictus,* entretanto, a solução dada pelo Código não é tranquila. Entre os autores alemães, é predominante a opinião de que,

*is admissible where it was gained from a knowledge of his general reputation, or from personal observation of his specific acts, such evidence being competent for the purpose of determining the state of the accused, and whether he was induced to believe that he was in imminent danger".*

59 A opinião contrária de Geib e Bohelau, que viam na espécie um crime duplo, ficou inteiramente sem eco.

60 Como diz Angioni *(La volontarietà del fatto nel reato,* p. 207), o decurso causal pode divergir, nos seus detalhes, do que fora previsto pelo agente, sem que por isso deixe o evento de ser querido.

na *aberratio*, há dois crimes ou um concurso ideal de crimes: um crime doloso, em relação à pessoa visada, e outro culposo, em relação à pessoa realmente atingida. Já entre os autores italianos, porém, prevalece a opinião de que há, no caso, tal como no *error in persona*, um crime único doloso; e tal ponto de vista foi explicitamente consagrado pelo Código Rocco, no qual se inspirou o nosso. Na própria Alemanha, o critério unitário tem adeptos do mais sabido prestígio, como sejam, entre outros, Von Liszt, Wächter, Beling e Max Ernest Mayer. Na doutrina italiana, ninguém o defendeu melhor que Impallomeni,[61] que assim expõe e refuta a opinião contrária: "Diz-se que o efeito homicida não pode ser imputado a título de dolo, de vez que se realizou sobre objeto diverso do que fora representado ao espírito do agente, não se tratando, portanto, do efeito por este querido, ao contrário do que acontece no simples *error in corpore* ou *in persona*, no qual há plena correspondência entre o objeto e a intenção, versando o erro apenas sobre a identidade da pessoa. Há, então, uma tentativa de homicídio, já que o propósito doloso não foi alcançado por circunstâncias fortuitas, e, contemporaneamente, um homicídio culposo, porque tinha o agente a obrigação de prever que, disparando contra Tício, outra pessoa podia vir a passar na linha de direção do tiro: *culpa dolo determinata*. Mas a distinção é arbitrária... O agente quis matar um homem, e matou: eis o que é essencial. Não há erro quanto ao objeto representado quando se mata Tício supondo que se mata Semprônio *(errar in persona)*, porque isso não que tenha sido querida a morte de um homem; e pela mesma razão, quando, desviando-se o golpe dirigido contra Semprônio, resulte a morte de Tício, não há erro sobre o objeto "vida humana", que é somente o que importa para a imputação penal do homicídio. Concorrem, aqui, de fato, os três elementos necessários à imputação de tal crime: o propósito de matar um homem, a morte de um homem e o nexo de causalidade entre a ação e o evento letal. Pouco importa que o agente não tivesse consciência de produzir a morte de Tício. Teve ele a consciência de produzir a morte de um homem, e basta: este é o fato previsto pela lei como crime de homicídio. Em vão diria o acusado: 'Vós me imputais a morte de Tício, pela casualidade de haver este passado na linha de direção do tiro'. Porque assim lhe seria retrucado: 'Teríeis podido renunciar ao benefício do feliz acaso do desvio de golpe, se a má sorte de Tício não o colocasse na direção do tiro? Como quereis que a fatalidade vos favoreça, se ela não contribuiu, em coisa alguma, para mudar aquilo que de essencialmente criminoso havia no vosso desígnio? De que vos queixais, se fostes a causa única da morte ocorrida? Foi

61 *L'Omicidio*, p. 179-180.

indubitavelmente dolosa a vossa ação homicida, e por que, então, não seria doloso o homicídio que cometestes?'"

Entre nós, no regime anterior ao do Código de 40, divergiam a doutrina e a jurisprudência, no tratamento da *aberratio,* apesar de que Batista Pereira, autor intelectual do primeiro Código republicano, tivesse sustentado que o critério por este adotado fora o do *crime único.* O Código atual dissipa qualquer discussão, resolvendo, *expressis verbis,* o problema. Ora vê na *aberratio* uma *unidade simples* (no caso de não ser também atingida a pessoa visada), ora uma *unidade complexa* (no caso de ser também atingida a pessoa visada), mandando aplicar, nesta última hipótese, a regra do concurso formal. Assim dispõe o art. 53: "Quando por acidente ou erro no *uso* dos meios de execução, o agente, ao invés de atingir a pessoa que pretendia ofender, atinge pessoa diversa, responde como se tivesse praticado o crime contra aquela, atendendo-se ao disposto no art. 17, § 3º, 2ª parte. No caso de ser também atingida a pessoa que o agente pretendia ofender, aplica-se a do § 1º do art. 51." Explica a *Exposição de motivos:* "No art. 53, é disciplinada a *aberratio ictus seu actus,* que eventualmente pode redundar num concurso de crimes. O projeto vê na *aberratio* uma unidade substancial de crime, ou, seja, um só crime doloso (absorvida por este a *tentativa* contra a pessoa visada pelo agente), *ou,* no caso de ser também atingida a pessoa visada, um concurso formal de crimes. Na primeira hipótese, o erro sobre o *objeto material* (e não sobre o *objeto jurídico)* é *acidental* e, portanto, irrelevante. Na segunda hipótese, a solução dada se justifica pela *unidade* da atividade criminosa."

Exemplifiquemos. Suponha-se que Tício, armado de fuzil, desfecha um tiro contra *Mévio, necandi animo,* mas o projetil: *a)* atinge e mata Caio, que, no momento, passava junto a Mévio; ou *b)* atinge Caio, que fica apenas ferido; ou c) atinge Mévio e Caio, matando a ambos; ou *d)* atinge *Mévio,* ferindo-o, e também Caio, que vem a morrer; ou *e)* atinge Mévio e Caio, matando aquele e ferindo este; ou *f)* atinge Mévio e Caio, ferindo a ambos. Em face do artigo acima transcrito, Tício responderá: na hipótese *sub a,* por homicídio doloso consumado (abstraída a tentativa de homicídio contra Mévio); na hipótese *sub b,* por um só homicídio tentado; nas hipóteses *sub c, d* e *e,* por um só homicídio doloso consumado, mas aumentada a pena correspondente, de um sexto até metade (regra do art. 51, § 1º); na hipótese *sub f,* por um só homicídio tentado, mas também com a pena aumentada, entre os mesmos limites.

É bem de ver que, em qualquer dessas hipóteses, se Tício previu a possibilidade da morte de Caio, aquiescendo no *advento* de tal resultado (dolo eventual), haverá, não obstante a unidade da ação, um *concurso material* de crimes, aplicando-se as penas cumulativamente (art. 51, § 1º, *in fine).*[62]

Até aqui tratamos da *aberratio a persona in personam.*

Diversa é a solução, se o bem jurídico atingido não é da mesma espécie do bem jurídico visado. Dispõe o art. 54 do Código: "Fora dos casos do artigo anterior, quando, por acidente ou erro na execução do crime, sobrevém resultado diverso do pretendido, o agente responde por culpa, se o fato é previsto como crime culposo; se corre também o resultado pretendido, aplica-se a regra do § 1º do art. 51." Suponha-se que Tício desfecha um tiro para quebrar a vitrina da casa comercial do seu inimigo Mévio e atinge um transeunte, matando-o: responderá por homicídio culposo (posto que a morte do transeunte não foi querida, nem mesmo eventualmente); e se ocorre também a destruição da vitrina, responderá por crime de dano e homicídio culposo, em concurso formal, isto é, a pena aplicável será a mais grave (correspondente ao homicídio culposo), aumentada de um sexto até metade.

Para a graduação da pena, quer na *aberratio,* quer no *error in persona,* devem ser levadas em conta, pró ou contra o réu, não as *condições* ou *qualidades* da pessoa atingida, mas as da pessoa visada ou contra a qual o réu supunha dirigir a ação. *Non rei veritas, sed reorum opinio inspicitur.* Assim, se a vítima era *ascendente* do agente ou um *velho* (qualidade ou condição inexistente na pessoa que o agente supunha matar), não será reconhecida a agravante da letra *f* ou a da letra *i* do n. II do art. 44; e, ao contrário, será computada uma ou outra agravante, se a pessoa contra a qual era dirigida ou supunha o agente dirigir a ação reveste aquela qualidade ou condição.

Nenhuma exceção sofre a regra do erro *acidental* no caso de *concursus delinquentium:* os copartícipes (instigadores ou auxiliares) respondem pela morte da *alia et diversa persona* do mesmo modo que o executor direto, que, em relação àqueles, não é mais do que uma *longa manus.*

É de notar-se que o erro sobre a qualidade ou condição da vítima, quando tal qualidade ou condição influi sobre o *título do crime,* favorece o agente. Assim, se alguém, no calor de uma rixa, matar o agente policial que intervém para separar e prender os contendores, não responderá por crime de *resistência,* mas tão somente por homicídio, se ignorava essa qualidade da vítima.

62 Tome-se o exemplo clássico do individuo que atira contra a mulher que traz ao colo uma criança, vindo esta a ser atingida e morta. Se o agente é um atirador inábil, não padece dúvida que teria previsto tal resultado e, disparando o tiro *apesar* dessa previsão, responderá pela morte da criança a título de dolo eventual, em concurso material com a tentativa de homicídio (em relação à mulher visada).

*Quid juris,* se o *ictus* partiu de alguém que se achava em situação de legítima defesa, indo atingir pessoa diversa do agressor? O agente é sempre julgado como se tivesse praticado a ação contra a pessoa visada; logo, na hipótese acima, não é criminoso.

*Quid juris,* se o agente queria apenas *ferir* a pessoa visada, e a pessoa realmente atingida vem a morrer? Responderá por "lesão corporal seguida de morte" ou homicídio *praeter intentionem* (art. 121, § 3º).

**20. Homicídio e erro sucessivo.** Irrelevante é também o erro chamado *sucessivo.* Exemplo: o agente, depois de haver, *occidendi animo,* golpeado a vítima, e supondo erroneamente que ela já está sem vida, atira o presumido cadáver a um rio, vindo a verificar-se, pela autópsia, que a morte ocorreu por afogamento, e não em consequência da lesão anterior. Como argumenta Vannini,[63] embora se trate de erro essencial (versando sobre condição essencial de fato, isto é, a existência do objeto jurídico do homicídio), há um nexo causal doloso entre o evento "morte" e a ação do réu: a segunda ação (lançamento do suposto cadáver ao rio) não é em si mesma dolosa, mas isto em razão de erro derivado da situação de fato criada pela primeira ação, empreendida *necandi animo;* de modo que o evento "morte" se liga, ainda que mediatamente, à vontade criminosa. Weber fala, em tal caso, de um *dolus generalis,* devendo admitir-se que existe, correspondentemente à vontade criminosa revelada na totalidade do processo executivo, um homicídio doloso consumado. O agente quis matar um homem, e matou. Advirta-se, entretanto, que um grande número de autores (notadamente alemães) vê no caso uma tentativa de homicídio, de par com um homicídio culposo.

**21. Homicídio e causas excludentes de crime.** A voluntária ou intencional eliminação da vida de alguém pode deixar de ser crime. É o que acontece, por exemplo, quando o agente se encontra em *legítima defesa* ou em *estado de necessidade.*[64] Trata-se de causas objetivas de exclusão de injuridicidade

63 *Il delitto di omicidio,* p. 29.

64 Também não é criminoso aquele que elimina a vida alheia por *ordem* da *lei* (no *cumprimento de um dever legal),* como o soldado no campo de batalha e o executor da pena de morte (Código Penal Militar e Dec.-Lei n. 4.766, de 1º/10/42). Pode acontecer que alguém mate outrem, supondo, por erro de fato, estar cumprindo um dever legal. Exemplo: a sentinela avançada mata com um tiro de fuzil, supondo tratar-se de um inimigo, o companheiro de armas que, feito prisioneiro, consegue fugir e vem de retorno ao acampamento. Dá-se, em tal caso, uma *descriminante putativa* (art. 17, 2ª parte): o fato não deixa de ser objetivamente ilícito, mas o agente fica isento de pena por ausência de culpabilidade.

penal (descriminantes). A doutrina clássica identificava o estado de necessidade e a legítima defesa como causas excludentes de imputabilidade ou de culpabilidade, argumentando que, em tais casos, o indivíduo age sob coação psíquica, isto é, sob a pressão irresistível da necessidade.

Era uma teoria incompatível com o direito positivo e insuficiente, pois que, além de considerar supressa a imputabilidade ou a culpabilidade onde a

---

A *defesa* de um direito atacado autoriza, se necessária, a ocisão do atacante; mas não existe direito algum cujo *exercício* importe a faculdade de matar. Nada tem a ver com o homicídio, portanto, a descriminante do art. 19, III, 2ª parte. Costuma-se citar, em contrário, o caso da permitida colocação de *offendicula* ou armadilhas mortíferas em preventivo resguardo da propriedade, vindo a ser vitimado o incauto ladrão noturno. Trata-se, aqui, de um caso de *legítima defesa.* Como diz Von Bar *(Gesetz und Schuld im Strafrecht,* p. 215), "em tal caso, a defesa é preparada com antecipação, mas funciona no momento da agressão e em consequência dela: é, pois, incontestavelmente, legítima defesa preordenada". Veja-se Alimena *(Principii di diritto penale,* I, p. 580-582); Massari *(Le dottrine generali del diritto penale,* p. 75); Olshausen *(Kommentar,* I, p. 227); Von Hippel (ob. cit., II, p. 212-213); Mendes Pimentel, parecer, *in Revista Forense,* v. 45, p. 485-487; acórdão do Tribunal de Ap. do Rio G. do Sul, *in Dicionário de Jurisp. Penal,* de V. Piragibe, 1º Sup., n. 3.838. Já os práticos cuidavam da questão. Blancus opinava pela legítima defesa da propriedade: *"Si quis possuit offendiculum ad fenestram pro capiendo fure nocturno, si fur cecidit et moriatur, tunc ipse non tenetur in consilio."* Menocchius decidia pela ausência de dolo: *"Poena homicidii non tenetur, qui dum offendiculum ad januam suae domus poneret, ut fures prehenderet, ingredientem furem occidit, non enim dolo egit."* Manzini entende que a colocação de *offendicula* em segurança da propriedade privada é o *exercício* de um *direito* e *"se il delinquente, invadendo l'altrui casa, incappa in qualche malanno, imputet sibi".* Em sentido idêntico já se pronunciava Impallomeni *(L'Omicidio,* p. 503). Veja-se, porém, a incisiva réplica de Alimena (loc. cit.). Mendes Pimentel louva a jurisprudência anglo-americana que, em torno do assunto, estabelece que "essa defesa preventiva não pode ser usada inconsideradamente, mas proporcionada ao risco da agressão, sendo que engenhos mortíferos só se admitem contra assaltantes perigosos, roubadores terríveis *(thieves and burglars),* não se justificando em prevenção de simples gatunos, de meros transgressores *(trespassers)* da inviolabilidade domiciliar sem ânimo facinoroso *(felonious intent). Quid juris,* se ocorre uma *aberratio* in *persona,* isto é, se, ao invés do ladrão, venha a ser vítima do insidioso aparelho uma pessoa inocente? A nosso ver, a hipótese deve ser tratada como de *legítima defesa putativa* (veja-se n. 18), uma vez que se comprove que o proprietário ou ocupante da casa estava persuadido de que a armadilha somente poderia colher o ladrão noturno: se foram tomadas as precauções devidas para que a armadilha não fosse Infiel à sua finalidade, o evento lesivo não pode ser imputado a título de dolo, nem a título de culpa; caso contrário, configurar-se-á um crime culposo.

Também a morte causada na prática regular de um autorizado jogo esportivo violento é citada como hipótese a que deve ser aplicada a descriminante em questão. Ora, se é certo que o jogo esportivo violento é permitido em si mesmo, não se deve concluir dai que qualquer dos competidores tenha o direito ou faculdade de matar o outro. O fato ficará isento de pena por *ausência de culpabilidade* (veja-se, adiante, n. 22) J e não por *ausência de ilicitude objetiva.*

lei pressupõe um indivíduo *compos sui,* calculando e agindo comedidamente, não explicava os casos que Massari denomina de *assistência social,* isto é, os casos de ação ou reação em favor de outrem, nos quais não se apresenta a *necessitas cogens* reconhecível na defesa ou salvaguarda dos próprios direitos ou bens. Ulteriormente, passando-se a distinguir entre *imputabilidade* e *responsabilidade,* foram consideradas causas excludentes desta as referidas *justificativas.* Modernamente, entretanto, repudiada a bizantina distinção entre imputabilidade e responsabilidade, tornou-se solução pacífica e definitiva a de que, tanto na legítima defesa, quanto no estado de necessidade, não há crime, o que vale dizer: o fato é *objetivamente lícito.*[65] Uma recente doutrina alemã, defendendo a inserção da cláusula da *inexigibilidade (Unzumutbarkeit)* no conceito do estado de necessidade, pretende que este não dirime a injuricidade objetiva, mas a culpabilidade. Ao que se argumenta, a *inexigibilidade*[66]

---

65 Massari (ob. cit., p. 71): "... *può accadere che nella legge si ritrovi un praeceptum juris, ma altresì si trovino altre norme, che, sotto determinate condizioni, autorizzano per casi particolari la condotta vietata dalla norma generale* e *di questa, quindi, constituiscono una deroga o eccezione. Quando tale concorso* di *norme derogative si verifichi,* si *delineano quelle che... abbiamo chiamate cause oggettive di esclusione del rato.*" É esta uma concepção definitiva das chamadas *justificativas penais* (estado de necessidade, legitima defesa, ordem da lei, exercício de um direito). Quando ocorrem os pressupostos objetivos da norma de exceção, o fato é *congenitamente lícito.* A injuricidade, aqui, inexiste *ab ovo:* o fato é objetivamente conforme ao direito. Ainda mesmo que o agente ignore agir, por exemplo, em estado de legítima defesa, não incorre em responsabilidade alguma, pois, na realidade, nenhum crime pratica (Angioni, *Le cause che escludono l'illeceità obbiettiva penale,* n. 40; Pozzolini, *I casi di giustificazione,* in *Scritti in onore* di Enrico Ferri, p. 384: *"L'azione che ha esternamente* i *caratteri* di *azione criminosa diviene legittima per il concorso di quella determinata situazione* di *fatto costituita dai cosidetti casi di giustificazione. Ogni concetto di imputabilità* è *estraneo a questa definitiva concezione del caso di giustificazione:* e *la natura intrinseca oggettivamente considerata dell'azione che la fa legittima in se* e *per sê.*").

66 Em crítica à fórmula do anteprojeto Alcântara Machado sobre o estado de necessidade, assim nos pronunciamos: "... o anteprojeto, truncando o projeto da Comissão Legislativa, omite a cláusula de que o *sacrifício* do *bem ameaçado não possa ser razoavelmente exigido* do *agente.* Neste ponto da minha crítica, dissera eu que tal cláusula era o próprio cerne da descriminante em apreço na sua formulação hodierna, e tal era, do ponto de vista ético-jurídico, o seu relevo, que está evoluindo no sentido de tornar-se um critério informativo da responsabilidade penal *in genere,* como se depreende da teoria da *Nichtzumutbarkeit,* dos modernos penalistas alemães. O Sr. Alcântara não procurou investigar detidamente o tema e deu-me uma resposta precipitada: desde o *Código de Manu,* diz ele, que o estado de necessidade é disciplinado sem a referida cláusula e só agora, mercê da moderna teoria teutônica (o pejorativo vai por conta do Sr. Alcântara), é que tende a fixar-se como postulado inconcusso." E continua: "Tão recente é essa tendência, que não se lhe percebe o reflexo em *nenhum dos códigos contemporâneos,* e dentre os projetos, só o da Comissão Legislativa se ressente de sua influência. É preciso que nos

de uma conduta (tendo-se como ponto de referência o *homo medius*), ainda que esta seja objetivamente antijurídica, exclui a *mens rea*. Ora, a *inexigibilidade* é um dos próprios fundamentos da *licitude* da ação praticada em estado de necessidade. Não é preciso referi-la à culpabilidade, cuja existência ficaria tolhida. Como acentua Helmut Mayer, o que não pode ser razoavelmente exigido ao comum dos homens, não pode ser imposto pelo direito positivo. A *inexigibilidade* só se apresenta em particulares circunstâncias de fato, e, portanto, entende, também, com o lado objetivo da conduta. O que se dá, em tal caso, é, simplesmente, uma ação lícita ou não proibida. Não se apresenta um crime nem mesmo do ponto de vista abstrato.

Ao conceituar o estado de necessidade, o Código, corrigindo a lei anterior, aboliu o critério do *interesse preponderante*. A ação não deixa de ser *necessitada* porque os interesses em conflito sejam de valor idêntico. Eis como se exprime, a respeito, a *Exposição de motivos*: "No tocante ao *estado de necessidade*, é igualmente abolido o critério anti-humano com que o direito atual lhe traça os limites. Não se exige que o direito sacrificado seja *inferior* ao direito posto a salvo, nem tampouco se reclama a falta *absoluta* de outro meio menos prejudicial". O critério adotado é outro: identifica-se o estado de necessidade sempre que, nas circunstâncias em que a ação foi praticada, não era razoavelmente exigível o sacrifício do direito ameaçado. O estado de necessidade não é um conceito absoluto: deve ser reconhecido desde que ao indivíduo era *extraordinariamente* difícil um procedimento diverso do que teve. O crime é um fato *reprovável*, por ser a violação da um dever de conduta, do ponto de vista da disciplina social ou da ordem jurídica. Ora, essa *reprovação* deixa de existir e não há crime a punir, quando, em face das circunstâncias em que se encontrou o agente, uma conduta diversa da que teve não podia ser exigida do *homo medius*, do comum dos homens. A abnegação em face do perigo só é exigível quando corresponde a um *especial dever jurídico*."

Segundo a fórmula do Código, "considera-se em estado necessidade quem pratica o fato para salvar de perigo atual, que não provocou por sua vontade, nem podia de outro modo evitar, direito próprio ou alheio, cujo sacrifício, nas circunstâncias, não era razoável exigir-se". Já não se fala em *mal*

---

entendamos: a teoria da *não exigibilidade* como motivo *geral de exclusão* de *culpa* é novíssima, mas a inserção da cláusula em questão no conceito do estado de necessidade não é propriamente uma "criança de peito". Já figurava ela no projeto Stoos para a Suíça (1896), no projeto alemão de 1925 e no projeto austríaco de 1827 (*"nach den Umständen nicht zumuten war, den drohenden Schaden zu dulden"*), e está no art. 85, n. 3, do Código do Peru (promulgado em 1924) e no art. 34 do atual Código suíço (1938)."

*maior* (art. 32, § 1º, do Código de 90). Assim, o náufrago que arrebata a *tábua de salvação* a outro, que vem a perecer, pode invocar o estado de necessidade, se outro meio não havia para a própria salvação.[67] O Código, porém, faz uma ressalva no § 1º do art. 20: "Não pode alegar estado de necessidade quem tinha o dever legal de enfrentar o perigo." Exemplo: o capitão do navio torpedeado que mata alguém que tenta impedi-lo de entrar no bote de salvação, antes dos restantes passageiros, não pode invocar o estado de necessidade, porque é *legalmente* obrigado a arrostar o perigo de permanecer no navio até a saída do último passageiro.

Também a legítima defesa é disciplinada, no Código, sem abstração da contingência das coisas humanas e afeiçoada a um critério de utilidade política. Assim dispõe o art. 21: "Entende-se em legítima defesa quem, usando moderadamente dos meios necessários, repele injusta agressão, atual ou iminente, a direito seu ou de outrem."

Como se vê, não é exigida uma rigorosa *proporcionalidade* entre a medida da reação e a da agressão. A premente necessidade do revide imediato não dá ensejo a uma ponderada escolha de meios ou modos. O que se reclama é tão somente a moderação do contragolpe, isto é, o exercício da ação defensiva dentro dos razoáveis limites de sua própria necessidade. Por outro lado, foi abolido o caráter *subsidiário* que à legítima defesa atribuía o Código de 90: não se indaga se a agressão podia ter sido prevenida ou evitada sem perigo e sem desonra, ou se era possível invocar e receber socorro da autoridade pública. A lei penal não pode exigir que sob a máscara da prudência se disfarce a renúncia própria dos covardes ou dos animais de sangue frio. Em face de uma agressão atual e injusta, todo cidadão é um policial, um delegado da autoridade pública, e mais do que a *faculdade,* tem o *dever* de obstar, *in continenti,* ao exercício da violência e da injustiça. A legítima defesa, segundo a lição de Battaglini *(Il pericolo di offesa nella legittima defesa),* deve ser, ao lado da ameaça penal, um contramotivo do crime. Quem se predispõe a

---

67 Sobre arrepiantes casos de estado de necessidade, veja-se Manzini, *Trattato,* II, p. 325, nota 4. Um deles é realmente atroz: à margem de um riacho do território de Toroukhaus (Sibéria Oriental), Procópio Kalenine estabelecera o seu acampamento, juntamente com seus irmãos Nikita, Davi e Maria, esta uma menina de 11 anos.
Viviam com o produto da pesca, que, entretanto, veio a faltar depois de algum tempo. Davi pôs-se a caminho para encontrar lugar mais propício. Os três restantes sentiam-se morrer de fome, e então Procópio matou a irmãzinha, comendo-lhe as carnes, juntamente com Nikita. Mais tarde, salvos afinal os dois irmãos, Procópio confessou o fato e foi condenado a vários anos de trabalhos forçados (absolvido Nikita, por estranho ao trucidamento da irmã). Por mais cruel que se apresente o ato de Procópio, não poderia este ser condenado, perante o art. 20 do nosso Código.

delinquir deve ter em conta dois perigos, igualmente temíveis: o perigo da defesa privada e o da reação penal do Estado.

São requisitos da legítima defesa: *a)* uma agressão atual ou iminente; *b)* a injustiça da agressão; c) um direito a defender, próprio ou de outrem; *d)* emprego moderado dos meios necessários. Não só uma agressão *iniciada* legitima a defesa, senão também um perigo atual de agressão (agressão iminente). *Nemo tenetur expectare donec percutiatur.* Perigo atual de agressão é aquele que não permite demora à reação. Não o constitui a simples *ameaça* desacompanhada de perigo concreto e imediato.[68] *Injusta* é a agressão objetiva e subjetivamente contrária ao direito (constituindo um ilícito penal ou um ilícito civil). A injustiça da agressão pressupõe no agressor *voluntariedade* e *responsabilidade.* A violência involuntária ou a exercida por um *irresponsável* cria o *estado de necessidade,* e não a situação de legítima defesa.[69] Basta que a agressão seja injusta: não precisa de ser grave. A gravidade da agressão só é levada em conta para aferir-se a moderação da repulsa mas não é um requisito da legítima defesa. O vocábulo *direito,* empregado no art. 21 do Código, deve ser entendido como compreensivo de todo *interesse juridicamente tutelado* (vida, integridade corporal, liberdade pessoal, pudor, honra, propriedade, tudo enfim que se compreenda no *patrimônio jurídico* do indivíduo). Finalmente, a *moderação no emprego dos meios necessários* é a razoável proporção, apreciada *in concreto,* objetivamente, entre a reação e a agressão. Não se trata de uma *pesagem* em *balança de farmácia,* mas segundo um critério *aproximativo,* tendo-se em vista as circunstâncias em que se achou o agredido. Consoante a justa lição de PENSO,[70] quando haja dúvida sobre se o cálculo teria podido ser feito com menor imprecisão, tal dúvida será resolvida em favor de quem reage e sempre contra o agressor, que, com

68 Contra (G. Penso, *La difesa legittima,* p. 108): "Afirma-se geralmente que deve ser *iminente* o realizar-se da lesão. Não somos deste parecer. O que interessa... é que o *perigo seja atual.* Se deste deriva uma iminência de lesão, não importa. Assim, no caso em que Tício ameace de matar-me dentro de 3 ou 4 dias, se, digamos, não subscrever um certo documento, não posso estar obrigado, para reagir, a esperar que expire o prazo, isto é, até que a lesão se torne iminente. Desde o momento da ameaça, o perigo é *atual,* e desde esse instante, se se apresentar a possibilidade de me subtrair ao perigo, agredindo, estou autorizado a fazê-lo..." É de todo inaceitável este critério ampliativo. Não é concebível legítima defesa sem a *certeza* do perigo de uma agressão imediata.
E tal certeza só existe quando o perigo se apresenta *ictu oculi,* como realidade objetiva. O perigo de uma agressão *futura,* por mais *verossímil,* não passa de uma *hipótese* com a qual não pode operar o conceito da legítima defesa.

69 *Contra:* Maggiore (ob. cit., I, p. 182), G. Penso (ob. cit., p. 117).

70 Ob. cit., p. 244.

a sua conduta ilegítima, deu causa à ação defensiva". O *excesso de defesa* deve ser reconhecido somente nos casos em que seja manifesto: *a)* ter sido praticado conscientemente, isto é, conhecendo o agredido a *desnecessidade* do *plus* da reação; *b)* ter o agredido faltado com a atenção e ponderação próprias do *homo medius* (veja-se n. 18). Só então é excluída a legítima defesa, apresentando-se o fato como crime *doloso* ou *culposo*.[71] A aplicação deve ser feita, como diz Manzini,[72] tendo-se em atenção os *meios* de reação que o agredido tinha à sua disposição e os meios empregados. Se estes eram os únicos que, *in concreto*, tornavam possível a repulsa da violência, não haverá excesso punível, por maior que seja o mal sofrido pelo agressor.[73]

Isto, porém, não quer dizer que se não deva repelir a chamada *interpretação subjetiva* da legítima defesa. Esta, por isso mesmo que é causa *objetiva* de exclusão de injuricidade, somente pode existir *objetivamente*, e não apenas na *crença* ou *opinião* do agente. Não tem aplicação, aqui, no seu literalismo, o princípio de que o *putativo equivale ao real*. Quando a *crença* ou *opinião* do agente não corresponde à realidade, não pode jamais legitimar a violência. Não deixa esta, em tal caso, de ser *objetivamente antijurídica*, embora o agente possa ser declarado isento de pena por ausência de culpabilidade, irrestritamente, a título de dolo, e condicionalmente, a título de culpa *stricto sensu*. Se o agente supõe erroneamente uma situação inicial de legítima defesa, o que pode ocorrer é a chamada *legítima defesa putativa* (ver n. 18); se erradamente supõe uma agressão mais grave do que a que realmente se apresentava, e reage com manifesta desproporção, dá-se o *excessus defensionis*, que poderá ser *culposo* ou ficar isento de pena, conforme seja inescusável ou não o erro em que laborou o agente.[74]

Por confundir-se a legítima defesa putativa com a autêntica legítima defesa é que resultou, em doutrina, por iniciativa de Ferri, a afirmação parado-

---

71 Dispõe o parágrafo único do art. 21 do Código: "O agente que excede culposamente os limites da legítima defesa, responde pelo fato se este é punível como crime culposo." Segue-se, *a contrario sensu*, como acentua a *Exposição de motivos*, que "se o excesso é conscientemente *querido*, responde o agente por crime doloso, pouco importando o estado inicial de legítima defesa".

72 *Trattato*, II, p. 311.

73 No mesmo sentido, Altavilla (in *Nuovo digesto italiano*, verbete difesa legittima): "Se ele (o agredido) não pode dispor senão de um meio desproporcionado, não existirá excesso, desde que o seu uso *era indispensável à defesa*"; e De Marsico (*Diritto penale*, p. 176): "... *sussiste proporzione anche in rapporto a mezzi per sè stessi non proporzionati, secondo che si abbia o no disponibilità di mezzi diversi.*"

74 O que se costuma chamar *legítima defesa subjetiva* não é outra coisa que o excesso de defesa que fica isento de pena por *ausência de culpabilidade*.

xal da possibilidade de *legítima defesa recíproca.* É um contrassenso dizer-se que dois indivíduos possam estar, um em face do outro, simultaneamente, em legítima defesa. No exemplo figurado por Altavilla, do indivíduo que atira contra outro, tomando-o falsamente por um malfeitor à sua espera, e vem a receber, em repulsa um golpe desse outro, não há legítima defesa recíproca, porque o primeiro agressor não se encontrava em legítima defesa senão na sua fecunda imaginação. Para decidir diversamente, será preciso identificar-se uma causa excludente de culpabilidade (erro de fato) com uma causa excludente de crime (legítima defesa). O que é perfeitamente admissível é uma *sucessiva* situação de legítima defesa por parte do agressor inicial, se o agredido se excede na reação, pois o excesso de defesa importa, por sua vez, uma *agressão injusta.*

Pode também acontecer que, no caso de dois indivíduos mutuamente se atacarem, haja dúvida sobre qual deles tenha precedido o outro na agressão injusta: em tal caso, será compreensível que se absolvam um e outro, como se ambos tivessem agido em legítima defesa; mas isto por injunção decorrente de insuperável incerteza de elementos de convicção *in concreto,* e não pelo reconhecimento de uma *reciprocidade* de legítima defesa.

**22. A violência esportiva.** Deve ser categoricamente rejeitada a identificação de um específico *crime esportivo,* alistável entre os "crimes contra a pessoa". Segundo G. Penso,[75] poderia ele ser definido como a lesão corporal ou a morte voluntariamente causadas "em razão e no curso de um esporte violento (isto é, em que o mal físico seja consequência natural), por meio de golpes permitidos". O ilogismo é manifesto.

Se é permitida ou lícita uma ação, e desde que esta não seja abusiva ou inconsideradamente exercida, não se pode incriminar suas consequências, ainda que previsíveis como necessária ou eventualmente lesivas. Ou se proíbe o esporte violento (o que já não seria sem tempo), ou não há falar em crime esportivo, como entidade criminal *sui generis.* Rematado despropósito será punir-se, por exemplo, um *boxeur,* por arremessar sobre o tablado o seu rival, *devastado* e exânime, quando tal proeza, segundo a lei do *box,* que tem o apoio das multidões e a adesão do próprio Poder Público, é precisamente o que ele tem a fazer. Imagine-se o irrisório desta cena: num *stadium* apinhado de gente, dois pugilistas se esmurram e, a certa altura, um deles deixa o outro sobre o *ring,* estatelado, estupidificado de dor, com um rijo soco na mandíbula ou na base do *sternum.* A multidão estruge, aclamando o vencedor. Este assume o ar de quem recebe na fronte o ósculo da glória, mas, para logo, o

75 *Studi sul progetto preliminare di un nuovo Codice Penale italiano.*

rosto se lhe ensombra: é que se aproxima o delegado de polícia e lhe dá voz de prisão. É um *flagrante, com* todos os *matadores.* E lá se vai o campeão para o xadrez, como qualquer desordeiro.

Ninguém pode achar isso razoável. Não se compreende que a sociedade, permitindo em seu seio, e até mesmo exaltando os espetáculos de força, reclame, no mesmo passo, a punição dos que neles tomam parte, à maneira da inconsequente Cleópatra, que mandava flagelar os seus amantes após as noitadas de prazer. Enquanto houver licença para as pugnas esportivas corpo a corpo, o que há reprimir é, tão somente, a aplicação de golpes proibidos ou a violência inútil. Mas, neste caso, não há necessidade de configurar um crime novo ou autônomo, isto é, a responsabilidade penal do acusado não depende de uma fórmula *ad hoc,* pois o evento lesivo lhe será imputado a título de dolo (direto ou eventual) ou culpa *stricto sensu* (consciente ou inconsciente).

O mal físico é da essência dos esportes violentos, pois neles a vitória está condicionada à anulação da resistência do adversário, e isto não se obtém senão maltratando-o fisicamente. Se é guardada a técnica do jogo, a impunidade de qualquer dos competidores tem de ser reconhecida, quando resulta ao outro alguma lesão corporal ou mesmo a morte. Nenhuma pena pode ser infligida a um atleta que, *exempli gratia,* na luta greco-romana, ao constringir o tórax de adversário obstinado, venha a fraturar-lhe uma costela ou a deslocar-lhe uma vértebra, ou a causar-lhe a morte por asfixia mecânica, pois tal constrição é um recurso normal a esse autorizado gênero de esporte. No jogo de *box,* sabe-se que um *cross* na têmpora, um "direto" no pescoço ou um *uppercut no* estômago podem causar a morte, mas se a *noble art* os permite, com apoio de regulamentos administrativos, [76] não obstante o perigo de tais consequências, é bem de ver que, ocorrendo efetivamente estas, não se concretiza crime doloso, culposo ou preterintencional. Se a violência esportiva é *ação lícita* em si mesma, o consequente evento lesivo não pode ser

---

76 No Distrito Federal, o Dec. n. 4.906, de 27.6.1934, regulamentou o *box)* o *jiu-jitsu* e a *luta livre (catch-as-catch-can).* São considerados golpes proibidos, no *box,* somente os seguintes: 1º, golpe abaixo da cintura; 2º, golpear o adversário "caído" ou que se estiver levantando do chão; 3º, segurar o adversário ou deliberadamente manter um *clinch;* 4º, bater com a cabeça ou ombro, ou usar o joelho; 5º, golpear com a parte interna ou com as extremidades das mãos, ou com o pulso ou cotovelo; 6º, golpear com a luva aberta; 7º, lutar ou jogar com brutalidade junto às cordas; 8º, golpear deliberadamente a parte do corpo sobre os rins; 9º, golpear fazendo giro; 10º, golpear a nuca. No *jiu-jitsu.* São golpes vedados: cuteladas, bofetadas, cotoveladas) socos, pontapés, cabeçadas, dentadas, puxão de cabelos, puxão de orelhas, assim como qualquer ataque aos olhos ou órgãos genitais. À exceção das "cabeçadas", são estes também os golpes na "luta livre".

imputado a título de dolo, pois este falha quando inexiste a *consciência da injuricidade da ação.* Em vão se procura lobrigar no pretenso crime esportivo o *dolo eventual.* Eis o raciocínio de G. Penso, que, aliás, confunde o dolo eventual com a culpa consciente: *"Il caso in questione (evento lesivo resultante de violência esportiva) è simile a quello in cui si dia fuoco ad una casa, esclusivamente a scopo di danneggiamento, pur sapendo che dentro vi sono delle persone e nulla si fa per toglierle dal pericolo, limitandosi a sperare che si salvino. Come è assurdo escludere il dolo nel caso in cui tali persone travino la morte, così lo è escluderlo dal delitto sportivo".* O pretendido símile, porém, é desmentido pelo singelo argumento de que deitar fogo a uma casa é ação *ilícita,* constitui, no caso figurado, um *antecedente* criminoso; ao passo que os esportes violentos, considerados em si mesmos, não infringem norma jurídica alguma e, ao que se proclama desde o tempo de Marciano e de Paulo, são até exercidos *pro virtute.* A consciência da injuricidade, repita-se, é essencial para que se possa atribuir a alguém, a título de dolo, um evento lesivo. Pelo mesmo argumento de licitude do *antecedente causal,* é inadmissível seja identificado na espécie um crime preterintencional. E, por último, não há falar-se em responsabilidade a título de culpa *stricto sensu,* quando o evento lesivo, embora anormal, resulta da prática *normal* de uma ação lícita (no caso, a violência esportiva), isto é, sem que o agente tenha procedido com *imprudência, negligência* ou *imperícia.* Em suma: enquanto o esporte violento não for classificado entre as *ações ilícitas,* e uma vez que se não transgridam suas normas técnicas, todo o mal que dele eventualmente advenha não pode deixar de ser considerado, sob o relativo ponto de vista jurídico-penal, como uma *infelicitas fati,* um mero *casus.*[77] Impraticável, como é, a modificação técnica dos espor-

77 Já assim decidia o direito romano, excluindo na espécie a culpa aquiliana. Dizia Ulpiano (D., L., IX, t. II, fr. 7, § 4): *"Si quis in colluctatione, vel in pancratio, vel pugiles dum inter se exercentur, alius alium occiderit,* si *quidem in publico certamine (alius alium occiderit), cessat Aquilia."* No mesmo sentido opinavam os práticos. Entre os exemplos de *homicídio casual* era incluído o praticado *in publico certamine: "potest poni exemplum in eo, qui interfecit eum; cum quo ad brachium, sive ad pugnos, sive ad lapides ludebat"* (Julius Clarus, *Practica Criminalis, § Homicidium).* De acordo com a opinião esposada no texto, manifesta-se Ari Franco, O *desportista* e o *direito penal,* p. 72. *Pela punibilidade,* Bento de Faria, *A criminalidade nos esportes.* Oscar Stevenson *(Da exclusão de crime,* p. 238) entende que há, na espécie, uma causa (não prevista formalmente) de exclusão de crime: "O que justifica as ofensas resultantes das práticas esportivas são os *princípios* de *direito* e o *costume,* não o costume *contra legem, mas praeter legem,* complemento da lei escrita. Nelas se entendem a prevalência do interesse social. O justo meio para o justo fim, porque os esportes representam elevado escopo de sanidade reconhecido pelo Estado, que se empenha em fomentá-los, regulando-os por leis especiais e fiscalizando-os por intermédio de seus agentes. O costume e esses princípios que não precisam estar no Có-

tes violentos, no sentido de ficar plenamente assegurada a integridade física dos jogadores, e se o Poder Público entender que, não obstante o aplauso das turbas, tais esportes são reprováveis, decrete-se então a medida extrema de sua proibição. De nossa parte, somos francamente por esta solução. Só se pode compreender o esporte como uma diversão harmoniosa dentro da dupla finalidade da saúde do corpo e do equilíbrio estético. Os esportes brutais, no seu caráter de excesso, apenas geram (à parte os acidentes fatais) a truculência, a fealdade, a deformação, a arritmia física e o abastardamento da inteligência. É mesmo duvidoso que eles servem ao proclamado objetivo de formação de uma mocidade destemida, apta ao primeiro apelo da pátria. Nas suas *Scenes de la vie future*, Duhamel desmente essa ilusão: *"On a dit que la patrie menacée, appauvrie, peut avoir besoin, quelque jour, d'une jeunesse endurcie, trempée par les jeux de force... L'argument est sans valeur si l'on s'en rapporte à l'histoire. La grande guerre, en France du moins, fut faite par des paysans, des employés, des ouvriers, des bourgeois, des intellectuels, sans culture sportive pour la plupart et qui, pendant près de cinq ans, ont montré des vertus physiques et morales dignes de considération. En revanche, certains princes du sport n'ont même pas compromis leur grandeur dans les miseres de la troupe."* Em conclusão: apregoe-se a necessidade ou conveniência de proibição de todos os esportes em que a violência *contra a pessoa (box, luta greco-romana, jiu -jitsu, catch-as-catch-can* etc.) seja elemento imprescindível; mas, enquanto isso não se der, salve-se a lógica jurídica, com a mais formal repulsa à ideia de um específico *crime esportivo.*

**23. A operação médico-cirúrgica com antecipação do evento letal.** Ninguém contesta a licitude da operação médico-cirúrgica, sob o pressuposto de que ela serve à proteção de um interesse reconhecido e patrocinado pelo Estado e diz com o próprio dever profissional do médico, isto é, o tra-

digo, pois derivam do contexto total de toda a ordenação jurídica, valorizam os fins individuais e conferem ao consenso a aptidão de dispor de bem indisponível, a integridade física ou a vida." *Este* ponto de vista, porém, não é aceitável. A *licitude excepcional* de um fato previsto *in genere* crime não pode decorrer de causas *não escritas* na lei. Devaneios doutrinários, sob pretexto de exegese, não podem suprir a lei. Os princípios gerais de direito e o costume não são fonte do direito positivo, senão quando *intra legem,* isto é, quando a lei penal, pelo seu próprio texto, tenha de ser interpretada segundo uns ou outros. Não há dispositivo algum da lei penal autorizando, explicitamente, os jogos esportivos violentos; mas, como estes são permitidos e regulados pelo *direito administrativo* (ou pelo *poder de Estado),* segue-se a solução lógica; se uma lei extrapenal permite a violência esportiva em si mesma (desde que respeitadas as normas do seu exercício), as consequências lesivas daí resultantes não podem ser penalmente imputadas, e isto por ausência de *culpabilidade, pois esta* pressupõe a prática de uma ação (ou omissão ilícita.

tamento dos enfermos; mas, se ela, ao invés de preservar a vida do paciente, resulta na sua prematura extinção, tem-se a saber porque, ainda neste caso, fica o operador isento de responsabilidade penal, embora se identifique um fato correspondente a um tipo legal de crime *(homicídio),* e sendo certo que, muitas vezes, ao espírito do cirurgião se representa, como possível ou provável, o resultado funesto.

Não há dispositivo algum da lei penal reconhecendo na espécie uma *excepcional licitude* e, por outro lado, seria intolerável ao mais comezinho sentimento de justiça opinar-se pela punibilidade do operador, desde que este tenha agido com a devida proficiência técnica. Tal como no caso de morte resultante da violência esportiva normal ou regularmente praticada, a isenção de pena, aqui, tem de ser declarada por *carência* de *culpabilidade,* quer a título de dolo; quer a título de culpa, não obstante a anormalidade das consequências. Inexiste culpabilidade a título de dolo, porque falta, *à parte subjecti,* a *conscientia sceleris* (isto é, um elemento indispensável a essa forma de culpabilidade). Deve notar-se que o caso em questão é precisamente um dos exemplos demonstrativos da insuficiência da noção puramente psicológica do dolo. Para aqueles que, na esteira de Von Liszt (cuja opinião se apegava à letra de um artigo do Código Penal alemão), concebem o dolo como um conceito desprovido de sentido ético-jurídico, limitando-o à simples representação da importância do ato voluntário como causa, certa ou provável de um resultado objetivamente conforme a um tipo de crime e, sem atenção à boa ou má-fé do agente, a punibilidade, in *subjecta materia,* teria de ser reconhecida. Os defensores do *dolus facti* não distinguem entre uma *ação má* e uma *boa ação,* entre o ferimento causado pelo punhal de um perverso e o produzido pelo benéfico bisturi de um médico, entre o homicídio com dolo eventual e a morte decorrente de um choque operatório. Já demonstramos (n. 9, em nota) que o dolo penal não pode ser reduzido a um conceito *neutro* do ponto vista ético-jurídico. Se deixa de compreender um *juízo de valor* (consciência do mal injusto), não haveria razão para fazer-se dele uma noção especial ou diferenciá-lo da *intenção* em geral. Se adotamos o critério acertado, segundo o qual o *dolo* abrange não somente a representação do resultado objetivamente antijurídico, mas também a consciência de um injusto, a solução do tema que nos propomos apresenta-se, logicamente, no sentido da isenção de pena por inexistência de culpabilidade a título de dolo. De outro lado, também não se pode falar, na espécie, em responsabilidade a título de culpa *stricto sensu,* desde que, permitida ou lícita em si mesma a operação cirúrgica, não se apresenta, como produtiva do evento letal, uma *anormalidade* de conduta reveladora de imprudência, negligência ou imperícia.

Não altera a inferência de *não culpabilidade* o fato de a morte do paciente ter sido representada, como possível ou provável, na consciência do operador: não obstante tal representação, tem ele a esperança (não a simples e leviana fé no acaso, mas esperança suficientemente forte para que se não despeça da convicção de servir lealmente ao seu dever profissional) de que não ocorra o insucesso e neste sentido emprega as cautelas aconselhadas pela ciência. O resultado a que se propõe o médico é, sempre, salvar o doente, e não matá-lo; é praticar um bem, e não um malefício. Se, apesar dessa boa intenção e da perícia técnica com que agiu, advém a morte do paciente, não se pode identificar um crime doloso ou culposo, mas um *infortúnio,* um acontecimento produzido pela *vis divina* servindo-se da *vis humana.*

Entende Gerland *(Deutsches Reichsstrafrecht)* que, no caso de dúvida sobre o resultado da operação ou quando haja a representação alternativa do restabelecimento do paciente ou a agravação de sua moléstia, se não eventualmente a sua morte, o que favorece o médico é o fato de que nunca foi *costume,* no caso, aplicar-se pena *("hier schütze den Arzt die Tatsache, dass bei derartigen Eingriffen eine Bestrafung bisher nicht üblich war"),* Ora, a *consuetudo* não tem aptidão para neutralizar ou evitar o império da lei penal. Não há necessidade de recorrer-se a um argumento artificioso, *extra legem,* para chegar a uma conclusão que deflui naturalmente da noção fundamental da culpabilidade.

**24. Coação irresistível e obediência a ordem de superior hierárquico.** Entre as causas excludentes de culpabilidade (e não entre as descriminantes), inclui o Código a *coação irresistível* (física ou moral)[78] e a *obediência a ordem*

78 O projeto Alcântara cuidava somente da "violência física irresistível" (por entender, talvez, que a *coação moral* estaria compreendida na fórmula do "estado de necessidade"). No seio da Comissão Revisora, fomos intensos a que se fizesse referência expressa à *coação física irresistível* como causa de exculpação. Reputamo-la supérflua, de conformidade com a crítica que fizéramos anteriormente ao primitivo Anteprojeto: "... no tocante aos crimes por ação, é inconcebível que alguém, a não ser que se trate de um louco, empregue a *vis absoluta* para constranger outrem, de modo imediato, ao movimento corpóreo causador do crime; mas, ainda que assim não fosse, é intoleravelmente ocioso dizer que um *agido* não é *agente...* Nenhum juiz, por mais bisonho, se lembraria de identificar como autor punível de um crime quem foi apenas um *instrumento* de sua execução. Quer em relação aos crimes comissivos, quer em relação aos omissivos, a disposição em apreço é supervacânea. Em face dos arts. 9º e 10 (sobre causalidade física e psíquica), combinados, do Anteprojeto, é de toda evidência que não há crime sem um *voluntário* movimento corpóreo ou uma *voluntária* abstenção de tal movimento. Por que, então, declarar-se, a seguir, que não será passível de pena quem praticar o crime mediante coação irresistível? Releva ainda notar que o estado de coação (quer resultante

*de superior hierárquico,* dispondo no art. 18: "Se o crime é cometido sob coação irresistível ou em estrita obediência a ordem, não manifestamente ilegal, de superior hierárquico, só é punível o autor da coação ou da ordem.

Quanto à coação irresistível, realmente não tem ela o efeito de excluir a ilicitude penal do fato: sua influência é exercida apenas sobre o nexo de causalidade psíquica, isto é, exclui, no caso concreto, a *voluntariedade* da ação ou omissão e, portanto, uma das condições essenciais da culpabilidade. O coagido é declarado sem culpa, porque não passa de um mero títere, à mercê do coator, respondendo unicamente este pelo fato criminoso,[79] e com pena agravada (art. 45, n. II).

A coação física *(vis absoluta, vis atrox, vis corporalis)* é a empregada corporalmente sobre a pessoa do coagido, consubstanciando-se com o próprio movimento corpóreo dirigido ao evento criminoso. Assim, não é reconhecível a coação física, mas a coação moral *(vis compulsiva),* no caso do indivíduo que, espancado pelo coator, comete, por exemplo, um homicídio, pois não é o espancamento, propriamente, mas a pressão do receio de continuar a ser espancado que o leva à prática da ação. Não era outra a decisão do direito romano (D., L. IV, 2, I): "*Ait praetor: quod metus causa gestum erit, ratum non habebo. Olim ita edicebantur: Quod vi metusve causa; vis enim fiebat mentio, propter necessitatem impositam contrariam voluntati; metus, instantis, vel futuri periculi causa mentis trepidatione: sed postea detracta est vis mentio: (ideo) quia quodcumque vi atroci fit, id metu quoque fieri videatur.*" ("Disse o pretor: não aprovarei o que for feito por medo. Outrora, o édito dizia: *Do que é feito pela violência ou pelo medo;* fazia-se menção da violência como necessidade contrária imposta à vontade, e o medo como abalo do espírito em razão de algum perigo iminente ou futuro; mas, posteriormente, foi suprimida a menção à violência, pois tudo que se faz em razão de violência deve ser considerado como feito também por medo.")

No rigor da sua conceituação, a coação física só se apresenta quando é o próprio coator que, por exemplo, segura e impele violentamente a mão do

---

da *vis atrox,* quer da *vis compulsiva),* se não excluísse a culpabilidade, teria ingresso na noção do *estado* de *necessidade,* que o Anteprojeto regula no art. 15, n. IV".

A maioria da Comissão, porém, entendeu que se devia adotar a fórmula que hoje figura no art. 18 do Código, compreensiva da coação física e da coação moral, prestando, assim, uma homenagem ao direito pátrio.

---

79 Lê-se na *Exposição de motivos: "Na coação irresistível...* é abstraído o autor imediato do crime: por este só responde o autor da coação... A coação deve ser *irresistível:* se pode ser vencida (tendo-se em vista, é claro, o padrão do *homo medius,* e não o do *homo constantissimus),* haverá apenas uma atenuante (art. 48, IV, letra *c).*"

coagido para o golpe contra a vítima. Ora, fatos dessa natureza, de todo insensatos, serão raríssimos na prática, devendo-se mesmo presumi-los um indício de loucura do coator. Pode dizer-se que a coação física só é concebível nos crimes omissivos puros e nos comissivos por omissão.

A coação moral ou *intimidação* (ameaça de um mal grave) é que é o *meio* comumente empregado para o efeito da *necessitas contraria imposita voluntati*. Para ser *irresistível*, como é óbvio, deve ser acompanhada de um perigo sério e atual.[80] No conceito da coação em geral compreende-se emprego de meios físicos que reduzem o indivíduo à incapacidade de agir ou, pelo menos, de agir *compos sui* (como sejam: inebriantes, entorpecentes, gases, tóxicos etc.).

Em doutrina, considera-se *species* do *genus* coação a sugestão *hipnótica*.[81] Muito se tem discutido, porém, sobre *hipnotismo*, como possível meio de levar alguém, contra a própria vontade, a cometer crime. Não há em ciência, a tal respeito, conclusões definitivas. Os raros casos concretos registrados pela crônica judiciária não afastam a suspeita de que, neles, a invocada sugestão hipnótica não passava de um expediente de defesa.

Acertado foi também o critério do legislador de 40 ao classificar como causa de exculpação, e não como causa excludente da injuricidade objetiva, a *obediência a ordem de superior hierárquico*. Deve ter-se em vista que, segundo a fórmula do art. 18, não se trata de obediência a uma ordem *intrinsecamente legal*. Se assim fosse, não haveria necessidade de destacar-se a hipótese em questão do conceito do cumprimento do dever legal" (art. 19, III), que é, autenticamente, uma causa de exclusão de crime. Pressupõe a fórmula do Código que a ordem é *ilegal* na sua substância, embora não manifestamente tal. De um ponto de vista rigorosamente jurídico, repelido o princípio

---

80 Galdino Siqueira *(Código penal brasileiro)*, em crítica ao novo Código, pôs em dúvida que o texto do art. 18 tenha compreendido a "coação moral", pois esta nunca é "irresistível", e a respeito dela prevalece o princípio romanístico do *coactus tamen voluit*. Ora, o termo *irresistível* não é empregado, no citado artigo, em sentido absoluto. Todo código penal tem como ponto de referência, indeclinavelmente, o *homo medius*. É irresistível a coação moral capaz de vencer a resistência do homem comum. Se Galdino não acredita, como parece, no "medo irresistível", é que nunca se achou diante do trabuco de um "Lampião" ou de um "Corisco", a impor-lhe, por exemplo, a subscrição de um cheque, ainda que sem provisão de fundos."

81 Alcântara Machado, criticando o Projeto Revisto, disse que a fórmula por este adotada sobre a inimputabilidade era incompleta, porque não abrangia, entre outros casos, o sonambulismo provocado. Respondendo à objeção, assim nos pronunciamos: "Quanto ao sonambulismo provocado, ou hipnose, admitindo-se que um indivíduo normal cometa crime em tal estado, por influência do hipnotizador, a hipótese deveria ser identificada, com mais propriedade, entre as *species* do *genus* 'coação irresistível'."

da *obediência cega,* uma ordem *ilegal,* ainda que a ilegalidade não seja reconhecível *prima facie,* não deveria jamais ser cumprida. O ato praticado em execução dela, quando correspondente a um tipo legal de crime, não perde, objetivamente, o seu caráter ilícito ou antijurídico.[82] Tão somente para contemporizar com o interesse da disciplina administrativa e com o princípio da autoridade é que a política criminal aconselha e o direito positivo prescreve que, em tal caso, se transija com o *error juris neminem excusat,* e nenhuma pena sofra o executor, respondendo pelo crime apenas quem expediu a ordem. Na *Exposição de motivos,* assim se exprime o Ministro Campos: "A *ordem de superior hierárquico* (isto é, emanada de autoridade pública, pressupondo uma relação de direito administrativo) só isenta de pena o executor, se não é *manifestamente* ilegal. Outorga-se, assim, ao inferior hierárquico, tal como no direito vigente, uma relativa faculdade de indagação da legalidade da ordem. Como observa De Marsico, se o princípio fundamental do Estado moderno é a autoridade, não é menos certo que o Estado é uma organização jurídica, e não pode autorizar a obediência cega do inferior hierárquico. De um lado, um excesso de poder na indagação da legalidade da ordem quebraria o princípio de autoridade, mas, de outro, um excesso do dever de obediência quebraria o princípio do direito.

O critério de classificação seguido pelo Código, neste particular, é o dominante na moderna doutrina penal.[83] A obediência a ordem de superior hierárquico exclui a culpabilidade porque o executor, por *erro de direito,* aqui excepcionalmente relevante,[84] supõe a legalidade da ordem. Exemplo: um soldado bisonho, por ordem do comandante da escolta, mata com um tiro

---

82 M. E. Mayer (ob. cit., p. 338): *Die Ausführung eines rechtwidrigen Befehls ist unter allen Umständen eine rechtswidrige Handlung*" (isto é, "a execução de uma ordem antijurídica é, em quaisquer circunstâncias, uma ação antijurídica"). No mesmo sentido, Mezger (ob. cit., § 30, II, 2).

83 Jiménez de Asúa *(Teoría jurídica del delito,* p. 152, e artigo publicado em *La Ley,* de B. Aires, de 16/7/41), M. E. Mayer (ob. cit., p. 34 e ss.); Mezger (ob. cit., II, p. 370); Liszt-Schmidt (ob. cit. p. 198); Vidal-Magnol (ob. cit., p. 319); Soler (ob. cit., I, p. 338 e ss.).

84 Von Bar *(Gesetz und Schuld im Strafrecht,* III, p. 115): *"Streng juristisch betrachted erscheint die Straflosigkeit des Beamten auf Grund eines gesetzwidrigen Befehls Entschuldingung eines Rechtsirrtum, welche vom Gesetze als eine Art Privileg gewährt, wenn nötig auch ohne Verzug, sicherzustelen, ein Privileg, das zugleich sich daraus ergibt, das die, Staatsordnung den Untergebenen im allgemeinen der Autorität des Vorgesetzten unterstellt"*: (isto é, "sob o ponto de vista rigorosamente jurídico, o fundamento *da* impunibilidade do executor de ordem ilegal está na exculpação de um erro de direito, que a lei garante como uma espécie de privilégio, exatamente para assegurar o cumprimento de ordens legais – privilégio que decorre do fato de a organização política subordinar geralmente o inferior à autoridade do superior").

de fuzil, supondo agir por obediência devida, o criminoso que tenta fugir ou opõe resistência *passiva* ao mandado de prisão. Não se deve confundir esta causa de exculpação com o caso em que o inferior cumpre uma ordem ilegal por *erro de fato.* Suponha-se que um guarda civil, em tempo de agitação pública, atendendo à ordem do delegado de polícia, dispersa a tiros una multidão que se dirige, com certa agitação, ao palácio do Governo, supondo que se trata de um bando de sediciosos, quando, na realidade, eram populares que iam protestar sua adesão ao presidente da República. A regra a aplicar-se, aqui, é a do art. 17, 2ª parte: o agente, iludido pelas circunstâncias de fato, supõe estar cumprindo um dever legal. Se vem a ser atingido e morto um dos populares, o guarda civil (do mesmo modo que o delegado, se este também laborou em erro) não responderá pelo homicídio a título de dolo, e nem mesmo a título de culpa, se o erro era escusável.

Na apreciação dos casos concretos, deve ter-se em conta, entre outras circunstâncias, o grau de instrução do executor e o tempo que teve para refletir sobre a legalidade da ordem. É de negar-se, indubitavelmente, o dever de obediência (e, portanto, a ausência de culpabilidade ou isenção de pena) quando se trata de ordem cuja execução não podia deixar, *prima facie,* e afigurar-se um crime mesmo aos olhos do *homo rusticus.* Era já este o critério romanístico, a propósito do *servus* que praticasse uma ação ilícita em obediência ao *dominus: "Ad ea, quae non habent atrocitatem facinoris vel sceleris, ignoscitur servis, si vel dominis, vel his, qui vice dominorum sunt, obtemperaverint."* ("Perdoam-se aos escravos as ações que não tenham a atrocidade de um crime, se as praticaram em obediência ao senhor ou ao que suas vezes faz.") Idêntica era a decisão do direito intermédio: "... *in delictis, atrocibus mandatum superioris nunquam excusat.*"[85]

A impunibilidade decorrente da obediência devida pressupõe, além disso: *a)* uma relação *oficial* (de direito público) de subordinação; *b)* ordem emanada de autoridade superior, nos limites de sua competência, em face do subordinado; c) forma legal da ordem (isto é, preenchimento dos requisitos mediante os quais a ordem se impõe à obediência).

**25. Desistência voluntária e arrependimento eficaz.** Dispõe o art. 13 do Código: "O agente que, voluntariamente, desiste da consumação do crime, ou impede que o resultado se produza, só responde pelos atos já praticados." No primeiro caso, dá-se a desistência voluntária *(freiwillige Rücktritt* dos autores alemães), isto é, a voluntária interrupção do *iter criminis:* Tício prepara e apresenta a iguaria envenenada a Mévio, cuja morte planejou; mas,

85 Julius Clarus (ob. cit., § V, *Sentenciaram receptarum,* Q. LX, n. 15 e 16).

a seguir, arrependido, faz cair o prato, evitando que a insciente vítima ingira o alimento. No segundo caso, ocorre o chamado "arrependimento eficaz" *(tätige Reue)*, isto é, o impedimento voluntário do *eventus damni*, depois de exaurida a atividade suficiente para produzi-lo. Tício propina o veneno a "Mévio, mas, ato seguido, ministra-lhe um contraveneno, evitando o efeito letal.[86] Trata-se de *causas extintivas de punibilidade* (embora não catalogadas no art. 108), ou seja, circunstâncias que, sobrevindo à tentativa (inacabada, num caso; acabada, noutro) de um crime, anulam, *ex vi legis*, a punibilidade do fato a esse título. Há, aqui, uma renúncia do Estado ao *jus puniendi* (ressalvada a punibilidade dos atos já praticados, quando, por si mesmos, constituam crime), ditada por motivos de oportunidade. A *tentativa* não pode ser suprimida retroativamente (pois *factum infectum fieri nequit)*, mas, como diz Von Liszt, "a lei, por considerações de política criminal, pode construir uma ponte de ouro para a retirada do agente que já se tomara passível de pena *("wohl aber kann die Gesetzgebung aus kriminalpolitischen Grund dem bereits strafällig gewordenen Täter eine goldene Brücke zum Rückzuge")*. É o que acontece com o atribuir-se efeito extintivo de punibilidade à resipiscência do agente. O fato não deixa de ser *crime tentado, a parte objecti* e *a parte subjecti:* somente desaparece a possibilidade de aplicação de pena, a título de *conatus.* Rejeitando o exemplo dos Códigos italiano e suíço (este *autoriza* e aquele *ordena* a isenção de pena no caso de *desistência voluntária* e a simples atenuação da pena no caso de *arrependimento eficaz)*, para aceitar o critério adotado pelos Códigos dinamarquês *e polonês,* o nosso equipara as hipóteses em questão, determinando, imperativamente, quer numa quer noutra, a cessação da punibilidade.

**26. Concurso de agentes.** O novo Código não distingue, em princípio, para diverso tratamento penal, entre *coautoria (correato)* e *cumplicidade stricto sensu*, entre *participação primária* ou *imediata* e *participação secundária* ou *mediata*, entre *autoria moral* e *autoria material*, entre *auxílio necessário* e *auxílio não necessário*, entre *socii criminis* e *socii in crimine.* Segundo dispõe o

86 Sobre o art. 13, assim se exprime o Ministro Campos, na *Exposição de motivos:* "É reconhecida a isenção de pena no caso de *desistência voluntária* da consumação, ressalvada a punibilidade dos atos já praticados. Não é exigida a desistência *espontânea:* basta que o agente não tenha sido coagido, moral ou materialmente, à interrupção do *iter criminis.* Também é declarado imune de pena o agente no caso de *arrependimento eficaz,* isto é, quando, de sua própria iniciativa, já empregada a atividade necessária e suficiente para a consumação, impede que o resultado se produza. A concessão da imunidade penal pareceu-nos mais aconselhável, do ponto de vista *político,* que o critério da simples atenuação da pena *(Rev. Forense,* v. 85, p. 439 e ss.)

art. 25, "quem, de qualquer modo, concorre para o crime incide nas penas a este cominadas". Este critério de solução é um consectário da teoria da *conditio sine qua non* ou da *equivalência dos antecedentes causais,* isto é, o ponto de partida do conceito da participação criminosa, tal como o formula o art. 25, é a teoria da causalidade consagrada no art. 11. Aceito o critério de que não há distinguir entre *causa* e *condição,* entre causa imediata e causa mediata, tinha logicamente de não mais discernir entre *executores* (autores imediatos) e *cúmplices* (autores mediatos): todos são, igualmente, *auctores criminis.* Justamente acentua a *Exposição de motivos:* "O evento, por sua natureza, é indivisível, e tôdas as condições que cooperam para a sua produção se equivalem. Tudo quanto foi praticado para que o evento se produzisse é causa indivisível dele. Há, na participação criminosa, uma associação de causas conscientes, uma convergência de atividades, que são, no seu incindível conjunto, a causa *única* do evento e, portanto, a cada uma das forças concorrentes deve ser atribuída, solidariamente, a responsabilidade pelo todo."

Galdino Siqueira[87] entende que o art. 25 não disciplina a *participação criminosa* propriamente dita, mas a *autoria colateral* (a *Nebentäterschaft,* de Von Liszt), porque não faz expressa referência, como era mister, a *consciência do fim comum.* É flagrante o equívoco do crítico. Em primeiro lugar, o elemento psíquico da participação criminosa, na sua moderna conceituação, não é a *consciência* do *fim comum,* mas a *consciente vontade no sentido da ação comum:* se o resultado desta é previsto e querido por todos os partícipes, dá-se a participação em crime doloso; se o resultado, embora previsível, não é previsto ou, se previsto não é *ratificado,* dá-se a participação em crime culposo. Por outro lado, se a participação não tivesse como pressuposto a consciência, em cada um dos copartícipes, de concorrer à atividade coletiva, não teria sentido, sob o ponto de vista da responsabilidade penal, a unificação do título do crime, determinada no art. 25. Evidentemente supérflua teria sido, portanto, a menção expressa, no texto legal, desse elemento psicológico. Por supérfluo, foi rejeitado, na elaboração do atual Código Penal italiano, o proposto acréscimo do advérbio "conscientemente" após o verbo "concorrem", na fórmula sobre o concurso de agentes, É meridianamente claro que a participação *inconsciente* na ação de outrem não pode ser equiparada a esta, em face de um código visceralmente fundado na responsabilidade subjetiva. Se há convergência de ações sem que os agentes tenham consciência disso, não há falar-se em *participação,* porque esta, sob o prisma jurídico-penal, só é concebível quando haja uma ligação ou interdependência de vontades. Inexistindo o nexo volitivo, cada um dos agentes responde por conta própria

87 *Código penal brasileiro,* 1941, p. 115.

e exclusiva e na estrita medida da respectiva ação. Isto é elementar, e a lei deve abster-se de dizer coisas elementares. Um código não é livro de doutrina. A *autoria colateral,* de Von Liszt, entrará no conceito de *participação,* se há entre os agentes a consciência de cooperar na ação comum (exemplo dos dois operários que, imprudentemente, arremessam uma tábua do alto do andaime à via pública, ocasionando a morte de um transeunte); do contrário, é lógico que não terá aplicação o disposto no art. 18, porque, faltando a consciência de cooperação na obra comum, falta o nexo psicológico que faz das ações convergentes, segundo comezinho princípio de direito penal, uma ação única e irrepartível, para o efeito de uma idêntica responsabilidade para cada um dos agentes.

Em face do art. 48, parágrafo único, o partícipe responde, embora com pena atenuada, pelo crime resultante da ação comum, ainda que mais grave do que aquele em que realmente queria participar. É preciso, porém, para tal efeito, que o evento mais grave, não querido pelo partícipe *dissensiente,* esteja na linha de desdobramento causal da atividade para a qual contribuiu. Esta lição se impõe pela própria regra da causalidade. Assim, se Tício determina Mévio a espancar Semprônio, e Mévio age com tal brutalidade que produz a morte da vítima, responderá Tício a título de homicídio (diminuída a pena de um terço até metade, não podendo, porém, ser inferior ao mínimo cominado *in abstracto).* No caso em que o evento mais grave seja alheio à atividade para a qual o *dissensiente* prestou sua quota de causalidade, não há *convergência,* mas *dissidio* de energias, rompendo-se o vínculo de unidade causal, na conformidade do parágrafo único do art. 11: a superveniente conduta dos outros agentes é causa *independente* e *exclusiva* do evento diverso mais grave. Assim, se Tício manda Mévio esbofetear Caio, e Mévio desfecha um tiro contra este, matando-o, não responde Tício a título de homicídio. Outro exemplo: Tício e Mévio combinam praticar um furto em casa de Caio, e Tício, penetrando na casa, enquanto Mévio fica de alcateia, estupra e mata uma filha de Caio, para saciar seu instinto de sádico. Não responde Mévio por tais crimes.

Suponha-se, agora, que Mévio, no primeiro caso, cumprindo o mandato, tivesse realmente esbofeteado Caio, e este, ao reagir, fosse morto por Mévio, ou, no segundo caso, que Tido matasse o próprio Caio, que o surpreendera e procurava impedir a consumação do furto: Tício e Mévio responderão por homicídio, *pois,* em tais condições, não deixaram de ser causa da causa (e *causa causae causa est causati).* Suponha-se ainda que Caio, ao ser esbofeteado por Mévio, a mando de Tício, perca o equilíbrio e tombe, com tanta infelicidade que, batendo contra o meio-fio da calçada, vem a morrer por fratura da base do crânio. Tício (do mesmo modo que Mévio) responderá por *homicídio preterintencional* ou *lesão corporal* seguida *de morte* (art. 129, § 3º).

Deve notar-se que não terá aplicação o disposto no parágrafo único do art. 48, se o partícipe, embora não querendo o resultado mais grave, previu-o e *consentiu* no seu advento (dolo eventual). Assim, se Tício manda Mévio dar uma *coça de pau* em Caio, sabendo que Mévio é um indivíduo possante e facinoroso, responderá por homicídio, sem atenuação especial de pena, se Mévio, com a brutalidade do espancamento, vem a matar a vítima. Entende Manzini[88] que, para ser aplicada a atenuação, é necessário que o partícipe não tenha querido, de modo algum, o crime mais grave; de sorte que estará excluída naqueles crimes em que a vontade do agente não pode eficazmente dominar ou limitar as consequências da ação, pois, em tais casos, é evidente que o resultado mais grave e compreende necessariamente no campo de sua volição. Igualmente deixa de haver atenuação de pena, se o partícipe se abstém de impedir o evento mais grave, quando podia agir em tal sentido (concurso mediante omissão no crime mais grave).

Tratando do caso mais frequente do crime diverso mais grave, qual o de *excesso de mandato*, Ranieri[89] propõe o seguinte critério de orientação: a regra *causa causae causa est causati* deve ser aplicada sempre que a conduta do mandatário tiver sido dominada pelo motivo que lhe fez surgir no espírito a conduta do mandante.

Perfeitamente possível é o *mandato de mandato* (ou instigação de instigação, numa palavra: participação de participação). O primeiro mandante responderá do mesmo modo que o segundo ou intermediário. Também pode ocorrer o mandato (ou induzimento) *sucessivo*, ignorando-se reciprocamente os sucessivos mandantes. Neste caso, porém, cumpre distinguir: se, com o primeiro mandato, o mandatário já se havia positivamente decidido à execução do crime (como no caso do *omnimodo facturus)*, o segundo mandato terá resultado inócuo e, assim, não importará participação.

Nos arts. 45 e 48, n. II e IV, letra *e*, o Código prevê circunstâncias gradativas da pena *especiais* à participação criminosa. No art. 48, n. II, depara-se, aliás, uma exceção à regra da objetiva equivalência das causas: a pena é *obrigatoriamente* atenuada em relação ao copartícipe cuja cooperação no crime "tiver sido de somenos importância".

Segundo declara o art. 26, são *incomunicáveis*, entre os copartícipes, "as circunstâncias de caráter pessoal, salvo quando elementares do crime". *A*

88 *Trattato*, II, p. 454-455.

89 *Il concorso* di *più persone in un reato*, p. 122 e ss.

*contrario sensu,* sempre se comunicam as circunstâncias *objetivas* e as *mistas,* sejam ou não conhecidas dos concorrentes. Com o vocábulo *circunstâncias,* o art. 26 não se refere apenas aos *accidentalia delicti,* mas a qualquer condição que importe, de modo geral ou especial, atenuação, agravação ou exclusão de pena. São *pessoais* as circunstâncias *subjetivas* que só dizem com a pessoa do copartícipe a que se referem, sem qualquer influência sobre a materialidade do crime ou sobre a concorrente força psíquica dos demais copartícipes. Tais são, por exemplo, a *reincidência,* o *erro de tato,* a *embriaguez fortuita* etc. São *objetivas* as que afetam a execução e materialidade do crime, *in exemplis:* a *emboscada,* o *emprego de veneno,* a duplicidade de vítimas na *aberratio ictus* etc. São mistas, finalmente, as circunstâncias que, embora pessoais, se refletem sobre a objetividade do crime. Exemplos típicos desta espécie de circunstâncias *comunicáveis* são, em que pese à contrária opinião dominante, a *desistência voluntária* do executor e o *arrependimento* eficaz de qualquer dos copartícipes. No primeiro caso, é detida a já iniciada execução material do crime; no segundo, é evitada a sua consumação. A outorga da isenção penal não é concedida, em tais hipóteses, apenas porque o agente revele menor capacidade de delinquir (condição *pessoal),* mas também, e principalmente, porque foi evitado o *eventus damni.* É, portanto, inegável o caráter *misto* (objetivo-subjetivo) das circunstâncias em questão e sua consequente comunicabilidade entre os *socii criminis.*

Ponto digno de atenção, em matéria de *concursus plurium ad idem delictum,* é o da *revogação do mandato criminoso.* Várias são as hipóteses que podem ser formuladas: 1ª – revogação tempestiva, não se iniciando a execução do crime; 2ª – revogação tempestiva, mas sem impedimento do crime; 3ª – revogação tempestiva, mas acontecendo que o mandatário comete o crime por motivos próprios. Solução: na 1ª hipótese, mandante e mandatário ficam isentos de pena (art. 27); na 2ª, nenhuma isenção de pena em favor mandante; na 3ª, fica o mandante imune de pena.

**27. Homicídio privilegiado.** Depois de incriminar determinado fato, a lei penal, muitas vezes, passa a ter em conta certas circunstâncias subjetivas ou objetivas de que ele pode revestir-se, assumindo um cunho especial de maior ou menor gravidade, e adota, então, um dúplice critério de decisão: ou configura um crime à parte, com título próprio e pena autônoma, superior ou inferior à do *tipo fundamental;* ou conserva o crime básico, com o seu *nomen juris,* mas cominando-lhe uma pena maior ou menor, dentro de *novos* limites, ou determina ou autoriza uma especial agravação ou atenuação da pena, segundo uma quota fixa ou variável.

Em tais casos, diz-se o crime *qualificado (delictum qualificatum)*[90] ou *privilegiado (delictum privilegiatum, delictum exceptum)*, conforme seja particularmente considerado, no dispositivo legal, o *plus* ou o *minus* de gravidade.

Assim, crime *qualificado* é o *roubo*, em relação ao *furto*, e crime *privilegiado* é o *infanticídio*, em relação ao *homicídio; qualificado* é o homicídio previsto no § 2º do art. 121, como *privilegiado* é o homicídio nas hipóteses do § 1º do mesmo artigo,

Vamos tratar, primeiramente, do homicídio privilegiado sem mudança de *nomen juris*, Apresenta-se ele nos seguintes casos (art. 121, § 1º): *a)* quando o agente é impelido por motivo de relevante valor social ou moral, e *b)* quando o agente se encontra sob o domínio de violenta emoção, logo em seguida a injusta provocação da vítima.

Os *motivos determinantes* constituem, no direito penal moderno, a pedra de toque do crime, Não há crime *gratuito* ou sem motivo[91] e é no motivo

---

90 Galdino Siqueira, em frívola crítica ao art. 1º do Código, pretende que este devia dizer "não há crime sem lei anterior que o qualifique" ao invés de "não há crime sem lei anterior que o defina". O reparo não parece vir de um técnico. É evidente a ambiguidade que resultaria da redação inculcada pelo velho mestre.

91 Já assim abordamos o tema: "Será possível um crime inteiramente *gratuito*" desprovido de motivo, oriundo de uma volição sem causa ou sem finalidade? Em sentido afirmativo responde André Gide, no seu livro *Les caves du Vaticano.* O jovem Lafcádio, empurrando para o abismo a Fleurissoire, teria realizado o que se pode chamar um "ato puro", sem o lastro de qualquer motivação, sem outro antecedente subjetivo que um desejo espontâneo, *sine matre creatus.*

Evidentemente, o personagem de Gide não cabe nas "roupas feitas" do *homem normal* de Lombroso *("buon mangiatore e lavoratore ordinato, egoista, abitudinario, rispettoso d'ogni autorità, animale addomesticado")* ou do *Philister* de Vítor Hehn ("produto do hábito, desprovido de fantasia, razoável, ornado de tôdas as virtudes da mediocridade, levando uma vida honesta, graças à moderação de suas exigências intelectuais, suportando, com paciência comovedora, todo o fardo de prejuízos que herdou de seus antepassados"). A não ser pelo impulso de um motivo e, ainda mais, de um motivo *premente* e *necessário,* o homem normal, o *bonus paterfamilias,* de que falavam os romanos como tipo médio do equilíbrio psíquico, não pode desprender-se de sua covardia natural, ou tomar nos dentes o apertado freio com que o dirige a própria consciência, onde se acumulam, estratificados e arraigados, os preconceitos sociais, os resíduos da experiência hereditária ou adquirida. Uma vontade consciente exercendo-se sem motivo ou como causa exclusiva de si mesma é qualquer coisa como o milagre da levitação, ou, o que vale o mesmo, uma rematada absurdeza. Se se admite a possibilidade de exteriorização de uma volição espontânea, sem um *cur* ou sem um *propter,* tem-se de acreditar, também, que o barão de Munchausen realmente se tirou do atoleiro, a si e a seu cavalo, puxando pelo próprio tapete.

É verdade que a vontade consciente não é prerrogativa do *homo medius, pois existe também nos loucos de sentimento,* nos *imbecis da afetividade, nos analfabetos* do senso *moral,* que reside a significação mesma do crime.[92] O motivo é o "adjetivo" do elemento moral do crime. É através do "porquê" do crime, principalmente, que se pode rastrear a personalidade do criminoso, e identificar a sua maior ou menor antissociabilidade. Para regular e *individualizar* a medida da pena, não basta averiguar o valor psicológico do réu, a maior ou menor intensidade do dolo ou a quantidade do dano ou perigo de dano: é imprescindível ter-se em conta a *qualidade* dos motivos impelentes.

Desprezadas subdistinções inúteis, os motivos podem ser classificados em *imorais* ou *antissociais* e *morais* ou *sociais*. Estes devem atenuar, aqueles devem agravar a pena. Segundo o Código, o "motivo de relevante valor social ou moral" não é apenas uma atenuante comum (art. 48, n. IV, letra

nos *enfermos psí*quicos em geral, mas ainda em tais casos não será possível reconhecer-se na vontade *imotivada*. O motivo de iniciativa da vontade será fútil, *insuficiente*, excêntrico, extravagante, irrisório, mas não deixará de existir.

Baldassarre *(l moventi* a *delinquere)* nos conta de um *desses* anormais que espancou um pacífico viandante porque *não lhe agradava* o *seu jeito* de *andar,* e de outro que feriu gravemente um sacristão porque *não sabia tocar* a *campainha direito.* É dessa casta o herói de Gide: não passa de um psicopata ou de um anômalo da afetividade. O seu gesto homicida, retraçado na sua gênese, não foi inteiramente destituído de motivo. Analisado o fato, segundo a própria atraente narrativa de Gide, percebe-se que Lafcádio foi decisivamente influenciado por *motivos,* embora fossem estes *inadequados,* ou mesmo de cômica frivolidade. Pouco antes de acometer Fleurissoire, ele o contemplava junto à portinha do vagão e monologava: "[...] Il *n'a pas l'air heureux. Il doit souffrir d'une fistule, ou de quelque affection cachée. L'aiderai-je! Il n'y parviendra pas tout seul*[... ]"

Em seguida, regozija-se previamente:

- *"Un crime immotivé: quel embarras pour la police!"*

Após o crime, quando interpelado pelo estupefato Baraglioul, responde:

- *"Je ne sais pas... Il n'avait pas l'air heureux...* "

A *insuficiência de motivação* não pode ser confundida *com ausência* de *motivos.* O preponderante motivo de Lafcádio foi, certamente, o *propósito* de *praticar um crime sem motivo.* Motivo paradoxal, disparatado, mas motivo, *quand même.* Não resta dúvida que a indiferença moral de Lafcádio, o atroz cinismo com que encara o estúpido crime que praticou, revela *nele* uma franca anormalidade moral, não sendo incompossíveis uma lúcida inteligência, qual a dele, e uma sentimentalidade obtusa. De outro modo, teria Gide criado um personagem irreal, destacado completamente da humanidade, a realizar o prodígio de uma vontade atuante sem estímulos externos. Crime sem motivo, somente poderá praticá-lo um alienado mental *à grande orquestra;* mas neste caso já não há falar-se em *vontade,* mas num puro automatismo psíquico, ficando o indivíduo à mercê do íncubo da própria loucura, e abolida, de todo, a sua identidade com o ambiente social. O *crime gratuito,* como fato de um indivíduo *compos sui* ou psiquicamente íntegro, segundo a concepção de Gide, não é deste mundo."

92 Vergara. Dos *motivos determinantes em direito penal,* p. 73.

*a*): autoriza, em certos crimes, como no homicídio, uma *especial* redução de pena, - redução que não encontra obstáculo sequer no *mínimo* da pena cominada no art. 121. Tal seja o caso, o juiz pode limitar-se a aplicar a pena de reclusão por quatro anos, isto é, pode reduzir de um terço o mínimo da pena do "homicídio simples".

Deve ser acentuado, preliminarmente, que o valor social ou moral do motivo é de ser apreciado, não segundo a opinião ou ponto de vista do agente, mas com critérios *objetivos,* segundo a consciência ético-social geral ou senso comum.

Tendo-se em vista que o direito penal não se preocupa com uma moral superior ou ideal, mas tão somente com a *moral prática* ou *positiva,*[93] que *se* confunde com a noção do bem ou do útil social, pode parecer que haja uma redundância no preceito legal, quando fala em "motivo de relevante valor *social* ou *moral*". Deve, porém, entender-se por motivo *social* aquele que corresponde, mais particularmente, aos interesses coletivos, ou é suscitado por específicas paixões ou preocupações sociais, nobres em si mesmas e condizentes com a atual organização da sociedade.[94] Aquele que, num *raptus* de indignação cívica, mata um vil traidor da pátria, age, sem dúvida alguma, por um motivo de *relevante valor social.* A especial atenuação de pena também não poderia ser negada, por exemplo, ao indivíduo que, para assegurar a tranquilidade da população em cujo seio vive, elimina um bandido perigoso.

O motivo *político,* quando nobre ou altruístico, e não inspirado em credos subversivos do atual regime social, pode ser incluído entre os motivos de *relevante valor social.* Aos homicidas a feitio de Carlota Corday não é demais que se conceda um perdão parcial.

Não basta, para o efeito da redução de pena, que o motivo tenha valor social ou moral: é necessário que este seja *relevante,* isto é, notável, importante, especialmente digno de apreço.

Por motivo de valor *moral* se deve entender todo aquele que merece o apoio da moralidade média. Um motivo de tal ordem não pode deixar, quando relevante, de mitigar a gravidade da ação homicida. Mesmo aqueles

93 A moral prática é que forma e condiciona o direito como regra de disciplina social. Sob o prisma objetivo, o *fim* que a moral positiva aprova é fim *social,* e o que ela desaprova não pode deixar ser *antissocial.* Como diz Grispigni *(lntroduzione alla sociologia criminale, p. 91), "chiunque, prescindendo dalle proprie convinzioni filosofiche e religiose relative al dovere essere della moralità, consideri dal punto di vista scientifico, e cioè obbiettivo, il contenuto che storicamente hanno assunto i precetti morali,* e *cioè la morale reale e positiva, deve riconoscere che i fatti da questa vietati sono quelli nocive alla vita sociale".*

94 Manzini, *Trattato,* v. II, p. 184.

homicídios que, *in abstrato,* se afiguram imperdoáveis, podem, em certos casos, por efeito da *moralidade* dos motivos, tornar-se até certo ponto justificáveis. O *parricídio,* por exemplo, que é o mais execrável dos crimes, pode, excepcionalmente, encontrar alguma explicação no motivo de ordem ética. Maupassant escreveu a respeito uma página impressionante. Outro crime extremamente repulsivo é o da mãe que mata conscientemente o próprio filho, e, no entanto, quem não teria um pouco de benevolência para com aquela mulher que, há tempos, em São Paulo, não podendo conformar-se com o hábito de furtar adquirido pelo filho adolescente, preferiu matá-lo a vê-lo, de futuro, arrastando a vida de um ladrão incorrigível?

Como exemplo de homicídio privilegiado, a *Exposição de motivos* indica o homicídio eutanásico ou piedoso. O primitivo Projeto Sá Pereira, no art. 130, n. IV, incluía entre as atenuantes genéricas a circunstância de haver o delinquente cedido "à piedade, provocada por situação irremediável de sofrimento em que estivesse a vítima, e às suas súplicas", e, no art. 189, dispunha que "àquele que matou alguém nas condições precisas do art. 130, n. IV, descontar-se-á por metade a pena de prisão em que incorrer, podendo o juiz convertê-la em detenção [...]". No Projeto da Subcomissão Legislativa (Sá Pereira, Evaristo de Morais, Bulhões Pedreira), já não se contemplava expressamente o homicídio compassivo como *delictum exceptum,* mantendo-se, entretanto, a atenuante genérica que figurava no inc. IV do art. 130 do Projeto anterior. Também o novo Código não cuida explicitamente do crime por piedade; mas este pode acolher-se à sombra da atenuante geral do "motivo de relevante valor moral", e, quando se trate de homicídio ou de lesões corporais, terá ingresso, para especial redução de pena, nos arts. 121, § 1º, e 129, § 4º.

O legislador brasileiro não se deixou convencer pelos argumentos que defendem, no tocante ao homicídio piedoso, a radical impunibilidade ou a faculdade do perdão judicial. Rejeitou, assim, o exemplo dos Códigos Penais soviético e uruguaio.

Segundo um conceito generalizado, o homicídio eutanásico deve ser entendido como aquele que é praticado para abreviar piedosamente o irremediável sofrimento da vítima, e a pedido ou com o assentimento desta. A tese de Binding e Hoche, que patrocinavam a extensiva permissão da eutanásia, não teve ressonância alguma no direito positivo, representando apenas um culminante paradoxo de exasperado e cru materialismo. Segundo os citados autores alemães, deveria ser oficialmente reconhecido o *direito* de matar os indivíduos desprovidos de valor vital ou mental. Os enfermos incuráveis, de corpo ou de espírito, deveriam ser eliminados em nome da sociedade,[95] para que esta se aliviasse de um peso morto. Seria o calculado sacrifício dos desgraçados em holocausto ao maior comodismo dos felizes. Seria o regime do egoísmo brutal da *jungle* transplantado para o seio da sociedade civilizada. Nada tem a ver com essa espécie de eutanásia a limitada tolerância do nosso Código para com o motivo de relevante valor moral". E mesmo tratando-se de "eutanásia voluntária", tal motivo só deverá ser reconhecido em casos especialíssimos, depois de afastada a hipótese, por mais leve que seja, de uma simulação.

É inegável o acerto de decisão do novo Código, ao enjeitar a completa isenção de pena no caso do homicídio por piedade, ainda que sem remédio o sofrimento da vítima e preceda a súplica ou aprovação desta. Sobre o tema, já escrevemos alhures o seguinte:

> "Se é verdade que a *honestidade* do móvel e o *consentimento expresso* da vítima como que tiram "ao homicídio seu caráter alarmante e antissocial, não é menos verdade que a pretendida impunibilidade da chamada *eutanásia* não passa de um desses paradoxos característicos da extrema liberdade intelectual da época atual... O homem, ainda que irremediavelmente acuado pela dor ou minado por um mal físico, não é precisamente a rês estropiada, que o campeiro abate. Repugna à razão e à consciência humanas que se possa confundir com a prática deliberada de um homicídio o nobre sentimento de solidariedade e abnegação que manda acudir os enfermos e os desgraçados. Além disso, não se pode olvidar que o sofrimento é um fator de elevação moral. Não nos arreceemos, nesta época de retorno ao espiritualismo, de formular também o argumento religioso: eliminar o sofrimento com a morte é ato de estreito materialismo, é desconhecer que uma alma sobrevive ao perecimento do corpo e que a dor é o crisol em que essa alma se

95 A este postulado responde belamente o escritor uruguaio García Pintos (cujo livro *El respecto a la vida* foi um irrefutável libelo contra o infeliz dispositivo do Código do seu país que autorizava o perdão judicial para o homicídio eutanásico): "*Si algun dia en el corazon humano llegase a extinguirse totalmente toda llama de amor y solidariedad social, y en la mente del hombre no pudiese ya florecer el más menguado penacho de idealismo, para pensar em tales matanzas, maldigamos desde ya ese dia; porque entonces si que la sociedad, no obstante su exuberancia de valores vitales e sociales, no estaria compuesta más que por muertos espirituales. Y esta sociedad asi compuesta significaria el triunfo del más crudo materialismo, en que solo habia lugar para la moral cientifica que, ai decir de Saligrú, es la moral de las hienas. Y aquella sentencia de Sêneca que afirma que el hombre ha de ser una cosa sagrada para el hombre, homo res homini sacra, quedaria suplantada por el selvático apotegma de Hobbes – homo homini lupus, el hombre es un lobo para el hombre.*"

purifica e se redime para a sua progressiva ascensão às claridades eternas. *Ad augusta per angusta.* Os brados, os gemidos da dor humana ecoam, retumbam no seio infinito de Deus. O sofrimento é o preço da perfeição moral, é o tributo de peagem na peregrinação do homem pelo mundo. Um escritor dos nossos dias, fazendo o elogio da dor, reclama-a com entusiasmo: 'Fere, dor! Sem covardia, sem rodeio, sem erro, sem viés: sei esperar-te a pé firme.' Tal desafio, porém, **é u**m mero devaneio literário. Raro é o homem que sabe suportar nobremente a dor. Esta, de regra, produz a impaciência e é um espetáculo que contrista e apieda. É quase sempre o mesmo lastimoso e aflitivo drama que Agesandro talhou no mármore, reproduzindo o suplício de Laocoonte. Mas, se devemos chorar sobre a dor alheia, quando sem cura e sem alívio, a lágrima da nossa compaixão e do nosso desespero, não podemos jamais interceptar uma existência humana na sua função finalística, que se projeta além das coisas terrenas. Rejeitando o conceito filosófico, de que a vida é um direito inalienável, a Escola Positiva, por intermédio de Ferri, proclamou o *direito de morrer* e, consequentemente, chegou à conclusão de que o consentimento da vítima é uma descriminante no homicídio. Se o direito à vida – diz o autor de *L'omicidio-suicidio* – é tangível e anulável em certos casos, quer por parte do Estado (pena de morte), quer por parte de um particular (legítima defesa, estado de necessidade), tal direito também pode ser abdicado ou renunciado por parte do seu titular. Nem a família nem a sociedade têm um *verdadeiro e próprio* direito à vida de cada um de seus membros. Que a sociedade e a família tenham, em regra, *interesse* na existência de cada um dos seus membros é inegável; mas *interesse* não é *direito,* pois que um deriva da simples *utilidade,* outro da imprescindível *necessidade:* faltando esta, inexiste o direito. Nem mesmo em tese tal argumento seria irresistível (pois o *jus in* se *ipsum* seria o contrassenso de um direito *associal);* mas, na realidade, atribuir valor jurídico ao consentimento que, à própria morte, dá alguém nos *raptus* de angústia provocado pela dor, é, sem dúvida alguma, adotar um critério tão formalístico quanto o do direito romano primitivo ao prescrever que *voluntas coacta est voluntas.* Juridicamente, é imponderável o consentimento de quem, sob a coação de uma dor cruciante, despede-se do *tenerrimus affectus* da própria conservação. Poderia dizer-se – indaga Morselli – que está na integridade das suas faculdades o enfermo que pede a morte? Não é o suicídio, quase sempre, um motivo para duvidar-se da saúde mental de quem se priva da vida? É preciso reconhecer – continua o escritor de *L'uccisione pietosa* – que muito duvidosa é a consistência jurídica do desejo ou vontade expressos ou concebidos em momentos de dor, quando o espírito está dominado pela emoção e pela angústia, quando pelo estado autotóxico do cérebro podem faltar de todo ou estar muito diminuídas a consciência e a espontaneidade dos próprios atos.

O indivíduo que autoriza a própria morte não está, não pode estar na integridade de seu entendimento. O apego à vida é um sentimento tão forte que o homem, no seu estado psíquico normal, prefere todas as dores e todos os calvários à mais suave das mortes. Aquele mísero Chanteau, que Zola descreve em *La joie de vivre,* é de uma realidade flagrante. Anquilosado pela gota, a uivar entre as tenazes da dor física, reduzira-se ele a um lamentável farrapo humano, atirado para o fundo de uma cadeira de rodas. O próprio alimento era preciso que lho dessem à boca. Era um trambolho na casa onde parentes o haviam acolhido por caridade. No entanto, que insaciável desejo de viver! Certa vez, à hora do jantar, quando já o haviam transportado para junto da mesa, ocorreu um contratempo: descobrira-se que uma antiga criada da casa enforcara-se numa árvore do quintal. Foi um reboliço. E Chanteau, ante a simples perspectiva da refeição adiada, indignou-se: – *Faut-il être bête pour se tuer!*

Ainda que a vida se transforme numa tortura de cada instante, há uma força imperiosa que nos traz chumbados a ela: é o instintivo medo da morte. Não há religião ou filosofia que faça o homem conciliar-se com a ideia do próprio inevitável exício. O homem, enquanto lhe resta o senso normal dos fatos e das coisas, não troca o sofrimento de mil agonias pelo 'sono de que não se acorda'. E não é somente a morte, em si mesma, que apavora: é, também, o vago sentimento do *desconhecido,* o incoercível medo do *além-túmulo.* Maeterlink, ao reputar absurdo que o horror da morte exija a prolongação da agonia, não atendeu a que o instinto só admite uma lógica: a que o identifica consigo mesmo.

A licença para a eutanásia deve ser repelida, principalmente, em nome do direito. Mesmo admitindo-se que o sentimento da vítima pudesse anular a criminalidade do fato, não seria ele jamais o produto de uma vontade consciente ou de uma inteligência íntegra. De outro lado, reconhecer no intuito caritativo do matador um motivo de plena exculpação importaria, como acentuava Carrara,

> a adoção de um precedente subversivo em matéria penal: aquele que, numa sexta-feira, furtasse a ração de carne do vizinho, poderia dizer, para garantir-se isenção de pena: 'Assim procedi para impedir que o meu vizinho pecasse'; aquele outro que prevaricasse com a mulher do amigo que em vão deseja descendência, poderia alegar: 'Meu intuito foi proporcionar-lhe o consolo de um filho...' E assim por diante.
> Defender a eutanásia é, sem mais, nem menos, fazer a apologia de um crime. Não desmoralizemos a civilização contemporânea com o preconício do homicídio. Uma existência humana, embora irremissivelmente empolgada pela dor e socialmente inútil, é sagrada. A vida de cada homem, até o seu último momento, é uma contribuição para a harmonia suprema do Universo e nenhum artifício humano, por isso mesmo, deve truncá-la. Não nos acumpliciemos com a Morte."

García Pintos,[96] depois de aduzir as múltiplas razões que desaconselham a impunidade da eutanásia, chega a esta conclusão interessante:

Pensamos que o homicídio eutanásico, como o suicídio, não nasce de uma ideia, mas de um sentimento, de uma emoção patológica levada até o paroxismo e a cenestesia, que a transforma em angústia. E esta angústia, germinando em indivíduos hiperemotivos, em psicopatas latentes, em ciclotímicos, em desequilibrados mentais, em débeis mentais etc., faz com que o agente trate de abreviar, com a morte do enfermo, a solução de sua própria dor." Não aceitamos, na sua irrestrição, este ponto de vista, evidentemente influenciado pela tendência da moderna psiquiatria, que cuida de lobrigar o *patologismo* em todo ato que foge à normalidade da conduta. Nos casos em que se verifique, realmente, o cunho psicopático do gesto eutanásico, o matador, em face do nosso Código, não será beneficiado com o preceito do art. 121, § 1º, mas com o dispositivo sobre a *responsabilidade atenuada* (parágrafo único do art. 22).[97]

A outra modalidade de *homicidium privilegiatum* é o homicídio emocional imediatamente precedido de injusta provocação da vítima. São três as condições cujo simultâneo implemento autoriza, na espécie, a diminuição de pena: emoção *violenta* do agente, *injusta* provocação da vítima e sucessão *imediata* entre a provocação e a reação.

---

96 Ob. cit., p. 78.

97 Sobre a intencional omissão do médico quanto ao emprego de meios para prolongar a vida do moribundo, veja-se a minha conferência intitulada "Ortotanásia ou eutanásia por omissão sob o ponto de vista jurídico-penal", in *Apêndice* do 6º v. destes "Comentários".

*Emoção* é um estado de ânimo ou de consciência caracterizado por uma viva excitação do sentimento. É uma forte e transitória perturbação da afetividade, a que estão ligadas certas variações somáticas ou modificações particulares das funções da vida orgânica (pulsar precipite do coração, alterações térmicas, aumento da irrigação cerebral, aceleração do ritmo respiratório, alterações vasomotoras, intensa palidez ou intenso rubor, tremores, fenômenos musculares; alterações das secreções, suor, lágrimas etc.).

Segundo a teoria *intelectualista,* atualmente desacreditada, os fenômenos somáticos da emoção representam uma *consequência* do estado afetivo. Para a doutrina *somática,* entretanto, é justamente o contrário que sucede: a emoção produz-se independentemente de um estado psíquico *especial,* sendo precedida e provocada pelas variações fisiológicas.

Segundo a explicação endocrinológica, a emoção resulta de um estímulo que determina, através do sistema nervoso, uma variação endócrina (de glândulas de secreção interna), e esta, por sua vez, repercute sobre o sistema nervoso, tornando-o mais suscetível à ação do estímulo. Os psicanalistas, de seu lado, pretendem que toda emoção é expressão dinâmica de um instinto, emanada de fontes conscientes ou inconscientes.

Foi William James,[98] logo seguido do professor dinamarquês Lange,[99] quem formulou a teoria fisiológica ou somática da emoção. Segundo ele, "ter consciência de uma emoção forte é ter consciência de sua expressão orgânica". Ao que geralmente se supõe, a emoção procederia diretamente da percepção de um tal ou qual objeto e, em seguida, o estado subjetivo emocional exprimir-se-ia no corpo, determinando modificações orgânicas, A realidade, porém é outra: as alterações orgânicas se seguem imediatamente à percepção do objeto, e a consciência que temas delas, à proporção que se produzem, é que constitui a emoção como fato psíquico. Consoante a noção vulgar, diz-se: quando perdemos os nossos haveres, afligimo-nos e choramos; quando encontramos um urso, trememos e fugimos; quando somos insultados, irritamo-nos e reagimos. Ora, o que se deve dizer, embora pareça paradoxal, é que ficamos aflitos porque choramos, ficamos com medo porque trememos, ficamos irritados porque reagimos. Se a percepção não ocasionasse diretamente variações somáticas, não passaria de pura percepção, sem o menor calor emocional.

A emoção tem, assim, a sua fonte na atividade orgânica, em uma série de movimentos e detenções de movimentos que provocam certos fenôme-

98 *Précis de psychologie,* trad. de Baudin e Bertier, p. 495 e ss..

99 *Les émotions, étude psychophysique,* trad. de Dumas.

nos circulatórios e ressoam até o cérebro, graças ao sistema nervoso da vida vegetativa. Há uma certa diferença entre *emoção* e *paixão*, embora esta seja originária daquela. Dizia Kant que a emoção é como "uma torrente que rompe o dique da continência", enquanto a paixão é o "charco que cava o próprio leito, infiltrando-se, paulatinamente, no solo". A emoção é uma descarga nervosa subitânea, que, por sua breve duração, se alheia aos plexos superiores que coordenam a conduta ou não atinge o *plano neopsíquico*, de que fala Patrizi. A paixão é a emoção em estado crônico, é a emoção que se protrai no tempo, surdamente, introvertidamente, criando um estudo contínuo de perturbação afetiva em torno de uma *ideia fixa*, de um pensamento obsidente. A emoção se dá e passa; a paixão permanece, incubando-se. Mas a paixão é como o borralho que, a um sopro mais forte, pode chamejar de novo, voltando a ser fogo crepitante, retornando a ser estado emocional agudo.[100]

A emoção estênica ou reativa, que pode levar até o crime, é um debatido tema, sob o ponto de vista da responsabilidade penal. Querem uns que ela funcione como *dirimente*, de vez que subverte o entendimento e o autogoverno. Dizem outros, entretanto, que ela não anula os *motivos da consciência* ou o *poder* de *inibição* próprio do homem normal. Há persistência do autocontrole, senão integralmente, pelo menos de modo a que as maiores excitações emotivas lhe são permeáveis e, sob sua influência normalizadora, podem deixar de traduzir-se em aberrações de conduta. Não há falar-se, aqui, em substituição ou abolição da consciência, – o que só se verifica nas doenças mentais. Quanto mais a consciência é provida de motivos inibitórios, menos dominante é a emoção, mais o *psíquico* resiste ao *fisiológico*. A emoção, do mesmo modo que a paixão (que é a emoção em *câmara lenta)*, pertence à psicologia normal. Declarando-se *responsáveis* os criminosos emocionais ou passionais, cria-se, com a ameaça da pena, um *motivo antitético*, que, transfundido na consciência individual, se alia às forças inibitórias ou repressivas da agitação fisiopsíquica.

100 Observa Mellusi *(Quelli che amano e uccidono*, p. 16): "Nos tratados contemporâneos, a palavra *paixão* desaparece quase inteiramente, substituída pelo vocábulo *emoção*. A paixão, porém, pelas suas características no conjunto da vida afetiva, deve ser colocada entre a emoção e a loucura. É difícil indicar com clareza e exatidão a diferença entre emoção e paixão. Não há diversidade de natureza, porque a emoção é a fonte de que nasce a paixão; não há diferença de grau, pois, se há emoções calmas e paixões violentas, pode ocorrer também o contrário. Resta uma terceira diferença: a duração. Geralmente se diz que a paixão é um estado que dura; a emoção é a forma aguda, a paixão a crônica. Violência e duração são os caracteres que ordinariamente se atribuem à paixão; mas pode-se ainda precisar melhor a sua *natureza essencial*. A paixão é na ordem afetiva o que a ideia fixa é na ordem intelectual."

Entendemos que a emoção, quando atinge o seu auge, reduz quase totalmente a *vis electiva* em face dos motivos e a possibilidade do *self-control.* Já alguém comparou o homem sob o influxo da emoção violenta a um carro tirado por bons cavalos, mas tendo à boleia um cocheiro bêbedo. Na crise aguda da emoção, os motivos inibitórios tornam-se inócuos freios sem rédea, e são deixados a si mesmos os centros motores de pura execução. Dá-se a desintegração da personalidade psíquica. Dissocia-se o jogo das funções cerebrais. Recordemos a lição de Mellusi: *"Certo l'emozione acutíssima impedisce l'apprezamento esatto delle sensazioni periferiche, onde percezioni assolutamente erronee, e quindi idee di reazione, ostacolo alla formazione di idee controstimolanti o insorgenza di idee troppo deboli per contraporsi alle altre. E cosi l'idea della reazione non sufficientemente vagliata, non discussa, incalza e si compie, ridotto ai mínimo il processo inibitore; sovente questo stato equivale ad um acesso epilettico. Come trovare in questa tempesta, e tanto più se insorge in sogetti nevropsicopatici e degenerati, gli estremi psicologici del normale volere?"*

É fora de dúvida, porém, que, na sua fase incoativa, o *processus* da emoção pode ser interrompido. Nessa fase, ainda é possível a interferência da *autocrítica,* e o indivíduo pode conservar-se "dentro de si" ou, como diz James, deixar de exprimir a emoção, contando até dez ou modulando um assobio. Antes do momento agudo da *descarga* ou *raptus* emocional, há um decisivo instante em que ainda se pode obedecer ao influxo da atividade psíquica frenadora ou atender à exortação de Horácio:

"... *animum rege, nisi paret, Imperat.*"

Já o velho Sêneca, no seu tratado *De Ira,* distinguia entre o arranque ingovernável da emoção e o período de incipiência desta, em que é ainda praticável a intervenção da vontade consciente e livre: "A alma, uma vez aluída, lançada fora de sua sede, a nada mais obedece além do impulso que recebeu. Há coisas que, no seu início, dependem de nós, mas que, deixadas a si mesmas, nos arrastam por sua própria força e não mais permitem recuo. O homem que se lança no fundo de um abismo não é mais senhor de si, não pode deter-se, nem diminuir sua queda: um despenhamento inelutável cortou cerce toda a prudência, todo o arrependimento, e é-lhe impossível retornar ao momento ou posição em que podia ter deixado de cair. Assim, a alma que se entrega à cólera, ao amor, a uma paixão qualquer, perde os meios de conter-lhe o ímpeto. O melhor é dominarmos a primeira irritação, matando-a em seu germe, resguardando-nos do menor desvairo, pois se ela consegue arredar nossos sentidos, já não há mais evitar-lhe o império: agirá segundo o próprio capricho, não segundo nossa permissão. Cumpre que desde a fronteira se repila o inimigo: se este avança, apoderando-se das portas da cidadela, como poderá receber o comando de um prisioneiro?" A emoção incipiente quase sempre *aborta* quando se apresenta um forte contramotivo. Isto é de experiência comum. As mais das vezes, um indivíduo que se encoleriza, e está prestes a um ataque, sabe conter-se quando percebe a disposição reacionária do adversário ou de algum circunstante. O temor do revide é, como se diz vulgarmente, *água fria na fervura.* No momento inicial da emoção, portanto, não se eclipsa o relativo poder de seleção entre os motivos que solicitam a vontade, isto é, não desaparece a condição da responsabilidade penal. Se o indivíduo se deixa empolgar pela emoção crescente e vai até o crime, este se apresenta como uma *actio libera in causa.*[101] É inegável que

101 A propósito, já assim discorremos (*Emoção e crime,* in *Jornal Brasileiro de Psiquiatria,* 1951, ano l, n. 10):
"Um dos mais nítidos contrastes entre o Código Penal de 1890 e o atual é o que se apresenta no tocante ao tratamento dos chamados *criminosos emocionais.* Enquanto o antigo Código outorgava, sob a rubrica de "completa perturbação de sentidos e de inteligência", um extensivo '*bill* de indenidade' aos indivíduos que cometessem crime em estado emocional agudo, o Código de 1940 estatui, de modo categórico, iniludível e irrestrito, que a emoção não exclui a responsabilidade penal. Os pressupostos desta já não podem ser elididos pela conturbação emocional do agente no momento do crime. E não deixa de ser assim ainda quando a emoção seja *violenta* e ocasionada por grave *injustiça,* pois, em tal caso, apenas se reconhece uma diminuição ou degradação da *culpabilidade,* pela qual se mede a pena *in concreto.* Responsabilidade com menor culpabilidade ou menor punibilidade, mas nunca irresponsabilidade. Por mais que acarrete a obnubilação da inteligência, ou por mais que subverta o juízo de comparação entre os estímulos e contraestímulos ou restrinja a faculdade de autogoverno, traduzindo uma verdadeira explosão afetiva, com rompimento dos liames entre a conduta e o psiquismo superior, e exprimindo-se numa reatividade ou descarga psicomotora incontrolável, a emoção, em face do Código vigente, deixa intata, por presunção *juris et* de *jure,* a capacidade de direito penal. Não há contornar o preceito legal: em caso algum pode a emoção, considerada em si mesma e com exclusão de outras causas, operar como dirimente. Desde que se não ligue a doença ou profunda deficiência mental, de que seja precisamente um sintoma, a emoção não exclui, nos crimes praticados sob seu influxo ou domínio, um agente responsável e punível. Mas, como se explica que, assentando a condição psíquica da responsabilidade na adequada ou razoável atuação da vontade em face dos motivos, ou na capacidade normal de dirigir a conduta segundo representações ético-sociais, possa o nosso Código atual declarar responsáveis os possuídos de emoção-choque, que se afirma ser, como estado anímico, a anarquia da vontade, o crepúsculo da consciência inteligente, o ofuscamento da razão, o intenso abalo da personalidade psicoética?
*Prima facie,* o ilogismo é chocante; mas, na realidade, não é senão aparente. Não apenas sob o ponto de vista pragmático ou de política criminal, que identifica a *verdade* com a *utilidade,* se fundamenta e legitima a responsabilidade dos que delinquem em estado de *raptus* emocional: para adoção de tal critério, não há, sequer, necessidade de se criar um jus *singulare* ou de se repudiar, excepcionalmente, o princípio de subordinação da responsabilidade penal à responsabilidade moral, que, por sua vez, pressupõe a normalidade da volição consciente e livre.

a certeza da futura punção intervém no jogo dos motivos inibitórios e, no período nascente da emoção, pode decidir como *motivo prevalente*. Se assim

Primacialmente, uma indagação se impõe: por que são minoria os indivíduos que se deixam empolgar pela emoção até o extremo da reação pelo crime? A razão se evidencia por si mesma: é que há nesses indivíduos uma deficiência dos poderes de autocrítica e de autoinibição. Deve seguir-se daí, porém, que se trate de pessoas constitucionalmente anormais ou incapazes de conduta normal? De modo algum. A normalidade não é um tipo rigidamente fixo; admite, sem desclassificar-se, variações para um *plus* e para um *minus*. É de se enjeitar, por sua gratuidade, a hipótese de uma constituição especificamente delinquencial ou fatalisticamente orientada para o crime. Não há negar que haja no fundo de cada um de nós um *pequeno diabo*, um malévolo *djin*, um criminoso *in potentia* (que nada tem a ver com o desacreditado "criminoso nato" da doutrina lombrosiana), e o mais rigorosamente típico *homo medius* não está isento, tais sejam os motivos e as circunstâncias, de vir a cometer um crime. O crime não é privilégio dos anormais. Isso de vincular o crime, de modo genérico, à anormalidade psíquica é ritornelo monótono de uma pseudociência criminológica, orientada por um vaidoso e excessivo psiquiatrismo, que ainda não conseguiu, que eu saiba, avançar além de "palpites", de conjeturas, de "saques a descoberto", e do qual alguém já disse, com toda razão, que é um quadro pintado pela fantasia com as tintas do arco-íris. O que naturalmente acontece é apenas o seguinte: por disposição congênita, que se vem aliar a uma educação deficitária sob o prisma ético-social, há indivíduos que apresentam, em relação a outros, um desfalque de resistência psíquica, e mais facilmente, por isso mesmo, cedem aos eventuais estímulos para a conduta antissocial. Não há nisso, porém, nenhuma proclividade ou tendência irresistível. Sempre persiste a possibilidade de isenção da vontade aos fatores endógenos e exógenos. Na formação da personalidade psíquica, não é jamais a vontade um "zero à esquerda" ou um "conviva de pedra": ainda que claudicante, pode, pela constância de um maior esforço de si mesma, evoluir entre essas concausas e sobrepor-se a elas, por mais que conspirem no sentido de sua indisciplina. O ser humano não é precisamente o cão de Pavlov, à mercê do automatismo de "reflexos condicionados". Em razão mesmo da sempre possível autonomia e dinamismo da vontade é que a personalidade não se apresenta como um modo de ser irrecorrivelmente definitivo ou estático. O frouxo de Inibição ou lerdo de *self-control* não se equipara ao *louco*, autômato ou íncubo da própria loucura e a ele sempre pode dizer-se: "Tu podes; logo, deves." Certamente que há os *hipersensíveis* como há os *hipossensíveis*, mas a hiper e a hipossensibilidade são atitudes temperamentais, e não índices de anormalidade psíquica. Nem mesmo aqueles que enxameiam na "zona fronteiriça" de Maudsley estão desprovidos de um mínimo de autoinibição capaz de fazer abortar uma reação criminosa. Nada mais razoável, portanto, que os vulgares débeis da vontade sejam considerados dentro da psicologia normal e respondam plenamente por suas aberrações de conduta, tanto mais quanto são estimuláveis por motivos contrários à sua impulsividade, entre os quais ressai, sem dúvida alguma, a sanção penal. Pode mesmo dizer-se que precisamente para eles é que foi instituída a pena, que, como ameaça, exerce uma salutar coação psicológica (segundo a clássica expressão de Anselmo Feuerbach), e, como execução, deixa, em quem a sofre, uma impressão indelével ou dificilmente esquecível, de modo a tornar mais vigilante e ativa a sua faculdade de autogoverno.

não acontecer, seguindo-se a conduta aberrante, a efetiva punição deixará no indivíduo uma impressão indelével, que aumentará e tornará mais vigilante a sua faculdade de autogovemo.

---

Pois bem, é de experiência comum, com abstração de improváveis ilações de *eruditismo* psicológico, que a emoção, pelo menos na sua fase incipiente, não elimina a *vis selectiva* da vontade, podendo o indivíduo, como diz William James, deixar de *exprimi-la* e frustrar, portanto, a progressividade da sua tirania. Já advertia Sêneca, ao dissertar sobre a exaltação emotiva: "Cumpre dominarmos a primeira irritação, matando-a em seu germe, pois, se ela consegue arredar nossos sentidos, já não há evitar-lhe o império: agirá segundo o próprio (capricho, não segundo nossa permissão. É preciso que desde a fronteira se repila o inimigo; se este avança, apoderando-se das portas da cidadela, como poderá receber o comando de um prisioneiro?" Antes do momento agudo do *raptus* emocional, há um decisivo instante em que ainda se pode obedecer á exortação de Horácio:

"*... animum rege, nisi paret, Imperat.*"

Salvo nos casos de reação instintiva e imediata, ou reflexa, a um inopinado estímulo físico, precede sempre à emoção, ainda que breve, um *estado* de *consciência* permeável ao jogo dos estímulos e contraestímulos. Assim sendo, e se o indivíduo não se coíbe *ab initio,* permitindo que a emoção passe de brasa a incêndio, para atingir o seu clímax de agitação psicomotora e descarregar na reação criminosa, não é despropósito que sua responsabilidade seja referida ao momento em que podia ter impedido o *crescendo* do estado emocional Seu crime é uma *actio libera in causa.* Sua responsabilidade é idêntica e até mais evidente que a do indivíduo que comete crime em voluntário estado de embriaguez. Desde que deixou de atalhar a empolgadura da emoção, quando podia fazê-lo, voluntariamente se entregou ao desvario, não só prevendo como querendo, ou aprovando *ex ante* a reação antissocial que em tal estado veio a praticar.

Depois de justamente acentuar que a emoção, em si mesma, como fenômeno biopsíquico, não é moral ou imoral, social ou anti-social (como entendia Ferri), pois tais qualificativos somente podem dizer com a personalidade em cujo âmbito surge e se desencadeia, pretende Altavilla que ela deve ser elisiva da responsabilidade nos limitados casos em que o subsequente desafogo pelo crime não corresponda ao cunho da personalidade ética do individuo agente. Se o crime está em dissonância com os sentimentos morais do processo da emoção, deixa de ser expressão de sua personalidade, isto é, deixa de ser ético-psiquicamente "seu". Deve ser declarada a irresponsabilidade quando o choque emotivo deriva duma ação criminosa inteiramente alheia à moralidade habitual ou genérica do agente. Ora, tal raciocínio é inaceitável. Se a consciência moral do agente, na etapa incoativa da emoção, não se ajustasse à ideia do crime, isto é, se existissem nele suficientes motivos de consciência ou radicadas aquisições éticas, a funcionarem como antítese frenadora, é claro que o crime não podia ter sido praticado. A emoção é uma brecha por onde sempre se escoa o fundo da personalidade. Do mesmo modo que a excitação alcoólica, age sobre a intimidade psíquica como o calor sobre uma esfera metálica: dilata-a, mas não a deforma. Como se diz *in vino veritas,* pode também dizer-se: *in emota mente veritas.* O indivíduo emocionado jamais se destaca de si mesmo, para adquirir uma personalidade essencialmente contrária à que possui fora do estado emocional.

É verdadeiramente estranho, por isso mesmo, o sentimento de piedade ou tolerância com que se costuma julgar o delinquente emocional. Do ponto de vista estritamente

Não foi, certamente, por outro raciocínio que o nosso legislador penal de 40 entendeu de declarar que "não excluem a responsabilidade penal a emoção ou a paixão".

---

psicológico, é uma incoerência macroscópica o atribuir-se prêmio ao emocionado que pratica ações nobres, e se chama *herói,* e o não irrogar-se punição ao emocionado que comete ações maléficas, deixando-se de tratá-lo como *criminoso.* Tão responsável é o último pelo seu crime, quanto o primeiro pelo seu heroísmo. Existe diferença sob o prisma ético-social, pois, enquanto um é socialmente benéfico, o outro é socialmente nocivo; mas se o herói é glorificado pela sua proeza, por que o criminoso não deve ser punido pela sua façanha? Compraz-se a psicologia moderna em pesquisar a psicogênese ou *processus* da emoção, e tem gasto com isso arrobas de papel e tinta. E como acontece toda vez que se pretende submeter a psique humana ao "olho mecânico" da ciência objetiva, não se logrou ultrapassar, até hoje, o terreno de *hipóteses provisórias,* que se sucedem ao sabor de lucubrações mais ou menos plausíveis, mas sem a marca da certeza, ou mesmo da aliciante persuasão. A antiga teoria *intelectualista,* tão convencidamente sustentada por Herbert e Nahlowsky, foi substituída, durante 50 anos, pela teoria denominada *periférica* ou *somática,* de James e Lange. Aquela subordinava o afetivo ao intelectivo: os fenômenos fisiológicos da emoção (pulsar precípite do coração, alterações térmicas, aumento de irrigação cerebral, aceleração do ritmo respiratório, modificações vasomotoras, intensa palidez ou intenso rubor, midríase, horripilação, fenômenos musculares, perturbação das secreções, sudorese, lágrimas etc.), são *consequência* de um estado afetivo especial, cuja origem se encontra no jogo recíproco das representações. Suprima-se a inteligência, e o sentimento – cuja excitação caracteriza a emoção – se esvairá, como a vida de um ser parasitário ao separar-se do seu mutuante de seiva ou alimento, deixando de operar-se os fenômenos somáticos de natureza acessória.
Para a teoria periférica, entretanto, é precisamente o contrário que ocorre: as variações somáticas seguem-se imediatamente à percepção do fato externo ou representação deste, e a consciência delas, à proporção que se produzem, é que constitui a emoção como fato psíquico. Consoante a noção vulgar, diz-se: quando perdemos nossos haveres, afligimo-nos e choramos; quando deparamos uma fera, trememos e fugimos; quando somos insultados, irritamo-nos e reagimos. Ora, o que se deve dizer, embora se afigure paradoxal, é que ficamos aflitos porque choramos, ficamos com medo porque trememos, ficamos irritados porque reagimos. Se a percepção não ocasionasse diretamente alterações fisiológicas, que vão ressoar no cérebro, seria puramente cognoscitiva, desprovida do mais mínimo calor emocional. Poder-se-ia, em tal caso, receber, por exemplo, um insulto e julgar-se conveniente a reação, mas não experimentaríamos a emoção da ira. Várias têm sido as objeções formuladas a esta teoria, que, no entanto, ainda não foi totalmente repudiada, em razão da inviabilidade de uma prova decisiva em contrário. Para demonstrar o seu erro, seria preciso, como argumenta James, que se encontrasse um indivíduo que, apesar de anestesiado, não estivesse paralisado e, nada obstante, ainda fosse capaz de exprimir fisicamente a emoção, sem experimentar qualquer afecção subjetiva. Sherrington e Heymans, entre outros, tentaram, *in anima vili,* realizar essa prova crucial; mas, não tendo sido possível a situação integral proposta por James, os resultados não afastaram a dúvida. Tomou-se a um cão e seccionou-se-lhe a medula espinocervical, de modo que ficaram obstruídas as conexões nervosas, entre o cérebro e as vísceras torácicas, abdominais e pelvianas, e quase completamente isolados do centro

O novo Código somente condescende com a emoção quando derivada de uma injustiça. *Quum sit difficilimum justum dolorem temperare.* A emoção, ainda que *violenta* e provocada por ato *injusto* da vítima, não exclui a responsabilida-

vasomotor bulbar os vasos sanguíneos. Pois bem, ainda que com a quase totalidade do corpo impedida de participar do mecanismo emocional, quer na sua fase centrípeta, quer na sua fase centrífuga, o cão continuou capaz de sentir emoções. Entretanto, como ainda tivessem restado, sem interceptação, certos nervos cranianos que asseguravam via de comunicação com o cérebro, persistiu a incerteza sobre se a expressão somática é antecedente ou posterior à ação cerebral que sobrevém com o estado emocional.
O próprio James, porém, andou tergiversando com a sua teoria, que veio, finalmente, a encontrar em Cannon o seu mais sério opositor. Pondera este que as variações somáticas observadas no estado de emoção também se produzem em estados fisiológicos ou orgânicos sem nenhuma significação emocional, como, por exemplo, a febre, a exposição ao ar frio, a hipoglicemia resultante do excesso de insulina. E indaga: "Como é possível conceber que reações desprovidas de valor emocional em si mesmas, na maior parte dos casos em que se produzem, adquiram esse valor em outros casos, a ponto de constituir emoções?" Ainda mais: a produção artificial das reações pretendidamente emocionais não acarreta, como demonstrou Marañon, o fenômeno da emoção. E é de experiência vulgar que o riso simulado não produz a alegria, nem o soluço forçado provoca a tristeza. Ter-se-ia de reconhecer, portanto, no dinamismo psicofisiológico da emoção, estados cerebrais originais e autônomos, não passando de um fenômeno acessório ou secundário as alterações neurovegetativas, possivelmente resultantes da atividade cerebral sobre o centro bulbar, que seria o centro da vida emocional. É a teoria chamada "da sensibilidade central", que se substituiu à estritamente periférica. Mas, pergunta-se: como se passa da percepção do fato ou objeto à variação cerebral, e desta à variação bulbar? Segundo Cannon, uma situação dada vem a provocar, por via dos sentidos, da associação e da memória, separada ou conjuntamente, não só um conhecimento, claro ou confuso, da sua significação, como também uma excitação cortical mais ou menos forte, que, segundo o seu sentido, alcança, mediante processos desconhecidos e automáticos, tais ou quais centros emocionais do tálamo. Este, então, reaciona, e para isso é necessário que a córtex, que envia ordens, se relaxe, dentro de certa medida, na sua função de controle e inibição. Reacionando, o tálamo repercute de um lado, sobre a córtex a que leva a consciência dos processos emocionais e do *proprium quid* de cada emoção, e, de outro lado, sobre os centros dos músculos e das vísceras, mediante os quais se realiza e se exprime a emoção em todo o corpo.
Ora, tudo isso não passa, como adverte Dumas, de uma explicação verbal, de vez que não se acham estabelecidos e comprovados os mecanismos fisiológicos de ação, interação e seleção que a nova teoria pressupõe. Buscaino, *depois* de excluir a interferência original de um estado emocional subjetivo, entende que os fatos puramente somáticos "constituem constelações complexíssimas de reflexos dos músculos estriados, no sistema autônomo, no sistema simpático, no sistema endócrino, com os respectivos centros de coordenação localizados nos gânglios da base e no mesencéfalo, isto é, essencialmente na massa cinzenta que circunda o terceiro ventrículo e o aqueduto de Sílvio". É como se o ilustre fisiólogo italiano estivesse lendo no escuro a edição minúscula da *Divina Comédia* de Dante... De Sanctis, conciliatoriamente, afirma que o *processus* da emoção apresenta as seguintes etapas: primeira, percepção sensória; segunda, atividade

de, *mas* reflete-se sobre a pena: é uma *atenuante* comum (art. 48, IV, letra c) e, tratando-se de *homicídio ou* de *lesões corporais,* se a reação emocional é exercida *sine intervallo, constitui causa de facultativa diminuição especial* de *pena.*

---

consciente da córtex representativa e orgânica (emoção primária), com reconhecimento do valor afetivo da percepção; terceira, fenômenos reflexos bulbares e talâmicos (vasomotores), bem como humorais; quarta, ricochete desses reflexos como novos estímulos à consciência; quinta, estado emo*tivo* completo (emoção verdadeira). Nada, porém, nos garante contra o desacerto desses esquemas, cuja exposição pode ser apenas logorreia em tôrno de conjeturas e miragens.

Os endocrinólogos, por sua vez, têm a sua teoria: a emoção resulta de um estímulo que determina, através do sistema nervoso, uma variação endócrina, e esta, de seu lado, repercute sobre o sistema nervoso, tornando-o mais suscetível à ação do estímulo. Segundo Levi e Rothschild, a tireoide seria, por excelência, a glândula da emoção. Dizia Lugaro que, com a resseção de três quartos da tireoide, não haveria mais criminosos violentos. Entretanto, a hipertireoideos ou *basedowianos* flagrantes, desses de olhos salientes como empôlas de câmara-de-ar por interstícios de pneu, conheço eu que se mostram de estoica serenidade... O já citado Cannon reconhece a influência endócrina, mas as cápsulas suprarrenais, estas, sim, é que seriam as glândulas específicas da excitação violenta. O hormônio que segregam, isto é, a adrenalina, é o melhor "combustível" às labaredas da emoção. A hiperadrenalinemia, devida ao estímulo emocional, e a consequente hiperglicemia acentuam e prolongam a onda emocional. Ao que informa Dumas, porém, são contrárias a essa hipótese as experiências de Stewart e Rogoff: operando estes sobre gatos, extraíram uma das suprarrenais e cortaram os nervos da outra, de modo a ficar suprimida qualquer secreção de adrenalina, e, no entanto, esses gatos continuaram suscetíveis de todas as reações emotivas dos gatos normais.

Vê-se por aí que muito pouco pode fornecer, para o estudo da emoção, a ciência de exploração do psiquismo. Em que pese à ingênua credulidade de certos juristas, que se metem a *dilettanti* da psicologia rotulada de "experimental", não pôde esta apresentar, sequer, uma explicação cabal sobre a psicogênese da emoção. Continuamos, nós, juristas, pelo menos os que temos a cabeça sobre os ombros e ambos os pés firmemente sobre o globo terráqueo, a lidar tão somente com os dados da experiência empírica. E é esta, sem contraste de qualquer ilação positiva no campo científico, que nos atesta o que particularmente nos interessa sob o ponto de vista jurídico-penal, isto é, que existe no fenômeno da emoção um estado subjetivo especial que, se no seu auge é impulsividade quase automática, permite, entretanto, na sua fase incoativa, a interferência dos *motivos da consciência* ou dos *freios inibitórios* o exercício do poder lógico no sentido de resistência à emotividade, o predomínio da inteligência experiente, a atuação normalizadora da faculdade de crítica e seleção dos motivos. A lei social, portanto, não pode deixar de atender a essa lição de banal experiência e, consequentemente, com fundamento no princípio da *actio libera in causa,* de inserir a sanção penal entre os motivos de antítese ao desencadear tumultuário da emoção ou à sua crescente expansão egoárquica, que, quando orientada para *o crime* pode rebaixar o homem ao estado da pura animalidade. Não faltam, é certo, ao nosso Código azedos censores que, assumindo o *ar de suficiência* dos que julgam possuir a chave de todos os mistérios e segredos, impugnam o raciocínio com que nós, juristas, construímos a teoria das *actiones liberae in causa seu ad libertatem relatae* e a aplicamos ao delinquente por emoção; mas, desde que se reflita sobre a

É a confirmação do antigo princípio de que as perturbações afetivas *non excusant in totum, sed tamen faciunt ut delinquens mitius puniatur.*

Foi, dessarte, cancelado o texto elástico do famigerado § 4º do art. 27 do

---

extrema e inextricável complexidade do psiquismo, que é ainda, por isso mesmo, uma região quase incógnita, é bem de ver que orça pela charlatanice a crítica desses *boateiros* de ciência elaborada sobre probabilidades e presunções. Ainda que fosse artificialismo a teoria da *actio libera in causa* no caso dos delinquentes por ímpeto emotivo, qual a segurança que nos dão os psicólogos especialistas a respeito do que inculcam? Se eles gravitam em torno de uma hipotética recrudescência emotiva em razão de descargas de tiroidina, ou golfadas de adrenalina, por que nos seria vedado, a nós, juristas, formular as nossas teorias, ainda que sobre base empírica? Por que haveríamos de repudiar um critério que corresponde ao interesse de ordem e disciplina da vida social, e, em substituição, expedir, em nome de uma ciência eivada de ficções e devaneios, um preventivo salvo-conduto aos que matam por emoção, as mais das vezes quando a vítima se encontra à sua mercê ou incapaz de reação defensiva?

Alguns desses censores, que fazem crítica por amor à crítica, já procuraram até mesmo atribuir ao nosso Código de 40 o dislate da indiferenciação entre emoção do homem normal e emoção de fundo patológico. Ora, é de toda evidência que o nosso legislador, ao declarar que " a emoção não exclui a responsabilidade penal", refere-se exclusivamente à emoção do homem normal ou daquele que, não obstante uma certa *minusvalia* psíquica, não chega a ser um doente mental. Se a emoção não é mais que um sintoma de franca e autêntica morbidez psíquica, é claro que não há falar em responsabilidade penal (art. 22 do Código Penal).

Se o Código é severo para com os criminosos emocionais, não é, porém, intransigente. Como já notamos, autoriza uma atenuação ou minoração de pena quando o agente comete o crime ao impulso de "violenta emoção injustamente provocada". É ainda de advertir que, se se trata de indivíduo "fronteiriço" ou portador de "personalidade psicopática", ainda poderá beneficiar-se de maior ou especial redução de pena (parágrafo único do art. 22). Semelhante transigência, entretanto, tem sido interpretada com grande elastério, dada a excessiva benignidade de que fazem praça muitos de nossos juízes e tribunais: contentam-se estes, aprioristicamente, com a simples *injustiça* da provocação considerada *in abstracto* (isto é, sem ter em conta a moralidade ou condição do provocado), como se importasse, necessária e invariavelmente, o fenômeno emotivo e, mais ainda, a *violência* da emoção. Já escrevemos alhures, na tentativa de uma orientação mais condizente com o interesse da defesa social: "Com a fórmula do Código, teve-se em vista, a menor gravidade do crime emocional injustamente provocado, e isto quer do ponto de vista subjetivo, quer do ponto de vista politico (pois a vítima, com a sua conduta, é quem criou para si mesma, pelo menos em parte, a situação de perigo ou de dano). Cautelosamente, o Código exige que a emoção seja violenta. A injustiça da provocação não faz presumir a perturbação de ânimo. Aquele que, embora injustamente provocado, reage a sangue frio, como se estivesse praticando uma ação normal, revela que não sentiu a *injustiça,* e comete o crime por mera perversidade, pela só vanglória de não levar desaforo para casa. Como dizem Thormann e Overbeck, não basta a provocação injusta: é preciso que esta produza uma viva emoção *("heftige Gemutsbewegung").* A emoção violenta é inconfundível pelas suas expressões somáticas e pela atitude do agente antes, durante e após o crime.

Código de 90, essa chave falsa com que se abria, sistematicamente, a porta da prisão a réus dos mais estúpidos crimes de sangue. Ninguém ignora que a

---

No *raptus* emocional, a hipertonia muscular acarreta uma como agitação convulsiva. As perturbações motrizes são acompanhadas de desordenados impulsos para agir, apresentando o choque emotivo as características de um estado de embriaguez. Costuma-se mesmo falar em *ebriedade emocional.* O indivíduo tem estampada no semblante e em todo o corpo a tempestade íntima. Rosto intensamente vermelho ou intensamente pálido (ocorrendo, por vezes, a chamada *icterícia emotiva),* faces intumescidas, olhos desorbitados, esclerótica injetada, artérias do pescoço carregadas, narinas palpitantes, pernas vacilantes, gestos desatinados, passos incoerentes. Outra das notas típicas da emoção violenta é a pobreza de ideias, de modo que o indivíduo é levado à repetição monótona das mesmas frases, que lhe saem da garganta como rugidos. Dá-se uma espécie de ataxia mental. Também traço infalível do verdadeiro criminoso emocional é a ostensividade do seu crime, pois o seu estado paroxístico de excitação, causando o obscurecimento da consciência, torna inexcogitável qualquer plano de precaução. São incompossíveis a emoção e a premeditação. Ainda mais: retornando ao seu estado normal, o delinquente emocional quase sempre se entrega a demonstrações de remorso, a profundo abatimento, até mesmo a crises de choro. Não procura negar o crime, e o confessa espontaneamente, embora com lacunas de memória. No texto dos arts. 47, IV, *c*, e 121, § 1º, do nosso Código Penal, onde está escrito "emoção", pode ler-se "cólera" ou "ira", pois esta é a emoção específica que em nós se produz quando sofremos ou assistimos a uma injustiça. Emoção reacionária ou estênica, por excelência, a ira, se não é contida a tempo, pode conduzir-nos aos maiores desatinos. Os antigos chamavam-na *furor brevis,* e o famoso preceptor de Nero, no seu diálogo De *ira,* assim descrevia o homem em estado colérico: "Como o louco furioso se revela pela face audaciosa e minaz, a fronte sombria, o aspecto terrível, o andar precipitado, as mãos que se crispam, a cor alterada, a respiração ofegante e entrecortada, também assim se apresenta o homem encolerizado. Seus olhos flamejam e faíscam; todo o seu rosto se enrubesce com o sangue que ferve e sobe do coração; seus lábios tremem, seus dentes se comprimem; seus cabelos se eriçam; sua respiração é apressa e sibilante; chega-se a ouvir o estalido de suas articulações, que se torcem; geme e ruge surdamente; sua palavra é gaguejante; suas mãos se castigam mutuamente, a cada instante; seus pés percutem o chão; todo o seu corpo está abalado, e grave ameaça se estampa na sua terrífica figura."

Não me furto ao prazer de ler no original esta página de Sêneca, uma das mais belas da literatura latina, pelo seu cunho onomatopaico e colorido realístico: "... *ut furentium certa indicia sunt, audax et minax vultus, tristis frons, torva facies, citatus gradus, inquietae manus, crebra et vehementius acta suspiria, illa irascentium eadem signa sunt: flagrant et nutant oculi, multus ore toto rubor, extuante ab imis praecordiis sanguine, labia quariuntur, dentes comprimuntur, horrent et surriguntur capilli; spiritus coactus, ac stridens; articulorum seipsos torquentium sonus; gemitus mugitusque parum explanatis viribus; sermo praeruptus et complexae saepius manus, et pulsata humus pedibus, et totum concitum corpus magnasque minas agens foeda visu et horrenda facies.*" Com tanta ou menor intensidade, é sempre reconhecível o espetáculo da ira violenta, que frequentemente encontra nos crimes de sangue a sua válvula de escapamento, e sobre cuja realidade palpitante deve versar, para a certeza moral do juiz, a prova dos autos.

fórmula da dirimente reconhecida nesse parágrafo, tanto mais infeliz quanto mutilara o modelo bávaro, com a exclusão da cláusula que subordinava a dirimente da "perturbação dos sentidos ou da inteligência" à condição de não ser esta *imputável ao agente,* foi uma das razões máximas da ineficiência do primeiro Código republicano, porque se tornou uma prévia garantia de impunidade aos mais brutos e feros matadores.

Com a fórmula do novo Código, teve-se em vista a menor gravidade do crime emocional injustamente provocado, e isto quer do ponto de vista subjetivo, quer do ponto de vista político (pois a vítima, com a sua conduta, é quem criou para si mesma, pelo menos em parte, a situação de perigo ou de dano).

Cautelosamente, o Código exige que a emoção seja *violenta.* De par com a injusta provocação, a intensidade da emoção. A injustiça da provocação não faz presumir a perturbação de ânimo. Aquele que, embora injustamente provocado, reage a sangue frio, como se estivesse praticando uma ação normal, revela que não sentiu a *injustiça,* e comete o crime por mera perversidade, pela só vanglória de não levar desaforo para casa. Como dizem Thormann e Overbeck,[102] não basta a provocação: é preciso que esta produza uma viva emoção *(heftige Gemütsbewegung).* A emoção violenta é inconfundível pelas suas expressões somáticas, pela atitude do agente antes, durante e após o ato criminoso.

No texto do § 1º do art. 121, onde está escrito "emoção", pode ler-se "cólera" ou "ira", pois esta é a emoção específica que em nós se produz quando

---

Foi em boa hora que a nossa lei penal deixou de contemporizar, desidiosamente, com a emoção que desabafa no crime. Já não existe o privilégio de impunidade, que, por inspiração de um sentimentalismo piegas e de um cientismo improvisado dentro de agudíssimos ângulos de vista, se concedia aos chamados "hiperemotivos", como se estes constituíssem uma espécie de gentio dispensado de se ajustar ao ritmo da vida em sociedade. Nesta hora de crescente egoísmo e desembestar de instintos inferiores, em que até as mulheres, trocando sua tradicional mansuetude pelo mais brutal espírito de prepotência, já se alistam para a criminalidade da emoção, esquecidas do *non occides* do Decálogo, é imprescindível a *ultima ratio* da pena para conter e reprimir esses energúmenos impulsivos, que, socialmente desajustados, não sabem resolver os seus problemas senão com um golpe de punhal ou uma descarga de revólver 38. A emoção para o bem, para o belo e para o justo é vibração da essência divina que talvez exista em nós; mas a emoção para o crime é eclosão de instintos animalescos, assomo de ferocidade idêntica à que ronca e estruge no recesso da selva. A própria mímica fisionômica da emoção estênica lembra o arreganho dos felinos ávidos de carnagem. Seria uma afronta à civilização que se deixasse impunes os magarefes que deparam na emoção apenas um ensejo de saciedade à sua volúpia de sangue."

---

102 Ob. cit., 1ª fase do 2º v., p. 12.

sofremos ou assistimos a uma injustiça. Emoção estênica ou reacionária, por excelência, a ira, se não é contida a tempo, pode conduzir aos maiores desatinos. Os antigos chamavam-na *furor brevis*. Sêneca assim descrevia o homem em estado colérico: "Como o louco furioso se revela pela face audaciosa e minaz, a fronte sombria, o aspecto terrível, o andar precipitado, as mãos que se crispam, a cor alterada, a respiração ofegante e entrecortada, também assim se apresenta o homem encolerizado. Seus olhos flamejam e faíscam; todo o seu rosto se enrubesce com o sangue que ferve e sobe do coração; seus lábios tremem, seus dentes se comprimem; seus cabelos se eriçam; sua respiração é opressa e sibilante; chega-se a ouvir o estalido de suas articulações, que se torcem; geme e ruge surdamente; sua palavra é gaguejante; suas mãos se castigam mutuamente, a cada instante; seus pés percutem o chão; todo o seu corpo está abalado, e grave ameaça se estampa na sua terrífica figura.

O homicídio emocional, perfilado no § 1º do art. 121, é o determinado pelo *impetus*, pelo impulso psicofísico-reativo que surge no auge da emoção. E não é apenas a emoção em si que faz merecer o *privilegium*, mas a emoção derivada de injusta provocação da vítima. *Simplex iracundiae calor non excusat, nisi justa causa praecedat*, dizia Farinacius.[103] A injustiça da provocação deve ser apreciada *objetivamente*, isto é, não segundo a opinião de quem reage, mas segundo a opinião geral, sem se perder de vista, entretanto, a qualidade ou condição das pessoas dos contendores, seu nível de educação, seus legítimos melindres.[104] Uma palavra que pode ofender a um homem de bem já não terá o mesmo efeito quando dirigida a um desclassificado. Por outro lado, não justifica o estado de ira a hiperestesia sentimental dos *alfemins* e *mimosos*. Faltará a *objetividade* da provocação, se esta não é suscetível de provocar a indignação de uma pessoa normal e de boa-fé.

É bem de ver que a provocação injusta deve ser tal que contra ela não haja necessidade de defesa, pois, de outro modo, se teria de identificar na reação a *legítima defesa*, que é causa excludente de crime.

Não é necessária a proporção entre a reação e o fato provocante; mas é claro que a reação desproporcionada passa a ser, por sua vez, uma provocação injusta.

---

103 A própria Igreja condescende com a ira justa: "*Si autem aliquis irascitur secundum rationem rectam, tum irasci est laudabile... Ira non semper est mala... Haec ira est bona, quae dicitur ira per zelum*". (Santo Tomás de Aquino, *Summa theologica*, II, 2, 158.)

104 Principalmente em razão da relatividade da *injustiça* da provocação é que a lei, ao invés de *ordenar*, apenas dá ao juiz, na apreciação dos casos concretos, a faculdade de diminuir a pena.

Não deixa de autorizar a diminuição de pena a injustiça que, embora não dirigida contra quem reage, foi praticada, na sua presença, contra um seu parente ou amigo, ou mesmo contra um estranho, mas incapaz de reagir. *Cuivis homini jura permittunt defendere ac citra crimen omne protegere confratrem suum, etiam ignotissimum, ab altero graviter oppressum.* Até mesmo a brutalidade inútil contra um animal pode constituir provocação injusta a quem a assiste.

O provocante deve ser pessoa consciente e *responsável*, pois, *com crianças* e *loucos, ouvidos moucos.*

A provocação pode consistir em ofensas à honra, vias de fato, ameaças, riso de escárnio ou desprezo, apelidos vilipendiosos, expressões ambíguas, indiretas mordazes, revelação de segredos, exercício abusivo de direito, atos emula*tivos* etc.

A errônea suposição de uma provocação injusta (provocação putativa) pode, dadas as circunstâncias, autorizar o privilégio da pena diminuída. É reconhecível a provocação injusta ainda mesmo num fato culposo, v.g., pisar imprudentemente o pé de alguém. O homicídio praticado em excesso doloso no *modus* da legítima defesa (autêntica ou putativa) pode ter o favor da atenuação especial, do mesmo modo que esta pode ser invocada por quem reage contra o *excessus defensionis.*

No caso de *aberratio ictus,* não desaparece a causa de especial atenuação (argumento do disposto no art. 17, § 3º, 2ª parte), isto é, pode o agente invocá-la, se foi injustamente provocado pela pessoa visada.

A última condição do *privilegium* é que a reação se exerça *in continenti,* e não *ex intervallo: logo* em *seguida a injusta provocação da vítima,* – diz o texto legal. Segundo o critério adotado pelo Código, a mora na reação exclui a causa de atenuação, pois, de outro modo, estaria criado um motivo de sistemático favor a criminosos. Não transige o preceito legal com o ódio *guardado,* com o rancor concentrado, com a vingança tardia.

**28. Homicídio passional.** Comumente, quando se fala em *homicídio passional,* entende-se significar o homicídio por amor. Mas, será que o amor, esse nobre sentimento humano, que se entretece de fantasia e sonho, de ternura e êxtase, de suaves emoções e íntimos enlevos, e que nos purifica do nosso próprio egoísmo e maldade, para incutir-nos o espírito da renúncia e do perdão, será, então, que o amor possa deturpar-se num assomo de cólera vingadora e tomar de empréstimo o punhal do assassino? Não. O verdadeiro amor é timidez e mansuetude, é resignação, é conformidade com o insucesso, é santidade, é autossacrifício: não se alia jamais ao crime. O amor que mata, o amor-Nêmesis, o amor-açougueiro é uma contrafação monstruosa do amor: é o animalesco egoísmo da posse carnal, é o despeito do macho preterido, é a vaidade malferida da fêmea abandonada. É o furor do instinto sexual da Besta. O *passionalismo* que vai até o assassínio muito pouco tem a ver com o amor. Quando não seja a expressão de um desequilíbrio psíquico, é um chocante espetáculo de perversidade. Os matadores chamados *passionais,* para os quais se invoca o amor como escusa, não passam, na sua grande maioria, de autênticos celerados: não os inspira o amor, mas o ódio inexorável dos maus. Impiedosos, covardes, sedentos de sangue, porejando vingança, mas só agindo diante da impossibilidade de resistência das vítimas, estarrecem pela bruteza do crime, apavoram pela estupidez do gesto homicida. Para eles não basta a punhalada certeira em pleno coração da vítima indefesa: na volúpia da destruição e da sangueira, multiplicam os golpes até que a lâmina sobre si mesma se encurve. Não basta que, ao primeiro tiro, a vítima tombe numa poça de sangue: despejam sobre o cadáver até a última bala do revólver.

Dir-se-ia que eles desejam que a vítima tivesse, não uma só, mas cem vidas, para que pudessem dar-lhe cem mortes!

Bulhões Pedreira deu o seguinte título a uma sua dissertação sobre a delinquência passional: "O amor no banco dos réus." O amor, porém, o genuíno amor, que é o desejo ponderado pela afeição, e é natureza que se espiritualiza para distinguir entre o homem e o irracional, e é energia criadora, e é fonte de vida, e é força de equilíbrio, não se defronta jamais com a justiça penal. Por honra mesmo do vocábulo, não se deve empregá-lo para designar essa embriaguez trágica do desejo, esse desenfreio de sexualidade exasperada, que deriva no crime e se desaltera com o sangue. Não é amor a sensualidade bestial, o egoísmo paroxístico que, ameaçada a exclusividade da posse, prefere destruir o objeto possuído. Não é amor esse complexo de concupiscência e de ódio, de torvo ciúme e estúpida prepotência que os Otelos chamam *sentimento de honra,* mas que, na realidade, é o mesmo apetite que açula a *uncia tigris* para a caça e a carnagem.

O punhal do *Mouro de Veneza* só é brandido por aqueles que asselvajam o amor na febre alta dos sentidos e, à menor suspeita de infidelidade da criatura a que vivem *enrabichados* (o termo é brutal, mas é exato), desvairam, estuantes de animalidade assanhada. O protagonista do crime passional é, em noventa casos sobre cem, o *ciumento sensual.* É o ciumento que, como diz Rabinowicz, invocando Espinosa, estruge de despeito e de cólera porque vê, pela imaginação, o corpo da amante enlaçado pelos braços de outro que não ele, a imagem *daquilo* que ama unida à imagem do sexo desse outro, a descarga espasmódica do *tertius,* a sua virilidade, as suas ejaculações... Fixada com rude franqueza, é essa a verdadeira psicologia dos sicários passionais.

Para esses gorilas derrabados só haveria um meio de se amainarem do seu sensualismo inquieto e exasperado: recolherem-se, enrodilhados, ao desvão vaginal da fêmea preferida e aí montarem guarda à fidelidade que julgam periclitante. Como isso não é possível, atribuem-se o *direito de matar* e, finda a *magarefada,* repetem o herói de Shakespeare: "Dizei, se o quiserdes, que sou um assassino, mas por honra, porque fiz tudo pela honra e nada por ódio."[105] Na quase totalidade dos casos (à parte os erotômanos ou os enfermos da paixão erótica, que a imprevidência social deixa fora dos manicômios), não são mais, na expressão de Mellussi, que "*volgari criminali in stato passionale, e per i quali la passione* è *solo l'occasione rivelatrice della brutura organica*".

Já assim identificamos, como juiz, um caso-padrão:

"Vistos, etc.: J. M. F. é acusado de haver, no dia 1º de outubro último, às 17 horas e 40 minutos, no pavimento superior da casa n. 23 da rua Frei Caneca, desfechado tiros de revólver contra sua esposa J. L. F., que veio a falecer em consequência dos ferimentos recebidos, *ut* auto de exame cadavérico a fls. A responsabilidade do acusado está plenamente provada. Preso na flagrância do crime, não vacilou em declarar-se autor deste. A única pessoa" que, além do acusado e vítima, se achava no interior do sobrado da rua Frei Caneca relata o seguinte: depois de galgar a escada que dá acesso ao sobrado, o acusado, tendo deparado sua esposa junto ao aparelho telefônico, onde tentava uma comunicação, impeliu-a para dentro de um quarto próximo, cuja porta fechou, e precisamente quando a testemunha, receosa da atitude do acusado, tratava de arrombar a porta, ouviu disparos de tiros no interior do aposento e, em seguida, viu saírem a vítima, toda ensanguentada, a pedir socorro, e o acusado, que, empunhando um revólver, desceu a escada, em seguimento à sua esposa, para ser detido, em baixo, por um guarda-civil. Este, prestando o seu depoimento, declara que, tendo ouvido três disparos de arma de fogo, procurava orientar-se sobre o local donde haviam partido, quando deparou, à porta da casa acima aludida, com uma mulher a gritar por socorro e atrás dela o acusado, que, afogueado e nervoso, proferiu estas palavras: "É minha esposa; traiu-me e eu atirei." Na delegacia policial, onde foi autuado, o acusado repetiu a confissão da autoria do crime, calmamente, sem mostra de arrependimento e deixando mesmo transparecer, ao que informa uma testemunha, que vinha de praticar um ato meritório. Declara o acusado que a arma de que se utilizou lhe teria sido emprestada por um amigo, cujo nome não indica, no dia mesmo do crime; mas, pelo depoimen-

105 *Otelo:*
*"An honorable murderer if you will*
*For naught I did in hate, but all in honour."*

to da testemunha a fls., verifica-se que o acusado comprara a dita arma em suas mãos, cerca de vinte dias antes do crime, – o que revela a demorada premeditação deste. Tentando justificar seu ato, narra o acusado que, havia um ano, mais ou menos, vinha desconfiando da fidelidade da esposa. Certa vez, em Guaratinguetá, onde é empregado e domiciliado, pilhara um bilhete amoroso a ela dirigido; mas pôde, então, calar o seu brio ultrajado e, para evitar os murmúrios de uma cidade pequena, mandara a vítima para a casa de sua família, nesta Capital, onde vinha visitá-la frequentemente. No dia do crime, fez crer que retornava à cidade paulista, mas deixou-se ficar aqui, para vigiar sua esposa, e pôde, assim, seguir seus passos, até vê-la entrar na casa da rua Frei Caneca, onde, ao que lhe teriam informado na vizinhança, é instalado um 'rendez-vous'.

O que alega o acusado, porém, não lhe escusa o crime, nem dirime a culpa. Não se pode mesmo identificar nele um uxoricida *passional,* a coberto da antipatia da opinião pública. Antes de tudo, cumpre notar que o acusado era um mau esposo. Vivia em constantes rusgas com sua mulher, que não ocultava suas lágrimas a pessoas estranhas. Descuidava-se a tal ponto de seu lar, que neste chegava a faltar dinheiro para aquisição de leite para um filhinho do casal, e isto não obstante o socorro que lhe vinha da bolsa de sua sogra, e o auxílio prestado pela vítima, que costurava para fora. E há pior: se o acusado não dava conforto à família, sobrava-lhe, entretanto, dinheiro para amores vadios, que lhe acarretaram as moléstias de que dá testemunho o empregado de farmácia que depõe a fls. Foi esta, por certo, a suprema humilhação que a sua falta de escrúpulo poderia ter infligido a sua esposa. O que se reconhece na espécie, sem dúvida alguma, é um desses casos, de alarmante frequência, em que, surpreendendo a infidelidade da esposa, ou apenas suspeitando-a, o marido se julga no absurdo dever ou se atribui o estranho direito de matá-la sumariamente, sem mercê, como se estivesse a abater um cão hidrófobo ou uma besta má. Fiados na impunidade que, sob a máscara de *passionais,* costumam obter da mal avisada benevolência do tribunal popular, e certos da impossibilidade de reação de suas frágeis vítimas, a esses criminosos vulgares não inspira senão um inferior sentimento de despeito. Não os empolga ou exalta o *furor amoris* ou a paixão, que apenas simulam. Na realidade, são frios, calculados e perversos. Após o crime, não se arrependem, nem se lastimam; ao contrário, julgam-se paladinos da honra conjugal, como se a sociedade pudesse delegar a salvaguarda da moralidade das famílias a cruéis matadores. *Pseudouxoricidas passionais* encontram no flagrante ou suposto adultério de suas vítimas apenas o ensejo para a prática de um crime. Para eles é que Mellussi escreveu este artigo de libelo:

'Os especula dores do adultério, os *detraqués* da honra, que matam em nome desta, para se limparem, ao que inculcam, de uma nódoa, são os contrabandistas da moralidade e da paixão, com as quais trapaceiam no jogo da justiça ministrada pelos juízes de fato.'

O melhor meio de identificar esses estelionatários do brio e do amor é investigá-los na intimidade de sua vida conjugal. São, em via de regra, maridos grosseiros, egoístas, tirânicos. A esposa há de ser sempre para eles a escrava submissa, a emborcar, passivamente, a taça de todas as amarguras e vilipêndios. Só conhecem o lado material da vida. Incapazes de um sacrifício pessoal, não sabem privar-se de um prazer, enquanto os seus lares se ensombram no desconforto e na miséria. Faltam aos mais comezinhos deveres morais impostos pelo casamento. Vem daí que, de vexame em vexame, de desilusão em desilusão, suas esposas, quando não sejam Penélopes ou mulheres cuja virtude se resguarda na própria algidez sexual, resvalam pela rampa do adultério. Acostumados a ver na esposa apenas o objeto de sua posse arbitrária, despercebem-se, tais indivíduos, de que há nela uma alma que sente e se revolta. Certamente, a lei e a moral não permitem que a mulher prevarique, ainda quando maltratada e humilhada pelo marido; mas negar-lhe, por isso, o direito de viver, seria um requinte de impiedade. O *tue-la* de Dumas Filho é um conselho execrável. Em hipótese alguma, o marido tem o direito de matar a esposa. Vá que se perdoe, em atenção à fraqueza humana, o uxoricida arrastado pela intensidade de um amor infeliz ou de uma paixão autêntica; mas não há remissão para aquele que elimina a esposa em nome de um monstruoso *dever* de *honra.* Tal assassínio é um crime estúpido e vulgar, como qualquer outro praticado por sede de sangue. Isto posto, julgo procedente a denúncia etc."

Rabinowicz assim desmascara o criminoso passional: "... não age nunca por motivos elevados, e não é o amor que o leva ao crime, mas sentimentos baixos e selvagens, o ódio atroz, o egoísmo desesperado, o espírito vil da vingança. E esse caráter do crime passional vê-se mais nitidamente no modo de execução, que é sempre odioso e repugnante. Os criminosos passionais matam com uma facilidade desconcertante. É, na verdade, de fazer inveja aos bandidos de profissão, para os quais, no entanto, matar não passa de uma bagatela. 'Para mim, matar um homem é como beber um copo de água', – dizia o poeta-assassino Lacenaire. E um dos seus confrades, Prévost, era ainda mais expressivo: "Tirar a vida a um homem, nada vale! É como chocolate, é veludo... Os matadores passionais poderiam dizer as mesmas palavras."

O grande e sovado argumento em favor dos passionais (dos autênticos passionais) é que o crime representa, na sua vida, um episódio que se não reproduz. Na verdade, só se é delinquente passional uma vez na vida. Ora – dissertam – a pena não é aplicada apenas *quia peccatum,* mas, principalmente, *ne peccetur.* O direito penal moderno pleiteia a subordinação da responsabilidade penal ao "estado perigoso", e este não se apresenta no criminoso passional, que não reincide jamais.

O mérito dessa argumentação não é senão aparente. A pena, antes de ser *repressão individual,* é *prevenção geral:* é um fator intimidativo, isto é, a certeza de sua aplicação cria, no mecanismo psíquico dos indivíduos, um *motivo inibitório* à ação criminosa. Os *saudosistas* da Escola Positiva teimam em dizer que a existência mesma do crime é a prova de que a ameaça da pena é inócua; mas é que eles sabem ser impraticável a contagem dos que deixam de ir até o crime *formidine poenae*... É incontestável que os homens, em geral, se intimidam com a ameaça penal. Uns mais que os outros. A alguns será mesmo necessário fazer-se o que se faz ao gato, que para temer a simples água fria precisa de ser, antes, *escaldado.* Todos, porém, se intimidam. O que quase sempre anima o criminoso é a *esperança da impunidade.* E justamente tal esperança é que tornou de tão alarmante assiduidade a paixão homicida, pois um romantismo piegas achou de a qualificar *sublime,* infiltrando-se tal ideia na consciência popular e provocando a sistemática benevolência do tribunal do júri. A uma reação mais demorada dos *veredicta* dos juízes de fato, rareia imediatamente o criminoso passional. Haja vista o que se tem passado Ultimamente na Capital da República, cujo corpo de jurados deixou de transigir com a *passionalidade.* Sucederam-se as condenações dos matadores de mulheres, até mesmo daqueles que, após o crime, voltam a arma contra si próprios, num gesto frustro de suicídio ou autojustiçamento. Resultado: o passionalismo recolheu o *arsenal* e já não proporciona, senão esporadicamente, o seu *ato final de tragédia*... Façamos nossas estas perguntas de Rabinowicz, que, melhor do que ninguém, soube escalpelar o passionalismo criminoso: "Supondo mesmo que a reação penal seja inútil para os delinquentes passionais, porquanto eles nunca reincidem, poder-se-ia contestar a sua utilidade como prevenção geral, para que os outros não pratiquem o crime? É certo que o delinquente passional não o fará mais, mas a pena que o atinge não irá arrancar a arma assassina das mãos dos futuros candidatos ao crime passional?"

E não só a finalidade de prevenção geral justifica, na espécie, a punição. Demos ainda a palavra ao insigne professor da Faculdade de Varsóvia: "... ao lado dessa utilidade geral, que a pena, aplicada ao criminoso passional, teria por efeito, pela psicologia da sua intimidação, ela traria, também, uma preciosa contribuição a essa outra função que lhe é própria e a que podemos chamar *missão moral.* O Código Penal falsearia a sua missão elementar, se deixasse impune o crime passional." E são ainda de invocar os irrefutáveis conceitos de Durkheim e Alimena. Diz o primeiro: "As paixões humanas só se detêm diante dum poder moral que respeitem. Se falta qualquer autoridade desse gênero, é a lei do mais forte que triunfa e, latente ou agudo, o estado de guerra é necessariamente "crônico." Pondera o segundo: "Não só a pena age como determinante sobre a consciência dos prováveis e possíveis delinquentes, mas exerce a sua maior eficácia na consolidação contínua, lenta e hereditária do senso moral."[106]

A psicopatologia quer que o delinquente passional seja deixado exclusivamente ao seu estudo e tratamento. Pretende-se que somente o amor patológico conduz ao crime. Desta opinião partilha o nosso Heitor Carrilho: "O amor que leva ao crime só pode ser o amor patológico, o amor enfermiço, o amor que se perverteu, que se afastou do seu caminho construtivo, que contrariou seu próprio objetivo criador, que se opôs à sua própria finalidade pacificadora e altruística, que ficou na fase da irresistibilidade do instinto, que estacionou ou se infantilizou na sua evolução ou que caminhou anormalmente para as sistematizações afetivas, lesando os seus propósitos e fugindo à evidência dos "seus intuitos." Mas o mesmo Carrilho adverte, para logo, que é preciso distinguir entre os *passionais* e os *pseudopassionais,* e disserta: "Que vale falar de crimes passionais, de crimes de amor, se não conhecemos a caracterologia dos passionais ou dos amorosos que os realizaram? Quantas vezes tenho eu recebido, para observação no Manicômio Judiciário, indivíduos que não merecem psiquiatricamente essa designação, a menos que, neste rótulo vasto, quiséssemos acobertar ou incluir frios e despeitados matadores de mulheres, que agiram, deliberadamente, por sentimentos inferiores, – ódio, vingança, orgulho – com evidente deficiência dos sentimentos éticos não existente nos verdadeiros passionais! Errôneo seria considerar como delinquentes passionais amorosos todos os que delinquiram em estado passional aparente."

Deixemos de parte os *pseudopassionais,* que formam na fileira dos delinquentes comuns, e encaremos o *passional puro.* Diz-se que este, apesar de sua aparente normalidade, tem um *temperamento especial,* que é *magna pars* no crime que pratica. *Quid inde?* Todo criminoso é levado ao crime por sua índole própria, sendo inegável que, na etiologia do crime, sempre se aglutinam os fatores exógenos e endógenos. E quando se reflete que não existe um só homem que se ajuste rigorosamente a um tipo ideal de normalidade ("de poeta e de louco, cada um de nós tem um pouco"), chega-se à conclusão de

106 Justamente argumenta Carnelutti (*Teoria generale del reato,* p. 182): "*La passione non è che la esasperazione dei desideri e sarebbe un controsenso che la minaccia della pena, istituita precisamente per fungere da contrastimolo a certi desideri, cedesse in quei casi in cui ve n'e proprio maggiore bisogno.*"

que não há motivo, afinal de contas, para que sutis *tonalidades* ou *variantes* psíquicas, pretendidamente características do passional, levem este para fora do campo da psicologia normal. À parte o caso dos flagrantes enfermos psíquicos, não há por que destacar um tipo de *passional* em divergência com o tipo do *homo medius.*

Redarguindo ao *nosso* ponto de vista, de que a ameaça da pena é um motivo de inibição, embora fraco, na fase germinativa da paixão, Bulhões Pedreira assim argumenta: "... ao brotar a paixão, ainda está de todo afastado o embrião do crime; este só irrompe, como reação violenta e imprevista, na crise paroxística do estado passional. E então, aniquilado o homem sob o jugo tirânico da ideia obsidente, não haverá porta aberta por onde se esgueire a ameaça frenadora." Ora, o que sustentamos é que a *ideia obsidente,* antes de assumir o seu predomínio tirânico, antes de subjugar definitivamente o campo da vontade, na sua propulsão para o crime, pode ser neutralizada por contramotivos, entre os quais ressai a ameaça penal. O estado passional, antes do momento agudo da sua *descarga,* não exclui o *processus* da *deliberação,* não abstrai ou anula a possibilidade do cálculo ponderativo entre o *proveito* e o *mal* consequentes à conduta. Invoquemos ainda a autoridade de Rabinowicz: "Somos de opinião que os candidatos ao crime passional são intimidáveis; e o são tanto mais quanto quase todos *preparam* o *crime.* E estamos certos de que, se o crime fosse punido como merece, todos os que hoje matam sem hesitar, refletiriam mais nos riscos que correm; e mais numerosos seriam, então, aqueles vingadores frustros à Sigaiev (da magnífica novela de Tchekov), que entram num armeiro para comprar um revólver e saem com uma rêde para codornizes..."

Em face do novo Código, os uxoricidas passionais não terão favor algum, salvo quando pratiquem o crime em exaltação *emocional,* ante a evidência da infidelidade da esposa. O marido que surpreende a mulher e o *tertius* em flagrante ou *in ipsis rebus venereis* (quer *solus cum sola in eodem lecto,* quer *solus cum sola in solitudine)* e, num desvairo de cólera, elimina a vida de uma ou de outro, ou de ambos, pode, sem dúvida alguma, invocar o § 1º do art. 121;[107] mas aquele que, por simples ciúme ou meras suspeitas,

107 É interessante notar que um dos mais recentes códigos penais do mundo, o do Uruguai, contém, sob a rubrica *La pasión provocada por el adulterio,* o seguinte dispositivo: "*La pasión provocada por el adulterio faculta al juez para exonerar de pena los delitos de homicidio y de lesiones siempre que concurran los seguintes requisitos: 1º – que el delito se cometa por el cónyuge que sorprendiera en flagrante aI otro cónyuge y que se efetue contra éste o contra el amante; 2º – que el autor tuviera buenos antecedentes y que la oportunidad para cometer el delito non hubiera sido provocada o simplesmente facilitada, mediando conocimiento anterior de la infidelidad conyugal.*"

repete o gesto bárbaro e estúpido de Otelo, terá de sofrer a pena inteira dos homicidas vulgares.

**29. Homicídio qualificado.** No § 2ºdo art. 121, apresenta- se, como indica a respectiva rubrica lateral, o *homicídio qualificado,* isto é, o homicídio acompanhado de alguma dentre certas *circunstâncias agravantes* que a lei, no tocante a essa entidade criminal, toma em especial consideração, para o efeito de majoração *a priori* da pena, dado o maior grau de *criminosidade* que revelam. Não se dá mudança do título do crime, nem da *espécie* ou *qualidade* da pena; mas esta é *independente* (cominada dentro de novos limites) e *quantitativamente* superior à pena ordinária ou editada *in abstracto* para o *homicídio simples.* De simples *accidentalia* dos crimes em geral, tais circunstâncias passam a ser *essentialia* ou *elementos constitutivos* do homicídio, na sua forma qualificada. Chamadas agravantes *qualificativas* ou *elementares,* estão elas alinhadas nos incs. n. I a V do parágrafo acima citado. Dizem umas com certos *motivos determinantes,* indiciários de maior intensidade da *mens rea* (incisos n. I, II e V), e outras com o *modo* especialmente perverso da *ação* ou da *execução do crime* (incs. n. IV e III).

Na ordem da enumeração legal, o primeiro caso de homicídio qualificado é o cometido por *motivo torpe,* fazendo-se especial referência ao homicídio *mercenário,* isto é, "mediante paga ou promessa de recompensa". *Torpe* é o motivo que mais vivamente ofende a moralidade média ou o sentimento ético-social comum. É o motivo abjeto, ignóbil, repugnante, que imprime ao crime um caráter de extrema vileza ou imoralidade. Tais são, *in exemplis,* o fim de *lucro* ou cupidez, o prazer do mal, o desenfreio da lascívia, a vaidade criminal, o despeito da imoralidade contrariada. Como já foi notado, o texto legal faz menção expressa do homicídio por mandato remunerado *(pecunia accepta vel pretio convento).* É o *assassinium* do direito medieval, que, na espécie, chegava a autorizar, *ad terrorem,* fossem os culpados cortados aos pedaços *(per frusta scinduntur),* dada a hediondez do crime *(propter criminis immanitatem).* Não só qualifica o homicídio o prévio recebimento de paga, senão também a simples *promessa de recompensa.* A paga feita ou recompensa prometida tanto pode consistir em dinheiro, como em qualquer vantagem econômica (aquisição de direito patrimonial, perdão de dívida, promoção em emprego etc.).

A seguir, qualifica o homicídio o *motivo fútil.* Conforme explica a *Exposição de motivos,* diz-se *fútil* o motivo que, "pela sua mínima importân-

---

O *Código de Hamurabi* (23 séculos antes da era cristã) era mais humano: depois de dizer que "se alguém mata a esposa (surpreendida em adultério), matará também o amante", resolvia: "se (o marido) apenas corta o nariz à mulher, limitar-se-á a castrar o amante"...

cia, não é causa suficiente para o crime".[108] A *futilidade* deve ser apreciada segundo *quod plerumque accidit.*

O motivo é *fútil* quando notàvelmente *desproporcionado* ou *inadequado,* do ponto de vista do *homo medius* e em relação ao crime de que se trata. Se o *motivo torpe* revela um grau particular de perversidade, o *motivo fútil* traduz o egoísmo intolerante, prepotente, mesquinho, que vai até a insensibilidade moral.

Não se deve confundir o motivo fútil com o motivo *injusto:* este, embora desconforme com a ética ou com o direito, pode não ser *desproporcionado* como antecedente psicológico do crime. Por outro lado, não deve ser esquecido que um motivo aparentemente frívolo ou irrelevante pode, dadas as circunstâncias, tornar-se relativamente *suficiente, verbi gratia:* um *apelido* inofensivo, mas que se sabe do desagrado de quem o recebe, pode concretizar até mesmo a *provocação injusta* que torna *privilegiado* o "homicídio emocional" (art. 121, § 1º).

Igualmente qualifica o homicídio a circunstância de ser executado com "emprego de *veneno, fogo, explosivo, asfixia ou outro meio insidioso ou cruel, ou de que possa resultar* perigo *comum*".

O texto legal faz casuística exemplificativa e termina com uma fórmula genérica. Em primeiro lugar, é citado o *venefício,* isto é, o homicídio praticado mediante o emprego de *veneno.* É este um meio letal *insidioso* por excelência, pois o seu êxito está condicionado à sua própria dissimulação.

Diziam os antigos penalistas que *"plus est hominem extinguere veneno, quam occidere gladio".*

Entende-se por *veneno* toda substância que, introduzida *no* organismo, é capaz de, mediante ação química ou bioquímica, lesar a saúde ou destruir a vida. Cumpre notar que uma substância inócua pode tornar-se venéfica pelas condições especiais da vítima, *v.g.,* sal de cozinha propinado a quem haja ingerido calomelano (subcloreto de mercúrio). O veneno pode ser orgânico ou inorgânico, vegetal ou mineral, líquido ou gasoso, e aplicado por diversos modos: ingestão, inalação, absorção cutânea, injeção etc.

É claro que, para identificar-se a agravante qualificativa, o emprego do veneno deve ter sido sub-reptício, insciente ou iludida a vítima. O envenenamento violento ou sem insídia não qualifica o homicídio, salvo se, correspondendo ao propósito do agente, importar atroz sofrimento à vítima, pois, em tal caso, representará emprego de meio *cruel.*

---

108 Altavilla *(Delitti contra la persona,* p. 94) assim define o motivo fútil: *"motivo esogeno di scarso rilievo, che nella maggior parte degli uomini non sarebbe stata causa criminogena sufficiente".*

Deve ser pericialmente averiguado que a *causa mortis* foi a ministração de veneno. São em número de quatro os processos empregados para a diagnose do envenenamento: o *químico* (pesquisas químicas e farmacêuticas nas dejeções ou excreções do enfermo ou nas vísceras do cadáver), o *anatomopatológico* (pesquisas anatomapatológicas obtidas pela necroscopia), o *clínico* (apreciação dos sintomas mórbidos que se apresentam no paciente e que eventualmente precedem à morte) e o *histórico* (apreciação das circunstâncias extrínsecas ao fato).

O segundo exemplo do inc. II do § 2º do art. 121 é o emprego de *fogo.* O Código de 90 incluía entre as agravantes elementares do homicídio a circunstância de "ter o delinquente cometido o crime por meio de *incêndio*" (art. 294 c/c o art. 39, § 3º). Era um critério restritivo, que o novo Código justamente abandonou. *Incêndio* é o *nomen juris* do crime consistente na excitação de fogo que acarrete *perigo comum;* de modo que a fórmula do antigo Código não abrangia, por exemplo, o ato crudelíssimo de deitar querosene e atear fogo às vestes da vítima, ou de atirá-la para dentro de um forno aceso.

Refere-se o inciso, em seguida, ao emprego de *explosivo.* Chama-se *explosivo,* segundo a clássica definição de Sarrau, "qualquer corpo capaz de se transformar rapidamente em gás à temperatura elevada". Na sua decomposição brusca, passando do estado sólido ou líquido ao estado gasoso, o explosivo opera a violenta deslocação e destruição de matérias circunjacentes. Não há que distinguir entre *substâncias* e *aparelhas* ou *engenhos* explosivos. Entre os explosivos mais conhecidos, podem ser citados os derivados da nitroglicerina *(dinamite),* da nitrobenzina *(belite),* do nitrocresol *(cresolite),* da nitronaftalina *(schneiderite, chedite),* do nitrotolueno *(trotil* ou *tolite),* do trinitofenol ou ácido pícrico *(melinite, lidite),* o algodão-pólvora (explosivo mediante choque), os fulminatos, os explosivos com base de *ar líquido* etc.

Outra modalidade de meio executivo que qualifica o homicídio é a provocação de *asfixia.* Resulta esta do impedimento da função respiratória (absorção de oxigênio e expulsão de ácido carbônico) e consequente ausência de oxigênio no sangue (anoxemia). O texto legal não distingue entre *asfixia mecânica* e *asfixia tóxica* (produzida por gases deletérios, como o óxido de carbono, o gás de iluminação, o cloro, o bromo etc.). A asfixia mecânica pode ocorrer; *a)* por oclusão dos orifícios respiratórios (nariz e boca) ou sufocação direta; *b)* por oclusão das vias aéreas (glote, laringe, traqueia, brônquios); c) por compressão da caixa torácica (sufocação indireta); *d)* por supressão funcional do campo respiratório.

Os *processos* de provocação da asfixia mecânica são o *enforcamento,* o *imprensamento,* o *estrangulamento,* o *afogamento,* a *submersão,* a *esganadura.*

Como último exemplo de agravante qualificativa referida ao *meio* empregado é mencionada a tortura, isto é, o meio supliciante, a inflição de tormentos, a *judiaria*, a exasperação do sofrimento da vítima por atos de inútil crueldade.

A cláusula final do inciso refere-se a qualquer "outro meio insidioso ou cruel, ou de que possa resultar perigo comum". Meio insidioso, como diz a *Exposição de motivos*, é o meio dissimulado na sua influência maléfica. É o meio fraudulento ou sub-reptício por si mesmo, como, por exemplo (além do *veneno*, expressamente mencionado no inciso), as *armadilhas* e os chamados *venenos físicos* (vidro moído, limadura metálica, germes patogênicos etc.).

Meio *cruel* é todo aquele que produz um padecimento físico inútil ou mais grave do que o necessário e suficiente para a consumação do homicídio. É o meio bárbaro, martirizante, denotando, da parte do agente, a ausência de elementar sentimento de piedade. Conforme adverte Wharton,[109] "*cruelty must be peculiar and extreme, something implying more than the ordinary crime*". Matar com crueldade é matar à moda de Calígula: *Ita feri ut se mori sentiat.*

São meios cruéis, por exemplo, as sevícias reiteradas, o impedimento de sono, a privação de alimento ou água, o esfolamento, a ministração de chumbo derretido (além da *vivicombúrio,* que a lei menciona como *tipo).*

Finalmente, o *meio de que possa resultar perigo comum* é o que, além de atingir a vítima escolhida, pode criar uma situação de perigo extensivo a um indeterminado número de pessoas. Se se caracteriza, no caso concreto, um *crime de perigo comum,*[110] haverá um concurso formal de crimes (homicídio qualificado e crime de perigo comum).

Cumpre distinguir entre o homicídio praticado por meio de crime de perigo comum e a forma deste crime qualificada pelo evento "morte" [111] no primeiro caso, tal evento é previsto e querido, ainda que eventualmente (a morte da vítima é o *fim,* e o crime de perigo comum é o *meio);* no segundo, o evento letal, embora previsível, não é previsto (culpa inconsciente) ou, se previsto, o agente espera que não ocorra (culpa consciente).

No inciso IV, é qualificado o homicídio quando haja insídia, não já pela natureza do meio empregado, mas no *modo* da atividade executiva, de que

---

109 *On homicide,* p. 171.

110 Segundo adverte a *Exposição de motivos,* a rubrica "Crimes de perigo comum", empregada somente no capítulo I do Título VIII da *Parte Especial,* apenas significa que os crimes aí definidos são os que, "mais nítida ou imediatamente que os das outras subclasses, criam uma situação de perigo de dano a indefinido número de pessoas"... Os crimes previstos nos capítulos II e III do referido título não deixam de ser, também, de *perigo comum.*

111 Arts. 258, 263, 264, parágrafo único, e 285.

resulte dificuldade ou impossibilidade de defesa da vítima. Tal é o homicídio praticado "à traição", ou "de emboscada", ou mediante "dissimulação" do agente, conforme exemplifica o dito inciso.

O homicídio à traição *(homicidium proditorium)* é o cometido mediante ataque súbito e sorrateiro, atingida a vítima, descuidada ou confiante, antes de perceber o gesto criminoso. A forma típica do acometimento à traição é o que colhe a vítima, de chofre, pelas costas. Explicava Julius Clarus: *"Proditorie vero dicitur committi homicidium quando aliquis nulla praecedente inimicitia alium interfecit, puta, quia veniens tecum tanquam socius itineris, nulla interveniente rixa te percutio, vel dum* sederes *mecum in mensa vel* si *cum me tibi amicum* esse *fingerem, ita a tergo percutio: nam his casibus dicor te proditarie interfecisse"...*

*Emboscada (guet-apens, aguato, Hinterhalt)* é a dissimulada espera da vítima em lugar por onde terá de passar. É a *tocaia,* na expressão dos nossos sertanejos. O criminoso, escondido, aguarda a passagem da vítima desprevenida, que fica à sua mercê. O homicídio mediante emboscada é o que os práticos chamavam *ex insidiis: "Ex insidiis dicitur homicidium committi, quando aliquis expectat alium, positus in loco, qui ab illo praevideri verisimiliter non poterat, animo cum occidendi, illumque ex improviso venientem aggreditur, et interficit."*

*Dissimulação* é a ocultação da intenção hostil, para acometer a vítima de surpresa. O criminoso age com falsas mostras de amizade, ou de tal modo que a vítima, iludida, não tem motivo para desconfiar do ataque e é apanhada desatenta e indefesa.[112]

---

112 Uma jurisprudência incipiente tem decidido que, no grupo das "circunstâncias que sempre agravam a pena", previstas no art. 44, n. II, letra *d,* do novo Código Penal, e na órbita do homicídio qualificado, ou, mais precisamente, no inc. IV do § 2º do art. 121, devem ser incluídas a "superioridade em força" e a "superioridade em armas", que a Consolidação das Leis Penais contemplava no seu art. 39, **§ 5º. A** razão de tal inferência é o caráter genérico da cláusula com que, depois de referir-se à *traição,* **à** *emboscada* e à *dissimulação,* terminam os citados incisos: "ou outro recurso que dificultou ou tornou impossível a defesa do ofendido".
É de enjeitar-se, porém, semelhante exegese, que se apega **à** *letra* da lei, mas desatende em franca rebeldia ao seu *sentido.* Quando um dispositivo legal contém uma fórmula *exemplificativa,* e, a seguir, uma cláusula *genérica,* deve entender-se que esta, segundo elementar princípio de hermenêutica, somente compreende os casos *análogos* aos destacados por aquela. De outro modo, seria inteiramente ociosa a *exemplificação,* além de que o dispositivo redundaria no absurdo de equiparar, *grosso modo,* coisas desiguais. Assim, o "outro recurso", a que se refere o texto legal, só pode ser aquele que, como a *traição,* a *emboscada,* ou a *dissimulação,* tenha caráter *insidioso, aleivoso, sub-reptício. In exemplis:* lançar algum líquido ou pó irritante nos olhos do adversário para tê-lo à sua mercê; suprimir, prévia e furtivamente, qualquer meio de defesa da vítima; prevenir o agente o contra-ataque da vítima, forçando a servir-lhe de anteparo uma pessoa caríssima a esta.

Por último, é o homicídio qualificado quando cometido "para assegurar a *execução,* a *ocultação,* a *impunidade* ou *vantagem de outro crime*". Na primeira hipótese, o que agrava não é a prática efetiva de outro crime, mas *o*

---

As circunstâncias de "superioridade em força" e de "superioridade em armas" nada têm a ver com o inciso em questão. Quanto à primeira, nem mesmo pode ser considerada *recurso,* pois não é mais do que uma *qualidade* ou *condição pessoal* do agente, em cotejo com o ofendido. Quanto à *superioridade* em *armas,* pode ser *acidental* ou *procurada:* no primeiro caso, também não **é,** propriamente, um *recurso,* e, no segundo, não chega a ser uma *insídia* ou *aleivosia,* desde que não seja empregado, de antemão, algum ardil para assegurar, positivamente, a inferioridade defensiva da vítima.
Qualquer dessas circunstâncias tem escasso ou incerto valor *sintomático.* Via de regra, são puramente *objetivas,* alheando-se ao prévio cálculo do agente. E ainda quando se comprove que o agente as tenha *preordenado,* ou se tenha ocasionalmente *prevalecido* delas, não indicam maior capacidade de delinquir. É instintivamente que alguém, quando vai arrostar um adversário, procura aparelhar-se de modo a não levar a pior. Só excepcionalmente as circunstâncias em apreço poderão ser indício de maior intensidade de dolo ou de maior perversidade. Seria, portanto, de todo inadmissível que a lei penal, aprioristicamente, fizesse delas *agravantes obrigatórias* em todos os casos.
A improcedência do ponto de vista que ora impugnamos é tanto mais evidente quanto, se viesse ele a prevalecer, ter-se-ia de chegar à estranha conclusão de que as referidas circunstâncias, não obstante o seu aleatório relevo, são *qualificativas* do homicídio, desde que o art. 121, § 2º, n. IV, reproduz integralmente o texto do art. 44, II, letra *d.*
Para impedir a *coragem* de semelhante conclusão e, ao mesmo tempo fixar, por via de consequência, o verdadeiro sentido do inciso do art. 44, cumpre invocar a *Exposição de motivos* do Ministro Campos, que, ao referir-se ao n. IV do § 2º do art. 121, assim se pronuncia: "São também qualificativas do homicídio as agravantes "que traduzem um *modo insidioso* da atividade executiva do crime, impossibilitando ou dificultando a defesa da vítima (como a traição, a emboscada, a dissimulação etc.)." Ainda mais: se fosse rejeitado esse critério restritivo, estariam abrangidos entre as agravantes obrigatórias gerais ou como qualificativas do homicídio todos os *modos* possíveis e inimagináveis de ser o sujeito passivo reduzido à inferioridade ou impotência de defesa, como sejam, *v.g.,* a agilidade do agente, a maior habilidade deste no manejo das armas, certos *truques* usualmente empregados para vencer a resistência oposta etc. Seria mesmo rara a hipótese em que se não tivesse de reconhecer a agravação da pena, pois o próprio fato do êxito do ofensor resulta, na grande maioria dos casos, de haver este empregado algum *recurso* para neutralizar a possibilidade ou eficiência da reação do ofendido. Tal amplitude de interpretação seria radicalmente infensa ao critério *subjetivista* com que o novo Código *selecionou* os *accidentalia* delicti, conforme acentua a *Exposição* de *motivos* sobre o projeto definitivo: "Ao prever as circunstâncias *agravantes* e *atenuantes,* genéricas ou especiais, o projeto apresenta um cunho nitidamente subjetivista. O crime em si mesmo, na sua materialidade, passa, aqui, para o segundo plano. O que importa, principalmente, é o crime *em função* do *seu autor.*"
A "superioridade em força" (salvo no caso excepcional de ser o ofendido *criança, velho* ou *enfermo* - art. 44, II, letra *a)* e a "superioridade em armas" somente terão entrada na órbita do art. 42, isto é, entre os critérios diretivos da fixação da *pena-base;* e assim mesmo quando realmente indiciárias de maior *criminosidade* do agente. Fora daí, não têm a menor relevância.

fim *de cometer outro crime.* Assim, por exemplo, *o* indivíduo que, ao tentar um rapto, mata a pessoa que se interpõe para evitá-lo, não deixa de responder por homicídio qualificado, ainda quando, a seguir, desista de consumar o rapto. Também nas outras hipóteses, a qualificativa não depende da real consecução do fim que se propõe o agente. Na segunda e terceira hipóteses, o escopo do agente é destruir a prova de outro crime ou evitar as consequências processuais ou penais dele decorrentes (ex.: o incendiário mata a testemunha que o viu deitar fogo à casa; o usuário de um testamento falso mata o copartícipe, de quem teme delação). Na última hipótese, o propósito do agente é garantir a fruição de qualquer vantagem, patrimonial ou não, direta ou indireta, resultante de outro crime.[113] Pouco importa, em qualquer das quatro hipóteses, que o autor do homicídio proceda no seu próprio interesse ou no de terceiros (de um amigo, de um parente). E é de notar-se que o *outro crime,* em caso algum, forma unidade complexa com o homicídio. Há simples *conexidade* entre eles, devendo aplicar-se cumulativamente as penas respectivas (art. 51), e não somente a do homicídio qualificado. Não se trata de *crime complexo,* como no caso do latrocínio (art. 157, § 3º, *in fine),*[114] em que há unificação de penas.

De acordo com a regra do parágrafo único, 2ª alínea, do art. 108, a *qualificação* do homicídio, na espécie, subsiste, ainda mesmo que venha a extinguir-se, por qualquer causa, a punibilidade do *outro crime.*[115]

---

113 Costuma-se distinguir, entre as *vantagens* do crime, o *produto,* o *preço* e o *proveito. Produto* são as coisas adquiridas diretamente com o crime (ex.: a *res furtiva),* ou mediante especificação (ex.: ouro resultante da fusão da joia furtada) ou obtidas mediante alienação (ex.: dinheiro ganho com a venda da coisa furtada), ou criadas pelo crime (ex.: mercadorias contrafeitas). *Preço* são os valores recebidos ou prometidos para cometer o crime. *Proveito,* finalmente, é toda vantagem, patrimonial ou não, derivada do crime e diversa do "produto" e do "preço".

114 O Código, ao tratar do *roubo,* não previu especialmente a hipótese em que o emprego da *violência* constitua *tentativa de homicídio;* de modo que, a nosso ver, a solução racional e equitativa é a de aplicar-se, em tal caso, tão somente a pena de tentativa de homicídio qualificado (art. 121, § 2º, n. V, c/c o art. 12, parágrafo único).

115 Dispõe o art. 108, parágrafo único, 2ª alínea: "Nos crimes conexos, a extinção da punibilidade de um deles não impede, quanto aos outros, a agravação da pena resultante da conexão."

**Homicídio culposo**

***Art. 121.*** *Matar alguém:*

*§ 1º [...]*

*§ 2º [...]*

*§ 3º* Se o *homicídio* é *culposo:*

Pena – detenção, de um a três anos.

**Aumento de pena**

*§ 4º No homicídio culposo,* a *pena* é *aumentada de um terço, se o crime resulta de inobservância de regra técnica de profissão, arte* ou *ofício, ou se o agente deixa de* prestar *imediato socorro* à *vítima, não procura diminuir* a' *consequências do seu ato, ou foge para evitar prisão* em *flagrante.*

**DIREITO COMPARADO** – Códigos: francês, art. 319 (e lei modificativa de 17.6.1908); alemão, § 222 (e leis modificativas de 3.6º9, 21.6.23 e 13.12.33); italiano, art. 599; suíço, art. 117; argentino, art. 84; uruguaio, art. 314; dinamarquês, art. 241; português, art. 368; norueguês, art. 239; holandês, arts. 307 e 309; espanhol, art. 405, c/c o art. 565; soviético, art. 10; polonês, art. 230; húngaro, arts. 290 e 291; colombiano, art. 370; boliviano, art. 506; venezuelano, art. 411; cubano, art. 434, c/c o art. 19; equatoriano, art. 435.

**BIBLIOGRAFIA** – Alimena, *Dei delitti contro la persona,* na *Enciclopédia* de Pessino, v. IX; *Diritto Penale,* 1910; e *I limiti e i modificatori dell'imputabilità,* 1889; Impallomeni, *L'Omicidio nel diritto penale,* n. 40 a 64, 1900; Miricka, *Die Formen der Strafschuld (As formas da culpabilidade penal),* 1903; Puglia, *Delitti contra la persona,* no *Trattato* de Cogliolo, 1889; *La psicologia della colpa, in Scuola Positiva,* 1898, p. 129 e ss.; Mommsen, *Derecho penal romano,* trad. esp. de Dorado, I, 1898; Carrara, *Opuscoli,* v. III, 1898; Stoppato, *L'evento punibile,* 1898; Angiolini, *Dei delitti colposi,* 1901; Ugo Conti, *Dell'imputabilità,* no *Trattato* de Cogliolo, v. I, parte 2ª; *Del* giudice, *fondamento e condizione della punibilità dei reati colposi,* 1918; Leto, *Il reato colposo,* 1913; Campili, *Condizioni* e *limiti* di *punibilità della colpa,* 1903; Tosti, *La colpa penale,* 1907; Meloni, *La colpa penale* e *la colpa civile,* 1917; Vitocolonna, *Teoria generale della colpa incriminabile,* 1914; Setti, *Dell'imputabilità,* 1882; Irureta Goyena, *El delito de homicidio,* 1928; Magri, *Una nuova teoria penale della criminalità,* 1891; Marciano, *Colpa con previsione* e *dolo eventuale,* in *Scritti in onore del prof.* Ugo Conti, p. 305 e ss.; Manzini, *Trattato,* v. VIII, 1933; Maggiore, *Principii,* v. II, 1932; Vannini, *Il delitto di omicidio,* 1935; Von Bar, *Gesetz und Schuld im Strafrecht* (Lei e *culpabilidade em direito penal),*

II, 1909; Liszt-Schmidt, *Lehrbuch,* 1927; Von Hippel, *Deutsches Strafrecht,* v. II, 1930; Mezger, *Tratado de derecho penal,* 2ª ed., tradução espanhola de Muñoz, 1933; Hafter, *Schweizerisches Strafrecht (besonderer Teil).* 1937; Thormann e Overbeck, *Das schweizerische Strafgesetezbuch,* 4º fasc., 1940; Jannitti Di Guyanga, *Concorso di più persone e valore del pericolo nei delitti colposi,* 1913; Civoli, *Trattato di diritto penale,* v. 4, 1916; Wharton, *On homicide, 1907;* Pollock, *The Law of Torts,* 1887; Köhler, *Dolo, Colpa, Errore, in Il Progetto* Rocco *nel pensiero contemporaneo,* 1930; Battaglini, *Diritto Penale,* 1937; Saltelli-Di Falco, *Commento,* v. II, parte 2ª, 1931; Ratiglia, *Il reato* di *pericolo,* 1932; Hitler, *Handbook of Criminal Law,* 1934; Garraud (René e Paul), *Traité,* 1935; Longo, *Commento,* v. II, 1911; Altavilla, *Delitti contro la persona, no Trattato* de Florian, 1934; *Omicidio,* in *Nuovo Digesto Italiano,* e *Teoria soggettiva dei reato,* 1933; Pergola, *Il reato,* 1930; Ranieri, *Il concorso di più persone in un reato,* 1938; Alimena (Francesco), *Le condizioni* di *punibilità,* 1938; Narcélio de Queirós, *Teoria da "actio libera in causa",* 1936; Frosali, *L'errore nella teoria del diritto penale, 1936;* Soler, *Derecho penal argentino,* 1940; Eusébio Gomez, *Tratado de derecho penal,* v. 2º, 1939; Vidal-Magnol, *Cours de droit criminel,* 1928; Hans Frank, *Nationalsozialistisches Handbuch für Recht und Gesetzgebung,* 1935; Gleispach, *Tötung, in Das kommende deutsche Strafrecht,* 1936; Costa e Silva, *Código Penal,* v. I, 1930; Galdino Siqueira, *Direito penal brasileiro,* v. Il, 1924; Wegner, *Fahrlässigkeit, in Wörterbuch der Rechtswissenschaft,* de Somlo-Elster; Carnelutti, *Teoria generale* del *reato,* 1933; Juan P. Ramos, *Curso de derecho penal,* 1928; Emilio Diaz, *El Código Penal,* 1928; Ortiz Munoz, *Nociones generales de derecho penal,* 1937; Seabra Júnior, *Acidentes de automóveis,* 1918; Frutuoso de Aragão, *Delitos de automóvel,* 1924; Imbrecq, *L'automobile devant la justice;* Sainctellete, *Responsabilité des propriétaires et conducteurs d'automobiles;* Adelmar Tavares, *Do delito do automóvel,* in *Revista Forense,* fasc. 459, 1941; Borri-Cevidalli-Leoncini, *Trattato di Medicina Legale, 1932;* Sousa Lima, *Medicina legal,* 1934; Cecchi, *Teoria dell'evento nel reato,* 1937; Sardinha, *Homicídio culposo,* 1936; Altavilla (E.), *La Colpa,* 1950; Machado (Raul), *A culpa no Direito penal, 1943.*

## COMENTÁRIO

**30.** No tocante ao elemento subjetivo do crime, podem ocorrer as seguintes hipóteses: *a)* o agente previu e quis o resultado antijurídico (para obtenção deste foi praticada a ação ou omissão); *b)* o agente não quis diretamente o resultado antijurídico, mas o previu como possível ou provável e o ratificou *ex ante* (isto é, aceitou o risco de produzi-lo); *c)* o agente quis um resultado antijurídico menos grave do que o efetivamente ocorrido, que não previu, mas que podia ter previsto; *d)* o agente não se propôs qualquer fim ilícito e não previu o resultado antijurídico, mas podia tê-lo previsto; *e)* o agente previu a possibilidade do resultado antijurídico, mas, longe de assentir no seu advento, esperou sinceramente que não ocorresse ou repeliu a hipótese de sua ocorrência.

Nas duas primeiras hipóteses, há *dolo,* que se subdivide em *dolo de dano* e *dolo de perigo* (este exclusivo dos chamados *crimes de perigo,* para cuja consumação basta que se crie uma situação de ameaça ao bem jurídico penalmente protegido). Nas hipóteses restantes, há *culpa:* culpa aliada ao *exercitium rei illicitae,* ou *preterintenção;* culpa inconsciente (culpa *ex ignorantia)* e culpa consciente ou com previsão (culpa *ex lascivia).* O novo Código, como o anterior julgou dispensável uma fórmula genérica sobre a *preterintenção,* que não é senão a culpa referida especialmente a um resultado antijurídico que excede a *voluntas sceleris* ou o fim criminoso que se propôs o agente; mas contempla, na "Parte Especial", para tratamento particular, toda uma série de *crimes preterintencionais,* também chamados *crimes qualificados pelo resultado* (veja-se n. 10). Também como fazia o Código revogado, o atual não distingue aprioristicamente, para diverso tratamento, entre culpa inconsciente e consciente. Foi um critério acertado. Já não queremos argumentar com a dificuldade prática *(adducere inconnveniens non est resolvere argumentum)* em averiguar, na maioria dos casos, se ocorreu uma ou outra dessas variantes da culpa. O que vale ponderar é que quase tanto faz não prever um resultado, quanto prever a possibilidade do seu advento, mas, confiando firmemente em que não ocorra, de tal modo que essa confiança é *decisiva* para o empreendimento ou abstenção da ação. Pode mesmo dizer-se que a culpa consciente, muitas vezes, será indício de menos obtusidade ou insensibilidade ético-social. Muito bem diz Köhler[1] que "mais culpado é aquele que não cuidou de olhar o caminho diante de si em cotejo com aquele que teve esse cuidado, mas credulamente se persuadiu de que o obstáculo se afastaria a "tempo". Remonta a Feuerbach a construção teórica do descrime entre as duas variantes de culpa, para reputar-se a culpa consciente *(bewusste Fahrlässigkeit)* um *plus* em relação à culpa inconsciente *(unbewusste Fahrlässigkeit);* mas é de enjeitar-se tal critério, pelo menos como um apriorismo. Ao juiz, de preferência, ao aplicar a pena, é que deve ser deixada, de caso em caso, a livre apreciação de maior ou menor gravidade da culpa.[2]

1 Ob. cit., p. 238.

2 O Projeto Alcântara, imitando o Código italiano, incluía entre as agravantes a "previsão do evento, em se tratando de crime culposo"; mas a Comissão Revisora, com toda razão,

**31. Punibilidade e conceito da culpa.** Tem-se discutido sobre a legitimidade ela incriminação da culpa, por incompatível com a fórmula tradicional da responsabilidade psíquica. Puglia[3] postulava a radical exclusão do ilícito culposo da esfera penal. Ferri, embora defendendo a punibilidade da culpa com fundamento na necessidade da defesa social,[4] assim argumentava, em contraposição ao postulado clássico: "Se o fato criminoso se pune porque efeito de livre escolha ou mesmo de simples voluntariedade, não será possível dar uma justificação lógica e jurídica da punição dos crimes culposos, especialmente quando consistem numa omissão involuntária, por exemplo, quando o guarda ferroviário, na cabina de bloqueio, *esquece* de dar passagem livre ao comboio que chega e, por sua omissão, vai colidir com outro. Neste caso, não se pode, sequer, dizer que seja voluntário o ato inicial de que deriva o dano." Ora, o ferroviário no exemplo dado omitiu a devida atenção ao seu dever, e como a atenção é governada pela vontade, não se pode negar que ele deu causa *voluntária* ao evento lesivo.

Não lhe faltou a possibilidade de estar atento e não ignorava que sua desatenção poderia ocasionar o desastre; de modo que o seu esquecimento resultou de *não ter querido* estar atento.[5]

Houve de sua parte, uma recusa de atenção e, portanto, um ato de vontade, uma causa voluntária inicial do evento lesivo. Impallomeni figura e resolve a seguinte hipótese: "Se não se provê às obras necessárias para remover o perigo de ruína de um edifício, e este vem a desabar, fazendo vítimas, o proprietário, que revele não ter tido conhecimento de tal perigo por descuidar de inspecionar sua propriedade, será responsável por homicídio culposo, tal como se tivesse tido conhecimento do perigo."

---

restabeleceu implicitamente, neste ponto, a solução do Projeto Sá Pereira. Equiparava este, *apertis verbis,* a culpa consciente à culpa inconsciente: "Responde por culpa aquele que, agindo sem a atenção ordinária ou atenção especial a que fosse obrigado, ou a de que, segundo as suas condições pessoais e as circunstâncias, pudesse ser capaz, não prevê as consequências possíveis do seu ato, ou confia do acaso que elas se não produzam."

---

3 *La psicologia della colpa,* p. 135 e ss.

4 Na *Relazione* sobre o seu famoso projeto de 1921, dizia Ferri que, se a impunibilidade da culpa era conclusão lógica das premissas tradicionais da imputabilidade humana, tal conclusão *"era troppo contraria alle più evidenti necessità della vita sociale, crescente anzi col complicarsi vertiginoso della civilitá moderna, fomentatrice* di *delitti colpos!"*

5 Jannitti di Guyanga, ob. cit., p. 345, argumenta: "*Il guardiano incorre in una colpa non perdonabile, in quanto, pur avendo accetato un incarico delicatissimo per le possibili conseguenze di uma facile disattenzione e pur essendosi reso conto di siffatta importanza, dimostra col fatto di non aver voluto eccitare convenevolmente l'attenzione e le facoltà mnemoniche sino ad avvertire la pericolosità di una omissione e imprudenza, in cui fosse stato eventualmente per incorrere qualche instante prima dell'arrivo del treno*".

É que, em tal caso, não obstante a inconsciência da omissão, imediatamente produtiva do evento, houve uma precedente omissão voluntária, qual a de não procurar o proprietário certificar-se do estado de sua casa, Mezger[6] fala aqui em voluntariedade referível ao "momento antecedente": a falta censurável do delinquente culposo por omissão está em ter deixado de prestar *antes*, quando ainda presente em seu espírito o dever de diligência, a atenção suficiente para *não esquecer* as cautelas que devia ter para com o interesse alheio,[7] Köhler refere-se ao "motivo de advertência" *(warnendes Motiv)*, que é "a solicitação concreta que se apresenta à psique do agente, convidando-o a pensar no perigo e a evitá-lo como uma conduta adequada", e diz que a culpa reside na indiferença em face de tal motivo. E disserta: "Se partimos da ideia de um homem mentalmente são e vígil, e o aferimos pela experiência que temos dos homens da civilização atual, uma solicitação ou obstáculo que, segundo essa experiência seja digno de consideração, deve provocar uma determinação e uma conduta conformes ao direito, Se tais motivos se apresentaram a uma pessoa dotada de discernimento e, contra a razoável expectativa, deixaram de agir, é natural a dedução de que encontraram uma *resistência psíquica*, A resistência pode consistir numa lentidão de raciocínio ou de ação, ou na tendência a discrepar do pensamento comum, ou, finalmente, no desapreço ao *motivo de advertência*, Em todos estes casos, o agente não chega jamais a querer o evento que, se atendesse à advertência, deveria procurar evitar. Nem mesmo é necessário que o motivo de advertência se tenha apresentado de modo a fazer prever o evento nas suas características individuais; basta que tenha havido para o agente a solicitação no sentido de tornar-se consciente daquele gênero de possíveis danos dentro dos quais se enquadra o evento lesivo ocorrido... Há culpa quando o agente abstrai sem justo motivo a solicitação no sentido de representar-se e evitar o perigo do evento que produziu sem querer... Se se quer dar um nome ao fato pelo qual um motivo, que em outras pessoas faz surgir a solicitação para estar de sobreaviso, não exerce o mesmo influxo sobre uma pessoa determinada, pode-se indicar tal resistência como uma recusa à atenção devida e, consequentemente, como um ato de vontade."

---

6 Ob. cit., v. II, p. 160.

7 Alguns autores entendem que, nos crimes culposos por omissão, deve falar-se, de preferência, em *inércia da vontade;* mas, se a inércia é involuntária, voluntária é a conduta *diversa,* que se substitui à conduta obrigatória, tornando esta impossível. O individuo não agiu como devia, mas diversamente, e nesta *ação substitutiva* é que se encontra o elemento da voluntariedade, Indispensável à imputação da culpa, Ê a teoria do *aliud facere,* que remonta a Luden.

É de notar-se que a voluntariedade da *precedente* conduta causal do evento não deixa de existir pelo fato de que no momento da realização deste se encontre o agente em estado de inconsciência (por exemplo, a dormir). Tem inteira aplicação ao crime culposo a teoria da *actio libera in causa.*[8] De incontestável acerto foi a decisão do Tribunal Imperial alemão (citada por Köhler) ao reconhecer, com aplicação dessa teoria, a culpa de um motorista que, não obstante aperceber-se de sua fadiga e prostração, continuou a guiar o carro e, acabando por dormir sobre o volante, veio a atropelar e matar um transeunte.

Não se deve esquecer que, no crime culposo, a imputação psíquica diz respeito à conduta causal, e não ao seu efeito objetivo, que é apenas uma *condição* de *punibilidade.* E sendo sempre tal conduta referível à vontade, não há antinomia entre a culpa e o postulado da responsabilidade psíquica.

O delinquente culposo é um *desajustado* à disciplina social. Falta-lhe constância na preocupação que, no convívio social, deve ter todo homem responsável, no sentido de evitar a lesão ou periclitação do interesse de seus concidadãos. Não só a ofensa intencional ou voluntária da incolumidade alheia é penalmente antijurídica, senão também aquela que, embora involuntária, deriva de uma conduta desconforme com a circunspeção ou ponderação do comum dos homens e vai atingir interesses de maior relevância individual e social. [9]

A pena cominada aos crimes culposos tem um fim eminentemente político: é um *memento* aos desatentos e, quando efetivamente aplicada, é uma medida pedagógica, pois a sua dolorosa experiência se transfundirá na psique individual como um vigilante motivo inibitório ou contrário à tendência para a desatenção, afeiçoando, dessarte, o indivíduo ao ritmo normal da vida em sociedade.

O Código não contém uma noção *descritiva* da culpa, limitando-se a declarar que o crime é culposo "quando o agente deu causa ao resultado por *imprudência, negligência ou imperícia*". Absteve-se o legislador de resolver com uma fórmula exaustiva um problema a respeito do qual a doutrina ainda não chegou a uma conclusão pacífica. Uma das mais certeiras definições

---

8 Narcélio de Queirós, *Teoria da "actio libera in causa"*, p. 39 e ss.

9 Segundo observa Ratiglia (ob. cit., p. 178), *"vi sono, nella vita di ognuno e di tutti i consociati, beni e interessi diversi per natura, entità e vulnerabilità, la difesa dei quali non si appaga del divieto delle offese volontarie; vi sono, in questo grande, unitário, ma eterogeneo e dinamico mondo sociale in cui viviamo e siamo presi ogni giorno sempre più, manifestazioni e relazioni che sano bensi il prodotto di una civilitá che ascende geometricamente, ma che si traducono, necessariamente, in sempre nuovi motivi di regole giuridiche all'operare individuale"*. Já disse alguém que o progresso *está* sempre criando novos meios de *matar sem querer.*

da culpa é ainda a de Raynaldo: *"incircumspecta deviatio ab ea diligentia quam communiter adhibent homines"*. Culpa é omissão da diligência do homem normal, do *homo medius,* do tipo comum de sensibilidade ético-social. Tornando mais preciso o conceito, podemos dizer: culpa é a inconsiderada omissão da diligência comum, de modo a fazer derivar de uma conduta voluntária uma involuntária consequência lesiva.[10] O caso típico e mais frequente da culpa é o da *culpa inconsciente.* A outra *species* de culpa, ou *culpa consciente, contém* uma característica que não é da essência da culpa, isto é, a *previsão* do evento lesivo (ou *de perigo),*[11] pois mesmo sem tal previsão pode ser identificada uma conduta culposa. O limite extremo da culpa coincide com a condição mínima da própria culpabilidade (culpa *sensu lato),* pois abaixo dele o que se apresenta é o *caso fortuito,* e *nullum crimen est in casu.* A linha de fronteira, além da qual começa o império das forças cegas, é a *previsibilidade* do evento.

Culpa é a imprevisão grosseira, isto é, a imprevidência inescusável, tendo-se em vista o que geralmente acontece. E não há excogitar outro critério para o reconhecimento e punibilidade do crime culposo. Tem sido improfícua a tentativa de formulação de teorias com fundamento diverso. Todas, no fundo, redundam, implicitamente, no velho ensinamento de Paulo: *"culpam esse quod cum a diligente provideri poterit, non esset provisum"*. Vejamos, por exemplo, a teoria dos "meios antijurídicos" ou "objetiva", de Stoppato, que chegou a ter grande sucesso. Assim criticava esse autor a doutrina tradicional:[12] "Com o critério da previsibilidade, deve-se apreciar o evento lesivo *a posteriori.* Quando o evento se verifica, acompanhado de várias circunstâncias, julgamos com o espírito voltado para estas. Do seu modo de apresentar-se, da sua concatenação, do seu complexo e, muitas vezes, obscuro enredo, deduzimos o nosso juízo sobre a previsibilidade ou imprevisibilidade do evento. Assim vimos a colocar o acusado na condição de ser julgado segundo o critério da nossa experiência e, o que é pior, de uma experiência que, se bem que nos figuremos o contrário, não sabemos se teria aconselhado e orientado, a nós mesmos, a agir diversamente. Essa experiência é fruto da observação material de fatos que estavam ou podiam estar

---

10 Deve notar-se, entretanto, que nem sempre a efetiva lesão do interesse ou bem jurídico (evento de dano) é condição necessária do crime culposo, bastando a simples possibilidade de dano (evento de perigo). Exemplo: a forma culposa do crime de *contágio venéreo* (art. 130: "Expor alguém, por meio de relações sexuais ou qualquer ato libidinoso, a contágio de moléstia venérea., de que deve saber que está contaminado.")

11 Veja-se n. 30.

12 Ob. cit., p. 137 e ss.

fora da consciência do acusado, como, muito provavelmente, teriam estado fora da nossa consciência. Ora, não creio que isso possa fornecer um justo e exclusivo critério para legitimar a repressão dos eventos lesivos. A experiência do passado nem sempre dá garantia na previsão do futuro." Segundo Stoppato, para que um evento lesivo seja penalmente atribuído a alguém, basta que este tenha sido, com o seu ato voluntário, causa eficiente do evento e haja empregado meios antijurídicos, isto é, não consentâneos com os fins jurídicos. Não há necessidade de pesquisar-se um elemento moral específico. Mas é o próprio Stoppato que, infiel à sua teoria, não prescinde do critério da previsibilidade. Diz ele[13] que deve ser punido "quem age voluntariamente, produzindo eventos lesivos com meios aberrantes dos fins jurídicos, *sem cuidar das consequências do próprio ato*". Vê-se por esta última frase, que o elemento *previsibilidade,* que Stoppato qualifica de *empírico, incerto* e *equívoco,* voltou a impor-se ao seu próprio raciocínio, para informar a justificação da punibilidade da culpa, Também o ilustre autor de *L'evento punibile* disserta que "a culpa se incrimina porque à vontade humana não pode ser consentida uma independência absoluta na escolha dos meios"; ao que Alimena redargui: "Como, acaso, se pode escolher certos meios de preferência a outros; como se pode ter o dever de escolhê-los, como se pode ser culpado por não tê-los escolhido, se não são suscetíveis (na opinião de Stoppato) de uma avaliação subjetiva?"

Campili,[14] do mesmo modo que Stoppato, repele o critério da previsibilidade, a que faz acerba crítica, dizendo-o imaginado para, no tocante aos crimes culposos, salvar o princípio da imputabilidade moral, e nobilitar, atingindo as fontes da ética, a "prosaica razão de punir". Segundo ele, para a incriminação da culpa, é suficiente, de par com a *causalidade voluntária,* a *periculosidade do ato.* Ora, só se pode dizer perigoso um ato quando se apresenta, à luz da experiência comum, como capaz de produzir um evento lesivo. Assim, quem pratica voluntariamente um *ato perigoso* pratica um ato de que devia abster-se, de vez que podia e devia prever suas consequências maléficas. No fundo, a teria de Campilli *vai* aliar-se à da previsibilidade.

Examinemos, por último, a chamada "teoria psicossociológica", de Angiolini[15] e Altavilla[16]. Partindo do princípio positivístico de que "não há responsabilidade sem periculosidade", declara Angiolini que não há indagar

13 Ob. cit., p. 196.

14 Ob. cit., p. 92.

15 Ob. cit., p. 155 e ss.

16 *Delitti contro la persona,* 1921, p. 129.

se o autor do dano foi ou não imprevidente ou desatento, mas, sim, ter-se em vista se os seus antecedentes psicossociais revelam nele um *indivíduo perigoso;* e a sociedade deve defender-se segundo o grau dessa periculosidade.

Os delinquentes culposos são classificados por Angiolini em quatro categorias:

1ª – Os que o são por defeito de senso moral ou altruísmo, em cujas ações é conscientemente querida a causa imediata que dá origem ao evento lesivo, e até mesmo é este previsto, embora se esperando que não ocorresse;

2ª – Os que o são por inexperiência, imperícia, inaptidão etc., não prevendo o evento lesivo e não tendo, sequer, consciência da causa imediata que o determina;

3ª – Os que o são por defeito do mecanismo da atenção ou das faculdades associativas, conscientes da causa e sem previsão do evento lesivo; e, finalmente,

4ª – Os que o são por influência do ambiente ou por *surmenage* física e intelectual (não prevendo o evento e não tendo consciência da causa), de modo que não são temíveis ou o são em grau diminuto.

Esta teoria, em última análise, não formula um novo conceito de culpa, visando apenas, com a sua classificação psicossocial, a facilitar a individualização da pena em face dos delinquentes culposos. Vê-se que Angiolini, ao *esquematizar* os tipos de delinquência culposa, valeu-se da teoria da previsibilidade. Altavilla, que adere à teoria de Angiolini, respondendo a uma objeção de Manzini em tal sentido, é o primeiro a reconhecê-lo, e acrescenta que "a teoria da previsibilidade é a única que pode justificar a incriminação da culpa".[17]

Em suma: a teoria da previsibilidade, originária da inexcedível sabedoria romana, ainda não foi desacreditada e continua predominante. A própria Escola Positiva deu-lhe carta de fiança. São de Ferri estas palavras: "A culpa consiste, inegavelmente, em um estado de desatenção e imprudência, e é um erro a exclusão da previsibilidade do evento da noção da culpa, para reduzi-la à só causalidade voluntária."

Mas, que é *previsibilidade,* como conceito jurídico-pena!?

Existe previsibilidade quando o agente, nas circunstâncias em que se encontrou, podia, segundo a experiência geral, ter-se representado como possíveis as consequências lesivas do seu ato. Previsível é o fato cuja possível superveniência não escapa à perspicácia comum. Por outras palavras: é previsível o fato, sob o prisma penal, quando a previsão do seu advento, no

---

17 *Teoria soggettiva del reato,* p. 114.

caso concreto, podia ser exigida do homem normal ou comum.[18] No tocante à identificação da culpa *stricto sensu* é que se apresenta como de irrecusável justeza o critério da *não exigibilidade (Nichtzumubarkeit)* como causa de exclusão de culpabilidade, segundo uma recente orientação de penalistas

---

18 O direito penal não foi formulado tendo-se em vista o *super-homem*, o *herói*, o *santo;* mas o *homo medius*, o homem normal. Já escrevemos alhures: "O homem normal deve ser entendido sob um ponto de vista estatístico", isto **é, tendo-se em atenção** *id quod plerumque accidit.* Não interessa ao nosso tema saber se há um homem *rigorosamente normal*, segundo um tipo ideal psicológico; mas apenas que há um *homem normal* como símbolo e medida de diligência ordinária. Segundo Di Tullio, é o homem "que consegue atingir e adquirir, pela influência da educação e do ambiente, uma suficiente capacidade de prever, de avaliar e de inibir-se, de modo a poder facilmente adaptar-se às exigências complexas da vida social e, pelo menos, às restrições da moral codificada". Frequentemente, mete-se a bulha o *homem normal.* Lombroso assim o definia: *"buono mangiatore e lavoratore ordinato, abitudinario e misoneista, paziente, rispettoso d'ogni autorità, animale addomesticato"*. É o mesmo Philister de Vitor Hehn: "produto do hábito, desprovido de fantasia, razoável, ornado de todas as virtudes da mediocridade, levando uma vida honesta graças à moderação de suas exigências intelectuais, suportando, com paciência comovedora, todo o fardo de preconceitos que herdou de seus antepassados". Schopenhauer *(Aphorismen zur Lebensweisheit)* dizia que o traço fundamental do *homo medius* **é que ele é** *"der Mensch, welcher, in Folge des streng und knapp normalen Masses seiner intellektuelen Kräfte, keine geistige Bedürfnisse hat". Ferri (Studi sulla criminalità assim o farpeia: "L'uomo normale che ricorda il taglio degli abiti fatti, em si vendono nei grandi magazzini, buoni per coprire, ma non a dare un abito personale - l'uomo normale non è dunque che uma specie di pasta vivente, di plasma continuativo - e anonimo - che transmette la vita e le abitudini e l'incrostazione tradizionale dei pregiudizii attorno alle verità elementari, di generazione in generazione... Il gregge degli uomini normali passa nei secoli senza nome e senza numero. Per ricordare il pensiero di un grande anormale - Napoleone I - si potrebbe dire che l'uomo normale e la fanteria dell'eterna armata umana".* Mas... convenhamos: o *homem normal* é a personificação do bom-senso, do equilíbrio moral. É ele quem sempre reconduz ao justo ponto de equidistância entre os *extremos* o pêndulo da evolução humana. Por que cobri-lo de ironias e até mesmo de apodos, como fez, por exemplo, Ingenieros? Reconheça-se que é no seio dos *anormais* que costumam germinar os heróis à Carlyle, mas nem por isso se deve obscurecer o grande mérito do *homo medius.*

Dos *anormais* já dissemos o seguinte, num recente estudo sobre a *assexualização* como medida eugenética e penal: "... ao lado dos psicopatas parasitárias ou inúteis, formando o triste rebanho dos *sub-homens*, há, em compensação, aqueles outros dos quais se pode dizer que são o sal *da terra*, peregrinos semeadores de beleza, requintados artistas da ideia e da expressão, pioneiros das grandes conquistas cientificas, vanguardeiros da Civilização, rasgadores de clareiras e novos horizontes ao espírito humano; mas isto não nos impede de fazer também a apologia do *homo medius:* é ele o corretivo, a benéfica força de resistência aos ícaros que tentam abstrair a Irremediável contingência humana... E como quer que seja, ridicularizado ou não, o *homem normal* é um paradigma de que não pode prescindir o direito penal."

alemães (Eb. Schmidt, Freudental, Mezger, Siegert), e que assim pode ser fixado: se o pressuposto da culpabilidade (falta moral) é a *censurabilidade (Vorwerbarkeit)* da ação, segue-se que ela exprime a violação de um dever de conduta, do ponto de vista social; mas, conduta social não pode ser senão aquela que, sendo exigível de um indivíduo, não é seguida por este. A *censurabilidade* deixa de existir quando um indivíduo falta à observância de uma conduta que se apresentava impraticável no caso concreto *(ultra posse nemo tenetur)* ou particularmente difícil, *não exigível* do *homo medius,* do comum dos homens.

A justiça penal somente chama a contas o imprevidente ou desatento que seja portador de psiquismo normal ou cuja deficiência ético-social não tenha causa mórbida. É de rejeitar-se a opinião segundo a qual a previsibilidade deve ser referida à individualidade subjetiva do acusado, e não ao tipo psicológico médio. O Projeto Sá Pereira, inspirando-se no Projeto Stoos, falava em *atenção* de que o agente, "por suas condições pessoais, pudesse ser capaz". Tal critério, na sua amplitude, redundaria, como diz Von Bar, numa recompensa aos lerdos e descuidados *("eine Präimierung der Nachlässigen"),* quando são estes, precisamente, os que mais necessitam do *estímulo* da ameaça penal ou da influência corretiva da pena. Não teria sido por outro motivo que a atual *Comissão de Direito Penal na Alemanha,* repelindo, neste particular, os projetos anteriores (em que se via a fórmula suíça), propõe o seguinte dispositivo: "Age culposamente aquele que, por omissão da cautela ou atenção a que estava obrigado *("aus Mangel an der pflichtgemässen Sorgfalt"),* não prevê que dá causa ao evento..." A previsibilidade deve ser apreciada *objetivamente,* isto é: não do ponto de vista do agente, mas do pente de vista do homem comum, em face da lição da experiência relativa ao que geralmente acontece.

**32. Imprudência, negligência, imperícia.** O art. 121, § 4º, tem de ser interpretado em combinação com o art. 15, n. II, que assim dispõe: "Diz-se o crime culposo, quando o agente deu causa ao resultado por imprudência, negligência ou imperícia." *Imprudência, negligência* e *imperícia* não são mais, como diz Vannini, do que sutis distinções nominais de uma situação culposa substancialmente idêntica, isto é, omissão, insuficiência, inaptidão grosseira no avaliar as consequências lesivas do próprio ato. Tanto na *imprudência* quanto na *negligência,* há inobservância das cautelas aconselhadas pela experiência comum em relação à prática de certos atos ou emprego de certas coisas; mas, enquanto a imprudência tem caráter *militante* ou *comissivo,* a negligência é o desleixo, a inação, a torpidez. Uma é *imprevisão ativa* (culpa *in committendo),* outra é a *imprevisão passiva* (culpa *in omittendo).* A *imperícia,* de seu lado, não é mais do que uma forma especial de imprudência ou de negligência: é a inobservância, por despreparo prático ou insuficiência de conhecimentos técnicos, das cautelas específicas no exercício de uma arte, ofício ou profissão. Tão imperito é o cirurgião que, pouco versado em anatomia topográfica, pinça o pneumogástrico ao paciente ou corta-lhe um vaso sanguíneo de grosso calibre, quanto o engenheiro que, por erro técnico, constrói uma ponte sem a devida resistência, vindo ela a desabar sob o peso que deveria suportar.

Como observam Von Hippel e Mezger, há numerosas atividades ou profissões que encerram, ainda que exercidas com prudência, um certo e, às vezes, considerável perigo, como, por exemplo, a exploração de uma ferrovia ou de uma mina, a exploração de pedreiras em lugares próximos de centros urbanos, o tráfego de automóveis, a profissão médico-cirúrgica etc. Em tais casos, pelas necessidades da vida, permite-se um certo *risco*, isto é, não se proíbe o *perigo* que essas atividades, em si mesmas, traduzem. Somente se pode identificar a culpa quando, no exercício individual da atividade de que se trata, o agente falta com a atenção e cuidado *especiais* que tem o *dever* de empregar. É claro que quanto mais perigosa for a atividade, maior deve ser a prudência do agente, não só de acordo com os ditames dos regulamentos legais, como também segundo as sugestões da experiência científica ou da vida prática.

**33. Culpa presumida ou culpa *ex lege*.** O novo Código aboliu a chamada *culpa presumida*, ou reconhecível, *juris et de jure*, segundo o Código anterior, pelo simples fato de "inobservância de alguma disposição regulamentar". A este propósito, adverte o Ministro Campos, na *Exposição de motivos:* "Sem o pressuposto do dolo ou da culpa *stricto sensu*, nenhuma pena será irrogada. *Nulla poena sine culpa*. Em nenhum caso haverá *presunção de culpa*. Assim, na definição da culpa *stricto sensu*, é inteiramente abolido o dogmatismo da 'inobservância de alguma disposição regulamentar', pois nem sempre é culposo o evento subsequente."

No regime do antigo Código, dizíamos, relativamente à distinção entre *culpa efetiva* e *culpa presumida:* "Não é de impugnar-se a distinção desde que a *presunção* de culpa não seja entendida *juris et de jure*, isto é, de modo a excluir, irrestritamente, a prova em contrário. Segundo nossa opinião, no caso de inobservância de disposição regulamentar, dá-se apenas uma inversão do *onus probandi:* ao réu incumbe demonstrar a ausência de culpa para eximir-se à condenação, diversamente do que ocorre nos demais casos, em que o ônus da prova cabe à acusação, sob pena de absolvição do réu. Se há disposições regulamentares que são, em si mesmas, indeclináveis normas de cautela e atenção ditadas pela experiência, outras há que não têm esse caráter. O princípio a ser fixado é o seguinte: não vingará a presunção de culpa, se se provar que a inobservância da disposição regulamentar não foi *causa,* mas simplesmente *ocasião* ao evento lesivo. Figuremos um exemplo. Certo indivíduo, guiando um automóvel, que não está matriculado e cuja direção lhe foi momentaneamente confiada pelo respectivo motorista, atropela e mata um transeunte: presume-se a culpa, não só do indivíduo que estava no volante, como a do motorista matriculado no carro, porque ambos estavam infringindo disposições regulamentares; mas, se vier a ser plenamente provado que o primeiro é um hábil *chauffeur,* tendo sido o fato inteiramente casual, é força reconhecer-se a ausência da culpa. Decidir de outro modo (como não raramente se vê em decisões de nossos juízes e tribunais) é afirmar uma responsabilidade meramente *objetiva,* segundo o arcaico princípio de *qui in re illicita versatur etiam pro casu tenetur,* que o direito penal só admite em casos excepcionalíssimos, e que não pode ser ampliado além das hipóteses taxativa e inconfundivelmente consagradas na lei."

Em crítica ao novo Código, Galdino Siqueira[19] impugna o critério adotado, invocando o medieval *versari in re illicita,* que equivale ao erro de lógica escolástica, do *post hoc, ergo propter hoc.* A crítica é feita por amor de si mesma, pois não é crível que esse autor ignore o formal repúdio, no direito penal moderno, do *exercitium rei illicitae,* que vinha mantendo nos códigos a detestável *responsabilidade objetiva.* Cedendo à impugnação doutrinária, os mais recentes códigos (entre os quais, os da Noruega, Dinamarca, Polônia e Suíça) entenderam mesmo de ressalvar, *expressis verbis,* o princípio de que *não há pena sem culpa.*

Se tivesse ficado fiel ao *"qui in re illicita versatur etiam pro casu tenetur",* o nosso novo Código não seria um código do seu tempo.

**34. Agravantes especiais do homicídio culposo.** O § 4º do art. 121 declara que, "no homicídio culposo, a pena é aumentada de um terço, se o crime resulta de inobservância de regra técnica de profissão, arte ou ofício, ou se o agente deixa de prestar imediato socorro à vítima, não procura diminuir as consequências do seu ato, ou foge para evitar a prisão em flagrante". Este dispositivo, segundo explica a *Exposição de motivos,* "visa, principalmente, à *condução de automóveis,* que constitui, na atualidade, devido a um generalizado descaso pelas cautelas técnicas (notadamente quanto à velocidade), uma causa frequente de eventos lesivos contra a pessoa, agravando-se o mal com o procedimento *post factum* dos mo-

19 *Código penal brasileiro.*

toristas, que, tão somente com o fim egoístico de escapar à prisão em flagrante ou à ação da justiça penal, sistematicamente imprimem maior velocidade ao veículo, desinteressando-se por completo da vítima, ainda quando um socorro imediato talvez pudesse evitar-lhe a morte".

Completando o rigor do novo Código, a Lei de Contravenções determina a reação penal ainda mesmo quando a imprudência dos condutores de veículos não resulte em dano efetivo: "Art. 32. Dirigir, sem a devida habilitação, veículo na via pública, ou embarcação a motor em águas públicas: pena – multa, de 200$000 a 2:000$000"; art. 34: "Dirigir veículos na via pública, ou embarcação em águas públicas, pondo em perigo a segurança alheia: pena – prisão simples, de 15 dias a três meses, ou multa de 300$000 a 2:000$000."

O nosso legislador penal de 40, ao formular as agravantes especiais do homicídio culposo, inspirou-se, em boa hora, no exemplo de outras legislações. O Código holandês, de 1881, já determinava que, se o homicídio ou ferimentos culposos *"sont commis dans l' exercice de quelque profession ou emploi, la peine peut-être augmentée d'un tiers"* (art. 309). A lei francesa de 17.7.1908 assim dispõe: *"Tout conducteur d'un véhicule quelconque qui, sachant que ce véhicule vient de causer ou d'occasioner un accident, ne se sera pas arrêté et aura ainsi tenté d'échapper à la responsabilité pénale ou civile qu'il peut avoir encourue, sera puni de six jours à deux mois de prison et d'une amende de seize francs à cinq cents francs, sans préjudice des peines contre les crimes ou délits qui se seraient joints à celui-ci. Dans le cas où il Y aurait lieu, en outre, a l' application des articles 319 et 320 (homicídio e lesões corporais culposas) du Code Pénal, les pénalités encourues aux termes de ces articles seraient portées au double"*. A lei alemã de 3.6.1909 *(über den Verkehr mit Kraftfahrzeugen)* declara, no seu § 22: "O condutor de automóvel que, depois de um acidente, se põe em fuga, para evitar a identificação do carro e de sua pessoa, será punido com multa ou com prisão até dois meses. Se o condutor propositadamente deixa em situação de abandono uma pessoa ferida no acidente, será punido com prisão até dois meses." *("Der Führer eines Kraftfahrzeuges, der nach einem Unfalle es unternimmt, sich der Feststellung des Fahrzeuges und seiner Person durch die Flucht zu entziehen, wird mit Geldstrafe oder mit Gefängnis bis zu zwei Monaten bestraft... Verlässt der Führer des kraftfahrzeuges eine bei den Unfalle verletzten Person Vorsätzlich in hilfloser Lage, so wird er mit Gefängnis bis zu 6 Monaten bestraft.")*

A *inobservância de regra técnica de profissão, arte ou ofício,* que importa agravação especial, não se confunde com a *imperícia,* que é uma das modalidades da culpa. Na *imperícia,* o agente não tem conhecimentos técnicos; na agravante, ao contrário, o agente tem esses conhecimentos, mas deixa de empregá-lo, por indiferença ou leviandade.[20*]

*Deixar de prestar imediato socorro à vítima* significa deixá-la à sua própria sorte, em perigo de vida ou de saúde, sabendo o agente que, pelas condições do local, não poderá ser efetiva ou tempestivamente acudida. Acontece, às vezes, que, após um atropelamento por automóvel, acorrem populares indignados, proferindo ameaças contra o motorista culpado. De regra, tais ameaças exaurem-se em palavras, não sendo de nossos hábitos o justiçamento imediato de delinquentes; mas se, acaso, forem sérias, isto é, se constituírem efetivo perigo à incolumidade pessoal do culpado, a omissão de socorro não será reconhecida como agravante, pois o instintivo *serva te ipsum* não permite transigência. O que constitui a agravante é a descaridade, a indiferença egoística do agente, que, podendo, ele próprio, prestar imediato socorro à vítima, deixa de fazê-lo. Considerado o fato como *agravante especial,* não se pode configurar, no caso, um concurso de *homicídio culposo* e *omissão de socorro* (art. 135).

Outra agravante é o fato de o agente "não procurar diminuir as consequências do seu ato", isto é, não tentar, na medida do possível, atenuar o dano ocasionado por sua culpa, como quando, por exemplo, deixa de transportar a malferida vítima ao primeiro posto hospitalar ou a uma farmácia, ou omite qualquer providência indicada pela necessidade do seu urgente tratamento.

Finalmente, é agravada a pena, se o agente *foge para evitar prisão* em *flagrante.* A facilidade com que o agente, servindo-se do próprio veículo, pode escapar à prisão em flagrante, tornou sistemático esse expediente, em grave prejuízo da ação da justiça penal, pois a fuga do culpado é, muitas vezes, a garantia de sua impunidade. Em face do Código atual, os motoristas desastrados deverão ter em mente que, se a fuga pode eventualmente acobertá-los da repressão penal, poderá também, quando averiguada a autoria, importar um grave aumento de pena.

**35. Os crimes do automóvel.** O tráfego de veículos automotores fez-se, na atualidade, uma causa quotidiana e alarmante de eventos lesivos contra a pessoa. A *vida intensa* criou a necessidade de vencer as distâncias no mais breve tempo possível. A velocidade dos transportes é uma injunção do século. Na competição dos negócios e interesses, não há lugar para os lerdos. *Dormientibus non sucurrit fortuna.* O êxito é de quem chega primeiro. Já não

---

20 Note-se que está sujeito à pena acessória de incapacidade temporária, prevista no art. 69, n. IV, do Cód. Penal, "o condenado por crime cometido com abuso de profissão ou atividade, ou com infração de dever a ela inerente".

se pode viver à *câmara lenta,* como no tempo do carro de bois ou do fiacre tirado por pilecas sonolentas. Hoje, o automóvel, devorador insaciável de distâncias, incorporou-se tão visceralmente às utilidades práticas, que sua supressão seria como a parada da circulação sanguínea no corpo humano. Mas o automóvel, no vaivém das correrias, pede caro pelo seu serviço. Com a frequência dos funestos acidentes que provoca, quase se poderia dizer que ele passa matando, esmagando, estropiando. São assustadoras as estatísticas dos sinistros automobilísticos. O automóvel tornou-se um autêntico flagelo: mata mais que a *peste branca* ou a *peste céltica.* Vem daí que, em todos os países, tem sido promulgada uma legislação especialmente rigorosa, no sentido da prevenção e repressão dos *crimes* do *automóvel.* Urgia que a nossa legislação penal e administrativo-policial se orientasse no mesmo rumo... Além de sensivelmente aumentada a pena correspondente ao homicídio culposo, em cotejo com a do Código revogado, o § 4º do art. 121 do novo Código, com as suas agravantes especiais, e os arts. 32 e 34 da Lei de Contravenções foram, como já notamos acima, inspirados, principalmente, na necessidade de severas medidas premunitórias e reativas contra os abusos do automóvel e em salvaguarda da incolumidade individual. Ainda mais: o atual Código Nacional do Trânsito (Dec.-Lei n. 3.651, de 25.9.1941) contém toda uma profusa série de dispositivos tendentes a prevenir os acidentes de viação.[21]

---

21 Entre as normas de especial atenção e cuidado ditadas pelo Código de Trânsito, são de notar-se as seguintes:

"Art. 3º O trânsito de veículos de qualquer natureza, nas vias públicas, em todo o território nacional, excetuados os bondes, obedecerá às seguintes regras gerais:

I – A mão de direção será sempre pelo lado direito.

II – A passagem à frente de outro veículo deve ser pela esquerda, precedida do aviso regulamentar, retomando o condutor, em seguida, a mão de direção.

III – Nos cruzamentos entre veículos trafegando em direções opostas, cada condutor deverá deixar, à esquerda, espaço suficiente para os demais.

IV – Todo veículo que dobrar uma esquina à esquerda só poderá fazê-lo uma vez atingido o ponto central do cruzamento.

V – Quando, em qualquer circunstância, se encontrarem dois ou mais veículos, em direções que devam cruzar-se, passará em primeiro lugar o que vier à direita, exceto:

*a)* se houver sinal luminoso no cruzamento;

*b)* se houver guarda-sinaleiro;

*c)* nos cruzamentos com via pública preferencial, assim classificada pela repartição reguladora do trânsito, e onde houver indicação relativa à preferência.

VI – Os veículos que trafegarem transportando passageiros terão prioridade sobre os de carga; os lotados sobre os vazios; os de maior sobre os de menor velocidade; os de representação oficial e socorros públicos sobre qualquer outro.

VII – Os socorros de incêndio, de polícia e ambulância gozam de circulação livre, quando em serviço de urgência.

E não somente a legislação, senão também a jurisprudência e a doutrina, na interpretação daquela, vão-se fazendo gradativamente intolerantes para com os *delitos* do *automóvel* (para usarmos a expressão de Frutuoso

---

Art. 4º A mão e contramão serão determinadas pelas autoridades de trânsito, em cada localidade.
Parágrafo único. Entende-se por via pública toda rua, caminho, estrada ou passagem de domínio público; qualquer que seja a denominação, em zona urbana, suburbana e rural.
Art. 5º É dever de todo condutor de veículos:
1. manter-se sempre na mão de direção;
2. aproximar-se do meio-fio ou do acostamento, para deixar ou receber passageiros, ou quando outro veículo tiver de passar à frente;
3. não passar com o veículo à frente quando estiver fazendo parte de corso;
4. respeitar a sinalização de trânsito local e rodoviária, eventual ou permanente, fixa ou executada por autoridades ou seus agentes, inclusive o sinal convencional para acender aparelhos de iluminação;
5. parar o veículo:
*a)* toda vez que a sua direção for interceptada por outros veículos, formando cortejo por préstitos, desfiles, crianças, pessoas cegas ou com defeito físico;
*b)* antes de atravessar uma linha férrea;
*c)* para dar passagem a veículo que conduzir o presidente da República, bem como aos do Corpo de Bombeiros, ambulâncias e socorros policiais, quando transitarem acionando os sinais são próprios, ou tiverem a sua aproximação advertida pelo guarda de trânsito;
6. fazer o sinal regulamentar, com o braço ou com o aparelho indicador, sempre que tiver de mudar de direção, ou ao aproximar-se de cruzamento;
7. trafegar mais à direita, com antecedência, sempre que tiver de entrar em ruas deste lado;
8. auxiliar as autoridades policiais, quando solicitado o veículo para evitar a fuga de delinquente;
9. prestar socorro a acidentados;
10. trazer consigo os documentos de habilitação e de identidade; o de identificação do veículo, e os que forem exigidos por leis ou regulamentos relativos à profissão de condutor;
11. apresentar à repartição de trânsito, para as devidas anotações, os documentos mencionados no item anterior, dentro de 48 horas da entrada em localidade diversa da de seu domicilio, salvo se o fizer apenas para atravessá-la;
12. manter o veículo em bom estado de conservação e higiene;
13. entregar, contra recibo, aos encarregados da fiscalização o documento que for exigido para fins de verificação ou apreensão;
14. acatar as ordens emanadas das autoridades ou de seus agentes;
15. zelar pela conservação da sinalização fixada nas vias públicas, levando ao conhecimento da autoridade competente ocorrências que as tenham danificado ou que possam comprometer o tráfego de veículos nas mesmas;
16. obedecer ao sinal do passageiro para desembarque, ou para embarque, salvo se o veículo estiver lotado;
17. acionar, nas estradas, à noite, o aparelho indicador de mudança de direção, se se tratar de veículo de carga ou de transporte coletivo, ao cruzar com outros veículos, fazendo-o com antecedência conveniente;

de Aragão e Adelmar Tavares, que foram os primeiros, entre os nossos penalistas, a cuidar especialmente do assunto). Reconhece-se e proclama-se

---

18. manter as placas de identificação do veículo em bom estado de visibilidade, bem assim iluminá-las à noite;
19. tratar com polidez os passageiros;
20. trafegar com velocidade reduzida:
*a)* diante de escolas, hospitais, estações de embarque e desembarque, bem como nos logradouros estreitos ou onde haja grande movimento de veículos ou de pedestres;
*b)* sempre que o caminho não estiver completamente livre;
*c)* quando houver má visibilidade;
*d)* nas curvas denominadas fechadas e nos cumes das elevações;
*e)* ao aproximar-se de cruzamentos;
*f)* nas estradas, sempre que houver, às suas margens, habitações constituindo povoado, vila ou cidade;
*g)* nas pontes, passagens estreitas e túneis;
*h)* à aproximação de animais, isolados ou em grupos;
*i)* quando encontrar tropas militares, aglomerações e cortejos.
Art. 6º É proibido:
1. manobrar nas vias centrais, salvo quando, por impedimento momentâneo do trânsito, o permitirem as autoridades; neste caso, a manobra deverá efetuar-se de preferência, na embocadura de outra via pública e sem risco para os demais veículos e para os pedestres:
2. acionar buzina ou outro aparelho de aviso, prolongada ou sucessivamente; usá-lo por motivo fútil; e quando parado o veículo, ou a pretexto de chamar alguém;
3. fazer manobras nas curvas;
4. afastar-se do veículo que dirige, salvo:
*a)* quando estacionado o mesmo à porta de residências particulares, exceto edifícios de apartamentos;
*b)* quando, em virtude de acidente, ocorrer detenção do condutor;
*c)* se for para tomar refeições;
*d)* se houver autorização especial da autoridade competente;
5. dirigir afastado do lugar da direção ou sem estar sentado;
6. circular com o veículo em velocidade reduzida de modo a dificultar o trânsito dos demais;
7. angariar passageiros na parte central da cidade, e na proximidade das estações de embarque ou desembarque ou dos estacionamentos especiais;
8. realizar, no veículo, reparações que não sejam indispensáveis ao prosseguimento da marcha, bem assim lavá-lo, na via pública;
9. passar à frente:
*a)* entre o meio-fio e o bonde que houver feito parada temporária regulamentar para deixar ou receber passageiros;
b) sem estar certo de que dispõe para isso de espaço suficiente, à esquerda, ou de que o pode fazer sem risco de acidente;
*c)* quando a visibilidade não for satisfatória;
*d)* nas curvas, no cume de uma elevação, nas passagens de nível, nos cruzamentos, pontes ou viadutos;

a *particular* cautela a que estão adstritos os *chauffeurs*. Já não é raro, hoje, ver-se condenado um motorista, a título de culpa, por certos acidentes que, *prima facie*, poderiam parecer uma simples *infelicitas fatio*. Haja vista, por

---

10. forçar passagem entre dois veículos que, trafegando em sentido contrário, estejam na iminência de cruzar-se;
11. usar os sinais de aviso ou produzir outros ruídos com o veículo, em frente a hospitais;
12. ministrar aprendizagem de direção a indivíduos não licenciados;
13. fazer uso demorado de faróis de luz intensa, no perímetro urbano, salvo nos casos previstos neste Código ou nos regulamentos locais;
14. trafegar ao lado de outro veículo, com a mesma velocidade, formando fila dupla;
15. entregar a direção de veículo a condutor não habilitado ou a menor de 18 anos;
16. conduzir passageiros ou animais sobre os estribos;
17. realizar competições de velocidade de veículos, quer nas ruas, quer nas estradas, sem licença especial;
18. disputar, eventualmente, corrida com outro veículo;
19. recusar-se a receber passageiro, em veículos de aluguel, exceto se aquele se achar em estado de embriaguez, maltrapilho, ou for portador de doença repugnante visível, ou se se tratar de delinquente;
20. retirar, sem prévia permissão da autoridade competente, o veículo de local onde houver sofrido acidente grave;
21. retirar do veículo, sob qualquer pretexto, a placa de identificação, ou violar-lhe os respectivos selos;
22. o tráfego de veículo nas seguintes condições, sem embargo de outras exigências:

*a)* produzindo excesso de fumaça ou com defeito ou falta de qualquer dos equipamentos obrigatórios, referidos no art. 51;
*b)* sem nova vistoria, depois de reparado em virtude de acidente grave;
*c)* com placa "Experiência", depois das 19 horas, inclusive se o veículo pertencer a outrem e tiver sido deixado para guarda;
*d)* com placa "Experiência", aos domingos e feriados, excetuados os casos especialmente previstos; ou sem licença da autoridade, usá-la em veículo de carga carregado;
*e)* com defeito ou insuficiência da iluminação interna, se se tratar de ônibus;
*f)* com luzes de cores diferentes das estabelecidas neste Código para as sinaleiras;
*g)* com carga excedente da lotação, determinada pelas autoridades;
*h)* se se tratar de veículo de carga, dentro de cidades, sem licença prévia, como transporte de passageiros, mesmo em dia de festejos;
*i)* sem os requisitos de segurança para o público, estabelecidos neste Código ou em regulamentos e contratos;
*j)* com placa diferente das adotadas pela Convenção de Paris, 1926, para a circulação internacional de automóveis.

Art. 7º É considerado negligência, e passível de multa, o derrame de óleo ou graxa em excesso na via pública.

Art. 8º O estacionamento e as paradas, nas vias públicas serão determinados, em cada localidade, por edital da autoridade de trânsito, de acordo com a largura das mesmas, a intensidade do tráfego, a conveniência dos pedestres e o interesse do comércio; deverão ter a devida sinalização, observando-se, ainda, o que dispõe o parágrafo seguinte.

exemplo, a chamada *derrapagem,* quando seguida de evento lesivo. Já assim nos pronunciamos, como juiz criminal, num caso concreto: "Considerando que é fora de dúvida a relação de causa e efeito entre o atropelamento a que

---

§ 1º É proibido parar ou estacionar o veículo:
*a)* nas curvas e cruzamentos; e junto ao meio-fio a menos de três metros da esquina;
*b)* sobre as válvulas de incêndio, registros de águas e postos de visita a galerias subterrâneas, mesmo para receber ou deixar passageiros ou carga;
*c)* nas estradas, num espaço inferior a dez metros dos cruzamentos ou bifurcações; a menos de cinquenta metros do cume das elevações ou das curvas, se a visibilidade não for assegurada além dessa distância, em ambos os sentidos;
*d)* ao lado de outro veículo formando fila dupla;
*e)* à porta de casas de diversões, templos, edifícios de apartamento, repartições, bancos e hotéis, por tempo superior ao necessário para deixar ou receber passageiros ou cargas, salvo se houver local próprio designado pela autoridade;
*f)* nos portões de entrada para veículos;
*g)* nos lugares destinados ao trânsito de pedestres e a embarque em veicules de natureza diferente;
*h)* nas rampas ou ladeiras, sem estar o veículo freado e engrenado;
*i)* com as sinaleiras apagadas quando parado o veículo em estrada, à noite, ou quando a visibilidade for insuficiente;
*j)* na contramão de direção;
*k)* dentro de túneis ou sobre pontes ou viadutos.
§ 2º A parada temporária deve ser feita de modo a não dificultar ou interromper o trânsito dos demais veículos, passando a ser considerado como estacionamento, nos termos deste Código, o tempo que exceder o necessário para movimento de passageiros ou carga.
§ 3º Quando um veículo for retido por acidente ou quando a carga ou parte dela cair sobre a via pública e desta não puder ser imediatamente retirada, o condutor ou o seu proprietário deverá tomar as medidas necessárias para a segurança da circulação.
§ 4º Nos logradouros ou campos onde se realizarem paradas militares, competições desportivas e festejos públicos, deverão ser organizados, pelas autoridades de trânsito, sempre que necessário, pontos especiais de estacionamento, quer para os veículos particulares, quer para os de aluguel.
Art. 9º A velocidade para os veículos será estabelecida em cada localidade pela repartição competente. Quanto aos veículos automóveis, serão observados os seguintes limites:
*a)* para os veículos de carga, até 40 quilômetros, nas zonas urbana e suburbana; até 60 quilômetros, na zona rural;
*b)* para os veículos de transporte coletivo, até 40 ou 60 quilômetros, nas zonas urbana e suburbana, conforme o maior ou menor movimento da via pública; e 60 quilômetros na zona rural;
*c)* para os veículos de passeio, até 50 quilômetros, nos centros urbanos; até 60 quilômetros, nas grandes avenidas; até 80 quilômetros, na zona rural.
§ 1º Para as estradas de longo percurso, sob jurisdição federal, o Departamento Nacional de Estradas de Rodagem poderá permitir maiores velocidades.

se refere a denúncia de fls. 2 e a morte da vítima, constatada pelo auto de exame cadavérico a fls.; considerando que, segundo informam, quer as teste-

---

§ 2º A velocidade permitida será indicada por meio de sinais permanentes, de acordo com as condições do tráfego em cada via pública.
Art. 10. As autoridades de trânsito poderão obrigar o uso de aparelhos reguladores da velocidade nos veículos de transporte coletivo (ônibus) sempre que julgarem conveniente, devendo exigir o emprego de dispositivo que impeça a fraude no funcionamento desses aparelhos.
Art. 49. As repartições competentes proibirão o uso de correntes, onde for necessário; desta proibição serão colocadas placas indicativas.
Art. 50. Em todos os viadutos, pontes e pontilhões situados nas vias públicas, é obrigatória a colocação de placas com a indicação da carga máxima admissível.
Art. 51. *Equipamento.* Nenhum veículo, de passageiros ou de carga, será licenciado ou registrado sem que ofereça a maior segurança, quer para seu condutor, quer para o público, devendo constituir seu equipamento normal aparelhos de iluminação, buzina ou aparelho adequado para dar sinal de aviso, e freios, de mão, de pé ou automáticos.
Para fins de verificação dos freios, as repartições de trânsito fixarão, em tabela, as distâncias de detenção do veículo no plano, em relação às velocidades.
Art. 52. Para transitar nas vias públicas, os veículos automotores referidos no art. 43, n. 1 e 2, deverão obrigatoriamente possuir:
*a)* FREIOS – Dois sistemas de freios, com resistência bastante para anular ou diminuir o movimento do veículo, tendo ações completamente independentes. As motocicletas deverão ter, pelo menos, um sistema de freios.
*b)* BUZINA – Ou outro aparelho de advertência, produzindo som não estridente, e que possa ser ouvido à distância, mínima, de 80 metros, sem causar susto, sendo proibidos sirenas, apitos, campainhas ou similares aos sinais de aviso privativos dos veículos de Bombeiros, Polícia ou socorros públicos.
*c)* ESPELHO RETROVISOR – Interno ou externo, que permita ao condutor ver a estrada à sua retaguarda.
*d)* LIMPADOR DE PARA-BRISA – Aparelho ou dispositivo elétrico ou a vácuo, adequado para conservar a visibilidade do para-brisa em dias de chuva ou cerração. Os veículos de transporte coletivo deverão ter dois desses aparelhos.
*e)* APARELHOS DE ILUMINAÇÃO:
I. Dianteiros – Dois faróis, um de cada lado da parte dianteira do veículo, que projetem para a frente um feixe de luz suficiente para distinguir uma pessoa à distância de 80 metros; duas lanternas ou faroletes, um em cada lado, ou adaptados internamente aos faróis, com luz amarela ou branca fosca, de três velas, sendo visível em condições atmosféricas normais desde a distância mínima de 100 metros.
O uso de luz vermelha nos aparelhos de iluminação dianteiros é privativo dos veículos de Polícia, Bombeiros ou ambulâncias.
II. Traseiros – Uma ou duas sinaleiras, que projetem luz vermelha visível à distância de 300 metros, e, quando acionados os freios do veículo, luz vermelha ou alaranjada de maior intensidade. A placa posterior do registro deve ser iluminada com luz branca recebida dessa sinaleira, ou de outro dispositivo independente, permitindo, em qualquer caso, a leitura do número à distância mínima de 25 metros.

munhas de acusação, quer as de defesa, o acidente ocorreu em razão de uma derrapagem do auto-ônibus guiado pelo acusado, isto é, quando este divisou a vítima, que atravessava a rua, à frente e já a pouca distância do veículo, fez

---

As motocicletas deverão possuir um farol dianteiro, de luz não ofuscante, e, na parte traseira, uma sinaleira com luz vermelha, tendo fresta ou projetor de luz branca para a iluminação da placa de identificação, sendo aplicáveis às mesmas os dlspositivos deste Código referentes a luzes.

*f)* SILENCIADOR – Aparelho silenciador das explosões do motor, sendo proibida a descarga livre, e devendo a libertação dos resíduos de combustão ser feita no sentido do eixo longitudinal do veículo, ou dirigida para a esquerda.

*g)* PARA-CHOQUES – Dianteiros e traseiros, nos automóveis de passeio e auto-ônibus; apenas os dianteiros nos veículos de carga.

h) INDICADORES DE DIREÇÃO – (setas ou similares) nos **ônibus e caminhões,** um em cada lado, móveis e ilumináveis à noite, instalados à altura não maior de 2,30 m do solo.

§ 1º Os condutores e proprietários são responsáveis pelo perfeito funcionamento dos aparelhos acima.

§ 2º O uso dos faróis de luz branca de grande alcance ou de refletores acessórios só é permitido nas estradas ou em logradouros não iluminados, devendo os mesmos ser providos de dispositivo que modifique a intensidade do feixe luminoso ou o projete contra o solo, obrigados os condutores a utilizar o sistema sempre que se aproximarem veículos em sentido contrário.

§ 3º O uso de faroletes e das sinaleiras é obrigatório desde o pôr do sol até o amanhecer.

§ 4º Os veículos cujo equipamento normal não se enquadrar nos itens do art. 51, pela finalidade que tenham, devem ser providos de sinaleiras de advertência, se transitarem ou, por qualquer motivo, permanecerem à noite na via pública.

§ 5º Os veículos de tração elétrica terão o equipamento próprio aos tipos aprovados nas concessões das respectivas companhias e estão sujeitos ao disposto neste Código, no que lhes for aplicável.

Art. 101. Ninguém poderá dirigir qualquer veículo sem estar devidamente habilitado.

§ 1º Para conduzir veículos automotores (automóveis, caminhões, ônibus, motocicletas ou similares) em todo o território nacional, somente a carteira nacional de habilitação, que fica instituída, dará autorização.

[...]

Art. 105. O candidato a exame para condutor de veículos deverá ser submetido, antes do exame técnico, a uma junta ou serviço médico oficial, a fim de se verificar se o mesmo satisfaz as condições de sanidade física e mental admissíveis para o exercício da atividade.

Art. 106. O candidato cujo exame revelar a existência de moléstias extenuantes nervosas, medulares ou contagiantes, bem como os alcoólatras, os toxicômanos, os fisicamente debilitados, os emotivos acentuados e os portadores de lesão orgânica capaz de comprometer sua atividade como condutor de veículos, ou que não admita correção, serão eliminados desde logo.

§ 1º Em caso de incapacidade temporária, a junta médica poderá conceder prazo para novo exame.

§ 2º O exame da visão para os candidatos à habilitação obedecerá às normas constantes do anexo VII.

funcionar bruscamente os freios, mas, devido a achar-se molhado o asfalto da rua, com a chuva torrencial que caía na ocasião, as rodas dianteiras, em

---

Art. 107. A licença para aprendizagem dependerá de prévio exame médico, na forma dos arts. 105 e 106. Esse exame terá validade para as provas de habilitação durante três meses, salvo se nesse período sobrevier moléstia ou defeito que torne o candidato notoriamente incapaz.
Art. 108. Em caso de acidente grave na via pública e apurada a culpa do condutor, será o mesmo submetido a novo exame da visão, e, ainda, ao exame psicofisiológico se decorridos mais de dois anos a contar do último a que foi submetido.
[...]
Art. 120. O responsável por infrações de dispositivos deste Código ou de seus regulamentos complementares fica sujeito às seguintes penalidades:
*a)* multa;
*b)* apreensão do documento de habilitação;
*c)* cassação desse documento;
*d)* retirada do veículo da circulação.
§ 1º Se uma infração for consequência de outra, prevalecerá a que tiver maior penalidade.
§ 2º A aplicação das penas previstas neste Código independe do julgamento que couber no cível ou no crime.
Art. 121. As multas são aplicáveis a condutores e proprietários de veículos de qualquer natureza, e serão impostas e arrecadadas pela repartição de trânsito, exceto as que se relacionarem com as concessões de transporte ou o licenciamento de veículos, que caberão às repartições concedentes ou licenciadoras.
§ 1º O pagamento da multa não exonera o infrator de cumprir obrigações de outra natureza, previstas neste Código ou em regulamentos locais.
§ 2º O infrator deverá pagar a multa dentro de três dias da notificação.
§ 3º A pena de multa não será conversível em prisão.
§ 4º Aos proprietários de veículos, em geral, e às garagens, oficinas, empresas e outros estabelecimentos de veículos, caberá sempre a responsabilidade pelas infrações atinentes à prévia regularização e preenchimento das formalidades e condições exigidas para o tráfego na via pública, conservação e inalterabilidade das características e fins a que o mesmo se destina, habilitação de seus condutores, horários de trabalho e escrituração dos livros exigidos.
§ 5º Aos condutores caberá sempre a responsabilidade pelas infrações decorrentes de atos praticados na direção de veículos que conduzirem, quer deixem de observar as prescrições relativas ao trânsito em geral, quer infrinjam as disposições regulamentares que lhes cabe respeitar.
Art. 122. As multas serão aplicadas conforme a gravidade da infração, devendo as repartições competentes fixar em tabela e publicar em edital o respectivo valor, obedecendo às seguintes categorias:
1ª categoria: Multas de 10$000 a 40$000.
2ª categoria: Multas de 50$000 até 150$000.
Parágrafo único. As autoridades competentes poderão admitir a justificação de infrações, devendo os regulamentos das repartições de trânsito discriminar os casos e estabelecer as normas para o processo respectivo.

bora já cessado o seu giro, deslizaram para a frente, indo o veículo colher a vítima; considerando que tal circunstância não exclui, de modo algum a

---

Art. 123. São fixas, em todo o território nacional, as seguintes multas:
I - De 20$000, por:
*a)* parar veículo afastado do meio-fio;
*b)* usar, nas sinaleiras, cores diferentes das prescritas neste Código;
c) não acionar o limpador do para-brisa durante a chuva;
*d)* não observar as indicações dos sinais de advertência, de qualquer natureza;
*e)* estacionar em lugar não permitido;
*f)* usar buzina em frente a hospitais;
*g)* avançar sinal, luminoso ou não, por desatenção ou negligência;
*h)* entrar contra a mão em rua desprovida do respectivo sinal se o condutor não residir na localidade.
II - De 30$000, por:
*a)* trafegar com veículo de carga em local ou hora não permitidos;
*b)* mudar de direção, deixando de fazer o sinal respectivo;
*c)* trafegar contra a mão de direção, ressalvada a hipótese do art. 3º, n. II;
*d)* defeito em equipamento obrigatório;
*e)* forçar passagem entre veículos na iminência de cruzar-se;
*f)* trazer placa ilegível;
*g )* não diminuir a marcha nos casos exigidos;
*h)* não tratar com polidez os passageiros, ou, sem motivo justificado, recusar-se a recebê-los.
III - De 50$000, por:
*a)* não acionar as setas indicadoras de direção nas estradas, à noite, ao aproximar-se de outro veículo, quando se tratar de transporte coletivo ou de carga;
*b)* deixar de assinalar consertos na via pública;
c) falta de qualquer dos equipamentos obrigatórios referidos no art. 52;
d) usar indevidamente a buzina ou outro aparelho de aviso;
*e)* fazer manobra em curva;
*f)* parar nas curvas e cruzamentos;
*g)* retardar propositadamente a marcha do veículo, ou seguir itinerário mais extenso ou desnecessário com o fim de lesar o passageiro;
*h)* viciar o taxímetro;
i) excesso de velocidade;
*j)* não prestar auxílio quando requisitado o veículo por autoridade policial em diligência;
*k)* forçar a passagem à frente de outro veículo nas curvas, cumes e cruzamentos.
IV - De 100$000, por:
*a)* passar entre meio-fio e bonde parado em ponto regulamentar de embarque ou desembarque de passageiros;
*b)* afastar-se do veículo, deixando-o na via pública, salvo nos casos admitidos neste Código, ou em regulamentos locais.
V - De 200$000, por:
*a)* dirigir sem estar devidamente habilitado;
*b)* entregar a direção de veículo a quem não estiver habilitado ou a menor de 18 anos;

responsabilidade do acusado, a título de culpa, pois que tal *deslizamento* não era um fato *imprevisível*, demonstrando a experiência ordinária a facilidade

---

*c)* não prestar socorro a vítima de acidente;
*d)* entrar contra a mão de direção, nas curvas e cruzamentos, ou nos aclives sem visibilidade;
*e)* avançar sinal, daí resultando dano material ou pessoal;
f) dar fuga a delinquente, perseguido pela policia, ou pelo clamor público, sem prejuízo da ação penal.
VI - De 500$000:
*a)* pela realização, sem licença, de corridas ou provas desportivas com veículos na via pública;
*b)* por danificar, sem motivo justificado, as estradas ou sua sinalização;
*c)* por fazer trafegar veículos de transporte coletivo sem observância das condições estipuladas no art. 66.
VII - De 1:000$000, por:
*a)* fazer trafegar veículo com o regulador da velocidade viciado, defeituoso ou tendo a eficiência neutralizada ou diminuída, onde houver exigência desse aparelho;
*b)* disputar corrida, eventualmente, com outro veículo na via pública.
Parágrafo único. Os valores das multas variáveis não poderão exceder, nos Estados, as que forem adotadas pelo Regulamento de Trânsito para o Distrito Federal.
Art. 124. As multas serão aplicadas em dobro quando houver reincidência, admitida esta sempre que a mesma infração for praticada mais de uma vez dentro do período de um ano.
Art. 125. As repartições poderão reduzir as multas, com exceção das fixadas neste Código, desde que o condutor não tenha cometido infração durante o último ano, ou que haja praticado ato humanitário em caso de acidente ou de calamidade pública.
Para esse fim, a autoridade fará constar, mediante requerimento, dos prontuários dos condutores ou de assentamentos de outra natureza, o registro de tais atos,
Art. 126. As repartições competentes comunicarão, para os devidos fins, aos demais órgãos da administração pública, as infrações cometidas pelos condutores dos veículos oficiais.
Art. 127. Será punido com demissão a bem do serviço público, sem prejuízo da ação penal, o funcionário que, no desempenho de sua função fiscalizadora, entrar em acordo com infratores para a relevação de penalidades, mediante recebimento de quaisquer eventos.
Art. 128. O Departamento Nacional de Estradas de Rodagem, sem prejuízo da ação fiscalizadora das autoridades do trânsito, poderá impor multas previstas neste Código, quando cometidas as infrações nas estradas construídas ou conservadas pela União.
Art. 129. A apreensão do documento de habilitação far-se-á nos seguintes casos:
I - por prazo não maior de três dias, para garantia do pagamento de multas, ou de oito dias, no caso de justificação de infração. Se o processo de justificação não tiver despacho definitivo dentro desse prazo, o documento será restituído ao condutor, sem prejuízo da efetivação da multa; confirmada esta, dar-se-á novamente a apreensão;
II - pelo prazo de um a 12 meses:
*a)* quando, por sentença, ficar provada a culpa do condutor, em caso de morte, ou de lesão corporal, por acidente;

ou frequência com que as rodas de um automóvel *deslizam* sobre superfície molhada, e, assim, ao acusado se impunha a obrigação de, num local de tão intenso trânsito (como é aquele em que se deu o acidente, isto é, a rua Treze de Maio), e sabendo o asfalto escorregadio em razão de copiosa chuva que caía, manter a velocidade do veículo de tal modo reduzida que nem mesmo lhe fosse necessário o emprego de freios para anulá-la (veja-se Frutuoso de Aragão, *Delitos do automóvel,* p. 53); considerando que, segundo a lição de Baudry de Saunier *(apud* Seabra Júnior, *Acidentes de automóveis),* desde que o motorista percebe que o terreno se apresenta escorregadio, deve *"ralentir la voiture, afin de n'être jamais obligé de freiner devant un obstacle, mais de se contenter de débrayer, afin aussi que, en cas de dérapage, le mouvement désordonné n'ait qu'un faible vitesse et une très petite amplitude";* e no mesmo sentido adverte Sainctellete: "O motorista que vê molhado o solo e tem a temer a

---

*b)* na reincidência de infrações por entrega de veículo a condutor não habilitado ou a menor de 18 anos; viciar taxímetro e cobrar tarifa de aluguel além da tabela fixada pela autoridade de trânsito;

*c)* quando der fuga a delinquente;

*d)* por passar entre o meio-fio e bonde parado nos pontos regulamentares ou por excesso de velocidade, depois de multado três vezes o condutor, por essas infrações, dentro de cada período de 12 meses;

*e)* por dirigir em estado de embriaguez, devidamente comprovado;

*f)* por incontinência pública e escandalosa do condutor;

*g)* se o amador for encontrado na direção de veículo de aluguel.

Art. 130. A cassação do documento de habilitação dar-se-á quando a autoridade verificar que o condutor se tornou alcoólatra ou toxicômano; ou deixou de preencher as condições exigidas para a direção de veículos.

Art. 131. A retirada do veículo da circulação dar-se-á:

*1,* quando conduzido por pessoa não habilitada ou não licenciada;

2, quando abandonado na via pública por mais de 18 horas consecutivas;

3, sempre que não se verificar o pagamento de multas depois dos prazos concedidos; ou da apreensão do documento de habilitação por aquele motivo, em consequência de processo de justificação;

4, para garantia do pagamento dos direitos ou taxas alfandegárias nos casos de circulação internacional mediante caderneta de passagem nas alfândegas;

5, quando trouxer placa falsa, inutilizada ou que lhe não pertença;

6, por mau estado de conservação e segurança, quando não cumprida a Intimação da autoridade para repará-lo.

Parágrafo único. A placa de identificação reputar-se-á falsa ou inutilizada, sempre que estiver viciado ou violado o respectivo selo.

Art. 132. O veículo não poderá ser retirado da circulação quando estiver com passageiros.

Art. 133. O veículo retirado da circulação nos casos do art. 131 deste Código será vendido em praça, observadas as formalidades legais, salvo ao interessado o direito de, pagando as multas devidas e as despesas decorrentes da apreensão no prazo que lhe for marcado, retirar o veículo.

derrapagem deve tomar as medidas necessárias para evitá-la, sendo certo que "a derrapagem não tem os caracteres de um acontecimento imprevisto que se não possa vencer, e ao qual o motorista fique estranho"; considerando que, salvo circunstâncias excepcionalíssimas, que não ocorrem na espécie, a derrapagem é um atestado de imperícia ou imprudência do motorista; considerando que, notadamente quando se trata de motoristas profissionais, têm estes de empregar sempre uma *irrepreensível* perícia e uma *apurada* previsibilidade de eventos lesivos à vida ou integridade física dos pedestres, pois, de outro modo, não poderão eximir-se de responsabilidade a título de culpa; considerando que o *caso fortuito* nos acidentes de automóvel só é reconhecível, como diz Imbrecq, no caso em que o *chauffeur*, por mais prudente, experimentado e refletido, não tenha podido prever ou impedir o evento lesivo; considerando que, abstraída a própria narrativa das testemunhas de defesa, para identificar-se no caso concreto, não propriamente um *deslizamento,* mas, como pretende o acusado, uma inevitável *stop-distance* (só apreciável, aliás, nos casos de brusca freada, impressa a veículos em grande carreira), mais evidente se torna ainda a culpa do acusado, pois tal teria sido a sua distração, que deixara de perceber a vítima, quando esta, tendo saído dentre os veículos estacionados no lado *oposto* ao em que ocorreu o atropelamento, empreendia a travessia da rua (e de guarda-chuva aberto, isto é, ainda mais despertando a atenção sobre sua pessoa), de modo que, quando ela se lhe apresentou, *ictu oculi,* à frente do veículo, já estaria no campo da *stop-distance;* considerando o mais dos autos: julgo procedente a denúncia etc."

**36. Tráfego ferroviário.** Outra assídua *ocasião* de acidentes culposos, que, muitas vezes, atingem proporções de catástrofe, é o tráfego ferroviário. O desastre ferroviário culposamente provocado, de que resulte a morte de alguém, é especialmente previsto no Código (entre os crimes "contra a incolumidade pública"), que manda aplicar, no caso, "a pena cominada ao homicídio culposo, aumentada de um terço" (art. 263, c/c o art. 258). O regulamento aprovado pelo Dec. n. 15.673, de 7.9.1922, encerra minuciosas regras concernentes à segurança, polícia e tráfego das estradas de ferro. São elas um precioso subsídio ao juiz criminal, para identificação da culpa nos casos concretos.[22]

22 137 Entre outros dispositivos do Reg. n. 15.673, são de destacar-se os seguintes:
"Art. 71. Salvo o disposto no art. 74, a estação não dará licença de partida a trem ou máquina, sem ter a segurança de que a linha a percorrer se acha desimpedida até o próximo cruzamento.
Art. 72. Para evitar engano, os telegramas que forem expedidos de uma estação para outra, com o fim de determinar providência que interesse a circulação, deverão ser integralmente repetidos pela estação recebedora à estação emissora.

**37. Cooperação em crime culposo.** Disserta o Ministro Campos, na *Exposição de motivos:* "Para que se identifique *o concurso* (de pessoas no crime), não é indispensável um "prévio acordo" das vontades: basta que haja em

---

Art. 73. Nas paradas de trem que excederem de cinco minutos, será feito um exame sumário do estado de solidez das principais peças da locomotiva e dos carros, tendo em vista a segurança da circulação. Esse exame será feito obrigatória e mais detidamente nas estações de origem do trem e de mudança de tração.
Art. 74. O trem não poderá partir de nenhuma estação antes da hora marcada no horário, e sem que esteja devidamente licenciado para o percurso até a estação seguinte.
§ 1º Salvo casos excepcionais, perfeitamente justificados, nenhuma estação poderá expedir um segundo trem na mesma direção e na mesma linha do primeiro, enquanto não houver recebido comunicação da chegada deste na próxima estação ou posto telegráfico.
§ 2º A exceção admitida neste artigo só se aplicará nos seguintes casos:
1, quando ocorrer interrupção no funcionamento do telégrafo e dos aparelhos de bloqueio:
*a)* se o segundo trem for um trem-socorro;
*b)* em se tratando de automóvel que se dirigia a local do acidente conduzindo socorros, membros da administração da estrada ou da fiscalização;
c) se o segundo trem for um trem de horário, já decorrido o tempo necessário para que o primeiro trem, em marcha normal, atinja a estação seguinte;
2, quando a distância a percorrer até a estação seguinte exigir mais de trinta minutos a um trem de cargas em marcha normal, apenas nas hipóteses *a* e *b* do 1º caso.
§ 3º Em qualquer outro caso, sem a comunicação da chegada do primeiro trem na outra estação, o segundo trem não poderá ser despachado com intervalo inferior a 30 minutos.
Art. 75. Ao dar licença a um trem para seguir após outro que ainda não tenha atingido o posto imediato, o agente da estação entregará ao chefe do trem e ao maquinista um bilhete de precaução, no qual avisará que outro trem corre na frente.
Art. 76. O pessoal da estrada de ferro deverá fazer parar um segundo trem desde que ele apareça com intervalo menor de vinte e cinco minutos em relação ao primeiro e em tal momento que este não tenha podido atingir a estação ou posto imediatamente seguinte.
Art. 77. O agente da estação não deixará partir trem misto ou de cargas a que outro de passageiros houver de seguir, toda vez que aquele não tiver tempo suficiente para chegar à estação imediata sem retardar a partida deste.
Art. 78. A expedição e marcha dos trens especiais ou extraordinários efetuar-se-ão de modo que não seja perturbado o andamento do serviço ordinário do transporte de viajantes. Nenhum trem especial ou extraordinário será expedido sem que se tenha dado aviso a todas as estações do seu trajeto, cada uma das quais deverá acusar imediatamente o recebimento deste.
Art. 79. As máquinas isoladas e os carros automóveis, quando em circulação na linha, ficam sujeitos às mesmas regras prescritas nos arts. 74 a 78.
[...]
Art. 82. A velocidade do trem em marcha será regrada convenientemente nas proximidades das passagens de nível, das chaves de mudança de linha, das estações e postes de parada, das pontes e viadutos de grande vão etc. A chegada nas estações, deve-se diminuir convenientemente a velocidade, de modo a evitar o recurso a uma ação imoderada dos freios ou ao recuo.

cada um dos concorrentes *conhecimento de concorrer à ação de outrem*. Fica, dessarte, resolvida a *vexata quaestio* da chamada autoria incerta, quando não

---

Art. 83. Nos trechos onde os trilhos forem assentados ao longo de uma rua, em leito franco ao trânsito público, a velocidade não poderá exceder de 10 quilômetros por hora (salvo casos especiais, a juízo da fiscalização), e será obrigatório o uso contínuo de sinais fônicos.
Art. 84. Em hipótese alguma a velocidade dos trens e máquinas poderá exceder a máxima que será fixada para cada trecho de estrada, tendo-se em consideração as condições técnicas da linha e do material rodante.
[...]
Art. 86. A estrada de ferro terá um regulamento de sinais aprovado pelo governo. Além do telégrafo elétrico e dos sinais usados nos trens, serão empregados os sinais fixos e móveis que forem necessários à segurança da circulação.
Art. 88. A circulação dos trens será convenientemente precedida do serviço de ronda da via permanente. Os rondantes deverão estar providos dos aparelhos de sinal necessários para intervirem na marcha dos trens.
Art. 89. O último carro do trem será provido de um sinal conveniente, que permita ao maquinista distingui-lo facilmente dos outros veículos durante a marcha.
Art. 90. Os carros de passageiros serão convenientemente iluminados à noite e, durante o dia, na passagem dos túneis. As extremidades anteriores e posteriores dos trens serão à noite providas de sinais luminosos; a locomotiva ou carro-motor que encabeçar o trem será provido de farol para iluminar a via. Os sinais luminosos deverão ser facilmente distinguíveis de qualquer luz ordinária.
Art. 91. O comboio, quando separado da locomotiva, deverá ser convenientemente travado pelos freios.
Art. 92. Quando um trem parar acidentalmente na estrada, serão colocados sinais à distância conveniente, para protegê-la. Logo que tenha desaparecido a causa da parada do trem, serão retirados os sinais de proteção, deixando-se, porém, no lugar do sinal da retaguarda, um detonador fixado sobre o trilho ou outro sinal conveniente, para aviso ao maquinista de um segundo trem, que, porventura, tenha seguido o primeiro, nas condições do disposto no art. 74, dando-lhe a conhecer a parada imprevista do primeiro, para que ele reduza a marcha e tome as necessárias precauções. Quando forem efetuados na estrada trabalhos de reparação, deverão estes ser protegidos por sinais de parada ou de diminuição de velocidade.
[...]
Art. 94. Nas estações que não forem protegidas com sinais de distância, a linha pela qual tenha de entrar um trem esperado deverá ficar livre 10 minutos antes da hora marcada para a chegada desse trem, sendo proibida qualquer manobra, que possa interferir com a linha mencionada.
[...]
Art. 96. Se um trem houver pedido máquina de socorro e, antes da chegada desta, forem removidas as causas que o fizeram parar, o mesmo trem não poderá mover-se, quer para diante, quer para trás, senão lentamente e precedido por um correio de alarma, que deverá marchar, à distância conveniente, com toda a precaução e com os necessários sinais; salvo o caso de serem adotados aparelhos modernos que, a juízo do governo, garantam a plena segurança da marcha, impossibilitando as colisões.

tenha ocorrido ajuste entre os concorrentes. Igualmente, fica solucionada, no sentido afirmativo, a questão sobre o concurso em *crime culposo,* pois neste tanto é possível a *cooperação material,* quanto a *cooperação psicológica,* isto é, no caso de pluralidade de agentes, cada um destes, embora não querendo o evento final, tem *consciência de cooperar na ação*" (veja-se n. 26). No crime culposo, pode haver cooperação de atividades simultâneas ou sucessivas. Se concorrerem vários agentes *subjetivamente coligados,* dá-se o que modernamente se diz *concurso culposo em crime culposo,* respondendo cada qual pela pena cominada ao crime (art. 25). Entende-se, como é óbvio, que as atividades individuais se associam para o *ato culposo,* e não para a produção do evento lesivo (pois, neste caso, haverá crime doloso). Exemplos: o passageiro do automóvel incita o motorista a empreender uma velocidade excessiva, e vem a ocorrer o atropelamento de um pedestre; dois operários de uma construção tomam simultaneamente de uma tábua e a arremessam ao leito da rua, atingindo um transeunte.

No caso de cooperação sucessiva de agentes *subjetivamente independentes,* ou sem coordenação de vontades, a *causa antecedente* (ação ou omissão imediata) somente acarreta a punibilidade por culpa, se a *causa* subsequente e distinta, imediatamente produtiva do evento, *não era previsível.* Assim, se uma dona de casa deixa, imprudentemente, na prateleira da cozinha uma certa porção de arsênico, e a cozinheira, também imprudentemente, sem maior inspeção, serve-se do arsênico como se fora sal, ocasionando a morte dos que ingerirem o alimento assim preparado, respondem ambas por homicídio culposo. Tome-se, agora, o exemplo figurado por Goyena: um indivíduo comete a imprudência de convidar várias pessoas, entre as quais uma criança, para um passeio em carro puxado por cavalos que têm o hábito de *tomar os freios nos dentes,* e vem a acontecer que os cavalos realmente disparam e um dos passageiros, com inescusável precipitação, atira a criança para fora do carro, com a intenção de salvá-la, mas ocasionando a sua morte. Ora, a segunda imprudência não podia ser prevista pelo autor da primeira, a quem não deve, portanto, ser imputado a título de culpa o evento lesivo.

Entre a ação culposa e o evento lesivo pode intervir uma causa *necessitada,* e em tal caso apenas responde o *primeiro agente.* Não há muito tempo, presenciamos o seguinte fato, numa rua de grande trânsito desta cidade: um *chauffeur* estava a pique de colher com o seu carro, dirigido à contramão, um ciclista que vinha em sentido contrário, e este, para evitar o perigo que o ameaçava teve de infletir para o lado em que seguia uma carroça de tração animal, indo esbarrar contra uma das alimárias, que, espantando-se, fez desviar bruscamente o curso da carroça, resultando ser colhido um transeunte. O único responsável pelo evento lesivo foi o *chauffeur.*

Idêntica solução deve ser dada no caso em que a *causa sucessiva* seja posta por um *inconsciente* ou *irracional,* como quando alguém confia um revólver carregado a uma criança, que, em seguida, o faz disparar, matando outrem; ou deixa livre, em lugar povoado, um touro bravio, que investe e mata um transeunte.

**38. Pluralidade de eventos.** No regime do Código anterior, assim discorríamos sobre a multiplicidade de eventos lesivos no crime culposo: "Ainda não é pacífica, entre nós, a solução do caso de *pluralidade* de *eventos* no delito culposo), isto é, o caso em que, da mesma e única ação ou omissão culposa resulta a morte de várias pessoas, ou a morte de uma e lesão corporal de outra ou outras pessoas. Dever-se-á reconhecer na espécie um concurso, *material* ou *formal,* de crimes? Entendemos que não, com o apoio, aliás, da jurisprudência da Corte Suprema. O concurso *material* ou *formal* só é concebível nos crimes intencionais. Dá-se o concurso material quando à pluralidade de eventos (homogêneos ou heterogêneos), resultante de um ou de mais de um *movimento corpóreo,* corresponde uma pluralidade de *intenção criminosa;* dá-se o concurso formal quando os múltiplos eventos, resultantes de um só *movimento corpóreo,* derivam de uma só *intenção criminosa.* Ora, no crime culposo, não há falar-se em *intenção criminosa.* Não diz com ele o instituto do *concursus delictorum.* É verdade que o direito positivo pode determinar de modo diverso. Assim, o atual Código italiano manda aplicar, na espécie, uma *pena complexa* (e não uma soma de penas, como no concurso material), embora não configure um *delito complexo,* tanto assim que, se com o homicídio concorrem *lesões corporais simples,* é necessário, para a aplicação da pena complexa, que, em relação às últimas, haja *querela* das pessoas ofendidas (pois na lei italiana a lesão corporal simples é crime de ação privada). Em face da nossa lei, porém, a solução única será esta: se se trata de eventos homogêneos, a pena aplicável é a mesma que seria aplicável a um só deles; se os eventos são heterogêneos, a pena aplicável é a correspondente ao evento mais grave *(major absorbet minorem).* De outro modo, isto é, se se aplicam, somadas, as penas correspondentes a cada um dos eventos (uma vez que a lei não cuida, na espécie, de *limitado* cúmulo material de penas, como faz o Código italiano), chegar-se-ia a um despropósito. Suponha-se que uma casa desabe, por negligência do proprietário, matando uma dúzia de pessoas e ferindo outras tantas: estaria o proprietário, por um fato alheio a qualquer intenção criminosa, sujeito à pena de 30 anos, ou seja, a pena máxima do Código Penal!"

O novo Código resolveu a questão, como acentua a *Exposição de motivos,* permitindo que se aplique no caso a regra do *concurso formal:* "Não é excluído... o concurso formal de crimes culposos, pois não se cogita, para o seu reconhecimento, de unidade de *intenção.*" Assim, quando homogêneos os varias eventos, a pena aplicável será a correspondente a um só deles, mas aumentada de um sexto até metade; quando heterogêneos os eventos, será aplicada a pena correspondente ao mais grave, com o mesmo aumento de um sexto até metade.

Perante o Código, é também reconhecível a *continuação* em crime culposo. A existência do *crime continuado* já não depende de *unidade de resolução,* tendo sido adotada, na sua conceituação, a *teoria objetiva* (art. 51, § 2°): "Quando o agente, mediante mais de uma ação ou omissão, pratica dois ou mais crimes da mesma espécie e, pelas condições de tempo, lugar, maneira de execução e outras semelhantes, devem os subsequentes ser havidos como continuação do primeiro, impõe-se lhe a pena de um só dos crimes, se idênticas, ou a mais grave, se diversas, aumentada, em qualquer caso, de um sexto a dois terços. Referindo-se a esta fórmula, justamente observa o Ministro Campos *(Exposição* de *motivos)* que, em face dela, "não padece dúvida a possibilidade de *continuação* até mesmo em crime culposo, como no exemplo, sempre citado, do motorista que, com o seu veículo em excessiva velocidade, atropela um transeunte e, prosseguindo na carreira desenfreada, atropela outro".

**39. Homicídio culposo e tentativa.** A este respeito, estarrece a *Exposição* de *motivos* do projeto definitivo: "O projeto repele em princípio a ideia de tentativa de crime culposo, pois neste a vontade não é dirigida ao evento, nem o agente assume o risco de produzi-lo.[23] Cita-se, habitualmente, o exemplo formulado por Frank, relativo à "legítima defesa putativa culposa ou por erro inescusável, " para demonstrar a possibilidade da tentativa de crime culposo. Mas, em tal caso, excepcionalíssimo, não há falta de vontade em relação ao evento, e nada impede, em face da fórmula do projeto, que se reconheça a tentativa, quando o agente não consegue realizar o evento que, culposamen-

23 Dentro do conceito tradicional do crime culposo, é irrefutável a lição de Pessina: "A essência própria da tentativa está no *fim* que excede o *evento,* enquanto a essência própria da culpa está no *evento* que excede o *fim.* A culpa e a tentativa representam uma antítese perfeita, de modo que não podem jamais compenetrar-se, e excluem-se reciprocamente. A culpa supõe que, ou não se tinha um fim doloso, ou se doloso, o dolo referia-se a um evento menos grave (alusão à *culpa dolo determinata,* nos delitos preterintencionais). Se o evento, não ocorrido, não foi previamente conhecido, nem querido, inexiste psiquicamente qualquer tentativa, não podendo acontecer que o homem se empenhe no sentido daquilo que ele não quer que aconteça. O esforço para um fim, o *conatus,* é o efeito da vontade, e faltando esta, isto é, a *causa,* deve igualmente faltar o *efeito.*"

te, ou por erro vencível, julgara legítimo."[24] Cumpre notar que o Código, no seu art. 17, § 1°, declara que "não há isenção de pena quando o erro deriva de culpa e o fato é punível como crime culposo", reconhecendo, portanto, que, excepcionalmente, pode ocorrer um crime culposo não obstante a *previsão* e *vontade* do agente quanto ao evento. É o que se dá no caso de erro inescusável na legítima defesa putativa e no excesso de legítima defesa. Há a concluir-se, portanto, que o Código ampliou o conceito de crime culposo.

**40. Erro profissional.** Não se deve confundir com a *imperícia* (uma das formas da culpa *stricto sensu)* o *erro profissional* devido à imperfeição mesma da ciência humana. A questão do erro profissional tem sido muito debatida, principalmente no que respeita à responsabilidade dos médicos e cirurgiões. O direito romano punia o médico imperito: *"Sicuti medico imputari eventus mortalitatis non debet, ita quod per imperitiam commisit, imputari ei debet"* (D., *de off. praesid.*, 1. 6, § 7°); *"Imperitia quoque culpae adnumeratur; veluti si medicus ideo servum tuum occiderit, quod eum male secuerit, aut perperam ei medicamentum dederit"* (Just., *Inst.*, liv. IV, tít. III, § 7°). Na Idade Média, penas severas eram aplicadas aos médicos que ocasionavam eventos letais. E não raras vezes imputava-se como culpa o que era apenas atestado da precariedade da arte de curar. Foi Montesquieu quem iniciou uma nova corrente de ideias no sentido de afastar de sobre a cabeça dos médicos a *espada de Dâmocles* da sanção penal. Desde então, começou a ser reconhecida uma certa liberdade de iniciativa dos médicos e a necessidade de tolerância para com os erros devidos à própria imperfeição da ciência hipocrática. E é preciso admitir, com Borri e Cevidalli,[25] que, se não fosse essa transigência, não teria sido possível, notadamente, o progresso da cirurgia: "... i miracoli odierni non sarebbero realizzabili qualora l'arte operativa avesse dovuto aggirarsi inderogabilmente entro i rigidi confini di un sistematismo dottrinalmente prestabilito". O médico não tem *carta-branca*, mas não pode comprimir a sua

---

24 No regime do Código anterior, sustentamos opinião diversa. (*Legítima defesa putativa*, p. 93, e *Direito Penal*, v. II, p. 206-207): "Há casos em que, excepcionalmente, se pode configurar o delito culposo ainda quando haja *voluntariedade* e *representação* do evento. É o que ocorre, por exemplo, na legítima defesa putativa por erro inescusável. Mesmo em tal caso, porém, não se pode reconhecer a tentativa...: ou ocorre um dano efetivo (morte, lesão corporal), e apresenta-se um crime culposo, definido pela materialidade do evento; ou não há resultado lesivo, e deixa de configurar-se um fato punível, pois, como é sabido, a punibilidade a título de culpa, ainda não acreditado pelo *jus positum* o ponto de vista contrário de Angiolini, está condicionada à ocorrência de um dano efetivo."

25 Ob. cit., v. IV, p. 233.

atividade dentro de dogmas intratáveis. Não é ele infalível, e desde que agiu racionalmente, obediente aos preceitos fundamentais da ciência ou ainda que, desviando-se deles, mas por motivos plausíveis, não deve ser chamado a contas pela justiça penal, se vem a ocorrer um acidente funesto. Brillon chegou a dizer que em uma só hipótese pode haver ação contra os médicos, isto é, quando tenha havido dolo, porque, então, temos um verdadeiro crime.

Não deve ser lançado tão longe o disco. O médico que, por erro grosseiro, causa a morte do paciente, é um *criminoso*. Ninguém duvida, por exemplo, da punibilidade do médico que, por ignorância, cloroformiza um cardíaco ou ministra ao doente uma dose excessiva de estricnina, ocasionando-lhe a morte. Não há um direito ao erro; mas este será desculpável, quando invencível à mediana cultura médica e tendo-se em vista as circunstâncias do caso concreto. Este critério de *meio-termo* foi bem fixado por Duvergie: "Quanto a nós, não admitimos senão a responsabilidade que resulta da negligência do médico para com o doente, do abandono deste em circunstâncias em que carecia dos seus cuidados, ou, enfim, de uma *falta de tal maneira grave* que denote a mais completa ignorância de princípios consagrados pelo tempo e pela experiência."[26] Cada caso concreto tem de ser apreciado de um ponto de vista relativo. Um médico da roça que, alheado ao progresso científico, emprega, num caso de urgência, um processo operatório já condenado, e vem a causar a morte do paciente, deve ser considerado isento de culpa. Em caso idêntico, entretanto, não se eximirá de pena, a título de culpa, um especialista citadino, que não pode deixar de ter o ouvido atento ao *último grito* da ciência.

Nada tem a ver a questão do erro profissional propriamente dito com as experiências *in anima nobili*, que resultem funestas: em tal caso, há imperdoável *imprudência*, no seu conceito genérico, quando não autêntico *dolo eventual*.

**41. Compensação de culpas.** Discute-se em doutrina se deve ser excluída a punibilidade a título de culpa, quando, com a ação culposa do agente, concorra a da vítima. É a questão da *compensação de culpas*. Tomemos o seguinte exemplo: um motorista, ao passar num cruzamento de ruas, após a *abertura do sinal* (os motoristas, em geral, entendem que, com o *sinal aberto*, adquirem o *direito* de *matar* quem quer que passe à frente do veículo), imprime ao carro uma arrancada brusca, indo colher e esmagar um pedestre que, desatento ao sinal, empreendia a travessia do local. Indaga-se: dada a convergência de condutas culposas, a do motorista fica *neutralizada* pela da

26 Para maior explanação, veja-se Sousa Lima, *Medicina legal*, 1924, p. 89 e ss.

vítima, alheando-se o fato à órbita da repressão penal? Carrara responderia afirmativamente, pois, segundo ele, *"chi* e *causa del suo proprio male pianga sè stesso"*.[27] A opinião prevalente, porém, é no sentido de que, em direito penal, diversamente do que ocorre em direito civil, as culpas recíprocas do ofensor e do ofendido não se extinguem *quoad concurrentem quantitatem.* Afora o caso singular das *injúrias recíprocas,* em que a lei admite, pelo fato da retorsão, como que uma renúncia à intervenção da justiça penal sem dano ao *interesse social,* não prevalece o princípio romanístico de que *paria delicta mutua pensatione dissolvuntur.* A teoria de Carrara contrasta, evidentemente, com a necessidade da tutela e segurança da convivência civil. Se os desatentos pudessem matar ou estropiar-se impunemente, estaria implantada, na vida social, a lei da *jungle.* Além disso, é incoerente a teoria de Carrara. Se na hipótese de concurso de duas pessoas na ação culposa contra um terceiro, ninguém duvida que ambos devem responder, porque há de ficar impune o ofensor, no caso de concorrência de culpa do ofendido? Este é punido, muitas vezes, com a própria morte, e não se compreende a razão por que há de ficar a coberto de pena o ofensor, tão culpado quanto o ofendido. A teoria da compensação de culpas, em face de um código, como o nosso, que proclama a *equivalência dos antecedentes causais,* redundaria num flagrante contrassenso. O ofensor só se eximirá de punição quando a culpa tenha sido exclusiva do ofendido, porque, então, o evento lesivo foi, em relação àquele, uma mera *infelicitas fatio* Admita-se que o juiz, na aplicação da pena, tenha em conta a *contribuição* de culpa da vítima (tanto menor será a culpa do ofensor quanto maior for a do ofendido); mas a pena deve ser imposta.

---

27 *Programma,* I, n. 1.100: *"Quando l'offeso con la propria imperdonabile negligenza fu la prima causa del proprio danno, non può dirsi che la punizione dell'offensore reprima il malo esempio dato agli scioperati: anzi il malo esempio se ne incoraggisca per la pena e per le indennità, non essendo strano che nei calcoli delle umane speculazioni possa entrare anche quello di farsi stroppiare da um ricco signore. Quanto poi all'allarme dei buoni, esso è nullo in tale ipotese perchè la sentenza dei poeta: chi è causa del suo proprio male pianga sè stesso, non è che l'espressione di un sentimento universale della pubblica coscienza".*

### Induzimento, instigação ou auxílio a suicídio

**Art. 122.** *Induzir ou instigar alguém a suicidar-se ou prestar-lhe auxílio para que o faça:*

*Pena – reclusão, de dois a seis anos, se o suicídio se consuma; ou reclusão, de um a três anos, se da tentativa de suicídio resulta lesão corporal de natureza grave.*

### Aumento de pena

**Parágrafo único.** *A pena é duplicada:*

*I – se o crime é praticado por motivo egoístico;*

*II – se a vítima é menor ou tem diminuída, por qualquer causa, a capacidade de resistência.*

**DIREITO COMPARADO.** Códigos: italiano, art. 580; argentino, art. 83; espanhol, art. 409; português, art. 354; húngaro, § 283; holandês, art. 295; norueguês, art. 236; uruguaio, art. 315; suíço, art. 115; dinamarquês, art. 240; soviético, art. 141; chileno, art. 393; polonês, art. 228; venezuelano, art. 414; colombiano, art. 367; cubano, art. 437; peruano, art. 157; mexicano, art. 312; paraguaio, art. 339.

**BIBLIOGRAFIA.** Durkheim. *El suicídio,* trad. esp. de Ruiz Funes, 1928; Impallomeni, *L'Omicidio nel diritto penale,* p. 51 e ss.; Ferri, *L'omicidio-suicidio,* 1925; Manzini, *Trattato,* v. VIII; Civoli, *Trattato,* v. 4, p. 12 e ss.; Ravà, *I diritti sulla propria persona,* 1901; Rocco, *L'oggetto del reato,* 1932; Ruiz Funes, *Etiología del suicidio en Espana,* 1928; Hafter, *Delikte gegen Leib und Leben, etc., § 6º;* Altavilla, *La psicologia del suicidio,* 1910, *e Delitti contro la persona,* 1934, p. 162 e ss.; Saltelli-Di Falco, *Commento,* v. II, parte 2ª; Eusébio Gómez, *Tratado de derecho penal,* v. 2º, 1939; Goyena, *El delito de homicidio,* cap. XX, 1928; Thormann e Overbeck, *Das schweizerische Strafgesetezbuch,* p. 16 e ss.; Windscheid, *Pandette,* trad. ital. de Fadda e Bensa, liv. II, § 40; Vannini, *Il delitto* di *omicidio,* cap. VII; Morselli, *L'uccisione pietosa,* Wharton, *On homicide,* cap. XVII; Jiménez de Asúa, *Libertad de amar e derecho a morir,* 1929; Licurzi, *Ei derecho de matar, 1933;* García Pintos, *El respeto a la vida,* 1935; Bouza, *EI homicidio por piedad,* 1935; Salvagno Campos, EI *suicidio,* in *Revista de Est. de Abogacia,* 1932; Delmas, *La Psychologie pathologique du suicide, 1932;* Grispigni, *Il consenso dell'offeso,* 1924; Delogu, *Teoria del consenso dell'avente diritto,* 1936; Maeterlink, *La mort,* 1925; Maggiore, *Principi,* v. II; Rocco, *Homicidio, suicidio,* in *Revista Penal Argentina,* 1932; Max Nordau, *Mentiras convencionais da nossa civilização,* trad. de M. C. Rocha, p. 44 e ss.; Miller, *On criminal law,* 1934; Pessina, *Elementi,* v. 2, § 8º, 1883; Alimena, *Dei* *delitti contra la persona,* in *Enciclopedia de Pessina,* v. IX; Pannain, *Istigazione e aluto al suicidio,* in *Nuovo digesto italiano;* Ester, *Selbstmord (Suicidio), in Handwörterbuch der Rechtswissenschaft* e *Handwörterbuch der Kriminologie;* Crivellari, *Codice Penale,* v. 7; Sousa Lima, *Medicina legal,* 1924; M. Carrara, *Medicina legale,* 1938; Corre, *Crime et suicide,* 1891; Gleispach, *Tötung, in* Das *kommende deutsche Strafrecht,* de Gurtner, 1936; F. Favero, *Medicina legal, 1942;* Pallazzo (Donato), *Il suicidio sotto l'aspetto fisiopatologico, sociale* e *giuridico,* 1953; Sales (N.), *Contribuição ao estudo do suicídio no Rio de Janeiro,* 1943; Almeida Júnior, *Lições de medicina legal, 1948.*

## COMENTÁRIO

**42. Legitimidade da incriminação de participação em suicídio.** As legislações penais modernas, à exceção da *common law* inglesa,[1] não incriminam o suicídio,[2] e a razão é evidente: do ponto de vista *repressivo,* não *se* pode

---

1 A *common law* inglesa considera o suicida *felo de* se *(a felon against himself,* isto é, autor de crime contra si mesmo). As penas cominadas eram, a princípio, o confisco, a privação de honras fúnebres, a exposição do cadáver atravessado por um pau *(with a stake driven through the body),* o sepultamento em estrada pública; mas, atualmente, a única vigente é a proibição de cerimônias fúnebres, e esta mesma muito limitada, pois, segundo informa Miller (ob. cit., p. 272), *"any form of orderly religious service may now be used at the interment of a person felo de se except that of the Church of England by a minister of that church".*

2 Na antiguidade e nos tempos medievais, entretanto, o suicídio era geralmente considerado crime. Na Grécia, se não precedia licença do Senado para a autoeliminação, era o suicida declarado *infame (atimos),* por haver cometido uma injustiça contra o Estado. Além disso, não podia ter sepultura regular e era-lhe cortada a mão direita, para ser enterrada à parte. Na antiga Roma, Tarquínio Soberbo, para combater uma epidemia de suicídios, ordenou que os cadáveres dos suicidas fossem postos na cruz e abandonados às aves e animais selvagens. Eram-lhes recusados funerais. *"Non solent autem lugeri suspendiosi, nec qui manus sibi intulerunt, non taedio vitae, sed mala conscientia".* (Dig. *de his, qui notandur infamia,* l, II, § 3º)
Com o predomínio do cristianismo, o suicídio foi terminantemente proibido como crime e pecado contra Deus. O Concílio de Arles (452) declarou que o suicídio era um crime e não podia ser senão o efeito de um furor diabólico. O Concílio de Praga (563) decretou, como sanção penal, que os suicidas "não seriam honrados com qualquer comemoração no santo sacrifício da missa e o canto dos salmos não acompanharia seus corpos à sepultura". O direito canônico equiparava o homicídio ao suicídio: *"Est vere homicida et reus homicidii cum se interfeciendo hominem interfecerit".* Dizia Lactancio: *"Si homicida nefarius est qui hominis extinctor est, eiusdem sceleris obstrictus est qui se necat, quia hominem necat, imo vero majus* esse *id facinus existimandum est, cujus ultio Deo soli subjacet".* E a legislação secular afeiçoou-se ao direito canônico. Segundo as Ordenações de São Luís, fazia -se processo ao cadáver do suicida, perante

cuidar de pena contra um cadáver *(mors omnia solvit)*; do ponto de vista *preventivo*, seria inútil a ameaça da pena contra quem já não sente, sequer, o instintivo medo da morte.

E para o só efeito preventivo, qual seria a pena aplicável na espécie, excluída a ridícula inocuidade da privação de honras fúnebres, segundo o rito cristão, excogitada pelas leis medievais, sob a influência do direito canônico? Uma única se apresentaria: o confisco de bens. Ora, tal pena, de aplicação eventual, seria *oblíqua*, indo atingir exclusivamente os inocentes herdeiros do suicida.[3] Nem mesmo se deve cogitar de punir a simples tentativa de suicídio,[4] pois tanto importaria aumentar no indivíduo o seu desgosto pela vida e em provocá-lo, consequentemente, à secundação do gesto de autodestruição.

Tão somente pela impossibilidade prática da punição ou razões de política criminal não é incriminado o suicídio consumado ou tentado. Mas, se

---

o juiz competente para conhecer dos homicídios, e seus bens eram confiscados. Em algumas cidades, o cadáver do suicida, segundo os estatutos, devia ser suspenso pelos pés e arrastado pelas ruas, com o rosto voltado para o chão. Os nobres, que se suicidassem, eram declarados plebeus, incorrendo em degradação: quebravam-se os seus escudos, demoliam-se os seus castelos.

---

3 Dizia Beccaria: "*Il suicidio* ***è un*** *delito che sembra non poter ammettere una pena propriamente detta, poichè ella non può cadere che o sugli innocenti, o su di un corpo freddo e insensibile*".

4 Em Roma, eram punidos com a morte o soldado e o réu que tentassem contra a vida, salvo motivo justo: "*Qui se vulneravit vel alias mortem sibi conscivit, Imperator Hadrianus rescripsit ut modus ejus rei statutus sit, ut si impacientais doloris, aut pudore more maluit, non animadvertartur in eum, sed ignominia mittatur; si nihil tale praetendat, capite puniatur*". (Dig. *de re militari*, 1. 6, § 7). E ainda: "*Miles, qui sibi manus intulit, nec factum peregit, nisi impatientia doloris, aut morbi lactusve alicujus, vel alia fecerit, capite puniendus est: alias cum ignominia mittendus est.* (Dig. *de poenis, l.* 38, § 12.) Por último: "*Sic autem hoc distinguitur, interesse, qua ex causa, quis sibi mortem conscivit: sicuti cum quaeritur, an is qui sibi manus intulit, et non perpetravit, debeat punire, quasi de se sententia detulit? Nam omimodo puniendus est, nisi taedio vitae, vel impatientia alicujus doloris coactus est hoc facere. Et merito, si sine causa sibi manus intulit, puniendus est: qui enim sibi non pepercit, multo minus alii parcet*". (Dig. *ad legem Aquiliam, l,* 13.)
Na Inglaterra, a tentativa de suicídio é punida como *misdemeanor indictable*, e o mesmo acontece em alguns Estados da União norte-americana. O Código Penal boliviano contém estes interessantes dispositivos: "Art. 519. *La tentativa de suicidio en el 2° caso del artículo* 37 (desistência voluntária) *no será castigada, y en* el 1° (involuntária não consumação) *será reprimida con el arresto de un mes a un año en un hospital, y con la sugeción a la vigilancia especial de su administrador y de su médico por el mismo tiempo*". "Art. 520. *Los réos que fueren sorprendidos en la tentativa* de suicidio, *según el artículo precediente, serán reprimidos en la carcel* o *establecimiento donde se hallen, conforme a la disposición del mismo artículo*".

não é incriminável o suicídio, não quer isto dizer que se não deva ou que se não possa punir a contribuição moral ou material para o suicídio de outrem. Embora não diretamente punível, por motivos óbvios, na pessoa do suicida, não deixa o suicídio de ser um fato ilícito ou antijurídico, pois representa um mal social: é, sem dúvida alguma, uma ação contrária aos interesses morais e demográficos do Estado. A repressão da intencional participação em suicídio é, portanto, politicamente justificável, e a pena, em tal caso, pode ser plenamente atuada na sua finalidade.

Não tem consistência alguma o chamado *direito* de *morrer.* Postulava-o Ferri, sustentando a tese de que o homem pode livremente renunciar a vida, de modo que, na hipótese de participação em suicídio (como na de homicídio do *consensiente),* por isso mesmo que intervém o *consentimento* do titular do direito, não deve interferir a lei penal *(volenti et consensiente non f it injuria),* desde que o participante não tenha procedido por um motivo ilícito ou antissocial. Eis textualmente a conclusão de Ferri: [5] *"Dato che il suicidio* e *un atto giuridicamente lecito, la participazione ad esso è pure giuridicamente lecita, perche non sai determinata da motivi antigiuridici, illegittimi, antisociali".* O insigne corifeu da Escola Positiva partia, porém, de uma premissa falsa, qual a de um *direito à vida,* de irrestrita disposição do indivíduo. A vida de um homem não pertence a ele só, mas também ao agregado social. Não há direito subjetivo individual que não depare limite no *interesse* ou *utilidade* do corpo social. Ora, toda existência humana é uma parcela de sinergia na consecução dos fins da coletividade. O pretenso direito absoluto do indivíduo sobre si mesmo é uma concepção incompatível com a noção mesma do que seja direito, pois equivaleria a afirmar-se a possibilidade de um direito *associal,* exercendo-se sem a *relatio ad alteros.* Como adverte Jellinek, o homem não pode ser objeto de direito em face de si mesmo. O chamado *jus in se ipsum* redunda num contrassenso jurídico.

O direito, como *proportio hominis ad hominem* (na famosa expressão de Dante), importa, necessariamente, a relação com um *alter* ou uma coisa distinta do "eu". A vida não é um bem que se aceite ou se abandone *ad libitum.* Só se pode renunciar ao que *se possui,* e não também ao que *se é.* O *direito* de *viver* não é um direito *sobre* a vida, mas *à* vida, no sentido de correlativo da obrigação de que os outros homens respeitem a nossa vida. E não podemos renunciar ao direito à vida, porque a vida de cada homem diz com a própria existência da sociedade e representa uma função social. Admitido, *per absurdum,* que o suicídio fosse o exercício de um direito, ter-se-ia de chegar à estranha conclusão de que, se vingasse o pessimismo de Schopenhauer, de

5 *L'omicidio-suicidio,* p. 527.

que a vida não vale a pena de ser vivida *("das Leben ein Geschäft ist, das nicht die Kosten decken")*, o Estado não poderia intervir coativamente no sentido de impedir uma epidemia universal de suicídios, ainda que esta ameaçasse a própria existência da humanidade. Eis a lição de Arturo Rocco:[6] "... se pode existir um *direito* à vida, isto é, um direito a não ser privado da vida por outrem, não existe, porém, certamente, um *direito sobre a própria vida,* isto é, um direito de dispor da própria existência e, consequentemente, de consentir na própria ocisão". E continua o insigne penalista, referindo-se à participação no suicídio alheio: "A participação em suicídio é, portanto, um crime, porque é participação em um fato (suicídio) que, se não é crime, não é, entretanto, um ato *juridicamente* " *lícito,* e não é lícito precisamente porque não é o exercício de nenhum direito subjetivo (sobre a própria vida)".

Que o suicidio não é um fato juridicamente lícito, de modo a tornar ilegítima a incriminação da participação nele, está a demonstrá-lo, indiretamente, o art. 146, § 3º, n. II, do nosso atual Código, que declara não constituir crime de *constrangimento ilegal* "a coação exercida para impedir suicídio".

García Pintos,[7] para combater a tese positivista de que o suicídio é um direito, pretende, depois de evidenciar o *seu* contrassenso sob o ponto de vista jurídico, que o suicídio é um simples *tato* e, o que é mais, *sempre patológico.* É o ponto de vista dos psiquiatras, desde Esquirol e Falret. "Dizer – "tenho direito ao suicídio" - observa o escritor uruguaio – "tem tanto sentido quanto dizer: tenho direito à hemorragia de uma úlcera de estômago".

Repelindo a teoria sociológica do suicídio, defendida por Durkheim e Halbwachs, segundo a qual o suicídio é a resultante de uma "desintegração"[8] da vida social ou uma "inadaptação" a ela, os psiquiatras asseguram que 90% dos suicídios são imputáveis à *ciclotimia* e os 10% restantes a uma *depressão constitucional.* A ciclotimia e a depressão dos hiperemotivos constitucionais são, segundo explica García Pintos, com apoio na autoridade de Fleury e

6 *L'oggetto del reato,* p. 16-17.

7 *El respeto a la vida,* p. 42 e ss.

8 Segundo Durkheim *(El suicidio),* o suicídio é um fenômeno ou "entidade" social, que depara sua causa ora no *egoísmo,* ora no *altruísmo,* ora em elementos variáveis ou esporádicos, de natureza exógena. O *suicídio egoístico* resulta de uma afirmação do eu individual em face da sociedade e em prejuízo desta. Há individualidades desmedidas que, rompendo todo vínculo de solidariedade, se *desintegram* do tipo social a que pertencem. O *suicídio altruístico,* ao contrário, é um excesso de integração. Produz-se por uma superação da conduta média social: é um excesso de valor ou de fé, uma demasia do sentimento do dever. Finalmente, o *suicídio anômico* é o que carece de regra e de princípio, encontrando sua origem em bruscos transtornos do corpo social ou do núcleo familiar, produtivos de crises agudas.

Delmas, o terreno em que germina a *angústia*, de que é epílogo o suicídio. O impulso para o suicídio não seria mais do que o epifenômeno de uma psicopatia ou de um estado constitucional propício à *angústia*, que é a exaltação, elevada ao máximo, da emotividade humana.

No seu unilateralismo, é inaceitável a tese psiquiátrica. Ressente-se ela da tendência dos psiquiatras para ligarem ao *patologismo* todos os atos humanos que fogem à rigorosa pauta do *homo medius*. Sem dúvida, o suicídio é um ato anormal. Tem razão Max Nordau,[9] quando diz que o "suicídio é um *paradoxo*: quando não seja o resultado do obscurecimento momentâneo da consciência, é ato irracional de defesa da vida contra perigos que a ameaçam; matam-se muitos quando temem um mal físico ou moral, quando receiam dificuldades de existência... Todo suicídio tem em si alguma coisa de moralmente parecido com o gesto do soldado que se mata antes da batalha, porque está dominado pelo temor dos perigos; não se mata, pois, por desgosto da vida ou por indiferença pela morte, mas, ao contrário, pela sequência do desejo de viver até o ponto de perda total do raciocínio". Não se segue daí, porém, que o suicídio há de ser sempre a expressão de um psiquismo constitucionalmente anormal. É o próprio García Pintos que fornece um argumento decisivo para a rejeição do radicalismo da tese psiquiátrica: "Se é certo que nem todos os que padecem grandes infortúnios se matam, porque nem todos são ciclotímicos ou propícios à angústia patológica, é também certo que nem todos os ciclotímicos se matam em face do insucesso ou do infortúnio". Ora, a única ilação lógica a tirar daí será que não existe uma relação *necessária* entre a ciclotimia ou a angústia patológica e o suicídio. A tese psiquiátrica, se transplantada para o campo jurídico, redundaria numa extravagância. A admitir-se como exata a afirmação de Juarros, de que "o são de espírito não se suicida nunca", ou a de Esquirol, de que "o suicídio é um episódio de uma das várias classes de loucura", ter-se-ia igualmente de admitir que a participação em suicídio não devia constituir uma entidade criminal *sui generis*, mas uma modalidade de *homicídio*, pois o suicida, agindo inconscientemente, não seria mais do que um títere, um *instrumento* de que se serve o participante.

Nem a tese psiquiátrica, nem a tese sociológica explicam, por si sós, a etiologia do suicídio. É este, certamente, um produto complexo de fatores *sociais* ou exógenos e fatores *individuais*, endógenos ou psicofisiológicos,[10] que não são *necessariamente* patológicos.

---

9 *Mentiras convencionais*, p. 44.

10 Ruiz Funes, *Etiologia del suicidio en Espana;* Morselli, *L'uccisione pietosa.*

Se a tese psiquiátrica explica, por exemplo, o suicídio de *menores,*[11] não explica o suicídio ético, por motivo de honra ou por dever,[12] o *harakiri* etc. A psicopatia ou anormalidade psíquica será a causa de uma certa *species* de suicídio, mas não a causa genética universal dos suicídios. Pode-se continuar afirmando que o suicídio não é, de regra, um mero *fato,* ou um fato desprovido de cor ético-jurídica. O impulso que leva ao suicídio não exorbita da psicologia normal – o que não importa negar que, às vezes, é o gesto de um louco. E, assim, não há por que deixar de considerá-lo como ato merecedor da reprovação da moral e do direito. Do direito, sim; porque o sacrifício da própria vida excede a atividade juridicamente lícita do indivíduo. O direito à vida está protegido por normas jurídicas: é uma entidade jurídica objetiva, desde que sobre ela pode incidir uma relação tutelável pela lei. Não sendo, nessa relação jurídica, separável o *sujeito* do *objeto,* fica este excluído do âmbito de disposição do seu titular. *Direito à vida* não quer dizer *direito de morrer.* Em cada vida humana insere-se uma função social, um interesse coletivo. A vida é *res extra commercium,* inalienável, irrenunciável por parte do indivíduo. Sendo inegável a antijuridicidade do suicídio, perfeitamente legítima é a incriminação da participação no suicídio, desprovido de qualquer valor, na espécie, o *consentimento* do *subjectum juris.*

**43. Configuração legal do crime de participação em suicídio.** Para bem identificar-se o crime previsto no art. 122, cumpre, antes de tudo, fixar o conceito jurídico do suicídio. É este a eliminação *voluntária* e *direta* da própria vida. Para que haja suicídio, é imprescindível a intenção positiva de despedir-se da vida.

---

11 García Pintos fala também nas *famílias de suicidas;* mas a verdade é que nem mesmo está comprovada a transmissão hereditária do temperamento e das tendências.

12 Exemplo frisante foi o suicídio do comandante do couraçado alemão *Grat Spee,* depois que este fora por ele entregue às autoridades argentinas. Pode ser igualmente citado o caso de Balmaceda, que se matou, quando presidente da República chilena, por ter sido derrotado por seus adversários políticos. Outro caso típico foi o do suicídio do Presidente Getúlio Vargas, para não sofrer o vexame de uma renúncia sob a coação das Forças Armadas. Na Alemanha de Hitler, proclamava-se a licitude da participação no suicídio por dever. Gleispach, relembrando o famoso caso do coronel austríaco Redl (tendo sido este suspeitado de espionagem a favor da Rússia, alguns colegas seus o atraíram a uma estalagem e, obtida a sua confissão, deixaram-no a sós num quarto, onde, sobre uma mesa, haviam colocado uma pistola *Browning,* com uma nota explicativa do respectivo manejo, e o coronel, pouco depois, matava-se com uma bala no ouvido), afirma: "Quem impele ao suicídio um criminoso de tal espécie não é punível, se agiu somente por motivo honroso". *("Wer einen Verbrecher solcher oder ähnlicher Art zum Selbstmord treibt, sol nicht strafber sein, wen er nur aus ehrenhaften Beweggründen gehandelt hat.")*

Não é suicidio, por exemplo, o ato do herói que, na defesa da pátria ou de um ideal, se lança a um perigo certo e é sacrificado. O suicídio é um fim em si mesmo: o suicida mata-se porque não quer viver. O que a lei penal incrimina não é a participação em suicídios chamados tais por metáfora, mas em suicídios autênticos.

Três são as formas do crime em questão: o *induzimento,* a *instigação* e o *auxílio.* Quase nenhuma é a diferença entre *induzir* e *instigar. Induzir* significa persuadir ou levar alguém a praticar algum ato. *Instigar,* além desse mesmo significado, encerra também o de acoroçoar um desígnio. O *induzimento* pressupõe a *iniciativa* na formação da vontade de outrem, enquanto a *instigação* pode ter um caráter *secundário* ou *acessório,* ou de adesão e estímulo a um propósito já concebido, para afastar qualquer hesitação ou perplexidade. *Auxiliar,* finalmente, é prestar assistência material, é *facilitar* a execução de um ato. Deve entender-se que o *auxílio,* na espécie, é prestado conscientemente no sentido de favorecer a execução do suicídio, mas sem confundir-se com esta. Se há *cooperação* direta no ato executivo do suicídio, o crime passa a ser o de *homicídio.* Homicida foi Epafrodito, ao impelir a mão trêmula de Nero, enquanto este lamentava que o mundo perdesse um grande artista... Homicida será, também, por exemplo, aquele que puxa a corda ao que quis enforcar-se, ou segura a espada contra a qual se lança o desertor da vida. O *auxílio* é eminentemente *acessório,* limitando-se o agente, *in exemplis,* a fornecer meios (a arma, o veneno etc.), a ministrar instruções sobre o modo de empregá-los, a criar as condições de viabilidade do suicídio, a frustrar a vigilância de outrem, a impedir ou dificultar o imediato socorro.

A prestação de auxílio pode ser *comissiva* ou *omissiva.* Neste último caso, o crime só se apresenta quando haja um *dever jurídico* de impedir o suicídio. Exemplo: o pai deixa, propositadamente, que o filho menor, acusado de um fato desonroso, ponha termo à vida; o indivíduo que seduziu uma jovem e a abandonou em estado de gravidez assiste, impassível, ao seu suicídio; o diretor da prisão deliberadamente não impede que o sentenciado morra pela *greve da fome;* o enfermeiro que, percebendo o desespero do doente e seu propósito de suicídio, não lhe toma a arma ofensiva de que está munido e com que vem, realmente, a matar-se. Já não se apresentará, entretanto, o crime, por exemplo, no caso da moça que, não obstante o protesto de suicídio da parte de um jovem sentimental, deixa de responder-lhe a *missiva de paz* e dá causa, assim, a que o tresloucado se mate. Não há, aqui, o descumprimento de um dever jurídico.

Comentando o Código Penal argentino (que, como o nosso, fala em *auxiliar* a execução do suicídio de outrem, diversamente do Código italiano, que usa da expressão "facilitar de qualquer modo a execução"), Eusébio Gómez entende que a participação por *auxílio* há de ser sempre *comissiva.*

Discordamos desse ponto de vista, pois deixar de impedir um evento, que se tem o dever jurídico de evitar, é, sem dúvida alguma, *prestar auxílio* (contribuir, concorrer) para o seu advento. Em face do art. 11 do Código brasileiro, que não distingue entre *causa* e *condição,* tal conclusão é irretorquível.

Em qualquer das formas de participação em suicídio, basta, para existência do crime, que a ação moral ou material do culpado tenha sido um *coeficiente causal* do estado de consciência, que levou ao suicídio, ou da realização deste. Pouco importa, para a participação moral, que o suicida já tivesse o propósito sinistro, limitando-se o agente a reforçá-lo ou a remover alguma dúvida ainda existente no espírito daquele. Também não é necessário que o induzimento ou instigação se faça *aberta* ou *ardilosamente.*

Assim, há induzimento a suicídio no seguinte caso figurado por Manzini:[13] dois cônjuges mutuamente se juram que um não sobreviverá ao outro e, depois de algum tempo, o marido (que, na realidade, queria desfazer-se da esposa) ausenta-se e faz com que seja levada a notícia de sua morte à crédula mulher, que, fiel ao juramento, se suicida.[14] Também induzimento a suicídio são os maus-tratos reiteradamente infligidos a alguém, vindo este a matar-se de desespero, uma vez que haja o dolo, direto ou eventual, específico do crime, isto é, a intenção ou aceitação do risco de que a vítima se suicide. Induzimento ou instigação será, igualmente, a *coação resistível* (pois, se *irresistível,* o crime será *homicídio).* O próprio fato de fornecer meios, vindo, porém, o suicida a servir-se de outros, pode ser considerado instigação, se se apura que tal fornecimento contribuiu para reforçar o propósito do suicida. Sugestões, exagerada ou tendenciosa representação de males ou perigos, conselhos, mandato, súplicas, tudo isso pode ser induzimento ou instigação. Por induzimento a suicídio responderá, sem dúvida, o sobrevivente no chamado *duelo à americana,* isto é, ajustado suicídio mediante sorteio ou deixada ao azar a escolha dentre duas armas de fogo, uma só das quais está carregada. A hipótese é especialmente prevista nos Códigos húngaro e polonês. Dispõe o primeiro no seu art. 283, 2ª alínea: "Se duas pessoas combinam que uma delas se suicidará, de modo predeterminado e dependente de sorte, e é executada, em consequência disso, a ação dirigida ao suicídio, ficam ambas, se não se segue a morte, sujeitas a pena de prisão por um até

13 *Trattato,* v. VIII, p. 90, nota 1.

14 Se o ardil é empregado para o fim de que a pessoa se mate sem querer, há homicídio. Exemplo: enganar alguém que um revólver está descarregado e fazer com que ele o aponte para o próprio coração e dê ao gatilho.

cinco anos; mas, se ocorre a morte, será o sobrevivente punido com prisão por cinco até 10 anos".[15]

É preciso que o induzimento ou instigação se dirija a pessoa *determinada*. Assim, não será réu de participação em suicídio o jornalista ou escritor que faz a apologia do suicídio e dá causa a que algum leitor, sugestionado, se mate.

O crime em questão é de *conteúdo variado (Mischtatbestand,* como dizem os autores alemães), isto é, há mais de uma forma típica do seu elemento de fato (legalmente equiparadas umas às outras); mas, se o agente, além de *induzir* ou *instigar, presta,* em seguida, *auxílio* ao suicídio, não há dualidade de crime, mas um crime só, ressalvada ao juiz apenas a faculdade de, ao aplicar a pena *in concreto,* levar em conta essa duplicidade de ação criminosa. É a justa lição de Hafter: "O agente que primeiramente induziu ao suicídio e, a seguir, ainda prestou auxílio, não é punível duas vezes. Apesar de pluralidade de ação, não é de admitir-se um concurso material, porque somente um foi o resultado criminoso que sobreveio. Se o agente obtém o resultado com vários atos, ao invés de um só, será isso apenas indício da intensidade do seu dolo – o que deverá ser tomado em conta na medida da pena".[16]

**44. Condição de punibilidade da participação em suicídio.** Por vezes, a lei penal, ao incriminar um fato e cominar a pena correspondente, condiciona a imposição desta a um determinado acontecimento. Chama-se a este *condição de punibilidade (Bedingung der Strafbarkeit).* O crime se *consuma* com a ação ou omissão descrita no preceito legal, mas a punição fica subordinada ao advento (concomitante ou sucessivo) de um certo resultado de dano,[17] ou a um *quid pluris* extrínseco (como, por exemplo, a *queixa* nos crimes de ação privada). É o que acontece com o crime de participação em suicídio: embora o crime se apresente consumado com o simples induzimento, instigação ou

15 *"Haben jedoch zwei Personen verabredet, dass es auf eine im vorhinein bestimmte Weise von Lose abhängig gemacht werde welche von ihnen zum Selbstmörder werden soll, und wurde injolge dessen die auf den Selbstmord gerichtete Handlung ausgeführt, so ist, wenn der Tod nicht erfolgte, gegen beide auf Staatsgefängnis von einem bis zu fünf Jahren zu erkennen. Ist aber der Tod eingetreten, so der wird Uberlebende mit Staatsgefangnis von funf* bis *zu zehn Jahren bestraft."* O Código polonês (art. 229) assim declara: *"Celui qui conclut un contract d'après lequel le sort décide lequel des contractants doit* se *donner la mort est puni r'un emprisonnement jusqu'à* 5 *ans.*

16 *Schweizerisches Strafrecht* (parte especial), 1º v., p. 28.

17 Contra a opinião de que o evento lesivo, em nexo causal com a ação ou omissão e condicionante da sanção penal, seja propriamente *condição de punibilidade,* manifesta-se Alimena (Francesco), *Le condizioni di punibilità,* p. 105 e 114.

prestação de auxílio, a punição está condicionada à superveniente *consumação* do suicídio ou, no caso de mera tentativa, à produção de *lesão corporal de natureza grave* na pessoa do frustrado desertor da vida. Se não se segue, sequer, a tentativa, ou esta não produz lesão alguma ou apenas ocasione uma lesão de natureza leve, a participação ficará impune. Em face do Código revogado, a participação em suicídio só era punível quando o suicídio se consumava. É, portanto, uma inovação do atual Código a punibilidade desse crime, mesmo no caso de simples tentativa do suicídio, desde que desta resulte lesão corporal grave, isto é, qualquer das lesões previstas nos §§ 1º e 2º do art. 129.

**45. Impossibilidade jurídica da tentativa.** O crime de participação em suicídio não admite tentativa. Ao contrário do que opinam Romeiro, Macedo e Galdino Siqueira, não ocorre esta na hipótese de frustração do gesto de desespero do candidato ao suicídio. A materialidade do crime em apreço (é a exata lição de Vannini) exaure-se com o fato mesmo do induzimento, instigação ou auxílio ao suicídio, e nisto se concretiza o "fato contrário à lei penal", embora a sua punibilidade fique subordinada a uma superveniente condição objetiva, isto é, o efetivo suicídio do induzido, instigado ou auxiliado, ou produção de lesão grave à sua integridade física ou saúde, resultante da ação dirigida ao suicídio.

O induzimento, a instigação ou o auxílio, já precedentemente *exauridos*, não podem *desacontecer parcialmente (factum infectum fieri nequit)*, passando a *começo de execução* de si mesmos, quando venha a frustrar-se o gesto suicida. Mas, ainda que pudesse ser admitido semelhante absurdo, não se pode abstrair que o crime não é o evento "suicídio" visado pelo réu, mas o fato de induzir, *instigar* ou *prestar auxílio* ao suicídio. Se este não ocorre, tais atos tornam-se penalmente indiferentes. Falar-se em tentativa na espécie é o mesmo que admitir-se tentativa *punível* de um *fato não punível.*

**46. Suicídio a dois.** Hipóteses interessantes podem ocorrer em torno ao chamado suicídio *a dois.* Suponha-se que João e Joaninha, contrariados no seu recíproco amor, resolvam matar-se, instigando-se mutuamente. De acordo com o ajustado, João desfecha um tiro contra Joaninha e, em seguida, outro contra si próprio, mas acontecendo que um deles sobrevive. Se o sobrevivente é João, responde este por crime de *homicídio;* se, ao contrário, é Joaninha quem escapa, responderá esta por *instigação a suicídio.* Se João, ao invés de ter atirado contra Joaninha, limitou-se a fornecer a arma com que ela veio a matar-se, responderá por *auxílio a suicídio.*

Suponha-se, agora, que tivessem preferido morrer mediante asfixia por gás carbônico, e enquanto um abria o bico de gás, o outro calafetava as frinchas do compartimento. Se qualquer deles sobrevive, responderá por *homicídio,* pois concorreu materialmente no *ato executivo* da morte do outro. Se ambos sobrevivem, responderão por tentativa de homicídio. No caso em que somente um deles tivesse calafetado as frestas e aberto o bico de gás, responderá esse, na hipótese de sobrevivência de ambos, por tentativa de homicídio, enquanto o outro responderá por instigação a suicidio.

**47. Agravantes especiais.** A pena cominada à participação em suicídio é duplicada "se o crime é praticado por motivo egoístico" ou "se a vítima é menor ou tem diminuída, por qualquer causa, a capacidade de resistência".

*Motivo egoístico* é todo aquele que diz com o propósito de obtenção de uma vantagem pessoal. Age por motivo egoístico tanto aquele que induz, instiga ou ajuda o suicídio de outrem, colimando o recebimento de uma herança ou de um seguro, quanto aquele que o faz visando à eliminação de um rival em amores ou um competidor em negócios.

Quanto à segunda agravante especial, deve entender-se que o "menor" a que se refere o texto legal é aquele que já possui um certo entendimento, pois, do contrário, o crime a identificar-se será o de *homicídio.* Esta interpretação é confirmada pela última parte do inciso, que fala em pessoa que tem *diminuída* a capacidade de resistência, isto é, resistência *moral.* Ora, o *infans* não tem capacidade alguma de resistência moral, como não a têm, no caso do art. 22 do Código, os loucos, os idiotas, os sonâmbulos, os atacados de delírio febril. É preciso, para o reconhecimento da agravante, que o induzido ou auxiliado não seja um instrumento passivo, um súcubo à inteira mercê de um íncubo, pois, em tal caso, como diz Alimena, o suicida não é mais do que a *longa manus* do agente, e deve ser reconhecido, não o crime de participação em suicídio, mas um autêntico homicídio.

**INFANTICÍDIO**

**Art. 123.** *Matar, sob a influência do estado puerperal, o próprio filho, durante o parto ou logo após;*
*Pena – detenção, de dois a seis anos.*

**DIREITO COMPARADO.** Códigos: suíço, art. 116; peruano, art. 155; argentino, art. 81, 2º; italiano, art. 578; francês, arts. 300 e 302 (modificado pela Lei de 21.11.1901); alemão, § 217; dinamarquês, art. 238; húngaro, § 284; norueguês, art. 234; uruguaio, art. 313; espanhol, art. 410; holandês, art. 290; português, art. 356; polonês, art. 226; chileno, art. 394; mexicano, arts. 325 a 328; Inglaterra, *Infanticide Act,* de 1927; venezuelano, art. 413;

uruguaia, art. 313; paraguaio, arts. 347 e 348; colombiano, art. 369; cubano, art. 438; equatoriano, art. 429.

**BIBLIOGRAFIA.** Gautier, *in Protokoll der zweiten Expertenkommission* (do projeto de Código Penal suíço), v. II, p. 176; Hafter, lit. já cit.; Thormann e Overbeck, lit. já cit.; Gleispach, *Kindesmord (Infanticídio)*, in *Handwörterbuch der Kriminologie* de Elster; Ebermayer, *Kindestötung, in Handwörterbuch der Rechtswissenschaft,* de Stier- Somlo-Elster; Krafft Ebing, *Stati d'incoscienza morbosa in rapporto col parto.* in *Trattato di Medicina Legale* de Maschka, trad. ital. de Bianchi e Meyer, v. 4, 1889; Beccaria, *Des délits et des peines,* trad. francesa de Dufey. 1821; Impallomeni, lit. cit., Vannini, *Il delitto* di omicidio, p. 89 e segs.; Alimena (Bernardino), lit. cit., Irureta Goyena, lit. cit., Manzini, lit. cit., Euzébio Gomes, lit. cit., Stoppato, *Infanticidio e procurato aborto,* 1887; Saltelli di Falco, lit. cit.; Altavilla, *Delitti contro la persona.* p. 134 e ss.; Civoli, lit. cit.; Janniti Piromalo, *in Il Codice Penale illustrato* de Ugo Conti, v. III; Longo, *Commento,* v. ll; Falchi, lit. cit.; Pannaim, *Infanticidio,* in *Nuovo Digesto italiano;* Brouardel, *L'Infanticide,* 1897; Bovensieger, *Der Kindermord und sein Bestrafung* (O *infanticídio e sua punição),* in *Archiv f. Kriminologie,* 1923, p. 75; Maggiore, lit. cit.; Kronauer, *Protokoll* sobre o projeto suíço; Delaquis, *idem*; Mário Carrara, *Medicina Legale,* 1938, n, p. 200 e ss.; Westphal, in *Trattato di psichiatria* de Biswanger e Siemerling, trad. Ital. De Dalma, 1927; Kraepelin, *Trattato* di *psichiatria;* Hoffmann e Ferrari, *Trattato de medicina legale,* 1914; Nerio Rojas, *Medicina legal,* 1936; Pellegrini, *Trattato di medicina legale,* 1932; Leoncini, in *Trattato de med. legale* de Borri-Cevidalli-Leoncini, v. III, 1924; Vallejo Nágera, *Psicosis sintomáticas,* 1941; Ciampolini, *Sessualità e medicina legale,* 1936; Sousa Lima, lit. cit.; Galdino Siqueira, lit. cit.; Madureira de Pinho, *Algumas inovações do novo código penal,* in *Jornal* do *Comércio* de 2.11.41; Leonídio Ribeiro, O *novo código penal* e *a medicina legal,* 1942; Fávero, ob. cit.; Sales (Nilton), O *infanticídio na legislação brasileira,* 1945; Cruz de Vasconcelos, Do *infanticídio,* 1946; Almeida Júnior, *Lições de medicina legal, 1948.*

## COMENTÁRIO

**48. Histórico.** O direito romano da época avançada incluía o infanticídio entre os crimes mais severamente punidos, não o distinguindo do homicídio. Se praticado pela mãe ou pelo pai, constituía modalidade do *parricidium* e a pena aplicável era o *culeus,* de arrepiante atrocidade: "*Alia deinde lex asperrima crimen nova poena persequitur, quae Pompeia de parricidis vocatur. Qua cavetur ut, si quis parentis, vel filii, aut omnino adfectionis ejus quae muncupa-*

*tione parricidii continetur, fata properavit, sive clam sive palam id ausus fuerit: nec non is cujus dolo malo id factum est, vel conscius criminis existit, licet extraneus; sit, poena parricidii puniatur, et neque gladio neque ignibus neque ulla alia solemni poena subjiciatur: sed insutus culeo cum cane et gallo gallinaceo et vipera et simia, et inter eas ferales angustias comprehensus, secundum quod regionis qualitas tulerit, vel in vicinum mare vel in amnem projiciatur; ut omnium elementorum usu vivus carere incipiat, et ei coelum superstiti et terra mortuo auferatur". (Inst., 4. 18. 6.)*

Na Idade Média, também não se diferençava entre infanticídio e homicídio: "*Si quis infantem necaverit, ut homicida teneatur*" (Baluzio). O direito estatutário escolhia para os infanticidas as penas mais graves. Segundo informa Julius Clarus, "*imposita est occidentibus liberos poena, ut trahantur ad caudam equi, et deinde rotae lignae intexantur*".

A Carolina (Ordenação penal de Carlos V) assim dispunha: "As mulheres que matam secreta, voluntária e perversamente os filhos, que delas receberam vida e membros, são enterradas vivas e empaladas, segundo o costume. Para que se evite o desespero, sejam estas malfeitoras afogadas, quando no lugar do julgamento houver para isso comodidade de água. Onde, porém, tais crimes se dão frequentemente, permitimos, para maior terror dessas mulheres perversas, que se observe o dito costume de enterrar e empalar, ou que, antes da submersão, a malfeitora seja dilacerada com tenazes ardentes".

A começar do século XVIII, entretanto, operou-se um movimento, entre os filósofos do direito natural, no sentido do abrandamento da pena do infanticídio. Sob o influxo das novas ideias, as legislações passaram a considerar o infanticídio, quando praticado *honoris causa* pela mãe ou parentes, como um *homicidium privilegiatum*. Foram pioneiros desse critério legislativo, inaugurado pelo Código austríaco de 1803, Beccaria e Feuerbach. Somente o Código Napoleônico de 1810 e a lei inglesa continuaram mantendo na espécie a pena capital. O primeiro, porém, foi alterado por uma lei de 21 de novembro de 1910, que atenuou a pena de modo geral: "*Toutefois la mère, auteur principal ou complice* de *l'assassinat ou du meurtre* de *son enfant nouveau-né sera punie, dans le premier cas, des travaux forcés à perpetuité, et dans le second cas, des travaux forcés à temps*".

Na Inglaterra, segundo atestava o *Infanticide Act* de 1927, ainda persistia até data recente a intolerância antiga, mas, atualmente, está confinada a casos especialíssimos a aplicação da pena de morte.

No Brasil, já o Código de 1830, depois de abrandar, *in genere*, a pena do infanticídio, dispunha: "Se a própria mãe matar o filho recém-nascido para ocultar sua desonra: pena – de prisão com trabalho por 1 a 3 anos" (devendo notar-se que a pena cominada ao homicídio era, no máximo, a de morte; no médio, a de galés perpétua, e, no mínimo, prisão com trabalho por 20 anos). O Código de 90, imitando o do Império e o Código português, destacava o infanticídio como figura delituosa *sui generis,* sem, entretanto, limitar o *privilegium* à hipótese da *causa honoris.* Segundo o seu art. 298, o infanticídio consistia em "matar recém-nascido, isto é, infante, nos sete primeiros dias do seu nascimento, quer empregando meios diretos e ativos, quer recusando à vítima os cuidados necessários à manutenção da vida e a impedir sua morte". O legislador de 90 não percebeu que, com a adoção desse conceito genérico ou irrestrito, tornava injustificável a distinção entre infanticídio e homicídio, para incorrer, em seguida, no chocante absurdo de cominar contra o primeiro, ainda quando não perpetrado *honoris causa,* somente a pena aplicável ao homicídio simples, isto é, seis a 24 anos de prisão celular. Era, positivamente, o critério de dois pesos e duas medidas. Como justamente ponderava Durão, "o homicídio do recém-nascido, quer o cometam os pais, quer os parentes ou estranhos, não difere do homicídio do adulto, podendo ser, como este, qualificado, agravado e atenuado, segundo as modalidades que revestir, salvo a hipótese de ser praticado *causa honoris*". Não se esquecera, porém, o antigo Código do caso em que ocorre o motivo de honra (que só pela mãe podia ser invocado). Em tal caso, a pena era grandemente diminuída: "Se o crime (infanticídio) for perpetrado pela mãe, para ocultar desonra própria: pena – de prisão celular por três a nove anos".

O Projeto Galdino Siqueira não considerava o infanticídio crime autônomo, mas *homicídio atenuado:* "Se o crime (homicídio) tiver sido cometido contra recém-nascido, isto é, criança no momento do seu nascimento ou logo depois, e pela própria mãe, para ocultar desonra: pena – detenção por dois a oito anos".

O Projeto Sá Pereira, ao configurar o infanticídio como crime autônomo, seguira o exemplo do projeto de Código suíço de 1916 (art. 107): "Aquela que, durante o parto, ou ainda sob a influência do estado puerperal, matar o filho recém-nascido, será punida com prisão até 3 anos, ou com detenção por 6 meses, no mínimo".

O Projeto Alcântara, em suas várias edições, retornava ao critério tradicional da *causa honoris,* ampliando o *privilegium* em favor de outras pessoas além da mãe: "Matar infante, durante o parto ou logo depois deste, para ocultar a desonra própria ou a de ascendente, descendente, irmã ou mulher: pena – detenção ou reclusão por dois a seis meses".

**49. O estado puerperal como causa autônoma de perturbação psicológica.** As considerações que, nos tempos modernos, prevaleceram no sentido de destacar-se o infanticídio como um *delictum exceptum* (quando praticado pela própria mãe), ou merecedor de benigno tratamento penal, em cotejo com o homicídio, são de duas espécies: umas atendem a um ponto de vista puramente *psicológico,* outras se fundam no estado *fisiopsíquico* da mulher parturiente. As primeiras levam a atenuar a pena somente no caso em que intervém o *motivo de honra,* isto é, somente na hipótese de gravidez ilegítima: o obsedante receio da descoberta do seu erro, que a sociedade não perdoa, cria na mulher engravidada fora do matrimônio (ou por indissimulável adultério), e que ainda não perdeu o pudor, um verdadeiro *estado de angústia,* em que, gradativamente, se lhe vai apagando o próprio instinto de piedade para com o fruto do seu amor ilegítimo. É o drama íntimo da desventurada moça seduzida, que, um dia, se surpreende grávida. Descreve-o, com viva eloquência, Miguel Longo: "A princípio, consegue esconder a prova do pecado, e leva uma existência de sobressaltos e forçadas reservas; mas, pouco a pouco, cresce o perigo da publicidade, e a infeliz começa a perder até a coragem de simular um sorriso. Seu ânimo é possuído de agitações convulsivas, desorientações, desequilíbrio de sentimentos e de ideias. As próprias carícias prodigalizadas por seus desvelados pais são causa de remorso, são novos abalos ao periclitante domínio da razão, às dolorosas arritmias do coração, e entrementes, de longe, apavorante como um espectro, vem-se aproximando, minaz, de dia em dia, de hora em hora, o momento fatal em que a desgraçada já não pode esconder a própria vergonha à família, aos parentes, ao público; e torna-se deprimida, aviltada sob o íncubo medonho que não a abandona, de dia ou de noite, até mesmo nos poucos momentos de repouso que lhe são concedidos pela fadiga, pela exaustão, pela absorvente angústia. É um abismo de trevas, de tempestades, de imperscrutáveis mistérios que se cava naquela alma; a piedade, até a piedade lhe é negada, porque pedi-la é vergonha, merecê-la é desonra, esperá-la é sinal de maior humilhação da dignidade e do decoro pessoal! E chega o dia fatal, e a hora se aproxima: à agitação sucede o desvairo, o desatino do náufrago à procura, na desesperada agonia, de uma tábua de salvação; enfim, a surpresa do parto tira à infeliz o último raio de luz mental, o derradeiro baluarte de defesa, a esperança de um remédio imprevisto; e ela, num momento reativo de conservação instintiva, é impelida, automaticamente, a suprimir a prova da vergonha, do erro infamante, da desonra... e o infanticídio se consuma! A lei escrita pedirá contas a essa mulher, como autora de um crime; mas a lei moral dirá aos seus juízes: acima e além dos códigos há a lei da necessidade, a *infelicitas fati,* o império inelutável das fatais contingências da vida".

Já Beccaria dissertava a respeito do infanticídio: "È *effeto d'una inevitable contradizione in cui è posta uma persona, che per debolezza o per violenza abbia caduto. Chi trovasi tra l'infamia e la morte di un essere incapace di sentirne il male, come non preferirà questa alla miseria infallibile a cui sarebbero esposti ella e l'infelice frutto*".

O critério *fisiopsíquico,* ao contrário do puramente psicológico, não distingue entre gravidez ilegítima ou legítima, abstraindo, portanto, ou pelo menos relegando para terreno secundário, a *causa honoris:* somente tem em conta a particular perturbação fisiopsíquica decorrente do parto. Ao invés do *impetus pudoris,* o *impetus doloris.* É o critério que, adotado, em toda a sua pureza, no Projeto suíço de 1916 (mantido no Código promulgado em 1937), tem influído em legislações posteriores, entre as quais a do Peru, da Dinamarca, da Polônia, da Argentina, e, agora, do Brasil. Dispunha o art. 107 do dito Projeto (a que corresponde o art. 116 do atual Código helvético): "*La mère qui aura intentionnellement tué son enfant pendant l'accouchement ou alors qu'elle se trouvait encore sous l'influence de l'état puerpéral, sera punie de la réclusion jusqu'à trais ans ou de l'emprisonnement pour six mois au moins*".[18] O art. 155 do Código do Peru (1942) é a tradução castelhana desse dispositivo: "*La madre que intencionalmente matare a su hijo durante el parto, o estando todavia bajo la influencia dei estado puerperal, sufrirá penitenciaria non mayor* de *tres años o prisión non menor de seis meses*". O Código dinamarquês (1930) atende aos dois critérios, alternativamente, mas restringindo, com prudência, o *fisiopsíquico* (art. 238): "*Si une mère tue son enfant au cours de l'accouchement ou immédiatement après, et qu'il soit à présumer qu'elle a agi dans un état de detresse, par peur du deshonneur, ou sous l'influence d'um état d'affaiblissement, d'affolement ou de trouble résultant de l'accouchement, elle est passible d'emprisonnement pour une durée pouvant s'élever à 4 ans*". A fórmula do Código argentino adota um critério composto, seguindo a lição de Von Liszt): "*Se impondrá reclusión hasta tres años o prisión de seis meses a dos años a la madre que, para ocultar su deshonra, matare a su hijo durante el nacimiento o mientras se encuentra bajo la influencia dei estado puerperal...* "O Código polonês acolheu a fórmula suíça, mas redigindo-a assim: "*La mère qui tue son enfant lors de l'accouchement sous l 'influence des couches, est punie d'un emprisonnement jusqu'à 5 ans*".

Entre nós, o Projeto Sá Pereira, como já vimos, traduzira fielmente a fórmula suíça, mas o Projeto Alcântara a repelira, voltando ao critério tradicional da *honoris causa.* A Comissão Revisora, porém, entendeu de restabelecer a dita fórmula, mas alterando-a, sob inspiração dos Códigos dinamarquês e

18 O texto alemão é o seguinte: "*Tötet eine Mutter während der Geburt oder solanje sie unter dem Einfluss des Geburtsvorganges steht, ihr Kind vorsätzlich, so wird sie mit Zuchthaus bis zu drei Jahren oder mit Gefängnis nicht unter sechs Monaten bestraft*".

polonês, isto é, exigindo a *influência do estado puerperal* não só *depois*, senão também *durante* o parto,[19] e fazendo entrar no conceito do infanticídio um limite de tempo: o *privilegium* só será concedido se a ocisão do *infans* se der, o mais tardar, logo após o parto. As expressões "durante o parto" e "sob a influência do estado puerperal" não se equivalem, pois, do contrário, o texto legal seria redundante. Não basta o fato, puro e simples, de ter sido o infanticídio praticado pela mãe *durante* o parto: é necessário que haja um vínculo causal entre o estado puerperal e a ocisão da criança. É bem certo que tal relação pode deixar de existir, isto é, nem sempre o estado puerperal acarreta a perturbação psíquica que justifica, na espécie, o *privilegium* legal. Pode ser inexistente a desnormalização do psiquismo da parturiente, e apresentar-se, não um crime cometido num estado particular de responsabilidade atenuada, mas um crime friamente calculado e perversamente executado. Na fórmula suíça, é condição *suficiente* para o *delictum exceptum* o singelo fato de encontrar-se a mulher no processo do parto, presumindo-se, *juris et de jure*, a sua perturbação psicológica. É o que explicava Sá Pereira, em carta que nos dirigiu, respondendo a uma nossa observação: "Neste caso, o infanticídio é punido brandamente, porque: *a)* cometido durante o parto, ou *b)* cometido ainda sob a influência do estado puerperal. A situação que então se cria para a mulher é de profunda perturbação psicológica, e daí um estado de imputabilidade restrita..." Criticando este critério de solução, dissemos alhures: "... na irrestrição com que proclama a imputabilidade restrita das parturientes, favorece até mesmo as mulheres desvergonhadas e aquelas que, plasmadas na materialidade dos dias que correm, não recuam ante o infanticídio, a que são movidas por simples impulso de miserável egoísmo ou para se forrarem aos incômodos e sacrifícios que lhes adviriam da criação de um filho".

A fórmula da Comissão Revisora do Projeto Alcântara, e que prevaleceu no texto do Código, ressente-se de um cunho de prudência, deixando de reconhecer uma *infalível* sequência causal entre os episódios do parto e a diminuição do entendimento e autogoverno da parturiente. É preciso que se verifique um *efetivo* estado de conturbação psíquica resultante do parto, desde que não há uma *necessária* relação de causa a efeito entre um e outra. Assim discorre a *Exposição de motivos:* "O infanticídio é considerado um *delictum exceptum* quando praticado pela parturiente *sob a influência do estado puerperal.* Esta cláusula, como é óbvio, não quer dizer que o puerpério acarrete sempre uma perturbação psíquica: é preciso que fique averiguado ter esta realmente sobrevindo em consequência daquele, de modo a diminuir

19 *Estado puerperal* não é apenas o que se segue depois do parto: refere-se ao período do parto e ao do sobreparto.

a capacidade de entendimento ou de autoinibição da parturiente. Fora daí, não há porque distinguir entre infanticídio e homicídio".

Cumpre insistir neste ponto: o estado puerperal *pode* determinar, mas nem sempre determina a alteração do psiquismo da mulher normal. É de ciência comum que, em grande número de casos, a parturiente (notadamente quando se trata de uma plurípara) não se conturba, nem perde o domínio de si mesma. Eis o ensinamento de Bumm *(apud* Pellegrini): "Diferenças análogas às da energia das contrações achamos nas reações do estado geral da mulher à dor das próprias contrações... Há mulheres que não perdem, por um instante, sequer, a tranquilidade". Manter em tais casos o favor outorgado ao infanticídio valeria por um estímulo ao contrabando de sentimentos inferiores sob a *bandeira* de uma apriorística responsabilidade diminuída.

No próprio seio da 2ª *Comissão de peritos,* a que foi submetido o projeto suíço, ficou reconhecido o caráter meramente eventual do momentâneo transtorno psíquico consequente ao parto. Dizia Gautier: "... *toute grossesse et tout accouchement* peuvent *déterminer chez la mère les mêmes desordres physiques et moraux, que l'enfant ait été conçu dans un rapprochement légitime ou illégitime*". Delaquis assim se pronunciou: "A nova literatura médica diz-nos que o estado puerperal *muitas vezes* desperta na mãe sentimentos de ódio contra o filho".[20]

Mas, será que, na realidade, o abalo do equilíbrio psíquico eventualmente produzido pelo estado puerperal é de molde a justificar que nele se identifique uma causa especial de responsabilidade diminuída? Assim o entendeu e o consagrou o novo Código, E tal critério de decisão tem o apoio de indiscutíveis autoridades em psiquiatria. Segundo Jörg *(Zurechnungsfähigkeit der Schwangeren und Gebärenden, apud* Krafft Ebing), nenhuma parturiente, a partir do segundo período até o fim do parto, tem a completa consciência dos atos que pratica. Krafft Ebing[21] assim se exprime: Ainda que Jörg tenha exagerado..., é, entretanto, inegável que o processo do parto exerce, reflexivamente, uma tão profunda ação física sobre a parturiente, que pode determinar facilmente uma transitória conturbação da consciência. Refere-se o mesmo autor aos temores e apreensões que, notadamente no caso de prenhez ilegítima, assaltam o ânimo da parturiente, e conclui: "Imaginem-se tais receios exercendo sua influência no instante em que o corpo está exausto e irritado pelas dores do parto! É fácil que surjam, então, emoções tumultuárias, que podem ir até a completa subversão dos sentidos".

---

20 *"Die neuere medizinische Literatur sagt uns nun, dass der Geburtsvorgang serh oft in der Mutter Gefühle des Hasses gegen das Kind weckt."*

21 No *Trattato di Medicina Legale,* de Maschka, v. 4, p. 746.

Bertherand chega a falar em "loucura emotiva" das parturientes, Fritisch *(apud* Pellegrini) afirma que as dores, a excitação, o temor, podem colocar a parturiente em tal estado, que lhe fiquem suprimidas a reflexão e a capacidade de avaliar as consequências dos próprios atos.

Aschaffenburg refere-se a um particular estado de *falta de orientação* ou *desatino (Ratlosigkeit).*

König, autor que se ocupa especialmente do assunto, chega à conclusão de que o parto pode ocasionar uma confusão mental passageira.

Gleispach reconhece que influem no psiquismo da parturiente as dores, a perda de sangue, o excessivo esforço dos músculos, e disserta: "É um estado de comoção e extenuação, segundo o grau do curso do parto e também dependente do estado de ânimo natural da parturiente". Referindo-se particularmente ao infanticídio *in ipso partu,* declara Gleispach: "... parece-nos certo que, com o parto, novos motivos sobrevêm aos já antes existentes e surge uma força coercitiva para a decisão, e a parturiente, menos capaz de tranquila reflexão, e extenuada, não pode resistir ao impulso para a ocisão do filho e, em certos casos, deixa-se, por assim dizer, dominar por ele.[22]

Pellegrini, depois de mencionar casos concretos de transtorno psíquico de parturientes, observa: "Estes casos não têm apenas um valor anedótico, incidental; demonstram como o período de excitação e de delírio pode ser relativamente breve; como, durante ele, podem ser cometidos infanticídios; como distúrbios psíquicos podem surgir durante e após o parto; como, enfim, o médico deve ser prudente no enjeitar a hipótese de um estado de inconsciência total ou parcial".

Westphal reconhece que, independente de predisposição patológica, o parto pode constituir causa imediata de uma conturbação mental transitória. É certo, porém, que o mesmo autor acrescenta: "Segundo as observações mais recentes, são raríssimos nas parturientes os estados confusionais e *os* acessos de furor imputáveis exclusivamente à dor e à excitação do parto. As mais das vezes, esses estados de alienação mental passageira se explicam com a presença de uma doença psíquica originária, como a epilepsia, o histerismo, a imbecilidade, a predisposição psicopática, ou, então, pelas condições tísicas e psíquicas particulares da parturiente: o estado de circulação do sangue, sofrimentos morais (no caso de gravidez ilegítima), o estado afetivo alterado".

---

22 *In Wörtebuch der Kriminologie: "... scheint uns, dass durch die Geburt neue Bewegründe zu den schon früher vorhandenen hinzutreten und ein Zwang zum Entschluss entsteht, die Gebärende aber, zu ruhiger* überlegung *minder fähig und geschwächt, dem Antrieb zur Tötung des Kindes nicht widersteht, in besonderen* Fällen *von ihm sozusagen überrannt wird".*

No *mesmo* sentido, opina Bumke: "O parto, por si só, raramente ocasiona transtornos psíquicos. É esta uma questão que tem sido muitas vezes debatida, dado o seu interesse forense (ocisão de infante), e foi resolvida em tal sentido... Mas, naturalmente, nas mulheres psicopáticas se produzem, às vezes, durante o parto, estados de excitação com acessos furiosos contra o médico e até mesmo contra o filho. Além disso, são possíveis complicações fortuitas, como, por exemplo, estados crepusculares epilépticos".

Ciampolini assim escreve: "Também durante o parto podem ocorrer delírios transitórios, que atingem a verdadeiras formas de loucura com perturbações notáveis da consciência, ou a impulsos irrefreáveis e a estados obsessivos. Sobretudo a propósito de infanticídio, é justo que essas "perturbações mentais da parturiente sejam tomadas em conta nos eventuais exames periciais. Durante o parto, diz Naegele, opera-se uma grande modificação no sistema nervoso da mulher, revelando-se nas alterações essenciais do seu caráter e por um estado de hiperemotividade que modifica inteiramente sua conduta anterior. Às vezes, no terceiro e quarto períodos do parto, pode sobrevir até um verdadeiro acesso de alienação mental".

Outros autores há, entretanto, que negam terminantemente a desnormalização psíquica resultante do parto em si mesmo. Bischoff e Von Sury, por exemplo, sustentam que a excitação afetiva do parto se contém dentro dos limites fisiológicos.

O legislador penal brasileiro deixou a questão aberta: na apreciação de cada caso concreto, terá o juiz de invocar o parecer dos peritos-médicos, a fim de que estes informem se a infanticida, ainda que isenta de taras psicopáticas, francas ou latentes, teve a contribuir para o seu ato criminoso as desordens físicas e psíquicas derivadas do parto.[23]

---

23 Pellegrini (ob. cit., p. 978) as seguintes instruções: "Na perícia médico-legal sobre o estado mental de uma infanticida, cumpre, de caso em caso: *a)* apurar se a mulher tem precedentes neuropáticos e psicopáticos e, o que é mais, se fenômenos de tal natureza se apresentam em ato. Assim, não apresentam dificuldade de apreciação os casos em que se trata de frenastênicas que hajam abandonado o neonato sem prestar-lhe os necessários cuidados, ou que, em estado de excitação alucinatória, tenham cometido atos de violência contra ele. Biswanger observou uma frenastênica, de 21 anos, que, depois de derramar álcool sobre o próprio filho, tentou queimá-lo. Mesmo, porém, em mulheres sãs de espírito, já foram constatados delírios de psicoses alucinatórias agudas durante o parto; *b)* averiguar se a mãe, após o crime, cuidou ou não de esconder o pequeno cadáver; se se mostrou estupidificada, confusa; se não se recorda do que aconteceu; se sofre de anemia aguda por perda de sangue *post partum*. Pode ocorrer que, nos primeiros interrogatórios, a mulher se apresente amnésica, enquanto nos subsequentes reconstitua bem o que se passou logo depois do parto; mas cumpre desconfiar das afirmações feitas num segundo tempo, pois são, muitas vezes, sugeridas indiretamente, dado o modo pelo

**50. O parágrafo único do art. 22 e o art. 123.** O art. 123 encerra, em última análise, um caso *especial* de *responsabilidade diminuída*, que importa, *ex vi legis*, conceitualmente, uma pena grandemente diminuída em relação a qualquer outro homicídio doloso. A identificação de tal caso está subordinada à averiguação de que o estado puerperal, ou seja, o estado consequente às dores do parto, ou de excitação e angústia por este produzidas, aliado ao psiquismo particular (não anormal) da parturiente, contribuiu no ato voluntário da ocisão do infante.[24]

Indaga-se, então: quando o parto é apenas o *mordente* de uma predisposição psicopática, ou um motivo de agravação ou recrudescência de uma psicopatia em ato, devem ser aplicados, conjuntamente, o art. 123 e o parágrafo único do art. 22?

Von Liszt, criticando a fórmula fisiopsíquica da configuração do infanticídio, adotada no projeto suíço, dizia que não era explicado como o elemento de fato "sob a influência do estado puerperal" pode coexistir com a regra geral sobre a imputabilidade restrita. Responde Hafter que tal regra deve ser abstraída sempre que a *imputabilidade restrita* se fundar somente no fato de que a parturiente praticou o crime *sob a influência do parto.*[25] Se, entretanto, ocorrem outras causas, nada impede que sejam tornadas em atenção.[26] É claro que, se o parto desencadeia acessos de preexistente doença mental, ou acarreta, por si mesmo, ainda que em mulheres mentalmente sãs, uma perturbação psíquica *patológica* (delírios, psicoses alucinatórias agudas), de modo a anular, de todo, o entendimento e a vontade da parturiente, será esta uma irresponsável, nos termos do art. 22, *caput.* Não há incompatibilidade alguma entre o reconhecimento da *influência do estado puerperal* e, a seguir, o da *irresponsabilidade* ou da *responsabilidade diminuída,* segundo a regra geral.

---

qual as perguntas são feitas...; *c)* apurar se o parto foi laborioso e doloroso, podendo isto resultar da estreiteza da bacia, das anormais dimensões da tumescência da cabeça e dos edemas escrotais e vulvares do neonato etc.; *d)* apurar se o exame somático da mãe faz presumir que tenha ocorrido um ataque epiléptico ou eclâmptico durante o parto".

24 Não se deve perder de vista a advertência de Gleispach, no tocante à perturbação psicológica decorrente do parto: "O desvio do normal não é, de regra, tão grande que se possa falar em imputabilidade diminuída". ("*Seine Abweichung von normalen* ist *in der Regel nicht* so *gross, dass von verminderter Zurechnungsfähigkeit zu sprechen wäre.*")

25 Ob. cit., p. 20-21: "... *wenn die verminderte Zurechnungsfähigkeit lediglich damit begründert werden kann, dass die Mutter unter dem Einfluss des Geburtsaktes getötet hat*".

26 "*Liegen noch andere GrÜnde vor,* so *steht der BerÜcksichtigung nichts entgegen.*"

**51. A abstração da *honoris causa*.** Evitando menção expressa ao *motivo de honra*, que é a causa clássica do benigno tratamento penal do infanticídio, o novo Código obedeceu a várias razões. A primeira delas é que, a atender-se à *causa honoris*, devia-se atender também, logicamente, a motivos outros, não menos prementes que o da ocultação da desonra, como, por exemplo, a apertura econômica, o excesso de prole, o receio de um filho tarado. Seria uma injustiça que nestes últimos casos a infanticida tivesse de responder por homicídio comum; mas, por outro lado, a extensão dos motivos legais de atenuação redundaria, afinal de contas, num incitamento indireto à eliminação de vidas incipientes, com grave prejuízo ao interesse demográfico do Estado. Outra razão é que, dentro da política do Estado moderno, estruturalmente inspirado na defesa do interesse coletivo, não é admissível que este seja superado pelo da honra objetiva individual. Não deixa, além disso, de ter algum fundamento a seguinte opinião de Maggiore:[27] "Em geral, à parte o interesse demográfico, acreditamos que a extrema imoralidade "e abjeção de quem elimina a própria prole não podem ser coonestadas por motivo algum, mesmo a honra. Há qualquer coisa mais forte do que a honra, e é o instinto da maternidade, o dever de devotamento para com o próprio filho. Quem vence tal instinto e descumpre tal dever não merece indulgência. Justamente, os antigos consideravam o infanticídio como parricídio".

Por último, é de acentuar-se que, pelo menos no Brasil, o infanticídio é, via de regra, um crime de mulheres das camadas inferiores da sociedade, entre as quais, pela sua própria frequência, a gravidez ilegítima não importa a *necessitas cogens* da ocultação da desonra. Os equívocos judiciários, facilmente ensejados pelo regime do Código de 90, já não poderão, pelo sistema do Código atual, reconhecer o *motivo* de *honra* até em casos de cruel egoísmo ou pura malvadez. Deve notar-se, porém, que, com a omissão de referência à *causa honoris*, o Código não inibe que se leve em conta, quando realmente exista, esse antecedente psicológico. O *motivo de honra* pode contribuir, de par com a morbidez fisiológica própria do parto, para o estado de excitação e angústia que diminuem a responsabilidade da parturiente. Todas as causas, fisiológicas e psicológicas, devem ser averiguadas no seu conjunto e interdependência, de modo que não fica excluída a consideração do motivo de ocultação da desonra, nos casos em que, realmente, tenha entrado como um coeficiente do anormal impulso criminoso.[28] Von Liszt era mesmo de

27 Ob. cit., II, p. 451.

28 CIAMPOLINI (ob. cit., p. 242) ensina: "*Un giudizio di consapevolezza (o meno) di eventuali atti illeciti non potrà farsi che esaminando sia la donna nelle sue condizioni fisio-psichiche sia l'ambiente in cui visse, sia le circostanze in cui essa è venuta a trovarsi per lo stato*

opinião que somente quando aliados o motivo de honra e a influência do estado puerperal se devia admitir o mais brando tratamento penal do infanticídio.[29] Se é certo que não foi este o ponto de vista do nosso Código, não é menos certo que os peritos e juízes não devem abstrair, para formação de seu juízo, não só o *motivo de honra,* como outras causas psicológicas de igual premência, quando ocorram.

Não assiste razão a Fávero (ob. cit., p. 691) quando equipara ao infanticídio *honoris causa* a hipótese do art. 134, § 2º, isto é, a "exposição ou abandono de recém-nascido" seguido de morte da vítima. Neste último caso, inexiste o *animus necandi.* De outro modo, o Código teria incorrido em grosseira incoerência.

**51·A. Psicoses *post partum*.** Além dos estados psicopáticos que podem aflorar durante o parto ou das psicopatias *em ato* no momento do parto,[30] há as

---

*del parto; vale a dire indagando in qual modo la gravidanza si é svolta, quali le difficoltà e le complicazione manifestatesi e le possibili emorragie e il verosimile riflesso di queste sull'organismo della gravida. Il fatto di una gravidanza illegittima dà spesso il tracollo in questi casi. E tutto un insieme di pensieri angosciosi che si affolla alla mente della derelitta, già impoverita nei suoi poteri di reserva somática, e che* è *quindi alla mercè di ogni idea anche paradossa che le si affaccia alla mente".*

Foi precisamente esta consideração, de par com a relativa ao caráter *condicionado* da fórmula do art. 123, que nos levou a concordar com esta no seio da Comissão Revisora do Projeto Alcântara. E fica assim respondida a pergunta que, a tal respeito, nos faz Leonídio Ribeiro (ob. cit., p. 332).

---

29 É O critério adotado pelo Código argentino. Gleispach propõe o seguinte conceito de infanticídio, em retificação ao sugerido por Von Liszt: "a ocisão do filho (legítimo ou ilegítimo) pela mãe, durante o parto ou sob a influência da perturbação ocasionada por este, quando ela se encontra repudiada ou abandonada e age por necessidade (no mais amplo sentido) ". (*"Kindermord wäre demnach die Tötung des (ehelich oder unhelich) Kindes durch die Mutter während der Geburt oder unter dem Einfluss der durch den Geburtsvorgang hervorgerufenen Störungen, wenn sie verlassen ist und aus Not (im weistesten Sinn)* ".

30 Krafft Ebing faz as seguintes observações: "Às vezes, a inconsciência mórbida produz-se em seguida a uma intensa irritação psíquica, devida às dores do parto. Uma constituição neuropática favorece o aparecimento dêsse estado patológico, cujas causas ocasionais podem ser constituídas por impedimentos mecânicos do parto, do fluxo muito precoce do líquido amniótico, da apresentação transversal do feto etc. Este estado pode manifestar-se em forma de superexcitação frenética, na qual a parturiente, em desordem mental, se agita, convulsa, e maltrata o feto; ou pode apresentar-se (sob forma de uma gênese puramente orgânica, reflexa) como delírio nervoso. A duração desse excepcional estado psíquico, que, por vezes, persiste ainda após a expulsão do feto, vai de um quarto de hora até meia hora, e termina com uma prostração psíquica, e quando dela se reabilita a puérpera não tem a menor lembrança do que ocorreu.

psicoses que costumam sobrevir após o parto, chamadas *puerperais*. Trata-se, geralmente, de confusões alucinatórias agudas, de ofuscamentos da consciência, manias transitórias, amências, delírios.

Modernamente, os psiquiatras afirmam que não existem psicoses puerperais específicas. Surgem elas no terreno lavrado pela tara psíquica que se agrava pelos processos metabólicos do estado puerperal ou são uma *species* do *genus* "psicoses sintomáticas", isto é, transtornos psíquicos que se apresentam no curso de enfermidades gerais internas, de infecções agudas, de intoxicações etc., e cujas lesões não têm uma localização cerebral.[31] Tais psicoses manifestam-se, de regra, vários dias após o parto, e nada têm a ver com elas, portanto, o art. 123, deixando a ocisão do infante de ser *infanticídio* para constituir, objetivamente, o crime de *homicídio,* mas devendo a acusada ser tratada segundo a norma geral sobre a responsabilidade ou capacidade de direito Penal (art. 22). Não tem razão Madureira de Pinho, quando, em crítica ao art. 123, estranha que, segundo este, "se o crime é praticado alguns dias após o parto, embora sob a influência do estado puerperal, deixará de ser infanticídio". Para tal caso há a *válvula* do art. 22 (e seu parágrafo único), e o mais elementar critério de boa política criminal aconselha a restrição do conceito do infanticídio, no tocante ao *limite de tempo.*

---

Foram também, muitas vezes, observados acessos de mania transitória genuína nas parturientes (3° e 4° períodos do parto) ou recém-parturientes, sobretudo em mulheres neuropáticas (com sistema vasomotor muito débil e extenuadas por uma gravidez penosa ou por um parto laborioso e difícil), nas quais os sobressaltos e a temperatura externa exerciam uma influência desfavorável. Tais acessos, que, às mais das vezes, decorrem sob o quadro de uma intensa superexcitação frenética, duram por várias horas.

Em alguns raros casos e, como adverte Schwartzer, sobretudo nas mulheres anêmicas, neuropáticas, extenuadas por precedentes enfermidades, por assíduos engravidamentos, por acidentes do parto em curso (especialmente pela perda de sangue), observam-se puros estados transitórios de *raptus melancholicus,* com todos os sintomas do espasmo vascular. A vida do neonato corre, então, graves perigos, em razão da profunda inconsciência que se segue... O parto pode ainda coincidir com acessos epilépticos e histéricos e com estados delirantes. A nevrose pode remontar aos primeiros períodos da vida ou à época da última gravidez. Nesta categoria entram também os estados eclâmpticos, que podem associar-se ao delírio, ou com ele alternar-se.

Finalmente, apresentam-se ainda estados de inconsciência mórbida em forma de delírio febril, derivados de afecções puerperais, flogísticas, que se manifestam antes, durante e após o parto (peritonite, perimetrite etc.)".

---

31 VALLEJO NÁGERA, *Psicoses sintomáticas,* p. 11 e 138.

**52. O sujeito passivo do infanticídio.** O Código atual ampliou o conceito do infanticídio: o sujeito passivo deste já não é apenas o *recém-nascido*, mas também o feto nas*cente*. Ficou, assim, dirimida a dúvida que se apresentava no regime do Código anterior, quando o crime se realizava *in ipso partu*, isto é, na fase de transição da vida uterina para a vida extrauterina. Já não há mais identificar-se, em tal hipótese, o simples *aborto* – solução que, em face do Código de 90, era aconselhada pelo princípio do *in dubio pro reo*:[32] o crime é infanticídio. Deixou de ser condição necessária do infanticídio a *vida autônoma* do fruto da concepção. O feto vindo à luz já representa, do ponto de vista biológico, antes mesmo de totalmente desligado do corpo materno, uma *vida humana*. Sob o prisma jurídico-penal, é, assim, antecipado o início da *personalidade*. Remonta esta ao início do parto, isto é, à apresentação do feto no orifício do útero. Já então o feto passa a ser uma *unidade social*. Não se pode negar que o feto nascente seja um ser *vivo*, embora não possua todas as atividades vitais. À imitação do Código italiano, o nosso não quis seguir a sugestão de Severi, no sentido de criar-se, sob o nome de "feticídio", uma figura criminal intermédia entre o aborto e o infanticídio, a qual seria precisamente a ocisão do ser humano nascente: equiparou este ao *nascido*, tornando mais compreensiva a fórmula do infanticídio. Justamente dizia Impallomeni, a propósito da ocisão do feto *intra partum*: "Não se trata de aborto, pois este é a criminosa expulsão do feto e, na espécie, a expulsão é espontânea; nem a ocisão ocorre dentro do útero, mas quando a criança está para vir à luz, *in ipso partu*. A vida intrauterina está terminada, sem que se tenha começado a extrauterina; a criança acha-se num estado de transição, mas, não obstante, é um ser humano vivendo vida não mais uterina, e matá-la é homicídio... É um homem que se mata no limiar da vida social".

Antes de iniciado o parto, a ocisão do feto é aborto; iniciado o parto, o crime é infanticídio. Já não há mais distinguir entre *vida biológica* e *vida autônoma*. Esta, de condição *necessária*, passou a ser apenas condição *suficiente* do infanticídio. Há infanticídio desde que, começado o parto, o feto se podia considerar biologicamente vivo. Nem mesmo é necessário indagar se o feto

---

32 Escrevíamos, ao tempo do Código revogado: "Como deve ser resolvida a hipótese em que a ocisão é praticada *in ipso partu* (na fase de transição da vida uterina para a vida extrauterina)? Não se trata propriamente de aborto, porque não é provocada a expulsão do feto; e não se trata igualmente de infanticídio, porque este supõe um infante com vida autônoma... Para dirimir a controvérsia doutrinária em torno de tal caso, o atual Código italiano incluiu expressamente a hipótese sob o *nomen juris* de *infanticídio* (art. 578). Perante a nossa lei, que silencia a respeito, e dado que seria absurda na espécie a isenção de pena, tem de ser reconhecida a hipótese mais favorável ao culpado, isto é, o crime de aborto".

era capaz de vida autônoma: basta averiguar, remontando-se ao momento anterior à expulsão, a presença de vida biológica, isto é, a existência do mínimo de atividades funcionais de que o feto já dispõe antes de vir à luz, e das quais é o mais evidente atestado a circulação sanguínea.

Em outros tempos, teve caráter absoluto o conceito de Casper, de que "viver é respirar, não ter respirado é não ter vivido". Já a Medicina Legal demonstrou que tal conceito pode, em casos excepcionais, não corresponder à realidade e à lógica. Observa Carrara (Mário) que, se o início da respiração é, de regra, tão próximo da expulsão do feto e que o intervalo entre uma e outra é irrelevante, há casos, entretanto, em que esse intervalo se prolonga por muitos segundos e até por mais de um minuto. É perfeitamente possível a eventualidade de uma *vida apneica extrauterina* (vida sem respiração), e seria um contrassenso dizer-se que, em tal situação, o pequenino ser não está vivo, somente porque ainda não respirou. O radical critério de Casper levaria, na prática, a conclusões intoleráveis. Assim, não responderia por infanticídio, por exemplo, a mãe que expulsasse o feto dentro de uma bacia com água, ou que o matasse antes que os orifícios respiratórios fossem desobstruídos de mucosidades ou restos de membrana amniótica. É certo que a *prova da respiração* é a mais praticável e a mais segura *prova de vida,* tornando-se esta difícil quando não tenha havido introdução de ar nos pulmões; mas daí não se segue que só há vida quando há respiração.

Se é indiferente, no caso de feto nascente, averiguar a capacidade de vida autônoma, é lógico que, no caso do *infans* já expulso do útero, não há cogitar se era *vital,* do mesmo modo que tal questão é posta à margem para reconhecer-se a existência de homicídio, quando a ocisão do *infans* deixa de constituir, sob o ponto de vista cronológico, o crime de infanticídio. A *vitalidade,* isto é, a possibilidade de adaptação durável (ou presunção dela) às condições normais da vida extrauterina é inteiramente estranha aos *essentialia* do infanticídio. Ainda que só se apresente uma aparência de vida, e a não ser que se trate de um mero resíduo de palpitação análogo ao da sobrevivência de um órgão ou sistema, a supressão dela é infanticídio. Tão intangível é o minuto de vida de um recém-nascido quanto o último instante de vida do moribundo. Pelo fato de não ser *vital,* o feto não deixa de estar *vivo,* e o infanticídio existe desde que haja a ocisão de um neonato vivo, pouco importando as condições de maturidade, de desenvolvimento, de conformação, de força, numa palavra: da vitalidade que apresenta.

**53. Prova de vida extrauterina autônoma.** Três fatos essenciais distinguem a vida extrauterina da intrauterina: 1º, cessação da circulação fetoplacentária; 2º, substituição da respiração placentária pela respiração pulmonar;

3º, substituição da nutrição por via placentária pela nutrição através da via gastrointestinal. Todos estes fatos têm características expressões anatômicas, cuja averiguação constitui a prova da vida extrauterina. Várias são, por consequência, as modalidades da prova de vida autônoma, denominadas *docimasias* (do grego *dokimzo,* exame). Dividem-se elas em dois grupos principais: *docimasias respiratórias* e *docimasias não respiratórias.* As primeiras, por sua vez, distinguem-se em *diretas* e *indiretas.* As docimasias respiratórias diretas versam sobre a demonstração da penetração ativa do ar nos pulmões ou outras cavidades do organismo (em comunicação com o exterior), consequente aos atos respiratórios, ou das modificações, quer volumétricas, quer de peso ou histológicas, que esses atos diretamente provocam nos órgãos em que o ar penetra ou nos que lhes são intimamente conexos. As provas respiratórias indiretas assentam na demonstração de novas atividades do feto, dependentes e derivadas do início da respiração, ou de novas relações que, em seguida à respiração, se estabelecem nos vários órgãos do feto. Finalmente, as docimasias não respiratórias comprovam o aparecimento de outras atividades fetais, não ligadas, direta ou indiretamente, com o início da respiração.

A mais simples e menos aleatória das docimasias respiratórias é a *pulmonar-hidrostática,* também chamada *galênica,* pois foi Galeno o primeiro a constatar o fenômeno em que se baseia esse método de prova *(substancia pulmonorum per respirationem ex rubra, gravi et densa, in albam, levem et raram transfertur).* Consiste em colocar os pulmões (isolados ou unidos entre si e aos outros dois órgãos intratorácicos: coração e timo), extraídos ao pequeno cadáver, num recipiente contendo água à temperatura de 15º -20º C: se flutuam, é prova de que houve respiração, isto é, a flutuação demonstra que os pulmões contêm ar, e o ar supõe que a respiração havia começado. Funda-se esta prova na diferença de peso específico que apresentam os pulmões distendidos pelo ar, em cotejo com os pulmões que não respiraram. Tal diferença faz com que o pulmão que respirou, quando colocado na água, fique flutuando. A docimasia pulmonar hidrostática não é, porém, uma prova absoluta, pois os pulmões podem flutuar por causas outras que não o ar respirado. É preciso o máximo cuidado para evitar equívocos. Adverte Sousa Lima: "O caso em que os pulmões flutuam francamente na água significa, regra geral, que eles pertencem a um feto que respirou amplamente e, portanto, viveu depois do nascimento; com a condição, porém, de se afastarem as causas de erro representadas pelas circunstâncias que, independentes da respiração, podem imprimir aos pulmões uma densidade menor que os faça sobrenadar: ou seja pelo próprio ar neles introduzido por outro mecanismo, ou seja por gases desenvolvidos pela putrefação, ou seja por embebição de um líquido estranho mais leve do que a água, ou seja finalmente por congelação desta".

Quando o ensaio pulmonar hidrostático dá resultado negativo ou dúbio, costuma-se tentar a *docimasia gastrointestinal* ou de Breslau: colocam-se o estômago e o intestino, previamente ligados, no recipiente com água, e se sobrenadam deve-se concluir, do mesmo modo, que a criança respirou, pois que, com a respiração, é insensivelmente deglutida certa porção de ar que, entrando naqueles órgãos, os torna mais leves do que a água.

Outras muitas docimasias respiratórias podem ser experimentadas: a *radiológica,* a *métrica,* a *plêurica,* a *diafragmática,* a *óptica* de Bouchut, a *traqueal,* a *ótica* de Icard, a *química* de Balthazard, a *química* ou de *potassa* de Icard, a *histológica,* a *ponderal* ou *gravativa* de Ploucquet, a *do volume de água deslocado* de Bernt, a *hematopulmonar* de Zaleski, a *pneumo-hepática* de Puccinotti, a *auricular* de Gellé etc. A *radiológica* funda-se na diferença de permeabilidade dos pulmões aos raios x, segundo tenham ou não respirado. A *métrica* refere-se à forma e dimensões do tórax, que é mais arqueado e apresenta um aumento de diâmetro na criança que respirou em cotejo com a do feto que não respirou. A *plêurica* assenta no fato fisiológico de que, nos fetos que respiraram, há na cavidade plêurica uma pressão negativa que não se observa nos fetos que não respiraram. A *diafragmática* funda-se sobre a diferença de nível a que atinge o diafragma, conforme tenha o feto respirado ou não. A prova *óptica* (exame dos pulmões a olho nu ou com o auxílio de uma lente) funda-se sobre as mudanças microscopicamente observáveis nos pulmões do recém-nascido que respirou, em comparação com os pulmões fetais. A prova *traqueal (ou* de Martin) consiste em ligar à traqueia, aberta com um corte transversal, um manômetro muito sensível, e, em seguida, fazer pressão sobre os pulmões: a oscilação do líquido do manômetro é ampla ou nula, conforme os pulmões tenham ar ou gás de putrefação. A prova *química* resulta da análise química dos gases contidos no pulmão. A *histológica* baseia-se no fato de que os pulmões que respiraram apresentam quase sempre, ao microscópio, mesmo no caso de decomposição gasosa adiantada, o aspecto bem conhecido de espaços alveolares uniformemente cheios de ar, o que não acontece com os pulmões fetais. A prova *ponderal* é apoiada na diferença do peso relativo dos pulmões para o do corpo do feto antes e depois da respiração. Com a prova do "volume de água deslocado" (modificação da prova de *densidade* de Daniel), pretende-se que seja possível, imergindo os pulmões e o coração num vaso de vidro de forma especial e cheio de água, verificar-se, pelo grau de deslocamento do líquido, se o feto tinha ou não respirado. O ensaio *hematopulmonar* funda-se na possibilidade de determinar-se pelo valor do conteúdo hemático dos pulmões se houve ou não respiração. Segundo a prova *pneumo-hepática,* a respiração pode ser constatada pela relação existente entre o peso dos pulmões e o do fígado, a qual é diferente, segundo tenha ou não o feto respirado. A docimasia *auricular* é fundada na observação de que a cavidade da orelha média do feto que não respirou contém uma massa gelatinosa, resíduo do tecido mucoso fetal, que, geralmente, quando se produzem os atos respiratórios, é eliminado.

Entre as docimasias *não respiratórias,* podem ser citadas a *alimentar* (pesquisa microscópica, macroscópica, ou química de traços de alimentos ou outras substâncias absorvidas pelo neonato), a *siálica* (pesquisa de saliva no estômago do feto), a *renal* (averiguação de infartos úricos nos rins do feto), a *bacteriológica* (constatação do *bacterium coli* no tubo gastroentérico), a *vascular* (pesquisa de mudanças anatômicas no coração e sistema arteriovenoso do neonato), a do *nervo óptico* (fundada na mielinização das fibras nervosas do nervo *óptico*), a bulbar (exame histológico do desenvolvimento e caracteres dos centros respiratórios bulbares), a umbilical (exame das alterações que sofre o coto do cordão umbilical até o momento de sua queda).

**54. Prova do início do parto com feto vivo.** Mais difícil é a prova da vida biológica, no início do parto. O indício mais acreditado é, atualmente, a constatação da *bossa serossanguínea (caput succedaneum, tumor do parto,* dos autores italianos). Trata-se de uma bossa de consistência mole, pastosa, bastante definida em relação às partes adjacentes, notadamente pelo carregado da sua cor vermelha. Apresenta, de regra, o tamanho de uma noz, mas nem sempre é visível à simples inspeção externa. Resulta ela do desequilíbrio de pressão entre a parte do corpo fetal, ainda contida no útero e premida pelas contrações uterinas, e a parte que se mostra no orifício uterino. A existência dessa bossa não apenas demonstra que o parto já se iniciara, como também indica a reação vital do feto, isto é, pode deduzir-se de sua presença (ou seus vestígios) que o feto estava ainda vivo no início da expulsão.

É claro que a *prova testemunhal,* eventualmente existente, é sempre subsidiária ou mesmo supletiva da perícia médica.

**55. O elemento cronológico na configuração penal do infanticídio.** A ocisão do *infans,* para que constitua infanticídio, deve ter sido praticada "durante o parto ou logo após". O parto, a que se refere o texto legal, é o que começa com o *período de expulsão,* ou, mais precisamente, com o rompimento da membrana amniótica. Antes desse período, como já foi acentuado, a ocisão do feto constitui *aborto.* Só há infanticídio quando o feto pôde ser atingido sem destruição de qualquer *formação* a interpor-se entre ele e o ambiente extrauterino. Pode-se definir o parto, segundo a lição de Jasck e Pankow: "É o processo pelo qual o feto, com os anexos, é separado do organismo materno e entra no mundo externo". Termina o parto com a expulsão da placenta e o corte do cordão umbilical. A expressão "logo após o parto" não deve ser entendida isoladamente, mas subordinada à frase anterior do art. 123 – "sob a influência do estado puerperal".[33] Não lhe pode ser dada uma interpretação judaica, mas suficientemente ampla, de modo a abranger o variável período do choque puerperal. Referindo-se à locução do Código italiano – "*immediatamente dopo il parto*" – pondera justamente Carrara (Mário) que ela "*è da interpretarsi piuttosto secondo lo spirito che non secondo la lettera: con il suo valore* e *significato psicologico piuttosto che non con quello angustamente cronologico, in relazione con la possibilità, la qual può essere assodata eventualmente per altre vie, che permanga quello stato emotivo che valga a spiegare la determinazione ai reato*".

O direito romano tinha um critério prático para identificar o parto recente: *sanguinolenti sunt recens nati.* E ainda hoje se indicam, para identificação da *quase flagrância* do parto, critérios dessa natureza: não só a poluição do feto pelo sangue, como pelo líquido amniótico e o mecônio; presença da *vernix caseosa,* da bossa do parto, do estado do funículo umbilical. O que se faz essencial, porém, do ponto de vista jurídico-penal, é que a parturiente ainda não tenha entrado na fase de *bonança* e quietação, isto é, no período em que já se afirma, predominante e exclusivista, o instinto maternal. Trata-se de uma circunstância de fato a ser averiguada pelos peritos médicos e mediante prova indireta.

**56. Casos dúbios.** Hipóteses interessantes podem ser formuladas a propósito da ocisão de feto já expulso do útero materno. Impallomeni figura o seguinte caso: um feto imaturo vivo, mas *absolutamente* inviável por sua própria imaturidade, é expulso *espontaneamente* e, em seguida, sua morte inevitável é abreviada por ato violento da mãe. Não se trata de *infanticídio,* pois o sujeito passivo deste não é jamais o feto abortado, cuja excepcional sobrevivência não pode ser equiparada à vida extrauterina. Também não se trata de aborto, pois a expulsão do feto se deu espontaneamente. A solução, portanto, não poderá ser outra senão a de excluir, no caso, qualquer crime. Na hipótese de ter sido provocada a expulsão, o fato constituiria crime de aborto. Suponha-se, agora, que se provoque um parto precoce, e o feto expulso, com maturidade suficiente para continuar a viver venha a morrer por

33 Em caso de infanticídio, o quesito proposto ao júri deve referir-se, englobadamente, aos *dois* elementos – "influência do estado puerperal" e a flagrância ou quase flagrância do parto; pois, separando-os, ensejar-se-ia ao júri a negação de qualquer deles e o crime passaria a ser o de *homicídio,* isto é, um crime mais grave do que aquele pelo qual foi o réu pronunciado.

manobras outras que não as empregadas para antecipar o parto. Já aqui se identifica o infanticídio: houve a ocisão de um feto com vida extrauterina. A mesma solução deve ser dada no caso em que, não obstante a precocidade do parto, a expulsão tenha sido natural.

**57. Infanticídio e culpa.** O infanticídio não admite forma culposa: só é punível a título de dolo. Se o feto nascente ou o neonato vem a morrer por imprudência ou negligência da mãe, responderá esta por *homicídio culposo.*

**58. Infanticídio e concurso de agentes.** Não diz com o infanticídio a regra do art. 25 ("Quem, de qualquer modo, concorre para o crime incide nas penas a este cominadas"). Trata-se de um crime *personalíssimo.* A condição "sob a influência do estado puerperal" é *incomunicável.* Não tem aplicação, aqui, a norma do art. 26, sobre as *circunstâncias de caráter pessoal, quando elementares do crime.* As causas que diminuem (ou excluem) a responsabilidade não podem, na linguagem técnico-penal, ser chamadas *circunstâncias,* pois estas só dizem com o maior ou menor grau de criminosidade do fato, ou, seja, com a maior ou menor intensidade do elemento subjetivo ou gravidade objetiva do crime. O partícipe (instigador, auxiliar ou coexecutor material) do infanticídio responderá por *homicídio.* Como diz Gautier, "*tous participants autres que la mère sont régis par le droit commun*". O *privilegium* legal é inextensível. A quebra da regra geral sobre a *unidade* de crime no *concursus delinquentium* é, na espécie, justificada peia necessidade de evitar-se o contrassenso, que orçaria pelo irrisório, de imputar-se a outrem que não a parturiente um crime somente reconhecível quando praticado "sob a influência do estado puerperal".[34*]

Por outro lado, se a mãe, *sob a influência do estado puerperal,* for partícipe, ainda que alheia ao ato executivo direto na ocisão do filho, responderá sempre por *infanticídio.* A condição pessoal de perturbação psicológica ou especial responsabilidade atenuada é de atender-se em qualquer caso. É a justa lição de Hafter: "*Die persönlichen Verhältnisse, unter denen die Mutter tätig geworden ist, sind in jedem Fall zu berücksichtigen*".

34 * Este entendimento, entretanto, não é pacífico: impugnam-no, entre outros, Roberto Lira e J. Frederico Marques.

**ABORTO PROVOCADO PELA GESTANTE OU COM SEU CONSENTIMENTO**

***Art. 124.*** *Provocar aborto em si mesma ou consentir que outrem lho provoque:*

*Pena – detenção, de um a três anos.*

**ABORTO PROVOCADO POR TERCEIRO**

***Art. 125.*** *Provocar aborto, sem o consentimento da gestante:*

*Pena – reclusão, de três a dez anos.*

***Art. 126.*** *Provocar aborto com o consentimento da gestante:*

*Pena – reclusão de um a quatro anos.*

*Parágrafo único. Aplica-se a pena do artigo anterior, se a gestante não é maior de quatorze anos, ou é alienada ou débil mental, ou se o consentimento é obtido mediante fraude, grave ameaça ou violência.*

**FORMA QUALIFICADA**

***Art. 127.*** *As penas cominadas nos dois artigos anteriores são aumentadas de um terço, se, em consequência do aborto ou dos meios empregados para provocá-lo, a gestante sofre lesão corporal de natureza grave; e são duplicadas, se, por qualquer dessas causas, lhe sobrevém a morte.*

***Art. 128.*** *Não se pune o aborto praticado por médico:*

**ABORTO NECESSÁRIO**

*I – se não há outro meio de salvar a vida da gestante;*

**ABORTO NO CASO DE GRAVIDEZ RESULTANTE DE ESTUPRO**

*II – se a gravidez resulta de estupro e o aborto é precedido de consentimento da gestante ou, quando incapaz, de seu representante legal.*

DIREITO COMPARADO – Códigos: italiano, arts. 545 a 551 e555; francês, art. 317 (modificado pela Lei de 27.3.1923); alemão, §§ 218 e 219 (modificados pela Lei de 18.5.1926); espanhol, arts. 411 a 417; suíço, arts. 118 a 120; austríaco, §§ 144 a 148; polonês, arts. 231 a 234; dinamarquês, art. 242; húngaro, §§ 285 e 286; turco, arts. 192 e 193; argentino, arts. 85 a 87; peruano, arts. 159 e 164; uruguaio, arts. 325 a 328 (modificados por lei posterior, de 1935); português, art. 358; norueguês, § 245; holandês, arts. 295 a 298; colombiano, arts. 386 a 389; boliviano, arts. 516 e 517; chileno, arts. 342 a 345; mexicano, arts. 329 a 334; Inglaterra, *Criminal Law Consolidation Act;* paraguaio, arts. 349 a 354; venezuelano, arts. 432 a 436; cubano, arts. 439 a 443.

**BIBLIOGRAFIA** - Raiter, *Avortement criminel* e *dépopulation,* 1925; Oetker, *Die legislative Behandlung der Abtreibung* (*O tratamento legal do* aborto), in *Mitteilungen der Internationalen Kriminalistichen Vereinigung,* v. 21, 1914; Jiménez de Asúa, *Libertad* de *amar y derecho* a *morir,* 1929; Cuello Calón, *Cuestiones penales relativas al aborto,* 1931, e *El nuevo código penal argentino,* 1928; García Pintos, *El respeto a la vida,* 1935; Napolitano, *L'aborto nella legge penale sovietica,* in *Scuola Positiva,* fasc. 1-2 de 1934, e *La politica criminale sovietica,* 1936; A. Gide, *Retour de l'U.R.S.S.,* 1936; Ciampolini, *Sessualità* e *medicina legale,* 1936; Irureta Goyena, *Delitos* de *aborto, bigamia y abandono de ninas,* 1932; Hafter, lit. cit.; Thormann e Overbeck, lit. cit.; Manzini, *Trattato,* v. VII, 1936; M. Carrara, lit. cit.; Leoncini, in *Trattato di medicina legale* de Borri-Cevidalli-Leoncini, 1924; Von Säxinger, *Aborto procurato,* trad. de Filomusi Guelfi, in *Trattato di medicina legale* de Maschka, 1896; Stoppato, *Infanticidio* e *procurato aborto,* 1887; Civoli, lit. cit.; O. Rubino, *Mis cuadernos* de *medicina forense,* 1942; Crivellari, *Codice penale,* v. 7, 1896; Eusébio Gómez, lit. cit.; Saltelli-Di Falco, ob. cit., v. II, parte 2ª, 1931; Grispigni, *II consenso dell'offeso,* § **127;** Delogu, *Teoria del consenso dell'avente diritto,* 1936; Altavilla, *Delitti contro la persona, delitti contro la integrità* e *la sanitè della stirpe,* 1934; Alimena (B.), *L'aborto,* in *Enciclopedia* de Pessina, v. 9; *Diritto penale,* v. II, 1912, e *Sulla violenza carnale e il diritto di aborto,* in *Scuola Positiva,* 1915, v. 25, p. 673 e ss.; Nerio Rojas, lit. cit.; Carrara, *Programma,* parte e., v. l, §§ 1.249 e ss.; Russell, *On crimes and misdemeanors,* I, 1926; Longhi, *Le donne violentate in guerra* e *lo stato di necessitei, in Scuola Positiva, 1915,* v. 25, p. 481 e ss.; Ebermeyer, *Abtreigung* (Aborto), in *Handwörterbuch der Rechtswissenschaft,* de Stier-Somlo-Elster; Liszt-Schmidt, *Lehrbuch,* 1927; Hoffmann-Haberda, *Lehrbuch der gerichtlichen Medizin,* 1919; Calogero, *Del procurato aborto,* in *Trattato* de Cogliolo, v. 2, parte 2ª; Longo, ob. cit., v. II; Hoffstädt, *Der kriminelle Abort,* in *Zeitschrift f. die gesammte Stratfrechtswissenschaft,* v. 42; Garraud (René e Paul, *Traité,* 1935; Peco, *EI aborto en el código penal,* in *Revista Penal argentina,* 6º, 1920, p. 183; Garçon, *Code Pénal annoté,* 1906; Kleinschmidt, *Abtreibung, in Handwörterbuch der Kriminologie,* de Elster; Brouardel, *L'avortement,* 1901;

Ferri, *L'Omicidio,* 1925; Hoffmann e Ferrai, *Trattato di Medicina Legale,* 1914; Benvenuto, *I delitti* di *aborto nel nuovo codice penale,* 1931; Clement, *Le droit de l'enfant* à *naître,* 1931; Gautier, lit. cit.; Fulci, *L'intenzione nei singoli reati,* 1927; Mommsen, lit. cit.; Falchi, lit. cit.; Afrânio Peixoto, *Elementos de medicina legal, 1910;* Sousa Lima, *Medicina legal,* 1924; Clóvis Beviláqua, *Código civil comentado,* vol. II, 1916; Leonídio Ribeiro, lit. cit.; Fávero, lit. cit.; Almeida Júnior, *Lições* de *medicina legal,* 1948; Visco (Antônio), *L'aborto criminoso,* 1941; Cabanellas, *El aborto,*1945.

## COMENTÁRIO

**59. Histórico.** A prática do aborto é de todos os tempos, mas nem sempre foi objeto de incriminação: ficava, de regra, impune, quando não acarretasse dano à saúde ou a morte da gestante. Entre os hebreus, não foi senão muito depois da lei mosaica que se considerou ilícita, em si mesma, a interrupção da gravidez. Até então só era punido o aborto ocasionado, ainda que involuntariamente, mediante violência. Lê-se na Bíblia *(Êxodo,* cap. 21, verso 22), segundo a versão da *Vulgata:* "*Si rixati fuerint duo viri, et percusserint mulierem praegnantem, et abortivum quidem fecerint, si ipsa vixerit, subjacebit damno quantum maritus mulieris expetierit et arbitri judicaverint. Sin autem mors ejus fuerit subsecuta, reddet animam pro anima*" ("Se dois homens pelejarem, e ferirem uma mulher grávida, vindo esta a abortar, sem que haja morte, serão multados conforme ao que reclamar o marido e o determinarem os juízes. Se seguir a morte da mulher, então darás vida por vida.")

Na Grécia, era corrente a provocação do aborto. Licurgo e Sólon a proibiram, e Hipócrates, no seu famoso juramento, declarava: "a nenhuma mulher darei substância abortiva"; mas Aristóteles e Platão foram predecessores de Malthus: o primeiro aconselhava o aborto (desde que o feto ainda não tivesse adquirido alma) para manter o equilíbrio entre a população e os meios de subsistência, e o segundo preconizava o aborto em relação a toda mulher que concebesse depois dos quarenta anos. E o uso do aborto difundiu-se por todas as camadas sociais. Aetius transmitiu-nos a profusa lista das substâncias abortivas e anticoncepcionais indicadas por Aspásia, a célebre companheira e inspiradora de Péricles.

Em Roma, não cuidavam do aborto as *XII Tábuas* e as leis da República. Considerava-se o produto da concepção como parte do corpo da gestante, e não como um ser autônomo. Ensinava a escola estoica que *partus antequam edatur mulieris pars est vel viscerum,* de modo que a mulher que abortava nada mais fazia do que dispor de seu próprio corpo, no exercício de irrecusável *jus in se ipsa.* Tornou-se o aborto, por isso mesmo, comuníssimo. Ovídio registrou o fato:

> "*Nunc uterum vitiat quae vult formosa videri*
> *Raraque in hoc aevo est quae velit* esse parens."[35]

Até mesmo entre as classes mais elevadas, não era repelida a *procuratio abortus,* ao que se depreende de uma referência que Juvenal faz a Júlia, filha de Tito e sobrinha de Deocleciano, de quem era concubina:

> "*Quum tot abortivis fecundam Julia vulvam*
> *Solveret, et patruo similes et effunderet offas.*[36]

Posteriormente, entretanto, a *abactio partus* foi considerada uma lesão ao direito do marido à prole. Ao tempo de Septímio Severo, passou o aborto, em geral, a ser castigado com pena extraordinária, invocando-se para isso a lei contra o *veneficium.* Em reação à licença do passado, eram aplicadas penas gravíssimas. Distinguiam-se duas hipóteses, segundo fosse o culpado um terceiro ou a própria gestante, com ou sem auxílio de outrem. No primeiro caso, a pena era, para os *humiliores,* a *damnatio in metallum,* e, para os *honestiores,* a *relegatio* e a *confiscatio;* no segundo caso, impunha-se o exílio temporário. Eis os textos do Digesto: "*Divus Severus et Antoninus rescripserunt, eam quae data abegit, a praeside in temporale exilium dandam: indignum enim videri potest, impune eam maritum liberis fraudasse*" *(47. XI. 4);* "*Qui abortionis aut amatoriam poculum dant, etsi dolo non faciant: tamen, quia mali exempli res est, humiliores in metallum, honestiores in insulam, amissa parte bonorum adficiuntur*" (48. 19. 38. 5); "*Si mulierem visceribus suis vim intulisse, quo partum abigerit, constiterit: eam in exilium praeses provinciae exiget*" (48. *VIII.* 8). Se intervinha fim de lucro, era aplicada a pena capital: "*Cicero in oratione pro Cluentio Avito scripsit, Milesiam quaedam mulierem, cum esset in Asia, quod ab heredibus secundis accepta pecunia partum sibi medicamentis ipsa abegesset, rei capitalis esse damnatum*".

---

35 "Atualmente, esvazia o útero a mulher que quer parecer bela, e rara, em nossa época, é aquela que deseja ser mãe." Também Juvenal *(Sátira,* VI, v. 593) censurava o difundido hábito:

> "*Sed jacet aurato vix nulla puerpera lecto.*
> *Tantum artes hujus, tantum medicamina possunt.*
> *Quae steriles facit atque homines in ventre necandos Conducit.*"

36 "Quando de seus flancos arruinados por tantos abortos Júlia expulsava fetos, que, pela semelhança, depunham contra seu tio."

E Cícero acrescentava que não era isso uma injustiça, pois que essa mulher "tinha destruído a esperança de um pai, a memória de um nome, a garantia de uma raça, o herdeiro de uma família e um cidadão destinado ao Estado".

Foi, porém, com o cristianismo que se consolidou a reprovação social do aborto. Sob seu influxo, os imperadores Adriano, Constantino e Teodósio reformaram o antigo direito e assimilaram o aborto criminoso ao homicídio, sendo-lhe cominada até mesmo a pena do *culeus.*

No começo da Idade Média, os teólogos disputaram em torno da incriminação do aborto. Santo Agostinho, com fundamento na doutrina de Aristóteles, dizia que o aborto só era crime quando o feto já tivesse recebido alma, o que se julgava ocorrer 40 ou 80 dias após a concepção, segundo se tratasse de varão ou de mulher. São Basílio, porém, firmando-se na versão da *Vulgata,* não admitia distinção alguma: o aborto provocado era sempre criminoso. Os *Penitenciais,* em geral, consideravam a expulsão do *corpus formatum* como homicídio, mas tratavam com menos severidade o aborto do *corpus informatum.* Nos cânones de São Gregório, dizia-se: "*Mulier, quae concepit et occidit filium suum in utero ante XL dies, unum annum poenitere; si post XL dies occidit, quasi homicida debet poenitere; moriatur si nece hominis sine baptismo, III annos poeniteat*". No tempo de Zacchia era ainda este o critério de solução: "Qualquer que seja a fase da gravidez, aquele que matou o feto é culpado; se matou um feto inanimado, deve ser punido com pena extraordinária; se, ao contrário, o feto era animado, o réu merece o extremo suplício". Para o direito canônico, o que importava era a perda da alma do nascituro, que morria sem batismo. Eram, porém, reconhecidos certos motivos para o abrandamento e mesmo exclusão da pena. Assim, dizia-se que "*multum distat utrum paupercula pro difficultate nutriendi aut fornicaria pro sui sceleris celandi causa fuerit*". A *causa honoris,* no caso de mulher violentada, era descriminante do aborto, quando ainda inanimado o feto: "*Si honesta puella invicta ab adolescente adultero corrupta fuisset, ante animationem foetus potest illum excutere, ut multi volunt, ne honorem suum amittat*".

A *Lex romana Wisigothorum* assim dispunha: "*Se formatum infantem estinxerit CCL solidos reddat, si vero informem centum solidos pro facto restituat*". A *Carolina* cominava a morte pela espada a quem fizesse abortar alguma mulher e ordenava a morte por afogamento da mulher que em si mesma provocasse aborto.[37] Em alguns estatutos, determinava-se que fosse queimada

37 "Quem, por meio de violência, ou ministrando substâncias ou beberagens, provocar uma mulher a abortar um feto vivo, se tal crime foi praticado dolosa e perseverantemente, será decapitado como homicida; e a mulher que em si mesma provocar aborto, seja afogada, ou de outro modo punida com a morte. Se, porém, a criança cujo aborto foi provocado ainda não era *viva,* consulte-se o parecer dos entendidos em direito."

viva a mulher quando "*praegnans, ut abortirit, sanguinem traxit, flebotomiam fecerit, vel aliquod poculum receperit*".

Os juristas práticos repetiam, sem discrepância, os ensinamentos da Igreja. Já ao tempo de Leyser e Menocchius, porém, não mais se distinguia entre *foetus animatus* e *foetus inanimatus.* Ensinava Menocchius: "*Ergo, inspecta juris nostri definitione, dicendum opinor poenam extraordinariam regulariter esse judicendam illi, qui abortionis causam dedit, nulla distinctione adhibita, an foetus esset vel non esset animatus*".

**60. O aborto no direito positivo moderno.** Na época atual generalizou-se, entre todos os povos civilizados, a incriminação do aborto provocado, seja qual for a fase da gestação, não tendo passado de efêmera e deplorável experiência, em alguns países, a legislação permissiva de tal prática. O Código soviético de 1926, art. 140, preceituava: "O aborto provocado, com o assentimento da mãe, por parte de pessoas que não têm a necessária habilitação médica, ou que, ainda quando habilitadas, provoquem o aborto em condições antissanitárias: privação da liberdade ou trabalhos correcionais até um ano, ou multa até cinquenta rublos. As mesmas ações, praticadas nos termos da primeira parte deste artigo, sob forma de profissão, ou sem o consentimento da mãe, ou que tenham por consequência a morte desta: privação da liberdade até cinco anos". Ficara, assim, *a contrario sensu,* reconhecido como ato lítico o aborto da consensiente, desde que praticado por pessoa habilitada e em condições higiênicas, O objeto da tutela deixava de ser o feto, para ser a *saúde* da gestante. Em 1936, porém, segundo informa André Gide, no seu *Retour* de *l'U.R.S.S.,* foi modificado o Código, abolindo-se, por uma lei que "*répond à très deplorables abus*", a *liberdade* do *aborto consentido.*

Também o Código uruguaio, de 1933, refletindo o doutrinarismo do seu autor intelectual (Irureta Goyena), limitava-se, no seu art. 325, a incriminar o aborto não consentido pela gestante. Tal foi o clamor suscitado por esse critério de solução, que não tardou uma lei (1936) derrogatória do Código, voltando a ser incriminado não só o fato da mulher "*que causare su aborto e le consentiere*", como o fato de quem "*colabore en el aborto de una mujer con su consentimiento, por actos de participación principal o secundaria*".[38]

38 Antes mesmo da modificação do Código, o governo uruguaio baixara o seguinte decreto (15.1.35): "*Considerando que si bien el Código Penal vigente exime de pena a los autores de la interrupción consentida del embarazo, esta debe ser considerada de acuerdo com la opinión del autor del Código (como uno de los actos más repulsivos y contra-natura a que pude descender el hombre; considerando que la interrupción voluntaria del embarazo por razones que no condicionan un riesgo de salud o de vida, constituye, como lo ha demonstrado la experiencia en los paises que ella se ha legalizado, un factor perjudicial*

**61. A pretendida legitimidade do aborto.** Foi o médico francês Klotz-Forest quem, modernamente, iniciou a campanha contra a incriminação do aborto, procurando reabilitar o princípio romanístico de que a mulher tem o direito de dispor livremente do seu próprio corpo e, portanto, de recusar a maternidade, sendo que o feto, no período da gestação, é uma simples parte das entranhas maternas. O *feminismo* exasperado, que, nos princípios deste século, assumiu as proporções de um fenômeno de patologia social, aproveitou-se desse argumento, para formular o seu programa de *maternidade consciente.* Dizia Nelly Roussel: "Nós, as mulheres emancipadas de preconceitos ancestrais, recusamos a ver no amor uma mácula e no sofrimento uma necessidade... Pretendemos dispor livremente de nossos flancos, que somente a nós pertencem, e não ser mães segundo o nosso alvedrio, escolhido por nós o momento oportuno, sem que nenhuma consideração, religiosa ou patrióti-

---

*para la integridad orgánica y funcional de la mujer; considerando que los progresos de la Medicina y en particular de la Obstetricia han reducido extraordinariamente el campo de las indicaciones de orden médico para la interrupción del embarazo, hasta el punto de ser considerada excepcional cuando interviene um tratamiento precoz, oportuno y racional; considerando que las indicaciones de orden eugénico-profiláctico para la interrupción del embarazo no están aun perfectamente fundadas y establecidas; considerando que las indicaciones de orden econômico-social pueden y deben ser sustituidas por medidas de previsión y asistencia sociales, exigidas por una constitución racional y justiciera de la sociedad; considerando que la naturaleza y la índole de los Establecimientos dependientes del Ministerio de Salud Pública contradicen toda intervención que no tenga por finalidad la conservación de la Vida y de la Salud; considerando que la ausencia de una sanción penal no debe ser confundida con una tácita autorización para realizar actos que la Moral, las leyes biológicas y un concepto integral de la Vida demuestram contrarias a los intereses del individuo y de la sociedad; considerando que la Ciencia médica posee los medios de evitar la solución errónea que constituye para muchos problemas extra-médicos la interrupción del embarazo - El Presidente de la República resuelve:*

*Art. 1º – Queda absolutamente prohibido en todos los Establecimientos dependientes del Ministerio de Salud Pública la interrupción del embarazo por razones ajenas a la protección de la vida Y de la salud de las mujeres que en ellos se asistan. Cuando esta circunstancia se presente los jefes de Servicios deberán dar cuenta por nota al Director del establecimiento fundamentando las razones que tengan o hayan tenido para practicar la interrupción del embarazo. Los jefes de Servicios serán personalmente responsables de las inflacciones que pueda cometer el personal a sus órdenes contra el presente decreto, salvo el caso que de inmediato hayan dado conocimiento del caso a la Directoria de los establecimientos y pueden demostrar que no ha habido negligencia o falta de autoridad sobre su personal...*

*Art. 2º – De acuerdo con el decreto de fecha de Abril 4 de 1940 que reglamenta la profesión de partera, quédales a estas projesionales absolutamente prohibidas las maniobras que conduzcan directamente o indirectamente a la interrupción del embarazo. Em tal caso incurrirán en ejercicio ilegal de Medicina, con todas las consecuencias administrativas y legales de ese hecho."*

ca, possa influir sobre nossa decisão, sem que ninguém se ponha a examinar as razões que nos façam temer ou desejar a concepção". Os neomalthusianos fizeram coro pela licença do aborto, em nome de uma teoria comprovadamente falsa.[39]

Foi, assim, postulado o direito ao aborto livre, mas com evidente improcedência de fundamento. O pretendido *jus in se ipsum* não passa de um contrassenso jurídico, pois o direito é *proportio hominis ad hominem.* Não é exato que a lei escrita o reconheça. Não há inferir esse reconhecimento do fato de que não incide em sanção alguma o indivíduo que voluntariamente se priva, por exemplo, de um braço ou de uma perna, decepando-os. O que se passa é simplesmente o seguinte: a lei não pode estar cuidando de fatos inteiramente anômalos, ou só imagináveis da parte de loucos rematados; mas, a admitir-se que a automutilação viesse a tornar-se frequente, é fora de dúvida que o direito positivo imediatamente interferiria, para incriminá-la (como, aliás, já o faz, relativamente aos conscritos militares, que procuram inutilizar-se para o serviço das armas). Dizer-se, além disso, que o feto é simples *portio viscerum matris* não representa a verdade, quer do ponto de vista biológico, quer sob o prisma jurídico; mas, a negar-se qualquer autonomia ao produto da concepção, ter-se-ia de reconhecer que ele não é apenas

---

39 Já foi desmentido o postulado de Malthus relativo ao desequilíbrio entre o incremento da população e o dos meios de subsistência. Referindo-se aos excogitados sistemas para a retificação do imaginário desequilibro, disserta LORIA *(Economia Política,* 1927): "*Con questi sistemi essi intendono per vero a ristabilire il bilancio fra le sussistenze i la popolazione; como se questo non fosse già ristabilito i non fosse anzi addiritura alterato a vantaggio delle sussistenze! Altri... predicano nuovi processi de arte amandi, e reccomendano calorosamente la rarefazione della prole, senza imporre il moral restraint di Malthus, facendo insomma il matrimonio degenerare in una prostituzione monogamica. È con vivo dolore che registriamo la adesione a queste frenesi dei neo malthusianismo di um economista dotto e profondo come il Pierson, che, nel suo Trattato di Economia Politica, sembra raccomendare l'adozione di queste pratiche prudenziali. Non* è *necessario dire che questi sistemi sono da condannarsi irremissibilmente, perchè, oltre ad esser contrari alle leggi di natura, sono inutili alloro scopo, dal momento che l'equilibrio, che essi si propongono di raggiungere fra i viveri e le sussistenze, decimando le nascite, è ora pienamente assicurato. Altro è il rimedio da adottare contro il tremendo flagello della popolazione senza pane. è questo un fenomeno capitalista e non si pua combattere se non com metodi, che all'organizzazione capitalista si referiscano. Stimoliamo l'acumulazione produttiva, acresciamo la massa di riccheza investita nelle imprese industriali, aumentiamo la domanda di lavoro, spalanchiamo il granaio del mondo, e la popolazione eccessiva sul capitale spontaneamente, automaticamente scomparirà. Como gia l'aumento delle mercedi, elevando il tenore di vita delle classi lavoratrici, ha scemato il coefficiente di natalità e con ciò eliminato l'eccesso della popolazione sulle sussistenze, cosi l'aumento degli impieghi produttivi provocherà l'equilibrio tra la popolazione sul capitale.*"

*pars mulleris*, senão também *pars patris,* isto é, também um depósito da vida paterna. O direito ao aborto livre, por parte da mãe, colidiria com o inegável direito à prole por parte do pai, como, aliás, já reconhecia o direito romano.

Irureta Goyena, em defesa da licitude do aborto, assim argumenta: "O interesse geral e a legitimidade do aborto são princípios inconciliáveis; mas, como o interesse geral é uma forma flutuante e imprecisa (!?), deve o jurista indagar, não se um ato ataca o interesse geral, mas se ofende a justiça, e resulta evidente que o aborto, quando é a própria mãe que o pratica em si mesma ou permite que o pratique um terceiro, não ofende direito algum, porque o direito reside na mãe". E prossegue o insigne penalista uruguaio, apegando-se a um obsoleto critério dos jurisconsultos romanos: "Se a mãe tem o direito de destruir a própria existência ou o conjunto de seus órgãos, por que não há de ter o direito de eliminar o feto, que é só uma das vísceras componentes do organismo? Uma mãe pode privar-se de um braço. Como não pode perfurar as membranas que limitam o processo da concepção? Antes do parto, existirá talvez a vida, mas não existe a personalidade; e o direito é sempre o atributo de uma pessoa. Para ser sujeito de direito, não basta existir em sentido fisiológico: é necessário viver em sentido jurídico, isto é, ter direitos, e para isto se requer a vida de relação". Incisiva é a resposta de García Pintos, cujo livro *El respeto* a *la vida,* notável pelo seu vigor dialético, teria sido o *golpe de misericórdia* na licença para o aborto, tão infelizmente adotada, de início, pelo Código uruguaio. "Se a mãe" – redargui ele – "não dispusesse senão de seu corpo, poder-se-ia dizer que o direito reside na mãe; mas, no aborto, a mãe dispõe do seu corpo e do corpo do filho. Só por um sofisma poderia dizer-se que um continente absorve os direitos do conteúdo. O fato de que o filho esteja 'materialmente' contido no corpo da mãe não implica que esta possa absorvê-lo também 'juridicamente'. Não pode admitir-se que o binômio biológico mãe-filho deva ser considerado como uma só pessoa, desde que a lei e a biologia os distinguem perfeitamente, atribuindo-lhes direitos e funções separados e até mesmo antagônicos. Ao feto são atribuídos direitos pela lei civil".[40] É um *subjectum juris,* podendo dizer-se que tem caráter de *pessoa.* Afirmar-se que a personalidade está irrestritamente subordinada à vida de relação importaria, logicamente, admitir-se que o recém-nascido que continua dormindo e o adulto que se acha em estado de coma não têm ou perdem a personalidade. E ainda discorre García Pintos, evidenciando o velho erro de considerar-se o feto uma simples *pars ventris:* "O feto concebido tem todos os atributos da pessoa humana, pois é uma perfeita individualidade. Não

40 Tem vigência multissecular o princípio de que *nasciturus pro jam natus habetur quoties de commodis ejus agitur.*

é uma parte de coisa alguma, mas um todo completo; não é um órgão, mas um organismo. Para ser parte de um organismo, é preciso concorrer para sua constituição em sentido anatômico, fisiológico e biológico. E esta conexão não pode existir, se não existe anastomose e continuidade vascular e nervosa. Ora, do organismo materno não vai até o feto, nem *vice-versa*, um só capilar sanguíneo, nem um só filete nervoso. O que constitui a identidade de um organismo, além de sua limitação somática, é a comunidade e a especificidade do seu meio interior, que, como é sabido, consiste nos humores intercelulares e no líquido sanguíneo. Por isto, um parasita não pode 'formar parte' do organismo parasitado. O meio interior materno jamais *continua* com o fetal; são dois meios absolutamente individuais e mesmo antagônicos. A vida da mãe não se diferencia da do filho senão pela circunstância da respiração, que, na primeira, é aérea, enquanto no segundo, é branquial. A vida se define por funções, e nem uma só das que existem no filho nascido falta no ser encerrado no claustro materno. O filho, desde sua origem, é um ser independente do organismo da mãe. O óvulo pronto a ser fecundado desprende-se da mãe e é já uma célula totalmente independente dela, posto que está fora do seu meio interior e em caminho de um conduto excretor, para ser eliminado para o mundo externo, se um espermatozoide, também outra célula livre, não lhe vem salvar a vida, colocando-o em condições de realizar seu *devenir*. Há, porém, um fato muito mais importante que a separação do meio interior materno e que assinala a total independência e individualidade do óvulo ou gameta feminino. É sabido que o que caracteriza a individualidade específica biológica de um ser é o número de cromossomos ou corpúsculos cromáticos das células, invariavelmente fixo em todas as células de um organismo e em todos os organismos da mesma espécie. E esta lei biológica se cumpre com a mesma fatal necessidade com que se cumprem as leis que regem a marcha silenciosa dos astros. Pois bem; o gameta feminino, ao amadurecer e ao deixar o meio interior materno, deixa de pertencer ao mesmo grupo, à mesma família de células que compõem o corpo materno, pois perde exatamente a metade de seus elementos cromáticos, para recompor a especificidade do ser humano, ao fundir-se com o gameta masculino ou espermatozoide, que também perdeu a especificidade das células paternas, ao despojar-se da metade dos seus elementos cromáticos. Sem esta diferenciação dos gametas, jamais poderia nascer um ser humano... Desde então as duas células formam um só ser independente, e com a mesma milagrosa potência vital com que um minúsculo grão de trigo encontrado numa tumba faraônica foi capaz de germinar, depois de um sono milenário, também a mórula germinativa encerrará em potência todas as possibilidades biológicas e anímicas, desde as maiores deformidades morais até a virtude heroica de Joana d'Arc ou o gênio de Goethe. E a esta individualidade ontogênica se agrega imediatamente a individualidade teleológica ou finalística, em cuja virtude o ser empenhará a luta que jamais poderá cessar, para manter o equilíbrio contra inúmeros fatores internos e externos, que conspirem contra a sua integridade individual... Em todo germe de vida, dizia o genial fisiólogo Claude Bernard, há uma ideia criadora que se desenvolve e se manifesta por uma organização finalística. Durante toda a vida, o ser terá de ficar sob o influxo dessa força vital criadora, e quando ela já não possa realizar-se, terá soado a hora da morte. É em virtude dessa força finalística que o filho é e será um ser independente. E a palavra "independente" tem, aqui, o mesmo sentido relativo que sempre se dá em biologia, isto é, *independência* de vida, ainda que não seja independência de elementos vitais, como o oxigênio e as matérias nutritivas. O fato de que o embrião, o feto ou a criança a pique de nascer está na dependência metabólica da mãe não é óbice para que se possa chamá-lo "ser independente". De absolutamente independente, nada existe... O ser embrionário deve ser continuamente percorrido por correntes energéticas que constituem o *substractum* dinâmico de suas funções. É necessário, pois, que possa prover-se de material nutritivo e de oxigênio, e para isso nada mais pedirá que um asilo, porque toda a elaboração biológica ele a fará por sua própria conta. Ele fará seu próprio sangue, seu verdadeiro meio interior, e com a mãe não terá outra relação que não seja a de uma *justaposição,* e não a de uma *intimidade anatômica.* O sistema circulatório fetal é absolutamente próprio e fechado. Nem uma gota de sangue passa jamais da mãe para o filho: o dizer-se que a mãe dá o seu sangue ao filho não deixa de ser uma metáfora, uma bela mentira de poeta, mas não uma verdade biológica". E conclui o ilustre médico uruguaio: "*Si las palabras han de tener algún sentido, un ser animal que tiene características propias de independencia anatómica y fisiológica, se ha de llamar individuo y si es de la especie humana, se ha de llamar persona. Persona talvez derive de la palabra com que se denominaba la máscara que Roma usaba en la farsa clásica. Nos parece sin embargo más exacto, como sugestión de idea, lo que hemos leído en algún lado: persona es igual a 'per se una', es decir, por si mismo uno, y el hijo concebido es biologicamente por si mismo uno*".

Outro argumento em favor da impunidade do aborto é a inocuidade da pena para inibir a sua frequência. Ora, com este raciocínio ter-se-ia de concluir, logicamente, pela abolição dos Códigos Penais, porque estes não conseguem eliminar, de todo, a criminalidade em geral.

Diz-se ainda que, a punir-se o aborto, se deveria também punir a esterilização e o emprego de meios anticonceptivos. Ora, o atual Código italiano, entre outros, pune a esterilização (como já se fazia, aliás, em plena Idade Média) e até mesmo a propaganda anticoncepcional, à imitação da lei francesa de 31 de julho de 1820, de que é também reflexo o art. 20 da nossa Lei das Contravenções ("Anunciar processo, substância ou objeto destinado a provocar aborto ou a evitar a gravidez: pena – multa de Cr$ 500,00 a Cr$ 1.000,00"). Mas, mesmo em face das legislações que desconhecem tal incriminação, nenhum valor teria o argumento, porque a este se pode vantajosamente retrucar que antes da fecundação da mulher a sociedade não tem, no rigor dos princípios, motivo para intervir, uma vez que a fecundação não é obrigatória, enquanto, verificada a concepção, já se apresenta o interesse social de tutelar uma vida humana em formação, uma *spes vitae*. Como diz Oetker, nenhuma incoerência existe entre a incriminação do aborto e a licitude penal do impedimento da concepção: neste caso, diversamente do que acontece naquele, não é destruído um ser vivo.[41]

Afirma-se ainda que a lei punitiva do aborto constitui uma lei de exceção contra as classes mais pobres da sociedade: enquanto à mulher das classes abastadas não é penosa a maternidade, representa esta um sacrifício para a mulher proletária. Em primeiro lugar, a punição do aborto não se justifica apenas como proteção a uma *spes hominis,* mas também como proteção à vida ou saúde da própria gestante. E não há dizer-se que o processo científico do abortamento pode conjurar o perigo que este acarreta à incolumidade pessoal das mães. São categóricos e insuspeitos os testemunhos que nos vêm da Rússia. O Dr. Krassinilkian, em seu livro sobre a prática do aborto no país dos sovietes *(apud* Cuello Calón), assim se exprime: "A interrupção da prenhez, ainda quando executada *lege artis,* evidencia-se como uma séria e grave intervenção no organismo feminino".

Não menos alarmante é a afirmação do Dr. Gerinschtein: "Quando executamos 140.000 abortos em um ano, quer isto dizer que fizemos 140.000 mulheres inválidas". Para todos os argumentos formulados em favor da legitimidade do aborto há uma resposta desanimadora dos médicos russos, traduzindo o fracasso da tentativa soviética em tal sentido. Resumindo dados de um trabalho do Prof. Mayer, da Universidade de Tübingen, sobre o Congresso de Ginecólogos, realizado, em 1933, na cidade de Kiev, García Pintos faz o cotejo entre os motivos de política criminal pretendidamente justificativos da liberdade do aborto e a opinião dos cientistas soviéticos. Verifica-se que à opinião segundo a qual a liberdade do aborto é uma válvula de escapamento para a miséria,[42] responde o Dr. Tikanadse: "O maior

---

41 Ob. cit., p. 284: "*Ein Widerspruch zwischen dem Abtreibungsverbote und dem Unverbotensein der Konzeptions-Verhinderung, wodurch die gleiehe wirkung herbeigeführt werde, besteht nicht hier, wohl aber dort ein entstandenes Lebewesen vernichtet.*"

42 Dizia Paul Strauss que *"la misere est la grande faiseuse d'unges".*

número de mulheres abortadas se encontra entre as que auferem mais alto salário e cujos maridos ganham de 40 a 50 rublos". O mesmo ginecólogo, contrariando a crença de que o aborto livre é uma libertação para os que têm muitos filhos, informa: "63 % das abortadas só tinham um filho ou nenhum". Ao refrão dos abortistas, de que ao aborto recorrem, principalmente, as raparigas solteiras, por motivo de honra e vergonha, contestam os Drs. Lewit e Maibtz: "80% dos abortos são de mulheres casadas". A ingênua afirmativa de que os abortos, embora permitidos, não aumentarão, porque sempre estarão vigilantes o instinto de reprodução e o da maternidade, é desmentida pelo depoimento do Dr. Sokol sobre o vertiginoso aumento dos abortos, depois da abertura dos "abortadouros" públicos, podendo mesmo dizer-se que surgiu entre as mulheres russas uma verdadeira "psicose do aborto". O Dr. Borschtschvskia declara: "A mulher que se faz abortar uma vez, facilmente se decide a outra". E o Dr. Ulianovsxy acusa: "Produziu-se uma diminuição do instinto maternal".

Sustentam os defensores do aborto que a liberdade deste combaterá o mal do aborto clandestino, e a mulher deixará de recorrer às *comadres,* desde que possa, sem receio, valer-se das clínicas assépticas. Responde, entretanto, o Dr. Kirillov: "Frustrou-se a esperança que tínhamos de lutar facilmente contra o aborto criminoso e clandestino; a custosa experiência que fizemos resultou inútil". No mesmo sentido, informa o Dr. Tikanadse: "A lei (permissiva do aborto) determinou um aumento dos abortos, até mesmo dos clandestinos".

É certo que o chamado *argumento econômico* não deixa de ser impressionante. Não se pode negar que, no seio de uma família pobre, o advento de um ou dois filhos é uma agravação de penúria e de infortúnio. E chega a ser mesmo um mal social: se um ou dois filhos podem ser sofrivelmente amanhados para a luta da vida, com os parcos recursos do casal, a superveniência de outros exclui essa possibilidade, e todos acabam por se alistar na dolorosa legião dos *sub-homens,* inaptos para a concorrência nos setores da vida social e fatalizados à perpétua miséria. A quantidade prejudica a qualidade. Mas o recurso contra esse mal não é o preconício do aborto, senão uma eficiente proteção do Estado às famílias numerosas sem recursos suficientes. A esta boa política, aliás, já atendia a Constituição brasileira de 1937, dispondo, no seu art. 124, que "às famílias numerosas serão atribuídas compensações na proporção dos seus encargos", e, no art. 127, última alínea, que "aos pais miseráveis assiste o direito de invocar o auxílio e proteção do Estado para a subsistência e educação da prole". E correspondendo aos preceitos constitucionais, foi baixado, a 19 de abril de 1941, o Dec.-Lei n. 3.200, que provê, minuciosamente, a "organização e proteção da família". A atual Constituição, no seu artigo 164, seguiu a mesma política tutelar.

Preconizar o aborto é aconselhar a prática de um ato profundamente imoral e antissocial. Com a licença para o aborto, a mulher perderia o medo de conceber filhos ilegítimos e estaria, assim, assegurado livre curso aos amores *extra matrimonium*. Justamente observa Max Hirch que "a ilimitada abolição da punibilidade do aborto equivale a desligar o homem de toda responsabilidade no tocante ao instinto sexual e sua satisfação, e a desmontar uma barreira cuja queda constituiria um grave dano para a humanidade, notadamente para a mulher". O aborto não é apenas a destruição de uma *spes hominis;* não é apenas uma lesão ao interesse demográfico do Estado: é, também, como ensina a ciência médica, um sério dano às funções próprias da mulher, refletindo-se sobre o seu psiquismo, sobre a sua faculdade procriadora, sobre a sua capacidade de rendimento social, e propiciando o aparecimento de enfermidades que diminuem seu cabedal de vida e abreviam a duração normal de sua existência. Segundo atestam os ginecólogos, esse perigo não deixa de existir ainda quando o aborto seja executado por especialista. O esvaziamento artificial do útero da mulher grávida é quase sempre causa de que parte do conteúdo fique retida, entrando em putrefação e ocasionando um processo infeccioso. A mulher que aborta, diz Bumm, pode ficar lesada para toda a vida. Mesmo praticado por um técnico experiente, o aborto supõe um terrível perigo para a vida da gestante, pois o médico, não obstante as mais rigorosas precauções, nunca pode excluir o risco de uma infecção.

**62. A objetividade jurídica do crime de aborto.** O Código classifica o aborto entre os crimes *contra a vida,* que são uma subclasse dos crimes *contra a pessoa.* É um critério acertado. Não se pode negar que o feto seja, pelo menos, uma *spes personae.* O Código Civil brasileiro, não obstante declarar que "a personalidade civil do homem começa do nascimento com vida", põe a salvo os direitos do nascituro e destaca situações em que, como observa Clóvis Beviláqua, o *infans conceptus* se apresenta como pessoa: *a)* art. 359, legitimação do filho apenas concebido; *b)* art. 357, parágrafo único, reconhecimento de filho anterior ao nascimento; c) art. 468, curatela do nascituro; *d)* art. 1.718, capacidade do nascituro para adquirir por t estamento. E comentando o art. 4º do referido Código, disserta Clóvis: "Kohler recorre a uma construção forçada das *pessoas jurídicas implícitas ('stillschweigende juristische Personen')* para explicar o exercício dos direitos do nascituro; Windscheid fala, em tal caso, de direito sem sujeito. Parece mais lógico afirmar, francamente, a personalidade do nascituro".

A vida do feto é uma vida humana em formação. Já dizia Tertuliano que "*homo est et qui est futurus*". E o excelente Carrara assim argumentava:

"Quanto a nós, cremos que se pode discutir fisiologicamente se há vida (no feto) distinta da vida materna, e deixamos que os médicos discorram sobre este particular. Para nós, basta que haja uma *vida,* digna de ser respeitada e protegida por si mesma, independentemente do que respeita à família; e isso (chame-se vida *vegetativa* ou chame-se vida *animal)* não pode ser posto em dúvida. Não é, de modo algum, incerto que o feto seja um ser vivente: impossível negá-lo quando, cada dia, a gente o vê crescer e vegetar. Que importa, pois, definir fisiologicamente tal vida? Admita-se que seja uma vida agregada, acessória a outra vida, da qual um dia se destaque para viver por conta própria. Mas que se trata de um ser *vivo,* não se pode negar; e assim, nessa vitalidade presente, acompanhada da probabilidade de uma vida futura independente e autônoma, encontra-se suficientemente a objetividade do crime de quem, perversamente, a destrói... Para nós, portanto, o feto no útero *vive,* e não nos interessa definir fisiologicamente a índole de tal vida, pois não é possível que o feto esteja ali dentro como um corpo morto".

Segundo ensina Manzini, o feto é, pelo menos, uma *pessoa em formação,* isto é, uma expectativa de vida humana, de modo que o aborto provocado vem a ser um crime *contra a vida,* e, *in genere, contra a pessoa.* O interesse jurídico relativo à vida e à pessoa é lesado desde que se impede a aquisição da vida e da personalidade civil a um feto capaz de adquiri-las. Por outro lado, ainda que não se pudesse falar de vida em sentido especial ou próprio, relativamente ao feto, não deixaria de ser verdade que este é dotado de vida intrauterina ou biológica, que também é *vida,* em sentido genérico. Quem pratica um aborto não opera *in materiam brutam,* mas contra um homem na *antessala* da vida civil. O feto é uma pessoa virtual, um cidadão em germe. É um homem *in spem.* Entre o infanticídio (eliminação de vida extrauterina) e o aborto (eliminação de vida intrauterina) a diferença é apenas de *grau,* ou, como dizia Carrara, de *quantidade natural* e de *quantidade política.*

**63. Conceito do crime de aborto.** O crime de aborto *(avortement, Abtreibung, abortion)* era assim definido por Carmignani: "*foetus extra uterum maternum ante tempus a natura praestitutum violenta ac dolo maio ejectio peracta*".

No mesmo sentido, Tardieu: "expulsão prematura e violentamente provocada do produto da concepção, independentemente das circunstâncias de idade, viabilidade e mesmo de formação regular". Mais compreensiva é a definição de Carrara: "Dolosa ocisão do feto no útero, ou a sua violenta expulsão do ventre materno, da qual resulte a morte." O Código mexicano de 1929 continha a seguinte conceituação: "*Llamase aborto en derecho penal a la extracción dei producto de la concepción o a su expulsión provocada por cualquier medio, sea cual fuere la época de la preñez, con objeto de interrumpir la vida dei producto".*

Nenhuma dessas definições, porém, é isenta de crítica. Ao invés da circunstância da *expulsão do feto,* que não passa de um epifenômeno e pode deixar de ocorrer, o que se apresenta como *necessário* e *suficiente* à configuração do aborto é a *interrupção da gravidez.* É este, aliás, o critério médico-legal, a que deve afeiçoar-se a noção jurídico-penal: "aborto é a interrupção da gravidez, seguida ou não da expulsão do feto, antes da época da sua maturidade" (Morisani). Garimaud assim define o aborto criminoso: "é a cessação prematura e dolosa da gravidez, ou sua interrupção intencionalmente provocada, com ou sem aparecimento dos fenômenos expulsivos". Mais concisamente, pode dizer-se: é a solução de continuidade, artificial ou dolosamente provocada, do curso fisiológico da vida intrauterina. Já na *Relazione* sobre o Código italiano de 1889, dizia Zanardelli, relativamente ao aborto: "A essência do crime consiste no impedir o processo fisiológico da maturação do feto". E quarenta anos depois, Rocco (Alfredo), na sua *Exposição de motivos* sobre o atual Código italiano, repetia o conceito: "*L'aborto, in senso legale, è qualsiasi interruzione prodotta nel processo fisiológico di maturanza del feto".* O requisito da *expulsão do feto* poderia conduzir, na prática, à perplexidade. Pode acontecer, notadamente nos primeiros períodos da gravidez, que o embrião, ao invés de ser eliminado para o exterior, é objeto de um processo de autólise e acaba por dissolver-se e ser reabsorvido. Outras vezes, pode sofrer um processo de mumificação ou maceração, permanecendo dentro do útero como um corpo estranho. E outras vezes, ainda, é sujeito a um processo de calcificação *(litopédio).* Ora, em tais casos, adotado o velho conceito de Carmignani e Tardieu, ter-se-ia de reconhecer a inexistência do crime, pois não há expulsão do produto da concepção. Por outro lado, pode ocorrer que, não obstante a provocada expulsão prematura, o feto nasça *vivo* e *vital,* deixando, portanto, de configurar-se o crime de aborto, cujo momento consumativo é a *morte* do feto. Ainda mais: pode acontecer que o feto já estivesse morto antes da provocação do aborto, e, assim, apesar da sua expulsão, não se apresenta o crime, mas uma *tentativa inadequada,* que escapa à punição.

O aborto, em face do Código, é crime de dano (ou *material):* é necessário, para sua consumação, que se opere, efetivamente, a ocisão do feto *intra uterum* ou a interrupção da gravidez e consequente morte do feto. O verbo *provocar,* empregado nos arts. 124, 125 e 126, não pode ter outro sentido senão o de *dar causa* a, *originar, promover.*

O Código, ao incriminar o aborto, não distingue entre *óvulo fecundado, embrião* ou *feto:* interrompida a gravidez antes do seu termo normal, há o crime de aborto. Qualquer que seja a fase da gravidez (desde a concepção até o início do parto, isto é, até o rompimento da membrana amniótica), provocar sua interrupção é cometer o crime de aborto. A ocisão do feto (alheio à sua imaturidade ou ao emprego dos meios abortivos), depois de iniciado o processo do parto, é infanticídio, e não aborto criminoso (veja-se n. 52).

Admitida a intenção de provocar o aborto, ou, seja, de suprimir o feto, não tem importância o momento em que este vem a morrer: se quando ainda no útero materno ou se quando já expulso, uma vez que a morte tenha ocorrido em consequência da própria imaturidade do feto ou dos meios abortivos empregados. Não há distinguir entre a ocisão direta do feto *intra uterum* e a morte deste *extra uterum* por deficiência de maturação. Justamente observa Rocco *(Relazione)*: "*In altri tempi si volle distinguere (e taluni Codici espressamente previdero) due ipotesi: l'una del fatto dell'uccisione del feto nel ventre materno, l'altra relativa alla prematura espulsione che produca la morte. Ma siffata distinzione non ha influenza sulla determinazione della materialità di questi reati, giacchè... L'aborto si commette con la violenta distruzione del feto avvenuta in qualsiasi momento anteriore al rompimento normale della gravidanza*".

Nada tem a ver com o aborto o emprego de meios para impedir a fecundação, ainda que o esperma já tenha ingressado no órgão genital da mulher. Do mesmo modo, é coisa inteiramente distinta do aborto a destruição dos óvulos não fecundados da mulher, ainda que com o fim de torná-la estéril.

Tal como na conceituação do infanticídio, não contempla o Código de modo especial, como minorante da pena de aborto, a *causa honoris*. Esta, entretanto, poderá ser levada em conta pelo juiz, quando da aplicação da pena, consoante a norma do art. 42.

**64. Condições jurídicas do crime de aborto.** Podem ser assim fixados os *essentialia* do crime de aborto: 1º, o dolo; 2º, o estado fisiológico da gravidez; 3º, o emprego de meios dirigidos à provocação do aborto; 4º, a consequente morte do feto (ou do embrião ou do óvulo fecundado). Vamos apreciá-los, cada um *de per si*.

**65. O dolo.** O aborto só é punível a título de dolo, que é, na espécie, a vontade consciente e livre de interromper a gravidez ou eliminar o produto da concepção, ou, pelo menos, a anuência ao previsto advento de tais resultados.[43] Não constitui crime o aborto *culposo* ou *preterintencional*. É de notar, porém, que o aborto *preterintencional*, do mesmo modo que a simples *aceleração do parto* não compreendida no dolo do agente, é previsto como

43 Suponha-se o seguinte caso: uma mulher, sabendo-se grávida, tenta suicidar- se, resultando o aborto. Há dolo eventual quanto a este, de modo que o crime se configura.

*condição de maior punibilidade* no crime de *lesões corporais* (art. 129, §§ 2º, n. V, e 1º, n. IV).

Se a intenção do agente era apenas abreviar o parto (por exemplo, para que o nascituro aproveitasse uma determinada verba testamentária, condicionada a uma época prefixa), deixa de configurar-se o crime de aborto, ressalvada a punibilidade do agente por eventuais lesões ou morte da gestante. Se se trata de autoaborto, nenhum crime haverá.

**66. O estado fisiológico da gravidez.** A gravidez se estende desde a fecundação até o início do parto, assinalando-se este pelo rompimento da *bolsa* das *águas*. É preciso que seja rigorosamente comprovada. A gravidez suposta ou putativa exclui o crime: em tal caso, o emprego de meios abortivos constitui *tentativa impossível* (art. 14), ficando o agente imune de pena, salvo, é claro, a sua responsabilidade por lesão corporal ou morte da gestante, eventualmente resultante da ação dos ditos meios.

Fácil é a prova da gravidez atual ou em curso. A tal respeito há os *sinais de probabilidade,* que, se precários na diagnose, quando considerados isoladamente, podem, reunidos, gerar a certeza; e os *sinais de segurança* (que só se apresentam depois do quarto mês da gestação). Os primeiros são, entre outros: a cessação dos mênstruos; a turgidez ou maior volume do abdômen; o estado do útero, no tocante às modificações de volume, forma e consistência;[44] a alteração da cor das mucosas do órgão genital da mulher; alteração das mamas, dos bicos dos seios, da auréola mamilar.

Os *sinais de segurança,* segundo a lição clássica, são os seguintes: 1º, a chamada *ballotage,* que se obtém impulsionando-se a parte inferior do útero, de modo que o feto, que ali se acha dentro da membrana amniótica, é conduzido levemente para cima e, em seguida, cai para o fundo; 2º, a percepção das partes do feto, com sua conformação específica; 3º, os movimentos ativos do feto; 4º, a percepção do bater do coração fetal, que é mais frequente que o da mãe. A estes meios clássicos acrescentam-se modernamente outros processos de prova, que se dividem em *físicos* e *biológicos*. Entre os *físicos,* destacam-se a *histerografia* e o exame radiológico; entre os *biológicos,* é decisiva a reação chamada de Aschheim-Zondeck. Consiste esta em injetar-se urina da mulher em uma cobaia impúbere, resultando, indicativos de gravidez, os seguintes fenômenos nos ovários do animalzinho: 1º, rápido crescimen-

44 Cita-se, a tal propósito, o chamado *sinal de Hegar,* que consiste em um precoce amolecimento dos tecidos do istmo (porção do útero compreendida entre o colo e o corpo do útero). Além disso, o útero assume uma consistência pastosa, ao mesmo tempo que sua forma, que é globosa no 1º trimestre da prenhez, se torna ovoidal (M. Carrara).

to dos folículos pelo aumento do líquor; 2º, superveniência de hemorragias endofoliculares, que se apresentam sob a forma de pequenos pontos hemorrágicos; 3º, aparecimento do *corpus luteum.*

Mais difícil é a prova da gravidez pregressa, se já não se encontra, para exame microscópico, o material expulso do útero. Se o aborto é recente, pode ser reconhecido anatomicamente, mesmo prescindindo-se de eventuais lesões uterinas ou infecções, como, por exemplo, se se apresenta dilatado o orifício do útero, se o colo se mostra encolhido, se o útero está aumentado e globoso, de consistência pastosa, se se constata o ponto de inserção da placenta etc. Cumpre notar ainda que a reação de Aschheim-Zondeck pode ser positiva até cinco ou seis dias após o parto. Tratando-se de aborto nos primeiros tempos da gravidez, a diagnose só é possível quando, praticável o exame das excreções do útero ou resíduos dele extraídos mediante raspagem, se demonstre a presença de produções ovulares. Fora daí, não se pode fazer senão uma diagnose de simples probabilidade (M. Carrara). As indagações tornam-se, as mais das vezes, insuperavelmente difíceis, quando o aborto já tenha ocorrido há algumas semanas. Não será demais transcrevermos, aqui, a lição de Sousa Lima, a propósito dos sinais do aborto: "Os sinais deixados pelo aborto nos órgãos genitais da mulher variam conforme a data da gravidez e a ocasião do exame, que será tanto mais profícuo quanto for efetuado mais próxima do abortamento, e quando este, por sua vez, for realizado em uma época mais adiantada da gestação. Nestas condições, e sobretudo tratando-se de mulheres ainda nulíparas, os sinais materiais do fato serão devidamente apreciáveis, e corresponderão mais ou menos aos de um parto natural. Assim, no abortamento efetuado desde o 4º ou 5º mês em diante, em toda a segunda metade da gestação, o exame pericial feito imediatamente, ou dentro do prazo em que se diz o aborto recente, permitirá reconhecer o aumento de volume do útero, o amolecimento do colo, a dilatação do respectivo orifício, a efluxão de lóquios, o crescimento dos seios com secreção de colostro, a pigmentação da auréola mamilar etc. Considera-se o aborto recente até 12 ou 15 dias, no máximo. Além deste prazo, e principalmente nas mulheres multíparas, não se encontrarão mais do que os sinais comuns a qualquer gravidez anterior: a presença de lóquios, a do colostro ou do leite pela pressão dos seios, e outros menos importantes. Se o abortamento tiver lugar antes de dois meses, em que o ovo humano é menor do que o da galinha, não é possível descobrir vestígios de qualquer traumatismo sexual confundindo-se o corrimento sanguíneo com o da menstruação... O exame cadavérico da mulher que abortou criminosamente é muito mais elucidativo: podem-se apurar as provas do crime também no exame das vias digestivas e dos órgãos genitais internos. A parte o que pode denunciar o hábito externo com os sinais equívocos de sanguessugas, vesicatórios etc., no exame atento da superfície interna do tubo gastrointestinal pode-se descobrir o corpo de delito, representado por algum dos produtos vegetais ingeridos, ou seus derivados. Taylor pôde extrair óleo essencial de sabina do estômago de uma mulher que usou desta substância. Em todas as que têm tomado o pó de esporão de centeio (que é uma das drogas mais usadas para o fim de que se trata), tem-se encontrado facilmente, pelo ensaio microscópico, um tecido ou conjunto formado de células hexagonais, de paredes espessas, encenando gotinhas oleosas e uma matéria corante roxa que passa ao vermelho pela adição de ácido sulfúrico; a camada cortical das células é de cor roxo-escura. Aquecendo-se uma partícula dessas em uma solução de potassa, desenvolve-se um cheiro de salmoura de arenque (trimetilamina). Estes dados podem ser confirmados e completados por outros ensaios de análise química. Antes mesmo de se proceder à inspeção intraintestinal, a abertura do ventre poderá revelar a existência de uma peritonite aguda generalizada, com exsudatos purulentos. O exame necroscópico nestes casos deve-se aplicar particularmente à verificação do estado do útero e ovários. No útero poder-se-ão verificar duas ordens de lesões: umas inflamatórias agudas, difusas, de caráter infeccioso, nem sempre de origem abortiva; outras traumáticas, constituídas por perfurações e rupturas e lacerações. As perfurações às vezes únicas, isoladas, outras vezes múltiplas, têm sua sede no colo do útero, mas podem apresentar-se no fundo desse órgão, quando o instrumento tiver atravessado o seu conteúdo, e ser acompanhadas de sufusão equimótica. As lacerações ocupam, em geral, o fundo do útero em uma extensão variável, cumprindo distingui-las das rupturas chamadas espontâneas, acidente aliás raro no útero são, e só admissível diante dos embaraços mecânicos opostos à saída do feto (que não poderão passar despercebidos a um exame atento), e quando tenham sido exageradas as contrações expulsivas desse órgão pela administração inoportuna do esporão de centeio. Fora desta hipótese, essa ruptura, sobretudo em uma época anterior ao termo da gravidez, que é o caso vertente, só se poderá dar em um útero doente cuja estrutura esteja profundamente alterada pelo processo mórbido ou, independente disso, segundo Coutagne, só pelo fato de uma grande multiparidade, o que deve ser raríssimo. Para se estabelecer a etiologia traumática destas lacerações, é preciso atentar para a sua forma particular, sua sede, direção e outros caracteres, tais como presença de equimoses, tudo de conformidade com a natureza e o manejo dos instrumentos punctórios mais usados na perpetração deste delito. Se a mulher tem sobrevivido algum tempo, o aspecto das feridas pode modificar-se "profundamente, e até desaparecer o seu traço inicial pela supuração e sobretudo pela gangrena, que é sempre suspeita de uma infecção traumática, quando observada no útero de mulheres que sucumbem aos efeitos de um aborto, sem embargo de casos em que, segundo Maygrier, pode-se manifestar a gangrena limitada do útero, consecutiva a uma infecção puerperal, independente de traumatismo. Deve-se também procurar estas lesões fora do útero. Em um caso citado por Tardieu, uma das artérias ilíacas internas tinha sido perfurada por uma longa agulha que atravessou o útero, e da qual resultou a morte rápida por hemorragia intraperitoneal. Às vezes, por manobras desastrosas, têm-se observado perfurações da vagina, indo até a bexiga e o reto. Com a pesquisa dos sinais do crime, é preciso não esquecer, no exame dos órgãos genitais internos, as provas da existência de uma gravidez que foi interrompida e que imprime à superfície interna do útero um aspecto particular, tormentoso, enegrecido, e na qual se encontram coágulos sanguíneos esparsos, decompostos. Do seu conteúdo, já eliminado, ficam algumas vezes restos significativos, tais como cotilédones placentários; e, mesmo na ausência completa desses restos, há sempre a notar o aumento geral de peso e volume do útero. O peso que é, em geral, de 40g nas nulíparas, chega até 120 g nas multíparas. O volume, apreciado nas suas três dimensões, é em média de 6 a 7cm de comprimento, de 3½ a 4cm de largura ao nível das trompas, e de 2 a 2½ cm de espessura; notando-se que nas donzelas o comprimento da porção cervical do útero é pouco mais ou menos igual ao do corpo do órgão. O deste aumenta após a prenhez e o parto, até representar *3/5* do comprimento total. Os ovários também oferecem modificações importantes, entre as quais a presença do verdadeiro *corpus luteum,*[45] conquanto mesmo assim chamado se tenha deixado de verificar em mulheres paridas, ou se apresenta tão pequeno a ponto de se confundir com o falso *corpus luteum,* ordinariamente encontrado após a fluxão menstrual e independente de fecundação. Brouardel é de opinião que em geral há "notável diferença entre os corpos amarelos menstruais e os de fecundação e prenhez, porque os primeiros duram até dois meses no máximo, ao passo que estes últimos subsistem até depois do parto; concluindo, afinal, que em absoluto a falta do *corpus luteum* não basta para excluir a gravidez, nem a sua presença para afirmá-la. Entretanto, a verificação desta circunstância é prescrita em alguns regulamentos de perícia médico-legal, e para o próprio Brouardel, constitui

45 Explica S. Lima: "O *corpus luteum* é uma saliência ou protuberância, de cor amarelo-suja, formada na superfície do ovário, apresentando uma cicatriz correspondente ao ponto de emergência e ruptura da vesícula de Graaf, e destacamento do respectivo óvulo. Quando este é fecundado, a intumescência cresce até atingir um volume igual e mesmo maior do que o próprio ovário, tomando a cor amarelo-franca, e permanecendo ordinariamente, mas não sempre, até depois do parto, deixando uma cicatriz irregular, estrelada, quase sempre vitalícia".

um elemento de semiótica, que importa recolher e aproveitar. Segundo Tourdes, a ausência de corpos amarelos recentes e a existência de um corpo amarelo antigo e volumoso, dito *corpus luteum* da fecundação, de comprimento máximo de 24 mm, corresponde ao 5º mês da gravidez; ele vai-se reduzindo progressivamente até 7 a 8mm depois do parto. No parecer de Bale e Kirkes, implicará presunção de gravidez e de duração desta o corpo amarelo maior do que uma ervilha. Strassmann dá maior valor nestes casos ao exame histológico do tecido uterino e respectiva mucosa, cuja estrutura é mais ou menos profundamente alterada, com redução considerável das suas glândulas, especialmente nos últimos meses; ao passo que, na época menstrual, esta mucosa apresenta a estrutura normal, salvo certo grau de turgescência acompanhada de dilatação dos vasos sanguíneos. Nas diversas espécies de endometrites, notam-se as alterações próprias das mesmas."

Cumpre distinguir entre a gravidez normal e a gravidez *extrauterina* e a gravidez *molar*. Tem-se a gravidez *extrauterina* quando o óvulo não se desenvolve no útero. Apresenta variedades, segundo a região mais precisa em que o óvulo se desenvolve: *intersticial,* se na porção terminal do tubo que atravessa a parede uterina; *tubária,* se na trompa; *ovárica* ou *tubo-ovárica* etc. Em tais casos o desenvolvimento fetal não se opera senão por breve tempo; ou sobrevêm complicações por abundante hemorragia, ou ruptura da trompa etc., que produzem naturalmente a morte da mulher. Outras vezes, o feto permanece no lugar, mas vem logo a deter-se em seu desenvolvimento e sofre processos regressivos, entre os quais o da calcificação, apresentando-se a formação de um *litopédio.*

A gravidez *molar* consiste numa particular formação neoplástica, derivada principalmente das membranas fetais, sem que haja (ou sem que necessariamente haja) a presença de um embrião. A essa formação dá-se o nome de mola, a cujo respeito disserta Sousa Lima: "A verdadeira mola, legítimo produto de fecundação, é assim qualificada para distinguir das molas falsas ou espúrias, que são sempre produções patológicas, alheias à prenhez, representadas em geral por concreções sanguíneas, ordinariamente provenientes de coágulos de sangue menstrual retidos no útero e envolvidos por membranas que se destacam do seu interior; é o que se dá nos casos de endometrite esfoliativa. A mola verdadeira ou legítima é, porém, em qualquer das suas variedades, o fruto de uma concepção frustra, portanto, anômalo, informe e degenerado, e na qual o embrião é, depois, por causas extraordinárias e fortuitas, destruído no todo ou em parte absorvido, e dele não ficam, no primeiro caso, senão restos de seus envoltórios, anormalmente desenvolvidos ou profundamente modificados; e, no segundo, vestígios apreciáveis e reconhecíveis de tecidos escapos ao processo degenerativo e reabsorvente (ossinhos, retalhos de cordão umbilical etc.). São os casos de mola carnosa, ou simplesmente de falso germe. Outras vezes, porém, na variedade mais espetaculosa destas anormalidades gestativas, chamadas mola *vesicular* ou *hidática,* as vilosidades do córion se apresentam fortemente hipertrofiadas e dilatadas em vesículas contendo serosidade clara, dispostas em numerosos prolongamentos formando cachos. Nos caracteres anátomo-histológicos destas vilosidades, e quando mesmo não se encontrem aqueles tecidos residuários, tem-se a prova evidente e irrecusável de uma produção gestativa, gorada ou abortada na sua evolução, com destruição consecutiva do embrião ou do feto, cujos restos mortais o útero guarda como um sepulcro."

No caso de gravidez extrauterina, que representa um estado patológico, a sua interrupção não pode constituir o crime de aborto. Não está em jogo a vida de outro ser, não podendo o produto da concepção atingir normalmente vida própria, de modo que as consequências dos atos praticados se resolvem unicamente contra a mulher. O feto expulso (para que se caracterize o aborto) deve ser um produto *fisiológico,* e não *patológico.* Se a gravidez se apresenta como um processo verdadeiramente mórbido, de modo a não permitir sequer uma intervenção cirúrgica que pudesse salvar a vida do feto, não há falar-se em aborto, para cuja existência é necessária a presumida possibilidade de continuação da vida do feto.

Igualmente, e com mais forte razão, a expulsão de uma *mola* não pode concretizar o crime de aborto. O emprego de meios abortivos em tal caso não destrói uma *vida,* pois que esta não existe. As molas verdadeiras não são *fetos,* e, quanto às molas falsas, nada têm a ver com o processo gestativo.

**67. Emprego de meios dirigidos à provocação do aborto.** Os meios abortivos ou chamados tais são variadíssimos. Dividem-se em 3 grupos: *químicos (bioquímicos, medicamentosos), físicos* e *psíquicos* (ou *biodinâmicos).* Os primeiros são também chamados *internos,* pois que se trata de substâncias químicas que, introduzidas no organismo, se destinam, supostamente, a excitar as contrações uterinas e provocar, de tal modo, a expulsão do feto. Segundo observam Hoffmann e Haberda *(Lehrbuch der gerichtlichen Medizin),* "não há meio abortivo interno de eficácia absoluta, isto é, não existe nenhuma substância conhecida que, tomada pela boca, possa ocasionar seguramente e em todos os casos uma prematura interrupção da gravidez". *("Es gibt keine... absolutes inneres Abtreibungsmittel, d. h. es ist keine Substanz bekannt, welche, innerlich genommen, sicher und unter allen Umständen eine vorzeitige Unterbrechung der Schwangerschaft herbeizuführen vermöcht.")* Não há uma só substância que tenha ação *eletiva* de provocar a peristalse uterina e interromper a gravidez. Algumas ajudam as contrações, mas não as iniciam.

Outras provocam uma intoxicação mais ou menos grave, de modo que o aborto sobrevém como o fenômeno de um quadro clínico *complexo*. É a lição de Afrânio Peixoto: "Não existem substâncias abortivas. Nenhuma das muitas conhecidas e usadas para isto tem uma ação direta e exclusiva sobre o útero, sendo capaz de esvaziá-lo sem lesões outras do organismo materno e sem perigos eventuais da própria vida. O aborto medicamentoso é corolário de intoxicações gerais, quase sempre graves. As doses ditas abortivas são doses tóxicas, de sorte que um efeito é obtido como sequência de outro".

Entre as substâncias usadas para fim de aborto, podem ser citadas as seguintes:

*Inorgânicas:* o fósforo, o antimônio, os sais de chumbo, os compostos do sódio e do potássio, os sais de cobre e de prata, os compostos do mercúrio e do ferro, os ácidos minerais (sulfúrico, clorídrico, nítrico, crômico).

*Orgânicas de origem animal:* a cantárida, o extrato de hipófise ou pituitária.

*Orgânicas de origem vegetal:* alcaloides (pilocarpina, quinino, estricnina, beladona, acônito, digitális), o centeio espigado, vegetais contendo óleos etéreos (sabina, cedro vermelho da Virgínia, zimbro, louro, arruda, ásaro, rosmaninho, noz-moscada, salsa, arnica, poejo, cânfora, erva-cidreira), ácidos orgânicos (acético, cítrico, salicílico), venenos hemáticos (o nitrobenzol ou óleo de amêndoas amargas), amargos (genciana, centáurea, cardo bento, trifólio), purgativos (jálapa, goma-guta, ruibarbo, coloquíntidas), emenagogos (aloés, apiol, iôdo), anti-helmínticos (feto macho), adstringentes (lúpulo), diuréticos (cila, salsaparrilha, guáiaco), plantas aromáticas (melissa, camomila, açafrão, artemísia).

Os meios *físicos* podem ser *mecânicos, térmicos* ou *elétricos.* Os mecânicos, por sua vez, podem ser diretos ou indiretos: estes agem à distância do aparelho genital, que é indiretamente influenciado (aplicação de sanguessugas, sucção dos bicos dos peitos, sinapismos, jogos esportivos, quedas voluntárias); aqueles operam diretamente sobre o aparelho genital e subdividem-se em: 1º, meios agindo sobre o útero através das paredes abdominais (massagens do útero, com pressões do abdômen, traumas contusivos do ventre etc.); 2º, meios aplicados na vagina (tamponamento, duchas vaginais, irritação do colo do útero); 3º, meios aplicados na cavidade cervical (dilatação da cavidade cervical com o dedo ou instrumentos, próprios ou impróprios); 4º, meios aplicados na cavidade uterina (punção ou deslocamento das membranas, raspagem da cavidade uterina).

Meios abortivos *térmicos* são aplicação de gelo ou compressas quentes no hipogástrio, sufumigação no baixo-ventre, semicúpios ou pedilúvios quentes.

Meios abortivos *elétricos* (já desacreditados) são o especial emprego da corrente galvânica ou farádica, os banhos elétricos, a excitação elétrica dos bicos dos peitos.

Finalmente, os meios *psíquicos* ou *biodinâmicos* são a provocação de susto, o incutimento de terror, a sugestão etc.

De todos esses meios, os mais idôneos são os mecânicos, precisamente os que encerram maior perigo para a saúde ou vida da gestante. Precários ou incertos, quando não de nenhum efeito, são os outros meios, devendo notar-se que quando o meio empregado é *absolutamente* inidôneo (rezas, decocções inócuas), não se poderá identificar, sequer, o aborto tentado, mas uma *tentativa inadequada* de aborto (art. 14).

**68. Morte do feto.** O momento consumativo do crime de aborto (simples) é a morte do feto. Se este é expulso vivo (caso de simples *aceleramento de parto)* e continua a viver, ainda que com vida desfalcada ou exígua, o que se poderá identificar é uma simples tentativa de aborto, posto que este, como já vimos, é a interrupção da gravidez acompanhada de morte do feto (pressupondo-se que o feto não é ainda capaz, por sua imaturidade, de viver fora do claustro materno).

Para a existência do aborto, não é necessária a prova da vitalidade do feto. Conforme adverte Hafter,[46] pouco importa se o feto era, ou não, vital, desde que o objeto da proteção penal é, aqui, antes de tudo, a vida do feto, a vida humana em germe *("Ob die Frucht lebensfähig war oder nicht, macht keinen Unterschied. Strafrechtliches Schutzobjekt ist in erster Linie das Leben der Frucht, das keimende menschliche Leben")* _ Averiguado o estado *fisiológico* da gestação em curso, isto é, provado que o feto estava vivo, e não era um produto *patológico* (como no caso de gravidez extrauterina), não há indagar da sua vitalidade biológica ou capacidade de atingir a maturação. Do mesmo modo, é indiferente o grau de maturidade do feto:[47] em qualquer fase da vida intrauterina, a eliminação desta é aborto.

A morte do feto (dentro do útero ou subsequente à prematura expulsão) deve ser efeito da interrupção da gravidez ou do emprego dos meios

46 Ob. cit., p. 77.

47 Thormann e Overbeck, ob. cit., fasc. 4º, p. 25: "*Der Grad der Reife (Entwicklung) der Frucht spielt hierbei keine Rolle; demgemäss ist es auch ohne Einfluss auf den Tatbestand, ob die Abtreibungshandlungen während der ersten oder während der letzten Schwangeschaftmonate ausgeführt werden.*" ("O grau de maturidade (desenvolvimento) do feto não representa, aqui, papel algum; consequentemente, não importa ao conteúdo de fato do crime que a ação abortiva seja praticada nos primeiros ou nos últimos meses da gravidez.")

para obtê-la: se a morte resulta de outra causa (independente), haverá apenas tentativa de aborto. Se o feto já estava morto, o agente *extra reatum est:* não é lesado o interesse protegido pela lei penal, e não se pode reconhecer o aborto, pouco importando que o agente erroneamente supusesse a atualidade da gestação. Dá-se em tal caso um crime *impossível* ou *putativo,* ou *tentativa inadequada,* tal como na hipótese de errônea suposição de gravidez.[48] O nosso Código não seguiu o exemplo das legislações inglesa e canadense, que incriminam o simples emprego de manobras abortivas, sem indagar se a mulher estava ou não grávida: *whether she be or be not with child.*

**69. Espécies de aborto criminoso.** Em face do Código, são em número de três as modalidades do aborto criminoso: o autoaborto, o aborto consentido pela gestante e o aborto da dissensiente. No art. 124, 1ª parte, é previsto o autoaborto *(Selbstabtreibung):* "Provocar aborto em si mesma".

Já na 2ª parte do mesmo artigo, é previsto o caso em que a mulher deixa fazer-se abortar por terceiro *(Sichabtreibunglassen)*: a mulher limita-se a consentir, não executa. Na primeira hipótese, é a própria mulher que provoca o aborto, seja ou não *instigada* ou *auxiliada* por outrem. No caso de instigação ou auxílio, o terceiro é copartícipe, incorrendo na mesma pena cominada à mulher (art. 25), isto é, detenção por um a três anos. Na segunda hipótese, o aborto é materialmente executado por terceiro, de quem a mulher é copartícipe; mas, aqui, a coparticipação é erigida em crime especial, desatendida, excepcionalmente, a regra do art. 25: a pena cominada à mulher, logicamente idêntica à do autoaborto, é menos grave do que a cominada ao executor material do aborto. O crime deste é previsto, separadamente, no art. 126 ("Provocar aborto com o consentimento da gestante"), que comina a pena de reclusão por um a quatro anos. Para que o fato se enquadre no art. 126, é preciso que o consentimento da gestante seja "válido", não se considerando tal o que é prestado por gestante *não maior de 14 anos, alienada* ou *débil mental,* ou mediante *fraude, grave ameaça* ou *violência* (parágrafo único do art. 126). Inválido o consentimento, é como se não tivesse sido dado, e não há cogitar-se de pena em relação à gestante. Com a expressão "alienada ou débil mental", refere-se o Código, evidentemente, à mulher totalmente

48 Discorrendo sobre o *crime putativo,* uma de cujas modalidades se identifica com uma das formas do *crime impossível,* já dissemos alhures: "... a falsa representação do agente não pode ter o mirífico efeito de transmudar em crime consumado ou tentado uma ação penalmente atípica, isto é, desprovida da *essência* de fato a que a lei subordina a existência do crime. Não há aqui o *corpus* da infração, na conformidade do molde legal redundaria num evidente disparate o aplicar pena, *verbi gratia,* por crime de aborto, à mulher que, supondo-se erroneamente em estado de gravidez, ingerisse substâncias abortivas."

incapaz de entendimento ético-jurídico ou de autogoverno (art. 22). *Fraude* é todo ardil tendente a induzir outrem em erro. Assim, seria viciado pela fraude o consentimento da gestante, se a esta se convencesse, astuciosamente, que o prosseguimento da gravidez lhe acarretaria a morte.

Pode acontecer que a mulher tendo consentido no próprio aborto, é enganada relativamente à natureza do meio abortivo empregado: em tal caso não deixará ela de responder pelo crime, pois a fraude a que se refere a lei é tão somente a aplicada para captação do assentimento ao aborto.

*Grave ameaça* é toda aquela capaz de vencer a resistência de uma pessoa normal. *Vani timoris nulla excusatio est.* O mal ameaçado deve ser grave, sério, inevitável ou irresistível, irreparável ou dificilmente conjurável, a recair sobre a vítima ou pessoa que lhe seja especialmente cara.

O termo *violência,* no texto do parágrafo único do art. 126, significa o emprego de forç*a física (vis corporalis, vis absoluta, vis atrox).* Refere-se o parágrafo à violência para obtenção do consentimento: se a violência é contemporânea à execução do aborto, é claro que o crime passa a ser, ontologicamente, o de aborto não consentido (em concurso com o crime de *constrangimento ilegal).*

No art. 125, finalmente, é previsto o aborto de *dissensiente:* "Provocar aborto, sem o consentimento da gestante".

É o caso mais grave, e por isto mesmo mais grave é a pena cominada: reclusão, de três a dez anos. Não é necessária a negativa expressa da gestante: basta que os meios abortivos tenham sido empregados à sua revelia, ou mesmo ignorando ela achar-se grávida.

Cumpre notar que, em qualquer caso de aborto provocado por terceiro, se o agente é médico ou parteira, ficará sujeito, em complemento à pena privativa de liberdade, à pena acessória a que se referem o art. 69, n. IV, e seu parágrafo único, n. IV ("incapacidade temporária para profissão ou atividade cujo exercício depende de habilitação especial ou de licença ou autorização do poder público").

**70. Aborto qualificado.** Do aborto qualificado cuida o art. 127: "As penas cominadas nos dois artigos anteriores são aumentadas de um terço, se, em consequência do aborto ou dos meios empregados para provocá-lo, a gestante sofre lesão corporal de natureza grave; e são duplicadas, se, por qualquer dessas causas, lhe sobrevém a morte".

Entende-se, aqui, que o evento "lesão corporal de natureza grave" (art. 129, §§ 1º e 2º) ou "morte" não tenha sido querido, nem mesmo eventualmente, pelo agente. Trata-se de uma hipótese de *crime preterintencional* ou *qualificado pelo resultado:* um crime-base doloso ligado a um resultado mais grave excedente da intenção criminosa, mas imputável ao agente a título de culpa. Se há dolo, ainda que eventual, por parte do agente, haverá concurso de crimes: o de aborto e o de lesão corporal grave ou homicídio, conforme o caso.

O aborto qualificado somente diz com as modalidades criminais previstas nos arts. 125 e 126. O aumento especial da pena não é aplicável à mulher (no caso de sobrevivência desta à lesão sofrida), ainda quando consensiente. No caso de lesões ou morte da mulher, tratando-se de autoaborto, o instigador ou auxiliar, se houver, será punível, não como tal, mas a título de lesões corporais culposas ou homicídio culposo. No caso de lesões ocasionadas à gestante, mas sem efetiva interrupção da gravidez, haverá *tentativa qualificada* de aborto, aplicando-se as penas do art. 127, diminuídas de um a dois terços (art. 12, parágrafo único). As lesões a que alude o art. 127 são apenas aquelas que não resultam *necessariamente* ou não sejam inerentes a qualquer aborto com meios *não excessivos* ou, de qualquer modo, aptos a ocasionar lesões não necessárias. É a justa opinião de Manzini: "Qualquer aborto, mesmo quando provocado com meios admitidos pela ciência médico-cirúrgica e empregados com perícia, importa a lesão do útero e um estado patológico, mais ou menos grave e duradouro. É natural que tais lesões, que se consubstanciam no fato criminoso, não podem dar lugar a uma circunstância agravante, que pressupõe sempre um *quid extraordinario.* A agravante é, portanto, constituída somente pelas lesões extraordinárias". A decidir-se de outro modo, o aborto seria sempre *qualificado*. Entre as lesões extraordinárias (que podem ser gerais ou locais), devem ser incluídas as *infecções* (endometrites, septicemia), os *abcessos* ou *gangrena do útero,* a *perimetrossalpingite,* a *peritonite* etc. A morte da gestante é *qualificativa* do aborto sempre que seja *previsível,* ainda que em mesmo grau como consequência do aborto ou dos meios empregados. É preciso uma relação psíquica, pelo menos de culpa *levíssima,* entre o agente e o *resultado* mais *grave* (veja n. 10, bem como o comentário sobre o art. 129, § 3º). A morte pode ser imediata (fatos de inibição, hemorragia, embolia gasosa) ou mediata (infecção puerperal, envenenamento etc.). A agravação especial da pena terá lugar ainda quando a morte do feto só se verifique em consequência da morte da gestante.

**71. Tentativa de aborto.** Do ponto de vista político, postula-se a impunibilidade da tentativa de aborto, quando realizada pela própria gestante ou com o seu consentimento. Carrara, aderindo a Berlier, foi dos que defenderam, convencidamente, esse critério de solução, dizendo que mais conveniente é a impunibilidade de um mal frustro do que uma ação penal que não poderá ser intentada sem escandalosa publicidade e grave perturbação da paz no seio das famílias. E argumentava: "*Le ragioni stesse che indussero tutti i savi* *legislatori a non concedere a un Pubblico Ministero bigotto o indiscreto, la libera accusa dell'adulterio, militano per negargli la potestà di gettare il turbamento in una famiglia tranquilla, perchè è venuto a sapere da qualche fantesca maligna che la signorina illecitamente fecondata, in un giorno di timore sorbi, ma senza affetto nessuno, una medicina per abortire... L'assoluzione più probabile deluderà in ultimo risultato i sitibondi di pene: ma lo scandalo serà avvenuto: e la pace e il decoro di una famiglia saranno irreparabilmente sacrificati".*[49] Na França, a lei de 27 de março de 1932 (modificativa do art. 317 do Código de 1810) não pune a tentativa de autoaborto: "*Sera punie... la femme qui se sera procuré l'avortement à elle-même, ou qui aura consenti à faire usage des moyens à elle indiqués, ou administrés à cet effet, si l'avortement s'en est suivi*". O Código argentino, depois de incriminar o autoaborto e o aborto consentido, declara expressamente (art. 88) que "*la tentativa* de *la mujer no es punible*". Também o Código mexicano (art. 1.002) só pune o aborto consumado. O Código português (art. 358, § 2º) não pune a gestante, senão "seguindo-se efetivamente o aborto".

O nosso Código, entretanto, não determina na espécie isenção de pena. O relevo dos múltiplos interesses tutelados com a incriminação do aborto (entre os quais o da própria saúde da gestante) não pode ser superado por critérios de oportunidade. Deixar impune a tentativa de aborto equivale a tolerar um ato que, além de imoral, cria uma possibilidade de dano a indeclináveis interesses sociais.

**72. Aborto necessário.** No art. 128, n. I, o Código reconhece, explicitamente, a licitude do aborto *necessário,* isto é, "praticado por médico, se não há outro meio de salvar a vida da gestante". Já nos tempos medievais, médicos e juristas consentiam em que devesse ficar à margem da repressão penal o aborto necessário. Assim opinava Zacchia: "*Inter coeteras autem rationes quae persuadere possunt licere aliquando abortum provocare, illa certa magna facienda est, cum praegnantem aliquibus foeminis ita laetalis est, nisi abortiant, eas una cum foeto perire sit necesse, videtur non solum licere, sed aequam esse ad matrem salvandam abortum provocare*". Do mesmo parecer era Carerius, ao tratar do aborto, sob o ponto de vista penal: "*Non punitur si judicio medicorum aliter non potest mater salvare... Pro salute mulieris excusatur*".

A Igreja, entretanto, opõe-se a esse critério de decisão, entendendo que, de preferência, devia poupar-se o nascituro. Com a morte deste, sem batismo, iria crescer a legião errante do *limbo,* excluída do reino de Deus. Um médico francês, Marchand, procurou obviar esse mal, aconselhando que, antes

49 *Programma,* parte especial, v. I, §§ 1.268 a 1.270.

de proceder-se ao aborto, se fizesse chegar até o feto algumas gotas de água benta, suficientes para o batismo, ou se procedesse ao batismo sobre o ventre da gestante... Outro argumento em que se fundam a Igreja era um aforismo de São Paulo: *non sunt facienda* mala *ut eveniant bona* (não é necessário fazer um mal para que resulte um bem). Ora, semelhante ponto de vista levaria, na sua lógica, a cancelar os conceitos jurídicos do *estado de necessidade* e da *legítima defesa,* e apresenta-se, portanto, aberrante das leis e princípios sociais. Na atualidade, com a encíclica *Casti Connubii,* de Pio XI, a própria Igreja passou a tolerar o que se chama "aborto indireto". Retrucando a uma azeda crítica formulada ao Código, neste particular, por ilustre arcebispo, assim nos pronunciamos: "A questão do aborto terapêutico foi resolvida pelo nosso legislador penal com critérios de política criminal, e não com princípios da religião católica. Trata-se de um caso especialmente destacado de "estado de necessidade". A riscar-se o art. 128 do Código Penal, ter-se-iam de riscar, também, os arts. 19, n. I, 20 e 146, § 3º, I. Ainda que não tivesse sido explicitamente declarada a licitude penal do aborto terapêutico, nenhum juiz deixaria de incluí-lo na casuística do *necessitas caret legem.*

Muito antes da Reforma, quando a religião católica era a religião do Estado e não sofria contrastes, já o direito secular não vacilava em admitir a impunidade do aborto terapêutico. A palavra de Santo Tomás de Aquino, de que *innocentes nullo pacto occidere licet,* não teve repercussão na lei social, que é editada para o plano terreno, e não para a *Civitas Dei.* Do ponto de vista humano-social, é despropósito sacrificar a gestante e o feto, quando aquela pode ser salva com sacrifício deste. Semelhante absurdo não passou despercebido ao padre Agostinho Gemelli, o maior sábio que a Igreja possui na atualidade, e no Congresso Obstétrico reunido em Milão, no ano de 1931, explicou ele, interpretando a encíclica *Casti Connubii,* que era permitido o aborto *indireto,* isto é, consequente à ministração de meios terapêuticos, sem intenção positiva de eliminar o feto, ainda que este venha a morrer ou ser expulso prematuramente. Ora, esse apelo ao aborto *indireto* é apenas uma acomodação com o céu, um expediente ardilosamente excogitado para conciliar escrúpulos religiosos com a imperativa necessidade prática. Tanto vale querer um resultado quanto assumir o risco de produzi-lo.

Direito penal nada tem a ver com religião, a não ser para garantir a liberdade de cultos. Que o obstetra, se católico, faça chegar ao feto, como aconselhava Marchand, gotas de água benta e o batize, vá; mas terá faltado ao seu mais elementar dever se, podendo poupar a vida preciosa de uma mãe de família, com o sacrifício de um ser ainda não totalmente formado, deixar que ambos pereçam. É certo que o progresso da ciência vai diminuindo, cada vez mais, os casos em que se impõe o aborto terapêutico; mas isto apenas significa que tal recurso só será permitido nos casos extremos, irredutíveis por qualquer outro recurso.

Tem-se discutido se o aborto necessário é um caso de *estado de necessidade* ou de *legítima defesa*. Por esta última solução inclinava-se Marchand, impugnando o reconhecimento do estado de necessidade, pela prevalência do valor social do nascituro sobre o da mãe: "A mãe quase já terminou sua vida e deu, sem dúvida, o que estava ao alcance de seus meios; o ser que nasce representa, ao contrário, o futuro e a esperança sociais". Ora, sobre ser discutível este ponto de vista de maior valia social do nascituro, o conceito do estado de necessidade, na sua evolução, desprendeu-se do critério de preferência pelo mal menor. Por outro lado, não se pode falar em legítima defesa onde não há uma agressão injusta. Atualmente, os códigos em geral autorizam o aborto necessário, quer como um caso especial de estado de necessidade, quer como um corolário da regra geral sobre essa descriminante. Expressamente o permitem, entre outros, os Códigos suíço, peruano, mexicano e argentino. O Código mexicano contém um dispositivo detalhado: "*No se aplicará sanción: cuando no provocarse el aborto, la mujer embarazada corre peligro de muerte a juicio del médico que la asista, oyendo éste el dictamen de otro médico, siempre que esta fuera posible y no sea peligrosa la demora. Tampoco se sancionará el parto prematuro artificial: cuando sin tener por objeto interrumpir la vida dei producto se pratique en los casos en que no hubiere contraindicación que prejudique a la madre o al producto*". Na Inglaterra,[50] só é incriminado o aborto praticado *unlawfully*, entendendo-se que fica isento de pena o executado para salvar a vida da gestante. No Canadá, não é crime o aborto que, do ponto de vista terapêutico, seja praticado *in good faith*. Na França, a jurisprudência é unívoca no mesmo sentido. Na Itália, não se duvida que o aborto necessário se enquadre na fórmula geral do estado de necessidade.

O aborto necessário pode ser assim definido: é a interrupção artificial da gravidez para conjurar perigo certo, e inevitável por outro modo, à vida da gestante. O aborto necessário pode ser *terapêutico* (curativo) ou *profilático* (preventivo). Durante a gravidez, apresenta-se, às vezes, em razão do estado da mulher ou de alguma enfermidade intercorrente, séria e grave complicação mórbida, pondo em risco a vida da gestante. Em tal situação, o médico assistente é o árbitro a quem cabe decidir sobre a continuidade ou não do processo da prenhez. A lei como que abdica nele, em relação ao feto, o jus *necis et vitae*. A ele incumbe averiguar se a incompatibilidade entre a moléstia em ato e o estado de gravidez é de molde a acarretar a morte (não apenas dano à saúde) da gestante: no caso afirmativo, é-lhe permitido

---

50 Russell, *On crimes and misdemeanors*, v. I, 1926.

interromper a gravidez, com o sacrifício do feto. Também se apresenta a necessidade do aborto quando existem vícios pélvicos ou outros obstáculos no conduto vaginal, que impossibilitem o parto sem grave perigo da vida da mãe. Se o feto já se acha em condição de maturidade tal que permita a sua vida extrauterina, o médico deve procurar salvar, ao mesmo tempo, a mãe e o filho, praticando a operação cesariana ou a sinfisiotomia. É a fórmula de Konig: "a mãe ao mesmo tempo que o filho". Caso o estado da gestante não tolere a intervenção, ou esta não seja praticável sem demora, só então deve ser executada a embriotomia ou perfuração do feto. Eis, a respeito, o ensinamento de Oetker:[51] "Se a intervenção cirúrgica não é exequível porque faltem os necessários aparelhos, não podendo o médico obtê-los, nem vencer o obstáculo daí decorrente, como quando a gestante é tratada por um médico rural e não seja aconselhável o transporte a uma hospital por causa do perigo da demora ou haja oposição da gestante ou seus parentes etc., ou porque o resultado será certamente pior, dadas as condições da gestante, deve ser afastada a sua prática e cuidar-se somente da perfuração do feto". *("Ist diese Operation nicht ausführbar, weil es an dem dazu nötigen Apparat fehlt, der Arzt ihr nicht gewachsen ist und diese Hindernisse sich nicht beiseitigen lassen – die Schwangere steht in der Behandlung eines Landesarztes und Transport in eine Klinik ist nicht ausgängig wegen Gefahr im Verzug oder weil die Schwangere, ihre Angehörigen sich dem widersetzen usw – oder wäre nach dem Zustand der Schwangeren schlimmer Ausgang nahebei gewiss, so bleibt diese Eventualität beiseite und es ist nur mit der Perforatian zu rechnen".)*

Somente em casos graves, como é claro, e sempre que não haja risco de piores consequências para a mulher, torna-se aconselhável o aborto terapêutico ou profilático. Entre esses casos graves, comumente indicados nos tratados de obstetrícia e medicina legal, são de notar-se os seguintes: cardiopatias (quando haja descompensação), edema agudo do pulmão, vômitos incoercíveis, mal de Basedow, diabetes, tuberculose, eclampsia hipertensiva, retinite albuminúrica gravídica, anemia perniciosa, leucemia, hemorragias copiosas e rebeldes, polinefrite, má conformação da bacia ou estreitamentos pélvicos consideráveis, ectopia placentar com inserção cervical, retroversão do útero gravídico, obstrução da bacia por tumores que não possam ser deslocados, puncionados ou extraídos. Cumpre observar, porém, que a ciência médica, cada vez mais, diminui as hipóteses de indicações terapêuticas do aborto. Assim, nas cardiopatas, segundo demonstra García Pintos, a necessidade do aborto é hoje muito discutível. Mais de 90% delas suportam a gravidez e o parto. Também o aborto profilático é, amiúde, desnecessário, aleatório,

51 Ob. cit., p. 264 e ss.

quando não contraproducente ou prejudicial. É preciso que seja manifesta e urgente a necessidade, não sendo de abstrair-se, quando possível, a consulta a uma junta médica. Faz-se mister, como diz Sellheim, jogar com as cartas abertas. A licitude do aborto necessário não depende de consentimento da gestante ou pessoas de sua família. A gestante, muitas vezes, não poderia prestá-lo, por estar inconsciente, e, outras vezes, poderia querer sacrificar-se em holocausto ao filho. O marido e os parentes, de seu lado, poderiam ser inspirados por interesses inferiores, preferindo a morte da mãe ou a do filho, conforme o caso, por motivos de sucessão hereditária. Além disso, poderia ser desperdiçado, com a obtenção do consentimento, um tempo precioso. A permissão de intervenção arbitrária do médico, na espécie, se não estivesse implícita no art. 128, estaria reconhecida no art. 146, § 3º, que declara não constituir *constrangimento ilegal* a intervenção médica ou cirúrgica, sem o consentimento do paciente ou de seu representante legal, se justificada por iminente perigo de vida".

**73. Aborto de estuprada.** Outra modalidade de aborto legal é da mulher engravidada em razão de estupro. Costuma-se chamá-lo aborto *sentimental*: nada justifica que se obrigue a mulher estuprada a aceitar uma maternidade odiosa, que dê vida a um ser que lhe recordará perpetuamente o horrível episódio da violência sofrida. Segundo Binding, seria profundamente iníqua "a terrível exigência do direito, de que a mulher suporte o fruto de sua involuntária desonra". O problema da legitimidade do aborto, na espécie, foi objeto de vivo e extenso debate por ocasião da primeira Grande Guerra (1914-1918), dada a multiplicidade das mulheres violentadas pelos invasores. Oetker, Radbruch e Lang, entre outros, impugnaram a autorização legal: a origem criminosa de uma vida não pode legitimar, do ponto de vista ético, seu aniquilamento, cabendo ao Estado cuidar dos filhos cuja criação não pode ser imposta à mulher; e, além disso, haveria o perigo dos abusos ensejados pela impunidade, pois nem sempre é fácil a prova da violência alegada, de modo que toda gravidez indesejada seria atribuída à violência. A opinião prevalente, porém, foi no sentido de não incriminação. O Código argentino foi dos primeiros a consagrar o princípio: "*El aborto praticado por un médico diplomado con el consentimiento de la mujer encinta, no es punible... si el embarazo proviene de una violación*" (art. 86, 2º). O nosso Código seguiu-lhe o exemplo, dispondo, no art. 128, n. II, que não é punível "o aborto praticado por médico se a gravidez resulta de estupro e o aborto é precedido de consentimento da gestante, ou quando incapaz, de seu representante legal". Na prática, para evitar abusos, o médico só deve agir mediante prova concludente do alegado estupro, salvo se o fato é notório ou se já existe sentença judicial condenatória do estuprador. Entretanto, se o conhecimento de alguma circunstância foi *razoavelmente* suficiente para justificar a credulidade do médico, nenhuma culpa terá este, no caso de verificar-se, posteriormente, a inverdade da alegação. Somente a gestante, em tal caso, responderá criminalmente.

Nos casos de violência *ficta* ou *presumida* (art. 224), a própria gravidez, via de regra, constitui a prova evidente do estupro.

Para sua própria segurança, o médico deverá obter o consentimento da gestante ou de seu representante legal, por escrito ou perante testemunhas idôneas. Se existe, em andamento, processo criminal contra o estuprador, seria mesmo de bom aviso que fossem consultados o juiz e o representante do Ministério Público, cuja aprovação não deveria ser recusada, desde que houvesse indícios suficientes para a prisão preventiva do acusado.

**74. Aborto eugenésico.** O Código não incluiu entre os casos de aborto legal o chamado aborto *eugenésico,* que, segundo o projeto dinamarquês de 1936, deve ser permitido "quando existe perigo certo de que o filho, em razão de predisposição hereditária, padecerá de enfermidade mental, imbecilidade ou outra grave perturbação psíquica, epilepsia ou perigosa e incurável enfermidade corporal".

Andou acertadamente o nosso legislador em repelir a legitimidade do aborto eugenésico, que não passa de uma das muitas *trouvailles* dessa pretensiosa charlatanice que dá pelo nome de *eugenia.* Consiste esta num amontoado de hipóteses e conjeturas, sem nenhuma sólida base científica. Nenhuma prova irrefutável pode ela fornecer no sentido da previsão de que um feto será, fatalmente, um produto degenerado. Eis a incisiva lição de Von Franqué: "Não há doença alguma da mãe ou do pai, em virtude da qual a ciência, de modo geral ou nalgum caso particular, possa, com segurança, prever o nascimento de um produto degenerado, que mereça, sem maior indagação, ser sacrificado... Os enfermos mentais, posto que capazes de reprodução, podem ter descendentes inteiramente sãos e de alta espiritualidade... A grande maioria dos tuberculosos gera filhos perfeitamente sãos e até mesmo robustos". *("Es gibt keine Erkrankung der Mutter oder des Vaters, bei der die Wissenschaft allgemein oder gar im Einzelfalle mit Sicherheit die Geburt einer minderwertigen, der Aufopferung ohne weiteres würdigen Frucht voraussagen kann... Geisteskranke, sofern sie überhaupt fortsflanzungsfähig sind, ganz gesunde und geistig hochestehende Nachkommen haben... Die übergrosse Mehrzahl aller Tuberkulösen bringt ganz gesunde und oft recht kräftige Kinder zur Welt".).* A propósito, impugnando a lei germânica que adotou a *assexualização* como medida eugênica e penal, dizíamos em 1936: "O nacional-socialismo de Hitler, que está subvertendo até os mais fundos alicerces a gloriosa cultura alemã, começou, nesse falso terreno de objetivos eugenésicos, por autorizar legalmente a esterilização voluntária dos enfermos psíquicos e mentais. A lei é de 14 de julho de 1933. Aceitando como verdades provadas e definitivas as prematuras conclusões dos eugenetas, proclama, como fatal e decisiva, a influência hereditária na gênese das moléstias da inteligência e do sentimento. Faz-se, assim, *tabula rasa* de toda uma muralha de objeções e argumentos estatísticos em sentido inverso. Rejeita-se a verdade mesma que entra pelos olhos dos próprios leigos em tão debatido assunto. Abstrai-se a lição da experiência, a ensinar-nos que indivíduos profundamente tarados podem gerar filhos providos da mais alta inteligência e até mesmo de genialidade, superiormente dotados em todos os aspectos do psiquismo.

Esquece-se que o *super-homem* de Nietzsche (de Nietzsche que, depois de haver traçado diretrizes ao pensamento contemporâneo, foi morrer louco, ferido de paralisia geral, num cubículo de hospício), esquece-se que o *super-homem,* do famoso filósofo da *energia vital,* mais facilmente germinará num tronco de anormais psíquicos do que numa família de indivíduos de tipo normal ou na acanhada estufa onde vegeta o *homo medius.* Esquece-se que ao lado dos psicopatas parasitários e inúteis, formando no triste rebanho dos *sub-homens,* há, em compensação, aqueles outros dos quais se pode dizer que são o "sal da terra", peregrinos semeadores de beleza, requintados artistas da ideia e da linguagem, pioneiros das grandes conquistas científicas, vanguardeiros da Civilização, rasgadores de clareiras e novos horizontes ao espírito humano. Não se atende a que a teoria menos incerta em matéria de hereditariedade é o *mendelismo,* completado pela teoria cromossômica de Morgan, a afirmar o caráter *recessivo* da herança patológica, isto é, o fato de que o *morbus,* latente e imperscrutável no plasma germinal, é quase sempre carreado pelos tipos mistos ou heterozigotos e vai surdir, inopinadamente, depois de várias intercaladas gerações indenes. Despreza-se, assim, o raciocínio de que se não pode sacrificar toda uma série de gerações pela simples suspeita de que possa advir, eventualmente, no seio delas, uma percentagem de tarados. Não se leva em conta que as ingênuas teorias de Krafft Ebing sobre a hereditariedade cada vez mais se desacreditam, e já ninguém pode sustentar, com sinceridade, a tese de que a causa única das enfermidades mentais reside na herança. Repudiam-se as mais insuspeitas constatações científicas, a exilarem da solução do problema os postulados tranquilos. Olvida-se o eloquente fato averiguado por Scheidel (em contraposição aos dados fornecidos por Fetscher) de que, entre os dez filhos de um esquizofrênico, apenas um padecia de esquizofrenia, e os nove restantes eram normais e até psiquicamente superiores ao tipo vulgar. Esquece-se que a transmissão hereditária das oligofrenias não está demonstrada senão em alguns casos endógenos de idiotismo ou de imbecilidade profunda, mas em que a esterilização seria desnecessária porque a quase totalidade desses indivíduos não chega à maturidade sexual, ou vive reclusa em asilos ou manicômios. Esquece-se que, se está comprovada a transmissão hereditária da epilepsia, está igualmente averiguada a tendência para a regeneração dos caracteres epilépticos no transcurso das gerações. Olvida-se que, se é certo que a psicose maníaco-depressiva ou loucura circular pode transmitir-se hereditariamente, não é menos certo que entre suas fases se intercalam períodos de remissão que duram muitos anos ou toda a vida, e que muitos loucos circulares, além de socialmente adaptados, são, pelo fato mesmo de sua enfermidade, indivíduos de excepcional inteligência. Esquece-se que a conclusão imparcial a que se pode chegar após um detido exame do estado atual da ciência, no tocante à hereditariedade das anomalias psíquicas, é que, como assevera Vallejo, o imperfeito conhecimento do papel da herança, aliado à dificuldade do diagnóstico clínico, não justifica, de modo algum, a esterilização dos portadores de enfermidades ou deficiências do psiquismo. Esquece-se que as celebradas investigações de Rudin fracassaram na tentativa de demonstrar, no homem, a transmissibilidade hereditária segundo as proporções mendelianas. Deslembra-se que, mesmo aceita a teoria mendeliana como a única plausível ou aproximada da realidade, é bem de ver que, dado o caráter recessivo da herança patológica mental, resulta uma ilusão o pretender-se a extirpação de todos os "genes" ou "fatores" mórbidos, pois muitos estão latentes em progenitores sãos, e haveria que esterilizar mais de metade da humanidade atual, sob o peso das taras ancestrais incubadas, e isto mesmo sem que se ficasse assegurado contra o reaparecimento de taras idênticas, posto que por algum motivo teriam aparecido anteriormente. Olvida-se que a natureza é coisa de sua perfeição e que a herança patológica, como adverte Kleist, tende por si mesma a corrigir-se, espontaneamente, por uma espécie de *regeneração* ou *autodepuração*. Esquece-se que no doente hereditário, ao que ensina Hentig, podem coexistir "caracteres compensadores de valor social". Recusa-se a observação científica de que as anomalias do espírito e do senso moral se apresentam em igual número na descendência dos matrimônios lavrados pela tara e na dos matrimônios sadios. Abstraem-se as investigações estatísticas de Diem e de Kolli, demonstrativas de que os estigmas de degeneração se observam em quantidade idêntica nos psicopatas e nos sãos de espírito. Põe-se à margem a desconcertante constatação de Von Jaureg, de que certas moléstias nervosas se encontram mais frequentemente nos ascendentes de pessoas sãs do que nos de enfermos mentais. Esquece-se que a insuficiência mental ou a anomalia psíquica não reside apenas nos fatores genotípicos, mas também nos fatores exógenos ou sociais, e contra estes últimos não há a opor senão reformas do ambiente social ou processos de reeducação.

## Capítulo II

# DAS LESÕES CORPORAIS

### Lesão corporal

***Art. 129.*** *Ofender a integridade corporal ou a saúde de outrem:*

*Pena – detenção, de três meses a um ano*

### Lesão corporal de natureza grave

*§ 1º Se resulta:*

*I – incapacidade para as ocupações habituais, por mais de trinta dias;*

*II – perigo de vida;*

*III – debilidade permanente de membro, sentido ou função;*

*IV – aceleração de parto:*

*Pena – reclusão, de um a cinco anos.*

*§ 2º Se resulta:*

*I – incapacidade permanente para o trabalho;*

*II – enfermidade incurável;*

*III – perda ou inutilização de membro, sentido ou função;*

*IV – deformidade permanente;*

*V – aborto:*

*Pena – reclusão, de dois a oito anos.*

### Lesão corporal seguida de morte

*§ 3º Se resulta morte e as circunstâncias evidenciam que o agente não quis o resultado, nem assumiu o risco de produzi-lo:*

*Pena – reclusão, de quatro a doze anos.*

### Diminuição de pena

*§ 4º Se o agente comete o crime impelido por motivo de relevante valor social ou moral ou sob o domínio de violenta emoção, logo em seguida a injusta provocação da vítima, o juiz pode reduzir a pena de um sexto a um terço.*

**SUBSTITUIÇÃO DA PENA**

*§ 5º O juiz, não sendo graves as lesões, pode ainda substituir a pena de detenção pela de multa, de duzentos a dois mil cruzeiros:*

*I – se ocorre qualquer das hipóteses do parágrafo anterior;*

*II – se as lesões são recíprocas.*

**LESÃO CORPORAL CULPOSA**

*§ 6º Se a lesão é culposa:*

*Pena – detenção, de dois meses a um ano.*

**AUMENTO DE PENA**

*§ 7º No caso de lesão culposa, aumenta-se a pena de um terço, se ocorre qualquer das hipóteses do art. 121, § 4º*

**DIREITO COMPARADO** – Códigos: italiano, arts. 582 a 587 e 589; alemão, §§ 223 a 233; francês (modificado sucessivamente por leis de 28.4.1832, 13.5.1863, 19.4.1898 e 17.7.1908), arts. 309 a 313, 316 e 320; suíço, arts. 122 a 125; dinamarquês, arts. 245, 246. 248 e 249; português, arts. 359 a 362, 364 a 367 e 369; holandês, arts. 300 a 306, 308 e 309; norueguês, §§ 228 a 232, 237 e 238; peruano, arts. 165 a 168; polonês, arts. 235 a 237 e 230, § 2º; argentino, arts. 89 a 94 e 81, letra *b*; uruguaio, arts. 316 a 332; húngaro, **§§ 301 a 313; soviético,** arts. 142 a 146; boliviano, arts. 521 a 524, 526 a 528, 533, 535 e 539 a 541; espanhol, arts. 418 a 428, 582 e 583; turco, arts. 177 a 179; colombiano, arts. 645 a 652, 662 a 664, 620 e 621; mexicano, arts. 288 a 301; venezuelano, arts. 415 a 422; paraguaio, art. 341.

**BIBLIOGRAFIA** – Manzini, *Trattato,* v. VIII; Saltelli-Di Falco, ob. cit., v. II, parte 2ª; Jannitti Piromalo, ob. cit., v. III; Irureta Goyena, *Lesiones personales,* in *Obras completas,* v. IV, 1929; A. Molinario, *El delito de lesiones,* 1938; Eusébio Gómez, ob. e v. cits.; Carrara (Franc.), *Programma,* p. e., v. I, e *Opuscoli,* v. I e III; Pessina, lit. cit.; Altavilla, lit. cit.; Civoli, lit. cit.; Liszt-Schmidt, ob. cit.; Frank (Reinhard), ob. cit.; Meyer-Allfeld, *Lehrbuch,* 1907; Von Bar, lit. cit.; Mommsen, ob. cit.; Ferrini, *Diritto penale romano,* in *Enciclopedia* de Pessina, v. l, 1905; Falchi, *Diritto penale romano,* v. II, 1932; Alimena (B.) lit. cit.; Vitocolonna, ob. cit.; Pannain, *Lesione personale,* in *Nuovo digesto italiano;* Borri-Cevidalli-Leoncini, ob. cit.; Carrara (M.), ob. cit.; Hoffmann-Ferrai, ob. cit.; Pellegrini, ob. cit.; Von Hippel, *Deutsches Strafrecht,* v. II, 1930; Seuffert, *Versuchsstraf und Erfolgshaftung bei vorsät-*

*zlichen Straffaten,* in *Bulletin de l'Union Inter. de Droit Pénal,* v. IX, p. 108 e ss., e *Ein neues Strafgesetzbuch für Deutschland, 1902;* Florian, *Trattato,* parte geral, 1934; De Marsico, *Diritto Penale, 1935; Coscienza e volontà nella nozione del* dolo, 1930; Del Vecchio, ob. cit.; Cecchi, ob. cit.; Delitala, *Il fatto nella teoria generale del reato,* 1930; Antenor Costa, *Conceito médico-legal da deformidade, 1916;* Alcântara Machado, *A deformidade nas lesões* corporais, *1901;* Afrânio Peixoto, *Elementos de medicina legal,* 1910; Souza Lima, ob. cit.; Galdino Siqueira, ob. cit., v. II; Löffler, *Die Schuldformen des Strafrechts,* l, 1895; Vidal-Magnol, ob. cit.; Chaveau et Hélie, *Théorie du Code Pénal,* 1862; Massari, lit. cit.; Garraud, lit. cit.; Roux, *Droit pénal et procédure pénale,* 1920; Haus, *Droit pénal belge,* 1879; Rossi (P.), *Traité de Droit Pénal,* 1872; Köstlin, *System des deutschen Strafrechts,* 1855; Cavallo, *La responsabilitá obbiettiva nel diritto penale,* 1937; Paoli, *Principii,* 1929; Gautier, in *Protokoll der zweiten Expertenkommission,* II, p. 233; Finzi, *II delitto preterintenzionale,* 1925; São Tomás de Aquino, *Summa theologica, 1894;* Sabbatini, *Istituzioni* di *diritto penale,* 1933; Vannini, *Lineamenti di diritto penale,* 1933; Nucci, *Preterintenzione e previsione dell'evento,* in *Scuola Positiva,* 1934, II, p. 22; M. E. Mayer, *Der allgemeine Teil des Deutschen Strafrechts,* 1923; Santoro, *Teorie delle circostanze* del *reato,* 1933; Osmã Loureiro, ob. cit.; Ari Franco, *Dos crimes contra a pessoa,* 1941; Crivellari, ob. e v. cits.; Stoppato, lit. cit.; Antolisei, lit. cit.; Grispigni, *II consenso dell'offeso,* 1924; Delogu, ob. cit.; Radbruch, in *Vergl.* des *deutschen u. ausländischen Strafrechts,* v. II, 1908; Battaglini, *La questione della responsabilità obbiettiva nel diritto penale,* in *Rivista Penale,* 1936; Biamonte, *Revisione critica* del *concetto* di *pericolo di vita,* 1909; Impallomeni, lit. cit.; Costa e Silva, ob. cit.; Hafter, ob. cit.; Thormann e Overbeck, ob. cit.; Soler, ob. cit.; J. P. Ramos, *Curso de derecho penal,* 1929; Maggiore, ob. cit., v. II; Nudelman (Santiago), *El delito de lesiones,* 1953; Assis Ribeiro (C. J.) Lesões *corporais no crime* e *no cível,* 1944.

## COMENTÁRIO

**75. Histórico.** A *Lesão corporal (Körperverletzung, blessure, lesione personale),* como crime *sui generis,* foi estranha ao direito romano, que a compreendia no conceito amplíssimo da *injúria: "Injuria autem fieri Labeo ait aut re aut verbis: re, quotiens manus inferuntur: verbis autem, quotiens non manus inferentur, convicium fit. Omnemque injuriam aut in corpus inferri, aut ad dignitatem aut ad infamiam pertinere. In corpus fit, cum quis pulsatur".* As XII Tábuas e a *Lex Cornelia de injuriis* referiam-se à *membri ruptio* e à *ossis fractio aut collisio,* cominadas a pena de Talião para a primeira e multas variadamente prefixadas para a segunda. Entre as injúrias reais figuravam a *pulsatio* *(sine dolore caedere)* e a *verberatio (cum dolore caedere),* bem como a provocada perturbação mental.[52] A jurisprudência distinguia entre as *injuriae atroces* e as *injuriae leves,* incluindo entre as primeiras as ofensas físicas.[53] O direito pretoriano aboliu o talião para o *membrum ruptum* e substituiu as multas tarifadas pela *actio injuriarum aestimatoria* do direito civil. A princípio, não se distinguia entre a lesão dolosa e a culposa. A tentativa não era punível, salvo quando consistia em *ameaça,* que era também uma modalidade da injúria. *("Si quis pulsatus quidem non est, verum manus adversus eum levatae, et saepe territus quasi vapulaturus, non tamen percussit: utili injuriarum actione tenetur.")*

Na Idade Média, os práticos italianos limitavam-se a repetir os critérios romanísticos. Já o mesmo, entretanto, não aconteceu com o direito bárbaro, no qual, aliás, veio depois inspirar-se o direito intermédio na Itália. As leis bárbaras cogitavam particularmente das ofensas físicas, dividindo-as em *Schläge* (correspondentes à *pulsatio* e *verberatio* do direito romano), *Blutwunden* (ferimentos) e *Verstümmlungen* ou *Lähmungen* (mutilações). Não foi senão lentamente que se elaborou no direito científico, de modo nítido, o conceito da *violatio corporis* ou *lesa sanitas* como entidade criminal autônoma, podendo dizer-se que *só* foi definitivamente destacada como tal depois dos Códigos austríaco de 1803 e francês de 1810.

**76. Generalidades.** O crime de lesão corporal consiste em qualquer dano ocasionado por alguém, sem *animus necandi,* à integridade física ou saúde (fisiológica ou mental) de outrem. Não se trata, como o *nomen juris* poderia sugerir *prima facie,* apenas do mal infligido à inteireza anatômica da pessoa. *Lesão corporal* compreende toda e qualquer ofensa ocasionada à normalidade funcional do *corpo* ou organismo humano, seja do ponto de vista anatômico, seja do ponto de vista fisiológico ou psíquico. Mesmo a desintegração da saúde mental é lesão corporal, pois a inteligência, a vontade ou a memória dizem com a atividade funcional do cérebro, que é um dos mais importantes órgãos do corpo. Não se concebe uma perturbação mental sem um dano à saúde, e é inconcebível um dano à saúde sem um mal corpóreo ou uma alteração do corpo. Quer como alteração da integridade física, quer

---

52 D., XLVII, 10, 1. 15, princ.: *"Item apud Labeonem queritum, si quis mentem alicujus medicamento, aliove quo alienaverit, na injuriarum actio locum haberet? et ait, injuriarum adversus eum agi posse."*

53 Inst., 4.4,9: *"Atrox injuria aestimatur vel ex facto, veluti si quis ab aliquo vulneratus fuerit, vel justibus caesus... Nonnunquam et locus vulneris atrocem injuriam facit, veluti si in oculo quis percusserit."*

como perturbação do equilíbrio funcional do organismo (saúde), a lesão corporal resulta sempre de uma *violência* exercida sobre a pessoa. Como dizem Puglia e Serratrici *(apud* Molinario), o crime de lesão corporal é "o resultado de todos os fatos ou processos violentos, materiais, morais ou de qualquer natureza, capazes de produzir, direta ou indiretamente, alguma alteração na perfeita, regular e fisiológica integridade, funcionamento, estrutura e vitalidade dos tecidos e órgãos, sem chegar a ocasionar a morte, e sempre que o agente não tinha intenção de matar". A violência lesiva da integridade *anatômica* é necessariamente física ou mecânica, importando, via de regra, uma solução de continuidade nos tecidos e derramamento de sangue. No tocante, porém à perturbação da saúde, pode ela derivar de uma violência moral. A provocação de um susto, por exemplo, sem qualquer ação física sobre a vítima, pode ser causa de lesão (conturbação psíquica, choque nervoso).

O novo Código, diversamente do anterior, não faz referência à dor, como mínimo conteúdo de fato da lesão corporal. De índole inteiramente subjetiva, a dor só por falível presunção pode ser reconhecida como efeito da violência. Exclusivamente por si mesma, isto é, quando desacompanhada de qualquer descontinuidade da pele ou da inteireza anatômica, a dor deixou, assim, de entrar no conceito da lesão corporal (veja-se, em apoio de tal critério, Leonídio Ribeiro, ob. cit., p. 87 e ss.). Quando a violência não é demonstrável por vestígios sensíveis, poderá constituir *vias de fato* (art. 21 da Lei das Contravenções Penais) ou modalidade de *injúria real* (§ 2º do art. 140 do Código), conforme o caso, mas não o *crimen laesae sanitatis.*

O objeto da tutela penal, na espécie, é o bem jurídico da integridade física ou fisiopsíquica da pessoa. Protegendo a incolumidade pessoal, a lei penal atende, de par com o interesse individual, a um indeclinável interesse social, qual seja o da normal eficiência e aptidão de cada um dos indivíduos, que constituem elementos de sinergia da prosperidade geral da sociedade e do Estado. E por isto mesmo que está em jogo um interesse social, é de todo irrelevante, para excluir o crime de lesão corporal, o consentimento do ofendido.

Nem se argumente com a ausência de sanção penal contra o indivíduo que voluntariamente pratica uma lesão em si mesmo. O que se passa é simplesmente o seguinte: a lei não pode cogitar do que *rarissime accidit,* isto é, de fatos inteiramente anômalos ou só imagináveis da parte de loucos rematados; mas, a admitir-se que a autolesão viesse a tornar-se frequente, é claro que o direito positivo imediatamente interviria, para incriminá-la, como, aliás, já o faz no caso particular e não invulgar dos conscritos militares que procuram inutilizar-se para o serviço das armas.[54] Não há também invocar os casos especiais em que a lesão do *consensiente* fica imune de pena, como, por exemplo, na *intervenção cirúrgica*, com o fim de cura[55] ou mesmo de *estética* (que é um interesse social tutelado pela própria lei penal, tanto assim que entre as lesões *gravíssimas* figura a que produz *deformidade); na extração de sangue para transfusão* (fim humanitário); na *violência esportiva,*[56] na *circuncisão* (fim higiênico); na *perfuração das orelhas* para uso de brincos.[57] Em tais casos, porém, não é o *consentimento* do *subjectum juris* que *exclui* o *crime,* mas, sim, a ausência de dolo *(voluntas sceleris)* que *isenta de pena:* o agente não procede com *animus delinquendi,* mas por um fim socialmente útil ou aprovado pela moral prática, quando não regulado pelo próprio Poder Público. Desde que essas condições não ocorram, o fato é punível, pouco importando o *duorum in idem placitum consensus.* Assim, não é isenta de pena (a título de *lesão corporal,* em concurso com *favorecimento pessoal* ou *fraude processual)* a operação de plástica para tornar irreconhecível um criminoso foragido. Igualmente punível será a lesão ocasionada numa perigosa experiência *in anima nobili.*

A lesão *corporal é crime instantâneo:* consuma-se com a ação ou omissão produtiva do dano, pouco importando que este perdure além da atividade causal.[58] A prolongada duração ou permanência do dano não

---

54 O Dec.-Lei n. 1.187, de 4.4.39, cominava prisão com trabalho, agravada quando o fato é cometido em tempo de guerra, àqueles "que voluntariamente criarem, para si, defeito físico temporário ou permanente, que os inabilite para o serviço militar". E o novo Cód. Penal Militar, no seu art. 160, dispõe: "Criar ou simular incapacidade física, que inabilite o convocado para o serviço militar: pena – detenção, de 6 meses a 2 anos."

55 É de notar-se que, quando se apresenta "iminente perigo de vida") a intervenção cirúrgica arbitrária (sem consentimento do paciente) não constitui, sequer, o crime de *constrangimento ilegal* (art. 146, § 3°, n. I).

56 Já o direito romano decidia que *"si quis percutiat... dum certat, injuriarum non tenetur"* (D., XLVII, 10,1.3, § 3), e isto porque *"gloriae causa et virtutis, non injuriae gratia videtur damnum datum"* (D., IX, 2,1.7, § 4). É claro que não ficam imunes de pena as lesões, dolosas ou culposas, *não necessárias* ou produzidas além dos limites fixados pelas regras do jogo.

57 Não fazemos referência ao *corte de cabelo* ou *da barba,* pois que, mesmo quando praticado arbitrária ou violentamente, não deve ser considerado *lesão corporal,* mas *vias* de *tato* ou *injúria real.*

58 Instantâneo não é apenas o crime no qual a objetividade jurídica da ação ou da omissão se produz e se exaure, em todos os seus efeitos, no momento em que se concretizam os elementos ou condições de sua punibilidade: é também instantâneo o crime quando o efeito antijurídico se protrai no tempo independentemente de uma ulterior ou *permanente* atividade criminosa (decisão da Corte de Cassação italiana, *apud* Manzini).

protrai o *summatum opus:* pode influir na *qualificação* do crime, mas não na sua existência.

A multiplicidade das lesões infligidas, *num só processo de atividade* (ainda que com diversos meios) e *contra a mesma pessoa,* não importa *concurso de crimes:* o *fato,* na sua totalidade, constitui um crime único. A unidade de crime só deixará de ser reconhecida quando houver uma interrupção tal da atividade criminosa, que o ato sucessivo se apresente como resultante de nova determinação e constituindo um *novo fato.* Por outro lado, aplicar-se-á a regra do concurso material quando, embora com uma só ação ou omissão, sejam voluntariamente atingidas várias pessoas (art. 51, § 1º, *in fine).*

Do ponto de vista do elemento subjetivo, a lesão corporal divide-se em *dolosa* e *culposa.* A lesão dolosa subdivide-se, para diverso tratamento penal, segundo a menor ou maior extensão do dano objetivo, em *simples* ou *leve* e *qualificada.* Esta última, por sua vez, subdivide-se em "grave", "gravíssima" e "seguida de morte".

**77. Lesão corporal dolosa.** É a lesão infligida *vulnerandi* ou *laedendi animo,* isto é, com a vontade consciente e livre de ocasionar um dano à integridade física ou saúde de outrem. Não basta a *voluntariedade* da ação ou omissão, desacompanhada da vontade positiva de ofender ou, pelo menos, da aceitação do risco do previsto evento lesivo. Assim, se uma pessoa, para abrir passagem entre a multidão, procura afastar com a mão outra pessoa, e esta, perdendo o equilíbrio, vem a cair e ferir-se, o que se tem a reconhecer é uma lesão corporal *culposa.* De outro lado, pressuposto o *animus laedendi,* basta que a ação ou omissão seja causa indireta da lesão, para que esta se considere dolosa. Exemplo: um indivíduo atira uma pedra contra o seu adversário, e este, ao desviar-se, resvala e cai, ferindo-se na queda. O agressor em tal caso, responderá por lesão corporal dolosa.

Os *essentialia* da lesão corporal dolosa podem ser assim fixados: *a)* um dano à integridade corporal ou saúde de outrem; *b)* a relação de causalidade entre a conduta do agente e esse evento lesivo; c) o *animus laedendi.* No que concerne ao elemento subjetivo é que se distingue entre a lesão corporal dolosa e a tentativa *cruenta* de homicídio; nesta, o agente procede com a intenção de matar, ao passo que, naquela, apenas com a intenção de ferir ou causar um dano à saúde.

**78. Tentativa de lesão corporal.** É reconhecível e punível a tentativa de lesão corporal. Argumenta-se, em sentido contrário, que, frustrado o gesto dirigido à lesão, não se sabe qual a espécie de lesão visada pelo agente, isto é, se *grave, gravíssima* ou *leve,* e, assim, não se pode reconhecer a tentativa, que pressupõe uma ação voluntária e conscientemente orientada para um fim determinado. A objeção não procede. Se as circunstâncias evidenciam o *animus vulnerandi,* mas deixam em dúvida se o agente pretendia uma lesão simples ou qualificada, a imputação deve inclinar-se pela solução mais favorável, segundo o princípio de que *in dubio pro reo* (Galdino Siqueira). Há casos, porém, em que pode ser manifesta a *gravidade* da lesão tentada, Ninguém deixaria de reconhecer uma tentativa de lesão *gravíssima* no fato, por exemplo, de quem atira vitríolo na direção do rosto do seu inimigo, que, desviando-se tempestivamente, consegue escapar Ileso.

Cumpre distinguir entre tentativa de lesão corporal e o crime de "criação de perigo direto e iminente à saúde de outrem" (art. 132): naquela, há *dolo de dano;* neste, há apenas *dolo de perigo,* ou seja, o agente sabe que põe em perigo a saúde de outrem, mas não quer, nem mesmo eventualmente, que ocorra o evento lesivo (exemplos: o dono do circo, para provocar sensação, inescrupulosamente, faz com que o equilibrista, contra seu hábito, se exiba sem a rede de proteção; um médico submete alguém a uma ousada experiência científica).

Igualmente, diferem da tentativa de lesão as *vias de fato,* que se caracterizam por violência exercida sem dano corporal e sem *animus vulnerandi,* podendo ser *ultrajantes (bofetada leve, stercora projicere* etc.), e, assim, constituir *injúria real* (art. 40, § 2º), ou *não ultrajantes* (simples empurrão, puxão de cabelos etc.), constituindo simples contravenção (art. 21 da Lei de Contravenções).

Finalmente, não há confundir a tentativa de *violatio corporis* com a *ameaça real* (ex.: apontar contra outrem uma arma de fogo), pois nesta há somente o intuito de *intimidar,* ou perturbar a tranquilidade pessoal do sujeito passivo.

**78-A. Lesão simples ou leve.** É a lesão no seu tipo fundamental. O seu conceito obtém-se por exclusão: é a lesão que, compreendida na fórmula genérica do art. 129, não acarreta nenhum dos resultados previstos nos §§ 1º, 2º e 3º do mesmo artigo. A pena aplicável é a de detenção por três meses a um ano, isto é, a pena ordinária da lesão corporal dolosa.

**79. Lesões qualificadas pelo resultado.** São previstas nos §§ 1º a 3º do art. 129. O crime de lesão corporal apresenta-se, aqui, com pena diversa da ordinária, mas não há mudança de *nomen juris.* Os *resultados* enumerados nos referidos parágrafos funcionam como *agravantes especiais* ou *condições de maior punibilidade,* e não como *elementos constitutivos* de crime distinto. Para imputar-se a lesão corporal qualificada pelo resultado, não é necessário que este tenha sido querido pelo agente. Em algumas hipóteses (lesão seguida de morte, lesão com perigo de vida, lesão que produz aborto), é mesmo pressuposta a ausência de vontade dirigida ao resultado qualificativo. Fora desses casos (em que a compreensão do resultado no dolo do agente transforma o fato em crime mais grave), basta que o agente tenha querido ofender a integridade física ou a saúde de outrem, pouco importando que tivesse visado, ou não, a um resultado diverso do que efetivamente ocorreu, mesmo porque *vulnera non dantur ad mensuram.* Como justamente observa Garraud, "o agente que pratica voluntariamente atos, cuja natureza conhece, deve ser responsável pelos resultados que esses atos produziram e pode ser punido na proporção de tais resultados". Quem comete uma violência contra outrem sabe ou deve saber as consequências graves que podem ocorrer.

Não se segue daí, porém, que esteja consagrada na espécie uma pura responsabilidade objetiva. Se o resultado *qualificativo* da lesão e mais grave do que o querido deriva de *caso fortuito,* interrompe-se o processo causal originário da ação ou omissão (art. 11, parágrafo único), e ao agente, por isso mesmo, somente pode ser imputado o crime de lesão simples.

Como já vimos, as lesões qualificativas pelo resultado dividem-se em "graves", "gravíssimas" e "seguidas de morte". Vamos identificar e analisar cada uma dessas modalidades.

**80. Lesões graves.** Encontram-se estas alinhadas no § 1º do art. 129. A primeira delas é a de que resulta *incapacidade para as ocupações habituais, por mais de 30 dias.* Por *ocupações habituais* não se devem entender somente aquelas de natureza lucrativa. Trata-se de um conceito *funcional,* e não *econômico.* A lei tem em vista a atividade habitual do indivíduo *in concreto,* pouco importando que seja economicamente improdutiva. De outro modo, ter-se-ia de chegar à absurda conclusão de que uma criança não pode ser sujeito passivo dessa modalidade de lesão grave. A *incapacidade* pode ser física ou psíquica. Deve ser *real,* não devendo confundir-se com o que Manzini chama *relutância voluntária,* determinada pela vergonha de deixar ver *os* sinais da lesão sofrida ou outras preocupações semelhantes. Só deixa de existir a incapacidade quando *o* ofendido retorna ao *statu quo ante,* isto é, quando readquire a possibilidade de atender a *todas* as suas ocupações, e não somente a alguma ou algumas delas.

Não há relação necessária entre a capacidade para o exercício da atividade habitual e a cura completa do ferimento: este pode não estar ainda cicatrizado e, no entanto, permitir que o indivíduo volte às suas ocupações, sem prejuízo da cura definitiva. Inversamente, pode a ferida estar cicatrizada e persistir o estado de debilidade que impossibilite o serviço ativo habitual.

Está implícito que a *ocupação habitual* deve ser *lícita*. Assim, os criminosos profissionais em geral não são contemplados na agravante em questão: obstar-lhes a atividade, ao invés de ser um mal, redunda num benefício social.

É prefixado no texto legal o tempo mínimo que deve durar a transitória *incapacidade*, para que se reconheça a agravante em questão: *mais de 30 dias*. Neste prazo deve ser computado o dia do começo (art. 9º), e basta o decurso de um minuto que seja, após o trigésimo dia, para que se tenha de reconhecer a gravidade da lesão, se persiste a incapacidade dela resultante. Esta persistência tem de ser averiguada mediante exame médico complementar (art. 168 do Código de Processo Penal).

Acoima-se de arbitrário e empírico esse critério de avaliação de *gravidade* da lesão, que pode ser, por sua natureza, de notável periculosidade e, no entanto, estar curada ao fim de poucos dias, como, por exemplo, nos casos de hemorragia aguda, comoções cerebrais ou viscerais, *shocks*, asfixias, certos envenenamentos. Por outro lado, uma lesão que, em si mesma, é leve pode, por circunstâncias meramente acidentais, acarretar por mais de 30 dias a inaptidão para os serviços habituais. O novo Código, porém, procurou evitar essas excepcionais incongruências. Referindo-se às lesões que chamamos *graves* e ao critério cronológico em questão, explica a *Exposição de motivos*: "[...] como uma lesão pode apresentar gravíssimo perigo (dado o ponto atingido) e, no entanto, ficar curada antes de um mês, entendeu o projeto de incluir nessa mesma classe, sem referência a condição de *tempo* ou a qualquer outra, a lesão que produz *perigo de vida*".

Quanto às circunstâncias acidentais que poderão fazer perdurar a incapacidade funcional decorrente de uma lesão inicialmente sem maior gravidade, é bem de ver que, se elas constituem mero *caso fortuito*, o *quid pluris* do evento não pode ser imputado ao agente, nem mesmo como a sua causa física (parágrafo único do art. 11).

Segue-se entre as lesões graves, na ordem em que as enumera o Código, a que produz *perigo de vida*. *Perigo de vida* é a probabilidade concreta e presente do resultado letal. Trata-se de um conceito objetivo-subjetivo: é necessária uma realidade objetiva, na qual se fundamente um *juízo de probabilidade*. No curso do processo patológico consequente à lesão, deve haver um momento, por mais fugidio, em que, pelo estado do paciente, resulte provável a sua morte. É a lição de Biamonte: o perigo de vida existe desde que *"nel decorso processo patologico, generato dalla lesione, vi è um momento, più o meno lungo, in cui le condizioni dei paziente e l'insieme dei particolari dei caso fanno ritenere all'uomo di scienza probabile l'esito letale"*. Não basta uma probabilidade mediata ou condicionada a possíveis complicações. O perigo deve ser atual, sério, efetivo, e não remoto ou meramente presumido.

De outro modo, todo ferimento importaria a agravante de que se trata, pois sempre traz consigo a álea de um infecção ou complicação séria, e, portanto, representa um perigo *potencial* de vida. O perigo de vida deve ser reconhecido por sintomas objetivamente demonstráveis, referindo-se às funções mais importantes da vida orgânica. Em Medicina Legal, comumente, dá-se principal relevo ao modo de comportar-se do coração, aferido pelos caracteres do pulso, que atesta o perigo quando se torna frequentíssimo, débil, filiforme, dícroto (com pulsação dupla por cada sístole), arrítmico. Também sintomático é o modo da respiração, isto é, quando esta se faz superficial, dispneica de intensidade, polipneica por frequência, desigual, particularmente com as conhecidas modalidades do "ritmo de Cheyn-Stockes" (a*típica,* com uma fase sempre crescente de inspiração, outra descendente de expiração e uma pausa, repetindo-se o fenômeno; a *ondulatória,* em que, ao invés da apneia, há pequenas ondulações, e a *mista,* que é a alternatividade das duas anteriores), eventualmente associadas a sinais de edema pulmonar. Outra sintomatologia relevante é a que concerne às funções nervosas: perda ou obnubilação da consciência, a redução ou desaparecimento de certos reflexos, a exasperação de outros etc.

Certos ferimentos há que são, *ex se,* perigosíssimos, como, por exemplo, os que afetam o peritônio ou as meninges. Referindo-se a eles, dizia Carrara que devem ser considerados, em si mesmos, sem mais indagação, como produtivos de perigo de vida. Não prevaleceu, porém, tal opinião. Mesmo nessas eventualidades, para que se reconheça a agravante, é necessário que resultem fenômenos (peritonite, meningite) efetivamente sintomáticos do perigo de vida. Cabe à perícia médico-legal atestar o perigo de vida, quer quando ainda *atual,* quer quando já *passado* (mediante indagação retrospectiva). O juiz, entretanto, não está irremissivelmente adstrito ao laudo pericial, podendo decidir, por livre convicção, em face das provas em conjunto (arts. 182 e 157 do Código de Processo Penal).

Cumpre notar que a probabilidade da morte da vítima não deve estar compreendida no dolo do agente, pois, do contrário, o que se terá de reconhecer é uma *tentativa de homicidio.*

Entre as lesões graves é também classificada a que acarreta *debilidade permanente* de *membro, sentido ou função.* O Código de 90 não previa este *eventus damni* como qualificativo da lesão corporal: para que se reconhecesse a gravidade desta, era necessário que ocorresse "*mutilação, amputação* ou *privação* permanente de uso de um órgão ou membro". Este critério restritivo levava a soluções intoleráveis. Assim, no caso de órgão *duplo* ou *geminado,* a perda de um só dos seus elementos componentes não constituía lesão grave por si mesma, pois, se enfraquece ou *debilita* o órgão, não o destrói ou inutiliza por completo. Seguindo o exemplo do Código italiano, que já inspirara os Projetos Sá Pereira e Alcântara Machado (o primeiro injustificavelmente equiparava o enfraquecimento à inutilização do órgão ou membro), o novo Código corrigiu a falha.

*Debilidade* é a redução da capacidade funcional, decorrente, de modo residual, de um processo mórbido. Deve ser *permanente,* notando-se, porém, que *permanente* não significa o mesmo que *perpétua.* Segundo a definição de Binda, debilidade permanente é o estado consecutivo a uma lesão traumática, que *duradouramente* limita o uso, a energia e a plenitude de uma função, sem comprometer o bem-estar geral do organismo".

*Membro* se diz especialmente de qualquer dos apêndices do tronco, destinados ao exercício das funções de relação. Os membros são em número de quatro: dois inferiores ou *abdominais,* que servem para a *sustentação* e a *deambulação,* e dois superiores ou *torácicos,* que servem para o *tateio* e a *pressão.* Cada membro superior divide-se em *braço, antebraço* e *mão;* cada membro inferior se reparte em *coxa, perna* e *pé.*

*Sentido* significa qualquer das faculdades por meio das quais percebemos o mundo exterior. São em número de cinco, correspondendo cada qual a um órgão especial: vista, audição, gosto, olfato e tato (sentido muscular).

*Função* é a atuação específica exercida por qualquer órgão. As principais funções são em número de sete: *digestiva, respiratória, circulatória, secretora, reprodutora, sensitiva* e *locomotora.* Podem ser reunidas em dois grandes grupos: *funções da vida vegetativa* e *funções da vida de relação.* Quem diz *função* diz *órgão,* e *vice-versa.* O dispositivo legal é um tanto redundante, ao falar em *sentido* e, a seguir, em *função;* pois cada *sentido* representa uma *função.* Tecnicamente, bastaria que se referisse à *função,* de modo genérico; mas não se *deve* esquecer que, tratando-se de lei penal, a explicitude da redação é preferível à sua rigorosa precisão técnica.

Os *membros* são *complexos, isto* é, funcionam pela ação combinada de seus componentes. De seu lado, alguns *órgãos* são *duplos* ou *geminados,* como o da vista, o da audição, os rins, os pulmões, os testículos etc., ou também *complexos* como, por exemplo, o órgão da mastigação. A ablação ou inutilização de um dos *elementos componentes* constitui a agravante em questão, se apenas acarreta a diminuição funcional do membro ou órgão; mas, se implica a privação total de uso do membro ou órgão, a lesão passa a ser *gravíssima* (§ 2º, n. II, do art. 129). Assim, se se corta a mão a alguém, ou se lhe é arrancado um dos maxilares (componentes do órgão da mastigação), a lesão é *gravíssima;* mas já o mesmo não acontece se é inutilizado um só dedo da mão ou do pé, ou um só dos rins: nestes casos apenas se apresenta uma *debilidade* de membro ou função. É claro que, se a parte do órgão inutilizada era a única que restava, a lesão será classificada como gravíssima.

Discute-se se o arrancamento de um só dente representa lesão grave, por debilitação do órgão da mastigação. É uma *quaestio facti,* a ser resolvida de caso em caso. A uma pessoa com escasso número de dentes, a perda de mais um pode ser grandemente prejudicial, importando, sem dúvida alguma, a gravidade da lesão. Por outro lado, se se trata de dentes já irremediavelmente estragados ou assediados pela piorreia, não se pode reconhecer a agravante especial, ainda que vários sejam os dentes arrancados.

Deve notar-se que o possível tratamento ortopédico ou *reeducativo* do membro ou órgão *debilitado* não exclui o reconhecimento da gravidade da lesão.

Por último, figura entre as lesões graves a que provoca *aceleração de parto.* Embora inspirado no Código italiano, ao prever tal resultado como agravante especial da lesão, o nosso Código evitou a redação pleonástica com que aquele formulou o seu dispositivo: *"se la persona offesa e una donna incinta* e *dal fatto deriva l'acceleramento del parto".* Não escaparia ao Sr. De La Palisse que a aceleração de parto somente pode ocorrer se a vítima é uma mulher grávida... É necessário, para a existência da agravante, que o agente tenha a *scientia praegnationis* ou, pelo menos, que seja inescusável a sua insciência em tal sentido. Se ignorava a prenhez da ofendida e não lhe era possível percebê-la, dá-se um *erro de fato invencível,* que exclui a pena agravada.

*Aceleração de parto* **é a** expulsão precoce do produto da concepção, mas em tal estado de maturidade, que pode continuar a viver fora do útero materno. Compreende tanto o caso em que o parto advém antes do tempo normal (mas necessariamente depois do tempo mínimo para a possibilidade da vida extrauterina), quanto o caso em que ocorre no tempo normal, mas por trauma físico ou psíquico. Pressupõe-se que o feto esteja vivo, nasça vivo e continue a viver, dado o seu grau de maturação. Se o feto morre no útero ou fora dele, em consequência da lesão, o fato passa a ser *aborto,* e a lesão se qualificará como gravíssima (§ 2º, n. V, do art. 129).

Compete aos peritos-médicos constatar se a expulsão precoce foi realmente devida à precedente lesão corporal. Também a prova testemunhal pode ser útil, na indagação dos episódios pregressos. Indícios veementes desse nexo causal são, entre outros, a sequência, imediata à lesão, do escoamento do líquido amniótico e aparecimento das dores. No caso de dúvida, porém, deve excluir-se a relação de causalidade.

**81. Lesões gravíssimas.** São as enumeradas no § 2º do art. 129. Em primeiro lugar, apresenta-se a lesão de que resulta *incapacidade permanente para o* *trabalho.* A *incapacidade* deve persistir de tal forma, que se não possa, nem mesmo aproximadamente, calcular a época de sua cessação. Não é preciso, porém, que dure por toda a vida. Já, aqui, não se refere a lei à *ocupação habitual* do ofendido, mas ao trabalho *in genere.* O ofendido deve ficar privado da possibilidade, física ou psíquica, de aplicar-se a qualquer atividade lucrativa. O vocábulo *trabalho* é empregado em sentido restrito, isto é, como livre movimento ou emprego do corpo para um fim econômico.

Em seguida, é prevista como lesão gravíssima a que produz *enfermidade incurável. Enfermidade* é o processo patológico em curso. A *incurabilidade* deve ser certa ou muito provável, segundo a experiência científica ou *id quod plerumque accidit.* Exemplos: cardiopatias consequentes a traumas, pleurite crônica decorrente de lesão da pleura, hérnia com prolapso permanente do intestino. É necessário que se trate de enfermidade em ato, e não de simples *reliquat* de um processo mórbido, que não constitua doença em si mesmo.

Gravíssima é também a lesão que acarreta *perda ou inutilização de membro, sentido ou função.* Já não se trata de simples *debilitação,* mas de perda ou definitiva inutilização de membro, sentido ou função. Sobre o que seja membro, sentido ou função, veja-se n. 80. Não se apresenta a agravante se o membro é inutilizado parcialmente, sob o ponto de vista funcional, ou se persiste, embora diminuído, o sentido ou função. O texto legal fala em *perda ou inutilização.* A *perda* resulta da ablação do membro ou órgão (correspondente ao sentido ou função). Pode ocorrer por *mutilação* (no momento físico da ação criminosa) ou por *amputação* (em ulterior intervenção cirúrgica, como condição necessária à preservação da vida do ofendido). No caso de *inutilização,* o membro ou órgão não é destacado do corpo, mas fica inapto à sua função, como, *in exemplis,* por anquilose ou paralisia.

Indaga-se se a ruptura ou destruição do hímen (quando não praticada para fim libidinoso) constitui a agravante em questão. A opinião dominante é no sentido de que o hímen não é propriamente um órgão, não exercendo função alguma, senão a de *testis virginitatis,* isto é, uma função de valor *social,* e não *biológico.* Se nenhum é o seu papel na economia orgânica, não pode estar compreendido na fórmula da agravante.

É igualmente considerada gravíssima a lesão de que resulta *deformidade permanente.* Que é *deformidade?* Se nos limitássemos a fixar o sentido léxico do vocábulo *(desvio, deturpação, vício de forma),* estaríamos longe de traduzir o que seja *deformidade* sob o ponto de vista jurídico-penal. A deformidade a que se refere o inciso IV do § 2º do art. 129 não é qualquer deturpação ou vício de forma. Não se trata de um conceito puramente objetivo, mas, a um só tempo, objetivo e subjetivo.

Como condição de fato de maior gravidade da lesão, a deformidade deve ser, antes de tudo, *permanente.* Esse caráter é expressamente reclamado no texto legal. Permanente é a deformidade indelével, irreparável, excludente da possibilidade de uma *restitutio in integrum.* A irreparabilidade deve ser entendida no sentido de que a deformidade não seja retificável em si mesma. *Reparar* é preparar de novo, é renovar, reintegrar, consertar, senão melhorar; não é dissimular, fingir, remediar (Afrânio Peixoto). Não deixa de ser *deformidade permanente* a que permite dissimulação (substituição de olho natural por olho de vidro, ocultação de cicatriz pela barba). Ninguém está obrigado a usar *postiços* ou disfarces para favorecer a sorte do seu ofensor. O ofendido pode mesmo negar-se a um tratamento de plástica (nem sempre livre de perigos), sem que por isso o ofensor deixe de responder por lesão gravíssima. *Permanência* não quer dizer *perpetuidade,* mas não deve ser reconhecida a agravante quando o ferimento, embora incialmente deformante, possa vir, em futuro não remoto, a resultar em ligeira cicatriz.

Se da apreciação objetiva passamos à subjetiva, cumpre fixar, desde logo, o seguinte: a deformidade deve ser tal que cause uma impressão, se não de repugnância ou de mal-estar, pelo menos de desgosto, de desagrado. É a cicatriz que acarreta chocante assimetria, é a desfiguração notável. O Código italiano refere-se, como agravante especial da lesão, não somente à *deformazione dei viso* (deformação do rosto), mas também ao *sfregio permanente nel viso* (gilvaz permanente no rosto), isto é, qualquer alteração sensível, embora não macroscópica, da harmonia ou beleza do rosto. Perante o nosso Código, porém, o simples gilvaz não importa, por si mesmo, necessariamente, a gravidade da lesão. A propósito, é de recordar-se, aqui, um caso ocorrido, há tempos, na metrópole brasileira: certa mulher, de grande beleza, foi vítima de um *passional,* que lhe desfechou um tiro, indo o projetil perfurar-lhe a face, encravando-se num dos maxilares, sem maior dano; e, passado algum tempo, a cicatriz na face apesentava-se como um "covinha", que ainda mais graça dava ao lindo rosto de sua portadora, Seria draconiano reconhecer-se em tal caso a existência de deformidade, Deformar não é apenas *assinalar.*

Tal como o Código anterior, o atual não exige, no tocante à deformidade, que esta seja, necessariamente, no rosto. Foi assim, enjeitado o exemplo do Código italiano, que ainda permanece fiel ao direito estatutário.[59] Desde

59 Os estatutos das cidades italianas só se referiam à deformidade na face. Assim, o estatuto de Trento: "*Si quis vulneravit alium super facie, condemnetur in libris 50; si vero non sit remansura cicatrix in minus, arbitrio judicantis.*" Do mesmo modo, o estatuto de Florença: "*Si sequatur vituperatio faciei) per apparentem cicatricem, condemnetur in libris 1.000.*"

que seja *aparente, visível,* perceptível *ictu oculi,* não importa à identificação da deformidade a parte do corpo em que seja localizada.[60] É de inteiro acerto o conceito de Afrânio Peixoto: "[...] a deformidade é um dano à forma habitual, é um dano estético, que interessa principalmente à figura humana em sua expressão mais característica – o rosto, – mas que se refere igualmente ao tronco e aos membros, quando a lesão modificou profundamente a atitude ou forma habitual da pessoa humana. Tão deforme é o indivíduo que perde o nariz ou uma orelha, como aquele que em consequência da lesão adquiriu um desvio da coluna vertebral que o torna "giboso, ou o que por causa semelhante, atingido numa perna, se tornou coxo". No mesmo sentido, Antenor Costa: "[...] o elemento *deformidade* deve ser tomado em um sentido geral (nos limites da concepção médico-legal, bem entendido), compreendendo não só a desarmonia da estética fisionômica, como toda e qualquer alteração da forma natural do corpo. Em tal conceito devem ser abrangidas não só as alterações morfológicas em estado de repouso, como as que resultam do estado de movimento do corpo; não só se torna deforme quem adquiriu um defeito físico de relevância no rosto, como quem, em virtude de um traumatismo, coxear francamente de uma perna". Por isso mesmo que é um dano estético, bem se compreende que não se pode, na identificação da deformidade, deixar de distinguir, em muitos casos, se o sujeito passivo é homem ou mulher, se é um moço ou um ancião. Discordamos radicalmente de Afrânio Peixoto quando, enjeitando esse ponto de vista, declara: "A idade, o sexo, a condição social, não importam absolutamente no apreciar a deformidade. É cerebrina – embora seja da maior parte de juristas e médicos-legistas – a noção que tal lesão deforme numa pessoa, possa não o ser em outra. Uma mulher jovem e bonita fica mais deforme, dizem eles todos, com uma cicatriz viciosa no rosto, que um homem velho e sem atrativos. Mais prejudicada, sim, mais deforme, não, se as lesões forem semelhantes e situadas no mesmo lugar. Convém lembrar, para não discutir inutilmente, que o direito criminal, pela pena, protege o interesse geral, comum, que têm, indistintamente, todos os homens – não importa que sexo, que idade, que condição – a serem respeitados em sua integridade física e funcional, em seu corpo, em sua forma, em sua vida".

---

60 Assim discorre Antenor Costa (ob. cit., p. 21): "Para que uma lesão corporal confira o caráter de deformidade, é necessário que o dano estético resultante seja facilmente visível. Assim, quando esse dano interessar apenas a superfície do corpo (o das cicatrizes viciosas, por exemplo), é condição essencial que se localize em regiões habitualmente descobertas, e não em zonas ocultas pelas vestes. Quando, porém, a dismorfia interessa, não a superfície cutânea, mas a forma geral do corpo, de um membro ou segmento de membro, pode haver deformidade por lesões situadas mesmo nas regiões encobertas pelas roupas. Tal é o caso de uma perna torta, por exemplo."

Que se defenda tal critério de um ponto de vista *anatômico,* isto é, estreitamente objetivo, *transeat;* mas reclamá-lo em nome do direito penal, é de todo inadmissível. O direito penal não pode incrustar-se num conceito apriorístico, alheando-se à feição particular de cada caso ocorrente. Valeria isso pela intolerável iniquidade de tratar igualmente coisas desiguais. É irrefutável a lição de Hoffmann e Ferrai: "*Poichè si tratta di un giudizio di menomazione e di turbamento delle qualità estetiche, ben si comprende come diverso possa essere l'apprezzamento secondo che la traccia permanente della lesione risiede in un uomo, oppure in una donna, su di un giovane o su di un vecchio*".

Ninguém pode duvidar que devam ser diversamente apreciadas uma cicatriz no rosto de uma bela mulher e outra na carantonha de um Quasímodo; uma funda marca num torneado pescoço feminino e outra no perigalho de um septuagenário; um sinuoso gilvaz no braço roliço de uma jovem e outro no braço cabeludo de um cavouqueiro. É evidente que se não pode meter em pé de igualdade a estética de um homem e a de uma mulher. Recorda Irureta Goyena o seguinte provérbio espanhol, que é exagerado, mas não de todo falso: *el hombre y el oso, cuanto más feo más hermoso.* A mesma cicatriz, que é, no rosto de uma mulher, uma desagradável quebra de harmonia ou uma deformidade flagrante, pode, se no rosto de um homem, até valorizá-lo, imprimindo-lhe um cunho de masculinidade, ou de *ar marcial*... São inseparáveis, no conceito de deformidade, a condição de truncamento material da forma e a do dano ao *valor social* do paciente, sob o ponto de vista estético.

Finalmente, é lesão gravíssima a que ocasiona *aborto.* O conceito de *aborto* é o mesmo já expendido em relação ao conteúdo de fato do crime que tem esse nome. É escusado observar que o evento "aborto", para a existência da agravante especial, não deve ter sido, de qualquer forma, querido pelo agente, pois, do contrário, terá este de responder por dois crimes em concurso (o da lesão e o de aborto) ou por *aborto qualificado* (se a lesão, *per se,* for grave). Há que distinguir entre a hipótese do inciso V do § 2º do art. 129 e a do art. 127, 1ª parte, pois há uma inversão de situações: na primeira, a lesão é querida e o aborto, não; na segunda, o aborto é que é o resultado visado, enquanto a lesão não é querida, nem mesmo eventualmente. Se o agente ignorava a gravidez da ofendida e não tinha razão alguma para conhecê-la, a solução deve ser idêntica à que já formulamos no caso de lesão de que resulte aceleração de parto: o agente, tendo incidido em *insuperável* erro de fato, não deve responder por lesão qualificada pelo resultado "aborto".

**82. Lesão corporal seguida de morte.** Entre as lesões corporais *qualificadas pelo resultado,* como já vimos, o Código inclui, no § 3º do art. 129, a que é seguida de resultado letal, cujo advento tenha sido alheio ao dolo do agente:

"Se resulta morte e as circunstâncias evidenciam que o agente não quis o resultado, nem assumiu o risco de produzi-lo: pena – reclusão, de quatro a 12 anos".

Alguns Códigos estrangeiros contemplam esta hipótese no setor relativo ao "homicídio", dando, assim, prevalência ao aspecto objetivo, isto é, considerando, principalmente, o evento "morte"; outros, porém, tendo em atenção, de preferência, o aspecto subjetivo, isto é, a ausência do *animus necandi,* preveem o fato no capítulo das lesões corporais. Este último critério, que é adotado, por exemplo, nos Códigos alemão (§ 226), português (art. 361, parágrafo único), peruano (arts. 165 e 166) e suíço (art. 122, n. 2), foi o preferido pelo legislador pátrio de 40. Embora previsto especialmente e com pena autônoma, o fato conserva o *nomen* juris de *lesão corporal.* O resultado "morte", não querido pelo agente, nem mesmo eventualmente, representa apenas uma *agravante especial* ou uma *condição de maior punibilidade* do crime de lesão corporal.

Trata-se de um caso típico do que os autores alemães denominam *crime qualificado pelo resultado (durch Erfolg qualifiziert Delikt).* Os autores italianos, seguindo uma velha tradição, atualmente oficializada por explícita rubrica do Código Rocco, falam, aqui, em *homicídio preterintencional.*[61] Também esta é a nomenclatura que, entre nós, se empregava, no regime do Código de 90. Ainda que não especialmente previsto por este, o fato em questão foi sempre chamado *homicídio preterintencional* e tratado, segundo a jurisprudência prevalente, *ad instar* do homicídio doloso, apenas reconhecida em favor do agente a atenuante da falta de "pleno conhecimento do mal e direta intenção de praticá-lo" (art. 42, § 1º, do Código anterior). Recusando este critério de decisão, assim nos pronunciamos: "A jurisprudência tem procurado abrandar o rigor da equiparação entre o homicídio preterintencional e o doloso, entendendo que se deve aplicar no primeiro caso a atenuante do § 1º do art. 42... Ainda assim, porém, não se evita um excesso de penalidade.

61 Na doutrina italiana, chama-se *crime preterintencional* todo aquele em que o resultado ultrapassa a intenção, mas não deixa de ser *homogêneo* com o visado pelo agente. Distingue-se entre crime preterintencional e crime qualificado pelo resultado: no primeiro. há um evento único, mas excedente, quantitativamente, do fim colimado pelo agente; enquanto, no segundo, há dois eventos, heterogêneos ou qualitativamente diversos, dos quais só um é visado pelo agente (ex.: estupro seguido de morte da ofendida). A noção restritiva da *preterintencionalidade* é, no entanto, rejeitada por alguns autores, entre outros, Finzi *(Il delitto preterintenzionale)* e Delitala (*Il fatto nella teoria generale del reato*): não há inconveniente algum em ampliar-se o conceito de crime preterintencional, de modo a abranger não só o caso de um evento único, exclusivo, como o do segundo evento involuntário, de espécie diversa do primeiro.

Mesmo nos casos em que o evento 'morte' esteja fora da previdência comum, e posto que se não possa reconhecer o *casus,* pois a identificação deste, segundo o art. 27, § 6º, está subordinada à condição de *prática de ato lícito,* ter-se-á de aplicar a pena de homicídio doloso! Tão intolerável se apresenta tal solução, que não vacilamos em sugerir o seguinte critério: *fragmentar-se* o fato, reconhecendo-se no *antecedente* uma lesão corporal dolosa e no *subsequente* um *homicídio culposo,* se a soma das respectivas penas não ultrapassar a que seria aplicável, *in concreto,* a título de homicídio doloso".

O novo Código demarcou nitidamente a hipótese, de modo a extremá-la do homicídio doloso, e evitou a rubrica "homicídio preterintencional", que, mesmo abstraído o critério de inclusão do fato no capítulo das "lesões corporais", seria imprópria a essa diferenciação, pois, dada a equivalência entre o dolo eventual e o dolo direto (art. 15, n. I), o homicídio não deixa de ser *doloso* ainda quando o evento "morte" ocorra além da *intenção* (entendida esta como vontade positiva e formalmente dirigida a um fim determinado), uma vez que o agente *assumiu* o *risco de produzi-lo,* isto é, desde que o agente, embora não tendo como *fim* específico tal resultado, consentiu no seu eventual advento.

Controvertida é a questão de saber se na espécie, como em geral, nos crimes qualificados pelo resultado, é necessária, para a imputação do fato integral, uma relação psíquica ou subjetiva entre o agente e o evento mais grave, ou se basta o simples nexo de causalidade física entre a ação ou omissão e o *majus delictum.* Estaríamos, com esta última solução, em face de um caso anômalo de *responsabilidade sem culpa.*

Para maior elucidação do tema (que aqui se impõe preponderantemente), vamos, antes de fixar a sua solução perante o vigente Código brasileiro, estudá-lo nos trâmites da sua evolução histórico-doutrinária e através do direito moderno comparado. Conforme observa Seuffert, a responsabilidade objetiva ou sem culpa é um traço de primitivismo. É um resquício da chamada *fase objetiva* do direito penal, em que só se cuidava do lado material ou visível do crime. Entre os povos da remota antiguidade, não se indagava, para imposição de castigo, se o causador de um mal era *culpado.* A retribuição do mal pelo mal justificava-se por um raciocínio sumário: "Tu me fizeste um mal; logo, deves também sofrer um mal". Não se distinguia entre o fato voluntário e o fato involuntário. A ideia de *culpabilidade,* como requisito indeclinável da reação penal, é uma conquista de avançada civilização.

No mais antigo direito romano, por exemplo, só se tinha em atenção o fato exterior, o fato apreciado *ab externo.* Não foi senão depois da Lei das XII Tábuas que se começou a cuidar do elemento subjetivo ou *factum internum.* A evolução jurídica em tal sentido culminou com o princípio, consagrado pelo imperador Adriano, de que *in maleficiis voluntas spectatur, non exitus*. Passou-se a punir somente aquilo que correspondia à *voluntas*. Assim, não havia *homicídio*, sob o ponto de vista penal, sem o *animus necandi* ou a *voluntas ad necem*. O próprio homicídio culposo, punido *extra ordinem* depois de Adriano, já não era objeto de pena alguma no direito justiniano. Excluía-se a condenação a título de homicídio no caso de *Preterintenção* ou *preterdolo* quanto ao evento letal. Marciano (D., XLVIII, 8, l. I, § 3) reporta, a este propósito, um rescrito do Divus Hadrianus: "[...] *eum, qui hominem occidit, si non occidendi animo hoc admisisse, absolvi posse... Si gladium strixerit, et in eo percussit, indubitate occidendi animo id eum admisisse: sed si clavi percussit, aut cucuma in rixa, quamvis ferro percusserit, tamen non occidendi animo, leniendam poenam ejus, qui in rixa casu magis quam voluntate homicidium admisit*". Embora reconhecida (tratando-se de homicídio) a reponsabilidade preterdolosa, era aplicada *extra ordinem* uma pena levíssima ou idêntica à do homicídio culposo *(relegatio in quinquennium)*. Tratando-se de soldados, a pena era simplesmente disciplinar: "*Qui si probaverit non occidendi animo hominem a* se *percussum esse, remissa homicidii poena, secundum disciplinam militarem sententiam proferet*". (C., IX, 16, I)

Também no antigo direito germânico, o elemento essencial do crime é o dano objetivo. Somente com *as leis populares (Volksrechten)* é que se esboçou a distinção entre os fatos voluntários e os involuntários. A lei visigótica foi a que mais se afirmou no sentido de tal diferenciação, inspirando-se no direito romano: "*crimen videri non potest, quod non est ex voluntate commissum*". Mas essa própria lei, cuja sensibilidade distinguia perfeitamente, para diverso tratamento, entre o homicídio culposo e o homicídio voluntário, não fazia diferença entre este e o homicídio no caso de preterdolo, punindo igualmente ambos: "*Si dum quis calce vel pugno aut quacumque percussione injuriam conatur inferre, homicidii extiterit occasio, pro homicidio puniatur*".

O direito eclesiástico, fundamentalmente *voluntarístico*, somente reconhecia a punibilidade do fato Ilícito quando produto da vontade consciente e livre, embora em alguns casos admitisse a responsabilidade por simples *culpa (negligentia, imperitia,* inescusável *ignorantia)*. Foram, entretanto, os canonistas que formularam o famigerado brocardo – *qui in re Illicita versatur etiam pro casu tenetur*. Bernardus Papiensis é apontado como precursor de tal princípio. Ensinava ele: "*Circa illud, quod fit casu, distingue, an ille qui casu accidit instabat licito operi et adhibuit illam diligentiam, quam debuit, an non; primo casu non imputatur sibi, sed casu et fato et fortunae...; alioquin si vel non instabat operi licito vel non adhibuit illam diligentiam quam debuit, sibi debet imputari*".

Repetido pela maioria dos jurisconsultos práticos, esse critério de solução, que, segundo Decianus, a Igreja introduziu *"propter horrorem facti et rigorem diciplinae ecclesiasticae"*, tornou-se corrente, fundando-se nele a teoria do crime *praeter intentionem.*[62] Se de um crime doloso resulta um evento mais grave do que o visado pelo agente, devia este responder, incondicionalmente, pelo *quid pluris.* Era este imputado ainda que tivesse provindo de caso fortuito. Explicava Gandinus: *"Si aliquis commisit homicidium casu, aut dabat operam rei illicitae, aut non... Si vero dabat operam rei illicitae, sive adhibuit diligentiam sive non, semper ei imputantur"*. O *majus delictum* (em contraposição ao antecedente doloso, chamado *minus delictum, principale delictum* ou *primum delictum)* era levado à conta do agente a título de *dolo* quando o *minus delictum "tendebat ad Illum finem delicti secuti"*. Assim, respondia por homicídio doloso aquele que exercia violência contra alguém, causando-lhe a morte, desde que o instrumento empregado, fosse *"ad occidendum aptum, ut ensis vel hasta"*. Se não havia essa relação de afinidade, segundo *"id quod plerumque accidit"*, entre o antecedente doloso e o evento mais grave, era este imputado a título de *culpa.* A rigidez de tal critério, porém, veio a ser atenuada, firmando-se o princípio de que a imputação do evento mais grave estava necessariamente condicionada à probabilidade do seu advento, apreciada segundo a experiência comum. Doutrinava Santo Tomás de Aquino que o evento mais grave *non praecogitatus* só era imputável no caso em que fosse consequência natural e comum do fato doloso anterior: *"si per se sequitur ex tali actu, et ut in pluribus"*; e nenhuma responsabilidade devia ser reconhecida pelo evento maior se este ocorresse *"per accidens, et ut in paucioribus"*, pois, em tal caso, *"eventus sequens non addit ad bonitatem, vel ad malitiam actus"*. No mesmo sentido opinavam Covarruvias, Coepola, de Accoltis, Carerius, Rafael de Cuma, Farinacius e Carpsovio. De Cuma dizia que o *vulnerator* só deve ser punido por homicídio *"quando verisimiliter ex ictu potuit et debuit sequi homicidium"*, pois, do contrário, responderá apenas *de vulnere.* De Accoltis formulava a seguinte hipótese típica de homicídio *praeter voluntatem et intentionem:* um indivíduo, agredido por outro

62 Para designar o crime em que o evento excedia o fim do agente, os práticos empregavam variada terminologia. Finzi (cuja exposição estamos seguindo) colige as seguintes expressões: *"Praeter intentionem"*, *"praeter intentionem et voluntatem"*, *"praeter opinionem"*, *"praeter propositum"*, *"praeter voluntatem"*, *"praeter voluntatem et propositum"*, *"extra intentionem"*, *"extra propositum"*, *"extra intentionem et propositum, "extra voluntatem et propositum"*, *"ultra cogitatum"*, *"ultra intentionem"*, *"ultra propositum""*, *"ultra aut praeter intentionem"*, *"ultra, praeter vel extra cogitatum"*. Algumas vezes, eram usadas perífrases: *"ubi, committens delictum, minus voluit delinquere et plus deliquit"*, *"delictum unius qualitate volens committens, et aliud committens"*.

a soco, cai por terra e quebra a cabeça contra uma pedra, vindo a morrer; e resolvia o caso, dizendo que o agressor não deve responder *de occiso*, pois que *"non est praeordinatum verisimiliter, ut ex eo debeat sequi id quod evenit"*. A pena aplicável ao homicídio preterintencional (quando o evento "morte" tivesse podido ser ou devesse ter sido *praecogitatus)* devia, segundo alguns juristas, ser a mesma cominada ao homicídio voluntário, e, segundo outros, a correspondente ao homicídio culposo ou uma pena mitigada, na conformidade, aliás, do direito justiniano. Julius Clarus equiparava o preterdolo à culpa: *"dicitur etiam culposum homicidium quando quis citra animum occidendi alium percussit, ex qua tamen percussione ille mortuus est, cujus rei ut plurimum solet summi conjectura e genere armorum, vel instrumenti, cum quo illata fuit percussio"*. Esboçada por Santo Tomás de Aquino, alcançou grande êxito a doutrina do *dolo indireto*, que justificava a punição do homicídio preterintencional como homicídio voluntário: quem quer um fato, do qual deriva, como sua própria e imediata consequência, um determinado evento, quer indiretamente este.[63] Na sua *Summa Theologica*, dizia o famoso doutor da Igreja: "[...] *considerandum est, quod aliquid dicitur voluntarium directe, vel indirecte; directe quidem id, in quod voluntas fertur: indirecte autem illud quod voluntas potuit prohibere, sed non prohibet"*. E Covarruvias dissertava: *"Directe enim fertur voluntas in homicidium, quando quis animum habet occidendi: et haec est perfecta propriaque homicidii malitia. Indirecte autem et per accidens, fertur voluntas in homicidium, quoties fertur in id, ex quo immediate et per se, non per accidens, homicidium sequitur"*. À sombra do dolo indireto, porém, continuou a ser imputado o evento mais grave ainda quando sobrevindo fortuitamente. Em célebre monografia, editada pela primeira vez em 1756, Gläntzer cuidou de restringir a noção do *dolus indirectus (ou intentio indirecta)*. Ensinava ele, justificando a imputação do evento legal *praeter voluntatem: "Requisita ad homicidium ex intentione indirecta commissum necessaria sunt: 1, homicidium ex facto quodam vel non facto nostro sponte* admisso *per se esse sequutum;* 2, *agentem animum nocendi habuisse;* 3, *directe eum non intendisse mortem;* 4, *ex facto vel non facto suo homicidium aeque facile sequi potuisse ac id, quod directe intendit, eumque hoc scivisse"*. Desde então, o conceito do dolo indireto firmou-se no sentido de que era necessário o conhecimento ou previsão da probabilidade do evento não querido ou, pelo menos, a fácil previsibilidade deste. Carmignani, já no século XIX, assim discorria: "Diz-se direta a intenção quando a vontade tende a um fim necessário; indireta, quando tendente a um fim meramente possível. A indireta, por sua vez, se distingue em *positiva* e *negativa:* a primeira, quando é prevista

63 Alguns autores falavam, na espécie, em *dolo implícito* ou *tácito*.

a possibilidade do efeito; a segunda, quando, podendo calcular-se a possibilidade do efeito, se deixa de prevê-lo". Carrara e Pessina, entretanto, defenderam a restrição do dolo indireto ao caso único em que haja *previsão* do evento não querido, e alhearam dessa espécie de dolo a noção da preterintencionalidade. Identificando a *intenção indireta positiva* com o *dolo indeterminado,* dizia Carrara: "[...] da forma do dolo indeterminado se destaca uma terceira figura de homicídio, que é exclusiva criação da equidade prática: o *homicídio preterintencional.* Pertence este à família dos homicídios dolosos, porque promana da intenção de *ofender fisicamente a pessoa;* mas, no que respeita à sua gravidade, ocupa uma posição de meio-termo entre os dolosos e os culposos. O homicídio preterintencional pressupõe, por necessidade absoluta, a intenção de ofender fisicamente a pessoa daquele a quem se mata, e isto é que o separa da família dos homicídios meramente culposos, para conservá-lo entre os homicídios dolosos; mas pressupõe igualmente que a morte, além de não ter sido querida, não foi, sequer, prevista, embora se pudesse prever". Pessina, que também conceituava o dolo indireto como *previsão sem volição,* dissertava: "O homicídio preterintencional não é voluntário e torna-se circunstância agravante do delito menor, de lesão corporal ou vias de fato, em virtude da sentença – *danti operam rei illicitae imputantur omnia quae contra voluntatem ejus eveniunt!*" Mas enquanto Carrara sustentava que, se o evento não podia ser previsto, entrava na órbita do caso fortuito, limitando-se a imputação ao precedente doloso, pois "*giammai il versare in cosa illecita può produrre l'effetto di rendere responsabile nè in ragione di dolo, ne in ragione di colpa, di un evento che non solo non fu preveduto, ma che neppure era previdibile*". Pessina, acentuando que "a consequência do fato doloso pode constituir "ou uma culpa ou um *casus,* segundo fosse, ou não, facilmente previsível pelo autor do delito menor", entenda que a consequência *puramente casual* deve agravar o delito com menor intensidade do que a consequência culposa,"

Na Alemanha, Feuerbach, repelindo por imprópria a locução "dolo indireto", via no crime preterintencional um "entrosamento de dolo e culpa". "O delinquente" – dizia ele – "está em dolo relativamente à lesão jurídica que quis praticar, e está em culpa no tocante à lesão jurídica que ocorreu além de sua intenção: está em dolo porque quis imediatamente uma certa lesão jurídica, e está em culpa porque, com esse doloso propósito, empreendeu uma ação que determinou, segundo as leis naturais e princípios de probabilidade, uma outra lesão jurídica mais grave". Para indicar o elemento subjetivo do crime preterintencional, Feuerbach adotou uma fórmula que até hoje se repete: *culpa dolo determinata (durch Dolus bestimmte culpa).* Carrara usava a expressão "*colpa informata a dolo*", e Pessina preferia falar em "*colpa mista a dolo*". Cada vez mais desprestigiada, a doutrina do dolo indireto acabou por ser completamente banida da ciência jurídico-penal moderna: só existe dolo quando a vontade se dirige positivamente ao resultado previsto (dolo direto) ou não recua ante a probabilidade do seu advento (dolo eventual): fora daí, está-se no terreno da culpa ou do caso fortuito. Chega a causar pasmo que o insigne Florian, a exemplo da rotineira literatura penal francesa, ainda continue a falar, no seu *Trattato* de 1934, em dolo indireto, para incluí-lo no conceito da preterintencionalidade.

Vejamos, agora, como foi o problema resolvido no direito penal codificado.

Comecemos pelos códigos do século XIX.

O Código francês de 1810 não cuidava da preterintenção, quer na parte geral, quer na parte especial; mas as leis de 28 de abril de 1832 e 13 de maio de 1963 introduziram, no capítulo relativo a *"blessures et coups volontaires"*, um dispositivo concernente ao *ferimento seguido de morte*, cominando-lhe pena sensivelmente menos grave que a do homicídio voluntário. Dizia a *Exposição de motivos* da lei de 1832: *"Les blessures faites sans l'intention de donner la mort, mais qui cépendant l'ont occasionée, sont punies comme le meurtre volontaire ou assassinat: cette sévérité, qui résulte moins d'um texte précis de loi que de la jurisprudence, a jeté plusieurs fois le jury dans une cruelle alternative. Celui que n'a pas voulu donner la mort, quoique coupable des blessures qui l'ont occasionée, ne peut-être assimilé à celui qui a frappé, avec ou sans préméditation, mais avec la volonté du meutre"*. Na interpretação do texto legal, a doutrina francesa é unívoca em reconhecer no homicídio preterintencional, sob o nome de *dolo indireto,* um concurso de dolo e culpa.

O Código das Duas Sicílias (1819), no caso de morte preterintencional, mandava diminuir de um a dois graus a pena correspondente ao homicídio doloso, salvo quando o agente tivesse podido prever o *majus delictum* ou tivesse empregado armas mortíferas.

O Código português (1852) equipara, para o tratamento penal, o homicídio *extra intentionem* à lesão corporal grave.

O Código toscano (1852) previa o homicídio preterintencional, diferenciando a pena (menos grave que a cominada ao homicídio voluntário), segundo o evento letal fosse consequência *provável* ou simplesmente *possível* do fato do agente.

O Código sardo (1859) distinguia entre o homicídio preterintencional e *"ferimento susseguito da morte"* (em que o evento letal é consequência mediata da lesão), mitigando a pena, em cotejo com a do homicídio doloso, salvo se o evento "morte" era de *fácil previsibilidade.* Segundo seus intérpretes, a imputação devia limitar-se ao antecedente doloso, quando imprevisível ou casual o resultado letal.

O Código dinamarquês de 1886 dispunha, no tocante ao homicídio além da intenção, que o evento letal fosse imputado ao agente no caso único em que este devesse tê-lo previsto como consequência natural e verossímil da sua ação.

O Código de São Marino (1865) declara, de modo geral, que o *excesso de fim* não autoriza diminuição de pena, se *facilmente* previsível; caso contrário, é imputado a título de culpa, em concurso com o antecedente doloso ou não imputável de modo algum, se era, de todo, imprevisível.

O Código austríaco (1852), que adotou expressamente a teoria do dolo indireto (ou presumido), considera homicídio simples *(Totschlag)* o homicídio preterintencional, desde que o resultado letal seja consequência ordinária ou verossímil da ação praticada *vulnerandi animo.*

O Código alemão (1870) contempla a lesão corporal qualificada pelo resultado "morte" (§ 226), cominando-lhe pena inferior à do homicídio voluntário e superior à do homicídio culposo.

O Código italiano de 1889 também previa o homicídio preterintencional como um grau intermédio entre o homicídio doloso e o culposo, no tocante à pena, não se tendo afastado desse critério o Código Rocco,

Firmados no direito positivo de seus respectivos países, os autores germânicos e italianos, em sua grande maioria, opinam que o evento "morte", na espécie, é imputado independentemente de *culpabilidade* ou, o que vem a ser o mesmo, a culpabilidade quanto ao resultado letal é presumida *juris et de jure.* Trata-se – afirmam eles – de um caso de responsabilidade puramente objetiva *(Erfolgshaftung,* segundo a expressão alemã). Mesmo de *jure condito,* porém, tal opinião é combatida *por* escritores de nota, ou, como diz Mayer, "per um grupo diminuto, mas seleto" *("von einem kleinen, aber gewählten Kreis").* Na Alemanha, Berner, por exemplo, sustentava que as consequências de uma ação, quando imprevisíveis pelo homem de senso comum, não mantêm relação alguma com a vontade, e cessa, portanto, com referência a elas, qualquer culpabilidade. Constituem um mero *casus,* uma *infelicitas fati.* No mesmo sentido se pronunciam Hälschner, Schütze, Binding, Wach, Mezger. *De lege ferenda,* é unívoca a repulsa à *Erfolgshaftung.* Seuffert dizia que, em direito penal, o evento só é imputável quando causado com ciência e vontade ou por grosseira imprevidência.[64] Foi este o ponto de vista que, defendido pelo mesmo Seuffert, prevaleceu na assembleia geral da "União Internacional de Direito Penal", reunida em São Petersburgo (Leningrado), em 1902: *"Personne n'est punissable à raison des conséquences de ses actes que*

64 *Ein neues Strafgesetzbuch für Deutschland,* p. 50: *"Der Erfolg im Strafrecht nur Beachtung findem, wenn er willentlich, wissentlich oder fahrlässig verursacht wurde."*

*dans la mesure de celles qu'il a prévues ou pu prévoir"*.[65] Beling denomina a responsabilidade objetiva, em direito penal, um "vestígio de barbaria".[66] Na Áustria, Löffler estigmatizou a *Erfolgshaftung* como um "baldão ignominioso de nossa época".

Na Itália, Alimena (B.), contestando argumentos de Impallomeni, assim discorria, na interpretação do próprio *jus conditum:* "Para que um fato qualquer se diga voluntário... não basta que seja previsível, ou facilmente previsível: é necessário que seja previsto, anda que com uma daquelas formas ambíguas, vacilantes e crepusculares de previsão... Uma coisa é dizer que, em razão do *saepius accidit,* o facilmente ou muito facilmente previsível equivale ao previsto, e outra é dizer que o previsível ou facilmente previsível tenha sido, em todos os casos, previsto e, portanto, querido". Sustentando que no homicídio preterintencional o evento "morte" só era imputável a título de culpa, dizia ainda o professor da Universidade de Modena: "Se a morte, ocasionada pelo ferimento, não é imputável à culpa, como poderá, acaso, ser imputada? Declara Impallomeni: pune-se o homicídio preterintencional menos que o homicídio voluntário, precisamente porque o réu quis menos do que o ocorrido e revelou menor temibilidade. É isto verdade, mas não é tudo, pois que, com tal argumento, Impallomeni justifica apenas o aspecto do homicídio preterintencional que menos precisa de justificação. Mas se o agente quer somente a lesão corporal, como e por que lhe deve ser imputado também a morte não querida?... Evidentemente, se não se quer punir apelando para uma frase ou para uma tradição, é necessário imputar-se a morte referindo-se à culpa... Se o homicídio preterintencional é constituído por uma culpa, que se origina do dolo, é natural que ele já não mais se apresente quando, segundo a ordem natural dos acontecimentos, a morte seja imprevisível. Se, em tal caso, quiséssemos identificar um homicídio além da intenção, estaríamos imputando, sem mais, nem menos, o caso fortuito, só porque este derivou do dolo, retrocedendo-se, assim, ao vetusto aforismo: "*eum qui dat operam rei illicitae teneri de eo quod praeter ejus intentionem et cogitationem contingit*".

Não menos incisiva é a lição de Vitocolonna, sobre a preterintencionalidade em geral: "Demonstrada a imprevisibilidade ou não fácil previsibi-

---

65 *Bulletin de L'Union Inter. de Droit Pénal,* v. XI.

66 Também Liszt-Schmidt são veementes na sua opinião: *"Dass dieser Uberrest der alten Erfolgshaftung weder dem heutigen Rechtsbewusstsein noch den* Grundsätzen *einer vernünftingen Kriminalpolitik entspricht, sollte kein Zweifel unterliegen."* ("Não subsiste dúvida que esse resquício da velha *responsabilidade pelo resultado não* corresponde à consciência jurídica moderna, nem aos princípios de uma sensata política criminal.")

lidade do evento mais grave, a responsabilidade se restringe ao simples antecedente doloso... É absurdo sustentar que a voluntária violação da lei, representada pelo crime doloso, basta para constituir em culpa o agente, em relação ao evento mais grave... "É uma lembrança de funestas aberrações do espírito humano a máxima: *qui in re illicita versatur tenetur etiam pro casu*".

Longo opinava em idêntico sentido: "*Quindi è che, se la preterintenzionalità è forma culposa di omicidio, non e a dubbitarsi che, data la impossibilità di prevedere la morte, non si risponda se non di semplici lesioni personali. L'antica massima – eum qui dat operam rei illicitae teneri de eo quod praeter ejus intentionem et cogitationem contingit, forse potrebbe avere adeguata applicazione, di regola, in materia di responsabilità civile, dove la colpa dei quasi-deliti talvolta è presunta; non già in materia penale, dove la imputabilità va dimostrata nella necessità di simultaneo concorso dell'elemento soggettivo e dell'elemento oggettivo del reato*".

Tal foi o movimento doutrinário em oposição à sobrevivência do *versari in re illicita* (sobrevivência devida menos ao direito positivo que ao influxo de uma exegese anacrônica), que os Códigos Penais mais recentes acharam de bom aviso editar uma norma expressa no sentido da irrestrita abolição da responsabilidade objetiva. Uns a estabelecem de modo geral, outros em casos particulares. *Não há pena sem culpa*, é o *mot d'ordre* do direito penal contemporâneo.

O Código norueguês, de 1902, foi o primeiro que consagrou expressamente o princípio, dispondo no seu § 43: "Quando a lei estabelece uma pena agravada para o caso em que um crime acarrete consequências involuntárias, o aumento de pena somente se aplica se o agente previra ou podia prever a possibilidade de tais consequências, ou não cuidou de evitá-las com os meios de que dispunha, logo que teve conhecimento do perigo".

O Código peruano (1924) preceitua, a propósito do crime de *lesiones* (art. 165, § 2º, 2ª al.): "*La pena será de penitenciaria, si la víctima hubiere muerto a consecuencia de la lesión y si el delincuente pudo prever este resultado*".

O vigente Código dinamarquês (1930) estatui, na parte geral (art. 20): "Se uma pena ou agravação de uma pena é condicionada pelo fato de que uma infração voluntária tenha acarretado uma certa consequência involuntária, a dita pena não será aplicada senão quando tal consequência é imputável à culpa do agente ou quando não haja, na medida dos seus meios, procurado afastá-la, depois de haver percebido o perigo".

O Código polonês (1932) igualmente contém a seguinte regra geral: "As consequências do ato que importem uma pena agravada não são tomadas em conta senão quando o agente as previu ou devia prevê-las".

O Código suíço (193'1), no setor das *lesões corporais,* contém o seguinte preceito (art. 124, 2): *"La peine sera la réclusion si la victime est morte des suites de la lésion et si le délinquant avait pu le prévoir".* No seio de uma das Comissões revisoras do Projeto Stoos, Gautier, criticando o critério até então dominante, assim se exprimia: "As antigas legislações, cujo tipo é o Código francês, empregam como critério único o resultado. O delinquente é responsável e punido não pelo que tencionou fazer, mas pelo resultado que sua ação produziu. Assim deve ser, segundo essas legislações, ainda quando o resultado não podia ser previsto. Isto vale por punir o mero caso fortuito, – o que o Código austríaco consagra com o seu *dolo indireto* e a jurisprudência alemã chama *die Erfolshaftung*".[67]

Na Alemanha, o Projeto de 1927, § 21, já repudiava a responsabilidade *objetiva:* "A pena agravada em razão de determinada consequência do fato somente será aplicada ao agente, se este houver dado causa, pelo menos culposamente, a essa *consequência ("Die an eine besondere Folge der Tat geknüpfte höhere Strafetrifft den Täternur, wenn er die Folgewenigstens fahrlässig herbeigeführt hat)". Este dispositivo foi* aceito, *ipsis literis,* pela atual Comissão nacional-socialista encarregada do futuro Código alemão.

Na Áustria, o repúdio à *Erfolgshaftung* iniciou-se com o Projeto de 1912 (§ 7º): *"Die erhöhten Strafen, die das Gesetz an den Eintritt bestimmter Folgen einer Strafbaren Handlung knüpft, dürfen nur dann verhängt werden, wenn der Täter die Folgen fahrlässig herbeigeführt".* ("As penas agravadas, que a lei subordina ao advento de determinadas consequências de uma ação punível, somente devem ser aplicadas se o agente causou culposamente tais consequências.")

O Código italiano de 1930, entretanto, não acolheu o critério de expressa declaração do *nulla poena sine culpa.* Vem daí que a maioria dos seus comentadores entende que precisamente o crime preterintencional representa uma persistência da responsabilidade objetiva, a que o dito Código, despojadamente, chega a consagrar uma explícita rubrica.

Manzini e Maggiore pretendem que, no crime *ultra intentionem,* o *majus delictum* não é imputado a título de responsabilidade objetiva, mas em aplicação do *princípio da causalidade.*

---

67 *Protokoll der zweiten Expertenkommission,* v. II, p. 233.
Na *Message* do Conselho Federal suíço sobre o Projeto de 1918, dizia-se: "*En ce qui concerne les* lésions corporelles, *le projet exclut la notion traditionnelle de la responsabilité basée sur le résultat atteint. En d'autres termes, le délinquant n'est punissable que pour la lésion qu'il a voulu causer ou du moins qu'il aurait pu prévoir; les conséquences purement fortuites n'entrent pas en ligne de compte."*

Ora, a responsabilidade subordinada ao simples nexo de causalidade física não é outra coisa que a responsabilidade objetiva. Maggiore vai ao extremo de doutrinar que o crime preterintencional não é mais do que um crime doloso em que intervém um elemento *fortuito* (!). É a nostalgia da Idade Média.

Não faltam, porém, autores que negam tenha o Código italiano conservado a velharia da *pena sem culpa*. Podemos citar, entre outros, Giulio, Battaglini, Gennaro Marciano, Giacomo Delitala e Vincenzo Cavallo. Marciano,[68] depois de afirmar que "no homicídio preterintencional existe, substancialmente, um misto de dolo e de culpa", formula uma hipótese de "*misto di dolo e di caso*" e assim se pronuncia: "[...] o caso fortuito, ainda que se esteja incidindo *in re illicita,* não pode ser objeto de responsabilidade[...]. Quando do ferimento resulta a morte por circunstâncias preexistentes e desconhecidas, ou supervenientes, imprevistas e imprevisíveis, o evento letal não pode ser levado à conta do agente, que deverá responder exclusivamente pelo fato doloso inicial". Battaglini assim opina:[69] "*Nella preterintenzione si ha una azione con unico evento. Ma questo è resultanza di dolo e di colpa. L'agente ha, sì, voluto soltanto un evento minore: però era previdibile che la sua azione sorpassasse la mira a cui era rivolta, e tale prevedibilità non ha valso a trattenerlo*". Referindo-se aos *crimes qualificados pelo resultado,* em face do texto do art. 42, 2ª alínea, do Código italiano *("La legge determina* i *casi nei quali l'evento* è *posto* altrimenti *a carico dell'agente, come consequenza della sua azione* o *omissione"),* explica: "[...] *questi casi reintrano in una disciplina di maggior rigore che non sia quella dei comune delitto colposo:* è *appunto la disciplina del secondo copoverso dell'art.* 42, *per cui risponde anche per colpa extremamente lieve. Ma non outre la colpa*". Em outro passo, diz o professor bolonhês: "[...] na segunda alínea do art. 42, não se trata senão de um *grau de vontade menor* do que se exige na figura do crime que se denomina culposo. Neste não entra toda a culpa, pois é excluída a mínima. Um fato Ilícito de caráter tão grave, como é o crime, não pode ser constituído pela omissão de cautelas que exorbitam da capacidade do homem médio. Em certos casos, porém, o legislador pode julgar suficiente uma culpa extremamente ligeira, mesmo em matéria penal. É a essas figuras *excep*cionais de voluntariedade mínima em relação à causa, que se refere precisamente o advérbio *altrimenti* (do texto da alínea do art. 42)". Vincenzo Cavallo,[70] ao demonstrar a inexis-

68 Ob. cit., p. 40 e ss.

69 Ob. cit., p. 149.

70 *La responsabilità obbiettiva nel diritto penale*, p. 573.

tência da responsabilidade objetiva no Código Rocco, entende que, para a imputação do evento "morte", no homicídio preterintencional, é necessário que tenha sido, pelo menos, representável ao espírito do agente.[71]

Delitala igualmente rejeita a interferência do *casus* no conceito dos crimes em que o resultado ultrapassa a vontade do agente: "Il *reato preterintenzionale non* è *infatti a nostro avviso che un reato misto di dolo* e *di colpa*".[72]

Entre nós, conforme observa Costa e Silva,[73] os projetos de reforma da lei penal se mostraram "cegamente alheios" ao tema em questão. O Projeto Sá Pereira, na sua primeira fase, continha o seguinte inverossímil dispositivo (art. 202): "Aquele que causou a morte, que não queria, *nem podia prever* como consequência dos seus atos, tendentes apenas a produzir lesão corporal, descontar-se-á por um terço a pena do homicídio". Era, como disse Costa e Silva, "a responsabilidade pelo caso fortuito em sua maior rudez e repugnância". O Projeto revisto pela Subcomissão legislativa (Sá Pereira, Evaristo de Morais, Bulhões Pedreira), que veio a ser apresentado à Câmara dos Deputados em 1933, já dispunha diversamente, sob a rubrica *homicídio preterintencional:* "Aquele que, com atos tendentes a produzir lesão corporal, causar a morte, descontar-se-á de um terço até metade, a pena de homicídio". O Projeto Alcântara Machado seguia o Código italiano: ditava uma regra geral sobre a preterintencionalidade, para distingui-la do dolo e da culpa, mas só a contemplava nos crimes de *homicídio* e *lesões* (art. 300, § 3º, I, e art. 309, § 1º). Rezava o art. 11 desse Projeto (na sua última edição): "Diz-se o crime [...] II – preterintencional, quando o resultado previsto e querido pelo agente é menos grave do que o produzido".

A Comissão Revisora suprimiu este dispositivo, pois formular uma norma genérica sobre a *preterintenção,* ao lado das fórmulas do dolo e da culpa, faz supor, erroneamente, que se trata de uma espécie autônoma de culpabilidade.

Como já notamos, o novo Código, resultante da revisão do Projeto Alcântara, evita mesmo falar em *preterintencionalidade,* que se tornou inadequada, em razão da amplitude do conceito do dolo adotado no art. 15, n. 1. A expressão própria seria *preterdolo,* e é a que aconselhamos, toda vez que se trate de *crime qualificado pelo resultado.*

Por mais de uma vez, temos acentuado que nos crimes preterdolosos, em face do novo Código, fica excluída a imputação do *majus delictum* quan-

---

71 O autor distingue entre *representabilidade* e *previsibilidade:* a primeira refere-se ao que *poderá* verificar-se; a segunda, ao que *deverá* verificar-se.

72 *Il fatto nella teoria generale* etc., p. 98.

73 Ob. cit., v. I, p. 145.

do este não se apresenta como culposo. Reexaminemos a questão, no caso do § 3º do art. 129, a que corresponde a rubrica lateral "lesão corporal seguida de morte". A pena aí cominada (maior que a do homicídio culposo e da lesão corporal gravíssima, mas sensivelmente inferior à do homicídio doloso) deve ser aplicada ainda no caso em que o evento "morte" tenha sido *imprevisível* ou tenha sobrevindo *fortuitamente?*

A resposta não pode deixar de ser, categoricamente, negativa.

O Código - di-lo a *Exposição* de *motivos* - não conhece outras formas de culpabilidade além do dolo e da culpa: "Sem o pressuposto do dolo e da culpa *stricto sensu,* nenhuma pena será irrogada". Foi abolida a anomalia da culpa presumida *juris et de jure,* que o antigo Código estabelecia no caso de "inobservância de alguma d:sposição regulamentar". O *exercitium rei illicitae* deixou de ser fundamento à arcaica responsabilidade objetiva ou sem culpa, isto é, não foi reproduzido o § 6º do art. 27 do Código de 90. A impunibilidade do caso fortuito já não está condicionada ao "exercício ou prática de ato *lícito*". A interferência do caso fortuito, incumbindo-se este, por sua conta exclusiva, da produção do resultado, interrompe a própria relação de causalidade entre este e a conduta do agente, que só responderá pelos fatos anteriores (parágrafo único do art. 11). Nem se diga que os *crimes qualificados pelo resultado* estejam compreendidos na ressalva do parágrafo único do art. 15 ("Salvo os casos expressos em lei, ninguém pode ser punido por fato previsto como crime, senão quando o pratica dolosamente").

O de que aí se cogita, depois da delimitação das *duas únicas formas de culpabilidade* (dolo e culpa), é de esclarecer que nem todo crime se pune a *título de culpa,* sendo necessário, para tal fim, que a lei especial expressamente o declare.

Ora, se o Código manda punir mais severamente a lesão corporal quando seguida de morte, desde que este evento não estava compreendido no dolo do agente (que o não quis, nem assumiu o risco de produzi-lo), tem-se de concluir, *a fortiori,* que o resultado letal só é imputável *quando derivado de culpa.* Se inexiste culpa, não há cuidar-se do *majus delictum,* mas apenas do *minus delictum,* isto é, só, e tão só, da antecedente lesão corporal dolosa, pois, do contrário, ter-se-ia de imputar o evento "morte", contra o incisivo texto legal, não obstante a ausência de dolo e de culpa. O mais que se pode admitir é que, na espécie, como em geral nos crimes qualificados pelo resultado, a culpa, em relação a este, é presumida *juris tantum.* Haverá apenas uma *suspicio culpae,* que importa a inversão do *onus probandi:* o Ministério Público não estará obrigado a produzir prova para demonstrar a culpa quanto ao *evento mais grave;* mas, se o caráter fortuito deste for evidenciado pelo réu, somente lhe pode ser imputado o antecedente doloso. Não é de confundir-se um critério de solução prática, no sentido de evitar na espécie a dificuldade de uma *pesquisa probatória,* com o conceito ontológico de uma entidade criminal.

Convenha-se ainda que, para imputação do evento "morte" não querido, baste, excepcionalmente, como diz Battaglini, a culpa levíssima, embora o nosso Código não encerre dispositivo semelhante ao do art. 42 do Código italiano, que, além dos casos de dolo e culpa, faz referência a "i *casi nei quali l'evento* e *posto* altrimenti *a carico dell'agente*"; mas o que não é possível, em face da letra e da sistemática do Código brasileiro, é aplicar uma pena pelo resultado oriundo de caso fortuito, isto é, pelo *id quod nullo humano ingenio praevideri potest.* Vá que em direito civil, em casos especiais, se consagre a responsabilidade objetiva pelo caso fortuito; mas, em matéria penal, o *casus* não pode jamais ser considerado, *juridicamente,* consequência da ação ou omissão de um homem. Redunda num despropósito o afirmar-se que a *dolosidade* do *minus delictum* ou crime-base *(Grunddelikt,* como dizem os alemães) seja suficiente para constituir, sem admissão de prova em contrário, a culpa do agente em relação ao evento mais grave. Repita-se: o *versari in re illicita* pode fazer presumir a culpa *usque dum probetur contrarium,* mas não *juris et de jure.*

Na hipótese do § 3º do art. 129, há um concurso de dolo e culpa: dolo no antecedente (lesão corporal) e culpa no subsequente (evento "morte"). Trata-se de um crime complexo, *in partibus* doloso e *in partibus* culposo. A diferença que existe entre tal hipótese e o homicídio culposo está apenas em que, neste, o evento "morte" resulta de um fato penalmente indiferente *ou,* quando muito, *contravencional,*[74] enquanto, naquele, o resultado letal deriva de um *crime* voluntário contra a pessoa, ou seja, de uma *lesão corporal dolosa.* E a razão da maior punibilidade da "lesão corporal seguida de morte", em cotejo com o homicídio culposo, está precisamente no *quid pluris* representado pela *criminosidade* da causa de que resulta o evento "morte". Não há, aqui, apenas uma solução de ordem política, mas também de incontestável justiça.

É negada, principalmente, entre os autores italianos, a possibilidade de concurso simultâneo de dolo e culpa. Não se pode admitir – argumenta-se – a coexistência de dois estados de consciência contraditórios, quais sejam a *resolução* e a *ausência* de *resolução.* A esta objeção responde-se, vantajosamente, que é irrefutável, tratando-se de uma ação com dois ou mais efei-

---

74 Como diz Miller *(On criminal law,* 1934), nos crimes preterdolosos, o antecedente "*must be malum in se, and not merely malum prohibitum*".
Se o antecedente é uma simples *contravenção,* o evento "morte" será imputável a título de homicídio culposo.

tos, que um destes pode ser doloso, isto é, querido pelo agente, e os outros não. Para não irmos longe, basta dizer que o nosso Código, a exemplo, aliás, do Código italiano, admite explicitamente a compossibilidade de dolo e culpa. Referimo-nos ao caso da *aberratio ictus* com resultado de natureza diversa da do pretendido pelo agente. Diz o art. 54: "Fora dos casos do artigo antecedente *(aberratio* com homogeneidade entre o resultado pretendido e o ocorrido), quando, por acidente ou erro na execução do crime, sobrevém resultado diverso do pretendido, o agente responde por culpa, se o fato é previsto como crime *culposo;* se ocorre também o resultado pretendido, aplica-se a regra do § 1º do art. 51". Aludindo a este dispositivo, a *Exposição de motivos* cita o exemplo formulado por Maggiore, do indivíduo que, querendo quebrar a janela alheia com uma pedrada, fere um transeunte. Suponha-se o caso de duplicidade de resultado, importando a existência de um *concurso formal de crimes.* Aí estarão, nitidamente, conjugados o dolo e a culpa, embora se trate de uma só ação: dolo no tocante ao dano, e culpa em relação à lesão corporal. Redarguindo a Impallomeni, que sustentava a incindibilidade da ação em dolosa e culposa, ponderava justamente Alimena que a possibilidade de um evento mais grave culposo a resultar de uma ação dolosa é lição da experiência quotidiana, e a tal respeito só se pode suscitar dúvida *"per il troppo ragionare"*.

No mesmo sentido Vannini: "[...] è *logico definire l'omicidio preterintenzionale come un omicidio colposo qualificato dal particolare contenuto doloso del comportamento del reo. Ed è forse questo assurdo? Non lo crediamo. Molti omicidi sono colposi che pur derivano da causa dolosa"*. Consoantes no mesmo ponto de vista são a doutrina e a jurisprudência francesas, que falam em *"faute jointe au dol"*.

Em relação à morte resultante de lesão corporal, podem ser formuladas as seguintes hipótese: *a)* o resultado letal foi previsto e querido pelo agente, como seu próprio escopo; *b)* o resultado letal foi previsto pelo agente, que, embora não o tivesse como escopo, assumiu o risco de produzi-lo; c) o resultado letal foi previsto pelo agente, mas este *esperou* que não ocorresse ou repeliu a possibilidade do seu advento; *d)* o resultado letal não foi previsto pelo agente, mas este poderia tê-lo previsto; finalmente, *e)* o resultado não foi previsto, nem podia ter sido previsto pelo agente, constituindo, em relação a este, um mero caso fortuito. Nas hipóteses *sub a* e *b,* há homicídio doloso; nas hipóteses *sub* c e *d,* há "lesão corporal seguida de morte"; na última hipótese, o agente só responderá por lesão corporal simples ou por outro modo qualificada. Recordemos a lição de Irureta Goyena:[75] *"Em todos*

75 Ob. cit., p. 74.

*aquellos casos en que la muerte no haga podido ser prevista, no hay ni siquiera homicídio ultraintencional: el hecho debe reprimirse, a mi juicio, puramente como delito de lesiones".* Suponha-se que um indivíduo, em luta corporal com outro, lhe produza uma ligeira arranhadura na mão, e que o ofendido, em seguida, lidando com uma cultura de micróbios, infeccione o ferimento e venha a morrer. A infecção mortal constitui, em relação ao agressor, um mero *casus,* de modo que ele só responderá por *lesão corporal leve.* Outro exemplo: Tício desfere uma bengalada no braço de Mévio, que, ao dirigir-se a uma farmácia, para medicar-se, é atropelado e morto por um automóvel. Em que pese a Vannini (que formula a mesma hipótese e conclui tratar-se de homicídio preterintencional), o fato punível não vai além, no caso figurado, da *violatio corporis.* Ainda outro exemplo: *A* esbordoa *B, vulnerandi animo,* e *B,* fugindo, é esmagado por uma pedra que cai: *A* só responde *de vulnere.*

Para chegar-se a tais conclusões, em todas essas hipóteses, nem é mesmo preciso acentuar que da parte do agente só houve o *animus laedendi* e que inexiste qualquer nexo de causalidade psíquica em relação ao evento "morte": prejudicialmente, não pode este ser imputado ao *vulterator,* pois foi produzido por uma causa *independente,* ainda que de modo relativo, da ação inicial, devendo, portanto, aplicar-se o disposto no parágrafo único do art. 11, isto é, declarar-se a inexistência da própria relação de causalidade física entre a conduta do agente e o resultado letal.

Podemos assim fixar os *elementos* da "lesão corporal seguida de morte":

*a)* uma lesão corporal voluntária;

*b)* o resultado "morte", não querido pelo agente, nem mesmo eventualmente;

c) a previsibilidade desse resultado.

Quanto ao elemento *sub a:*

O crime-base deve ser uma lesão corporal *dolosa,* pois, se *culposa,* o fato só será imputável como homicídio culposo. Se o antecedente doloso consiste num simples gesto de ameaça (art. 147) ou em meras *vias de fato* (Lei de Contravenções, art. 21), o evento "morte", igualmente, só pode ser imputado a título de homicídio culposo, devendo entender-se, aliás, que somente a esse título deve ser punido o fato, em razão da regra de que *major absorbet minorem.* É a solução a ser dada nos seguintes casos: *a)* um indivíduo vai dar um *encontrão* em outro, e este, escorregando, cai com tanta infelicidade que quebra o osso frontal contra uma aresta de cantaria, vindo a morrer; *b)* intimidado pela ameaça de uma bengala alçada, um indivíduo recua e resvala, indo romper a cabeça, na queda, contra uma pedra, resultando-lhe a morte; c) o indivíduo ameaçado *com* a bengala é um cardíaco, e cai morto em consequência da emoção que lhe causou a ameaça.

Com maioria de razão, haverá simples homicídio culposo no caso do individuo, por exemplo, que, na via pública, para obter caminho, procura afastar com a mão outro transeunte, vindo este a perder o equilíbrio, caindo e batendo com a base do crânio no meio-fio da calçada, do que lhe sobrevém a morte.

Quanto ao segundo elemento:

Do ponto de vista subjetivo, não há diferença entre a "lesão seguida de morte" e a lesão corporal *in genere,* isto é, o elemento subjetivo é o mesmo: vontade (consciente e livre) de ofender a integridade física ou a saúde de outrem, sem intenção de matar. Deve ficar *evidenciada* pelas circunstâncias a ausência da *voluntas ad necem.* A apreciação deve ser feita, valendo-se o juiz, *ex contrariis,* dos critérios que revelam a intenção de matar, ou a aceitação do risco do evento "morte".

Em primeiro lugar, deve ter-se em atenção o meio empregado. Já os práticos ensinavam que o agente devia ser condenado somente pelo ferimento, de que haja resultado a morte, quando fez uso de um meio tal *"ex quo verisimiliter non debuit* s*equi mors"*. O Código argentino refere-se expressamente a essa circunstância: *"cuando el medio empleado no debia razonablemente ocasionar la muerte"*. Assim, via de regra, o soco, o pontapé, a mordedura, a cabeçada, a bengalada[76] etc.

Outros indícios podem ser tomados em conta: a índole do acusado, suas precedentes manifestações de ânimo, o motivo determinante, o número e direção voluntária dos golpes etc. Pellegrini, no seu *Trattato di medicina legale* (v. II, p. 724 e ss.) faz um detalhado estudo a respeito do assunto. De grande relevo indiciário são também as *concausas* (preexistentes, concomitantes ou supervenientes): quanto maior a preponderância destas sobre a conduta do agente na produção do evento letal, mais evidente se tornará a ausência do *animus necandi.* Assim, no caso de uma ligeira canivetada na perna de um *hemofílico* ou de um *diabético* (ignorando o agente tal circunstância), ou de um soco que rompe um aneurisma desapercebido do agente, resultando a morte do agredido, o fato deve ser considerado, *prima facie,* como "lesão corporal seguida de morte". Não se deve esquecer, porém, que, se por outras circunstâncias, for averiguada a intenção de matar, as *concausas* são, de todo, irrelevantes.

---

76 Já dizia Marsilli, referindo-se aos que agridem *animo et intentione bastonandi* e ocasionam a morte do agredido: *"Isti interfectores de occiso non tenetur, sed aliter mitius puniantur, cum ultra propositum delinquerint."*

O juiz, em suma, deve orientar-se sempre no sentido de apurar, em face das circunstâncias apreciadas em conjunto, se se trata ou não daqueles casos em que, não obstante o emprego de violência, o evento "morte" *accidit insolenter ae raro,* ou, como dizia Santo Tomás de Aquino, "*per accidens, et ut in paucioribus*". Eis a lição de Impallomeni (*Istit. di diritto penale,* p. 253): "Insistimos, pois, no dizer, para evitar sutilezas curiais e moralistas, que, ao distinguir-se um delito preterintencional de um delito intencional, a via mestra é a de considerar a relação em que a conduta do agente está para com o resultado ocorrido: se este é a consequência, não só natural, como ordinária da ação dolosa, é força concluir que foi querido; se não é consequência ordinária, isto é, de tal modo que, segundo a experiência comum, não se deva inferir que tenha sido prevista pelo agente, só então é lícito concluir que o delito é preterintencional". É ainda de Impallomeni a seguinte observação: "O acusado não pode provar *excesso de fim* senão mediante a demonstração de que, tendo-se em vista seu modo de agir, meios empregados e o que é consequência ordinária da sua ação, o resultado tenha sido um efeito *extraordinariamente* mais grave do que aquele que teria podido prever-se, segundo a experiência geral. Um juiz que contempla a realidade das coisas, e que não queira entregar-se a quiméricas e absurdas indagações sobre a intenção, não pode regular-se diversamente".

Finalmente, quanto ao elemento da *previsibilidade* do evento "morte", não é necessário que se trate de *fácil previsibilidade,* que, aliás, pode ser até prova indiciária da *voluntas occidendi.* Basta que a superveniência do efeito letal não tenha sido incalculável ou não se apresente como puro caso fortuito.

É de notar-se que a *imprevisão,* excludente do dolo, é equiparada à *previsão* do *resultado como improvável ou impossível,* ou com a *esperança* de que o resultado não sobrevenha.

Desde que o evento letal não é querido, fica excluída a possibilidade de *tentativa* de "lesão seguida de morte". A tentativa pressupõe uma vontade conscientemente dirigida a um evento determinado. Falar-se em tentativa de crime *praeter voluntatem* – já dizia Carrara – é um contrassenso lógico e jurídico.

No *concursus delinquentium,* é claro que todos os partícipes respondem pelo título "lesão corporal seguida de morte". Se, entretanto, o *excesso de fim* foi doloso por parte do executor material, os demais responderão, como este, por homicídio doloso, mas devendo ser reconhecida em seu favor a causa de especial diminuição de pena prevista no parágrafo único do art. 48.

**83. Lesão corporal "privilegiada".** Dispõe o § 4º do art. 129: "Se o agente comete o crime impelido por motivo de relevante valor social ou moral ou sob o domínio de violenta emoção, logo em seguida a injusta provocação da vítima, o juiz pode reduzir a pena, de um sexto a um terço". Sobre as cláusulas "motivo de relevante valor social ou moral" e "violenta emoção, logo em seguida a injusta provocação da vítima", veja-se o que dissemos em comentário ao § 1º do art. 121, que prevê o *homicidium privilegiatum.*

**84. Substituição de pena.** Quando as lesões sejam leves ou simples, pode o juiz, segundo declara o § 5º do art. 129, substituir a pena de detenção pela de multa, de 200$ a 2:000$: *a)* se ocorre qualquer das hipóteses de lesão *privilegiada* (§ *4º* do art. 129); *b)* se as lesões são recíprocas. Neste último caso, não foi o legislador ao ponto de consagrar o princípio de que *paria cum parta compensantur* (cuja aplicação facultativa, entretanto, é consentida em matéria de injúrias recíprocas – art. 140, § 1º, II); mas admitiu uma espécie de mútua compensação parcial: o juiz pode considerar que cada um dos agentes já se acha punido em parte pela própria lesão recebida, e limitar-se à imposição de multa.

**85. Lesão corporal culposa.** No § 6º do art. 129, o Código prevê a lesão culposa, a que é cominada a pena de detenção por dois meses a um ano, e no § 7º determina especial aumento de pena no mesmo caso em que é também especialmente aumentada a pena do homicídio culposo, isto é, quando ocorre qualquer das hipóteses do art. 121, § 4º ("[...] se o crime resulta de inobservância de regra técnica de profissão, arte ou ofício, ou se o agente deixa de prestar imediato socorro à vítima, não procura diminuir as consequências do seu ato, ou foge para evitar prisão em flagrante".)

O novo Código, como já fazia o anterior, não distingue, tratando-se de lesão corporal culposa entre a menor ou maior *quantidade* do dano objetivo: seja grave, gravíssima ou leve a lesão, a pena aplicável é a mesma.

Tudo quanto dissemos sobre o *homicídio culposo* tem aplicação, *mutatis mutandis,* à *lesão corporal culposa,* que difere daquele apenas *quantitativamente.*

## CAPÍTULO III

# DA PERICLITAÇÃO DA VIDA E DA SAÚDE

**86. Generalidades.** Não existe crime, *a parte objecti,* sem que haja, além de uma *ação* (voluntário movimento corpóreo) ou omissão (voluntária abstenção de movimento corpóreo),[77] um *resultado,* isto é, uma alteração do mundo externo, afetando as condições de existência ou segurança de um bem ou interesse penalmente tutelado. Tem-se pretendido distinguir entre crimes de *resultado (Erfolgsdelikte)* e crimes de *simples ação (Reinetätigkeitsdelikte),* mas tal distinção deve ser enjeitada.[78] A toda ação penalmente relevante corres-

77 Alguns autores (Manzini, De Marsico, Bellavista) entendem que há uma classe de crimes que não são nem comissivos, nem omissivos: os chamados *crimes de mera suspeita.* Cita-se, como caso-padrão, a posse injustificada e suspeita de instrumentos destinados à prática de furto (fato que a nossa lei penal considera simples *contravenção:* art. 25 da Lei das Contravenções Penais). Argumenta Manzini, a propósito de tal caso, que a posse não é uma *ação,* nem uma *omissão,* mas um *evento* ou um *estado.* Tal argumento, porém, ressente-se de superficialismo, e com ele não se pode formular um conceito de dogmática jurídico-penal, no sentido de uma nova divisão geral de crimes, Convenha-se que a posse material de um objeto não é uma ação ou omissão, mas é bem de ver que ela resulta de uma ação: a ação de *apreender* o objeto. No exemplo invocado, portanto, não se pode negar que haja uma *ação,* imprescindível, aliás, para que se apresente, na espécie, a Ilicitude penal, pois, como diz Pergola *(Il reato,* p. 287), não basta que o indivíduo seja encontrado na posse dos instrumentos suspeitos: "*[...] Occorre che la persona si fosse messa in possesso degli oggetti, giacchè, se Tizio si travasse in possesso* di *quegli oggetti perche altri avevano posto indosso a sua insaputa, Tizio non sarebbe punibile*". Replica Manzini (*Trattato,* I. p. 562) que a causa produtiva do evento "posse" não tem importância constitutiva da Infração, e só eventualmente poderá funcionar como *descriminante.* É evidente o artifício do raciocínio. O alheamento do insciente possuidor à causa da posse não é *descriminante,* mas óbice à própria *imputação física* do evento, por isso mesmo que o resultado (evento de dano ou evento de perigo), de que depende a existência da infração, só é imputável a quem lhe deu causa. A relação de causalidade objetiva entre o agente e o resultado é indeclinável elemento de fato de toda infração penal. Assim, no caso em apreço, para que se configure a infração, é indispensável que o acusado tenha realizado, por ato próprio, a *apprehensio* dos instrumentos. Ora, a posse é a continuidade do efeito da *apprehensio:* sem esta, como é óbvio, não haveria aquela, de modo que uma e outra formam uma unidade incindível na configuração da infração. E confirma-se, portanto, a regra de que não há crime (ou contravenção) sem ação (ou omissão).

78 Liszt-Schmidt *(Lehrbuch des deutschen Strafrechts, 1927,* p. 155): "*Aus den Gesagten ergibt sich, dass zu jedem Verbrechen ein Erfolg erforderlich ist. Es ist also unrichtig, innerhalb des kriminellen Unrechts zwischen 'Erfolgsdelikten' und reinen, einen Erfolg nicht voraussetzenden 'TätigkeitsdeZikten' zu unterscheiden*". ("Do que fica dito, conclui-se que para todo crime é necessário um resultado. Errôneo, portanto, será distinguir, em matéria de

ponde um efeito objetivo, seja ou não perceptível peles sentidos. Todo crime produz uma situação de fato, seja de *dano* (dano real, concreto, efetivo), seja de *perigo* (possibilidade de dano, dano potencial).

É inegável que o perigo também representa, em si mesmo, um *resultado* ou *evento,* isto é, uma alteração (juridicamente relevante) do mundo externo.[79] Segundo a impecável definição de Rocco, "perigo é a modificação do mundo exterior (resultado) voluntariamente causada ou não impedida (ação ou omissão), contendo a potencialidade (idoneidade, capacidade) de produzir a perda ou a diminuição de um bem, o sacrifício ou a restrição de um interesse (dano)".

Diz o ministro Campos, na *Exposição* de *motivos* sobre o projeto definitivo do novo Código Penal: "O projeto acolhe o conceito de que *não há crime sem resultado.* Não existe crime sem que ocorra, pelo menos, um *perigo de dano,* e sendo o perigo um "trecho da realidade" (um estado de fato que contém as condições de superveniência de um efeito lesivo), não pode deixar de ser considerado, objetivamente, como resultado, pouco importando que, em tal caso, o resultado coincida ou se confunda, cronologicamente, com a ação ou omissão".[80]

---

ilícito penal, entre *crimes* de *resultado* e *crimes de mera atividade* ou sem o pressuposto de um resultado.")

79 Rocco *(L'oggetto del reato,* 1932, p. 35): "O perigo, do mesmo modo que o dano, tem uma *causa,* e *causa* não pode ser senão a *matéria,* como força e energia. Perigo **é,** então, a possibilidade de um dano, desde que é produto (resultado, efeito) de uma força física ou mecânica. Este resultado ou efeito ou produto de uma força física ou mecânica não pode ser senão uma modificação do mundo exterior. Perigo é, portanto, a modificação do mundo externo, contendo em si mesma a possibilidade de um dano (condição, situação, estado de perigo)".

80 Eis a lição de M. E. Mayer *(Strafrecht allgemeiner Teil, 1823,* p. 119): "*Da nämlich bei manchen Delikten Willensbetätigung und Ergolg zeitlich nicht merkbar verschieden sind, entsteht der Schein, als ob ein Erfolg nicht vorhanden sei. Die zeitliche Einheit darf ober niemals* ***über die*** *logische Zweiheit täushen; die logische Analyse ergibt, dass Delikt aus Willensbetätigung und Erfolg besteht, auch wenn beide zeitlich zusammenfallen.*" ("Como em muitos crimes a conduta voluntária e o resultado não diferem perceptivamente no tempo, faz isso supor a inexistência do resultado. A unidade cronológica, porem, não pode iludir-nos a respeito da unidade de lógica. A análise lógica demonstra que o crime consiste em conduta voluntária e resultado, ainda quando uma e outro coincidam no tempo.")
A este raciocínio não atende Von Hippel *(Deutsches Strafrechts,* II, 1930, p. 132), segundo o qual falha o resultado "*bei den reinem Handlungs – (oder schlichten Tätigkeits) und bei den reinen Unterlassungs – (Omissiv) Delikten*" (isto **é,** "nos crimes de *simples ação* ou *mera atividade* e nos crimes omissivos puros"), pois que "*beiersten ist eine Tätigkeit, bei letzteren eine Unterlassung als solche ohne Rücksicht auf weitere Veränderung der Aussenwelt unter Strafe gestellt, weil der Gesetzgeber bereits in diesem Tun oder Unterlassen*

Exposto a perigo, o bem ou interesse jurídico não é subs*tancialmente* lesado, mas sofre uma turbação no seu estado de segurança; é colocado, embora transitoriamente, numa situação de precariedade, de incerteza, de instabilidade.

Muito se discute, em doutrina, acerca do conceito de perigo. Há uma *quaestio praejudicialis:* o perigo é uma pura representação do espírito ou é, ao contrário, uma realidade fenomênica?

A teoria subjetiva (Janka, Von Buri, Finger) sustenta que o perigo não é senão uma ideia, um *ens imaginationis,* nada tendo de objetivo: é uma hipótese, não um fato; uma abstração subjetiva, não uma entidade concreta. Na realidade dos fenômenos, não há lugar para o perigo objetivo, isto é, para a *possibilidade* ou *probabilidade* do fenômeno: ou este acontece, e era desde o princípio possível, embora fosse julgado impossível; ou não acontece, e então era *ab initio* impossível, ainda que fosse julgado possível. Há sempre, desde o surgir da condição inicial, a certeza absoluta de que o fenômeno terá ou não de verificar-se. Não há fenômenos possíveis ou prováveis, impossíveis ou improváveis: mas apenas fenômenos *necessários* ou *não necessários.* Possibilidade e probabilidade não são mais que um fruto da nossa ignorância ou da imperfeição da natureza humana, um produto da limitação do nosso espírito, que não consegue abranger todas as causas de um fenômeno. Disserta Janka *(Das österreichische Strafrecht,* § 25, *apud* Jannitti Di Guyanga, *Concorso di più persone* e *valore dei pericolo nei delitti colposi,* 1913): "O homem não tem o olhar suficientemente penetrante da realidade objetiva para poder ver e determinar todas as forças convergentes e divergentes que atuam inapercebidamente; de modo que o temor de que, no caso concreto, não se apresentem as condições contrárias ao evento lesivo, pode fazer parecer a situação como ameaçadora. Uma situação que provoca esse temor pode, sob tal ponto de vista, afigurar-se uma situação perigosa, um perigo. Neste sentido, quando a lei se serve dele, é que se deve entender o "conceito de perigo." Perigo, portanto, segundo os subjetivistas, não passa de uma impressão de temor, de uma representação mental, de uma pura indução subjetiva (Von Buri).

*selbst eine Verletzung oder Getährdung von Rechtsgütern erblickt*" (isto **é**, "nos primeiros, há uma atividade e, nos últimos, uma omissão que incidem, como tais, sob a pena, abstraída qualquer ulterior mudança do mundo externo, pois o legislador considera já nesse ato ou inércia uma ofensa ou periclitação do bem jurídico").

Sutil e inútil parece-nos a distinção que Von Hippel faz entre resultado em sentido estrito (alteração juridicamente relevante do mundo externo) e resultado em sentido lato ("*Verwirklichung eines konkreten Deliktstatbestandes*", isto é, realização do conteúdo típico do crime), para dizer que, somente em vista do último, é que se pode acolher o princípio de que não há crime sem resultado.

Diverso é o ponto de vista da teoria objetiva (Von Kries, Binding, Merkel, Oppenheim, Hälschner, Von Liszt, Rocco, Jannitti di Guyanga, Ratiglia, Florian): o perigo é um trecho da realidade. Existe uma possibilidade ou probabilidade *objetiva* (segundo um cálculo estatístico, fundado na experiência ou observação sistemática dos fatos) e, portanto, um perigo objetivo. Se, em certas circunstâncias, um fenômeno pode ocorrer ou falhar, significa isto que o fenômeno existe na ordem externa das coisas, na possibilidade ou probabilidade objetiva do mundo cósmico, ou seja, que o fenômeno possível ou provável tem uma existência objetiva. O que impede o advento do fenômeno são, *in concreto,* condições ulteriores às que tendiam necessariamente a produzi-lo; mas a superveniência dessas condições impeditivas não exclui que o perigo tenha existido.[81] Perigo é, portanto, segundo os objetivistas, um *estado de fato* que contém as condições (incompletamente determinadas) de um evento lesivo (Von Kries).

Uma terceira teoria, que, pode dizer-se, remonta a Oppenheim, compreende, defende um critério *misto* ou *integrativo:* perigo é um conceito ao mesmo tempo objetivo e subjetivo. Discorre o citado autor *(Die Objekte des Verbrechen,* I, 1394, p. 208): "Podemos apenas conhecer, mediante a experiência, a possibilidade próxima ou probabilidade (condições necessárias ao necessário dano) pela sua presença. Se essa possibilidade ou probabilidade é sempre alguma coisa de *subjetivo,* todavia a situação na qual um objeto é posto mediante o perigo é alguma coisa de objetivo." Perigo, como possibilidade de dano, é uma situação objetiva; mas a possibilidade, embora tenha uma existência objetiva, não se revela por si mesma: tem de ser *reconhecida,* isto é, julgada. É preciso um juízo avaliativo, uma previsão, um cálculo *(Urteilsgefahr).* O juízo ou cálculo sobre a possibilidade de um fenômeno é o resultado de um raciocínio logístico, de que a *premissa menor* é o conhecimento da presença de determinadas circunstâncias e a *premissa maior* é a lição da experiência em torno a circunstâncias análogas. Um fenômeno existente dispõe de potência causal quanta a outro fenômeno, ainda

81 Se, a seguir, o dano julgado possível ou provável deixa de sobrevir, não importa isso uma negação do cálculo de possibilidade ou probabilidade, pois esta ou aquela significa *verificabilidade,* e não *verificação.* Diz Rocco (ob. cit., p. 301-302), "*Altro* è verificabilità, *o effettuabilità, o realizzabilità di un fenomeno, altro la su verificazione, o effettuazione, o realizzazione; altro la causabilità, altro la causazione: quella* è *la causalità in potenza, questa e la causalità in atto. Fra la necessaria verificazione e la necessaria non verificazione di un fenomeno, vi* è *dunque posto per la verificabilità (effettuabilità, realizzabilità, causabilità, cioè per la possibilità – e quindi anche per la probabilitá – dei fenomeno stesso. La possibilità, come la probabilitá, ha una esistenza obbiettiva,* è *un ens reale, un fatto, una realità concreta, non un ens imaginationis, cioè un non ens*".

não ocorrido, quando a experiência (fundada na observação de casos idênticos) nos ensina que ao primeiro fenômeno costuma seguir-se o segundo, em relação de causa a efeito.

Exemplo: a um ferimento no abdômen costuma seguir-se a peritonite (premissa maior); alguém foi atingido no abdômen por uma bala: logo, pode sobrevir-lhe peritonite. Em suma: a possibilidade não é apenas objetiva, nem somente subjetiva, mas, a um só tempo, objetiva e subjetiva.

Esta última teoria é que é a verdadeira, Se é certo que se pode conceber objetivamente o perigo, não é menos certo que tal concepção não poderá jamais excluir uma avaliação subjetiva, isto é, uma apreciação sintética das circunstâncias.[82]

O perigo não é, portanto, um elemento arbitrário: Se se tratasse de uma simples *impressão,* com ele não poderia operar o direito penal, que deixaria de tutelar a ordem externa, para proteger a *impressionabilidade* interna dos indivíduos.

Na órbita jurídico-penal, o perigo (como possibilidade ou probabilidade de dano antijurídico) é um elemento básico, um conceito fundamental. Basta dizer que é uma das modalidades do *effectus sceleris* e, como tal, serve à conceituação da *tentativa,* bem como dos *crimes formais* e dos crimes especialmente chamados de *perigo* (em contraposição aos crimes *materiais* ou *de dano).* O elemento "perigo" entra igualmente no conceito da *legítima defesa* e do *estado de necessidade* e, numa aplicação mais ampla, constitui a *ratio essendi* das *medidas de segurança* (isto é, a justificação destas assenta na *periculosidade subjetiva,* no *estado perigoso* de certos indivíduos, na *probabilidade* de que venham a cometer novamente fatos previstos como crimes).

Qual, porém, a *quantidade* ou *grau de consistência* que deve conter o perigo como conceito jurídico-penal?

De novo, aqui, se estabelece a controvérsia doutrinária. Querem alguns que baste a *simples possibilidade* (Finger, Rocco, Florian). Diz Rocco (ob. cit., p. 304): "Perigo não" é apenas a possibilidade próxima do dano, a *probabilidade* "maior ou menor (perigo próximo); mas a possibilidade de dano *in genere,* baixa ou elevada, maior ou menor, próxima ou remota (perigo próximo ou remoto). Para o conceito do perigo é, assim, indiferente o mais ou o

---

82 *Deve* notar-se que o dissídio entre as teorias subjetiva e objetiva é apenas *filosófico.* Praticamente se equivalem, pois se uma (a subjetiva), encarando os fatos *a posteriori,* declara o perigo *imaginado,* enquanto outra, apreciando os fatos *a priori,* reconhece a objetividade do perigo, o certo é que ambas são acordes em admitir que o perigo pode ser *elemento* de crime. Além disso, a própria teoria subjetiva admite a *relativa* objetividade do perigo) dada a deficiência do espírito humano, que não pode prefixar, no seu desdobramento, o jogo de todas as forças processantes de um fenômeno (Finger, *Lehrbuch des deutschen Strafrechts,* I, 1904, § 52).

menos, *o grau* de possibilidade. Mesmo aquilo que *não* é *provável* é *possível*. A possibilidade do dano, qualquer que seja o seu grau, é necessária e *suficiente* ao conceito de perigo."

Entendem outros, entretanto, que é necessária a *probabilidade* (a *Wahrscheinlichkeit*, dos autores alemães), isto é, uma relação de possibilidade deduzida do id *quod plerumque accidit*. Assim opinam, entre outros, Rohland, Von Hippel, Beling, Löffler, Hafter, Massari, Antolisei, Jannitti di Guyanga. Sob o mesmo ponto de vista, Merkel e Von Kries falam em *notável possiblidade*. Oppenheim e Liszt-Schmidt referem-se à *possibilidade próxima (nache Möglichkeit)*.[83] Grispigni entende que deve apresentar-se uma *relevante possibilidade*. Delitala quer que exista uma *apreciável possibilidade*.

Sem dúvida alguma, a razão está com os que declaram a insuficiência da mera possibilidade. Conforme observa Grispigni,[84] "se, de um ponto de vista puramente lógico, o perigo consiste na mera possibilidade de um evento temido, não pode ele, entretanto, assumir importância prática, senão quando essa possibilidade apresente uma certa relevância, de vez que, psicologicamente, o temor de um evento normalmente não é suscitado senão quando se reconhece uma relevante possibilidade de sua verificação". Não basta a simples possibilidade. O perigo, do ponto de vista jurídico-penal, não pode ser uma abstrata possibilidade ou uma eventualidade anormal ou incomum. Para o seu reconhecimento, é necessário ter-se em conta *quod saepius accidit*. Como diz Löffler, o direito penal deve desinteressar-se dos perigos mínimos ou de escassa possibilidade, pois, de outro modo, cessaria toda a liberdade de movimentos. Se estivéssemos obrigados a prevenir a infinita variedade dos possíveis acontecimentos lesivos, teríamos de evitar as ações ou omissões mais comezinhas da vida quotidiana. No curso desta, há uma certa normalidade de riscos. O homem só deve abster-se daquilo que, segundo a lição da experiência comum, fundada no curso normal dos fatos, pode acarretar danos antijurídicos. O advento do dano será mais ou menos provável (segundo a maior ou menor preponderância das condições favoráveis sobre as contrárias), mas cumpre que seja sempre demonstrável lógica e praticamente, em cotejo com os casos análogos.

---

83 Esta é a lição de Liszt-Schmidt (ob. cit., p. 155): "*Gefahr ist der Zustand, in dem, unter den gegebenen und im Augenblicke der Willensbetätingung allgemein erkennbaren oder auch nur dem Täter bekannten Umständen, die nahe Möglichkeit (Wahrscheinlichkeit) gegeben ist, dass der Eintritt der Verletzung erfolgen werde*", isto é, "perigo é o estado no qual, dadas certas circunstâncias, geralmente reconhecíveis ou conhecidas apenas do agente, apresenta-se a possibilidade próxima (probabilidade) do advento do dano".

84 *La pericolosità*, in *Scuola Positiva*, 1920, p. 104.

O perigo, no campo jurídico-penal, pode ser *presumido* ou *concreto, coletivo* (ou *comum)* ou *individual, atual* (ou *iminente)* ou *futuro (remoto).*

Perigo presumido (ou que deve ser reconhecido *in abstracto)* é o que a lei presume, *juris et de jure,* inserto em determinada ação ou omissão. Perigo concreto, ao contrário, é o que deve ser averiguado ou demonstrado de caso em caso na sua efetividade, ou é presumido *juris tantum,* admitida prova em sentido oposto. É bem de ver que a lei não deixa a apreciação do perigo ao juízo do agente: no caso de perigo *presumido* ou *in abstracto,* funda-se na experiência geral *(Urteil der Gessellschaft)* para, *a priori,* considerar perigosa esta ou aquela omissão: no caso de perigo *in concreto, dependendo este de um juízo a posteriori,* não **é** ainda a opinião do agente que se deve ter em conta, mas o juízo comum, o entendimento vulgar.

Perigo coletivo ou comum é aquele que afeta um indeterminado número de pessoas, constituindo o evento típico dos crimes e contravenções *contra a incolumidade pública* (Título VIII da "Parte Especial" do Código Penal e Capítulo III da "Parte Especial" da Lei das Contravenções Penais).

Perigo individual é o que afeta o interesse de uma só pessoa ou de um exíguo e determinado grupo de pessoas, e constitui o evento específico de certos crimes formais e dos *crimes de perigo,* que podiam ser chamados crimes *contra a incolumidade individual.*

Perigo atual ou iminente significa a possibilidade presente ou efetiva do dano, pouco importando a maior ou menor *persistência* ou *permanência* dessa possibilidade.

Perigo futuro ou remoto é aquele que, embora não existindo na atualidade, pode advir em tempo sucessivo. É a probabilidade de perigo ou o perigo de perigo. É o evento genérico das contravenções e da tentativa dos crimes de perigo.

Sob a epígrafe *Da periclitação da vida* e *da saúde* (inspirada numa sugestão de Jiménez de Asúa, *Estudio de los delitos* en *particular),* no Capítulo III do Título I de sua "Parte Especial", cuida o novo Código de crimes que, na sua maioria, são caracteristicamente *de perigo.* Distinguem-se estes dos crimes de dano, não apenas pela diversidade do elemento objetivo, senão também pela da conteúdo subjetivo. Explica a *Exposição de motivos:* "Sob esta epígrafe *(Da periclitação da vida e da saúde),* o projeto contempla uma série de *crimes de perigo* contra a pessoa, uns já constantes, outros desconhecidos da lei penal vigente. Pelo seu caráter especial, seja quanto ao elemento objetivo, seja quanto ao elemento subjetivo, tais crimes reclamam um capítulo próprio. Do ponto de vista material, reputam-se *consumados* ou *perfeitos* desde que a ação ou omissão cria uma situação objetiva de *possibilidade* de dano à vida ou saúde de alguém. O evento, aqui (como nas crimes de perigo em geral), é a simples *exposição a perigo* de *dano*. O *dano efetivo* pode ser uma *condição de maior punibilidade*, mas não condiciona a *momento consumativo do crime*. Por outro lado, o elemento subjetivo, na espécie, é a vontade consciente referida exclusivamente à produção do *perigo*. A ocorrência do dano não se compreende na volição ou dolo do agente, pois, do contrário, não haveria por que distinguir entre tais crimes e a *tentativa* de *crime* de *dano*."

A noção *do* crime de perigo foi enunciada, pela primeira vez, por Binding (*Normen*, I, p. 363), e tem-se cuidado, desde então, de fixar o correspondente elemento subjetivo, de modo a extremá-lo do conteúdo psíquico do crime de dano. Começou-se a falar do *dolo* de *perigo (Gefährdungsvorsatz)*, em contraposição ao *dolo de dano (Verletzungsvorsatz)*. Entretanto, como observa Ratiglia (*Il reato* di *pericolo nella dottrina* e *nella legislazione*, 1932, n. 39), a doutrina do dolo de perigo foi, de início, incerta e confusa. A tentativa de Stoos em tal sentido (*in Zeitschrift für die gesammte Stratfrechtswissenschaft*, v. 15, 1895, p. 199-201) não foi coroada de êxito. Figurava Stoos o caso de um caçador que atira contra a caça, prevendo poder atingir o guarda-mato, que se acha próximo, e distinguia: se o guarda-mato é atingido, dá-se um crime culposo; se, porém, fica incólume, e como não seja admissível que se deixe impune uma situação de perigo conscientemente provocada, deve-se reconhecer um especial estado de culpabilidade, que não é simples culpa, nem dolo pleno ou direto, ou seja, precisamente, o *dolo de perigo*. Ora, não existe dolo onde não existe relação entre a vontade e a evento, posto que *prever* não é *querer*.

Binding e Löffler confundiam o dolo de perigo com o dolo eventual, que, no entanto, é uma variante do *dolo* de *dano*. Dizia Binding (*Normen*, IV, p. 405) que "*der Gefährdungsvorsatz schlisse den eventuellen Verletzungsvorsatz in sich*" (isto é, o dolo de perigo abrange o dolo eventual de dano"). Löffler, que, com a sua teoria sobre a bipartição da *vontade* em *intenção* ou *dolo direto (Absicht)* e *consciência (Wissentlichkeit)*, identificada esta com o *dolo de perigo* (que seria a previsão do resultado antijurídico como provável, previsão que, embora não seja *motivo*, também não é *contraste* à ação ou omissão), declarava (*apud* Hafter, *Schweizerisches Strafrecht, besonderer Teil*, 1937, p. 50, nota I): "O dolo de perigo não é outra coisa que o *dolus eventualis*, ou, mais precisamente, a *consciência*. "Os crimes dolosos de perigo não são mais que tentativas de crimes de dano com o chamado *dolus eventualis*". ("*Der Gefährdungsvorsatz ist nichts als der dolus eventualis, genauer gesprochen die Wissentlichkeit... Die vorsätzlichen Gefährdungsverbrechen sind nichts als unvollendete Verletzungsverbrechen mit sog. dolus eventualis*.")

O nítido conceito do dolo de perigo foi fixado, entre outros, por Arturo Rocco (ob. cit., p. 330): "O dolo que se encontra nos crimes de perigo se chama *dolo de perigo*. Consiste ele na vontade consciente de expor a perigo um bem ou interesse humano. Distingue-se do dolo de dano, que se encontra nos crimes de dano ou de lesão, precisamente, porque, neste, o que se quis é um dano e, naquele, somente um perigo". No mesmo sentido, Lang:[85] "Deve-se identificar um crime de perigo, segundo penso, apenas no caso em que o dolo do agente abrange apenas a causação do perigo... Quem age com dolo de dano necessariamente não deixa de querer, ao mesmo tempo, causar um perigo; mas seu intento é ir além, isto é, causar um dano. A recíproca, entretanto, não é verdadeira: quem quer criar uma situação de perigo nem sempre tem, ao mesmo tempo, a intenção de causar um dano, no sentido da lei penal". *("Man sollte m. E. als Gefährdungsdelikte nur die Tat behandeln, bei der Vorsatz des Täters lediglich auf die Herbeiführung der Gefahr beschränkt war... Wer mit Verletzungsvorsatz handelt, will natürlich auch ein Gefahr herbeiführen, aber er will noch ein Schritt weiter gehen und verletzten. Das gilt aber nicht für den ungekehrten Fall; wer gefährden will, hat gar nicht immer gleichzeit den Verletzungsvorsatz im Sinne des Strafgesetzbuches.")*

Dolo de perigo, portanto, é a vontade de criar tão somente o evento de perigo. É certo que o agente, querendo o *eventus periculi,* necessariamente prevê o *eventus damni;* mas este transcende à sua volição. Sua vontade consciente, como diz Hafter (ob. cit., p. 50), visa a uma situação de perigo e não a um ulterior resultado lesivo, pois, se o último é também visado, o que se apresentará é, conforme o caso, um crime de dano consumado ou tentado *("Sein Wissen und Wollen richtet sich auf eine Gefährdung, nicht auf einen weiteren, verletzenden Erfolg. Trifft hingegen das letztere zu,* so *kommt je nachdem Vollendung oder Versuch eines Verletzungsdelikte in Frage").*

O dolo de perigo é, assim, reconhecível como uma *species* do dolo, por isso que é a *voluntas* conscientemente dirigida à ameaça concreta de um bem jurídico, ou, como se exprimem Saltelli e Di Falco *(Commento teorico-pratico del nuovo Codice Penale,* I, 1ª p. 262), "a vontade consciente de produzir, com a própria ação ou omissão, uma situação perigosa relativamente a um bem ou interesse penalmente tutelado". Como o dolo, em geral, pode ser *direto* ou *eventual,* isto é, a vontade pode ter por *movens* a representação subjetiva do evento de perigo ou exercer-se *apesar* dessa representação.

Há que distinguir entre os *crimes dolosos de perigo* e os *crimes formais* ou *de consumação antecipada:* nestes, o agente procede com *dolo de dano,* embora para sua consumação baste o dano potencial ou a simples situação de perigo; naqueles, só há o *dolo de perigo.* Nos crimes formais, a consumação se antecipa, e quando sobrevém o evento de dano, diz-se que o crime se

85 *Protokoll der zweiten Expertenkommission,* V, p. 35.

*exaure* (crime exaurido); nos crimes de perigo, não há *consumação antecipada:* o crime consuma-se e *exaure-se* com a só criação do perigo.

No crime formal, o evento de perigo está aquém da vontade; no crime de perigo, corresponde precisamente à vontade. O crime formal não é mais que uma tentativa (quando não um simples ato preparatório) de crime de dano excepcionalmente considerada como crime autônomo ou *sui generis*; o crime de perigo não é identificável com o tentado crime de dano, pois que nele falta a direção da vontade para o evento lesivo. Em suma, no crime formal, há um evento de perigo com dolo de dano; no crime de perigo, há um evento de perigo com dolo de perigo.

Há certos casos em que um determinado evento lesivo cria, por si mesmo, a probabilidade de um dano mais grave ou extensivo, e tal probabilidade passa a constituir elemento integrante do fato criminoso. É o que acontece em várias das modalidades do crime *de perigo comum* ou *contra a incolumidade pública,* como, por exemplo, o *incêndio.* Como a lei, em tais casos, leva em conta, não o evento lesivo inicial (antecedente ilícito), mas, de preferência, a consequente probabilidade de criar dano (embora a este seja alheia a consciente vontade do agente), o crime **não de**ixa de ser reconhecível como crime de perigo.

Como se distingue do dolo de dano (direto ou eventual), também o dolo de perigo se diferencia da culpa *stricto sensu,* inconsciente ou consciente. Na culpa inconsciente, o *eventus damni* não é, sequer, previsto: na culpa consciente, é previsto o *eventus damni,* mas o agente *confia* em que não sobrevirá; no dolo de perigo, o agente também não quer o *previsto* evento de dano, mas quer a situação de fato que o possibilita.[86]

Madureira de Pinho[87] pretende que "mais expressivo que outro qualquer, na caracterização específica do dolo de perigo, é o exemplo citado por Carrara e referido por Nélson Hungria, do vigia de linha que, para obter o prêmio instituído pela companhia ferroviária a favor do empregado que impedisse algum desastre, simulou uma situação de perigo, deslocando um trilho da linha e, a seguir, correu a dar o sinal de alarme ao comboio que se aproximava". Há um flagrante equívoco em tal parecer. Não houve, no caso, dolo de perigo: *simular* um perigo não é *querê-lo.* Dolo de perigo é a vontade conscientemente dirigida a um perigo *sério,* e não a um simulacro de perigo. *Fingir* um perigo é ação indiferente ao direito penal, salvo se, traduzindo em

86 Ratiglia (ob. cit., p. 194): "*Nel reato colposo cosciente, il soggetto vuole l'azione o l'omissione, ma non appetisce il contenuto di minaccia che* è *connesso alla condota; nel dolo di pericolo egli vuole intenzionalmente l'azione o l'omissione nel suo contenuto di minaccia*".

87 O *valor do perigo no direito penal,* 1939, p. 124 e ss.

si mesma uma imprudência, der causa ao evento lesivo, pois, em tal hipótese, configurar-se-á um crime culposo (se a título de culpa for punível o fato). Este raciocínio escapou a Madureira de Pinho, ao impugnar a seguinte observação nossa (Direito Penal, Parte Especial, v. I, p. 205) em torno ao caso citado por Carrara: "Suponhamos que, por uma circunstância excepcional, o sinal não fosse percebido pelo maquinista e sobreviesse o desastre: somente a título de culpa poderia ser este imputado ao agente, de vez que não houve a representação subjetiva do evento lesivo". Assim argumenta o exímio professor: "De logo vale acentuar que a *representação do evento lesivo* não poderia faltar na hipótese, já que, consistindo o perigo na probabilidade ou simples possibilidade de um dano, é impossível querer o perigo sem representar subjetivamente o dano provável ou possível. O que se pode verificar, como no exemplo em causa, é a vontade do evento de perigo e não do evento lesivo... O crime é, portanto... imputável a título de dolo, de dolo de perigo". Ora, na *simulação* de um perigo, está excluída, necessariamente, a direção da vontade no sentido da efetiva probabilidade ou possibilidade de dano, pois é claro que, se tal não fosse, não haveria falar-se em *simulação* de perigo. No hipotético desdobramento do exemplo de Carrara inexiste, sem dúvida alguma, o dolo de perigo: longe de *querer* o perigo, o agente tomou as precauções que julgou necessárias para que ele não se apresentasse *realmente.* O inesperado evento lesivo só a título de culpa lhe poderia ser imputado. Se o agente não queria, sequer, o efetivo perigo, como poderia ter a representação subjetiva do evento de dano?

É admissível a *tentativa* nos crimes de perigo? Contesta-se, entre outros, Rocco (ob. cit., p. 330): "Os crimes de perigo ou de ameaça, precisamente porque produzem um perigo, e não já um *dano,* não admitem a tentativa (crime imperfeito): a possibilidade ou probabilidade de um perigo não é, de fato, suficiente à figura do crime imperfeito". A resposta de Antolisei,[88] entretanto, é convincente no sentido contrário: "É certo que nos crimes de dano a probabilidade de um perigo, o chamado perigo de perigo, não é suficiente para a punibilidade do fato, mas isto pelo motivo de que tal probabilidade, no tocante ao evento exigido para a consumação do crime, se apresenta como uma possiblidade remota e, portanto, não é verdadeiro perigo. Ainda que nos crimes de perigo a tentativa se apresente, no que respeita à lesão do bem, como um perigo de perigo, é bem de ver que, relativamente ao evento do crime, constitui um perigo verdadeira e propriamente tal. A ação, neste caso, realiza a probabilidade do acontecimento (qualquer que seja a sua natureza intrínseca) que a lei considera como evento do crime, isto é, realiza a condição essencial para a existência do crime imperfeito e não há razão para que

88 *L'offesa e il danno nel reato,* 1930, p. 87.

um fato dessa ordem fique impune. Também no crime de perigo, portanto, é admissível a tentativa, como, aliás, o reconhece a prevalente doutrina".[89] Só não é concebível a tentativa nos crimes de perigo que *unico actu perficiuntur;* mas o mesmo acontece com todo e qualquer crime *unissubsistente,* isto é, cuja execução se opera com um só ato, pois a tentativa pressupõe a possibilidade de cisão do processo executivo ou de execução por atos sucessivos. Nos crimes unissubsistentes, em geral, ou dá-se a *consumação,* ou não há crime algum: *tertium non datur.*

Distinguindo entre crimes de dano e crimes de perigo, Rocco declara que "os crimes de lesão tanto podem ser *dolosos* como *culposos,* e os crimes de perigo não podem ser jamais culposos". Tal critério, além de não ser apoiado pelo direito positivo, não depara razão de política criminal que o reclame. O nosso Código, ao definir, entre os típicos crimes de perigo, o de *perigo de contágio venéreo* (art. 130), chega mesmo a equiparar, para o tratamento penal, sua forma dolosa à culposa.

Nem mesmo *de jure condendo,* como adverte Antolisei (ob. cit., p. 88), se justificaria a opinião de Rocco, desde que não contrasta com princípio algum, nem com as exigências da vida social, o considerar-se como crime e, portanto, punir-se o fato de quem, por negligência, imprudência ou imperícia, põe em perigo um interesse penalmente tutelado.

Na ordem em que os alinha o Código, são estes os crimes de "periclitação da vida e da saúde" (subclasse dos "crimes contra a pessoa"): *perigo de contágio* (exposição a perigo de contágio venéreo intersexual ou a perigo de contágio de moléstia grave), *perigo genérico para a vida ou a saúde de outrem, abandono de incapazes, exposição ou abandono de recém-nascido* honoris causa, *omissão de socorro* e *maus-tratos.*

---

89 No mesmo sentido, Ratiglia (ob. cit., p. 108): "*Pericolo di pericolo, si dice, ma se il pericolo diretto* **è** *stato considerato um risultato da incriminare, il tentativo di produrre questo risultato in nulla si differenzia, giuridicamente, del tentativo di produrre un risultato di lesione, e volerne ridurre la nozione a un semplice tentativo di tentativa significa andare oltre e anche contra la realtá giuridica. Perche se la legge eccezionalmente fissa, nella minaccia, il risultato penalmente rilevante, ciò non avviene senza un particolare e giustificato motivo; costituito, come sappiamo, dalla grande rilevanza del bene oggetto della protezione o dalla gravitá del mezzo che può essere adoperato per aggredirlo. Rispetto a codesto reato di lesione, il tentativa si porge come minaccia diretta e immediata. In altri termini, poichè nel reato perfetto, la modificazione giuridica del mondo esteriore può consistere tanto in una lesione effettiva quanto in una lesione probabile, il tentativa, come reato imperfetto, integra sempre uma minaccia diretta per la forma di modificazione, cioè per la specie di evento, espressamente considerata dalla singola norma. E se, come avviene nei reati di pericolo, la modificazione considerata è la lesione probabile, e a questa specie di evento, non già alla lesione effettiva che il tentativa va riferita.*"

**PERIGO DE CONTÁGIO VENÉREO**

***Art. 130.*** *Expor alguém, por meio de relações sexuais ou qualquer ato libidinoso, a contágio de moléstia venérea, de que sabe ou deve saber que está contaminado:*

*Pena – detenção, de três meses a um ano, ou multa, de um mil a cinco mil cruzeiros.*

*§ 1º Se é intenção do agente transmitir a moléstia:*

*Pena – reclusão, de um a quatro anos, e multa, de dois mil a dez mil cruzeiros.*

*§ 2º Somente se procede mediante representação.*

**PERIGO DE CONTÁGIO DE MOLÉSTIA GRAVE**

***Art. 131.*** *Praticar, com o fim de transmitir a outrem moléstia grave de que está contaminado, ato capaz de produzir o contágio:*

*Pena – reclusão, de um a quatro anos, e multa, de dois mil a dez mil cruzeiros.*

**DIREITO COMPARADO.** Códigos: dinamarquês, arts. 256 a 259; norueguês, § 155; soviético, art. 150; italiano, art. 554; polonês, art. 245; argentino, art. 102 (em combinação com a Lei n.12.331, de 29.6.1937), finlandês, § 13 do cap. XX; Suécia, Lei de 1º/01/1919; Nova Zelândia, Lei de 31.10.1917; Terra Nova, Lei de 5.7.1921; Áustria, Lei de 24.5.1885; Alemanha, Lei de 18.2.1927 (Lei Koch); Turquia, Lei n. 1.593, de 6.5.1930; Tchecoslováquia, Lei de 2.7.1932; Canadá, Lei de Higiene Pública; Inglaterra, Lei de 1907; Estados Unidos, leis de vários Estados, entre outros, Arkansas, Florida, Illinois, Idaho, Kentucky, Louisiana, Mississipi, Montana, New Hampshire, Nevada, Nebraska, Nova Iorque, North Carolina, South Carolina, North Dakota, Ohio, Oklahoma, Rhode Island, Utah, Vermont, Virginia e Wyoming; cubano, art. 454.

**BIBLIOGRAFIA.** Dolléans, *La police des moeurs,* 1903; Fiaux, *Le délit pénal de contamination intersexuelle,* 1907; Jiménez de Asúa, *Il delitto di contagio venereo,* trad. it., 1929; De Morsier, *Le délit de contamination venérienne,* in *Revue Pénal suisse,* 1924, fasc. IV; Nicola Toscano, *La incriminabilità del contagio intersessuale,* in *Rivista di diritto e procedura penale,* 1917, p. 193; Cicala, *Malattie celtiche e reati veneri,* in *Scuola Positiva,* 1927, I, p. 225; Pfenninger, *Das Strafrecht in Kampfe gegen die Geschlechtskrankeiter,* in *Schweizerische Zeitschrift f. Strafrecht,* 1927, v. XL; Altavilla, *Delitti contro la integrità* e *la* *sanità della stirpe,* no *Tratado* de Florian, 1934; Benvenuto, *I delitti contra l'integrità e la sanità della stirpe,* 1934; Saltelli-Di Falco, *Commento teor.* e *prat. del nuovo Codice Penale,* 1931; Cuello Calón, *Qualche osservazione* sull'art. 588 *del prog. defin. ital.*, in *Studi di diritto penale comparato do Istituto degli studi legislativi,* 1930, p. 397; Manzini, *Trattato di Diritto penale,* 1936, v. VII. p. 568 e ss.; Marciano, *Il nuovo Codice Penale,* 1932, p. 342 e ss.; Rojas y Bonnet, *El contagio venereo ante la medicina forense,* 1938; Benjamim Vieira, *Delitos de contaminação,* 1941; Colombo Berra, *El delito de contagio venereo,* in *Revista de Medicina Legal y Jurisprudencia Médica,* ano IV, n. 3-4; Almeida Júnior, *O exame médico pré-nupcial,* 1827; Nunez Galeno, *Del delito de contagio venereo,* 1937; Eusébio Gómez, *Tratado de derecho penal, 1941,* v. 5.

## COMENTÁRIO

**87. Legitimidade da incriminação.** Sociólogos, juristas, médicos e legisladores fizeram aliança, nos tempos modernos, pela defesa e consecução do ideal de uma humanidade ilesa e sadia. Em todo o país civilizado, o objetivo de higiene do povo e aperfeiçoamento da produção humana tornou-se um indeclinável programa político. Várias são, no rumo dessa finalidade, as medidas preconizadas ou já em aplicação. E como sempre acontece, quando se trata da solução de relevantes problemas sociais, não faltam, aqui, os radicalismos insensatos, as ideias extravagantes, os critérios demasiadamente unilaterais. Os ortodoxos da eugenia, por exemplo, vão ao extremo de reclamar a seleção humana *more spartano,* sugerindo a eliminação artificial dos enfermos incuráveis e dos indivíduos desprovidos de valor vital.

Na Alemanha, como em alguns poucos Estados da União norte-americana, já encontrou apoio no direito positivo a esterilização dos anômalos psíquicos, quer como medida de defesa social, quer como processo eugenésico, não obstante as sérias objeções formuladas com fundamento no perigo de deploráveis contragolpes e nas reabilitadas teorias mendelianas sobre a hereditariedade.[90] Também já foi sugerido o chamado *aborto eugenésico,*

90 Há 20 anos passados, assim discorríamos sobre o tema: "O hiperestatismo da época atual esmaga e abstrai o indivíduo, já não apenas em nome de uma premente exigência de salvação pública, mas até mesmo aconselhado de levianas doutrinas, mascaradas de ciência, construídas sobre hipóteses e conjeturas para o encalço de quimeras e utopias. Basta dizer-se que essa erudita charlatanice que Galton batizou com o nome de *eugenia* (inspirado num vocábulo de Platão), essa pseudociência que um biólogo espanhol justamente chama de "*hija de malos padres, que si no fuera porque halaga las bajas pasiones, no hubiera conseguido atraer la atención del vulgo y hasta de biólogos que no repudian celestinescos papeles*", já foi posta ao serviço da política nacional-socialista de Além-Reno,

que, desmentido o fatalismo da herança mórbida, tanto pode interromper a gestação de um futuro *sub-homem,* como suprimir um futuro *specimen de* higidez ou um lídimo valor humano. Em alguns raros países, já figura

---

ferozmente sectária, que, sob pretexto de resguardar a pureza do genótipo de uma raça, não vacila em apadrinhar o que há de mais duvidoso e controvertido nesse vasto material de dúvidas e controvérsias, que são os estudos sobre a hereditariedade das doenças mentais e psicopatias. O nacional-socialismo de Hitler, que está subvertendo até os mais fundos alicerces a gloriosa cultura alemã, começou, nesse falso terreno de objetivos eugenésicos, por autorizar legalmente a esterilização voluntária dos enfermos psíquicos e mentais. A lei é de 14 de julho de 1933... Pretende-se que a esterilização dos tarados, além de preservativa da integridade e pureza da raça, é um meio terapêutico no que concerne ao hipersexualismo, quando o certo é que, segundo a lição de Richter, a libido é menos influenciada pelo *hormonial* do que pelo mecanismo nervoso preestabelecido. Permite-se o impedimento artificial da procriação aos enfermos mentais, aos psicopatas, aos exuberantes sexuais, mas para deixá-los à solta, sem travas e sem peias, ainda tangidos de sua mórbida concupiscência, ainda apuados pelos acicates do seu doentio sexualismo, ensejando-se-lhes o desenfreio de todas as lascívias e de todas as torpezas, sem os percalços da superveniência de filhos. A vasectomia de Sharp e a ligadura das trompas de Falópio são o salvo-conduto para todos os pecados da carne, para todos os desregramentos da libertinagem, para todos os paroxismos dos amores infecundos. Sob o pretexto de melhoria ou defesa dos genótipos raciais, a esterilização serve, efetivamente, ao malthusianismo egoísta e gozador, à franca licença dos excessos genéticos, ao desembestado cio dos que a fantasia darwiniana identifica como derrabados descendentes do *Pithecanthropus erectus.* Segundo um alarmante testemunho de Stumpf, um dom João esterilizado contagiou de sífilis a totalidade das raparigas de uma aldeia, que a ele se entregaram, cientes de que não havia perigo de concepção. Com a difusão do processo esterilizante, as *semivirgens* de Marcel Prévost ou as *garçonnes* de Margueritte já não precisarão conservar seus derradeiros escrúpulos, nem de repetir sua ímpia oração a Nossa Senhora: "Virgem Maria, que concebeste sem pecar, faze com que eu peque sem conceber"... Mas, a política racista de Hitler não se deteve na esterilização facultativa dos psicopatas, dos débeis mentais ou oligofrênicos, dos esquizofrênicos, dos loucos circulares, dos epilépticos, dos atacados do mal de São Guido, dos cegos, surdos e aleijados congêneres e dos dipsômanos. Foi muito além. A Lei de 14 de julho de 33 seguiu-se à de 24 de novembro do mesmo ano, admitindo a castração coativa dos criminosos sexuais reincidentes e perigosos, ou, quando não reincidentes, culpados de *assassinato (Mord),* ou *homicídio simples (Totschlag)* por motivos sexuais, e, ainda, mais recentemente, com a lei de 26 de junho de 1935, foi introduzida a castração consensual ou voluntária dos criminosos sexuais em geral, ainda que não reincidentes. Já não bastava a *impotentia generandi* dos dementes, psicopatas e hipersexuais; fazia-se mister, também, a, *impotentia coeundi* dos que fossem até o crime. Não se limitou o nazismo truculento às medidas de esterilização e castração voluntárias para fins eugenéticos ou terapêuticos: a exemplo de alguns poucos Estados da União norte-americana, onde a civilização não pode ainda estratificar as suas lídimas conquistas, admitiu e decretou a *emasculatio* coercitiva como medida de segurança contra delinquentes de sexualidade violenta, corruptora ou desregrada. Romperam-se os últimos liames com a cultura tradicional. É o Estado-Moloch invadindo o derradeiro reduto do indivíduo, para negar-lhe até mesmo o direito a

em lei o veto matrimonial a certos enfermos, reconhecidos tais pelo exame pré-nupcial compulsório. Entre nós, mesmo a efêmera Constituição de 34 preceituava, em termos irrestritos, que a lei ordinária deveria regular "a

uma imperiosa função fisiológica, a uma atividade imposta sob o látego de um instinto natural. Democrata por índole, não desconvencido dos postulados individualistas, uma vez destacados de seus exageros românticos, não posso compreender que se sacrifique o indivíduo na ara de um inexorável sectarismo racista, antes que esteja absolutamente comprovada a necessidade de tal sacrifício. Se não se atende a um critério de *estrita necessidade,* que tem a sua medida na *estrita utilidade,* a emasculação forçada dos criminosos sexuais não é mais que o tripúdio da tirania do Estado sobre a dignidade humana. Ora, nada mas discutível e dúbio do que a castração dos hipersexuais na sua finalidade de defesa social. A ousadia do legislador tedesco ultrapassou até mesmo o da União dos Sovietes Russos, que, embora também desaçaimada contra os direitos individuais, conteve-se ante o raciocínio de que os crimes do sexo não representam uma fatalidade biológica, pois têm sua gênese primacial nos vícios da sociedade hodierna. E como são precários os critérios que informam a lei de Hitler! A providência da castração não é ordenada *de jure,* mas fica ao arbítrio do juiz criminal que terá de consultar um perito médico. O que há a verificar é se, pela "apreciação integral dos fatos", se trata de delinquente sexual *perigoso.* O acusado fica, assim, à mercê do mais ou menos tendencioso critério de um juiz e de um médico. Basta a simples citação de alguns maleáveis dados estatísticos e outros tantos postulados da ciência estratosférica chamada eugenia, e o réu será irreparavelmente degradado à condição de um ser irreconhecível na classe zoológica. Quero invocar, em desfavor da lei hitleriana, a opinião de um dos mais ilustres psiquiatras alemães contemporâneos: Johannes Lange. No seu livro *Die Folgen der Entmannung Erwachsener an der Hand der Kriegerfahrungen dargestellt,* afirma Lange ter constatado este fato surpreendente nos indivíduos emasculados: a persistência da libido depois de extinta a viripotência e, o que é mais, a superveniente eclosão de inversões sexuais. Dir-se-ia mesmo que se opera, paradoxalmente, uma exaltação do *nisus sexualis.* A crer-se nas narrativas de Pelikan sobre a famosa seita de castrados voluntários que existia na Rússia, sob o nome de *Skopzy,* entregavam-se os seus adeptos às mais desbragadas orgias. Pode dizer-se que, se o processo empregado é o da simples extração das glândulas genitais (é o processo autorizado pela lei alemã, que não teve coragem de ir até a ablação radical dos órgãos sexuais), persiste a própria possibilidade do ato sexual. O velho Juvenal, nas suas *Sátiras,* já referia o impudico recurso de Messalina ao escravo eunuco ou *spado* (segundo Zacchia, *spado* era o nome empregado *"ad significandum hominem cui testiculi avulsi et excisi sunt"):*

*" A domina factus spado, dormiat cum domina."*

Dissertando sobre a castração após a fase da puberdade, diz Lorenzo Borri: "Já então o substrato congênito da vida sexual se fez valer pelo coeficiente orgânico individual: os caracteres diferenciais do sexo já se concretizaram; o instinto sexual nucleou-se pelo instinto do inconsciente e representou-se, nítido, à espiritualidade, segundo *momenta* ideativos e sentimentais; as associações qualitativamente análogas já temperaram cordas de ressonância afinadas por sintonias de recôndita repercussão, mas eficazmente emotiva; a experiência do erotismo, *simulac venas inflavit tetra libido,* já plasmou em homogeneidade concreta e distinta a soma dos momentos erólogos conscientes e inconscientes; em uma palavra: a personalidade sexual já atingiu uma constituição de plenitude,

apresentação pelos nubentes de prova de sanidade física e mental"; mas, em boa hora, foi tal preceito cancelado pela Constituição de 1937, pois, entre as várias objeções de ordem prática que essa medida suscita, uma é insuperável:

---

tornando-se qualquer coisa em *si,* qualquer coisa de autônomo e de vivo, que assenta sobre uma base de realidade intrínseca de energias e que dispõe de meios próprios para exteriorizar a sua dinâmica em tensão. É evidente que, em tais condições, não se pode, de uma noite para o dia, eliminar essa energia *montada,* ainda mesmo que intervenha a mutilação local dos órgãos específicos. O *nisus sexualis,* como formação autônoma inserta em todo o organismo, não se apaga de um golpe, pois a casa abandonada não desaba pelo simples fato do abandono... Certamente, se, além da supressão das glândulas genitais, ocorre a ablação do órgão sexual, o *nisus* precariamente supérstite não pode passar de virtualidade a ato, mas pelo que concerne à posse do mecanismo eretivo, nos seus momentos genéticos de reflexo psicológico e fisiológico, e pelo que concerne ao eretismo voluptuoso em tensão e atualidade, é evidente que, pela pura e simples supressão das glândulas sexuais, não se pode esperar "uma súbita extinção." É esta a lição da ciência: permanece a libido nos emasculados e, se não foi praticada a completa *eviratio,* persiste a capacidade para estéreis complexos e conjunções. E quando desapareça esta, sempre restará aquela, e então o castigo da emasculação redundará num suplício tantálico, na agonia cruciante de um insatisfeito desejo sempre vivo, a requeimar o sangue nas veias do mutilado. Por outro lado, os efeitos psicológicos do eunucoidismo são, de regra, os mais desastrosos: os eunucoides tornam-se egoístas, hipócritas, irritáveis, coléricos, intrigantes, embusteiros, cruéis, vingativos, desleais. Nunca é impunemente que se consegue truncar a natureza: *quod natura dat nemo negare potest.* Além disso, Wassermann, Wervaeck, Moll e Slotopolsky, segundo uma citação de Vallejo, duvidam que a castração (do mesmo modo que a esterilização) seja meio eficaz para prevenir os crimes sexuais. Consoante informa Slotopolsky, as investigações histológicas não fornecem apoio para supor-se que a psicopatologia sexual seja oriunda de propriedades anormais das glândulas da procriação. E a melhor prova da ineficácia da medida está no fato de que a *emasculatio* não corrige, de modo absoluto, as tendências homossexuais, nem acalma a chama da libido, de jeito que não evita a procura e a realização dos mais estranhos equivalentes do ato sexual, com agravado perigo da moralidade sexual. Longe de ser um remédio aconselhável, a castração dos adultos é, portanto, perigosa e temível nos seus contragolpes, dando ensejo ao abuso de artificiosas concupiscências e à prática de sórdidos amores nos recantos sombrios de Sodoma. E de que valeria, pergunta Bumke, querermos impedir a reprodução somente aos que se tornaram objeto da psiquiatria dos manicômios ou da administração da justiça, quando seus irmãos ou irmãs continuarão, sem a flagrância da anomalia, a difundir a carga ancestral de suas taras ou tendências mórbidas? Mas, acima de tudo, a *emasculatio* é uma afronta à dignidade do homem, um ferrete de ignomínia, um castigo humilhante a quem não é culpado dos estigmas patológicos que possa acaso transmitir a seus descendentes, ou do excesso de libido que o põe fora da estrada batida pelo *bonus pater familias,* pelo domesticado e feliz rebanho dos homens que se medem pela craveira comum. O Estado pode e deve exercer medidas profiláticas sobre os indivíduos suscetíveis de legar aos filhos suas mazelas hereditárias ou de perturbar o comodismo da orgulhosa maioria dos chamados homens normais (e para isso dispõe ele, ou deve dispor, de asilos, de manicômios, de casas de tratamento); mas falta-lhe o direito de suprimir no indivíduo a atividade funcional dos

impedir o casamento aos portadores de mazelas e taras, pelo receio de transmissão, é induzi-los à mancebia ou às uniões *extra matrimonium*, de modo que, além de se não conjurar o perigo temido, fomenta-se outro mal não menos funesto, qual seja o das famílias ilegítimas. Neste ponto, a razão ainda está com Grasset *(La biologie humaine*, p. 286): "Ensinai aos pais e às mães de família que é para eles um dever consultar o médico antes de ajustar o casamento de seus filhos. Que a pesquisa médica se faça, que o médico vigie a fundação e a formação da nova família; mas isso sem polícia e sem texto de lei: *que* cada um pratique por saber que é um dever."

Ao lado, porém, das ideias inspiradas num utilitarismo brutal ou na visão isolada do problema a resolver, há as iniciativas razoáveis, incontestavelmente acertadas e profícuas. Entre estas ressai o intensivo combate à propagação das moléstias venéreas, que, como ninguém desconhece, são um dos mais terríveis flagelos da humanidade. Pela extrema facilidade do contágio, pelos estragos que produzem e por sua transmissibilidade hereditária,

---

órgãos da procriação. A depuração da raça ou a defesa social não pode exercer-se sob a sugestão de aventurosas doutrinas, cujo único mérito reside no seu *cachet* de novidade. Como diz Vallejo, a regeneração ou refinamento de uma raça, ou a sadia afirmação de um povo nas suas excelências raciais, só é possível dentro do evangelho da moral tradicional, pela consecução de uma atmosfera espiritual eticamente supersaturada, para que sejam incrustadas suas normas no genótipo e transformadas em forças instintivas, a que incumbe a transmissão dos valores psíquicos da raça através das gerações. Somente uma sociedade fundamentalmente moralizada poderá exilar de seu seio o alcoolismo, a prostituição, a libertinagem, a delinquência e outros carcinomas e putrilagens da vida coletiva, criando um ambiente oxigenado e saudável, em que se hão de retemperar os genótipos. A eugenia, confinada dentro do seu árido materialismo, deriva de premissas falsas. Não vale cuidar, *more spartano*, da saúde do corpo; é preciso, também, cuidar da espiritualidade e da alma. A força muscular, a estética do corpo e a estandardização de um tipo de saúde não condicionam, elas sós, a plena eficiência de uma variante racial: é preciso, também, a elevação da inteligência e do sentimento. A cartilha eugenética ensina o caminho de Esparta, mas é caminho errado. O rumo certo é o que aponta para Atenas. Não somente a arena dos jogos olímpicos, para a formação dos tipos apolíneos, mas também o Jardim de Academus, onde Platão ensinava o seu magnífico idealismo. Uma raça humana não pode ser tratada como uma raça de bovinos ou lanígeros: não basta que se cuide da seleção física dos reprodutores, pois cumpre, no mesmo passo, orientá-la na exaltação dos belos e nobres ideais de que é capaz a alma humana. O pensamento nietzschiano da infecundidade artificial dos tipos inferiores não é mais que um paradoxo desse impertinente materialismo que já não pode reabilitar-se, nos dias que correm, da sua definitiva falência e ruína. A sociedade humana não pode sacrificar indivíduos em proveito de outros. O respeito e a compaixão para com os degenerados não são apenas um mandamento de caridade evangélica: são normas de cultura, oriundas desse espírito de solidariedade que explica no ser humano a dignidade da sua linha vertical e do seu semblante voltado para o céu."

as doenças sexuais afetam mais que qualquer outra, a saúde do povo e a seleção do tipo humano. Na dianteira delas está a *sífilis,* com o seu cortejo de ruínas e desgraças, ferreteando indelevelmente o indivíduo contaminado e também, quase sempre, a sua prole. Os sifilíticos, por contágio ou herança, não passam *de* tristes e dolorosos escombros humanos. Segundo os informes estatísticos, 80% de sifilíticos hereditários morrem antes de atingir a puberdade, 80% de abortos são imputáveis à sífilis.

Os que contraem a infecção luética têm a aguardá-los, se não encontram um tratamento oportuno e adequado, a tábis da paralisia geral, a loucura, as psicoses, todas as misérias fisiológicas e psíquicas. Carreado pela linfa e pelo sangue, o *Treponema pallidum,* o insidioso espiroqueta, infiltra-se por todo o organismo, determina a atrofia das vísceras e dos músculos, oblitera os vasos sanguíneos, imobiliza os nervos, corrói os ossos, invade a medula espinhal e o cérebro, esteriliza as fontes da vida, tudo devasta e aniquila no corpo humano.

Em segundo posto, vem a *blenorragia* ou *gonorreia,* que se não produz avarias tão extensas e deploráveis como a sífilis, não deixa de ser uma doença minaz. Quando a inflamação se prolonga e adquire caráter crônico, como frequentemente acontece, o blenorrágico torna-se um perpétuo tributário de males orgânicos (orquites, cistites, prostatites, epididimites, salpingites, metrites, catarro vesical, artropatias, anquiloses etc.), que, muitas vezes, no correr do tempo, obrigam a intervenções cirúrgicas, nem sempre coroadas de êxito, não se devendo esquecer que o gonococo de Neisser é ainda, por eventual contágio direto, o responsável pela oftalmia chamada *blenorrágica,* que pode ocasionar até a cegueira.

A seguir, vem o *ulcus molle,* com os bubões inguinais ou adenites supuradas, quando não com a sua apavorante forma fagedênica, entregando-se os estreptobacilos de Ducrey-Unna à destruição dos órgãos genitais e adjacências.

E em remate ao sinistro quadro das espécies do morbo venéreo, apresenta-se a *linfogranulomatose inguinal* ou *doença de* Nicola-Favre, com as suas paradenites, adenopatias à distância, histiomenes ou crauroses da vulva, estenoses retais etc.

Ninguém contesta que o seminário feracíssimo das moléstias venéreas seja a prostituição. O problema do ataque à contaminação intersexual está, assim, intimamente ligado ao problema do amor venal. Se fosse possível a eliminação das feiras de Vênus Libertina, estaria exaurida a fonte principal das enfermidades sexuais. Tem-se de convir, porém, que a prostituição tem sido e continua sendo um *mal necessário.* Prevenindo piores desregramentos e transvios, ela serve à descarga de libido que em vão se procura reprimir com as fórmulas ético-jurídicas sobre a atividade genésica ou intercurso dos sexos. É possível que, em remotíssimo futuro, com o advento de uma requintada civilização, venha a ser repudiada a torpeza do *exercitium vulgivagae Veneris,* sem que isso importe o *choc de retour* da imoralidade derivada para o recesso das famílias, nem o recurso ao que Salvador Cicala (ob. cit.), espirituosamente, chama "saturnais do onanismo".

Por enquanto, porém, a prostituição é uma espécie de *abcesso de fixação,* um meio de atalhar uma generalizada septicemia. O famoso conceito de SANTO Agostinho continua irrefutável: *"Aufer meretrices de rebus humanis, turbaveris omnia libidinibus".* Mas, como todo mal necessário, o da prostituição deve ser tolerado no estrito limite da necessidade que o impõe. A mesma política de utilidade social que defende a tolerância da prostituição em si mesma aconselha uma vigilante ação contra os males que lhe são acessórios, notadamente a propagação das moléstias venéreas.

Apresenta-se a este respeito, entretanto, uma questão preliminar: as medidas de caráter sanitário em torno da prostituição devem ser *coercitivas* ou meramente *persuasivas?* Não vacilamos em preconizar a primeira solução. Onde está em jogo o interesse coletivo não se pode contemporizar com certos postulados da liberdade individual. A simples *catequese* ou sistema de propaganda é insuficiente, não pode dar senão resultados precários. Há uma numerosa casta de indivíduos que, por desídia, lerdice ou predisposição à indisciplina, só "acertam o passo" sob a ameaça da aguilhada, como os bois remanchões. É de notar-se, aliás, que mesmo os adversários do sistema de regulamentação policial do meretrício reconhecem, transigentemente, a necessidade de enérgicas medidas no sentido de assegurar, do ponto de vista higiênico, a inocuidade do amplexo mercenário. Certamente, não se pode negar a utilidade preventiva de certos recursos suasórios, como sejam a recomendação dos dispensários antivenéreos, a difusão do conhecimento dos meios de profilaxia venérea, a propaganda tendente a instruir o grande público sobre o perigo das infecções sexuais, a educação antivenérea dos adolescentes (sem as reticências da hipocrisia jesuítica), todos os meios, enfim, de que cogita o art. 241 do nosso Regulamento de Saúde Pública; mas ficar-se nesse terreno de simples exortação seria incorrer na imprevidência dos otimistas. Não há objetivo de política social que dispense o elemento sinérgico das sanções legais contra as vontades recalcitrantes. Tem-se de empregar a coerção administrativa e até mesmo, como *ultima ratio,* a repressão penal. De outro modo, o que se obtém de utilidade prática é aleatório e limitado. Haja vista, por exemplo, o que se passa na Capital da República. O "serviço" antivenéreo do Hospital Gaffrée-Guinle, a dois passos da zona central do meretrício, só conseguiu a sua notável eficiência depois que, num entendimento com a autoridade policial, pôde ter a direta intervenção desta, no sentido da frequência das prostitutas suspeitas de infecção; mas, ainda assim, a proficuidade do benemérito ambulatório está longe de ser completa, não só porque a falta de regular vigilância sanitária impede a identificação de grande número de mulheres contaminadas, como a mais ampla liberdade de contágio continua assegurada aos clientes dos alcoices do *Mangue* e alhures.

Na cidade mineira de Juiz de Fora, a autoridade policial instalou, na própria sede da delegacia, um posto de gratuito e facultativo tratamento antivenéreo das decaídas, às quais é fornecida uma caderneta nominal, em que se consignam a data de cada exame periódico e os respectivos resultados, tendo-se difundido entre os frequentadores do meretrício local o hábito de reclamar, em defesa própria, a prévia exibição da caderneta. O processo tem colhido relativo êxito: mas isto explica-se pelo exíguo número de *horizontais* no meio urbano em que é aplicado, pois, nas cidades, como o Rio, onde se contam por milhares as mercadoras de amor, seria facílima a fraude sobre a identidade da apresentante da caderneta sanitária, frustrando-se, assim, o objetivo de prevenção.

Não podemos enjeitar a lição da experiência: sem o reforço de mandamentos e sanções legais, segundo um plano detalhado, o combate às moléstias sexuais terá sempre uma eficácia instável e restrita. Um dos padrões legislativos mais dignos de imitação a tal respeito é o germânico. A chamada lei Koch, de 1927, que aboliu na Alemanha o sistema policial de regulamentação do meretrício e propôs-se, no mesmo passo, a luta contra as doenças venéreas, contém dispositivos cujo acerto é geral e justamente proclamado, percebendo-se o seu reflexo na mais recente legislação de outros países, como, por exemplo, na lei argentina de 1937, sobre a profilaxia antivenérea. No artigo inicial, são taxativamente enumeradas as enfermidades que constituem o pressuposto da aplicação da lei: a sífilis, a gonorreia *(Tripper)* e o cancro mole *(Schanker)*. A seguir, é declarado dever *jurídico* do enfermo venéreo, seja homem, seja mulher, o fazer ou deixar-se tratar, desde que apresente perigo de contágio. O enfermo relapso pode ser constrangido ao tratamento pela autoridade sanitária, que solicitará para tal fim, se indispensável, o auxílio da autoridade policial. Os próprios indivíduos suspeitos de mal céltico e possibilidade de contágio podem ser detidos e sujeitos a exame ou obrigados a apresentar, subscrito por médico legalmente habilitado, um certificado sobre seu estado de saúde. Tais medidas serão reiteradas, caso o exija a segurança do diagnóstico. Averiguados o mal venéreo e o perigo de contágio, fica o doente adstrito a tratamento por médico particular, sem prejuízo, entretanto, da faculdade atribuída à autoridade sanitária de, nos casos em que lhe pareça conveniente, torná-lo à sua conta, para o regime curativo e mesmo hospitalização compulsória, ressalvado que certos processos de cura (segundo uma lei complementar, são eles o emprego do salvarsan, do mercúrio e do bismuto, a colheita do líquido cefalorraquidiano, a citoscopia, o cateterismo uretérico e a distensão da uretra) não podem ser executados sem o prévio consentimento do paciente. Os pais, tutores, preceptores, empregadores etc., são obrigados a promover o tratamento dos enfermos venéreos confiados à sua guarda. Os doentes desprovidos de recursos financeiros devem ser tratados por conta do Estado. Qualquer pessoa pode denunciar o doente venéreo à autoridade sanitária, que, entretanto, não terá em atenção as denúncias anônimas. Constituem ilícito penal: *a)* a prática do ato sexual por quem sabe, ou deve presumir pelas circunstâncias que se acha atacado de doença venérea contagiosa; *b)* o fato de quem, nas mesmas condições, contrai matrimônio, sem confessar o seu estado ao outro contraente. Em qualquer caso só se procede mediante provocação da parte interessada. Todo médico que trate de doente venéreo deverá instruí-lo sobre a natureza da moléstia e do perigo de contágio, assim como acerca da penalidade em que poderá incorrer, nos casos previstos em lei, entregando-lhe, para isso, um folheto elucidativo oficialmente aprovado. Se o enfermo não tem suficiente grau de compreensão, o folheto deve ser entregue a alguém que por ele deva interessar-se. Fica o médico dispensado de sigilo profissional em relação às moléstias sexuais contagiosas, no sentido de que lhe cabe o dever *moral* de notificá-las à autoridade competente, quando o enfermo se subtrai ao tratamento ou prescrição médica, ou, por sua profissão ou condições pessoais, ofereça perigo de contaminação extrassexual. São, porém, obrigados a segredo, sob sanção penal, os funcionários ou empregados sanitários, com exceção dos médicos, no caso único em que a comunicação haja de fazer-se a pessoa que tenha justificado interesse no conhecimento da enfermidade de outra. É suprimida a liberdade de cura das doenças venéreas.

São incriminados o tratamento charlatânico, o tratamento à distância, a propaganda de meios de autotratamento dos enfermos e o preconício, por qualquer meio de publicidade, de remédios, objetos ou processos destinados a curar ou aliviar enfermidades sexuais (salvo a oferta ou recomendação a médicos, farmacêuticos ou comerciantes especialmente autorizados, ou em revistas científicas, médicas ou farmacêuticas). Finalmente, é também sujeito a repressão penal o contágio extrassexual, principalmente o chamado *contágio nutrício* (entre amas e lactentes).

Pode-se dizer que foi com o advento da Lei Koch, por sua grande repercussão, que se retirou do debate doutrinário a legitimidade da incriminação do contágio venéreo. Na atualidade, está inteiramente desacreditada a tese de Morsier, que sustentava a *teoria do risco* nas relações sexuais, isto é, o risco da enfermidade venérea, dizia ele, está implícito no amplexo sexual. E como toda enfermidade é uma desgraça inerente à natureza humana (acrescentava o escritor francês), o chamado delito de contágio não seria outra coisa que o contrassenso de um "crime de enfermidade". Ora, a teoria da álea natural no intercâmbio dos sexos não exclui o raciocínio de que o portador de moléstia venérea pode e deve deixar de produzir o perigo de contaminação, isolando-se, abstendo-se do ato sexual até que sobrevenha a cura (Dolléans). Se procede de modo contrário, incorre na censura do *neminem laedere*, põe-se em contraste com a disciplina social, revela um cínico descaso pela incolumidade alheia, pratica um ato evidentemente criminoso. Com toda justeza, argumenta Galeno Nuñez: "Para que um fato seja qualificado crime pela lei, basta que seja prejudicial e injusto. No contágio venéreo, há o implemento de tais condições, porque seus efeitos determinam lesões graves no organismo. Se é certo que o concúbito é uma satisfação pessoal, a que somos induzidos pelo instinto genésico, não é menos certo que essa função natural, quando exercida em um estado inconveniente, qual o de enfermidade, passa a ser uma grave imprudência, e sendo suas consequências funestas para a vida física e moral das pessoas, o responsável por isso é um autêntico delinquente."

É bem de ver que o que se quer incriminar, na espécie, não é a produção involuntária e imprevisível de um dano ou perigo de dano, mas o fato de quem, sabendo-se enfermo ou devendo sabê-lo em face das circunstâncias, e não ignorando o perigo de contágio, temerária ou inconsideradamente transmite o mal ou expõe outrem a contraí-lo. Não é a enfermidade que se pune, mas o ato consciente ou imprudente que a transmite ou cria o perigo de sua transmissão (Toscano, Asúa).

As outras objeções são de ordem prática, fundando-se na dificuldade de prova da autoria e no ensejo que a incriminação traria a extorsões ou chantagens. Ora, a dificuldade de prova não pode ser motivo para que um fato socialmente perigoso deixe ser incluído no elenco das entidades criminais. De outro modo, ter-se-ia de cancelar dos códigos penais todos os crimes *qui clam committi solent* (por necessidade mesma do seu êxito), como os crimes sexuais, o aborto, o venefício, o incêndio etc. Quando a prova da autoria não for obtida, a justiça penal terá de mandar em paz o acusado; mas não fica excluída a possibilidade de, em muitos casos, se coligirem elementos de convicção suficientes para um julgamento condenatório. Além disso, não se podem abstrair o incontestável efeito intimidativo e a função eminentemente ética da ameaça penal. *Poena in paucos et metus in omnes.*

Quanto à arguida possibilidade de extorsões à sombra da sanção penal, o mesmo perigo existe em relação a vários crimes que figuram tradicionalmente nas leis penais, notadamente os crimes contra a moral sexual, e ninguém jamais cuidou de pleitear que fossem declarados penalmente indiferentes.

A própria sem razão ou insignificância das impugnações está a evidenciar que elas apenas disfarçam o extremado ponto de vista liberal, já hoje renegado, de sistemática anteposição dos interesses individuais aos interesses da coletividade.

Nenhum espírito isento dos exageros líricos do liberalismo pode deixar de reconhecer a incriminalidade do contágio venéreo, que, além de atacar os indivíduos *uti singuli,* é uma grave ameaça contra a família, contra a comunhão social, contra o Estado. Contra a família, em sua descendência; contra a comunhão social, em suas condições de prosperidade; contra o Estado, em seu interesse demográfico.[91]

**88. Conceito do crime.** No direito positivo, prevalece o critério de prefigurar-se na espécie um *crime de perigo.* É o critério calcado na legislação da Dinamarca, que foi das primeiras a intervir com a ameaça penal na repressão do contágio venéreo.[92]

Para a existência do crime, não é necessário o *efetivo* contágio: basta que o enfermo venéreo, praticando o ato sexual ou seus equivalentes, exponha outrem a contrair o mal. Basta a simples criação do perigo de contágio, pouco importando que este sobrevenha ou não. Por outro lado, o elemento subjetivo limita-se à consciência ou possibilidade de consciência de que, com o voluntário contato sexual, se cria o perigo de contágio. Eis a fórmula dinamarquesa (hoje consubstanciada no Código de 1930): "Aquele que, conhecendo ou não podendo ignorar o perigo de contágio, expõe outrem, mediante relações sexuais ou de natureza análoga, a contrair doença venérea, fica sujeito a pena de prisão até quatro anos ou de detenção simples". Não é diverso o dispositivo da lei alemã. "Aquele que, sabendo-se atacado de moléstia venérea com perigo de contágio, ou devendo presumi-lo pelas circunstâncias, realiza o ato sexual, será punido com reclusão até três

91 Não há esquecer, porém, que a incriminação do contágio intersexual não é senão um subsídio, um adminículo na campanha contra a propagação dos males venéreos. Ao invés de confinar-se na repressão penal, a luta antivenérea tem de ser realizada, principalmente, como prevenção educacional e prevenção administrativa. A reação penal é um forte contramotivo às ações antissociais, mas não é panaceia milagrosa. A melhor política, na extirpação dos males da sociedade, há de ser sempre a de preveni-los, tanto quanto possível, nas suas *causas e ocasiões. "Melius est occurrere in tempore quam post exitum vindicare."*

92 O crime de contágio venéreo já figurava no Código dinamarquês de 1866, e não era desconhecido dos Códigos de Oldenburg, de 1814, e de Schafusa, de 1859.

anos, posto que não haja incorrido em pena mais grave, na conformidade do Código Penal". *("Wer den Beitschlaf ausübt, obwohl er an einer mit Ansteckungsgefahr verbundenen Geschlechtskrankheit leidet und dies weiss oder den Umständen nach annehmen muss, wird mit Gefängnis bis zu Jahren bestraft, sofern nicht nach den Vorschriften des Strafgesetzbuchs eine härtere Straf verwirk ist.")* Preceitos mais ou menos idênticos encontram-se na legislação da Noruega, da Suécia, da Áustria, da Rússia, da Polônia, da Tchecoslováquia, do Canadá, dos Estados Unidos, da Nova Zelândia, da Terra Nova. O Código italiano adotou uma fórmula híbrida: configura na espécie um *crime de dano com dolo de perigo,* isto é, a efetividade do contágio é condição de existência objetiva do crime, mas não é necessário que o agente tenha procedido com dolo de dano, bastando a consciência de que o ato voluntário pode ocasionar o contágio. É o seguinte o dispositivo do Código Rocco: *"Chiunque, essendo affetto da sifilide e occultando tale suo stato, compie su taluno atti da cagionarli il pericolo di contagio, è punito, se il contagio avviene, con la reclusione da uno a tre anni. Alla stessa pena soggiace chi, essendo affetto da blenorragia* e *occultando tale suo stato, compie su taluno gli atti prevedutti dalla disposizione precedente, se il contagio avviene e da esso deriva una lesione gravissima".* E acrescenta o mesmo Código: *("Se il colpevole ha agito a fine di cagionare il contagio, si applicano le disposizione degli articoli* 583, 584 *e* 585" (isto é, relativas às *lesões corporais* e ao *homicídio preterintencional).*

Da influência do Código fascista ressentiam-se os projetos de Código Penal brasileiro, quer o de Sá Pereira, quer o de Alcântara Machado. Incluindo o crime em questão entre os de "periclitação da saúde", subespécie dos "crimes contra a vida, a saúde e a integridade corpórea", dispunha o primeiro (art. 180): "Qualquer pessoa que, ocultando estar contaminada, conseguir ter com outra contato libidinoso pelo qual lhe transmita sífilis, blenorragia, ou qualquer doença venérea, será punida com detenção, por seis meses no mínimo, podendo a multa ser cumulada. Se o contágio tiver sido intencional, a pena será a de prisão até seis anos."

O projeto Alcântara previa o "contágio venéreo" entre as *lesões corporais,* subclasse dos crimes "contra a incolumidade social", e assim preceituava, na sua última edição:

> **Art. 312.** Transmitir a alguém, por meio de relações sexuais ou atos de outra natureza, sífilis, blenorragia, ou outra moléstia venérea de que o agente saiba achar-se atacado: pena – detenção por seis meses a dois anos ou multa de um a cinco contos de réis, ou ambas cumulativamente.

§ 1º Se o agente houver procedido intencionalmente: pena – reclusão por um a cinco anos e multa de cinco a 10:OOOS.

O critério de subordinação da existência do crime ao *eventus damni* foi defendido na *Relazione* sobre o projeto definitivo do Código italiano, com o argumento de que "não seria prudente, nem politicamente oportuno punir a simples exposição a perigo, isto é, a tentativa de contágio, pois "são manifestas as dificuldades práticas que a prova dessa tentativa acarretaria". A improcedência de tal raciocínio (à parte a confusão entre crime de perigo e tentativa de crime de dano) foi evidenciada por Cuello Calón, em crítica ao referido projeto. Segundo justamente observa o penalista espanhol, se é difícil a prova da exposição a perigo de contágio, mais difícil ainda é a prova da relação de causalidade entre o coito praticado pelo enfermo venéreo e a infecção contraída pela vítima. Deve ter-se em atenção que é prolongado o período de incubação do mal céltico, e quando se trata de pessoas, como as prostitutas e seus clientes habituais, que têm assíduo comércio sexual com várias outras, a pesquisa sobre a origem da infecção será, as mais das vezes, improfícua. Por outro lado, dependendo o crime da averiguação do efetivo contágio, o culpado tratará sempre de trocar os papéis, atribuindo-se a posição de vítima, e tudo resultará, na maioria dos casos, em um *non liquet.* A este raciocínio atendeu a Comissão Revisora do projeto Alcântara, assim fixando a fórmula incriminadora, que veio a ser a do Código, no seu art. 130: "Expor alguém, por meio de relações sexuais ou qualquer ato libidinoso, a contágio de moléstia venérea, de que sabe ou deve saber que se acha contaminado: pena – detenção, de três meses a um ano, ou multa de 1: 000$ a 5: 000$. § 1º Se é intenção do agente transmitir a moléstia: pena – reclusão, de um a quatro "anos, e multa, de 2:000$ a 10:000$". Ficou, dessarte, prefigurado, tipicamente, na fórmula central, um *crime de perigo:* o *summatum opus* independente da produção do resultado lesivo (no caso, a transmissão do mal céltico), bastando uma positiva situação de ameaça à incolumidade alheia (isto é, a exposição a perigo de contágio venéreo), limitando-se o elemento subjetivo à consciência ou possibilidade de consciência dessa ameaça.

Por isso mesmo que, de envolta com o interesse da indenidade individual, está em jogo, na espécie, indeclinável interesse social, é irrelevante o *consentimento* do ofendido, isto é, o seu assentimento ao ato sexual, apesar de conhecer o risco de contágio.

**89. Modalidades do crime.** Três são as modalidades do crime previsto no art. 130 e seu § 1º Em todas elas, basta, *a parte objecti,* a simples criação do perigo; mas, a *parte subjecti,* há diversidade entre elas: nas duas hipóteses do *caput* do artigo (equiparadas para o tratamento penal), o elemento psíquico é constituído, respectivamente, pelo *dolo de perigo* e pela culpa *stricto sensu,* e, na hipótese do § 1º, pelo *dolo direto de dano.* Na exposição dolosa a perigo de contágio, o agente, sabendo achar-se atacado de moléstia venérea em período de contágio, tem consciência de que cria (ou assume o risco de criar) uma situação de ameaça concreta de transmissão do *morbus* (dolo direto ou eventual de perigo); mas, embora preveja o evento lesivo, não está este na sua intenção. Na modalidade culposa, o agente não tem a consciência de produzir o perigo, mas a simples possibilidade dessa consciência: não sabe achar-se atacado de moléstia venérea, mas devia sabê-lo em face das circunstâncias (ou seja, de sintomas inconfundíveis), e omite, imprudente ou negligentemente, a averiguação, que se impunha, do próprio estado.[93] Finalmente, na modalidade do § 1º, o agente, sabendo achar-se contaminado, tem a *intenção* positiva de transmitir o mal venéreo.

*Quid inde,* se o agente, sabendo-se infeccionado, não tem a intenção direta do contágio (dolo direto de dano), mas assume o risco de produzi-lo (dolo eventual de dano)? A solução não pode deixar de ser no sentido de que o agente incorre apenas na sanção do *caput* do art. 130, pois o § 1º exige a *intenção* de dano (vontade dirigida incondicionalmente ao evento "contágio"). Não prevalece, aqui, a equiparação entre o dolo direto e o dolo eventual (art. 15, n. I).

No rigor da técnica, a hipótese do § 1º devia figurar no setor das *lesões corporais,* pois que se trata de uma *tentativa* de lesão corporal, excepcionalmente punida como crime autônomo.[94] Já não se apresenta, aqui, um

---

93 O erro escusável exclui a punibilidade. Assim, ficará isento de pena, por exemplo, a pessoa que, por afirmação médica, julga-se curada e tem contato sexual com outra.

94 Já se tem objetado que a hipótese em questão não ocorre na vida real, de modo que será inútil prevê-la no texto legal. Ora, como adverte Sandulli (ob. cit., p. 22), não se deve esquecer que a maldade humana é capaz de incríveis torpezas, e não é estranho aos anais judiciários o fato de indivíduos que propositadamente se contagiam para transmitir a outrem a infecção, movidos por um objetivo de vingança. Não raramente, tem sido imitado o exemplo do marido da *Bela Féronnière,* o qual, segundo relata Mezeray, sabendo a esposa seduzida por Francisco I, *"s'avisa méchamment d'aller dans um mauvais lieu s'infecter lui même pour infecter sa femme et aussi faire passer sa vengeance jusqu'à celui qui lui avait ôté l'honneur".* E acrescenta o historiador francês que Francisco I não logrou curar-se da infecção em ricochete e lamentava-se, de quando em vez: *"Dieu me punit par où j'ai péché..."*
Também Tallemant *(Les Historiettes)* nos conta que do mesmo recurso lançou mão Ninon de Lenclos para vingar-se de Andelot-Chastillon, que a abandonara: *"... plutôt d'humeur à quitter qu'à estre quittée ne trouva point ce traitement supportable pour s'en venger elle avoit voulu prendre du mal et elle avait si bien poivré d'Andelot qu'il ne put estre remis de long-temps".*

crime de perigo, mas um *crime formal,* que, embora se consume *com* a simples produção do perigo (tentativa de dano), pressupõe, subjetivamente, o dolo de dano. A propósito, explica a *Exposição de motivos:* "É especialmente prefigurado, para o efeito de majoração da pena, o caso em que o agente tenha procedido com *intenção de transmitir a moléstia venérea.* É possível que o rigor técnico exigisse a inclusão de tal hipótese no capítulo das *lesões corporais,* desde que seu elemento subjetivo é o *dolo de dano;* mas, como se trata, ainda nessa modalidade, de um crime para cuja consumação basta o dano *potencial,* pareceu à Comissão Revisora que não havia despropósito em classificar o fato entre os crimes de perigo contra a pessoa."

O Código não previu a hipótese de superveniência da morte da vítima, conseqüente ao efetivo contágio. Como resolver tal hipótese? Se o agente procedeu com dolo de perigo ou dolo de dano, o fato ser-lhe-á imputado a título de lesão corporal seguida de morte" ou "homicídio preterintencional" (art. 129, § 1º). Se o *antecedente,* porém, era simplesmente culposo, responderá por *homicídio culposo* (artigo 121, § 3º).

**90. Elementos objetivos do crime.** Divergindo da fórmula do projeto Alcântara, para voltar a um critério acolhido no projeto Sá Pereira, o Código contempla especialmente o perigo de contágio venéreo apenas quando resultante de "relações sexuais ou qualquer ato libidinoso". O perigo de contágio venéreo *intersexual, intra* ou *extra matrimonium,* é que constitui o conteúdo de fato do crime previsto no art. 130: se criado o perigo por meio *extrassexual,* o fato passa a ser abrangido pela fórmula genérica do art. 131, posto que o agente haja procedido com dolo de dano. Aludindo a *relações sexuais ou qualquer ato libidinoso,* o Código entendeu de referir-se à cópula (conjunção carnal) ou qualquer de seus equivalentes fisiológicos, incluídas as relações homossexuais. Segundo Manfredini, *atos libidinosos* (de que a cópula é o padrão máximo) "são todos os fatos carnais que, movidos pela concupiscência sexual, se apresentam objetivamente capazes de produzir a vigília e a excitação da sexualidade, no mais amplo sentido". É claro que o ato libidinoso a que se refere o art. 130 é o que importa contato carnal, pois só este torna possível o contágio. Exemplos (além da cópula): a *fellatio* ou *irrumatio in ore,* o *lesbianismo,* o *cunnillingus,* a *sodomia.* O próprio *beijo lascivo* (que é ato libidinoso e pode apresentar-se, em certas condições de erotismo, como

---

Nem só por vingança tem sido o fato praticado. Entre gente inculta, há a estúpida superstição de que a transmissão do mal venéreo a uma *virgem* é um meio de cura. E a nossa crônica judiciária registra casos de contaminação venérea até mesmo em crianças, por parte de indivíduos cuja perversidade se alia à crença nessa estranha *terapêutica.*

um *sucedâneo* da cópula, satisfazendo o apetite lúbrico ou conduzindo ao espasmo genésico) é reconhecível como *meio* ao crime em questão. É necessário o contato *pessoal,* direto ou imediato. Ainda que o infeccionado possa considerar-se como causa *mediata* do perigo de contágio, não se apresenta o crime (salvo a hipótese de participação criminosa). Assim, o indivíduo infectado que tem conjunção carnal com a adúltera, responde pelo crime em relação a esta, e não em relação ao marido, se a mulher, vindo a ser realmente contaminada, não se furta ao amplexo sexual com ele.

Refere-se o texto legal a "moléstia venérea", sem menção de qualquer espécie nosológica. O Regulamento do Departamento Nacional de Saúde Pública (Dec. n. 16.300, de 1923) considera enfermidades venéreas Somente "a sífilis, a gonorreia e o cancro mole ou cancro venéreo simples". Modernamente, entretanto, identifica-se também como doença venérea o linfogranuloma inguinal ou adenite inguinal superaguda *(doença de* Nicola-Favre), a que já acima aludimos.

Nerio Rojas e Bonnet (ob. cit., p. 58-59) observam, a propósito, que essa enfermidade, "em certos casos, parece enxertar-se sobre uma sífilis, uma blenorragia ou cancro mole, – o que explica uma íntima relação com as enfermidades chamadas venéreas e sua adequada denominação de *quarta "moléstia venérea"*.

O *eventus periculi,* resultante da prática de relações sexuais do portador do mal venéreo com outra pessoa (seja esta homem ou mulher), é presumido *juris tantum,* isto é, admite prova em contrário. Assim, se se averiguar que o sujeito passivo é pessoa com especial imunidade ao contágio ou já contagiada (de moléstia da mesma natureza, e afastada a hipótese de uma possível recrudescência), inexiste o crime: o mais que se poderá reconhecer é uma *tentativa inadequada* (art. 14).

**91. Condição de punibilidade.** Conforme se vê do § 2º do art. 130, é *condição* de *punibilidade* na espécie a *representação* da vítima (ou de seu representante ou *substituto* legal). A exigência da representação pode parecer contraditória com a reconhecida irrelevância do consentimento do ofendido, no tocante à existência do crime; mas não é tal. O instituto da representação tem o seu fundamento no conflito de interesses que o Estado e o sujeito passivo do crime podem ter, inversamente, no que respeita ao exercício da ação penal. Em certos casos, realmente, o interesse do Estado na repressão penal é contrariado pelo interesse do próprio ofendido em evitar o *strepitus judicii;* que lhe pode acarretar e à sua família maior detrimento; e o conflito, então, se resolve outorgando-se ao ofendido o direito de ser o juiz de sua própria conveniência, isto é, o exercício da tutela penal fica subordinado ao seu prévio *placet*. A ação penal não deixa de ser *pública*, mas condicionada à representação do ofendido. A representação não é instituída para regular o interesse lesado pelo crime, mas interesses outros, de mera conveniência política (Delogu, *Teoria del consenso dell'avente diritto*, p. 157), tornando-se, portanto, admissível mesmo quando se trate de crimes lesivos de um interesse irrenunciável ou em que seja indiferente o consentimento da vítima.

A objetividade jurídica do crime de contágio venéreo é, sem dúvida, um interesse inabdicável, qual seja o da incolumidade fisiológica da pessoa. A existência e a prosperidade do todo social estão condicionadas à saúde de cada um de seus membros. Trata-se, portanto, de um interesse de ordem pública, que não incide no poder de disponibilidade do indivíduo; mas, por outro lado, há a considerar que existem, na espécie, relevantes e delicadíssimos interesses individuais, que tornam impolítica a intervenção irrestrita do Ministério Público. A publicidade do fato pode ter consequências graves, que se refletiriam até no sacrário da família. O escândalo daí resultante estaria na razão direta da posição social do ofendido, cuja reputação ou honra objetiva (que é também um interesse penalmente tutelado) viria a ser prejudicada, talvez irreparavelmente. Quando se tratasse de um homem casado infeccionado por uma prostituta, ou de uma mulher contaminada pelo próprio marido, estaria destruída a harmonia ou a inviolabilidade da vida íntima de um lar.

Ao tempo da elaboração do atual Código Penal italiano, foi justamente proclamado, não obstante tratar-se de um diploma legislativo destinado a um regime totalitário, que há interesses individuais que não podem ser, sem iniquidade, sacrificados ao interesse coletivo. O mesmo critério oportunístico que induziu o Estado a abster-se de iniciativa na ação penal contra os crimes sexuais em geral aconselha, no caso *de quo agitur*, a formalidade prévia da representação. Seria flagrante ilogismo, como diz Sandulli (ob. cit., p. 38), manter-se a ação privada para os crimes sexuais e determinar a ação pública *ex officio* no crime de contágio venéreo intersexual, que pode concorrer com algum daqueles: "*Se la maggior parte dei delitti contro il buon costume, l'ordine delle famiglie e la morale è perseguibile a querela di parte, si verrebbe ad annullare ed a rendere inefficace tale facoltà, affidata alla discrezione ed alla prudenza dell'offeso dai delitti stessi, se di essi, poi, dovesse pubblicamente discutersi per la loro connessione all'altro delitto di contagio, per il quale se dovesse procedere di officio.*" Não é por outras considerações que o Código exige a representação da vítima, embora divergindo do seu modelo – o Código dinamarquês –, em face do qual a representação só é necessária no caso de *contágio matrimonial.*

**92. Concurso de crimes.** O Código enjeitou o critério do projeto Alcântara (na sua fase primitiva), de considerar *agravante* de crime sexual a circunstância de resultar à vítima contaminação venérea, de modo que, em tal caso, o que se tem a identificar é um concurso formal de crimes, segundo a regra do art. 51, § 1º; "Quando o agente, mediante uma só ação ou omissão, pratica dois ou mais crimes, a que se cominam penas privativas de liberdade, impõe-se-lhe a mais grave, ou, se idênticas, Somente uma delas, mas aumentada, em qualquer caso, de um *sexto* até metade. As penas aplicam-se, entretanto, cumulativamente, se a ação ou omissão é dolosa e os crimes concorrentes resultam de desígnios autônomos." Se ao crime de perigo de contágio venéreo, em concurso com crime sexual, tiver de ser imposta somente pena pecuniária, deve ser atendido o disposto no art. 52: "As penas não privativas de liberdade são aplicadas distinta e integralmente, ainda que previstas para um só dos crimes concorrentes."

## PERIGO DE CONTÁGIO DE MOLÉSTIA GRAVE

**93. Conceituação e elementos.** No art. 131, é incriminada a dolosa produção do *perigo de contágio de moléstia grave,* por parte de quem se acha dela atacado.[95] O fato só é punível a título de *dolo de dano:* é necessário que o agente proceda com fim de transmitir a moléstia. Tal como na hipótese do § 1º do art. 130, não se trata aqui, propriamente, de um crime de perigo, mas de um crime *formal* ou de *consumação antecipada:* é uma tentativa de lesão corporal grave, especialmente punida como crime *sui generis* ou autônomo. São *essentialia* do crime em questão:

*a)* a existência, no agente, de moléstia grave infecciosa ou transmissível;
*b)* atos idôneos a ocasionar o perigo de contágio;
*c)* consciência da contagiosidade da moléstia;
*d)* intenção específica de transmitir a moléstia.

*Moléstia grave* é um conceito médico. A *gravidade* da moléstia, bem como a sua *contagiosidade* e a relação de causalidade entre a conduta do agente e o perigo concreto de contágio, tem de ser pericialmente averiguada. São moléstias transmissíveis, entre outras, as que o Regulamento de Saúde Pública declara de notificação compulsória, como sejam a febre amarela, a peste, a cólera e doenças coleriformes, o tifo exantemático, a varíola, o alastrim, a difteria, a infecção puerperal, a infecção do grupo tífico-paratífico, a lepra, a tuberculose aberta, o impaludismo, o sarampo e outros exantemas

95 Na Inglaterra, desde 1907, existe uma lei que pune todo aquele que, sabendo-se atacado de moléstia contagiosa, toma livros de empréstimo numa biblioteca pública.

febris, as disenterias, a meningite cérebro-espinhal, a paralisia infantil ou moléstia de Heine-Medin, o tracoma, a leishmaniose. As moléstias venéreas, sem dúvida alguma, estão incluídas entre as moléstias graves transmissíveis, configurando-se o crime de que ora se trata, e não o do art. 130, § 1º, se o *meio* ocasionante do perigo de contágio é extragenital ou extrassexual.[96]

*Atos idôneos* a ocasionar o contágio podem consistir no contato direto entre o corpo do agente e o da vítima (contato do corpo infectado com uma mucosa ou descontinuidade epitelial, beijos, mordidas, aleitamento etc.), ou no emprego de coisas ou objetos (copos, talheres, roupas, alimentos, seringas de injeção etc.), que o agente infectou ou sabe infectados com os próprios micróbios ou germes patogênicos de que é portador. Se o meio usado é, de todo, inidôneo, o que se apresentará é um crime *impossível* (art. 14). E a mesma solução tem de ser dada no caso em que o agente supõe erroneamente a contagiosidade da moléstia (isto é, a sua transmissibilidade mediante atos exercidos sobre outra pessoa) que teve a intenção de transmitir.

Não é incriminada a produção culposa do perigo de contágio de moléstia grave. Assim, se o agente cria o perigo de contágio por atos idôneos, mas ignorava a contagiosidade da moléstia (seja ou não escusável essa ignorância), fica isento de pena. No caso de inescusável ignorância, e se ocorre *efetivamente* o contágio, responderá o agente por *lesão corporal culposa* e, se sobrevém a morte da vítima, por *homicídio culposo.*

Finalmente, a intenção *(fim)* de transmitir a moléstia é o dolo específico do crime em questão. Deve entender-se como alheia ao dolo do agente a morte do agente: se esta vem a ocorrer, em consequência do efetivo contágio, o crime a reconhecer será o de *lesão corporal seguida de morte* ou *homicídio preterintencional* (art. 121, § 3º). É claro que se existe, *a parte subjecti, a voluntas ad necem,* o fato passará a ser tentativa de homicídio, ou, se ao efetivo contágio seguir-se o evento letal, homicídio doloso. É de presumir-se, aliás, o *animus necandi* toda vez que o resultado "morte" é consequência *normal* da moléstia transmitida.

Cumpre ainda notar que, se ocorre o efetivo contágio e este transcende à violação da incolumidade da pessoa visada, criando um *perigo comum* (propagação da moléstia com caráter epidêmico), o que se tem a configurar é um concurso formal entre o crime em questão e o do § 2º do art. 267 ou do art. 268, conforme o caso.

96 O perigo de *contágio nutrício* (entre amas de leite e lactentes), quando inexiste o dolo de dano, está compreendido na fórmula genérica do art. 132.

**PERIGO PARA A VIDA OU SAÚDE DE OUTREM**

***Art. 132.*** *Expor a vida ou a saúde de outrem a perigo direto e iminente:*

*Pena – detenção, de três meses a um ano; se o fato não constitui crime mais grave.*

**DIREITO COMPARADO** – Códigos: suíço, art. 129; dinamarquês, art. 252; polonês, art. 242, § 1º.

**BIBLIOGRAFIA** – Von Liszt, *in Vergleichende Darstellung des deutschen und ausländischen Strafrechts (Exposição comparada do direito penal alemão e estrangeiro),* v. 5, p. 151; Zürcher, Gautier, Dubuis, in *Protokoll der zweiten Expertenkommission* (de revisão do anteprojeto de Código Penal suíço), v. II, p. 216 e ss. e 253 e ss.; Hafter, *Schweizerisches Strafrecht, bes. Teil (Delikte gegen Leib und Leben),* 1937, § 15; Thormann e Overbeck, *Das schweizerische Strafgesetzbuch,* 1940, fasc. 1º do v. II, p. 49 e ss.; Hilfiker, *in Schweizerische Zeitschrift f. Strafrecht,* v. 33, p. 107 e ss.

## COMENTÁRIO

**94. Fonte do dispositivo.** O art. 132 inspirou-se nos arts. 72 e 79 do Anteprojeto de Código Penal suíço de 1908, no § 310 do projeto austríaco de 1912 e no art. 252 do Código Penal dinamarquês. Dispunha o art. 72 do aludido anteprojeto suíço (hoje art. 129 do Código Penal helvético): "Aquele que, cientemente e sem escrúpulo, expõe alguém a um perigo iminente de morte, será punido etc." E o art. 79 assim preceituava: "Aquele que, cientemente e sem escrúpulo, expõe a saúde de alguém a perigo grave e direto, será punido etc." O § 310 do projeto austríaco é assim concebido: "Aquele que maliciosamente *(böswillig)* produz um perigo para a vida, o corpo ou a saúde de outrem, será punido etc." Finalmente, o art. 252 do Código dinamarquês declara: "É passível de detenção simples ou prisão, por tempo não superior a quatro anos, aquele que, com intuito de lucro e por temeridade ou qualquer outra conduta semelhante e igualmente perigosa, expõe a um perigo iminente a vida ou saúde de outrem".

No seio da Segunda Comissão de Peritos a que foi submetido o anteprojeto suíço, resolveu-se, por proposta de Thormann, suprimir a incriminação relativa à produção de *perigo à saúde* e, no Código, afinal promulgado em dezembro de 1937, foi mantida a supressão. A este critério restritivo afeiçoou-se também o Código polonês (1932), no seu artigo 242, § 1º: "Aquele que expõe a vida de outrem a um perigo direto é punido etc." O Código brasileiro, entretanto, preferiu a fórmula ampliativa, incriminando, de par com a produção do *perigo de vida,* a do perigo à saúde, equiparadas as duas hipóteses para o efeito da pena.

Argumenta-se em favor da fórmula restritiva (Thormann, in *Protokoll,* II, p. 256) que, se já a noção do perigo de vida é indeterminada, ainda mais o é a do perigo à saúde, e, por outro lado, ou o fato constitui uma tentativa de lesão corporal, tornando-se dispensável a incriminação especial, ou deve ser objeto da ação preventiva da polícia. Ora, não se vê em que seja mais indeterminada que a do perigo de vida a noção do perigo à saúde, e praticamente, as mais das vezes, será de mais fácil reconhecimento este último, posto que, nos casos duvidosos, é claro que o juiz se absterá de condenação. Dizer-se que o fato constitui tentativa de lesão corporal é abstrair que esta exige o *dolo de dano (animus laedendi),* e na hipótese de que se trata é pressuposta a ausência dessa *species* de dolo. A entender-se de outro modo, ter-se-ia de concluir que a produção do perigo de vida, por sua vez, constituiria *tentativa de homicídio* e dispensaria, igualmente, incriminação especial. Finalmente, apelar-se para a ação preventiva da polícia é confiar em tudo quanto há de mais aleatório.

O que pode ser difícil, muitas vezes, nos cases concretos, é discernir se houve perigo de vida ou apenas perigo à saúde. E por isto mesmo, para atalhar o inconveniente, é que o nosso Código se inclinou pela equiparação das duas hipóteses, sujeitando-as ao mesmo tratamento penal.

Não obstante haver o Código suíço rejeitado o critério de expressa incriminação da produção de perigo à saúde, limitando-se, no seu art. 129, a incriminar a exposição a perigo de vida, Hafter, seu mais autorizado comentador, assim se pronuncia: "A jurisprudência deve procurar entender a noção do perigo de vida como *perigo à vida* e à saúde. Somente assim o art. 129 poderá ser aplicado com acerto. Não há nisso uma inadmissível extensão do conteúdo de fato do crime. Quem, cientemente e sem escrúpulo, faz periclitar a saúde de um homem, põe em perigo suas funções vitais. O resultado *possível,* que iria desde o dano à saúde até a eliminação da vida, dependendo isso do acaso, seria mais seguramente determinável pelo juiz".[97] No mesmo sentido, Zangger *(apud* Hafter): "O conteúdo de fato da periclitação da saúde

97 Ob. cit., p. 72: *"Die Praxis muss versuchen, den Begriff der Lebensgefährdung aIs Gefährdung von Leben und Gesundheit aufzufassen. Nur dann wird der Art. 129 sich richtig auswirken kõnnen. Eine unzullassige Ausdehnung des Tatbestandes liegt darin nicht. Werwissentlich und gewissenlos-die Gesundheit eines Menschen in Gefahr bringt, gefährdet seine Lebensfunktionen. Der möglich Erfolg der von Gesundheitsschädigung bis zur Lebensvernichtung gehen konnte und vom Zufall abhängig ist, kann von Richter kaum je sicher bestimmt werden".*

não deve ser abstraído. Distinguir entre perigo de vida e perigo à saúde é, as mais das vezes, praticamente impossível".[98] O Código brasileiro, portanto, adotou o critério justo.

**95. Legitimidade da incriminação.** Como observa Thormann (loc. cit., p. 318), o ponto de partida para a incriminação na espécie foi a consideração do grave perigo a que, frequentemente, os empreiteiros ou mestres de obras, para poupar-se a despesas com medidas técnicas de precaução, conscientemente sujeitam os seus operários. Primitivamente, a inclusão do dispositivo incriminador no anteprojeto suíço obedecia ao propósito de que se tornasse um complemento da lei de proteção aos operários, isto é, mais um recurso preventivo contra acidentes no trabalho. Na subsequente elaboração da fórmula penal, porém, o princípio tutelar generalizou-se no seu sentido, passando a incriminação a abranger a periclitação da vida ou saúde de qualquer pessoa, independentemente de especiais relações jurídicas entre o agente e a vítima.[99] É intolerável e não se compreende que fique impune o indivíduo que, perversamente ou por egoísmo ou temeridade, cria uma situação de grave perigo a outrem, embora sem querer a eventualidade de um dano efetivo. A injusta ameaça concreta à existência ou incolumidade individual é uma restrição a estes indeclináveis interesses humanos e deve, portanto, pela gravidade do seu caráter antijurídico, ingressar na órbita do ilícito penal. Quando da elaboração do Código suíço, Gautier dizia a respeito do artigo que estabelecia a incriminação no caso *de quo agitur*: "*On peut demander si cette disposition est bien nécessaire. Les motifs du projet allemand le contestent, mais ils ne m'ont pas convaineu, et je crois que naus ferons bien de maintenir l'article 72 de notre projet. Il nous permettra de réprimer de dangereuses défaillances, de graves fautes contre le devoir social qui, si on supprimait cette disposition, resteraient impunies*".

98 *"Der Tatbestand der Gesundheitsgefährdung darf nicht weggelassen. Lebens-und Gesundheitsgefährdung zu unterscheiden ist praktisch meistens nicht möglich."*

99 Diz a *Exposição de motivos* do ministro Campos: "O exemplo frequente e típico dessa *species* criminal (a do art. 132) é o caso do empreiteiro que, para poupar-se ao dispêndio com medidas técnicas de prudência, na execução da obra, expõe o operário ao risco de grave acidente. Vem daí que Zürcher, ao defender, na espécie, um dispositivo incriminador, dizia que este seria um complemento legislação trabalhista (*'Wir haben geglaubt, dieser Artikel werde einen Teil der Arbeiterschutzgesetzgebund bilden'*). Tal pensamento muito contribuiu para que se formulasse o art. 132; mas este não visa somente proteger a indenidade da operária, quando em trabalho, senão a de qualquer outra pessoa."

**96. Conceito e elementos do crime.** O art. 132 prevê um característico *crime de perigo*, com extenso conteúdo, podendo dizer-se que é a fórmula genérica do crime de "periclitação da vida e da saúde". Sobre ele assim se pronuncia o Ministro Campos, na sua *Exposição de motivos:* "No artigo 132, é igualmente prevista uma entidade criminal estranha à lei atual: expor a vida ou saúde de outrem a perigo direto e eminente1, não constituindo o fato crime mais grave. Trata-se de um crime de caráter eminentemente *subsidiário.* Não o informa o *animus necandi* ou o *animus laedendi*, mas apenas a consciência e vontade de expor a vítima a grave perigo".

Para a existência do crime, basta, *a parte objecti*, que o agente acarrete para a vítima uma situação de fato em que sua vida ou saúde é exposta a um perigo direto e iminente; e, *a parte subjecti*, é suficiente a vontade ou consciência no sentido de tal situação de perigo.

O perigo deve apresentar-se *direto* e *iminente*, isto é, como realidade concreta, efetiva, presente, imediata. O dolo específico pode ser direto ou eventual: ou o agente pratica a ação (ou a omissão) com o intuito positivo de criar o perigo ou, inescrupulosamente, não se abstém dela, apesar de prever a probabilidade do dano.

É claro que o *dano efetivo (morte* ou *lesão corporal* do periclitante), embora previsto pelo agente, é alheio à sua vontade, pois, de outro modo, o fato constituiria tentativa de homicídio ou de lesão corporal.

Não é punível o fato, em si mesmo, a título de culpa *stricto sensu;* mas, se o dano sobrevém efetivamente, responderá o agente, conforme o caso, por lesão corporal culposa ou homicídio culposo (e não "lesão corporal seguida de morte", pois o agente não procedera, sequer, *laedendi animo).*

É irrelevante o consentimento da vítima. E também é indiferente o *móvel* da ação *(ou* omissão): tanto pode o agente ser movido por cupidez ou *lucri faciendi causa (in exemplis:* o empreiteiro que omite, para evitar despesa, a colocação habitual de aparelhos ou dispositivos de segurança ou proteção de operários na construção de um "arranha-céu"; o dono do circo que promove espetáculos ou exercícios insolitamente perigosos, para atrair clientela; a ama de leite que, embora sabendo-se atacada de sífilis, amamenta a criança; ou por egoísmo e inescrúpulo (ex.: o pai da criança sifilítica fá-la amamentar pela ama de leite), ou por mero espírito de maldade (ex.: disparar um tiro para dentro de uma casa habitada), ou por desejo de experimentar emoção ou provocar sensação (ex.: fazer com que um ébrio ou uma pessoa inábil e insciente monte um cavalo chucro; praticar intencionalmente, com o próprio automóvel, uma *fechada* contra outro, para obrigá-lo a uma parada brusca), ou por curiosidade científica (ex.: ousadas experiências *in anima nobili)* etc.

O perigo criado deve ser *individual (Individualgefährdung):* se ocorre *perigo comum (Gemeingefährdung),* isto é, extensivo a um indeterminado número de pessoas, o crime passará a ser "contra a incolumidade pública", salvo se não é especialmente previsto como tal (caso em que se admitirá a função supletiva do art. 132). Como declara a *Exposição de motivos,* trata-se, na espécie, de crime eminentemente *subsidiário:* só deve ser reconhecido quando o fato *não constitui crime mais grave* (segundo expressamente adverte o texto legal). Cumpre acrescentar que também não se deve enquadrar o fato no art. 132 quando, embora com pena idêntica ou mesmo inferior, esteja previsto separada ou especialmente em outro artigo penal, como, por exemplo, o *perigo de contágio venéreo* (art. 130), a *omissão de socorro* (art. 135) e os *maus-tratos* (art. 136).

Tanto o sujeito ativo como o sujeito passivo do crime podem ser *qualquer pessoa,* pouco importando a inexistência de uma especial relação jurídica entre um e outro. Basta que haja a infração do dever genérico do *neminem laedere.* E está nisso um traço diferencial entre o crime em questão e outros crimes de perigo, como o *abandono de recém-nascido,* o *abandono de incapaz* e os *maus-tratos.* No *abandono de recém-nascido,* não só é especificamente determinado o sujeito passivo, como também o sujeito ativo, isto é, pessoa que seja movida ao crime *para ocultar desonra própria.*

No *abandono de incapaz* há a infração de um dever ou relação jurídica particular de *cuidado, guarda, vigilância* ou *autoridade,* do agente para com a vítima, pressupondo-se que esta seja pessoa inapta a defender-se do perigo resultante do abandono. Finalmente, no crime de *maus-tratos,* há também uma particular relação jurídica (de autoridade, guarda ou vigilância, para o fim de educação, ensino, tratamento ou custódia) que o agente infringe, e o *meio executivo* é legalmente circunscrito à *privação de alimentos* ou *cuidados indispensáveis,* à *sujeição a trabalho excessivo* e ao *abuso de correção ou disciplina.* Também se diferencia o crime em questão do de *omissão de socorro:* neste, há uma antecedente situação de perigo ou de dano alheia à vontade do agente, que se limita, egoística e injustificadamente, a não impedir a continuidade do perigo ou a agravação do dano.

Como é óbvio, deixa de haver o crime quando o periclitante tem o dever legal de afrontar ou suportar o perigo, como no caso dos *bombeiros,* dos *policiais etc.* Igualmente inexiste o crime quando se trata de perigo *inerente* a certas profissões ou atividades, como a dos *enfermeiros,* a dos *amansadores de animais,* a dos *toureiros,* a dos *corredores automobilísticos,* a dos operários em fábrica de explosivos, fogos de artifício ou outros produtos químicos etc. É preciso que o perigo se apresente como uma *anormalida-*

*de*, como uma ação desaprovada pela moral jurídica ou pela moral prática. Mesmo nos casos acima, cumpre ao juiz apreciar até onde o perigo devia ter sido evitado, embora dificílima seja, por vezes, a *triagem*. É o que justamente ponderam Thormann e Overbeck (ob. cit., p. 51): *"Es gibt eben Fälle, in denen man auch andern Menschen die Uebernahme einer unmittelbar hebensgefahr zumuten Kann, z. B. bei gewissen Berufen und Tätigkeiten, deren Ausübung mit Lebensgefahr verbunden ist (Krankenpflege, Dachdeckerberuf, Feuerwehr, Polizeidienst usu.). Der Richter wird bei der Beurteilung dieser Fälle eine schöne, aber recht schuwierige Aufgabe zu erfüllen haben."* Nos casos incertos, não poderá haver outra solução que não seja a absolvição do acusado: *in dubio pro reo*.

**ABANDONO DE INCAPAZ**

***Art. 133.*** *Abandonar pessoa que está sob seu cuidado, guarda, vigilância ou autoridade, e, por qualquer motivo, incapaz de defender-se dos riscos resultantes do abandono:*

*Pena – detenção, de seis meses a três anos.*

*§ 1º Se do abandono resulta lesão corporal de natureza grave:*

*Pena – reclusão, de um a cinco anos.*

*§ 2º Se resulta a morte:*

*Pena – reclusão, de quatro a doze anos.*

**AUMENTO DE PENA**

*§ 3º As penas cominadas neste artigo aumentam-se de um terço:*

*I – se o abandono ocorre em lugar ermo;*

*II – se o agente é ascendente ou descendente, cônjuge, irmão, tutor ou curador da vítima.*

**EXPOSIÇÃO OU ABANDONO DE RECÉM-NASCIDO**

***Art. 134.*** *Expor ou abandonar recém-nascido, pata ocultar desonra própria:*

*Pena – detenção, de seis meses a dois anos.*

*§ 1º Se do fato resulta lesão corporal de natureza grave:*

*Pena – detenção, de um a três anos.*

*§ 2º Se resulta a morte:*

*Pena – detenção, de dois a seis anos.*

**DIREITO COMPARADO** – Códigos: suíço, art. 127; italiano, arts. 591 e 592; alemão, § 221; francês, arts. 349 a 353; belga, arts. 354 a 360; austríaco, §§ 149 a 151; soviético, art. 156; espanhol, arts. 487 a 489; norueguês, §§ 242 e 243; húngaro, § 287; holandês, arts. 256 a 260; português, art. 345; dinamarquês, art. 250; polonês, arts. 200 e 243; uruguaio, arts. 329 a 331; argentino, arts. 106 e 107; chileno, arts. 346 a 352; boliviano, arts. 370 a 373; colombiano, arts. 395 e 396 ; peruano, arts. 179 a 181; cubano, art. 450; equatoriano, arts. 450 a 456; venezuelano, arts. 437 a 440.

**BIBLIOGRAFIA** – Tuozzi, *Abbandono di fanciulli* e *di altre persone incapaci,* in *Rivista Penale,* supl., v. III, p. 233 e ss.; Carrara, *Programma,* p. e., II, §§ 1.376 e ss.; Napodano, *in Enciclopedia Giuridica,* verb. *abbandono* di *infanti;* Vannini, *I reati commissivi mediante omissione,* 1916; Höpfner, *Zur Lehre von Unterlassungsdelikte, in Zeitschrift f. die gesam. Stratfrechtswissenschaft,* v. 36; Alimena, *Dei delitti contro la persona,* in *Enciclopedia* de Pessina, v. 9, 1908, e *Diritto Penale,* II, p. 417 e ss., 1912; Manzini, *Trattato,* v. VIII, p. 259 e ss.; Altavilla, *Delitti contro la persona,* in *Trattato* de Florian, 1934; Jannitti Piromalo, *in Codice Penale illustrato,* sob a direção de Ugo Conti, 1935; Saltelli-Di Falco, *Commento teor.-prat. al Codice Penale,* v. 2º, parte 2ª, 1930; Radbruch, in *Vergleichende Darstellung, bes. Teil,* V, p. 135 e ss.; Hafter, ob. cit., § 12; Thormann e Overbeck, ob. cit., p. 44 e ss.; Gautier, Zürcher, Silbernagel, Gabuzzi e Kronauer, *in* Protokoll da 2ª Comissão de peritos do projeto suíço, v. II, p. 197 e ss.; Liszt-Schmidt, *Lehrbuch,* 1927; Meyer-Allfeld, *Lehrbuch des deutschen Strafrecht,* 1807; Garraud (René e Paul), *Traité,* IV, 1935; Crivellari, *Il* Codice *Penale,* v. VII. 1896; Calogero, *Dell'abbandono di fanciulli* e *di altre persone, in Trattato* de Cogliolo, v. 2º, p. 2ª; Frank, *Des Strafgesetzbuch f, das deutsche Reich,* 1903; Merkel, *Derecho penal,* trad. esp. de Dorado, II, p. 26-27; Maggiore, *Principii,* v. II; Irureta Goyena, *Delitos de abandono de niños y de otras personas incapaces,* 1932; Eusébio Gómez, *Tratado de derecho penal,* II, p. 246 e ss.; Garçon, *Code pénal annoté,* 1906; B. Mineiro, *Código* de *menores,* 1929: Galdino Siqueira, *Direito penal brasileiro,* 1924.

## COMENTÁRIO

**97. Observação preliminar.** Em artigos distintos, o Código prevê o "abandono de incapaz" (art. 133) e o "abandono de recém-nascido *honoris causa*" (art. 134); mas cumpre notar que o último não é mais que uma modalidade *privilegiada* do primeiro. O art. 134 podia ser reduzido a um parágrafo do art. 133, e talvez assim exigisse o rigor técnico. Por isso mesmo, trataremos em conjunto das duas entidades criminais.

**98. Histórico.** A incriminação do abandono de incapazes em geral foi desconhecida das antigas legislações. A repressão penal limitava-se à *exposição de infante* e, além disso, com distinções que o direito moderno não tolera. Em Esparta, por exemplo, permitia-se o abandono de crianças débeis ou aleijadas, incapazes para o serviço das armas. Aristóteles, precedendo a Malthus, assim discorria: "*De exponendis autem vel tollendis partibus lex esta, ne quid mancum et debile alatur. Propter multitudinem autem liberorum, ne plures sunt quam expediat, si gentium instituta et leges vetent procreata exponis: definitum oportet procreandorum liberorum numerum*". Já em Tebas, segundo a informação de Aeliano, o fato era punido com a pena capital: "*Ne cui Thebano liceret infantem exponere, neque in solitudinem abjicere, capitis supplicio constituto*". Em Roma, conforme se depreende de uma passagem de Dionísio de Halicarnasso, já ao tempo das XII Tábuas, era vedado ao *paterfamilias* a exposição do filho recém-nascido; mas, ao que parece, a proibição só dizia respeito aos filhos varões e às filhas primogênitas, e ainda assim quando não fossem débeis, monstruosos ou deformes, pois em tais casos a exposição era legitimada *moribus*. Essas próprias limitações foram sendo abstraídas, tornando-se hábito indistintamente tolerado a *expositio infantium*, pelo menos até a época imperial. Já Paulo reconhecia na *expositio* seguida de morte da vítima um caso de homicídio: "*Necare videtur non tantum is qui partum perfocat, sed et quis abjicit, et qui alimonia denegat, et (is) qui publicis locis misericordiae causa exponit, quam ipse non habet*". Ao tempo de Valentiano, foi mandada aplicar à simples *expositio* a pena de *animadversio* (que não se sabe ao certo em que consistia): "*Unusquisque sobolem suam nutriat. Quodis exponendam putaverit, animadversioni quae constituta est, subjacebit*" (C., 8, 52, princ.). Justiniano fez cominar à *expositio* de infante, a que equiparou a do escravo enfermo, a pena correspondente ao homicídio. É o que se induz da Novela 153, que foi o primeiro passo na ampliação da tutela penal aos incapazes de todo o gênero: "*Qui itaque ad eum modum in ecclesia, aut vicis publicis, aut aliis locis projecti fuisse comprobati erunt: hos omnibus modis liberos esse praecipimus, licet ei qui praejudicio contendit ad hoc, manifesta existat probatio, et possit ejusmodi personam ad suum pertinere dominium ostendere. Nam si nostris praecipitur legibus, ut aegrotantes servi a dominis suis pro derelicto habiti, et quasi desperata jam valetudine, cura dominica non dignitate, prorsus ad libertatem rapiantur, quanto magis eos qui in ipso vitae principio aliorum hominum pietate relicti, et ab ipsis enutriti fuerint, non sustinebimus in injustam servitutem pertrahi? Quin sancimus, ut tam religiosissimus Thessalonicensium archiepiscopus, quam sancta Dei sub ipso constituta ecclesia, et gloria tua his opem ferat: neutiquam qui omni inhumanitate et credulitate referti sint, tanto deteriores homicidio pollutis, quanto calamitosioribus id inferunt.*"

Pode dizer-se que foi com o direito canônico que a *expositio passou a ser* considerada crime autônomo (em vista do perigo dela decorrente à incolumidade pessoal), ampliado o seu conceito, de modo a abranger na repressão qualquer pessoa (e não somente os pais) que praticasse tal malefício *("Si a patre sive ab alio, sciente ipso aut ratum habente, relegato pietatis officio, infans expositus extitit, hoc ipso a potestate patria fuit liberatus")* e a equiparar ao *infans* toda pessoa incapaz de valer-se a si mesma *("Quod et praedictis cujuscumque aetatis languidis, si expositi fuerint, vel si aliqui eorum alimento impie denegari contigerit, est dicendum").*

Como crime *sui generis* figurava a *expositio* na lei visigótica. A Carolina *(Peinliche Gerichtsordnung Karls V)* punia a mulher que, "no intuito de livrar-se do filho, o abandona" *("ihr Kind, damit sie dessen abkomme, von sich liegt").* Nos tempos sucessivos, foi-se afirmando o critério do direito canônico. O Código bávaro expressamente estendia a proteção penal aos incapazes em geral *(languidi, Hilfbedürftigen,* pessoas cuja vida ou saúde corre perigo sem a assistência de terceiros). Na França, antes do Código de 1810, não obstante o reconhecimento doutrinário da gravidade do crime em questão, a repressão não era exercida com severidade, salvo quando praticado o fato por parteiras, que ficavam sujeitas a fustigação e ao banimento. O Código de 1810 dispunha, a princípio, no seu art. 349: *"Ceux qui auront exposé et délaissé en un lieu solitaire un enfant au dessous de l'âge de sept ans accomplis: ceux qui auront donné l'ordre de l'exposer ainsi, si cet ordre a été executé, seront, pour ce seul fait, condamnés à un emprisonnement de six mois à deux ans, et à une amende de seize francs à deux cents francs".*[100] Na Itália, o Código toscano (1853) já contemplava o crime na sua noção extensiva: *"Chiunque, obbligato ad aver cura d'um infante, o d'un adulto impotente ad aiutarsi, lo espane, o lo abbandona, non per farlo perire, o dannegiarlo nela salute, ma per liberarsi di quel carico, posto che da questo fatto non derivi la morte ne alcuna lesione personale dell'esposto, od abbandonato, incorre nel carcere da tre mesi a tre anni".*

Entre nós, o Código de 1830 omitia, na espécie, qualquer incriminação, e o de 1890 limitava-se, no seu art. 292, a punir o *abandono de infante menor de sete anos.* Com o advento do Código de Menores, ficou esse artigo assim redigido: "Expor a perigo de morte ou de grave e iminente dano à saúde ou ao corpo, ou abandonar, ou deixar ao desamparo menor de idade inferior a

100 O texto atual (com a modificação de uma lei de 1898) é o seguinte: *"Ceux qui auront l'exposé ou fait exposer, délaissé ou fait délaisser', en un lieu solitaire, un enfant ou incapable, hors d'état de se proteger eux-mêmes, à raison de leur état physique ou mental, seront, pour se seul fait, condamnés à um emprisonnement de un na à trois, et à une amende de 16 francs à 1.000 francs".*

sete anos, que esteja submetido à sua autoridade, confiado à sua guarda ou entregue aos seus cuidados:

pena de prisão celular por três meses a um ano. § 1º) Se resultar grave dano ao corpo ou à saúde do menor, o culpado será punido com prisão celular de um a cinco anos; e de cinco a doze, se resultar a morte. § 2º As penas serão aumentadas de um terço: *a)* se o abandono ocorrer em lugar ermo, *b)* se o crime for cometido pelos pais em dano dos filhos, legítimos ou reconhecidos ou legalmente declarados, ou pelo adotante em dano do filho adotivo, ou pelo tutor em dano do pupilo. § 3º Quando o crime recaia sobre infante ainda não inscrito no registro civil, e dentro do prazo legal da inscrição, para salvar a honra própria ou da mulher ou da mãe, da descendente, da filha adotiva ou irmã, a pena é diminuída de um terço a um sexto".

**99. Conceito do crime.** O Código vigente, no seu art. 133, afeiçoando-se à orientação moderna, adota a fórmula extensiva da incriminação, de modo a compreender o abandono de toda pessoa inapta, por qualquer motivo, a defender-se dos riscos resultantes do abandono. Tem sido impugnada essa amplitude de conteúdo do crime. Alega-se que a tutela penal deve limitar-se ao *infans, pois* só a este falta inteiramente a capacidade de autodefesa, além de que, quanto a ele, o abandono apresenta um cunho de maior gravidade, pois cria a possibilidade da perda do seu *status familiae.* Ora, a incapacidade de bastar-se a si mesmo é tão integral quanto a do infante no caso de um adulto mentalmente enfermo, de um paralítico, de um cego, de um velho decrépito. Dadas as circunstâncias, mesmo um homem válido e robusto pode ser impotente para salvar-se de um perigo. O que há a indagar, no tocante ao sujeito passivo, é tão somente se ele, no caso concreto, por qualquer motivo, é incapaz de defender-se do perigo decorrente do abandono. A latitude do critério incriminador apenas atende ao princípio de que *ubi eadem ratio, ibi eadem dispositio.* Quanto ao segundo argumento, carece inteiramente de valia, desde que, incriminada à parte a *supressão do estado de filiação* (art. 242), o conteúdo material do crime de abandono se limita ao simples fato de ser exposta a perigo a vida ou saúde do sujeito passivo, por parte de quem lhe deve assistência ou está obrigado à sua proteção. O objeto da tutela penal é, aqui, exclusivamente, o interesse relativo à segurança da pessoa física. Seguindo este critério, o atual Código acertadamente inclui o crime em questão entre os de "periclitação da vida e da saúde". Tendo-se em conta esta rubrica, é evidente que, para a existência do crime, não basta que o abandono importe a violação de um especial dever de assistência ao sujeito passivo: é necessário, também, que se apresente uma situação de fato perigosa à incolumidade deste. Trata-se de um genuíno *crime de perigo:* se ocorre a morte do *derelicto* ou grave dano à sua saúde, dá-se uma *condição de maior punibilidade,* ou um caso de *crime qualificado pelo resultado,* sem mudança de *nomen juris* (§§ 1º e 2º do art. 133).

No art. 134, o Código destaca, como *delictum exceptum,* a hipótese de ser o sujeito passivo um *recém-nascido* e proceder o agente para ocultar desonra própria. É de indagar-se, porém, qual a razão por que, no art. 133, só se fala em *abandonar,* enquanto, no art. 134, já se fala em *expor* ou *abandonar.* Será que a *exposição* difere do abandono? Se assim fosse, teria o Código incidido no absurdo de deixar impune a *exposição* de *recém-nascido* quando não praticada *honoris causa,* isto é, uma hipótese mais grave do que a prevista no art. 134. Tal, porém, não acontece.

Os verbos "expor" e "abandonar" são empregados, sob o ponto de vista jurídico-penal, com idêntico sentido. Atualmente está desacreditada a ambígua distinção que se fazia entre *exposição* e *abandono.* Insistindo em tal discrime, a doutrina e jurisprudência francesas ensinam que, com a *exposição,* interrompe-se a *guarda,* mas não a *vigilância* (ficando o agente à distância ou disfarçadamente, na expectativa de que alguém, *misericordiae causa,* encontre e recolha o exposto); ao passo que, no *abandono,* cessam uma e outra.[101]

Assim, na exposição, mantida a vigilância, a incolumidade da vítima não corre perigo: o fato apenas traduz, no agente, o intuito de fazer-se substituir por outrem no dever de assistência. É bem de ver, porém, que, assim concebida, a exposição não pode constituir ilícito penal, a classificar-se entre os crimes de perigo contra a vida ou saúde. Redargui-se, então, que só é crime a *exposição perigosa,* isto é, aquela que, ainda que momentaneamente, acarrete uma ameaça concreta à incolumidade da vítima. Ora, a *exposição perigosa* não é outra coisa senão *abandono.* Não importa saber se o agente se afasta da vítima com a intenção *condicionada* ou *incondicionada* de não retomá-la: o que decide é o fato de deixar a vítima indefesa, em situação de

101 Contestando a distinção em termos assim tão precisos, diz Garçon (ob. cit., p. 971-972): *"Nous définirons dane l'exposition... le fait de placer une personne incapable de se protéger elle-même, dans un lieu quelconque, solitaire au non, dans le but de se soustraire à l'obligation d'en prendre soin et pour l'abandonner... Il n'est necessaire, sans doute, qu'il y ait interruption de la surveillance, mais ou moins faut-il que l'exposition ait eu pour but l'abandon materiel de la victime".* E quanto ao abandono *(délaissement): "Il comprend tout fait matériel pour lequel celui qui a la garde d'un enfant ou d'un infirme l'abandonne en disparaissant, et l'isole ainsi de lui sans esprit de retour pour se décharger du dévoir d'en prendre soin et sans* être assuré qu›un autre *a volontairement consenti à remplir cette obligation. Il nest plus exact (depois da lei francesa de 1898) ele dire que cette expression (délaissement) implique necessairement un cessation au moins momentanée de la surveillance de l'incapable".* É evidente a ambiguidade da distinção. Tudo quanto daí se depreende é que "exposição" e "abandono" são uma e a mesma coisa.

perigo. Ocorrida esta, por breve que seja, não valerá ao agente, senão para o efeito de atenuação da pena, retornar a reassumir a guarda do incapaz: o crime está *consumado,* chame-se a este *exposição* ou *abandono.* Deve-se, pois, concluir que os vocábulos "expor" e "abandonar" estão empregados no art. 134 como sinônimos.

**100. Elementos do crime.** São *essentialia* do crime previsto no art. 133:

*a)* o fato material do abandono;

*b)* a violação de especial dever de zelar pela segurança do sujeito passivo;

c) a superveniência de um perigo à vida ou saúde deste, em virtude do abandono;

*d)* a incapacidade da vítima para defender-se de tal perigo;

*e)* o dolo específico.

Quanto ao elemento *sub a,* consiste no fato de apartar-se o agente da vítima, deixando-a entregue a si mesma. É necessária uma *separação no espaço ("eine räumliche Trennung",* como dizem os autores alemães). O abandono *moral* nada tem a ver com o crime em questão. A conduta do agente pode ser *comissiva* (depositar a vítima nalgum lugar e apartar-se dela) ou *omissiva* (deixar de observar o conteúdo ativo do dever de assistência, não mais procurando a vítima, que fica abandonada no lugar onde se acha). Cumpre notar, porém, que não há abandono, no sentido jurídico-penal, se é o próprio beneficiário da assistência que se subtrai a esta, de sua espontânea inciativa, pouco importando que o obrigado à assistência não vá ao seu encalço.

E indiferente à existência do crime a natureza do lugar do abandono: se se trata de lugar ermo, ocorre uma *agravante especial* (§ 3º, n. 1, do art. 133).

Quanto ao elemento *sub b,* é de acentuar que o crime em questão é classificável entre os chamados *próprios,* porque só determinadas pessoas podem cometê-lo, isto é, aquelas que se acham numa especial relação de assistência para com o sujeito passivo. Tal relação pode derivar: *a)* de preceito de lei, quer de direito público (Código de Menores, leis de assistência a alienados etc.), quer de direito privado (Código Civil, arts. 231, IV, 384, 231, III, 422, 453); *b)* de um contrato ou convenção (ex.: enfermeiros e médicos, amas, diretores de colégio, chefes de oficina, respectivamente em relação aos enfermos, lactantes, alunos e aprendizes sob seus cuidados); *c)* de certos fatos, lícitos ou ilícitos (ex.: quem recolhe uma pessoa abandonada assume, *ipso jacto,* o dever de assisti-la; quem aceita, embora momentaneamente, a guarda ou vigilância de um incapaz, não pode eximir-se a tal obrigação, ainda que não retorne a pessoa de quem o recebeu; o caçador que leva em sua companhia uma criança não pode deixá-la perdida na mata; o raptor ou o agente do "cárcere privado" estão adstritos a velar pela pessoa raptada ou retida).

O texto legal fala, minudentemente, em relação de *cuidado, guarda, vigilância e autoridade. Cuidado* significa a assistência a pessoas que, de regra, são capazes de valer a si mesmas, mas que, acidentalmente, venham a perder essa capacidade (ex.: o marido é obrigado a *cuidar* da esposa enferma e *vice versa). Guarda* é a assistência a pessoas que não prescindem dela, e compreende necessariamente a *vigilância.* Esta importa zelo pela segurança pessoal, mas sem o rigor que caracteriza a *guarda,* que pode ser alheia (ex.: o guia alpino vigia, pela segurança de seus companheiros de ascensão, mas não os tem sob sua *guarda).* Finalmente, a assistência decorrente da relação de *autoridade* é a inerente ao vínculo de *poder* de uma pessoa sobre outra, quer a *potestas* seja de direito público, quer de direito privado. Se a violação do dever de assistência é praticada por *ascendente, descendente, cônjuge, irmão, tutor ou curador,* dá-se uma agravante *especial* (§ 3º, n. II, do art. 133).

Quando ao elemento *sub* c, deve apresentar-se, em detrimento do abandonado, uma situação de efetivo perigo (pouco importando que, após a ocorrência deste, o agente venha a reassumir o dever de assistência). O Código brasileiro, diversamente de outros, não estabelece, em caso algum, a respeito do *eventus periculi* no crime de abandono, uma presunção *juris et de jure.* O juiz terá de averiguar, em cada caso ocorrente, se o perigo existiu realmente, ou não. Neste último caso, não é reconhecível o crime. *Assim,* o depósito de um recém-nascido na *roda,*[102] desde que assegurada a sua inco-

102 A tendência moderna, no tocante à instituição da *roda,* é no sentido de sua abolição. Entre nós, o Código de Menores é expresso: "A admissão dos *expostos* à assistência se fará por consignação direta, excluído o sistema das rodas." O Regulamento de Higiene Infantil (Dec. n. 13.306, de 31.12.1923) taxativamente proíbe o funcionamento de tal instituição no Distrito Federal. A iniciativa oficial, porém, no sentido da proibição, ainda não se fez sentir de modo decisivo, ao que nos consta.
São dignas de registro as palavras com que o deputado F. Valadares fixou o tema da abolição das *rodas,* quando debatido no Congresso: "Os partidários da *roda* defendem-na como tendo uma ação preventiva em favor das crianças ameaçadas de aborto, infanticídio, ou mortalidade, salvaguardando a vergonha pelo segredo à mãe solteira e seduzida e abandonada ou à mãe casada infiel, mas as estatísticas não confirmam essa alegação; e desde que se ofereça, a salvo de qualquer indiscrição vexatória, com garantia de segredo absoluto, um refúgio ao filho que a mãe não pode conservar consigo, o resultado benéfico é o mesmo, senão maior: as solteiras desencaminhadas ou as casadas infiéis, para as quais a maternidade é uma expiação, ficarão tranquilas, recobrarão o gosto pela vida, escaparão à mórbida obsessão do crime, perante a certeza de que o futuro de seu filho está garantido, sem que sua própria segurança seja comprometida ou ameaçada. Salvam-se. ao mesmo tempo, a mãe e o filho, sem os inconvenientes da *roda...* Não exprime bem a realidade o pretexto de que a *roda* deve ser mantida como salvação para os casos de honra comprometida: a experiência demonstra que relativamente raros são tais casos, e que na sua quase totalidade as crianças são lançadas à *roda* por pais ou

lumidade física ou fisiológica, não constitui o crime em apreço (podendo, tal seja o fim do agente, apresentar-se o crime de *supressão do estado de filiação).* Observava Carrara que, quando o agente fica de alcateia, na expectativa de que outrem recolha o exposto, e assim procedendo para, no caso contrário, reassumir o dever de assistência, não há crime, dada a ausência de perigo *in concreto.*[103] No mesmo sentido, Hafter e Gautier. Diz o primeiro: "O perigo pode ser excluído por uma dissimulada vigilância" *("Die Gefahr kann durch heimlich Belwachung und Beobachtung aus der Ferne ausgeschllossen sein.")* E o segundo pondera: *"Il y a des cas d'abandon qui n'impliquent aucun danger ou presque pas danger, por exemplo, l'abandon d'un enfant sur le seuil d'une demeure où l'on sait de façon certaine qu'il sera recueilli."* Contrária, entretanto, é a opinião de Pannain:[104] "... é de notar-se que, no exemplo citado, a infração da relação de guarda ou a violação do dever de cuidado já se apresenta com o fato da apreensão do sujeito passivo por parte do transeunte e que com isto já

---

parentes que se querem ver livres delas, para se forrarem aos trabalhos da criação e às despesas da manutenção, ou por desamor, ou por indolência, ou por miséria. E, sendo assim, a substituição da *roda* pelo recolhimento não apresenta os inconvenientes arguidos. Enfim, como prova recente de que essa substituição é apropositada, aí está o que tem sucedido depois da criação do Juízo de Menores, sendo grande o número de mães pobres que, em vez de lançarem seus filhinhos à *roda,* dirigem-se ao juiz e lhe pedem a internação na Casa dos Expostos, com o direito de os retirarem, quando puderem e quiserem... Estatísticas levantadas em França, onde a questão da supressão da *roda* foi muito controvertida, provam que a *roda* contribui para aumentar o abandono de menores da primeira infância, facilitando a que o façam mães que não têm motivos de miséria ou de desvio para se desfazerem dos filhos. Verificou-se até que certas mães expunham os filhos na *roda* com a esperança de se fazerem alugar ali como amas de leite, e ganharem assim alguns francos à custa deles, dando-se desse modo uma especulação imoral... E também a *roda* não tem a decantada influência preventiva sobre o infanticídio. As Ilhas Britânicas oferecem a propósito uma estatística interessante. Na Inglaterra, onde não existem *rodas,* a média de acusações por infanticídio, em um intervalo de 20 anos, foi de um *por* milhão de habitantes; ao passo que na Irlanda, onde existem *rodas,* a média durante o mesmo período foi de um por 280 mil habitantes. É um erro, diz notável estadista, afirmar que a *roda* diminui o número de infanticídios: "esse crime só diminuirá em razão do grau de civilização e do bem-estar das populações."

---

103 *Programma,* p. e., § 1.381: *"Cosicchè se taluno esponga um infante in qualche luogo ove abbia ragione di sperare che la carità di una persona determinata od anche indeterminata sia per raccoglierlo e poscia anzichè allontanarsi rimanga a vigilare nascostamente la creatura per vedere se si avverano le sua speranze; questo contegno converte l'esposizione in un momentaneo deposito, e mostrando chiaro che non si avena in animo di abbandonare la creatura, ma si di riprendersela quando nessuno se ne fosse ingerito, elimina affatto il dolo speciale di questo titolo."*

104 In *Nuovo Digesto Italiano,* I, p. 13.

se concretiza o evento de perigo, seja porque o transeunte pode ser um louco, um bêbedo, um sátiro ou outra espécie de depravado, seja porque pode, logo depois, arrepender-se ou querer evitar incômodos, resolvendo, por sua vez, abandonar a vítima. Nem a exclusão *in concreto* de tal eventualidade, por ter-se averiguado a honestidade do transeunte, exclui o crime, desde que *in abstracto* exista a possibilidade de perigo." Deve atender-se, porém, a que, na espécie, é indispensável um perigo efetivo, e não uma vaga possibilidade de perigo. Acresce que o elemento subjetivo, aqui, é a vontade consciente no sentido da produção do perigo. Se este, no caso ocorrente, não se verificou, e se faltava no agente o ânimo ou consciência de criar o perigo, é incontestável a ausência do crime.

Quanto ao elemento *sub d:* a incapacidade de bastar-se a si mesmo pode ser *absoluta* e inerente à condição normal da vítima (como quando esta é uma criança de tenra idade) ou *relativa* ou *acidental* (pelo modo, lugar ou tempo de abandono etc.). O termo *incapaz,* empregado na rubrica e no texto do art. 133, não tem o mesmo sentido que em direito privado, isto é, pessoa inapta para os atos da vida civil: significa a pessoa que, por qualquer motivo, não pode preservar-se do perigo a que fica exposta pelo fato do abandono (impossibilidade de proporcionar-se alimento, de invocar ajuda, de mover-se, de orientar-se etc.). É o *Hülflos,* assim definido por Thormann e Overbeck (ob. cit., p. 46): "Toda pessoa que, em determinadas circunstâncias, não tem a possibilidade de tomar as medidas necessárias à própria segurança" *("jeder Mensch, der unter gegebenen Umständen nicht im stand ist, die zum seinem Schutz notwendigen Massnahme zu ergreifen").* Tão *incapazes* são as crianças e os loucos quanto, em determinadas condições, os velhos, os paralíticos, os cegos, os enfermos, os bêbedos etc. Como já notamos acima, mesmo um homem plenamente válido pode, em particular conjuntura, ser incapaz de valer-se contra o perigo (como quando, por exemplo, seja deixado em alto-mar, num simples escaler, ou no caso do alpinista inexperiente abandonado na montanha). A incapacidade será, portanto, uma *quaestio facti,* nem sempre de solução evidente, que o juiz deve apreciar de caso em caso.

Por último, quanto ao elemento *sub e:* o dolo distintivo do crime em exame é a vontade consciente de expor a perigo, com o abandono contrário ao especial dever de assistência, a vida ou saúde do sujeito passivo.[105] É irrelevante o *fim* do agente; mas, se constitui o dolo específico de outro crime, este é que deve ser reconhecido, quando não seja o caso de um concurso de crimes.

105 Hafter (ob. cit., p. 52): *"Dem Täter muss bewiesen werden, dass er mit Wissen und Willen sein Opfer in Lebens-oder Gesundheitsgefahr gebracht ist."*

**101. Consumação e tentativa.** O crime de abandono se consuma desde que, deixada a vítima a si mesma, fica exposta a perigo de vida ou de saúde. Trata-se de crime *instantâneo*. Entende Manzini, entretanto, que se deve classificá-lo como *eventualmente permanente*, desde que *"il colpevole, potendo riprendere* o *imprendere utilmente la custodia* o *la cura, continui ad astenersi"*. Ora, é preciso não confundir a *permanência* do efeito do crime com a persistência da atividade executiva além do momento da consumação. No crime de que se trata, a consumação se efetua com o ato material do abandono, que cria o *eventus periculi*, e a eventual persistência deste não exige do agente uma ulterior e contínua atividade de ataque à incolumidade da vítima. Deixar de retomar o *derelicto* não é continuar a atividade de execução, pois esta cessa desde que o agente se separa da vítima, de modo a não poder assisti-la.

O crime de abandono, em que pese a opinião contrária de Pannain, não é daqueles *"qui unico actu perficiuntur"*, pois seu processo executivo é *fracionável:* o depósito da vítima e o gradativo afastamento do agente. Assim, pelo menos no caso de abandono comissivo, é perfeitamente possível a *tentativa*. Se o agente é surpreendido no ato do *depósito* ou quando já está se distanciando da vítima, mas antes que esta corra perigo, é inegável o *conatus*... Há um *iter* a percorrer, uma execução progressiva, em cujo curso o agente pode ser detido ou voluntariamente deter-se, – o que vale dizer: há uma *fase de tentativa.*

**102. Exclusão do crime.** A ilicitude penal do abandono pode ser excluída pelo *estado de necessidade* (segundo a regra geral). O dever de assistência, por mais imperioso que seja, não sobreleva o instinto de conservação. Deixa de ser penalmente exigível esse dever quando o seu cumprimento colide com a necessidade de autossalvação. Assim, um pai que, a caçar na companhia de um filho menor, é atacado por um bando de queixadas e trata de subir a uma árvore, deixando a criança entregue à sua própria sorte, não será por certo um herói, mas também não é um criminoso. O estado de necessidade, porém, só existe quando o abandono é o único recurso diante do perigo atual. Não o constitui, por exemplo, a extrema pobreza do agente ou a moléstia contagiosa da vítima, pois em tais casos deve ser solicitado o auxílio de institutos de beneficência ou de assistência.

**103. Casos qualificados.** Os §§ 1º e 2º do art. 133 preveem a hipótese em que do abandono resulta a morte da vítima ou esta sofre *lesão corporal grave.* O crime, em tais casos, é *qualificado* pelo resultado, sem perder o seu *nomen juris.* Entende-se que os mencionados eventos são alheios à vontade do agente, embora previstos ou previsíveis. Vejam-se a respeito os n. 10, 82 e 86.

**104. Agravantes especiais.** Nos incisos do § 3º do art. 133, deparam-se agravantes especiais do crime: "I – se o abandono ocorre em lugar ermo; II – se o agente é ascendente ou descendente, cônjuge, irmão, tutor ou curador da vítima." *Lugar ermo* deve ser entendido no sentido *material* ou *geográfico:* é o lugar *habitualmente* (quer de dia, quer de noite), e não acidentalmente solitário. É o *"abgelegen oder gewöhnlich unbelebt Ort"* ("lugar isolado ou habitualmente não frequentado"), do Código húngaro. É o lugar normalmente privado de socorro; mas, entenda-se, de modo *relativo,* pois, se absolutamente excluída a possibilidade de socorro, o abandono passa a ser, evidentemente, meio executivo de homicídio. Para que haja a agravante, entretanto, é necessário que no *momento do abandono* o lugar habitualmente solitário não esteja, por exceção, frequentado, pois, em tal eventualidade, deixa de apresentar-se a *ratio essendi* da agravante, isto é, a maior gravidade do perigo consequente ao abandono. No caso inverso, isto é, quando o abandono se realiza em lugar que, no momento, acidentalmente não está frequentado (ex.: uma rua de centro urbano a certas horas da noite), também é justo que não se reconheça a agravante, pois o *maior* perigo só se apresenta efetivamente quando constante é a relativa privação de socorro.

As outras agravantes especiais, englobadas no inciso II do § 3º, têm o seu fundamento no caráter mais imperioso do dever de assistência, quando se trata de qualquer das pessoas aí mencionadas: ascendente, descendente, cônjuge, irmão, tutor ou curador da vítima. A enumeração legal é taxativa; não admite analogia. Assim, não ocorre a agravante quando o agente é, por exemplo, pai ou filho adotivo, padrasto ou enteado, sogro ou genro da vítima.

Qualquer das agravantes especiais importará o aumento de um terço da pena (da pena aplicável, se não fosse a ocorrência da causa de aumento: art. 50), e se concorrerem a de lugar ermo com qualquer das outras, o juiz *poderá* limitar-se a um só aumento (parágrafo único do art. 50). O agente, quando pai, marido, tutor ou curador da vítima, fica ainda sujeito a pena acessória (art. 69, II e III, e parágrafo único, II, letras *a), b)* e *c, e* III, letras *a), b)* e c) e art. 70, II) e seu parágrafo único).

**105. Exposição ou abandono de recém-nascido *honoris causa*.** É esta a modalidade do abandono de incapaz prevista como *delictum privilegiatum,* no art. 134. Já explicamos que os verbos "expor" e "abandonar" estão empregados, no texto legal, como equivalentes (n. 99). O *privilegium* legal assenta na específica consideração do *motivo de honra.* Já o antigo Código, com a alteração trazida pelo art. 132 do Código de Menores, reconhecia na *causa honoris* uma atenuante especial. Madureira de Pinho (no *Prefácio* a O *novo*

*Código Penal* e a *Medicina Legal,* de Leonídio Ribeiro) declara não compreender a razão por que o Código suprimiu a *honoris causa* no conceito do *infanticídio* e a mantém para tornar privilegiado o crime de abandono de recém-nascido. Pura crítica de superfície. Esquece-se o ilustre professor de que, em direito penal, os *critérios lógicos,* muitas vezes, têm de ceder aos *critérios políticos.* A concessão do *privilegium,* na espécie, é um estímulo para que o agente não vá até a ocisão do recém-nascido, isto é, até a prática de um malefício mais grave. Se nele o instinto de piedade não é suficientemente forte para movê-lo ao sacrifício da própria honra, que prefira, então, entre os dois males, o menor, porque a pena lhe será grandemente atenuada, Em face da cláusula "para ocultar desonra *própria*", o sujeito ativo do crime somente pode ser a mãe que concebe *extra matrimonium* ou, quando muito, o pai adulterino ou incestuoso. Não gozará do *privilegium* nem mesmo o marido da mulher infiel que abandonar o neonato adulterino, pois a desonra, em tal caso, não é dele, mas da esposa. Ficou, assim, abolido o critério ampliativo do Código anterior, que reduzia especialmente a pena do abandono quando praticado "para salvar a honra própria ou da mulher ou da mãe, da filha adotiva ou irmã".

A *causa honoris* deve ser presumida *juris tantum* em qualquer caso de prole aviltante (ilegítima, espúria, adulterina), ainda mesmo que a concepção do recém-nascido tenha resultado de estupro. Deve ser, porém, excluído o favor legal no caso em que, sob a capa de escrúpulo de honra, se disfarce um injustificado orgulho, qual seria, por exemplo, o da mulher que, tendo sido desposada pelo seu sedutor, abandonasse o filho recém-nascido, só porque este viria atestar o coito pré-matrimonial. Não se poderia igualmente reconhecer a *honoris causa* no caso de intercedente anulação do casamento de que resultou a concepção da vítima. É bem de ver ainda que não pode invocar o *motivo de honra* a mulher já decaída no conceito público ou o indivíduo de notória impudência.

O *sujeito* passivo do crime é singularizado: somente pode ser o *recém-nascido.* Segundo a *ratio* que informa o art. 134, o limite de tempo da noção de *recém-nascido* é o momento em que a *délivrance se* torna conhecida de outrem, fora do círculo da família, pois, desde então, já não há mais *ocultar* desonra.

Quanto ao mais, tem aplicação aqui, *exceptis excipiendis,* o que dissemos sobre *abandono de incapaz,* devendo notar-se que, se, em correspondência com a realidade, a incapacidade de autodefesa do recém-nascido é presumida de modo absoluto, a efetividade do *eventus periculi* deve ser reconhecida *in concreto.*

### Omissão de socorro

**Art. 135.** *Deixar de prestar assistência, quando possível fazê-lo sem risco pessoal, a criança abandonada ou extraviada, ou a pessoa inválida ou ferida, ao desamparo ou em grave e iminente perigo; ou não pedir, nesses casos, o socorro da autoridade pública:*

*Pena – detenção, de um a seis meses, ou multa, de trezentos cruzeiros a dois mil cruzeiros.*

*Parágrafo único. A pena é aumentada de metade, se da omissão resulta lesão corporal de natureza grave, e triplicada, se resulta a morte.*

**DIREITO COMPARADO** – Códigos: italiano, art. 593; suíço, art. 127, 2ª alínea; francês, arts. 347 e 475, n. 12; espanhol, art. 578, s. 9 e 11; holandês, art. 450; norueguês, § 242, 3ª alínea; português, art. 346; polonês, art. 247; dinamarquês, § 253; tcheco-eslovaco, § 280; argentino, art. 108; chileno, art. 494, n. 13 e 14; boliviano, art. 574; peruano, arts. 182 e 183; uruguaio, art. 332; colombiano, arts. 395 e 396; cubano, art. 450; venezuelano, arts. 437 a 440.

**BIBLIOGRAFIA** – Guarneri, *Il delitto di omissione di soccorso,* 1937; Di Vico, *L'omesso impedimento di un evento,* in *Annali di Diritto e Processo Penale,* 1933, p. 764 e ss.; Sabbatini, *Obbligo di fare rispetare la legge e obbligo de impedire l'evento dannoso* o *pericoloso,* in *Foro Italiano,* 1935; Antolisei, *Omissione di soccorso,* in *Rivista Penale,* 1936, e *L'obbligo di impedire l'evento,* in *Rivista Ital. di Dir. Penale,* 1936; Vannini, *I reati commissivi mediante omissione,* 1916; Manzini, lit. cit.; Altavilla, in *Trattato* de Florian; Jannitti, lit. cit.; Saltelli-Di Falco, lit. cit.; Irureta Goyena, lit. cit.; Eusébio Gómez, lit. cit.; Alimena (B.), lit. cit.; Maggiore, lit. cit.; Calogero, *Dei reato di indolenza colpevole,* in *Enciclopedia* de Pessina, v. 2, parte 2ª ; Redslob, *Die kriminelle Unterlassung, in Strafrechtliche Abhandlungen,* 1906, fasc. 70; Höpfner, *Zur Lehre von Unterlassungsdelikte,* in *Zeitschrift f. die ges. Stratfrechtswissenschaft,* v. 36; Massari, *Il momento esecutivo del reato,* 1923; Mommsen, ob. cit.; Falchi, *Diritto penale romano,* 1932 ; Ferrini. *Esposizione storica e dottrinale del diritto penale romano,* in *Enciclopedia* de Pessina, 1905; Schiappoli, *Diritto penale canonico, in Enciclopedia* de Pessina, I, 1905; Pannain, *Omissione di soccorso,* in *Nuovo digesto italiano,* IX.

## COMENTÁRIO

**106. Histórico.** Com a amplitude de conceitos que lhe atribui o direito moderno, o crime de omissão de socorro era desconhecido nas antigas legislações. Entre os romanos, vigorava o princípio geral de que *"nullum crimen* *patitur is, qui non prohibet, cum prohibere potest"* (Dig., 50, 17, 109). Em casos excepcionais, entretanto, impunha-se, sob ameaça da pena capital, o dever jurídico de intervir para evitar um *crime* contra outrem. Assim, no caso dos militares e dos escravos, que eram obrigados, com risco da própria vida, a defender seus *praepositi* ou *domini* (Dig., 49, 16, 3, § 22: *"qui praepositum suum protegere noluerunt, vel deseruerunt, occiso eo, capite puniuntur"*; Dig., 29, 5: *"Servi quotiens dominis suis auxilium ferre possent, non debent saluti eorum suam anteponere."*)

Com o direito canônico, afirmou-se o dever genérico de solidariedade humana, e já o Decreto de Graciano o declarava: *"Qui non repellit a socio injuriam, si potest, tam est in vitio quam ille qui facit"*. Entre os *práticos*, no entanto, confirmava-se o critério romanístico, e Julius Clarus *(Practica Criminalis, Sent. V, quaestio* 87) ensinava: *("de jure civile nemo tenetur obviare delicto"*.

Nas primeiras codificações penais, o conceito da incriminação foi, de novo, se ampliando, embora sempre limitado o dever de assistência ao caso de periclitação de outrem por motivo de crime. No Regulamento toscano de polícia punitiva, de 1853, foi que apareceu, pela primeira vez, a norma, posteriormente generalizada, do dever jurídico de assistência a quem quer que se encontre em perigo, seja qual for a origem deste.

No Brasil, o Código monárquico não contemplava o crime de omissão de socorro, e o Código de 90 (art. 293, § 2º) limitava-se a punir o fato de quem "encontrando recém-nascido exposto, ou menor de sete anos abandonado em lugar ermo, não o apresentar, ou não der aviso à autoridade pública mais próxima".

**107. Conceito do crime.** Na atualidade, o direito tende, cada vez mais, a *socializar-se,* isto é, a orientar-se no sentido da solidariedade civil e humana. Eloquente atestado dessa nova diretriz é o preceito do art. 135 do nosso *Código* de 40, inspirado nos mais recentes códigos penais do mundo civilizado. É incriminada a simples abstenção de uma conduta socialmente útil, qual seja a assistência aos periclitantes. De par com o *neminem laedere,* tornou-se obrigatória a ajuda aos que, embora sem nossa culpa, se encontrem em situação de perigo, de que não podem defender-se. O que era mero dever ético passou a dever jurídico. E foi o direito penal, de sua exclusiva iniciativa, demonstrando a erronia dos que lhe atribuem uma função meramente sancionatória, que erigiu em norma coercitiva *esse* mandamento cristão de caridade.

O Código brasileiro não se limitou, como alguns Códigos estrangeiros, a considerar a violação dessa norma como uma simples *contravenção:* deu-lhe caráter de *crime,* reconhecendo, assim, a sua gravidade.

No art. 135, o dever de assistência já não está ligado, como no conteúdo do crime de *abandono de incapaz,* a relações jurídicas especiais: *qualquer pessoa* está adstrita a socorrer, desde que lhe seja possível sem risco pessoal, "criança abandonada ou extraviada" ou "pessoa inválida ou ferida, ao desamparo ou em grave e iminente perigo", ou "a pedir, nesses casos, o socorro da autoridade pública".[106] Trata-se de um *crime de perigo,* caracteristicamente tal: a ocorrência do *eventus periculi,* ora presumido pela lei, ora devendo ser reconhecido *in concreto,* basta para que se apresente o *summatum opus.* Sob outro aspecto, é um crime *instantâneo:* consuma-se no momento e no lugar em que se verifica o inadimplemento do dever de assistência. Como crime *omissivo próprio* ou de *pura omissão,* não admite *tentativa:* ou o agente se abstém do socorro, e o crime se consuma, ou não há crime algum. *Non datur tertium.* Não é possível, na espécie, um *começo de execução parcial.*

**108. Elementos do crime.** São estes os extremos da *omissão de socorro (indolenza colpevole* ou *omissione di soccorso,* dos italianos; *Imstichelassen,* dos autores suíços):

*a)* o encontro de criança abandonada ou extraviada, ou pessoa inválida ou ferida, ao desamparo ou em grave e iminente perigo;

*b)* omissão de assistência ao periclitante ou de solicitação dela à autoridade pública;

c) possibilidade dessa conduta alternativa sem risco pessoal;

*d)* dolo.

Nas hipóteses de "criança abandonada ou extraviada" e de "pessoa inválida ou ferida, ao desamparo", o perigo é presumido *juris et de jure;* ao passo que, na hipótese restante, o perigo deve ser apreciado *in concreto,* isto é, cumpre seja demonstrado que a pessoa se encontrava "em grave e iminente perigo".

Não há identidade de situação entre a criança *abandonada* e a *extraviada. Abandonada* se considera a criança que, incapaz de autopreservação, e interrompido o vínculo de assistência da parte de quem lha devia, fica entregue à sua própria sorte. Se, em relação aos crimes previstos nos arts. 133 e 134, o abandono é *meio executivo,* já no tocante à omissão de socorro é um fato preexistente à conduta do agente, ou, como se costuma dizer, um *pressuposto*

106 ALTAVILLA, comentando o art. 593 do Código italiano, a que corresponde, embora com menos amplitude, o art. 135 do Código brasileiro, assim se exprime: "*La disposizione in esame consacra um altissimo dovere etico di fratellanza umana: non più dovere specifico di tutela o di cura, nascente da un dovere giuridico, o de: una situazione di fatto che ha creato, perchè accettato, in dovere di assistenza, ma una particolare situazione imposta dagli eventi dalla quale non e possibile evadere.*"

do crime. *Extraviada* se diz a criança que, perdendo o contato ou vigilância dos que lhe devem proteção, desorienta-se, não sabendo voltar à companhia destes ou procurar lugar seguro. Uma criança pode estar, ao mesmo tempo, abandonada e extraviada, ou somente abandonada ou somente extraviada.

*Pessoa inválida* é toda aquela que, entregue a si mesma, não pode prover a própria segurança, seja isto por suas próprias condições normais ou por acidente (velhos, enfermos, aleijados, paralíticos, cegos etc.).

*Pessoa ferida* é a que, por ato de outrem ou dela própria (caso de tentativa de suicídio) ou acidentalmente, sofreu uma lesão no corpo, de modo a acarretar-lhe uma perturbação funcional geral ou local. Não importa que o ferimento seja leve, desde que, embora passageiramente, reduza a vítima à situação de não poder valer-se a si mesma, ensejando-se, assim, a agravação do perigo. A pessoa inválida ou ferida deve achar-se *ao desamparo,* isto é, privada de socorro e incapaz de obtê-lo por si mesma; ou em *grave* e *iminente perigo.* É grave e iminente o perigo que ameaça atualmente a vida da pessoa ou, de modo notável, a sua incolumidade física ou fisiológica.

Aquela que encontra o periclitante fica adstrita a uma assistência *direta* ou *indireta:* deve prestar pessoalmente o socorro, dentro das possibilidades concretas, ou solicitá-lo à autoridade pública; mas a alternativa nem sempre dependerá do seu puro arbítrio, pois, do contrário, em certos casos, poderia frustrar-se o escopo da tutela penal. Se a situação do periclitante não admite mora na prestação do socorro, é claro que seria inútil o aviso à autoridade pública, e a injustificada abstenção de assistência direta constituiria o crime.

O texto legal deve ser interpretado de modo a evitar uma ilação absurda. Só é excludente do crime o aviso à autoridade, quando a assistência desta possa *tempestivamente* conjurar o perigo.[107] Suponha-se o caso de um ferido encontrado a grande distância de povoado, a esvair-se em sangue: deixá-lo a si mesmo, para ir pedir a intervenção dos... *carabineiros de Offenbach,* importaria, indiscutivelmente, o crime de omissão de socorro.

107 Altavilla (ob. cit., p. 224): "*La legge dà facoltà di scelta: socorrere o dare immediato avviso all'Autorità. E questa la norma generale, si quindi nella scelta del mezzo non vi e danno per il pericolante, non vi è dubbio che si possa scegliere indifferentemente l'una o l'altra. Ma se invece il soccorso s'imponga per la sua urgenza e l'avviso all' Autorità non può che giungere tardiamente, noi pensiamo che per lo spirito informatore di questo articolo* (art. 593 do Código italiano) *non vi sia libertà di scelta.*" No mesmo sentido Manzini (ob. cit., p. 310): "O cumprimento do dever de assistência indireta não supre o inadimplemento do dever de assistência direta. Quando se faz necessária a assistência imediata, e se se pode prestá-la, está-se obrigado, antes de tudo, a cumprir esse dever. Se, ao contrário, abandona-se o periclitante, para ir dar aviso à autoridade, incorre-se na sanção penal, posto que não se tenha agido com dolo".

A *autoridade pública* a que se refere o art. 135 é aquela a quem incumbe especialmente intervir no caso (autoridade policial, funcionário de assistência pública, juiz ou comissário de menores etc.).

Como já dissemos, o preexistente estado de perigo se entende alheio à vontade do agente. Não comete o crime em questão o indivíduo, por exemplo, que, depois de ferir outro, (*vulnerandi* ou *necandi animo,* ou culposamente, deixa-o privado de socorro: responderá ele, conforme o caso, por lesão corporal (dolosa ou culposa) ou tentativa de homicídio, ou, se a vítima vem a morrer, por homicídio (doloso, preterdoloso ou culposo), tão somente. É de notar-se que, em caso de culpa, a omissão de socorro por parte do autor do ferimento é *causa de especial aumento de pena* (§§ 1º e 7º, respectivamente, dos arts. 121 e 129).

O terceiro requisito do crime é a possibilidade de prestação de socorro (direto ou indireto) sem risco pessoal. A lei não obriga ninguém a ser *herói* ou *santo,* isto é, a sacrificar-se por amor ao próximo. O estado de necessidade, como em outros crimes, segundo a regra geral, exclui, na espécie, a ilicitude penal. Mesmo aquele a quem incumbe, especialmente, o dever de assistência ao periclitante, não cometerá o crime, se se abstém para evitar risco pessoal. O texto da lei é incondicional quando se refere a *risco pessoal,* de modo que, aqui, não prevalece a regra do § 1º do art. 20. O risco deve afetar a *pessoa física:* não exculpará a omissão, se apenas *patrimonial* ou *moral,*

Finalmente, o elemento subjetivo do crime em exame é a vontade consciente e livre de não prestar o possível socorro a quem o agente sabe nas condições previstas no dispositivo legal. O crime só é punível a título de dolo, direto ou eventual. O erro exclui o dolo: se as circunstâncias são de molde a impedir o conhecimento da situação do periclitante (fazendo o agente supor, v.g., que se trata, não de uma pessoa inanimada ou abatida por ferimento, mas a repousar ou a dormir tranquilamente), nenhuma é a responsabilidade de quem passa sem acudi-la. É irrelevante o motivo determinante do crime (salvo para a medida da pena): pouco importa que seja a indiferença ou o egoísmo, a pressa ou a pusilanimidade.

**109. Concurso de agentes.** Se duas ou mais são as pessoas presentes que recusam socorro ao periclitante, respondem todas *pelo* crime, segundo a regra geral; mas, qualquer delas que preste o socorro, exime as outras. Há, no caso, uma *obrigação solidária.* Note-se, porém, que, se aquele que vai prestar o socorro é insuficiente para fazê-lo com êxito, os outros continuam obrigados e sua abstenção é criminosa.

**110. Casos qualificados.** Tal como no *abandono de incapaz* ou no "abandono de recém-nascido *honoris causa*", o subsequente evento "lesão corporal de natureza grave" ou "morte" qualifica a omissão de socorro (no caso de pessoa ferida, deve entender-se que a lesão haja adquirido natureza grave em consequência da falta de socorro). A propósito de *crime qualificado pelo resultado,* vejam-se n. 10, 82 e 86.

### MAUS-TRATOS

***Art. 136.*** *Expor a perigo a vida ou a saúde de pessoa sob sua autoridade, guarda ou vigilância, para fim de educação, ensino, tratamento ou custódia, quer privando-a de alimentação ou cuidados indispensáveis, quer sujeitando-a a trabalho excessivo ou inadequado, quer abusando de meios de correção ou disciplina:*

*Pena – detenção, de dois meses a um ano, ou multa, de quinhentos a cinco mil cruzeiros.*

*§ 1º Se do fato resulta lesão corporal de natureza grave:*

*Pena – reclusão, de um a quatro anos.*

*§ 2º Se resulta a morte:*

*Pena – reclusão, de quatro a doze anos.*

**DIREITO COMPARADO** – Códigos: italiano, arts. 571 e 572, alemão (modificado por lei de fevereiro de 1876), § 223, *b;* austríaco, § 413; norueguês, § 218: polonês, art. 246; dinamarquês, art. 213; peruano, arts. 184 e 185; venezuelano, arts. 441 a 443; boliviano, arts. 504 e 537, suíço, *arts.* 134 e 135; cubano, art. 450.

**BIBLIOGRAFIA** - Manzini, *Trattato,* v. VII; Manfredini, *Delitti contro la famiglia,* in *Trattato* de Florian, 1934; Calogero, *Abuso dei mezzi di correzione e disciplina e maltrattamenti in famiglia o verso* i *fanciulli,* in *Trattato* de Cogliolo, *v.* 2º, parte 2ª; Alimena (B.), *L'abuso dei mezzi di correzione e disciplina e* i *maltrattamenti in famiglia o verso* i *fanciulli,* in *Enciclopedia de Pessina,* v. 9; Lucchini, *Abuso dei mezzi di correzione e disciplina,* in *Digesto Italiano,* Geoffredi, *Abuso dei mezzi di correzione e maltrattamenti in famiglia* o *verso* i *fanciulli,* in *Nuovo Digesto Italiano,* Crivellari, *Codice Penale,* v. 7; Silbernagel e Gautier, *in Protokoll der zweiten Expertenkommission,* v. II, p. 264 e ss.; Liszt-Schmidt, lit. cit.; Hafter, ob. cit.; Thormann e Overbeck, lit. cit.; Ferrini, lit. cit.; Mommsen, lit. cit.; Falchi, lit. cit.; Saltelli-Di Falco, lit. cit.; Longo, *Commento al codice penale italiano,* II, 1911; Maggiore, lit. cit.

## COMENTÁRIO

**111. Histórico.** A legislação penal da antiguidade não contemplava o crime a que o nosso Código dá o nome de *maus-tratos.* O princípio de subordinação e disciplina nas relações domésticas era, *pelo* menos no conteúdo literal das leis, de um rigor desmedido. Em Roma, a princípio, o *pater famílias* era, *in domo sua,* uma espécie de rei absoluto. Seu direito de coerção e repressão, no tocante aos filhos, à mulher e aos escravos, era chamado *vitae necisque potestas.* O pai podia fazer do filho o que bem lhe aprouvesse. Eis o que nos reporta Dionísio de Halicarnasso: "*Romulus omnem potestatem in filium patri concessit, idque toto vitae tempore sive eum carcere includere, sive flagellare, sive vinctum ad opera rustica detinere, sive occidere vellet; etiam vendere filium permisit patri: quin etiam hos concessit patri, usque ad tertiam venditionem ex filio quaestum facere*". Nos tempos sucessivos, porém, esse arbítrio foi sendo limitado, e já Marciano podia dizer: "*patria potestas in pietate debet non atrocitate consistere*". O advento do cristianismo ainda mais abrandou a disciplina doméstica. Não podia esta ir além da *vis modica.* Na Idade Média, a *emendatio propinquorum* podia ser exercida até mesmo pelo castigo corporal, mas contanto que não causasse a morte ou ferimento grave. Foi este o critério que, procedente do direito canônico, transfundiu-se no direito estatutário: "*Quilibet possit uxorem, famulos et filias de sua família verberare, percutere et castigare impune, ita tamen quod non occidat aut membrum debilitet*". Também aos preceptores era permitido o rigor da disciplina repressiva: "*De magistris si aliquem ex discipulis suis castigando verberaverit non solvat banum.*" Os práticos ensinavam: "*Dominus servum, pater filium, maritus uxorem etc., castigare potest. Judicis arbítrio relinquitur, quae moderata sit castigatio... Castigare possunt* (os titulares do direito disciplinar), *modo non excedat castigationis terminos, alioquin de excessu puniantur*".

Os códigos do século XIX, na sua maioria, não cuidavam especialmente dos *maus-tratos* ou *castigos imoderados,* de modo que estes só se tornavam puníveis quando ocasionassem lesão corporal ou morte. No projeto de Código francês de 1810 havia a seguinte disposição que, entretanto, não foi aprovada: "As violências e maus-tratos que excedam os limites de uma correção legítima, exercidos por tutores ou tutoras, que não sejam os pais, sobre seus pupilos, ou por preceptores ou preceptoras sobre seus discípulos, por patrões sobre seus aprendizes, por carcereiros, guardas etc., sobre as pessoas detidas, serão punidos com prisão de onze dias a dois meses, além de multa de 50 a 200 francos, sem prejuízo de penas mais graves, segundo as circunstâncias. O Código Penal sardo foi dos primeiros a cuidar do fato como crime autônomo (art. 514): "*Ogni abuso nei mezzi di correzione* o *di disciplina, che si commettesse dai genitori verso i figli, dai tutori verso i minori, dagli istitutori* o *maestri verso gli allievi* o *scolari, sarà punibile cogli arresti, coll'ammenda* o *coll'ammonizione, secando le circostanze"*. E acrescentava no artigo seguinte: *"I cattivi trattamenti di un coniuge verso l'altro, quando siano gravi* o *frequenti, sono puniti coll'ammonizione, con comminatoria degli arresti in caso di recidiva"*.

O Código italiano de 89, entre os crimes contra a pessoa, incluía, como entidades distintas, o *abuso de meios de correção* e os *maus-tratos* (aplicados sem o *animus corrigendi).* O Código Rocco manteve a separação, mas coloca os dois crimes no setor dos crimes *contra a assistência familiar,* subclasse dos *crimes contra a família.*

Entre nós, o Código de 1830, na sua parte geral (art. 14, n. 6), declarava justificável o crime "quando o mal consistir no castigo moderado que os pais derem a seus filhos, os senhores a seus escravos, e os mestres a seus discípulos, ou desse castigo resultasse, uma vez que a qualidade dele não seja contrária às leis".

O Código de 90 aboliu o que restava da *justificativa,* mas não incriminou especialmente os maus-tratos ou o excesso de disciplina. Foi o Código de Menores, nos seus arts. 137 a 140, que declarou a ilicitude penal de tais fatos, quando praticados contra *menores de* 18 *anos,* mesmo quando constituíssem simples *perigo* à vida ou saúde do sujeito passivo.

No art. 141 do mesmo Código, era *qualificado* o crime "se os castigos imoderados, os maus-tratos, a privação de alimentos ou de cuidados, o excesso de fadiga causarem lesão corporal grave ou comprometerem gravemente o desenvolvimento intelectual do menor, e se o delinquente podia prever esse resultado". Posteriormente, os dispositivos incriminadores foram enfeixados na Consolidação das Leis Penais (incs. VI a X do art. 292).

**112. Conceito do crime e análise dos seus elementos.** O Código atual engloba numa fórmula única, sob a rubrica genérica de *maus-tratos,* os crimes que a legislação revogada, como vimos de ver, previa separadamente, com a nomenclatura de "castigos imoderados", "maus-tratos", "privação de alimentos ou cuidados indispensáveis" e "excesso de fadiga", e, no mesmo passo, ampliou a proteção penal: não somente é concedida aos menores de 18 anos, mas a todos quantos estejam sob a autoridade, guarda ou vigilância do sujeito ativo, "para fim de educação, ensino, tratamento ou custódia".

Não se justifica a fragmentação do crime, desde que se trata de fatos substancialmente análogos e se comina a mesma pena. Nem mesmo há distinguir-se, como faz o Código italiano, entre castigos imoderados *(abuso dei mezzi di correzione* o *di disciplina)* e maus-tratos *(maltrattamenti in famiglia* o *verso i fanciulli),* para mais severo tratamento penal dos últimos. Embora infligidos *corrigendi animo,* os castigos imoderados não deixam de ser *maus-tratos,* e eventualmente até mais graves do que os aplicados sem esse fim específico.

Além disso, punindo-se menos gravemente os castigos imoderados, o que acontece, na prática, é que todos os acusados tratarão de alegar esse motivo determinante, e dificílima, em muitos casos, será a prova em contrário.

Perante o art. 135, pouco importa o *fim* do agente, desde que, com os maus-tratos, é infringida a especial relação jurídica que o liga ao sujeito passivo, e ficando exposta a perigo a vida ou saúde deste. O crime de *maus-tratos,* segundo o dito artigo, é o fato de quem, dolosamente, expõe a perigo a vida ou saúde de pessoa sob sua autoridade, guarda ou vigilância, para fim de educação, ensino, tratamento ou custódia, quer privando-a de alimentação ou cuidados indispensáveis, quer sujeitando-a a trabalho excessivo ou inadequado, quer abusando de meios de correção ou disciplina. A especial relação intercedente entre os sujeitos ativo e passivo pode ser de direito privado ou de direito público ou administrativo. Seja dito de passagem que não pode ser sujeito ativo do crime o marido em relação à mulher, pois esta não se acha para com aquele na situação específica a que alude o art. 136: é sua *companheira,* e não sua *subordinada* (art. 240 do Código Civil).

Se inexiste a relação vinculativa mencionada no texto legal, o crime será o do art. 132, de caráter eminentemente supletivo. Trata-se de crime de conteúdo múltiplo: pressuposta a "violação do dever especial que liga o agente à vítima, o *meio executivo* tanto pode ser a *privação* de alimentos ou de *cuidados indispensáveis,* ou a *sujeição a trabalho excessivo ou inadequado,* quanto quaisquer *vias de fato* que concretizem excesso de correção ou disciplina (neste último caso é pressuposto, no agente, como é óbvio, o *jus corrigendi vel disciplinandi).*

Também na espécie se apresenta, como no caso de *abandono de incapaz,* um crime *próprio:* o sujeito ativo somente pode ser quem exerce *autoridade, guarda* ou *vigilância* sobre o sujeito passivo, para o fim de *educação, ensino, tratamento* ou *custódia.* Sobre a relação de *autoridade, guarda* e *vigilância,* veja-se n. 100. *Educação* compreende toda atividade docente destinada a aperfeiçoar, sob o aspecto intelectual, moral, técnico ou profissional, a capacidade individual. *Ensino* é tomado, aqui, em sentido menos amplo que o de educação: é a ministração de conhecimentos que devem formar o fundo comum de cultura (ensino primário, ensino propedêutico). *Tratamento* abrange não só o emprego de meios e cuidados no sentido da cura de moléstias, como o fato continuado de prover a subsistência de uma pessoa, Finalmente, *custódia* deve ser entendida em sentido estrito: refere-se à detenção de uma pessoa para fim autorizado em lei. Assim, o crime em questão é praticável por pais, tutores, curadores, diretores de colégio ou de institutos profissionais, professores, patrões, chefes de oficina ou contramestres, enfermeiros, carcereiros, em relação, respectivamente, aos filhos (menores), pupilos, curatelados, discípulos, fâmulos (menores), operários (menores), aprendizes, enfermos, presos. Cumpre notar que, no tocante a empregadores e empregados (menores), há legislação especial extrapenal, podendo ser cumuladas as sanções penais e as administrativas.

As duas primeiras modalidades do meio executivo têm caráter omissivo: a privação de alimentos e a privação de cuidados indispensáveis. Não é necessária a recusa total de alimentação (que, dadas as circunstâncias, poderia até revelar o *animus necandi):* basta que a vítima seja privada da alimentação estritamente suficiente, de modo a fazer periclitar a sua vida ou saúde.

*Cuidados indispensáveis* são os que constituem o *mínimo necessário* à preservação da vida ou saúde da pessoa de que se trata. Estaria faltando aos *cuidados indispensáveis,* v.g., o pai que deixasse o filho débil sem agasalho durante o rigor do inverno, ou o privasse de tratamento médico, sabendo-o necessitado dele. *Trabalho excessivo (Überanstregung* ou. *surmenage des enfants ou* subordonnés, dos autores suíços) é o que supera as forças da vítima. *Trabalho inadequado* é o impróprio relativamente às condições da vítima. Sobre os trabalhos legalmente proibidos aos menores entre 14 e 18 anos (os de idade inferior não são admissíveis nas indústrias em geral), veja-se a Consolidação das Leis do Trabalho.

Por último, refere-se o art. 136 ao *abuso de meios de correção* ou *disciplina,* isto é, a inflição de castigos exorbitantes, o mau uso ou o uso excessivo, aberrante, do *jus corrigendi* ou *disciplinandi.* Nas hipóteses anteriores, o agente procede por grosseria, irritabilidade, espírito de malvadez, prepotência, ódio, cupidez, intolerância; mas nesta última hipótese tem ele um fim em si mesmo justo, isto é, o fim de corrigir ou de fazer valer a sua autoridade. É bem de ver, porém, que o justo *fim* não autoriza o excesso de meio. Este é que a lei incrimina. Nada justifica o excesso, nem mesmo a incorrigibilidade ou insubmissão do sujeito passivo.

É pressuposto do crime, na modalidade em exame, que o agente tenha a faculdade de usar meios corretivos ou disciplinares para com a vítima (ex.: pai em relação ao filho, tutor em relação ao pupilo, mestre em relação ao aluno, vigilante de presos em relação a estes).

Repita-se *que* o dispositivo penal não impede o *jus corrigendi,* mas apenas o seu exercício imoderado. A ação será inicialmente lícita: só o ulterior *excesso* é crime. O direito de corrigir, notadamente a *emendatio propinquorum* (disciplina familiar ou doméstica), como já vimos, tinha em outros tempos, mesmo após o declínio do poder discricionário do *paterfamilias* romano, uma grande amplitude. Entre nós, não há meio século, a disciplina familiar e a escolar ainda se exerciam impunemente com a *vara de marmelo* e a férula. Ao que se conta, os alunos do famoso *Colégio do Caraça,* ao *tempo* do Império, chegaram a conhecer a *chibata...*

Tais processos pedagógicos, porém, estão hoje radicalmente condenados. Como diz Manzini, "a reprovação da violência, como meio de educação, generalizou-se pelas nações civilizadas, pois que irrita ou deprime, ao invés de corrigir ou ajudar; suscita o ódio ou repulsão, ao invés de manter o afeto e a confiança; fomenta a hipocrisia, atrofia a dignidade, paralisa a vontade, ocasiona, em suma, uma verdadeira ruína psíquica (e, às vezes, também física), da qual bem poucos podem refazer-se *depois* de libertos de tão bestial e furibunda disciplina". Em plena Idade Média, aliás, como lembra Compayré, já os pedagogos de *Port-Royal* proclamavam: *"Les châtiments jettent tout dans la tristesse, et le degoût achève de tout perdre".* Na atualidade, é vedado tudo quanto ultrapassa a *vis modica,* a leve percussão, e se o fato expõe a perigo a saúde da vítima, entra na órbita do ilícito penal.

Já não vigora o preceito de Salomão, segundo o qual *"virga tribuit sapientiam"...* Nem mesmo é tolerado o *vulnusculum.* No que respeita à disciplina escolar, não se pode ir além da advertência, da admoestação, da censura, da suspensão das aulas, da expulsão da escola, da exclusão de exames. O que exceder daí pode não constituir crime, mas será, pelo menos, um *ilícito administrativo.*

O texto legal fala em *correção* ou *disciplina,* e não o faz empregando os dois vocábulos como sinônimos. Se todo meio de correção é disciplinar, nem todo meio disciplinar é corretivo, podendo limitar-se à *coerção,* sem nenhum fim de emenda.

O crime de *maus-tratos,* em qualquer de suas modalidades, é crime de perigo: necessário e *suficiente* para sua existência é o perigo de dano à incolumidade da vítima. Segundo observa Hafter (ob. cit., § 14), *"der Täter muss einem Zustand bei seinen Opfer bewirkt haben, der den Eintritt einer Gesundheitsschädigung erwarten und besorgen lässt"* (isto é, "o agente deve ter criado para a vítima uma situação que faça esperar ou temer a superveniência de um dano à saúde"). Se ocorre efetivo dano, cumpre distinguir: se se trata de lesão corporal de natureza *leve (excluído,* é claro, o *animus vulnerandi),* o crime persiste como *maus-tratos* na sua forma simples; se se trata, porém, de lesão corporal de natureza *grave* ou de *morte,* o crime é *qualificado,* na conformidade dos §§ 1º e 2º do art. 136. Entende-se que os eventos *qualificativos* são *preterdolosos:* se abrangidos pelo dolo do agente, o crime passa a ser o de lesão corporal dolosa ou homicídio doloso (consumado ou tentado).

O elemento subjetivo ou dolo específico do crime em questão é a vontade consciente de maltratar o sujeito passivo, de modo a expor-lhe a perigo a vida ou saúde. O dolo, quanto ao conteúdo de perigo, pode ser direto ou eventual. Basta, como diz Hafter, que o agente *"sich der gefährden Folgen seines Verhaltens bewusste sein und sie in den Kauf genommen haben muss"* (isto é, "esteja consciente do efeito de perigo e lhe assuma o risco").

O Código não subordina a incriminação dos *maus-tratos* à sua *habitualidade;* mas, em certos casos, somente com esta poderá apresentar-se o *eventus periculi,* indispensável ao crime. Fora de tais casos, a reiteração dos maus-tratos constituirá *crime continuado.*

Na sua modalidade de *privação de alimentos* ou *cuidados indispensáveis* e *sujeição a trabalho excessivo ou inadequado,* o crime é *permanente.* Nos demais casos, pode eventualmente assumir o caráter de *permanência* (ex.: um pai, *corrigendi animo,* mantém o filho fortemente amarrado ao pé de uma cama, ou prolonga excessivamente a sua segregação no "quarto escuro").

# SEGUNDA PARTE

Miguel Reale Júnior

Luciano Anderson de Souza

## Capítulo 1

# DOS CRIMES CONTRA A VIDA

## NOTA EXPLICATIVA

Foram muitas as alterações legislativas ocorridas no Código Penal brasileiro desde a edição da grande obra de Nélson Hungria. No que diz respeito, especificamente, aos crimes contra a vida, parte do objeto de análise do volume V de sua coleção (que abrange os dois primeiros capítulos do título dos crimes contra a pessoa), não viu o antigo ministro do Supremo Tribunal Federal a criação da figura dos crimes hediondos, bem como novas qualificadoras (incisos VI e VII do § 2º do art. 121) e causas de aumento de pena (§§ 6º e 7º do mesmo dispositivo) para o homicídio. Também não pôde analisar as alterações introduzidas pelo Código de Trânsito quanto ao tema, nem o questionamento da pena do homicídio culposo.

Tampouco pôde acompanhar Hungria as discussões doutrinárias e jurisprudenciais que têm transformado, mesmo sem qualquer alteração legal até o momento, as figuras delitivas de induzimento, instigação ou auxílio a suicídio (notadamente, eutanásia, ortotanásia e suicídio assistido), aborto e lesões corporais, esta quanto à redesignação genital de transexuais. Por fim, não soube dos delitos de omissão de socorro no trânsito ou de omissão de socorro no atendimento hospitalar.

Neste sentido, esse trabalho de atualização, dirigido pelo Professor Miguel Reale Júnior quanto à Parte Especial, inicia-se por complementar e trazer as mais recentes questões em torno dos assuntos em destaque, o que significa estruturar o trabalho doravante desenvolvido analisando-se os temas inéditos, sem pretensão de substituir a obra do grande mestre, mas tão somente o de adicionar o novo, ainda que não se siga exatamente a ordem legal. Ante o cipoal legislativo ora vivenciado, mais racional uma análise de temas, seguindo-se, na medida do possível, a disposição normativa.

Dentro do delito de homicídio, então, inicia-se pela análise do que são os crimes hediondos, bem como as duas novas espécies desses, quais sejam, homicídio e lesão corporal praticados contra agentes de segurança e seus parentes e feminicídio. Pela maior complexidade desse último tema, sua referência se dará em apartado, posteriormente. A seguir, insta estudar a novel causa de aumento inserida no § 6º do art. 121, que diz respeito a crime praticado por milícia privada.

Importante observar que quase todas as alterações referenciadas acima impactaram também a disciplina do art. 129 do Código Penal, que diz respeito às lesões corporais. Nesse sentido, a figura da hediondez, a violência doméstica e a prática de lesões contra agentes de segurança ou seus parentes tiveram correspondente conformação nesta seara. Ao invés de se criar item autônomo para tal análise, optou-se por mencionar a atualização quando do tratamento do assunto relativamente ao delito de homicídio, sempre com as menções aos correspondentes dispositivos legais.

Diante do exposto, a primeira análise será feita do seguinte modo: a) crimes hediondos, dentro do qual se destaca ao final a mais recente inserção dessa categoria, qual seja, a qualificadora de homicídio contra agentes de segurança ou seus parentes (além de correlata causa de aumento nas lesões corporais); b) a qualificadora do feminicídio, com o tema ínsito da violência doméstica e c) a causa de aumento de homicídio praticado por milícia privada.

## HOMICÍDIO

### Homicídio simples

*Art. 121. Matar alguém:*

*Pena – reclusão, de seis a vinte anos.*

### Caso de diminuição de pena

*§ 1º Se o agente comete o crime impelido por motivo de relevante valor social ou moral, ou sob o domínio de violenta emoção, logo em seguida a injusta provocação da vítima, o juiz pode reduzir a pena de um sexto a um terço.*

### Homicídio qualificado

*§ 2° Se o homicídio é cometido:*

*I – mediante paga ou promessa de recompensa, ou por outro motivo torpe;*

*II – por motivo fútil;*

*III – com emprego de veneno, fogo, explosivo, asfixia, tortura ou outro meio insidioso ou cruel, ou de que possa resultar perigo comum;*

*IV – à traição, de emboscada, ou mediante dissimulação ou outro recurso que dificulte ou torne impossível a defesa do ofendido;*

*V – para assegurar a execução, a ocultação, a impunidade ou vantagem de outro crime:*

***Feminicídio***

*VI – contra a mulher por razões da condição de sexo feminino:*

*VII – contra autoridade ou agente descrito nos arts. 142 e 144 da Constituição Federal, integrantes do sistema prisional e da Força Nacional de Segurança Pública, no exercício da função ou em decorrência dela, ou contra seu cônjuge, companheiro ou parente consanguíneo até terceiro grau, em razão dessa condição:*

*Pena – reclusão, de doze a trinta anos.*

*§ 2º-A Considera-se que há razões de condição de sexo feminino quando o crime envolve:*

*I – violência doméstica e familiar;*

*II – menosprezo ou discriminação à condição de mulher.*

## Homicídio culposo

*§ 3º Se o homicídio é culposo:*

*Pena – detenção, de um a três anos.*

## Aumento de pena

*§ 4º No homicídio culposo, a pena é aumentada de 1/3 (um terço), se o crime resulta de inobservância de regra técnica de profissão, arte ou ofício, ou se o agente deixa de prestar imediato socorro à vítima, não procura diminuir as conseqüências do seu ato, ou foge para evitar prisão em flagrante. Sendo doloso o homicídio, a pena é aumentada de 1/3 (um terço) se o crime é praticado contra pessoa menor de 14 (quatorze) ou maior de 60 (sessenta) anos.*

*§ 5º – Na hipótese de homicídio culposo, o juiz poderá deixar de aplicar a pena, se as conseqüências da infração atingirem o próprio agente de forma tão grave que a sanção penal se torne desnecessária.*

*§ 6º A pena é aumentada de 1/3 (um terço) até a metade se o crime for praticado por milícia privada, sob o pretexto de prestação de serviço de segurança, ou por grupo de extermínio.*

*§ 7º A pena do feminicídio é aumentada de 1/3 (um terço) até a metade se o crime for praticado:*

*I – durante a gestação ou nos 3 (três) meses posteriores ao parto;*

*II – contra pessoa menor de 14 (catorze) anos, maior de 60 (sessenta) anos ou com deficiência;*

*III – na presença de descendente ou de ascendente da vítima.*

## 1. CRIMES HEDIONDOS

**BIBLIOGRAFIA:** AMARAL NETTO, F. *Pena de morte*: uma resposta contundente aos inimigos da pena capital. Rio de Janeiro: Record, 1991; BECHARA, Ana Elisa Liberatore Silva. *Bem jurídico-penal*. São Paulo: Quartier Latin, 2014; BITENCOURT, Cezar Roberto. *Tratado de direito penal*. São Paulo: Saraiva, 2016, v. 2; DOTTI, René Ariel. *Curso de direito penal*: parte geral. São Paulo: Revista dos Tribunais, 2010; FERRAJOLI, Luigi. Il populismo penale nella società dela paura. *In*: ZAFFARONI, Eugenio Raúl *et al*. La emergencia del miedo. Buenos Aires: Ediar, 2012, pp. 37-55; FERREIRA, Regina Cirino Alves. Política criminal desumana: irracionalismos concretos nos processos de criminalização primária e secundária. *In*: BERCOVICI, Gilberto; SOUZA, Luciano Anderson de; FERREIRA, Lauro Cesar M. (Coords.). *Desafios dos direitos humanos no século XXI*. São Paulo: Quartier Latin, 2016, pp. 423-442; FRAGOSO, Christiano Falk. *Autoritarismo e sistema penal*. Rio de Janeiro: Lumen Juris, 2015; FRANCO, Alberto Silva. *Crimes hediondos*. São Paulo: Revista dos Tribunais, 2011; FUZIGER, Rodrigo. *Direito penal simbólico*. Curitiba: Juruá, 2015; KUWAHARA, Shigueo. *Proteção a vítimas e testemunhas ameaçadas no Brasil*: o papel do estado e da sociedade civil. Salamanca: Ediciones Universidad de Salamanca, 2016; MESTIERI, João. Leis hediondas & penas radicais. *In*: BARRA, Rubens Prestes; ANDREUCCI, Ricardo Antunes. *Estudos em homenagem a Manoel Pedro Pimentel*. São Paulo: Revista dos Tribunais, 1992, pp. 189-196; PAIVA, Luiz Guilherme Mendes de. *A fábrica de penas*: racionalidade legislativa e a Lei dos crimes hediondos. Rio de Janeiro: Revan, 2009; REALE JÚNIOR, Miguel. Avanços e retrocessos. *In*: BARRA, Rubens Prestes; ANDREUCCI, Ricardo Antunes. *Estudos em homenagem a Manoel Pedro Pimentel*. São Paulo: Revista dos Tribunais, 1992, pp. 275-277; REALE JÚNIOR, Miguel. Caminhos do direito penal brasileiro. *Revista Brasileira de Ciências Criminais*, São Paulo, v. 18, n. 85, jul./ago. 2010, pp. 41-76; REALE JÚNIOR, Miguel. A inconstitucionalidade da lei dos remédios. *Revista dos Tribunais*, São Paulo, v. 88, maio 1999, pp. 415-431; REALE JÚNIOR, Miguel. *Parte geral do código penal* (nova interpretação). São Paulo: Revista dos Tribunais, 1988; REALE JÚNIOR, Miguel; DOTTI, René Ariel; ANDREUCCI, Ricardo Antunes; PITOMBO, Sergio M. de Moraes. Penas e medidas de segurança no novo código. Rio de Janeiro: Forense, 1985; SOUZA, Luciano Anderson de. *Expansão do direito penal e globalização*. São Paulo: Quartier Latin, 2007; SOUZA, Luciano Anderson de; FERREIRA, Regina Cirino Alves. Discurso midiático penal e exasperação repressiva. *Revista Brasileira de Ciências Criminais*, v. 94, jan./fev. 2012, pp. 363-382; TOLEDO, Francisco de Assis. *Princípios básicos de direito penal*.

São Paulo: Saraiva, 1994; TORON, Alberto Zacharias. *Crimes hediondos*: o mito da repressão penal. Revista dos Tribunais, 1996.

## COMENTÁRIO

A controversa figura jurídica do *"crime hediondo"* consiste em um divisor de águas na história do Direito Penal brasileiro. Desconhecida aqui e alhures, ela surge na Constituição de 1988, vindo a ser regulamentada pela Lei nº 8.072/1990, sob a presidência de Fernando Collor de Mello. A partir de então, foi alterada inúmeras vezes, conformando verdadeira escalada de recrudescimento penal, à qual vem se somando, ademais, a edição de consideráveis outras leis punitivas desde então[1].

Já se mostra no mínimo curioso seu aparecimento na Assembleia Nacional Constituinte finda a ditadura militar, mormente porque, quatro anos antes, nos estertores dessa última, em um contexto social saturado com o arbítrio estatal, no ínsito paradoxo jurídico-penal *"garantismo* versus *segurança"*, claramente privilegiou-se o primeiro na Reforma Penal de 1984[2].

Naquele momento, a partir do trabalho de duas comissões de juristas – instituídas pouco antes pelo ministro da Justiça Ibrahim Abi-Ackel[3] -, dentre os quais se destacaram Francisco de Assis Toledo, Miguel Reale Júnior e René Ariel Dotti, produziram-se dois frutos legais consideravelmente técnicos e harmonizados, quais sejam, uma nova Parte Geral do Código Penal (Lei nº 7.209/1984)[4] e uma Lei de Execução Penal (Lei nº 7.210/1984).

---

1 Inventariando em termos legislativos o caminho que identifica como de manifestação de autoritarismo punitivo brasileiro contemporâneo, cf. FRAGOSO, Christiano Falk. *Autoritarismo e sistema penal*. Rio de Janeiro: Lumen Juris, 2015, p. 298 e ss.

2 *"O novo sistema de penas proposto pelas Leis nºs 7.209 e 7.210, de 11 de julho de 1984, alterando a parte geral do Código Penal e instituindo uma lei específica para regular os problemas de execução das penas e das medidas de segurança, traduz o ponto alto de um grande movimento que visa ajustar o nosso ordenamento positivo às contemporâneas exigências de proteção aos valores fundamentais à comunidade, de respeito ao patrimônio jurídico do Homem e de modernidade científica"*. Cf. REALE JÚNIOR, Miguel; DOTTI, René Ariel; ANDREUCCI, Ricardo Antunes; PITOMBO, Sergio M. de Moraes. Penas e medidas de segurança no novo código. Rio de Janeiro: Forense, 1985, p. 1.

3 Sobre a Reforma, cf. TOLEDO, Francisco de Assis. *Princípios básicos de direito penal*. São Paulo: Saraiva, 1994, p. 66 e ss.

4 Analisando a nova parte geral, cf. REALE JÚNIOR, Miguel. *Parte geral do código penal* (nova interpretação). São Paulo: Revista dos Tribunais, 1988, *passim*.

Isso significou, naquele momento[5], a consagração de leis racionais de intervenção penal mínima, norteadas pela ideia de culpabilidade, alternativas ao cárcere e valorização da dignidade da pessoa humana. Em outras palavras, sinalizou-se a preponderância do postulado garantista, com viés técnico e detalhada logicidade, antecipando-se em alguns anos diversos dispositivos da Carta dita cidadã[6].

Abstraindo-se na presente análise a importante e verdadeiramente dramática situação executória penal – fruto, principalmente, do acintoso descumprimento da lei especial por parte dos poderes executivos desde seu nascedouro -, fato é que contraponto à racionalidade humanista já se inicia na própria Assembleia Nacional Constituinte, que culminou por gerar uma Constituição prolixa e permeada de contradições. Isso impactou também o Direito Penal.

Durante o debate constituinte, surgiu aquele que é tema que pendularmente aparece na sociedade brasileira, sempre eivado de demagogia: a pena de morte. Então defendida de modo insistente por deputados da ala conservadora[7] escorados, dentre outras razões do movimento de *"lei e ordem"*[8], nos argumentos de *"fim da impunidade"* e de aprovação por parte da opinião pública ante a *"crimes graves"* e criminosos *"sem jeito"*, a medida, após diversas votações[9], foi rejeitada para casos que não de guerra, mas, já naquele contexto, deixou plantada a semente do recrudescimento penal[10].

---

5 Sobre a evolução do Direito Penal brasileiro no período, cf. REALE JÚNIOR, Miguel. Caminhos do direito penal brasileiro. *Revista Brasileira de Ciências Criminais*, São Paulo, v. 18, n. 85, jul./ago. 2010, p. 52 e ss.; TORON, Alberto Zacharias. *Crimes hediondos*: o mito da repressão penal. Revista dos Tribunais, 1996, p. 28 e ss.

6 Refletindo sobre a citada reforma, escreve DOTTI: *"Passados vinte e cinco anos da promulgação das leis de reforma, é possível chegar a duas conclusões: a) as deformações de uma legislação de pânico não conseguiram descaracterizar o sentido humanitário e social do novo sistema de penas, apesar das mazelas administrativas de execução; b) as penas alternativas e, em especial, a pena de serviços comunitários, constitui uma revolução copérnica nos usos e costumes do penitenciarismo clássico"*. Cf. DOTTI, René Ariel. *Curso de direito penal*: parte geral. São Paulo: Revista dos Tribunais, 2010, p. 293.

7 O tema foi bandeira de Amaral Netto (do PDS/RJ), o qual, ao depois, publicou obra a respeito, cf. AMARAL NETTO, F. *Pena de morte*: uma resposta contundente aos inimigos da pena capital. Rio de Janeiro: Record, 1991, *passim*.

8 Cf. FRANCO, Alberto Silva. *Crimes hediondos*. São Paulo: Revista dos Tribunais, 2011, p. 140; TORON, Alberto Zacharias. *Crimes hediondos...*, cit., p. 86 e ss.

9 Constituinte veta pena de morte. *Correio Braziliense*, 04.02.1988, p. 3.

10 Logo após descrever as discussões então encetadas quanto à pena de morte na Constituinte, afirma KUWAHARA: "(...), *a ideia incrementar a punição de crimes violentos floresceu juntamente com a de outras condutas típicas como o terrorismo, o tráfico ilícito de entorpecentes, a tortura, bem como do crime de racismo e da ação criminosa de grupos*

Resultado disso foi a elaboração do inciso XLIII no artigo 5º da Carta, estabelecendo que "*a lei considerará crimes inafiançáveis e insuscetíveis de graça ou anistia a prática da tortura, o tráfico ilícito de entorpecentes e drogas afins, o terrorismo e os definidos como crimes hediondos, por eles respondendo os mandantes, os executores e os que, podendo evitá-los, se omitirem*".

Ainda em fins do governo Sarney, cerca de um ano após a promulgação da Constituição, o Poder Executivo buscou promover a regulamentação da matéria, com vistas a ofertar uma aparente pronta resposta social às práticas de extorsões mediante sequestro de empresários, então largamente exploradas pela imprensa[11]. Naquele momento, insta observar, já existia um discurso político de necessidade de "*readequação*" da legislação penal brasileira em face da ausência de "*diminuição da criminalidade*"[12]. Em outros termos, o discurso punitivista ganhava preponderância política e social.

Logo a seguir, já em meio ao polêmico governo Collor – envolto em graves crises econômicas e políticas e com apoio popular decrescente desde o início –, o Poder Executivo federal procurou oferecer agilidade à regulamentação da matéria[13], o que redundou na Lei nº 8.072, de 25 de julho de 1990, aprovada de modo extremamente célere[14] e com escassa discussão parlamentar. O resultado não poderia ser pior.

*armados, todas reivindicando um status diferenciado em relação à lei penal comum. O termo 'crimes hediondos' foi sendo cunhado aos poucos nas falas dos constituintes, ainda que não houvesse, naquele momento, uma clara definição de quais seriam estes crimes. A punição dos crimes hediondos, tal como imaginada originalmente pelos constituintes de visão mais conservadora, foi aos poucos sendo diluída da pena capital, para a prisão perpétua, e da prisão perpétua, para o agravamento das condições processuais e penais*". Cf. KUWAHARA, Shigueo. *Proteção a vítimas e testemunhas ameaçadas no Brasil*: o papel do estado e da sociedade civil. Salamanca: Ediciones Universidad de Salamanca, 2016. Sobre o tema, ainda, cf. PAIVA, Luiz Guilherme Mendes de. *A fábrica de penas*: racionalidade legislativa e a Lei dos crimes hediondos. Rio de Janeiro: Revan, 2009, p. 80 e ss.

11 FRANCO, Alberto Silva. *Crimes hediondos...*, cit., pp. 158-159. No mesmo sentido, cf. REALE JÚNIOR, Miguel. Caminhos do..., cit., p. 70; PAIVA, Luiz Guilherme Mendes de. *A fábrica...*, cit., p. 96 e ss. Sobre a relação hodierna entre mídia e repressão criminal, cf. 2012 SOUZA, Luciano Anderson de; FERREIRA, Regina Cirino Alves. Discurso midiático penal e exasperação repressiva. *Revista Brasileira de Ciências Criminais*, v. 94, jan./fev. 2012, pp. 363-382.

12 FRANCO, Alberto Silva. *Crimes hediondos...*, cit., p. 160.

13 KUWAHARA, Shigueo. *Proteção a*, p. 228 e ss.

14 REALE JÚNIOR, Miguel. Avanços e retrocessos. *In*: BARRA, Rubens Prestes; ANDREUCCI, Ricardo Antunes. *Estudos em homenagem a Manoel Pedro Pimentel*. São Paulo: Revista dos Tribunais, 1992, p. 275.

A legislação em comento jamais definiu o que viria a ser "*crime hediondo*", fixando, isto sim, um catálogo de infrações submetidas a tal rubrica, sobre o qual incide um tratamento bastante recrudescido em termos penais e processuais penais. Maior sinalização nesse último aspecto deu-se com a originária previsão de regime integral fechado para cumprimento de pena por condenação a qualquer crime hediondo, regramento somente muitos anos depois reconhecido como inconstitucional pelo Supremo Tribunal Federal[15], o que levou à alteração legislativa de 2007, por meio da Lei nº 11.464, estabelecendo-se regime inicial fechado de cumprimento de pena[16].

Não obstante esse último regrame, o STF, em seguida, passou a entendê-lo também inconstitucional, tendo fixado a seguinte tese de repercussão geral: "é inconstitucional a fixação *ex lege, com base no artigo 2º, parágrafo 1º, da Lei 8.072/1990, do regime inicial fechado, devendo o julgador, quando da condenação, ater-se aos parâmetros previstos no artigo 33 do Código Penal*".

Em termos de classificação penal, especificamente, a redação original do artigo 1º da lei em destaque não se referia ao capítulo dos crimes contra a vida do Código:

> Art. 1º São considerados hediondos os crimes de latrocínio (art. 157, § 3º, in fine), extorsão qualificada pela morte, (art. 158, § 2º), extorsão mediante seqüestro e na forma qualificada (art. 159, caput e seus §§ 1º, 2º e 3º), estupro (art. 213, caput e sua combinação com o art. 223, caput e parágrafo único), atentado violento ao pudor (art. 214 e sua combinação com o art. 223, caput e parágrafo único), epidemia com resultado morte (art. 267, § 1º), envenenamento de água potável ou de substância alimentícia ou medicinal, qualificado pela morte (art. 270, combinado com o art. 285), todos do Código Penal (Decreto-Lei nº 2.848, de 7 de dezembro de 1940), e de genocídio (arts. 1º, 2º e 3º da Lei nº 2.889, de 1º de outubro de 1956), tentados ou consumados.

---

15 Aos 23 de fevereiro de 2006, em decisão histórica no STF, nos autos de HC nº 82.959-7/SP, de relatoria do ministro Marco Aurélio, declarou-se, em controle difuso com efeitos *erga omnes*, a inconstitucionalidade da vedação de progressão de regime para os condenados por crimes hediondos e equiparados. Posteriormente, o tema acabou por ser objeto da Súmula Vinculante nº 26, da Corte, aprovada em 2009: "*Para efeito de progressão de regime no cumprimento de pena por crime hediondo, ou equiparado, o juízo da execução observará a inconstitucionalidade do art. 2º da Lei n. 8.072, de 25 de julho de 1990, sem prejuízo de avaliar se o condenado preenche, ou não, os requisitos objetivos e subjetivos do benefício, podendo determinar, para tal fim, de modo fundamentado, a realização de exame criminológico*".

16 Sobre isso, cf. FRANCO, Alberto Silva. *Crimes hediondos...*, cit., p. 371 e ss.

A catalogação de situações específicas de homicídio com a etiqueta da hediondez, em realidade, somente vai ocorrer quatro anos depois, precipuamente em meio à comoção social que marcou a morte da atriz Daniella Perez, ocorrida cerca de um ano e meio antes. A atriz possuía 22 anos quando teve sua vida ceifada a golpes de tesoura pelo ator com quem fazia par romântico na novela de maior audiência do período, o que revelou profundo impacto social. A mãe da vítima era a autora da trama, tendo encampado, em seguida, significativa campanha pela alteração da lei[17].

Resultado disso foi a edição da Lei nº 8.930/1994, que fixou como crimes hediondos o homicídio, quando praticado em atividade típica de grupo de extermínio[18], ainda que cometido por um só agente, e o homicídio qualificado. Leis posteriores foram expandindo a catalogação[19], ao sabor da exploração midiática[20] dos mais diversos temas criminais.



---

17 Sobre o tema, cf. PAIVA, Luiz Guilherme Mendes de. *A fábrica...*, cit., p. 134 e ss.

18 Já que também houve no período escândalo midiático decorrente de chacina de menores. Cf. TORON, Alberto Zacharias. *Crimes hediondos...*, cit., p. 73.

19 Apenas o artigo 1º da lei em destaque sofreu alteração por seis leis desde 1990 (Leis nºs. 8.930/1994, 9.695/1998, 12.015/2009, 12.978/2014, 13.142/2015 e 13.497/2017). Atualmente, o dispositivo estabelece: "*Art. 1º* São considerados hediondos os seguintes crimes, todos tipificados no Decreto-Lei nº 2.848, de 7 de dezembro de 1940 – *Código Penal, consumados ou tentados: I – homicídio (art. 121), quando praticado em atividade típica de grupo de extermínio, ainda que cometido por um só agente, e homicídio qualificado (art. 121, § 2º, incisos I, II, III, IV, V, VI e VII); I-A – lesão corporal dolosa de natureza gravíssima (art. 129, § 2º) e lesão corporal seguida de morte (art. 129, § 3º), quando praticadas contra autoridade ou agente descrito nos arts. 142 e 144 da Constituição Federal, integrantes do sistema prisional e da Força Nacional de Segurança Pública, no exercício da função ou em decorrência dela, ou contra seu cônjuge, companheiro ou parente consanguíneo até terceiro grau, em razão dessa condição; II – latrocínio (art. 157, § 3º, in fine); III – extorsão qualificada pela morte (art. 158, § 2º); IV – extorsão mediante seqüestro e na forma qualificada (art. 159, caput, e §§ lº, 2º* e *3º); V – estupro (art. 213, caput e §§ 1º* e *2º); VI – estupro de vulnerável (art. 217-A, caput e §§ 1º, 2º, 3º* e *4º); VII – epidemia com resultado morte (art. 267, § 1º). VII-A – (VETADO) VII-B – falsificação, corrupção, adulteração ou alteração de produto destinado a fins terapêuticos ou medicinais (art. 273, caput* e *§ 1º, § 1º-A e § 1º-B, com a redação dada pela Lei nº* 9.677, de 2 de julho de 1998). VIII – *favorecimento da prostituição ou de outra forma de exploração sexual de criança ou adolescente ou de vulnerável (art. 218-B, caput, e §§ 1º e 2º). Parágrafo único. Consideram-se também hediondos o crime de genocídio previsto nos arts. 1º, 2º* e 3º da Lei nº 2.889, de 1º de outubro de 1956, e o de posse ou porte ilegal de arma de fogo de uso restrito, previsto no art. 16 da Lei nº 10.826, de 22 de dezembro de 2003, todos tentados ou consumados".

---

20 Cf. TORON, Alberto Zacharias. *Crimes hediondos...*, cit., p. 94 e ss.

Fruto desse contexto foi simplesmente a produção de uma legislação recrudescida e atécnica, cujo maior disparate talvez possa ser identificado na inserção da falsificação de cosméticos no rol dos crimes hediondos, em 1998[21]. Em termos de homicídio, assunto ora em análise, a inserção das duas hipóteses não revelou qualquer vantagem social, nem teórica nem prática[22].

O quadro decorrente da Lei dos Crimes Hediondos mesma e suas alterações posteriores paradigmaticamente caracterizam, assim, o simbolismo penal típico das últimas décadas[23], que Reale Júnior[24] chama de *"ilusão penal"*, estabelecendo um ciclo vicioso de recrudescimento jurídico criminal. A postura é ainda denominada de *"populismo penal"* por Ferrajoli[25], para fins de caracterizar uma situação de uso demagógico, declamatório e conjuntural do ramo jurídico-criminal, atrelado à alimentação do medo social, fácil fonte de consenso.

---

21 Sobre o tema, escreve REALE JÚNIOR: *"Com efeito, segundo a nova lei, constitui crime hediondo vender medicamento, cosmético ou saneante sem registro no órgão de vigilância sanitária, sendo indiferente saber se o produto comercializado sem registro é inócuo ou nocivo à saúde. Basta que não haja registro para configurar-se o crime punido com reclusão de 10 a 15 anos. Assim, pode o medicamento até mesmo ser benéfico ou o cosmético ser eficaz: nada importa, pois a ausência de registro é elemento suficiente, segundo os incisos do 1.ºB. para se consumar o crime hediondo. Tamanha aberração legislativa é verdadeiramente incontornável"*. Cf. REALE JÚNIOR, Miguel. A inconstitucionalidade da lei dos remédios. *Revista dos Tribunais*, São Paulo, v. 88, maio 1999, p. 426.

22 Neste sentido, assevera Silva Franco: *"A Lei nº 8.930, de 6 de setembro de 1994, foi o produto final da pressão dirigida ao Congresso Nacional pelos meios de comunicação social, mas a inclusão do homicídio na lista dos crimes hediondos não serviu para nada: nem para alterar o desequilíbrio punitivo provocado pela Lei de Crimes Hediondos, já que não houve, em sua relação, nenhuma mudança da cominação penal, nem para reduzir as ações criminosas contra os quais o diploma legal foi preparado. Os linchamentos, as execuções sumárias e as chacinas, que aumentaram numa evidente progressão a cada ano, não tiveram nenhum enquadramento típico direto, resumindo-se a Lei 8.930/94 a incorporar no homicídio simples a circunstância fática de ter sido executado em atividade típica de grupo de extermínio, o que seria havido como crime hediondo, e a etiquetar o homicídio qualificado, em todas as suas hipóteses, também como hediondo (...)"*.Cf. FRANCO, Alberto Silva. *Crimes hediondos...*, cit., p. 176.

23 SOUZA, Luciano Anderson de. *Expansão do direito penal e globalização*. São Paulo: Quartier Latin, 2007, *passim*. A identificada tendência vem se dando tanto nos sistemas codificados como no *Common Law*. Analisando o fenômeno na realidade anglo-saxônica, cf. HUSAK, Douglas. *Sobrecriminalización*: los limites del Derecho penal. Madrid: Marcial Pons, 2013, p. 41 e ss.

24 REALE JÚNIOR, Miguel. Caminhos do..., cit., p. 70.

25 FERRAJOLI, Luigi. Il populismo penale nella società dela paura. *In*: ZAFFARONI, Eugenio Raúl *et al*. La emergencia del miedo. Buenos Aires: Ediar, 2012, p. 37.

Nesse contexto, reais medidas sociais capazes de efetivamente prevenir estrutural ou conjunturalmente a criminalidade são abandonadas, ignorando-se importantes medidas de fundo em prol do cerceamento à desigualdade social, como investimentos em educação, saúde, saneamento básico, transportes, além de taxação de grandes fortunas, reforma tributária, *etc*.

Demais disso, focos de controle imediatos mais eficazes, como investimentos nas polícias e sistema prisional são reiteradamente também deixados de lado. Tudo em prol de simples medidas legislativas de recrudescimento penal que, desacompanhadas de quaisquer outras referidas, consubstanciam-se em mero simbolismo penal[26].



## LEI Nº 13.142/2015: CRIMES CONTRA AGENTES DE SEGURANÇA

No influxo de tais simples apelos populares, recentemente, a Lei nº 13.142/2015, além de prever novéis qualificadora ao homicídio[27] e causa de aumento de pena para lesões corporais[28], fixou como crimes hediondos a lesão corporal dolosa de natureza gravíssima (art. 129, § 2º) e lesão corporal seguida de morte (art. 129, § 3º), quando praticadas contra autoridade ou agente descrito nos arts. 142[29] e 144[30] da Constituição da República,

---

26 Sobre o conceito construído de Direito Penal simbólico e sua ínsita ideia de engano, visto que ineficaz, cf. FUZIGER, Rodrigo. *Direito penal simbólico*. Curitiba: Juruá, 2015, p. 115 e ss.

27 Artigo 121, § 2º, VII: "*contra autoridade ou agente descrito nos arts. 142 e 144 da Constituição Federal, integrantes do sistema prisional e da Força Nacional de Segurança Pública, no exercício da função ou em decorrência dela, ou contra seu cônjuge, companheiro ou parente consanguíneo até terceiro grau, em razão dessa condição*".

28 Artigo 129, § 12: "*Se a lesão for praticada contra autoridade ou agente descrito nos arts. 142 e 144 da Constituição Federal, integrantes do sistema prisional e da Força Nacional de Segurança Pública, no exercício da função ou em decorrência dela, ou contra seu cônjuge, companheiro ou parente consanguíneo até terceiro grau, em razão dessa condição, a pena é aumentada de um a dois terços*".

29 "*Art. 142. As Forças Armadas, constituídas pela Marinha, pelo Exército e pela Aeronáutica, são instituições nacionais permanentes e regulares, organizadas com base na hierarquia e na disciplina, sob a autoridade suprema do Presidente da República, e destinam-se à defesa da Pátria, à garantia dos poderes constitucionais e, por iniciativa de qualquer destes, da lei e da ordem (...)*".

30 "*Art. 144. A segurança pública, dever do Estado, direito e responsabilidade de todos, é exercida para a preservação da ordem pública e da incolumidade das pessoas e do patrimônio, através dos seguintes órgãos: I – polícia federal; II – polícia rodoviária federal; III – polícia ferroviária federal; IV – polícias civis; V – polícias militares e corpos de bombeiros militares. § 1º A polícia federal, instituída por lei como órgão permanente, organizado e mantido pela União e estruturado em carreira, destina-se a: I – apurar infrações penais contra a ordem política e social ou em detrimento de bens, serviços e interesses da União ou de suas entidades autárquicas e empresas públicas, assim*

integrantes do sistema prisional e da Força Nacional de Segurança Pública, no exercício da função ou em decorrência dela, ou contra seu cônjuge, companheiro ou parente consanguíneo até terceiro grau, em razão dessa condição. Como o legislador fez menção ao art. 144 da Carta, não se circunscrevendo ao seu *caput*, de se notar que são também abrangidas as situações em que o sujeito passivo é guarda municipal (§8º) ou agente de trânsito (§ 10), bem como seus respectivos parentes.

Esse regramento denota, no dizer de Bitencourt[31], uma ampliação abusiva por parte do legislador. Duas semanas após a promulgação da Lei do Feminicídio (Lei nº 13.104, de 09 de março de 2015), alegadamente diante dos índices de mortes de policiais em serviço, foi protocolado na Câmara dos Deputados o Projeto de Lei nº 19/2015, de autoria do deputado Leonardo Picciani, do PMDB do Rio de Janeiro. Cerca de três meses depois, o projeto foi convertido em lei, sem vetos.

*como outras infrações cuja prática tenha repercussão interestadual ou internacional e exija repressão uniforme, segundo se dispuser em lei; II – prevenir e reprimir o tráfico ilícito de entorpecentes e drogas afins, o contrabando e o descaminho, sem prejuízo da ação fazendária e de outros órgãos públicos nas respectivas áreas de competência; III – exercer as funções de polícia marítima, aeroportuária e de fronteiras; IV – exercer, com exclusividade, as funções de polícia judiciária da União. § 2º A polícia rodoviária federal, órgão permanente, organizado e mantido pela União e estruturado em carreira, destina-se, na forma da lei, ao patrulhamento ostensivo das rodovias federais. § 3º A polícia ferroviária federal, órgão permanente, organizado e mantido pela União e estruturado em carreira, destina-se, na forma da lei, ao patrulhamento ostensivo das ferrovias federais. § 4º Às polícias civis, dirigidas por delegados de polícia de carreira, incumbem, ressalvada a competência da União, as funções de polícia judiciária e a apuração de infrações penais, exceto as militares. § 5º Às polícias militares cabem a polícia ostensiva e a preservação da ordem pública; aos corpos de bombeiros militares, além das atribuições definidas em lei, incumbe a execução de atividades de defesa civil. § 6º As polícias militares e corpos de bombeiros militares, forças auxiliares e reserva do Exército, subordinam-se, juntamente com as polícias civis, aos Governadores dos Estados, do Distrito Federal e dos Territórios. § 7º A lei disciplinará a organização e o funcionamento dos órgãos responsáveis pela segurança pública, de maneira a garantir a eficiência de suas atividades. § 8º Os Municípios poderão constituir guardas municipais destinadas à proteção de seus bens, serviços e instalações, conforme dispuser a lei. § 9º A remuneração dos servidores policiais integrantes dos órgãos relacionados neste artigo será fixada na forma do § 4º do art. 39. § 10. A segurança viária, exercida para a preservação da ordem pública e da incolumidade das pessoas e do seu patrimônio nas vias públicas: I – compreende a educação, engenharia e fiscalização de trânsito, além de outras atividades previstas em lei, que assegurem ao cidadão o direito à mobilidade urbana eficiente; e II – compete, no âmbito dos Estados, do Distrito Federal e dos Municípios, aos respectivos órgãos ou entidades executivos e seus agentes de trânsito, estruturados em Carreira, na forma da lei".*

31 BITENCOURT, Cezar Roberto. *Tratado de direito penal*. São Paulo: Saraiva, 2016, v. 2, p. 230.

Diante da nova normativa, a morte dolosa, a lesão corporal gravíssima ou a lesão corporal seguida de morte de agentes de segurança ou seus parentes passaram a ser consideradas crimes hediondos. A primeira hipótese em decorrência do fato de todo homicídio qualificado ser hediondo. Em qualquer caso, as hipóteses concretas mais comuns são aquelas de troca de tiros entre policiais e criminosos em fuga.

Quanto à equiparação sob a mesma rubrica de lesões corporais gravíssimas ou lesões corporais seguida de morte, uma vez mais, nota-se o exagero do legislador, que culmina por nivelar situações distintas, mormente no caso do delito de lesão corporal seguida de morte, no qual a morte mostra-se não querida pelo agente, vez que se trata de crime preterdoloso.

Neste influxo, reitere-se, insta notar que o simples tratamento penal mais gravoso não possui o condão de evitar tais fatos[32], consubstanciando-se em simples manipulação de paixões populares. Demais disso, é sintomático nossos políticos olvidarem-se do índice de letalidade policial no Brasil, isto é, dos números de homicídio de cidadãos por intervenções policias no país, algo tido como *"escandaloso"* pela Anistia Internacional[33].



## CONSIDERAÇÕES FINAIS

Em conclusão, nota-se que o quadro decorrente da disciplina dos crimes hediondos é marcado pela demagogia e oportunismo, revelando crescente e caótica escalada punitivista[34], em detrimento de outras medidas concretas de prevenção à criminalidade. Lamentavelmente, todavia, a postura não mostra sinais de desgaste, sendo praticamente certo que novas figuras de crimes hediondos ainda serão previstas num futuro próximo. São inúmeros os projetos de lei[35] nesse sentido em tramitação no Congresso Nacional, o que torna atual o alerta de Mestieri[36], feito em 1992, quanto à opção penal hodierna pelas soluções de *"improvisação instintiva"*, em detrimento da evolução científica, tão cara a mestres como Carrara ou Hungria.

---

32 O aumento vertiginoso de mortes de policiais no Rio de Janeiro em 2017 demonstra a falácia da prevenção geral negativa.

33 Cf.: <https://anistia.org.br/imprensa/na-midia/letalidade-da-pm-e-escandalosa-diz-diretor-da-anistia-internacional-br/>. Consulta realizada em 02.12.2017. Sobre a naturalização com a violência policial no país, cf. FERREIRA, Regina Cirino Alves. Política criminal desumana: irracionalismos concretos nos processos de criminalização primária e secundária. *In*: BERCOVICI, Gilberto; SOUZA, Luciano Anderson de; FERREIRA, Lauro Cesar M. (Coords.). *Desafios dos direitos humanos no século XXI*. São Paulo: Quartier Latin, 2016, p. 438 e ss.

34 No mesmo sentido, cf. BECHARA, Ana Elisa Liberatore Silva. *Bem jurídico-penal*. São Paulo: Quartier Latin, 2014, p. 214.

35 Como o Projeto nº 4.850/2016, que pretende incluir a corrupção no rol de crimes hediondos.

36 MESTIERI, João. Leis hediondas & penas radicais. *In*: BARRA, Rubens Prestes; ANDREUCCI, Ricardo Antunes. *Estudos em homenagem a Manoel Pedro Pimentel*. São Paulo: Revista dos Tribunais, 1992, p. 189.

## 2. FEMINICÍDIO E VIOLÊNCIA DOMÉSTICA

**BIBLIOGRAFIA:** ANDRADE, Vera Regina Pereira de. A soberania patriarcal: o sistema de justiça criminal no tratamento da violência sexual contra a mulher. *Revista Brasileira de Ciências Criminais*, v. 12, n. 48, mai./jun.2004, pp. 260-290; AZEVEDO, Sarah Lino Fernandes de. *O adultério, a política imperial e as relações de gênero em Roma*. Tese de Doutorado – Faculdade de Filosofia, Letras e Ciências Humanas. Universidade de São Paulo, São Paulo, 2017; BAKER, Milena Gordon. *A tutela da mulher no direito penal brasileiro*. Rio de Janeiro: Lumen Juris, 2015; BITENCOURT, Cezar Roberto. *Tratado de direito penal*: parte especial. São Paulo: Saraiva, 2016, v. 2; CASTILHO, Ela Wiecko Volkmer de. Sobre o feminicídio. *Boletim IBCCRIM*, São Paulo, v. 23, n. 270, mai. 2015, p. 4; CHIAROTTI, Susana (Ed.). *Contribuciones al debate sobre la tipificación penal del feminicidio/femicidio*. Lima: CLADEM, 2011; CORRY, John. *A satirical view of London at the commencement of the nineteenth century*. 4ª ed. *London*: Printed for R. Dutton, 1809; FERRAZ, Júlia Lambert Gomes. Violência de gênero e Direito Penal: análise da racionalidade da tipificação do feminicídio no Brasil. *Revista Fórum de Ciências Criminais*, ano 3, nº 5, jan./jun. 2016, pp. 241-272; GOMES, Izabel Solyszko. Feminicídios e possíveis respostas penais: dialogando com o feminismo e o direito penal. *Periódico do Núcleo de Estudos e Pesquisas sobre Gênero e Direito*, Universidade Federal da Paraíba, nº 01, ano 2015, pp. 188-218; HUNGRIA, Nélson. *Comentários ao Código Penal* – v. V. 4ª edição. Rio de Janeiro: Forense, 1958; KARAM, Maria Lucia. Sistema penal e direitos da mulher. *Revista Brasileira de Ciências Criminais*, v. 3, n. 9, jan./mar.1995, pp. 147-163; LEFRANC WEEGAN, Federico; CAMPOS ESPINOSA, Lizbeth Myriam. Acerca del feminicidio. *Iter Criminis*: Revista de ciencias penales, México, n. 3, nov./dez. 2011, pp. 51-61; LAURENZO COPELLO, Patricia. ¿Hace falta un delito de feminicidio? *Revista de Derecho Penal*. Fundación de Cultura Universitária, Montevideo, v. 20, dez. 2012, pp. 243-256; MACHADO, Marta Rodriguez de Assis (Coord.). *A violência doméstica fatal*: o problema do feminicídio íntimo no Brasil. Brasília: Ministério da Justiça, Secretaria de Reforma do Judiciário, 2015; MARIÑO, Fernando M. Una reflexión sobre la posible configuración del crimen internacional de feminicidio. *In*: MARIÑO, Fernando M. (Dir.). *Feminicidio*: el fin de la impunidad. Valencia: Tirant Lo Blanch, 2013, pp. 109-122; MELLO, Adriana Ramos de. *Feminicídio*: uma análise sociojurídica da violência contra a mulher no Brasil. Rio de Janeiro: GZ, 2016; ROXIN, Claus. *Derecho penal*: parte general: tomo I: fundamentos – la estructura de la teoria del delito. Trad. Diego-Manuel

Luzón Peña, Miguel Díaz y García Conlledo e Javier de Vicente Remesal. Madrid: Civitas, 2008; RUSSEL, Diana E. H.; HAMES, Roberta A. (Orgs.). *Feminicidio*: una perspectiva global. Coyoacán: Universidad Nacional Autónoma de México, 2006; SILVA SÁNCHEZ, Jesús-María. *La expansión del derecho penal* – aspectos de la política criminal en las sociedades postindustriales. Montevideo: B de F, 2008; SILVEIRA, Renato de Mello Jorge. Art. 121. *In*: REALE JÚNIOR, Miguel (Coord.). *Código penal comentado*. São Paulo: Saraiva, 2017, pp. 345-361; SOUZA, Luciano Anderson de. *Expansão do direito penal e globalização*. São Paulo: Quartier Latin, 2007; SOUZA, Luciano Anderson de. Crimes sexuais: reflexões críticas. *In*: SILVEIRA, Renato de Mello Jorge; RASSI, João Daniel (Orgs.). *Estudos em homenagem a Vicente Greco Filho*. São Paulo: LiberArs, 2014, pp. 325-338; SOUZA, Luciano Anderson de. A punição à feitiçaria como paradigma de um direito penal irracionalista: obscurantismo e arbítrio no pré-iluminismo. *Revista Brasileira de Ciências Criminais*, v. 79, 2009, pp. 281-301; SOUZA, Luciano Anderson de; BARROS, Paula Pécora de. Questões controversas com relação à lei do feminicídio (Lei n. 13.104/2015). *Revista da Faculdade de Direito, Universidade de São Paulo,* São Paulo, v. 111, junho 2017, pp. 263-279; SOUZA, Regina Cirino Alves Ferreira de. Ódio e direito penal. Dissertação (Mestrado) – Faculdade de Direito. Universidade de São Paulo, São Paulo, 2016; TIERNEY, Helen. *Women's studies encyclopedia*. Westport: Greenwood Press, 1999; WAISELFISZ, Julio Jacobo. *Mapa da violência 2015*: homicídio de mulheres no Brasil. Brasília–DF: FLACSO BRASIL, 2015.

## COMENTÁRIO

Feminicídio e violência doméstica, embora tenham sido inseridos na pauta legislativa jurídico-penal brasileira em momentos distintos, isto é, com mais de uma década de diferença, fazem parte do mesmo contexto analítico. São temas que tocam o mais grave aspecto da desigualdade de gênero em nossa sociedade machista, qual seja, a *vis absoluta* que atinge o gênero feminino.

Além de sofrerem outras formas de violência cotidiana, mulheres são constantemente agredidas e mortas todos os anos no Brasil, notadamente em seus lares, por homens próximos, como maridos, companheiros e namorados, de relacionamentos atuais ou anteriores, assim como parentes[37].

37 WAISELFISZ, Julio Jacobo. *Mapa da violência 2015*: homicídio de mulheres no Brasil. Brasília–DF: FLACSO BRASIL, 2015, p. 48.

A maior parte dos homicídios dolosos de homens, ao revés, ocorre fora do lar, perpetrados por desconhecidos.

Em atenção às recomendações internacionais do final do século XX, com vistas a medidas cerceadoras à violência contra as mulheres, o Brasil promulgou a Lei nº 10.886, de 2004, que singelamente criou os §§ 9º e 10 no artigo 129[38] do Código Penal. As modificações então trazidas foram tidas como inócuas, eis que não afastados os principais benefícios da Lei nº 9.099/1995 – como transação penal e suspensão condicional do processo – para os agressores de mulheres.

Por tal razão, somada a um amadurecimento da discussão social da violência de gênero, a lei em questão foi posteriormente substituída pela promulgação da Lei nº 11.340/2005, conhecida como Lei Maria da Penha, em razão do paradigmático grave caso envolvendo vítima de violência de gênero[39], criou mecanismos com vistas a coibir a violência doméstica e familiar contra a mulher[40]; dispôs sobre a criação dos Juizados de Violência Doméstica e Familiar contra a Mulher e alterou o Código de Processo Penal, o Código Penal e a Lei de Execução Penal, dentre outras providências cíveis e administrativas. Em termos estritamente de Direito Penal, a lei em questão criou qualificadora e causa de aumento específicas no crime de lesões corporais (respectivamente, §§ 9º e 11 do artigo 129[41] do Código Penal), assim como hipótese de agravante genérica no artigo 61, inciso II, "*f*"[42], do *Codex*.

Anos depois, a Lei nº 13.104/2015, dita Lei do Feminicídio, por sua vez, trouxe a qualificadora do feminicídio no artigo 121 do Código. Assim, o homicídio é qualificado sob tal rubrica se cometido contra a mulher por ra-

---

38 "*Violência Doméstica. § 9º* Se a lesão for praticada contra ascendente, descendente, irmão, cônjuge ou companheiro, ou com quem conviva ou tenha convivido, ou, ainda, prevalecendo-se o agente das relações domésticas, de coabitação ou de hospitalidade: Pena – detenção, de 6 (seis) meses a 1 (um) ano. § 10. Nos casos previstos nos §§ 1º a 3º deste artigo, se as circunstâncias são as indicadas no § 9º deste artigo, aumenta-se a pena em 1/3 (um terço)".

39 Caso nº 12.051/OEA, envolvendo Maria da Penha Maia Fernandes.

40 Nos termos do § 8º do art. 226 da Constituição Federal, da Convenção sobre a Eliminação de Todas as Formas de Discriminação contra as Mulheres e da Convenção Interamericana para Prevenir, Punir e Erradicar a Violência contra a Mulher.

41 "*§ 9º Se a lesão for praticada contra ascendente, descendente, irmão, cônjuge ou companheiro, ou com quem conviva ou tenha convivido, ou, ainda, prevalecendo-se o agente das relações domésticas, de coabitação ou de hospitalidade: Pena – detenção, de 3 (três) meses a 3 (três) anos. (...) § 11. Na hipótese do § 9º* deste artigo, a pena será aumentada de um terço se o crime for cometido contra pessoa portadora de deficiência."

42 "*f) com abuso de autoridade ou prevalecendo-se de relações domésticas, de coabitação ou de hospitalidade, ou com violência contra a mulher na forma da lei específica;*"

zões da condição de sexo feminino, consoante a dicção legal. O novel § 2º-A estabelece que se considera que há razões de condição de sexo feminino quando o crime envolve: I – violência doméstica e familiar e II – menosprezo ou discriminação à condição de mulher.

Envolto em polêmica desde seus debates legislativos, a questão controversa mesmo dentre os movimentos feministas brasileiros é se a criação de referida qualificadora justificar-se-ia ou não. A crítica parece um pouco mais incisiva do que a vista com a – hoje celebrada[43] – edição da Lei Maria da Penha há cerca de dez anos. Tanto que, em fins de 2017, o Senado[44] passou a debater a possível revogação da figura do feminicídio.

De qualquer forma, a promulgação dessa última, fruto de influência tardia de ondas feministas no Brasil, afigura-se paradoxal em termos penais, pois se valorado fora legislativamente que lesões corporais em contexto de violência doméstica revelariam maior juízo de reprovação, por que seria diverso com o ponto culminante dessa mesma violência, ou seja, com a morte da vítima? A Lei do Feminicídio, dessa maneira, parece pretender preencher tal lacuna de tutela em termos penais. Mas, ressalte-se, não são poucos os problemas político-criminais, criminológicos e dogmáticos do instituto, a começar até por sua nomenclatura.

Embora com conjuntura diversa da atual, o termo inglês *"femicide"* foi utilizado primeiramente no início do século XIX, mais precisamente, em 1801, pelo escritor britânico John Corry, na obra *A satirical view of London at the commencement of the nineteenth century*[45]. Nessa obra, de crônica dos costumes, o autor, em certo momento, descreve uma tentativa de sedução de uma virgem por parte de um nobre, atingindo-se assim a dignidade daquela[46], o que o autor entende equiparar-se a um severo assassinato feminino.

---

43 *E.g.*, BAKER, Milena Gordon. *A tutela da mulher no direito penal brasileiro*. Rio de Janeiro: Lumen Juris, 2015, p. 222.

44 Por meio da Sugestão nº 44/2017, junto à Comissão de Direitos Humanos e Legislação Participativa.

45 CORRY, John. *A satirical view of London at the commencement of the nineteenth century*. 4ª ed. *London*: Printed for R. Dutton, 1809, p. 49.

46 *"Lord G., bem conhecido por seus* amours, *um dia na calçada da Throgmorton-street, observou uma bela jovem de pé na porta de um comércio. Depois de vê-la atentamente, ele foi a uma cafeteria e escreveu uma nota, que enviou a ela pelo seu lacaio, com uma oferta de vinte e uma libras por semana como preço de sua virtude. A menina, embora apenas uma serva, era metodista, tendo consultado um amigo religioso na ocasião, que a dissuadiu de aceitar a proposta do senhorio. Mas, apesar de se revelar tão digna com essa tentativa, o fato causou em sua mente uma mácula desfavorável à virtude, de tal forma que alguns meses depois ela realmente fugiu com um homem casado e, assim, tornou-se vítima de sedução. Esta espécie de delinquência pode ser denominada feminicídio. Para o monstro que trai uma virgem crédula e a convida a infâmia, é na realidade um assassino implacável"*. CORRY, John. *A satirical*... cit., pp. 48-49 (tradução livre).

Em 1827, a palavra foi utilizada na autobiografia de Willian Macnish, autor da morte de uma jovem[47]. A seguir, em 1848, o termo viu-se incorporado ao *Wharton's Law Lexicon*[48]. De todo modo, sua popularização deve-se à socióloga feminista Diane Russell, em 1976, durante encontro simbólico intitulado Tribunal Internacional de Crimes contra Mulheres, ocorrido em Bruxelas, que congregou cerca de duas mil mulheres de cerca de quarenta países[49].

Na oportunidade – em que se relataram os históricos e reiterados abusos contra o gênero feminino, cobrando-se soluções -, Russel utilizou o termo para descrever situações em que mulheres são mortas por serem mulheres, isto é, apenas por seu gênero, como nos exemplos da perseguição medieval de "bruxas", da eliminação de bebês do sexo feminino indesejados, de situações de mortes justificadas por "legítima defesa da honra", etc.[50] Nas palavras da autora, todas seriam situações que denotariam uma política sexual de assassinatos[51]. Suas ideias causaram forte impacto desde então e influenciam parcela dos movimentos feministas até hoje.

O pensamento de Russel, no entanto, foi se modificando com o tempo, merecendo a referência menção em face de sua importância não apenas para os movimentos feministas, como citado, mas também em razão de sua influência na tentativa doutrinária de construção de um correto conceito e mesmo uma escorreita tradução de "femicide" no âmbito latino-americano, se femicídio ou feminicídio. Em 1992, em nova reflexão, a socióloga sul-africana radicada nos Estados Unidos da América definiu o "femicide" como assassinatos misóginos de mulheres por homens. Cerca de um decênio depois, especificamente, em 2001, a pensadora e ativista revisita a noção, a qual pretende apurar, delimitando o conceito em destaque como sendo a morte de uma pessoa do sexo feminino, por essa razão, realizado por pessoa do sexo masculino[52].

---

47 SOUZA, Regina Cirino Alves Ferreira de. *Ódio e direito penal*. Dissertação (Mestrado) – Faculdade de Direito. Universidade de São Paulo, São Paulo, 2016, p. 136.

48 TIERNEY, Helen. *Women's studies encyclopedia*. Westport: Greenwood Press, 1999, p. 468; RUSSEL, Diana E. H. Definición de feminicídio y conceptos relacionados. *In*: RUSSEL, Diana E. H.; HAMES, Roberta A. (Orgs.). *Feminicidio*: una perspectiva global. Coyoacán: Universidad Nacional Autónoma de México, 2006, pp. 75-76; SOUZA, Regina Cirino Alves Ferreira de. *Ódio e...*, cit., p. 136.

49 Dentre as quais, *e.g.*, Simone de Beauvoir.

50 SOUZA, Regina Cirino Alves Ferreira de. Ódio e..., cit., p. 137.

51 SOUZA, Regina Cirino Alves Ferreira de. Ódio e..., cit., p. 137.

52 Sobre esse momento subsequente da pensadora, escreve SOUZA: *"Anos depois, em 2001, em 'Femicide in Global Perspective', RUSSEL redefiniu femicídio como 'the killing*

Posteriormente, diante da análise do "Caso do Campo de Algodão", ou seja, condenação sofrida pelo México na Corte Interamericana de Direitos Humanos (CIDH) diante do estupro e morte de meninas e jovens mulheres encontradas em plantação em Ciudad Juarez, Marcela Lacarde, deputada mexicana, formulou inúmeras críticas às noções de Russel e à tradução do termo "femicide" para femicídio[53]. Para Lagarde, femicídio seria termo asséptico e homólogo a homicídio.

Segundo seu entender, que a princípio contou com a anuência de Russel, feminicídio seria mais adequado, visto que se trataria essencialmente de um ataque à feminilidade, sendo algo desta feita mais amplo e grave que a simples morte de uma mulher[54]. Mas Lagarde foi em seguida mais adiante, entendendo que o feminicídio seria então um crime de Estado, com o que Russel não concordou[55].

De toda forma, hoje, em que a dimensão jurídica do fenômeno ganhou corpo, debatendo-se, inclusive, a possibilidade de um crime internacional a respeito[56], para larga corrente, melhor expressão para apontar as mortes misóginas seria "femicídio", vez que "feminicídio" seria homólogo a genocídio, o que não seria o caso das mortes individuais do cotidiano, mormente nos comuns contextos de violência doméstica da América Latina. Dezesseis países latino-americanos possuem hodiernamente o feminicídio (e.g., México, Bolívia e Peru) ou o femicídio (v.g., Chile e Venezuela) enquanto figura delitiva. O Brasil, em 2015, optou por acolher a rubrica feminicídio.

Importa observar, dogmaticamente, que a Lei do Feminicídio não criou um novo tipo penal, que continua a ser o homicídio, como bem nota



*of females by males because they are female', isto é, a morte de pessoas do sexo feminino por agentes do sexo masculino em razão de ser a vítima do sexo feminino. Nesta nova conceituação a autora substituiu 'women' (mulher) por 'female' (feminino), pois, em sua compreensão, essa nova concepção abrangeria também crianças do sexo feminino e meninas".* Cf. SOUZA, Regina Cirino Alves Ferreira de. Ódio e..., cit., p. 138.

53 SOUZA, Regina Cirino Alves Ferreira de. Ódio e..., cit., pp. 138-139.

54 SOUZA, Regina Cirino Alves Ferreira de. Ódio e..., cit., pp. 139-140.

55 Podemos notar, assim, que Lagarde culminou por empreender um ponto de vista político à questão, enquanto Russel sempre se apegou a aspectos sociológicos. No mesmo sentido, cf. SOUZA, Regina Cirino Alves Ferreira de. *Ódio e...*, cit., p. 140.

56 A respeito, *v.g.*, cf. MARIÑO, Fernando M. Una reflexión sobre la posible configuración del crimen internacional de feminicidio. *In*: MARIÑO, Fernando M. (Dir.). *Feminicidio*: el fin de la impunidad. Valencia: Tirant Lo Blanch, 2013, pp. 109-122.

Bitencourt[57]. Nesse influxo, permanece a figura tida por Hungria[58] como "o ponto culminante na orografia dos crimes".

O legislador brasileiro, exclusivamente, criou qualificadora especial, nessa última categoria delitiva, com vistas ao cerceamento à violência de gênero. Inovou, pois, por vez primeira, trouxe rubrica lateral dentre as qualificadoras do homicídio, nomeando-a. Certamente assim o fez com vistas ao ínsito valor simbólico de qualquer manifestação jurídico-penal, o que não se confunde com simbolismo[59]. Trouxe, dessa maneira, visibilidade a uma grave situação de vulnerabilidade social, com antigas raízes sócio-culturais[60].

O homicídio misógino já poderia ser entendido enquanto homicídio qualificado por motivo torpe. Todavia, a fluidez da verificação desse fato, com contornos exclusivamente subjetivos, não abarcaria uma situação fenomênica enormemente mais complexa, em que, objetivamente, as mortes de mulheres se dão, no mais das vezes, como referenciado, em ambiente doméstico[61], por ação de homens próximos que comumente alegam posteriormente terem "perdido a cabeça" por um ato de amor. A noção profana de "crime passional" sempre tendeu à justificação, total ou parcial, do homicídio de mulheres por homens de seu relacionamento íntimo.

Por conseguinte, ainda que com falhas, como se verá, o legislador brasileiro erigiu uma construção de qualificadora sofisticada, que, ineditamente, pode assumir caráter subjetivo ou objetivo[62], a depender da hipótese concreta. Isso porque o inciso VI do § 2º do artigo 121 fixou ser qualificado o homicídio cometido *"contra a mulher por razões da condição*

---

57 BITENCOURT, Cezar Roberto. *Tratado de direito penal*: parte especial. São Paulo: Saraiva, 2016, v. 2, p. 94.

58 HUNGRIA, Nélson. *Comentários ao Código Penal* – v. V. 4ª edição. Rio de Janeiro: Forense, 1958, p. 25.

59 SOUZA, Luciano Anderson de. *Expansão do direito penal e globalização*. São Paulo: Quartier Latin, 2007, p. 160.

60 AZEVEDO, Sarah Lino Fernandes de. *O adultério, a política imperial e as relações de gênero em Roma*. Tese de Doutorado – Faculdade de Filosofia, Letras e Ciências Humanas. Universidade de São Paulo. São Paulo, 2017, *passim*.

61 Cerca de 5 mil mulheres são vítimas de homicídio por ano no Brasil, sendo que em cerca de 40% dos casos, tal ocorre no interior dos lares. A respeito, cf. WAISELFISZ, Julio Jacobo. *Mapa da...*, cit., p. 39.

62 Demonstrando o binarismo da compreensão a respeito, que se volta, no geral, à rotulação do feminicídio como qualificadora de categoria objetiva ou subjetiva, cf. MELLO, Adriana Ramos de. *Feminicídio*: uma análise sociojurídica da violência contra a mulher no Brasil. Rio de Janeiro: GZ, 2016, p. 149 e ss.

*de sexo feminino"*, construção normativa aclarada pelo §2º-A, que estabelece: *"considera-se que há razões de condição de sexo feminino quando o crime envolve: I – violência doméstica e familiar; II – menosprezo ou discriminação à condição de mulher"*.

A construção de dois incisos mostra que o legislador pretendeu estabelecer hipóteses alternativas, muito embora tivesse sido preferível a expressa utilização da conjunção alternativa *"ou"*. No primeiro caso (inciso I), se a vítima de homicídio é mulher, morta em situação de violência doméstica e familiar, dar-se-á hipótese de feminicídio, não se cogitando de análise de elemento subjetivo especial do tipo. Em outras palavras, basta a constatação do *animus necandi* que, obviamente, todo homicídio doloso exige. Tal se deve, como sinalizado, a razões pragmáticas assumidas pelo legislador brasileiro, o qual aferiu que a violência de gênero é, no mais das vezes, doméstica. Nesse contexto, a discriminação à mulher, em termos genéricos, é presumida pelo legislador[63].

A segunda hipótese (inciso II), a seu turno, é aquela que mais propriamente poderíamos identificar, em termos técnicos, como um homicídio misógino, vez que o agente ceifa a vida da vítima por motivação, ou razões anímicas, de menoscabo e preconceito para com o gênero feminino. Claramente, cuida-se de hipótese de crime de ódio (*hate crime*)[64], que somente aos espíritos mais insensíveis não mereceria maior juízo de reprovação por parte da lei penal. Reitere-se, todavia, que a dificuldade de aferição concreta da hipótese levou o legislador nacional a criar a qualificadora com viés objetivo no caso anteriormente referenciado (inciso I). De todo modo, o inciso II do parágrafo 2º-A analisado traz, de modo evidente, qualificadora subjetiva.



---

63 *"Embora se trate de um crime que tem como fundamento político-legislativo a* discriminação da mulher, *pode-se constatar que o texto legal qualifica o homicídio em duas hipóteses distintas, quais sejam, (i) quando se tratar de violência doméstica e familiar, ou (ii) quando for motivado por menosprezo ou discriminação à condição de mulher. Na primeira hipótese o legislador presume o menosprezo ou a discriminação, que estão implícitos, pela vulnerabilidade da mulher vítima de violência doméstica ou familiar, isto é, o ambiente doméstico e/ou familiar são as situações caracterizadoras em que ocorre com mais frequência a violência contra a mulher por discriminação; na segunda hipótese, o próprio móvel do crime é o menosprezo ou a discriminação à condição de mulher, mas é, igualmente, a* vulnerabilidade da mulher *tida, física e psicologicamente, como mais frágil, que encoraja a prática da violência por homens covardes, na presumível certeza de sua dificuldade em oferecer resistência ao agressor machista"*. BITENCOURT, Cezar Roberto. *Tratado de...*, cit., p. 97.

64 Sobre o tema, cf. SOUZA, Regina Cirino Alves Ferreira de. *Ódio e...*, cit., 152.

Não são poucos, no entanto, os problemas[65] trazidos com a construção brasileira do feminicídio, seja de um ponto de vista especificamente dogmático, seja político-criminal, ou mesmo criminológico. Como sói acontecer, o debate técnico vem se desenrolando após a edição da lei, já que a Academia é, no geral, acintosamente ignorada pelo Poder Legislativo brasileiro.

Em primeiro lugar, nota-se questão problemática com relação à subjetividade ativa do feminicídio. Cuida-se de crime comum, que pode ser perpetrado por homem ou por mulher. Isso, em si, mostra-se adequado, uma vez que um casal de lésbicas pode eventualmente reproduzir a violência machista, não fazendo sentido social, então, limitar-se a autoria ao sexo masculino, como o faz a lei de alguns países, como Argentina (artigo 80, 11, do Código Penal daquele país). Contudo, da maneira posta legislativamente no Brasil, em tese, uma mulher pode ser autora de feminicídio mesmo que não possua com a vítima qualquer relacionamento íntimo, nem tampouco detenha ódio ao gênero feminino.

Dito de outro modo, nenhum problema haveria em reconhecer a autoria de feminicídio por parte de mulheres, desde que se trate de um casal de lésbicas (como, aliás, admite a Lei Maria da Penha, no parágrafo único de seu artigo 5º[66]) ou que a autora do delito aja imbuída por desprezo ou discriminação ao próprio gênero, algo em tese possível. Ocorre que, da maneira construída na Lei 13.104/2015, se, por exemplo, uma irmã que coabita com outra irmã vier a matá-la por desavenças familiares, praticaria feminicídio, o que é verdadeiro absurdo, pois não foi esse o sentido de

65 SOUZA, Luciano Anderson de; BARROS, Paula Pécora de. Questões controversas com relação à lei do feminicídio (Lei n. 13.104/2015). *Revista da Faculdade de Direito*, Universidade de São Paulo, São Paulo, v. 111, junho 2017, pp. 263-279. Para SILVEIRA, a lei em análise *"tratou-se, assim, de uma tentativa de um Direito Penal emancipador, que pode ser criticado ao menos em relação à sua técnica"*. Cf. SILVEIRA, Renato de Mello Jorge. Art. 121. *In*: REALE JÚNIOR, Miguel (Coord.). *Código penal comentado*. São Paulo: Saraiva, 2017, p. 354.

66 *"Art. 5º Para os efeitos desta Lei, configura violência doméstica e familiar contra a mulher qualquer ação ou omissão baseada no gênero que lhe cause morte, lesão, sofrimento físico, sexual ou psicológico e dano moral ou patrimonial: I – no âmbito da unidade doméstica, compreendida como o espaço de convívio permanente de pessoas, com ou sem vínculo familiar, inclusive as esporadicamente agregadas; II – no âmbito da família, compreendida como a comunidade formada por indivíduos que são ou se consideram aparentados, unidos por laços naturais, por afinidade ou por vontade expressa; III – em qualquer relação íntima de afeto, na qual o agressor conviva ou tenha convivido com a ofendida, independentemente de coabitação. Parágrafo único. As relações pessoais enunciadas neste artigo independem de orientação sexual"*.

criação da qualificadora, consoante o contexto de sociedade machista e patriarcal que se pretende cercear.

Nesses casos, estariam atendidos os requisitos objetivos exigidos, quais sejam, vítima mulher, morta num contexto de violência doméstica e familiar, não se atendendo, todavia, por si só, o sentido do maior juízo de censurabilidade. Somente a interpretação judicial conforme a *ratio essendi* do dispositivo, sem apegos positivistas, pode evitar esse disparate.

Além disso, a utilização da expressão *"sexo feminino"* na redação do inciso VI, em substituição a *"gênero"*, foi deliberada no processo legislativo[67] e pretendeu ensejar tratamento discriminatório por parte do legislador para com a transexual mulher[68], que não possui biologicamente o *"sexo feminino"*. Como norma restritiva interpreta-se restritivamente, por mais justiça que procure empreender com compreensões isoladas[69] em que se reconhece feminicídio nessas hipóteses, trata-se, todavia, de flagrante ilegalidade consagradora de analogia *in malam partem*. Apenas a alteração legislativa, utilizando-se a palavra *"gênero"* ou expressamente estendendo-se a hipótese às transexuais, pode corrigir a injustiça, findando-se com as dúvidas suscitadas por noções biológicas, jurídicas ou psicológicas, conforme a doutrina[70].

Justifica-se, insta observar, a inclusão da transexual *in casu*. Isso porque, tal como dito para o casal de lésbicas, na hipótese da vítima ser transexual mulher, ou seja, pessoa nascida com o biótipo masculino, mas que se identifica com o gênero feminino, pode se verificar concretamente tal pessoa estar inserida num relacionamento afetivo que reproduza a violência machista que a lei pretende cercear. Assim, faz todo o sentido que a lei abarque tal situação, o que, no entanto, somente se pode alcançar com um texto inequívoco, evitando-se *"ginásticas interpretativas"*.

---

67 Para detalhes quanto ao processo de elaboração da lei, cf. FERRAZ, Júlia Lambert Gomes. Violência de gênero e Direito Penal: análise da racionalidade da tipificação do feminicídio no Brasil. *Revista Fórum de Ciências Criminais*, ano 3, nº 5, jan./jun. 2016, p. 246 e ss.

68 CASTILHO, Ela Wiecko Volkmer de. Sobre o feminicídio. *Boletim IBCCRIM*, São Paulo, v. 23, n. 270, mai. 2015, p. 4.

69 BITENCOURT assim se manifesta; contudo, segundo entendemos, não possui no caso o costumeiro acerto, mesmo porque constrói sua linha de argumentação a partir da redação que foi modificada em cima da hora no processo legislativo, referindo-se ao texto legal como se mencionasse *"por razões da condição de gênero"*, o que foi deliberadamente modificado. BITENCOURT, Cezar Roberto. *Tratado de...*, cit., p. 98. Insta notar que, ainda que sua explanação seja defensável, maior segurança jurídica haveria com a modificação sugerida acima, de *lege ferenda*.

70 BITENCOURT, Cezar Roberto. *Tratado de...*, cit., p. 98 e ss.; MELLO, Adriana Ramos de. *Feminicídio*: uma..., cit., pp. 141-143; BAKER, Milena Gordon. *A tutela...*, cit., p. 52 e ss.

Demais disso, foi extremamente infeliz a redação legal ao lançar *"violência doméstica e familiar"* no inciso I do §2º-A, isto é, insculpindo a conjunção aditiva *"e"*. Isso porque o texto, rigorosamente falando, culmina por exigir as duas características, o que abre azo a se pretender afastar a qualificadora em casos de simples coabitação ou namoro, por exemplo, fazendo-se *tabula rasa* do feminicídio. Como nota com razão, uma vez mais, Bitencourt[71], nem toda violência doméstica é familiar e vice-versa. Por essa razão, melhor seria a utilização da conjunção alternativa *"ou"*, o que urge sem demora numa, lamentavelmente, já forçosa reforma legislativa.

Também são verificadas dificuldades nas causas de aumento de pena especialmente criadas para a qualificadora de feminicídio, no § 7º inserido no artigo 121 do *Codex*, que podem gerar questionamentos quanto à sua constitucionalidade. Nesse último, estabelece-se que a pena do feminicídio será aumentada de 1/3 (um terço) até a metade se o crime for praticado: I – durante a gestação ou nos 3 (três) meses posteriores ao parto; II – contra pessoa menor de 14 (catorze) anos, maior de 60 (sessenta) anos ou com deficiência; III – na presença de descendente ou de ascendente da vítima.

A primeira hipótese, que visa alcançar a mulher grávida ou lactante nos primeiros meses de amamentação, justificar-se-ia para qualquer caso de homicídio, segundo pensamos, e não apenas para o feminicídio. Isso porque, nestes casos, a vítima encontra-se em situação de maior vulnerabilidade, sendo de rigor o reconhecimento de maior censurabilidade da conduta delitiva.

O mesmo raciocínio pode ser aplicado para a segunda hipótese, ou seja, de vítima menor de 14 ou maior de 60 anos, previsão, aliás, absolutamente despicienda, vez que constante do § 4º do artigo 121, alterado pela Lei nº 10.741/2003 (Estatuto do Idoso). Esse último aspecto denota, no mínimo, desatenção de nossos legisladores.

Com relação à pessoa *"com deficiência"*, lamenta-se a visão estigmatizante da lei, ademais, inadequada, tendo em vista que a razão de ser uma causa de aumento dessa natureza é a menor possibilidade de salvaguarda do indivíduo, pelo que melhor seria fixá-la sinalizando-se os casos em que a vítima ostentar qualquer comprometimento físico ou psíquico que dificulte sua autodefesa. Isso porque, *v.g.*, tanto faz se a vítima não possui uma perna ou se encontra com ela quebrada, em qualquer caso

---

71 BITENCOURT, Cezar Roberto. *Tratado de...*, cit., p. 97.

terá dificuldades de escapar da ação delitiva, sendo igualmente reprovável de modo mais incisivo a conduta do agente.

Por fim, a última causa de aumento insculpida, qual seja, de feminicídio perpetrado na presença de descendente ou de ascendente da vítima, denota maior reprovabilidade da ação, que gerará terríveis traumas psicológicos no descendente ou ascendente do sujeito passivo do delito[72]. Por isso mesmo, ou seja, pelas graves consequências do crime, deveria a majorante incidir para quaisquer hipóteses de homicídio e não apenas ao feminicídio, desvelando-se, a *contrario sensu*, insensibilidade do legislador para as demais hipóteses.

Estes são os desafios dogmáticos postos pela qualificadora do feminicídio. Não obstante, a eles soma-se o fato de que têm ainda despontado incisivas críticas político-criminais e criminológicas, como dito. As primeiras, normalmente, acusando a construção de meramente simbólica e expansionista e, desta feita, mendaz. As segundas, para além desse último aspecto, também de gerar-se mais violência, desta feita por parte das instâncias de controle, sem, em qualquer caso, atacar-se as raízes de um problema, no fundo social. Quanto a isso, algumas palavras se fazem precisas.

A primeira e fundamental crítica nesta toada diz quanto à utilização do próprio Direito Penal no enfrentamento da violência de gênero. A visão posta é, assim, minimalista e diversos doutrinadores sustentam que o sistema jurídico-penal não cumpre com a garantia de direitos, sendo ele mesmo seu violador, não atendendo qualquer função de prevenção, porque a pena seria incapaz de prevenir ou ressocializar o indivíduo, somente reproduzindo a criminalidade e as relações sociais de dominação. Em termos limítrofes, seria um engodo com funções ocultas de perpetuação de desigualdade econômica.

Essa é uma crítica geral feita ao ramo penal, principalmente imbuída de ideários da criminologia crítica despontada a partir dos anos 1970. Especificamente quanto ao feminicídio, ainda, as posições contrárias à tipificação muitas vezes se voltam à adesão de movimentos feministas ao sistema penal, sendo visto como uma paradoxal jubilação pela punição[73]. A comum forma de depreciar tal postura vê-se com a simples rotulação de seus adeptos de supostos integrantes de uma chamada *"esquerda puniti-*

72 Em sentido oposto, entendendo que a causa de aumento em destaque não faz sentido sob o ponto de vista do bem jurídico, cf. SILVEIRA, Renato de Mello Jorge. Art. 121..., cit., p. 355.

73 KARAM, Maria Lucia. Sistema penal e direitos da mulher. *Revista Brasileira de Ciências Criminais*, v. 3, n. 9, jan./mar.1995, pp. 147-163.

*va"*, envolta de convicções sequiosas de uma *"vingança histórica"*, vez que o sistema penal tradicionalmente persegue os excluídos.

Se referida visão já se mostra simplista em termos gerais, salta aos olhos na questão de gênero em referência. Há tempos, ativistas e movimentos feministas e de direitos humanos têm feito parte da pressão pela expansão do poder punitivo, globalmente[74], com vistas, precipuamente à superação da invisibilidade da violência de gênero. A naturalização social para com a violência contra a mulher gera, em realidade, um ciclo vicioso dessa mesma violência. Em outras palavras, a irrelevância do sistema punitivo a essa problemática mostra-se muito mais perniciosa do que os ínsitos efeitos deletérios do Direito Penal, ainda imprescindível numa comunidade de seres imperfeitos.

O sistema jurídico-penal é, evidentemente, incapaz de desempenhar um papel propositivo no que diz respeito a ações afirmativas ou à emancipação de grupos sociais. Esse nunca foi seu papel. Sua razão de ser se encontra na vedação de condutas, que pretende evitar, intervindo concretamente após o fato acabado, inteira ou parcialmente[75], com a imposição da pena e restrição de direitos que lhe são subjacentes[76].

Além disso, o que dispositivos garantidores de proteção de direitos humanos, insculpidos nas declarações universais e constituições democráticas, conclamam aos Estados são intervenções positivas que criem condições econômicas, sociais e políticas para a efetiva realização dessas garantias, de forma a promover, e não negar, direitos. Por conseguinte, muitas vezes argumenta-se que, efetivamente, as leis penais criminalizadoras nada tutelam e não previnem a ocorrência das condutas que vedam, porém, ao revés, exercem a repressão de forma a promover institucionalmente a violência, a estigmatização e a dor no seio social[77].

Contudo, em que pese as posições contrárias, abstraindo-se o fato de que ao menos parcialmente o feminicídio já pudesse ser entendido

---

74 Quanto a este fenômeno, no geral, por todos, cf. SILVA SÁNCHEZ, Jesús-María. *La expansión del derecho penal* – aspectos de la política criminal en las sociedades postindustriales. Montevideo: B de F, 2008, pp. 64-68.

75 Caracterizando o crime consumado ou tentado.

76 Aliás, com propriedade, ROXIN afirma que o Direito Penal se notabiliza por suas sanções. Cf. ROXIN, Claus. *Derecho penal*: parte general: tomo I: fundamentos – la estructura de la teoria del delito. Trad. Diego-Manuel Luzón Peña, Miguel Díaz y García Conlledo e Javier de Vicente Remesal. Madrid: Civitas, 2008, p. 41.

77 ANDRADE, Vera Regina Pereira de. A soberania patriarcal: o sistema de justiça criminal no tratamento da violência sexual contra a mulher. *Revista Brasileira de Ciências Criminais*, v. 12, n. 48, mai./jun.2004, pp. 260-290.

como homicídio qualificado por motivo torpe, a nomenclatura erigida e o tratamento penal levemente mais recrudescido à situação em análise se fundamenta pela conduta desvelar especial gravidade[78], referente a um importante bem jurídico, atingido de modo contextualizado numa sociedade que revela ampla violência de gênero. O escopo da lei em comento, como não poderia deixar de ser, não detém viés emancipador, já que este certamente não é seu papel, mas sim sinalizar a maior censurabilidade da ação frente a um incisivo ataque a um interesse humano fundamental, já vulnerável na realidade concreta[79]. Cuida-se de um aperfeiçoamento e atualização da norma penal, no dizer de Castilho[80].

Além disso, a visibilização do gênero dentro dos homicídios pode denotar sua relevância[81] como uma das ferramentas aplicadas para alterar padrões de desigualdade, oferecendo uma atuação simbólica do direito sobre as relações de gênero. A criminalização evidencia o papel simbólico de demonstrar que tal conduta é reprovável, sinalizando publicamente a importância da questão. Seu efeito simbólico é um elemento importante de formação da identidade e escolhas dos sujeitos, tendo impactos diretos na liberdade e na relação entre os sujeitos.

A partir daí, além de uma resposta adequada, permite-se a coleta de dados, mapeamento de violência e adoção consequente de políticas públicas adequadas, o que não pode ser subestimado. Em outras palavras, a criação do feminicídio é ponto de partida, não de chegada, demonstrando a história legislativa de que aquilo que não é nomeado não existe, conforme



---

78 GOMES, Izabel Solyszko. Feminicídios e possíveis respostas penais: dialogando com o feminismo e o direito penal. *Periódico do Núcleo de Estudos e Pesquisas sobre Gênero e Direito*, Universidade Federal da Paraíba, nº 01, ano 2015, pp. 188-218.

79 Bárbara RONDERO observa: *"No usar el Derecho Penal para estos delitos resultaría absurdo. No nos equivoquemos, estamos hablando de violencia contra las mujeres. No se murieron. Las mataron. Cuando se establecen las agravantes del homicidio o el homicidio calificado, es para sancionar no que hayan matado, sino cómo las mataron. Es la lógica del mundo penal para poder establecer las calificaciones. Desde este punto de vista, se hace necesario un tipo penal que califique cómo están matando a estas mujeres, y en qué condiciones – que no son las mismas que contiene el homicidio calificado"*. *Apud* CHIAROTTI, Susana (Ed.). *Contribuciones al debate sobre la tipificación penal del feminicidio/femicidio*. Lima: CLADEM, 2011, p. 203.

80 CASTILHO, Ela Wiecko Volkmer de. Sobre o..., cit., p. 5.

81 MACHADO, Marta Rodriguez de Assis (Coord.). *A violência doméstica fatal*: o problema do feminicídio íntimo no Brasil. Brasília: Ministério da Justiça, Secretaria de Reforma do Judiciário, 2015, p. 65.

arguta percepção de Mello[82]. Mais do que jurídica, cria-se uma categoria sociológica de análise[83].

Em termos gerais na práxis repressiva, ademais, o conflito mostra-se exclusivamente particularizado, tendo em vista que o sistema penal lida com os casos de violência como se fossem isolados, sendo que isso tende a negar visões que desvelem a violência doméstica como estruturante das relações sociais. Ou seja, a rotulação geral dos casos como de homicídio ou mesmo homicídio qualificado, simplesmente, torna invisível a violência de gênero ínsita a inúmeras mortes. Nesse influxo, reitera-se, é ainda tendo por escopo superar isso que a Lei do Feminicídio denota sua importância, pois insere a morte dolosa da mulher dentro de um contexto de discriminação geral de gênero que deve ser considerado pelo aplicador da lei, governantes e sociedade como um todo.

A rubrica do feminicídio, assim, contribui para superar visões reducionistas de violência de gênero[84], além de desvelar uma função política[85] para fins de minar a resistência ainda presente na sociedade e nos meios jurídicos que negam a raiz discriminatória das agressões, reduzindo essas a atos isolados feitos por agentes desequilibrados[86]. Com a publicização da violência de gênero e a nomeação dos casos em que a dominação das mulheres pela sociedade machista chega ao ápice do assassinato, o recrudescimento do tratamento penal demonstra que comportamentos misóginos não serão aceitos[87].

Obviamente, contudo, há de se ressaltar que o ramo jurídico-penal, por si só, não possui qualquer possibilidade de superação de problemas sociais, mormente tão enraizados em nossa sociedade. Assim, além de seu permanente caminho de aperfeiçoamento, imperioso harmonizá-lo com outras medidas e políticas públicas voltadas à consagração do princípio da igualdade.

---

82 MELLO, Adriana Ramos de. *Feminicídio*: uma..., cit., p. 3.

83 LEFRANC WEEGAN, Federico; CAMPOS ESPINOSA, Lizbeth Myriam. Acerca del feminicidio. *Iter Criminis*: Revista de ciencias penales, México, n. 3, nov./dez. 2011, p. 54.

84 LAURENZO COPELLO, Patricia. ¿Hace falta un delito de feminicidio? *Revista de Derecho Penal*. Fundación de Cultura Universitária, Montevideo, v. 20, dez. 2012, pp. 255-256.

85 LAURENZO COPELLO, Patricia. ¿Hace falta..., cit., pp. 244 e 247-248.

86 SOUZA, Luciano Anderson de; BARROS, Paula Pécora de. Questões controversas..., cit., p. 276.

87 SOUZA, Luciano Anderson de; BARROS, Paula Pécora de. Questões controversas..., cit., p. 276.

A seu turno, outra vertente de críticas se volta para a própria utilização da seara penal para possível proteção das mulheres. Em realidade, tal questionamento parte de uma desconfiança para com o ramo em destaque, haja vista ter sido ele, durante séculos, responsável por perseguir, nos mais variados aspectos, o gênero feminino. Em outras palavras, o Direto Penal, tradicionalmente, foi o fomentador, ou ao menos o mecanismo de institucionalização, de violências contra as mulheres[88]. Isso se deu com a perseguição às bruxas no medievo[89], com a legitimação de *"legítimas defesas da honra"*, tanto na era moderna como na contemporaneidade, com a extinção da punibilidade pelo casamento em certos crimes sexuais, com o tratamento diferenciado entre mulheres *"honestas"* e *"desonestas"*, dentre inúmeras outras hipóteses.

Natural, portanto, que parcela do movimento feminista receba com ceticismo ou desconfiança a chamada tutela penal. E para além de uma reflexão epistemológica tradicional, a utilização do mecanismo penal agora com viés protetor ainda gera uma nova reflexão, uma vez que isso poderia denotar paternalismo ou bem contribuir para uma visão estigmatizada da mulher, que agora se vê rotulada de vítima, denotando a uma sua possível fragilidade ou incapacidade frente ao gênero masculino.

Uma compreensão de tal ordem, no entanto, mostra-se simplista e equivocada. A premissa de uma referida categoria de ideias é errônea porque concebe o Direito Penal de modo superficial e em termos parciais, reduzindo-o a mecanismo de proteção de sujeitos, preconceituosamente tidos como seres mais débeis frente ao ofensor.

Ademais, além de esperar demais da prevenção geral negativa – obviamente, não a função única, ou quiçá, precípua, da pena criminal – olvida-se que o Direito Penal mostra seu momento de realização ao depois do fato praticado, punindo o infrator na medida de sua culpabilidade. Negar peremptoriamente uma incriminação porque ela supostamente significaria um paternalismo para com a vítima engendraria, forçosamente, à necessidade de se negar qualquer fato delitivo com sujeito passivo concreto, não apenas feminicídio, mas o próprio homicídio, o estupro, o roubo, *etc*.

---

88 SOUZA, Luciano Anderson de. Crimes sexuais: reflexões críticas. *In*: SILVEIRA, Renato de Mello Jorge; RASSI, João Daniel (Orgs.). *Estudos em homenagem a Vicente Greco Filho*. São Paulo: LiberArs, 2014, pp. 325-338.

89 BAKER, Milena Gordon. *A tutela...*, cit., p. 11 e ss.; SOUZA, Luciano Anderson de. A punição à feitiçaria como paradigma de um direito penal irracionalista: obscurantismo e arbítrio no pré-iluminismo. *Revista Brasileira de Ciências Criminais*, v. 79, 2009, pp. 281-301.

A violência contra a mulher é algo histórico, cultural e estruturamente situado, ancorado numa visão inferiorizada do gênero feminino, mercê do masculino. A consagração do princípio da igualdade nas sociedades democráticas hodiernas não pode ficar infensa a isso. Um Código Penal, para além de um aglutinado de sentimentos e representações da comunidade, e simultaneamente, a expressão destes sentimentos e representações, consoante o dizer de Faria Costa[90], denota, por consequência, as dificuldades de uma dada sociedade em face de ataques sofridos a esses mesmos sentimentos e representações.

Em outros termos, isso significa que em uma sociedade em que haja o valor patrimonial e em que tal valor seja absolutamente respeitado por todos, não haveria o menor sentido em se estabelecer crimes contra o patrimônio. A lei penal traduz os interesses de uma dada sociedade frente às vulnerações concretas apresentadas no entorno das relações intersubjetivas.

O interesse vida humana mostra-se como o eixo central de nossa sociedade, que possui, expressamente, a dignidade humana como valor essencial. Nesse contexto, vê-se que há um menosprezo antigo e estrutural contra o gênero feminino, ou seja, um modo diferencial de ataque. Logo, natural que isso seja sinalizado pelo Direito Penal – que como a sociedade, evolui – de modo específico.

Não se pretende, obviamente, que a criação da qualificadora do feminicídio represente o equacionamento da questão da violência de gênero. Entretanto, nos parece que sua peremptória negativa significaria negar a própria racionalidade do catálogo de incriminações e demais conformação da sistemática jurídico-penal, que procura atribuir consequências gravosas na medida da reprovação das condutas dos agentes.

Há, contudo, que se expressar claramente no sentido de que a legislação penal não findará com a violência de gênero e que a Lei do Feminicídio possui graves defeitos técnicos. Mas nada disso infirma a figura do feminicídio. Quanto ao primeiro aspecto, não é papel do Direito Penal eliminar qualquer forma de criminalidade. Abusos sem fim foram e são perpetrados historicamente por agentes estatais em nome de tal mentira.

Com relação aos problemas na construção jurídico-penal, é papel da doutrina oferecer soluções criativas e possibilidade de alternativas ao parlamento para sua superação. Nesse sentido, é imprescindível, além das críticas teóricas, a análise das decisões judiciais pertinentes – vez que ain-

90 COSTA, José de Faria. *Direito penal especial*: contributo a uma sistematização dos problemas "especiais" da parte especial. Coimbra: Coimbra Editora, 2007, p. 14.

da não há que se falar em jurisprudência -, assim como dos dados estatísticos de mortes de mulheres e das situações em que elas são mortas[91].

Imprescindível, então, uma abordagem sistemática que leve em conta, fundamentalmente, medidas políticas, de educação e de proteção a sobreviventes e demais vulneráveis, coleta de dados e pesquisa, com intervenções abrangentes, coordenadas e integradas que abordem as causas profundas da violência, incluindo causas socioeconômicas, como a pobreza, a discriminação de gênero e a desigualdade, com a integração de serviços de saúde a um amplo espectro social, com políticas afirmativas, como cotas para mulheres em cargos eletivos, empregos públicos e privados, reduções tributárias diferenciadas, tudo aliado a programas educativos e de acolhimento[92].

Esse é, de fato, o real complexo caminho emancipatório. Mas isso não invalida a cota-parte do Direito Penal nessa seara. A legislação penal de violência doméstica e do feminicídio representam um divisor de águas na história jurídico penal nacional, superando-se um viés do Direito como violência institucional contra as mulheres[93], para um direito de intuito consagrador de igualitárias relações de gênero, dando-se respostas adequadas para gravosos problemas sociais. As imperfeições legislativas não infirmam tal constatação, devendo ensejar, isto sim, pontuais reformas.



---

91 SOUZA, Luciano Anderson de; BARROS, Paula Pécora de. Questões controversas..., cit., p. 277.

92 SOUZA, Luciano Anderson de; BARROS, Paula Pécora de. Questões controversas..., cit., p. 277.

93 MELLO, Adriana Ramos de. *Feminicídio*: uma..., cit., p. 2. Descrevendo referida trajetória, cf. SOUZA, Luciano Anderson. Crimes sexuais..., cit., p. 344.

## 3. CRIME PRATICADO POR MILÍCIA PRIVADA

**BIBLIOGRAFIA:** ANTUNES, Marcia Arnaud; SARAIVA, Daniela. A ausência de tipificação dos crimes praticados por grupos de extermínio ou milícias privada introduzidos pela lei 12.720/12 e sua consequente ineficácia. *Revista de Estudos Jurídicos UNESP*, Franca, ano 19, n. 30, ago.-dez., pp. 1-12; BADARÓ, Gustavo Henrique & BOTTINI, Pierpaolo Cruz. *Lavagem de dinheiro*: aspectos penais e processuais penais: comentários à lei 9.613/1998 com as alterações da lei 12.686/2012. São Paulo: RT, 2012; BECK, Ulrich. *O que é globalização? Equívocos do globalismo:* respostas à globalização. Trad. André Carone. São Paulo: Paz e Terra, 1999; BECK, Ulrich. *La sociedad del riesgo:* hacia una nueva modernidad. Trad. Jorge Navarro, Daniel Jiménez e Maria Rosa Borras. Barcelona: Paidos, 1998; BITENCOURT, Cezar Roberto. *Tratado de direito penal*: parte especial. São Paulo: Saraiva, 2016, v. 2; BUSATO, Paulo César. *Direito penal*: parte especial. São Paulo: Atlas, 2014, v. 1; ESTELLITA, Heloisa. *Criminalidade de empresa, quadrilha e organização criminosa*. Porto Alegre: Livraria do Advogado, 2009; ESTELLITA, Heloisa; GRECO, Luís. Empresa, quadrilha (art. 288 do CP) e organização criminosa. *Revista Brasileira de Ciências Criminais*, v. 91, jul./ago. 2011, pp. 393-409; GIDDENS, Anthony. *As conseqüências da modernidade*. Trad. Raul Fiker. São Paulo: UNESP, 1991; GIDDENS, Anthony; BECK, Ulrich; LASH, Scott. *Modernização reflexiva:* política, tradição e estética na ordem social moderna. Trad. Magda Lopes. São Paulo: UNESP, 1997; HUNGRIA, Nelson. *Comentários ao código penal* – v. IX. 4ª edição. Rio de Janeiro: Forense, 1958; PAVARINI, Massimo. *Introduzione a la criminologia*. Firenze: Le Monnier, 1980; PRADO, Luiz Regis. *Curso de direito penal brasileiro*. São Paulo: Revista dos Tribunais, 2015; PRADO JÚNIOR, Caio. *História econômica do Brasil*. São Paulo: Brasiliense, 1974; ROXIN, Claus. *Estudos de direito penal*. Trad. Luís Greco. Rio de Janeiro: Renovar, 2006; SÁ, Alvino Augusto de; SHECAIRA, Sérgio Salomão. *Criminologia e os problemas da atualidade*. São Paulo: Atlas, 2008; SCHAFFSTEIN, Federico. *La ciencia europea del derecho penal en la epoca del humanismo*. Trad. Jose Maria Rodriguez Devesa. Madrid: Instituto de Estudios Politicos, 1957; SILVEIRA, Renato de Mello Jorge. Art. 121. *In*: REALE JÚNIOR, Miguel (Coord.). *Código penal comentado*. São Paulo: Saraiva, 2017, pp. 345-361; SOUZA, Artur de Brito Gueiros. *Questões atuais dos crimes contra a vida*. São Paulo: LiberArs, 2016; SOUZA, Luciano Anderson de. *Expansão do direito penal e globalização*. São Paulo: Quartier Latin, 2007; SOUZA, Luciano Anderson de; FERREIRA, Regina Cirino Alves. Discurso midiático penal e exasperação repressiva. *Revista Brasileira de Ciências Criminais*, v. 94, jan./fev. 2012, pp. 363-382; SUDBRACK, Umberto Guaspari. O extermínio de meninos de rua no Brasil. *São Paulo em Perspectiva*, São Paulo, v. 18, n. 1, Mar. 2004, pp. 22-30; ZUÑIGA RODRÍGUEZ, Laura. *Criminalidad organizada y sistema de derecho penal*: contribución a la determinación del injusto penal de organización criminal. Granada: Colmares, 2009.

## COMENTÁRIO

A Lei nº 12.720/2012 inseriu inédita causa de aumento de pena ao delito de homicídio, em seu novel § 6º, que revela a seguinte redação: *"a pena é aumentada de 1/3 (um terço) até a metade se o crime for praticado por milícia privada, sob o pretexto de prestação de serviço de segurança, ou por grupo de extermínio"*.

A singela e enormemente problemática redação da majorante traz à baila, já no capítulo dos crimes contra a vida, no Título I da Parte Especial do Código Penal, o tema dos crimes associativos, que tem se desdobrado em inúmeras alterações legislativas nos últimos anos, mormente no que diz respeito às chamadas associações criminosas, bem como às organizações criminosas. Algumas palavras se fazem precisas sobre o assunto.

O tema em destaque está na ordem do dia na pauta midiática criminal, face aos comumente chamados grandes julgamentos ou grandes operações policiais[94]. Notícias jornalísticas utilizam-se indistintamente, dentre outras, de expressões como *"organização criminosa"*, *"quadrilha"*, *"grupo criminoso"*, *"bando criminoso"*, *"facção criminosa"*, *"milícia"*, *"máfia"* e *"crime organizado"*. Assimiladas por leigos como sinalizadoras de conjuntos de pessoas que praticam crimes de modo profissional, tais expressões causam confusão terminológica[95] no universo dogmático penal, vez que denotam situações bastante distintas, as quais ensejam consectários muito diversos. Demais disso, o fenômeno é ainda pouco investigado, conforme alerta ROXIN[96].

O problema da falta de clareza conceitual assume contornos graves quando ocorrente no universo jurídico, mormente legislativo e judicial. Sob

---

94 De acordo com PAVARINI, *"o crime saiu dos estreitos limites da crônica negra e conquistou, com prepotência, a primeira página do cotidiano"*. PAVARINI, Massimo. *Introduzione a la criminologia*. Firenze: Le Monnier, 1980, p. 6 (tradução livre). Sobre a relação atual da mídia com a repressão criminal, cf. SOUZA, Luciano Anderson de; FERREIRA, Regina Cirino Alves. Discurso midiático penal e exasperação repressiva. *Revista Brasileira de Ciências Criminais*, v. 94, jan./fev. 2012, pp. 363-382.

95 ESTELLITA, Heloisa. *Criminalidade de empresa, quadrilha e organização criminosa*. Porto Alegre: Livraria do Advogado, 2009, p. 44 e ss.

96 ROXIN, Claus. *Estudos de direito penal*. Trad. Luís Greco. Rio de Janeiro: Renovar, 2006, pp. 17-18.

o influxo exasperador penal das últimas décadas, o legislador brasileiro tem cuidado do assunto de modo controverso. Em decorrência disso, o Poder Judiciário reflete tais controvérsias em polêmicas decisões. Diante deste dificultoso quadro, curial uma análise mais apurada acerca do tema.

Em termos de uma precisa gramática jurídico-penal, o assunto em foco remonta à compreensão do instituto do concurso de pessoas, avança à tipificação da quadrilha ou bando e desemboca na decantada *"organização criminosa"*. A *"milícia privada"*, ainda, mostra-se como construção apartada[97], mas que deflui do mesmo contexto. Muito embora em certa medida seja inegável uma aproximação dos conceitos referidos, atrelados à ideia de pluralidade de pessoas unidas, em menor ou maior medida, para prática delitiva, em realidade, tecnicamente, os fenômenos se distanciam, e muito, conforme veremos.

A compreensão de concurso de pessoas remonta ao direito romano e somente recebeu um tratamento mais sistemático durante o período humanitário pela pena de pensadores como Decianus[98] e Covarrubias[99]. Envolta num ideário de modalidades de participação em uma eventual empreitada criminosa, o entendimento do concurso de agentes com o aqui estudado somente tem em comum efetivamente a pluralidade subjetiva, não havendo uma dimensão institucional ou de qualquer estabilidade, tal qual se imagina nas demais formas referidas. Dessa maneira, frise-se, o concurso de agentes constitui a eventual coautoria ou participação em uma infração penal.

Fruto de preocupações governamentais decorrentes da industrialização, a tipificação autônoma da pluralidade de indivíduos que se unem com intuito delitivo nasce com o Código Penal francês de 1810. Em outras palavras, o crime de quadrilha ou bando surge com a *association de malfeiteurs*

---

97 E não apenas na causa de aumento do homicídio citada, mas ainda num tipo autônomo de *"constituição de milícia privada"*, no artigo 288-A – também inserido pela Lei nº 12.720/2012 -, que possui a seguinte redação: *"Constituir, organizar, integrar, manter ou custear organização paramilitar, milícia particular, grupo ou esquadrão com a finalidade de praticar qualquer dos crimes previstos neste Código: Pena – reclusão, de 4 (quatro) a 8 (oito) anos"*.

98 SCHAFFSTEIN, Federico. *La ciencia europea del derecho penal en la epoca del humanismo*. Trad. Jose Maria Rodriguez Devesa. Madrid: Instituto de Estudios Politicos, 1957, p. 94.

99 SCHAFFSTEIN, Federico. *La ciência..., cit.*, p. 169.

do Código napoleônico[100]. No Brasil, até por sua industrialização tardia[101], o crime surge apenas no Código Penal de 1940, no artigo 288. Antes disso, somente se punia o concurso eventual de pessoas.

O crime de quadrilha ou bando – que a partir da Lei nº 12.850/2013, recebe nova conformação, passando a denominar-se associação criminosa[102] – constitui-se em crime de concurso necessário, ou plurissubjetivo, ou seja, é preciso uma pluralidade de agentes para a configuração da infração penal. No caso da legislação brasileira atual, mais de duas pessoas.

Neste sentido, no caso específico, mister se faz a presença de estabilidade ou de permanência da associação. E intuito de prática de número indeterminado de crimes (fim especial de agir, ou seja, elemento subjetivo especial). Se o intuito é a prática de crime específico, cuida-se de concurso de pessoas.

No ordenamento nacional, posteriormente ao Código de 1940, o tipo penal originariamente chamado de quadrilha ou bando recebeu na legislação extravagante tratamento específico no que diz respeito à prática de genocídio (Lei nº 2.889/1956), atentado à segurança nacional (Lei nº 7.170/1983), tráfico de drogas (Lei nº 6.368/1976 e, posteriormente, nº 11.343/2006) e constituição de milícia privada (Lei nº 12.720/2012)[103]. Dessa maneira, consoante o objetivo da então quadrilha ou bando – hoje, associação criminosa, reitere-se -, variando-se o número exigido para o concurso necessário consoante a lei em análise, incidirá um ou outro tipo específico.

Embora não seja novidade legislativa, o crime de associação criminosa ganha hoje nova compreensão fruto da sociedade do risco. A tônica desta, estudada, dentre outros, por BECK, GIDDENS e LASH[104], é a da produção de novos e indesejados riscos sociais, fruto da pós-industrialização.



---

100 HUNGRIA, Nelson. *Comentários ao código penal* – v. IX. 4ª edição. Rio de Janeiro: Forense, 1958, p. 174.

101 Descrita, dentre outros, destacadamente por PRADO JÚNIOR, Caio. *História econômica do Brasil*. São Paulo: Brasiliense, 1974, *passim*.

102 *"Art. 288. Associarem-se 3 (três) ou mais pessoas, para o fim específico de cometer crimes: Pena – reclusão, de 1 (um) a 3 (três) anos. Parágrafo único. A pena aumenta-se até a metade se a associação é armada ou se houver a participação de criança ou adolescente".*

103 Não se cuida do específico objeto de análise do presente texto o novo artigo 288-A do Código Penal. Todavia, por sua péssima redação, vislumbram-se problemas, referidos *infra*. Preliminarmente, de se notar que a lei pretende instituir o "*crime de extermínio de seres humanos*", mas a redação dada ao tipo penal estatui o fim de perpetração de qualquer crime do Código.

104 Dos autores, cf., *e.g.*, BECK, Ulrich. *O que é globalização? Equívocos do globalismo:* respostas à globalização. Trad. André Carone. São Paulo: Paz e Terra, 1999; BECK, Ulrich. *La*

A característica essencial da atual fase do desenvolvimento econômico é a de radicalização da sistemática anterior, industrial. Contudo, contraditoriamente, ao buscar o aperfeiçoamento do modelo produtivo, com vistas à maior eficiência, novas problemáticas são geradas.

O exemplo primeiro de BECK é esclarecedor: o acidente nuclear de Chernobyl[105]. Assim, demonstra-se que, ao se buscar uma maior eficiência e segurança na produção de energia, tem-se por consequência um grande e incalculável desastre, ensejador de enorme insegurança. E como a sociedade do risco é também a sociedade da informação, tendo ampla capacidade de reflexão, tem-se que a tônica jurídica de nossa era é da tentativa de gerenciamento de riscos indesejados pela sociedade[106].

Nesse contexto, insere-se o tema da associação criminosa na preocupação social de insegurança fruto do incremento e organização da criminalidade, inclusive em nível global. Comumente, difere-se a criminalidade de massas, ou violenta, da criminalidade dos poderosos, assimilada aos crimes econômicos[107]. O tipo de associação criminosa é, curiosamente, na prática, confundido ou identificado para as duas esferas, ensejando, em qualquer caso, duras respostas punitivas.

Corriqueiramente, denúncias abusam da capitulação da figura, sempre que há mais de duas pessoas envolvidas na prática criminosa, mormente em crimes societários, muitas vezes estabelecendo verdadeira responsabilidade objetiva, bem como ignorando os reais contornos do tipo penal em foco. Quanto a isso, há que se atentar que associações criminosas possuem fins ilícitos, enquanto que empresas regulares que poluem ou sonegam possuem fim lícito, não havendo que se falar em associação criminosa[108].

---

*sociedad del riesgo:* hacia una nueva modernidad. Trad. Jorge Navarro, Daniel Jiménez e Maria Rosa Borras. Barcelona: Paidos, 1998; GIDDENS, Anthony. *As conseqüências da modernidade*. Trad. Raul Fiker. São Paulo: UNESP, 1991; GIDDENS, Anthony; BECK, Ulrich; LASH, Scott. *Modernização reflexiva:* política, tradição e estética na ordem social moderna. Trad. Magda Lopes. São Paulo: UNESP, 1997.

105 BECK, Ulrich. *La sociedad...*, cit., p. 11.

106 SOUZA, Luciano Anderson de. *Expansão do direito penal e globalização*. São Paulo: Quartier Latin, 2007, p. 107 e ss.

107 A respeito do tema, cf. os interessantes trabalhos de Alamiro Velludo Salvador Netto, Leandro Sarcedo e Norma Sueli Bonaccorso, *in*: SÁ, Alvino Augusto de; SHECAIRA, Sérgio Salomão. *Criminologia e os problemas da atualidade*. São Paulo: Atlas, 2008, pp. 140-196.

108 Daí a grande dificuldade em se falar da criminalidade de empresa. A respeito, cf. ESTELLITA, Heloisa; GRECO, Luís. Empresa, quadrilha (art. 288 do CP) e organização criminosa. *Revista Brasileira de Ciências Criminais*, v. 91, jul./ago. 2011, p. 397.

Também em nome de uma maior severidade repressiva, muitas vezes o concurso de pessoas é ignorado, interpretando-se como se associação criminosa fosse mero crime violento perpetrado por diversos agentes sem vínculo subjetivo estável e permanente para outras práticas delitivas.

Por fim, fala-se muitas vezes em associação criminosa como sinônimo de organização criminosa, problema deflagrado a partir da malsinada Lei nº 9.034/1995 – revogada pela Lei nº 12.850/2013 -, que dispunha sobre a utilização de meios operacionais para a prevenção e repressão de ações praticadas por organizações criminosas. Outros diplomas subsequentes, com destaque para as Leis nº 10.217/2001, nº 12.694/2012 e a própria nº 12.850/2013, referidas abaixo, bem como projetos de leis, cuidam do temário.



**Associação criminosa e organização criminosa**

Em termos dogmáticos, o tipo penal de associação criminosa é mais do que um simples concurso de pessoas, porém menos que uma organização criminosa. A associação de mais de duas pessoas para o fim de praticar crimes exige estabilidade (não mero acordo momentâneo, eventual) e um mínimo de organização, ainda que rudimentar.

A ideia de organização criminosa, por sua vez, hoje disciplinada pela Lei nº 12.850/2013[109], também exige estabilidade e organização, mas esta tem de ser complexa, não meramente rudimentar. Deve haver, conforme a doutrina, hierarquia e poderio econômico e de intimidação. Mas observe-se que estas são noções gerais, pois sua definição é bastante difícil[110].

Há uma ideia geral trazida pela Convenção das Nações Unidas contra o Crime Organizado Transnacional, alcunhada *"Convenção de Palermo"*, de 2004, promulgada no Brasil por meio do Decreto nº 5.015/2004. Segundo o artigo 2 do diploma, *"para efeitos da presente Convenção, entende-se por: a) 'Grupo criminoso organizado' – grupo estruturado de três ou mais pessoas, existente há algum tempo e atuando concertadamente com o propó-*

---

109 Estabelece referido diploma: *"Art. 1º Esta Lei define organização criminosa e dispõe sobre a investigação criminal, os meios de obtenção da prova, infrações penais correlatas e o procedimento criminal a ser aplicado. § 1º Considera-se organização criminosa a associação de 4 (quatro) ou mais pessoas estruturalmente ordenada e caracterizada pela divisão de tarefas, ainda que informalmente, com objetivo de obter, direta ou indiretamente, vantagem de qualquer natureza, mediante a prática de infrações penais cujas penas máximas sejam superiores a 4 (quatro) anos, ou que sejam de caráter transnacional".*

110 A respeito dos elementos configuradores, cf. ZUÑIGA RODRÍGUEZ, Laura. *Criminalidad organizada y sistema de derecho penal*: contribución a la determinación del injusto penal de organización criminal. Granada: Colmares, 2009, p. 58.

*sito de cometer uma ou mais infrações graves ou enunciadas na presente Convenção, com a intenção de obter, direta ou indiretamente, um benefício econômico ou outro benefício material; b) 'Infração grave' – ato que constitua infração punível com uma pena de privação de liberdade, cujo máximo não seja inferior a quatro anos ou com pena superior; c) 'Grupo estruturado' – grupo formado de maneira não fortuita para a prática imediata de uma infração, ainda que os seus membros não tenham funções formalmente definidas, que não haja continuidade na sua composição e que não disponha de uma estrutura elaborada; (...)".*

Note-se que, como não poderia deixar de ser, tal convenção apenas fixa diretivas a serem acolhidas pelos países subscritores, de modo mais ou menos genérico, não servindo referido ideário como definição específica para a legislação brasileira. É fato que, consoante analisado *infra*, o Poder Legislativo brasileiro não havia produzido, ao menos até a edição da Lei nº 12.694/2012, uma lei que defina o instituto[111]. Atualmente, como mencionado, o tema foi disciplinado pela lei especial de 2013.

**A Lei nº 12.694/2012 e sua definição de organização criminosa**

A Lei nº 12.694/2012 merece expressa menção, vez que se contextualiza com a promulgação da Lei nº 12.720/2012, que alterou o *Codex* na parte ora em análise. Consoante a dicção do artigo 2º da Lei nº 12.694/2012, *"para os efeitos desta Lei, considera-se organização criminosa a associação, de 3 (três) ou mais pessoas, estruturalmente ordenada e caracterizada pela divisão de tarefas, ainda que informalmente, com objetivo de obter, direta ou indiretamente, vantagem de qualquer natureza, mediante a prática de crimes cuja pena máxima seja igual ou superior a 4 (quatro) anos ou que sejam de caráter transnacional"*.

Antes de se deter na análise da definição em si, insta frisar que a lei em comento não trouxe crimes, não tendo havido no ordenamento brasileiro tipo penal autônomo atinente à organização criminosa até a mencionada Lei nº 12.850/2012. A Lei nº 12.694/2012 possui exclusivo caráter processual penal, voltado à disciplina da organização judiciária em casos de *"crimes praticados por organizações criminosas"*.

111 No mesmo sentido, embora não se referindo à Lei nº 12.694/2012, BADARÓ, Gustavo Henrique & BOTTINI, Pierpaolo Cruz. *Lavagem de dinheiro*: aspectos penais e processuais penais: comentários à lei 9.613/1998 com as alterações da lei 12.686/2012. São Paulo: RT, 2012, p. 158.

Produzida sob pressão da magistratura e enfoque midiático decorrente do homicídio da juíza Patrícia Acioli[112], ocorrido no Rio de Janeiro, em agosto de 2011, o intuito do diploma legal, assim, foi o de trazer maior segurança aos juízes face ao poderio e à violência de facções criminosas, estabelecendo a possibilidade de decisões e de julgamentos colegiados, mitigando-se sensivelmente os princípios do juiz natural e da publicidade dos atos processuais. Ademais, a lei aumenta a carga repressivo-criminal das medidas assecuratórias e a proteção dos agentes da repressão penal por diversos meios.

A definição legal de organização criminosa trazida no bojo desta lei foi longe do ideal. A exigência de concurso necessário de um mínimo de três pessoas não fazia sentido em nosso país diante do fato de que para caracterização do então crime de quadrilha ou bando – só alterado em 2013 -, algo necessariamente mais rudimentar que uma organização criminosa, exigia-se um número mínimo de quatro indivíduos. Além disso, não se exigia estabilidade e permanência do grupo, podendo-se na prática facilmente entender como organização criminosa mero concurso de pessoas ou quadrilha ou bando.

Ainda, a indicação de necessidade de estrutura ordenada e caracterizada pela divisão de tarefas, *"ainda que informalmente"*, foi absolutamente vaga e, portanto, insegura. Não se sabia o que seria estrutura ordenada, podendo-se abranger as mais rudimentares, e, de outro lado, a informalidade possibilitada abarca qualquer situação, não havendo parâmetros claros.

O objetivo indireto de se obter vantagem de qualquer natureza também desvelava absoluto descompromisso com uma delimitação séria, fazendo incidir um gravoso tratamento processual penal sobre um partícipe distanciado do núcleo da ação ilícita. Por fim, o caráter transnacional (critério alternativo com o da sanção penal) do crime é – até hoje, já que constante da Lei nº 12.850/2013 – uma compreensão em aberto, já que não delimitada pela lei.

Se a Lei nº 12.694/2012 já trazia inúmeros problemas ao intérprete, isso se agudizou com a edição, logo a seguir, de outra lei versando sobre tema correlato, desta feita de caráter jurídico-penal: a Lei nº 12.720/2012.



---

112 *Vide*, a respeito, *e.g.*: Memória: morte de juíza iniciou pedidos de mais segurança. *Folha de S. Paulo*, 13.08.2012, disponível em http://folha.com.br, acesso realizado em 10.11.2017; Dilma Rousseff sanciona lei para evitar casos como o de Patrícia Acioli. *In*: http://g1.globo.com/bom-dia-brasil/noticia/2012/08/, 06.08.2012, acesso realizado em 10.11.2017.

### A Lei nº 12.720/2012: *"crime de extermínio de seres humanos"* e causas de aumento para o homicídio e lesões corporais

A Lei nº 12.720, de 27 de setembro de 2012, justificada por motivações de segurança pública após a exploração midiática de mortes violentas produzidas por *"grupos paramilitares"*, segundo Silveira[113], intencionou dispor, conforme aponta expressamente sua epígrafe, *"sobre o crime de extermínio de seres humanos"*[114].

Esta lei, no entanto, estabelece duas causas de aumento de pena, uma para o homicídio (artigo 121, § 6º do Código Penal, como citado) e outra para lesões corporais (artigo 129, § 7º, do mesmo diploma), quando *"o crime for praticado por milícia privada, sob o pretexto de prestação de serviço de segurança, ou por grupo de extermínio"*, e cria um crime, cuja rubrica lateral é *"constituição de milícia privada"*, artigo 288-A do Código Penal, apontado *supra*.

Cuida-se o diploma, por conseguinte, de enorme desastre legislativo, fruto do absoluto descompromisso do Poder Legislativo brasileiro para com a melhor técnica tipificadora jurídico-penal, às escâncaras vilipendiadora do princípio da taxatividade. Em primeiro lugar, nota-se que não foi criado qualquer crime de *extermínio de seres humanos*[115].

---

113 SILVEIRA, Renato de Mello Jorge. Art. 121. *In*: REALE JÚNIOR, Miguel (Coord.). *Código penal comentado*. São Paulo: Saraiva, 2017, p. 357.

114 Analisando as raízes históricas do extermínio de pessoas no Brasil, com foco especial em meninos de rua, escreve SUDBRACK: *"A violência em relação a certas camadas da população nacional tem origem em práticas antigas, como, por exemplo, aquelas existentes durante o regime colonial e o período escravocrata. Com efeito, os índios e os escravos negros foram vítimas da violência dos agentes do Estado, durante mais de cinco séculos, sendo muitas vezes eliminados fisicamente. Na República, implantada em 1889, a repressão policial contra os desfavorecidos destaca-se, sobretudo, nos períodos de autoritarismo político, como o Estado Novo (1937-1945) e o regime militar (1964– 1985). Se a partir dos anos 20 e 30, inicialmente os anarquistas, depois, os comunistas, se durante o regime militar, todos que se opunham a este, eram considerados como 'inimigos da sociedade' e, portanto, objeto de uma forte repressão, nos anos 80, os meninos de rua passam a constituir esse grupo 'perigoso', o que enseja um controle social severo dos mesmos com apelo, inclusive, à eliminação física"*. SUDBRACK, Umberto Guaspari. O extermínio de meninos de rua no Brasil. *São Paulo em Perspectiva*, São Paulo, v. 18, n. 1, Mar. 2004, p. 23.

115 *"O deputado Luiz Albuquerque Couto, criador do projeto, para demonstrar a essência e o significado da lei considerou como ocorrências análogas o Massacre do Carandiru ocorrido em 1992, a Chacina da Candelária ocorrida em 1993 e, por fim o Massacre dos trabalhadores sem terra de Eldorado dos Carajás – PA, ocorrido em 1996. Infelizmente o projeto de lei não alcançou o seu intento e o texto de lei aprovado muito se distanciou do objetivo traçado em sua origem. Durante a criação da nova lei diversas modificações*

Além disso, não se sabe com segurança o que seria milícia privada, pretexto de prestação de serviço de segurança ou grupo de extermínio, para os fins de grave causa de aumento de pena. Por outro lado, tampouco há balizas mínimas para se identificar o que seria uma organização paramilitar, milícia particular, grupo ou esquadrão.

Em que pese alguns pretendam identificar as categorias com a de "*grupamentos de pessoas encarregadas de exterminar outras pessoas*"[116], fato é que a noção é demasiado fluída e tampouco permite uma diferenciação entre as diversas expressões usadas pela lei. Além disso, não se sabe qual o número mínimo de agentes para a formação do grupo referenciado e qual seria a exata diferença de um grupamento desse jaez com uma associação criminosa. Ou seja, não existe qualquer parâmetro para se aclarar os elementos normativos utilizados, não podendo tal mister ser transferido ao aplicador da lei penal sob pena de violação da separação de poderes.

De mais concreto, poder-se-ia apenas intuir que o pertencimento a citado grupo deveria revelar estabilidade e permanência, o que afasta o concurso de pessoas para em tese caracterizar o crime do artigo 288-A. Mas o reconhecimento desse último necessariamente afasta a possibilidade de aplicação das novéis causas de aumento do homicídio ou das lesões corporais, sob pena de *bis in idem*, conforme arguta observação de Bitencourt[117].

De se notar que o ato de integrar grupo descrito no artigo 288-A com o fito de "*praticar qualquer dos crimes previstos neste Código*" é uma aberração que nada tem a ver com extermínio de seres humanos e inclusive afasta a incidência do tipo de associação criminosa, cominando pena extremamen-

---

*foram realizadas a ponto do projeto de lei apresentado ter hoje pouquíssima relação com o texto aprovado e em vigor*". Cf. ANTUNES, Marcia Arnaud; SARAIVA, Daniela. A ausência de tipificação dos crimes praticados por grupos de extermínio ou milícias privada introduzidos pela lei 12.720/12 e sua consequente ineficácia. *Revista de Estudos Jurídicos UNESP*, Franca, ano 19, n. 30, ago.-dez., p. 3.

---

116 Noção de Busato, escorado em Fernando Galvão. Cf. BUSATO, Paulo César. *Direito penal*: parte especial. São Paulo: Atlas, 2014, v. 1, p. 55. Importante ainda frisar que não possuem razão os doutos doutrinadores referenciados – cf. BUSATO, Paulo César. *Direito penal...*, cit., p. 55 – quando sinalizam tratarem-se as hipóteses em comento de crimes próprios, vez que em nenhuma momento, nem nas citadas causas de aumento, respectivamente, do homicídio ou das lesões corporais, nem no crime de constituição de milícia privada, exige-se qualquer característica especial do sujeito ativo.

117 BITENCOURT, Cezar Roberto. *Tratado de direito penal*: parte especial. São Paulo: Saraiva, 2016, v. 2, p. 138 e p. 228. *E.g.*, em sentido oposto, todavia, não oferecendo qualquer justificação, cf. SOUZA, Artur de Brito Gueiros. *Questões atuais dos crimes contra a vida*. São Paulo: LiberArs, 2016, p. 70.

te mais grave, quando a finalidade dos agentes (independentemente do número) for a de praticar crimes previstos no Código Penal! Ou seja, o delito de associação criminosa só incidiria, em casos de mais de duas pessoas, quando o fim fosse o de praticar crimes previstos na legislação extravagante.

Destarte, o legislador nacional teve por intenção criminalizar a constituição dos popularmente conhecidos "*grupos de extermínio*"[118], mas por grave despreparo técnico não conseguiu, criando uma modalidade anômala de associação criminosa claramente inconstitucional[119]. É inadmissível que o Poder Judiciário proceda a uma "*ginástica interpretativa*" para fins de tentar conferir legitimidade ao tipo em foco. Ao lado disso, a criação das causas de aumento correlatas no homicídio e lesões corporais mostra a mesma insegurança e, ainda, demagogia, uma vez que não podem ser reconhecidas simultaneamente à novel figura delitiva.

## CONSIDERAÇÕES FINAIS

A prática delitiva por "*milícia privada*" insere-se no tema dos crimes associativos. Embora isso se encontre atualmente bastante explorado pelos meios de comunicação de massas, isso se dá sem qualquer rigor terminológico. A problemática da falta de clareza conceitual, todavia, assume a condição de grande problema social quando ocorrente no universo do Direito, como vem se dando nas últimas décadas.

Nos últimos anos, diversas leis referiram-se a organização criminosa sem a correspondente definição devida, pelo que se tornavam inaplicáveis a este respeito. Embora hoje o assunto esteja melhor regulado, após a edição da Lei nº 12.850/2013, fato é que subsistem dificuldades tanto nessa última legislação como nas decorrentes da Lei nº 12.720/2012. Portanto, o tema merece especial atenção do legislador nacional para fins de uma disciplina legítima, válida e eficaz.

---

118 Neste sentido, cf. Dilma sanciona lei que torna crime formação de milícias. *In*: http://exame.abril.com.br/, 28/09/2012.

119 Também em sentido crítico sobre o texto legal em destaque, escreve PRADO: "*Uma vez mais, faz-se uso da carga simbólica negativa intrínseca ao Direito Penal, para criar uma falsa e temporária sensação de segurança, relegando ao futuro a discussão de questões técnicas da legislação que entra em vigor. Isto é, a inaplicabilidade prática desses dispositivos legais devido à ausência de uma conceituação legal de elementos essenciais, será mais uma questão a ser debatida e pacificada nos tribunais, até que o legislador se encontre, novamente, diante da necessidade de se alterar o texto normativo*". PRADO, Luiz Regis. *Curso de direito penal brasileiro*. São Paulo: Revista dos Tribunais, 2015, p. 644.

## EUTANÁSIA E ORTOTANÁSIA

**BIBLIOGRAFIA:** ANDORNO, Roberto. Liberdade e dignidade da pessoa: dois paradigmas opostos ou complementares na Bioética? In: *Bioética e responsabilidade.* Coletânea organizada por Judith Martins Costa e Letícia Ludwig Möller. Rio de Janeiro: Gen-Forense, 2.009 •• ATHENIENSE, Aristóteles. Enfoque jurídico da ortotanásia. In: *Vida, morte e dignidade humana.* Coordenado por Tânia da Silva Pereira et al.. Rio de Janeiro, GZ, 2.010 •• AVANCINI, Cristiane; GOLDIM, José Roberto; FERNANDES, Márcia Santana. Diretivas antecipadas de vontade: um novo desafio para a relação médico-paciente. In: *Revista do Hospital das Clínicas de Porto Alegre,* Porto Alegre, 2.012, n. 32 •• CASABONA, Carlos Maria Romeo. Decisiones ante la proximidad de la muerte del paciente: interrupción o no iniciación del tratamiento. In: O tratamento penal da eutanásia no Brasil. In: *Aspectos médicos y jurídicos del dolor y la eutanásia.* Organizado por Manuel Gómez Tomillo et al.. Madrid: Union Editorial, 2.008 •• CASABONA, Carlo Maria Romeo. *El derecho y la bioetica ante los limites de la vida humana.* Madrid: Editorial Centro de Estudios Ramón Areces, 1.994 •• DIAS, Jorge Figueiredo. *Direito Penal – parte geral – tomo I – questões fundamentais – a doutrina geral do crime.* Coimbra: Coimbra Editora, 2.004 •• DIAS, Jorge Figueiredo. O problema da ortotanásia: introdução à sua consideração jurídica. In: *Ciência Penal 1,* ano II, São Paulo: Convivio, 1.975 •• FIORE, Carlo. *L'azione socialmente adequate nel diritto penale.* Nápoles, 1.966 •• GOLDIM, José Roberto, Eutanásia-Holanda, disponível em <http://www.ufrgs.br/bioetica/eutanhol.htm> •• HUNGRIA, Nélson. *Comentários ao Código Penal* – v. 5. 4ª edição. Rio de Janeiro: Forense, 1.958 •• JESCHECK, Hans-Henrich; WEIGEND, Thomas. *Tratado de Derecho Penal – parte general* – trad. Miguel Olmedo Cardenete. 5ª edição. Granada: Comares, 2.002 •• LORDA, Pablo Simón; CANTALEJO, Inés M. Barrio. La eutanásia en Bélgica. In: *Revista Española de Salud Publica,* vol. 86, n. 1, Madrid, jan./fev.2.012. •• JONAS, Hans, *Técnica, medicina y ética,* Barcelona: Paidós •• LUZÓN PEÑA, Diego-Manuel. *Lecciones de derecho penal– parte general.* 2ª edição. Valencia: Tirant lo Blanc, 2.012 •• MARTINS-COSTA, Judith; MÖLLER, Letícia Ludwig (orgs.). *Bioética e responsabilidade.* Rio de Janeiro: Gen-Forense, 2.009 •• MÖLLER, Letícia Ludwig. Os rumos da Bioética e do direito diante do progresso da ciência. In: *Bioética e responsabilidade.* Coletânea organizada por Judith Martins Costa e Letícia Ludwig Möller. Rio de Janeiro: Gen-Forense, 2.009 •• MONTE, Mário Ferreira. Da relevância penal de aspectos onto-axiológicos-normativos na eutanásia – análise problemática. In: *As novas questões em torno da vida e da morte em Direito Penal.* Organizado por José Costa Faria e

Ines Fernandes Godinho. Coimbra: Coimbra editora e Wolters Kluwer, 2.010 •• NAVARRETE, Miguel Polaino. *Lecciones de derecho penal: parte general* – Tomo I II. Madrid: Tecnos, 2.013 •• NÚÑEZ PAZ, Miguel Angel. *Historia del derecho a morir – análisis histórico y antecedentes jurídico-penales.* Oviedo: Forum, 1.999 •• PALANZZANI, Laura. *Il concetto di persona tra bioetica e diritto.* Torino: G. Giappichelli, 1.996 •• PEREIRA, André Gonçalo Dias. Declarações antecipadas de vontade: meramente indicativas ou vinculativas. In: *As novas questões em torno da vida e da morte em direito penal.* Organizado por José Costa Faria e Ines Fernandes Godinho. Coimbra: Coimbra editora e Wolters Kluwer, 2.010 •• PINTO, José Manuel e CUNHA, Teresa Montalvão da, *Eutanásia e suicídio assistido – legislação comparada.* Lisboa: Divisão de informação Legislativa Parlamentar, 2.016. •• REALE JÚNIOR, Miguel. *Direito Penal – Jurisprudência em debate,* 2ª edição, São Paulo, Saraiva, 2.016 •• REALE JÚNIOR, Miguel. *Instituições de Direito Penal.* 4ª edição. Rio de Janeiro: Forense-Gen, 2.012 •• ROXIN, Claus. *A apreciação jurídico-penal da eutanásia.* In: *Revista Brasileira de Ciências Criminais (IBCCRIM).* São Paulo: RT, n. 32, out./dez. 2.000 •• ROXIN, Claus. *Derecho Penal – Parte Generale.* Tomo I: Fundamentos, La Estrutura de La Teoria del Delito, 1ª edição, 1.997 •• RODRÍGUEZ, Camilo Iván Machado. El consentimiento en materia penal. In: *Revista Derecho Penal y Criminologia,* 33, n. 95. Universidade Externado da Colômbia, 2.012 •• SANTOS, Laura Ferreira. *Testamento vital – o que é? Como elaborá-lo?* Porto: Sextante, 2.011 •• VICTORIA, William Monroy, *El consentimento.* In: *Revista Derecho Penal y Criminologia,* n. 22, Universidade Externado da Colômbia, 2.001 •• VILLAS-BÔAS, Maria Elisa. *Da eutanásia ao prolongamento artificial: aspectos polêmicos na disciplina jurídico-penal do final da vida.* Rio de Janeiro: Forense, 2.005.

## COMENTÁRIO

NELSON HUNGRIA refutou com veemência justificada a proposta de Binding de supressão dos desprovidos de *valor vital ou mental,* próprio de regime ditado pelo egoísmo brutal da selva. Todavia, com relação ao homicídio por piedade, entende ter andado bem o Código Penal ao, tão só, reduzir a pena do homicídio por piedade, quando realizado para eliminar o sofrimento da vítima por súplica ou com sua aprovação.

Do texto que reproduz nos Comentários[120], considera que mesmo a supressão do sofrimento com a morte é ato de estreito materialismo, pois, em

120 HUNGRIA, Nelson. *Comentários ao Código Penal* – v. V. 4ª edição. Rio de Janeiro: Forense, 1.958, p. 128 e seguintes. Reproduz HUNGRIA o texto constante do Apêndice ao vol. I dos Comentários.

uma compreensão espiritualista, considera o "sofrimento o preço da perfeição moral, o tributo de peagem na peregrinação do homem pelo mundo". O sofrimento purga os males e constitui um instrumento de salvação, sendo digno morrer estoicamente a sua própria dor.

Pondera, mais à frente, não estar o indivíduo que autoriza a própria morte na integridade do seu entendimento, pois o homem em seu senso normal dos fatos e das coisas "não troca o sofrimento de mil agonias pelo sono de que não se acorda".

Assim, assevera que a licença à eutanásia deve ser repelida em nome do direito e eventual assentimento da vítima jamais pode ser produto de vontade consciente ou inteligência íntegra, sendo uma subversão em matéria penal reconhecer o intuito caritativo do matador. A seu ver, defender a eutanásia "é sem mais nem menos fazer a apologia do crime". E conclama: "não desmoralizemos a civilização contemporânea com o preconício do homicídio".

Considera que o crime por piedade pode, todavia, acolher-se à sombra da atenuante geral do motivo do relevante valor moral, e, no caso de homicídio, na minorante do art. 121 §1°. do CP.

A avaliação do significado da Eutanásia, ao longo da segunda metade do século XX e da década inicial do século XXI, sofreu mutações imensas, a partir da nova visão da dignidade da pessoa humana frente à morte, à doença, ao tratamento que lhe é determinado, mormente em face dos avanços tecnológicos de intervenção para tentar curar com prolongamentos artificiais da vida.

Muitas novas vertentes abriram-se com o reconhecimento da autonomia da pessoa para decidir da sua morte, do enfrentamento da sua doença, da definição do seu tratamento, com alterações profundas na relação médico/paciente.

Há difíceis e complexos problemas suscitados atualmente nas instâncias internacionais e nas legislações internas pela denominada "ajuda à morte", graças, também, aos progressos da medicina intensivista que prolonga por meios artificiais o processo de morte[121].

O elevado desenvolvimento científico e técnico que surpreende por seus avanços, por exemplo, na criação *in vitro* de embriões, uns a serem utilizados para fins de procriação, outros para serem usados em experimen-

---

121 Nos Considerandos da Resolução n. 1995 de 2.012, do Conselho Federal de Medicina, sobre Declarações Antecipadas de Vontade, já se assinala "que os novos recursos tecnológicos permitem a adoção de medidas desproporcionais que prolongam o sofrimento do paciente em estado terminal, sem trazer benefícios, e que essas medidas podem ter sido antecipadamente rejeitadas pelo mesmo".

tações e outros mais a serem descartados levou ao surgimento de uma nova disciplina, de cunho multidisciplinar, a Bioética, que uns consideram se inter-relacionar com o Biodireito[122], porém este não constitui uma disciplina, com território próprio, mas apenas um regramento esparso do já consolidado ou do mais grave dentro da complexidade e da extrema variação das questões trazidas pela Bioética.

A Bioética surge nos anos 70 do século passado, impondo limites ao incomensurável campo aberto pelo desenvolvimento tecnocientífico da medicina, a partir do princípio da dignidade humana, que veio a ser consagrado no preâmbulo da Declaração Universal dos Direito do Homem de 1.948, e constou das constituições do pós-guerra como a italiana e a da República Federal da Alemanha[123] e que passou a ser reconhecido pelos mais diversos povos como um valor que se sabe o que é, independentemente de ser claramente conceituado[124], brota da consciência construída ao longo do tempo

---

122 PALLANZANI, Laura. *Il concetto di persona tra bioetica e il diritto.* Turim: Giappichelli, 1996, p. 10 e seguintes, considera ser problemático o direito dever ocupar-se de singulares questões bioéticas, em grande parte de natureza moral, devendo antes de mais nada garantir a autonomia individual. Todavia, reconhece que o biodireito está conexo com a bioética devendo estabelecer regras jurídicas relativas aos problemas emergentes do progresso tecnocientífico da biomedicina. No mesmo sentido, MÖLLER, Letícia Ludwig. Os rumos da Bioética e do direito diante do progresso da ciência. In: *Bioética e responsabilidade.* Organizadoras Judith Martins Costa e Letícia Ludwig Möller. Rio de Janeiro Forense, 2.009, p. 80. O direito é chamado a regular questões essenciais trazidas pela Bioética, em textos legislativos esparsos, de cunho internacional como a Declaração de Helsinki, de 1.997, sobre o Genoma Humano, ou leis internas como a lei de Transplante, Lei n. 9.434/97 ou a lei de Biossegurança, Lei n.11.105/2005. Nem se poderia concordar com PALAZZANI e MÖLLER, no sentido de que a Bioética fixa as exigências máximas dos valores e princípios morais na pesquisa e na aplicação dos avanços da ciência no campo médico, enquanto o Biodireito ocupa-se de exigências éticas mínimas. Na verdade, cabe razão a MARTINS-COSTA, Judith. *Bioética e responsabilidade – prefácio. Op. Cit.*, p. XII, ao considerar que o direito, que busca a estabilidade, é desafiado a esparsamente normatizar as novas conquistas sempre com a precariedade do permanente experenciar próprio do ambiente em que é feita a ciência.

123 Na Declaração dos Direitos do Homem da ONU reconhece-se a dignidade inerente a todos os membros da família humana. Na Constituição da Itália de 1.947, diz o art. 1º: todos os cidadãos têm a mesma dignidade social; a Carta de Bonn de 1.949 estatuía em seu art. 1º: "a dignidade do homem é inviolável. Respeitá-la e protege-la é dever de todos os poderes do Estado". A nossa Constituição de 1.988 consagra a dignidade da pessoa humana como um dos princípios fundamentais no art. 1º.

124 ANDORNO, Roberto. *Liberdade e dignidade da pessoa: dois paradigmas opostos ou complementares na Bioética?* In: *Bioética e responsabilidade...Op. Cit.*, 2.009, p. 77, segundo quem, a dignidade da pessoa humana é uma característica bem real dos seres humanos, uma realidade pré-jurídica que precede e dá fundamento ao ordenamento jurídico.

frente às barbáries cometidas e que se revela pelos bens a serem tutelados e protegidos contra violações.

O princípio da Dignidade Humana apresenta-se em diversas instâncias que vão do geral ao particular: valor fonte dos demais valores; valor fundamental da república; nota característica de todo homem como se em cada qual houvesse a humanidade; no plano da singularidade de cada um o princípio da dignidade tem como corolário a liberdade do desenvolvimento da própria personalidade; outro corolário reside no respeito ao princípio da autodeterminação.

Em suma, como diz JUDITH MARTINS-COSTA: "Nossa humanidade está na alçada de proteção do princípio da dignidade da pessoa, nossa autonomia e nossa singularidade estão inseridos na órbita do princípio do livre desenvolvimento da personalidade".

A dignidade da pessoa humana consiste, portanto, em um feixe concentrado de atributos reconhecidos como próprios do ser humano para garantia de sua higidez física, psíquica e moral. Bens integram o patrimônio de cada homem como se constituísse ele a própria humanidade, com destaque para os valores da vida, da integridade física, da liberdade, da honra e do respeito à autonomia para decidir de seu próprio corpo, de sua doença e de sua morte e de suas convicções religiosas e a não ser objeto de discriminação em vista de qualquer condição pessoal ou de ser instrumentalizado pelo avanço tecnológico.

Dessa forma, para se evitar a banalização da noção de dignidade humana, como um guarda-chuva no qual tudo se insere, há de se reputar próprio da dignidade humana um núcleo duro, a ser protegido contra ofensas que sucedem na tortura; na insegurança diante da violência; na prisão sem devido processo legal; na discriminação fundada na raça, cor, religião; no desrespeito à autonomia para decidir do desenvolvimento de sua personalidade; no uso para pesquisa ou experiências científicas; em suma, vislumbrando-se no homem, como ensinou Kant, um fim em si[125].

125 MARTINS-COSTA, Judith. *Bioética e responsabilidade – prefácio. Op. Cit.*, p. XII, entende ser sua função obstar todas e quaisquer práticas – provenham de entes públicos ou pessoas privadas – que atinjam a carga de humanidade que em nós está contida. O princípio da dignidade da pessoa veda, assim, a tortura, o genocídio, o racismo; veda as experiências eugênicas; oferece um norte – e um limite – à pesquisa científica e à tecnologia; situa no campo da ilicitude as formas de degradação do ser humano, ou de sua instrumentalização, por isso fundamentando um conjunto de princípios e regras tais quais as relativas à exibição comercial de defeitos físicos, a exploração comercial de material humano, o patenteamento de células-tronco, também para fins de exploração comercia.

Pode-se notar a clara decorrência do surgimento da Bioética a partir do princípio da Dignidade da Pessoa Humana. A Bioética, que não possui objeto determinado, objetivamente definido[126], sendo fluido o seu universo diante das constantes inovações tecnológicas, busca a fixação de limites morais e de critérios para a solução de casos práticos ocorridos no dia-a-dia e de propostas de pesquisa[127], tendo por fim responder à pergunta do que é certo fazer em face dos progressos científicos para preservar a pessoa como um fim e não como instrumento para outros interesses.

A noção de dignidade da pessoa desempenha, portanto, o papel de ideia diretriz da Bioética, como diz ANDORNO, estabelecendo linhas orientadoras impeditivas da satisfação de interesses violadores dos valores componentes do núcleo duro inerente ao ser humano.

Muda-se, então, o foco: a dignidade da vida estava em viver sofridamente o processo de morte, mesmo se invencíveis as dores, sem se permitir a abreviação do fim inexorável e inafastável, conforme diagnóstico médico seguro, seja por meio da omissão de meios inúteis, seja pela intervenção direta.

A pessoa humana não mais apenas é vista como sujeita de direitos, dotada de capacidade jurídica, mas portadora do poder de escolher o próprio destino, pois dotada de autonomia, como corolário da dignidade que a reveste, impondo-se o respeito às suas decisões, atendido o direito de ser corretamente informada sobre sua saúde, os atos médicos a serem nela praticados, a sua cura, o seu processo de morte.

Assim, a qualidade intrínseca e fundamental da pessoa humana de se autodeterminar, decidindo seu próprio destino, desfaz o dever de viver contra a sua própria vontade[128] e leva a se reconhecer a legitimidade da opção livre de, quando invencível o sofrimento, não prolongar a agonia, deixando transcorrer, sem intervenções inúteis ou obstinadas, o processo de morte, ou mesmo, autorizando a ação direta, tomados rigorosamente os cuidados legais exigíveis, para antecipar a morte brevíssima e inafastável.

Do contrário, estar-se-á a impor a dor impossível de ser eliminada, em imolação, deixando-se de olhar o homem concreto em sua dignidade existencial, a pessoa humana em sua essência e existência, para vislumbrar o mártir em busca da salvação eterna como forma obrigatória a todos os se-

---

126 PALANZZANI, Laura, *Op. Cit.*, p. 12.

127 Destacam-se as pesquisas de clonagem humana, em vista da qual se pode imaginar que uma mulher venha a ser a mãe do marido clonado. Outra experimentação consiste em se promover a gestação de embrião humano em útero de animal.

128 ROMEO CASABONA, Carlo Maria. *El derecho y la bioetica ante los limites de la vida humana*. Madrid: Editorial Centro de Estudios Ramón Areces, 1.994, p. 437.

res humanos, quando deve haver uma escolha por cada qual na definição do sentido mais profundo de sua vida.

Em vista dessas considerações, é possível enfrentar o problema da Eutanásia sob uma nova perspectiva[129], mas que nem por isso deixa de apresentar dilemas de difícil solução. Pode-se dividir a análise em três vertentes:

a) Relação médico/paciente;

b) Autonomia do paciente;

c) Formas de ação: ortotanásia e eutanásia.



**a) Relação médico/paciente**

Leonídio Ribeiro, médico legista professor da Faculdade de Medicina Fluminense, orgulha-se de haver proposto a Nelson Hungria a inclusão do § 3º art. 146 do CP, no tipo do Constrangimento Ilegal, segundo o qual não se compreendem na disposição desse artigo I – "a intervenção médica ou cirúrgica, sem o consentimento do paciente ou do seu representante legal, se justificada por iminente perigo de vida".

Leonídio Ribeiro defendia que o médico, chamado pelo doente, *"conquista o direito de decidir contra a vontade do mesmo"*, e passa a ser *"o juiz exclusivo das atitudes que deve tomar"*, não ficando jungido à vontade do doente ou de seus familiares. Leonídio Ribeiro contava ter atendido um advogado, atingido por apendicite aguda, levando-o à força à mesa operatória para o salvar. Assim justificava a submissão do paciente ao saber do médico.

Se o saber médico já salvara vidas contrariando a vontade do paciente ou de seus familiares, mesmo porque só o médico, dono de conhecimento técnico, tem condição de estipular o tratamento correto, é lógico, conclui Leonídio Ribeiro, que pode o facultativo decidir independentemente da anuência do doente.

Assim, exclui o art. 146, §3º, o caráter delituoso, como constrangimento ilegal, a ação do médico de forçar, contra a vontade do paciente, a submissão deste a medida cirúrgica ou médica na hipótese de iminente perigo de vida[130].

---

129 Para consulta à legislação estrangeira sobre a matéria vide: *Eutanásia e suicídio assistido – legislação comparada.* Lisboa, Divisão de informação Legislativa Parlamentar – compilação realizada por PINTO, José Manuel e CUNHA, Teresa Montalvão da, 2.016. Veja-se também estudo comparativo nos endereços: http://www.senat.fr/lc/lc139/lc139.pdf e http://www.senat.fr/lc/lc109/lc109.pdf.

130 O art. 156 do Código Penal de Portugal, ao contrário estatui ser crime o medico, mesmo tomando as medidas corretas, conforme a ciência médica, vir a impô-las sem o consentimento do paciente, a não ser que seja impossível colher este assentimento e houver urgência na providencia para se evitar risco de morte.

Autoriza, portanto, a lei penal, o médico a constranger o paciente, considerando de menor valia a vontade do paciente de autodeterminar o tratamento e os procedimentos que entende devam ser realizados com vistas à sua cura ou em face da doença que o acomete.

Com o correr do tempo, especialmente a partir dos anos 70, passou-se a reconhecer caber a cada qual definir o desenvolvimento de sua personalidade, como corolário do princípio da dignidade da pessoa humana, por via do que a vida é um direito e não um dever[131]. Modificaram-se, igualmente, os termos da relação entre médico e paciente[132]. O médico veio a ter o dever de informar o doente sobre o diagnóstico e os tratamentos cabíveis bem como o de ouvir o paciente sobre os caminhos propostos. O direito de ser informado tem por consequência o de consentir, ou não, no tratamento, o que mais adiante será melhor examinado.

Na relação médico/paciente, grande avanço foi dado em 2.010, com o novo Código de Ética Médica. Para se determinar o sentido de um conjunto normativo cabe realizar uma interpretação integral, sistemática, teleológica e sociológica, pois não é a letra da lei que importa, mas o espírito da lei, através da própria lei: *"Au delà du code – mais par le code"*, na expressão de Geny. Ao intérprete cabe alcançar a razão substancial e prática do escopo que determinou a edição da norma, a qual deve iluminar a sua aplicação.

O Código de Ética inicia-se com "Considerandos", que indicam a razão de legislar. Em um dos "Considerandos", diz-se estar na *"busca de melhor relacionamento com o paciente e na garantia de maior autonomia à sua vontade"*. Dentre os princípios, como normas prospectivas, de caráter finalístico, estabelece-se que o médico *"aceitará as escolhas de seus pacientes relativas aos procedimentos diagnósticos e terapêuticos por eles expressos"*. Faz-se, porém, um adendo: *"desde que adequadas ao caso e cientificamente reconhecidas"*.

---

131 Outro colaborador na elaboração do projeto do Código Penal de 1.940, Mário Bulhões Pedreira, entendia que a pessoa não tem a liberdade de morrer porque sua morte é um mal social.

132 DIAS, Jorge Figueiredo. O problema da ortotanásia: introdução à sua consideração jurídica. In: *Ciência Penal 1*, ano II, São Paulo: Convivio, 1.975, p. 11, considera, em contrário à maioria dos médicos e juristas, que na essência os preceitos de ética médica se encontram imutáveis desde o tempo de Hipócrates, sendo dever do medico: cuidar da vida e da saúde do paciente, o que significa que o medico cumpre proceder de forma a não lesar os interesses da inviolabilidade pessoal e da liberdade de determinação do paciente. Esta posição não é nova, segundo Figueiredo Dias, pois deriva de uma relação dialógica entre um homem que padece e outro cuja missão reside em cuidar de sua saúde., não podendo o "estado de necessidade" do doente server "de atropelo dos seus direitos de personalidade".

Na parte dispositiva, veda-se ao médico *"deixar de garantir ao paciente o direito de decidir livremente sobre sua pessoa ou seu bem estar"* (art. 24), bem como *"desrespeitar o direito do paciente de decidir livremente sobre a execução de práticas diagnósticas ou terapêuticas"* (art.31). Fazem-se exceções, contudo, pois é dever do médico exercer sua autoridade para limitar o direito de decidir do paciente, mormente *"em caso de iminente risco de morte"*.

Dessa maneira, amplia-se o dever de informar do médico, bem como se garante que o paciente seja ouvido sobre as práticas diagnósticas e terapêuticas, mas sempre com uma limitação: *"desde que não haja iminente perigo de morte"*. O Código estabelece um conflito de valores que apenas pode-se resolver no caso concreto, levando-se em alta conta o valor fim constante dos "considerandos" e dos princípios, qual seja o de garantir o direito do paciente de decidir sobre sua pessoa.

Só no caso concreto, com prudência e bom senso, cabe dar maior ou menor peso à autodeterminação do paciente em face da beneficência indicada pelo médico. Por exemplo: uma decisão filha da ignorância e do temor exagerado, em contrariedade ao indicado pela ciência médica, não pode ser aceita pelo médico. O mesmo não sucede em casos nos quais uma operação de alto risco pode aumentar a probabilidade de dano, com dolorosa convalescença, malgrado haja possibilidade de eventual benefício. Nesta hipótese, a decisão deve ser do paciente, dando-se prevalência à autodeterminação.

O Código de Ética Médica, contudo, por vezes tergiversa ao garantir o direito do paciente de ser ouvido ao lado de restringi-lo às hipóteses em que não haja risco de vida; impõe ao médico aceitar a opinião do paciente desde que adequada ao caso. A sinalização de ambas as direções impõe que o correto seja avaliado, neste confronto de valores entre autonomia e beneficência, apenas nos casos concretos.

Tão só na hipótese da ortotanásia, como se examinará adiante, o Código explicita, sem receio, que o médico, em face do consentimento do doente ou de seu representante legal, não está obrigado a prolongar indefinidamente a vida do paciente em estado terminal incurável por meios artificiais inúteis. É uma tomada de posição em favor da vida digna que compreende também uma morte digna.

**b) A posição do paciente**

Mas para o paciente decidir, cumpre que esteja plenamente ciente, compreendendo a autonomia, como diz MÖLLER, os seguintes aspectos: o entendimento de todas as opções possíveis mediante a plena informação de seu estado de saúde e dos tratamentos disponíveis, para que haja uma posição avaliada a partir de dados verídicos; liberdade e independência para decidir, longe o mais possível de influências[133], muitas vezes inafastáveis diante da condição de internado em hospital.

Cumpre o alerta, contudo, feito por Avancini, Fernandes e Goldim[134], em artigo no qual bem destacam que a prevalência da vontade do paciente não significa uma destituição da autoridade do médico, mas sim *"o reconhecimento de compartilhamento, de corresponsabilidade no mútuo reconhecimento de uma co-presença ética na relação médico-paciente"*.

Creio agora, para maior segurança, dever-se estabelecer no tipo de exclusão do crime que cabe o paciente estar plenamente informado da sua situação clínica, exigindo-se seu reiterado consentimento.

Questão árdua diz respeito à fidedignidade do consentimento. Primeiramente, pesquisas indicam que o consentimento pode ser viciado, pois como já mencionei acima, em vista da hospitalização que infantiliza o doente e leva à depressão. Daí ser preciso colher a anuência de forma reiterada, firme, o mais possível independente de influências.

A questão torna-se delicada quando não tem o paciente condições de se manifestar, seja por estar em coma; gravemente perturbado pela doença ou lesões sofridas; ser menor de idade ou senil. Na hipótese da impossibilidade de manifestação válida e reiterada do paciente, estabelece o Código de Ética que deverá ser consultado o seu representante legal.

Quem será eleito pelo hospital e pelo médico como representante legal? Como colher a decisão por parte de familiares, tendo em vista ser comum a divergência entre parentes, por exemplo, entre pais e filhos do paciente, filhos e segunda mulher? Companheira e pais do paciente? A opinião de quem deve prevalecer? Caberá, então, ao médico na urgência da situação avaliar quem se mostrou na hospitalização efetivamente o responsável pelo paciente? A sua decisão, contudo, não restará isenta de contestações.

Como se vê, são problemas delicados que só nos casos concretos poder-se-á buscar a decisão justa, pois o Código de Ética não estabelece critérios e nem poderia fazê-lo em face destas situações. Na hipótese de conflito, só o bom senso e a prudência podem ser as fontes da justiça. Poderá, por exemplo, o pai decidir em desfavor da salvação do filho menor em vista de suas convicções religiosas, como sucede com os adeptos da

133 MÖLLER, Letícia Ludwig. *Os rumos da Bioética...Op. Cit.,* p. 88.

134 AVANCINI, Cristiane; GOLDIM, José Roberto; FERNANDES, Márcia Santana. Diretivas antecipadas de vontade: um novo desafio para a relação médico-paciente. In: *Revista do Hospital de Clínicas de Porto Alegre,* Porto Alegre, 2.012, n. 32, p. 358-362.

religião Testemunha de Jeová que proíbe transfusão de sangue? Entendo que não.

O crente da Igreja Testemunha de Jeová poderá decidir por si próprio, como aliás já foi reconhecido em julgamento pelo Conselho Federal de Medicina, ao absolver médica que não fizera a pedido da parturiente transfusão[135], vindo esta a falecer, salvando-se o bebê. Não poderá, contudo, decidir por terceiro, mesmo sendo seu filho, com base em suas convicções religiosas, em desapreço à salvação da vida de outrem.

Não há, como se pode verificar, um critério geral, abstrato, a ser aplicado na solução de casos de conflito entre presumíveis representantes legais, apenas cabendo, com sua sensibilidade, o médico ouvir aquele que se revela o mais próximo no correr da vida e do cotidiano. Por exemplo, o filho mais velho pode ser o mais distante do pai, enquanto a filha do meio reside com o progenitor, assistiu-o na doença. A quem se deve dar ouvidos: ao filho que há anos desaparecera ou àquela que fez sempre solidária companhia ao paciente?



### Testamento vital

Uma nova questão surge relativa às disposições antecipadas de tratamento, denominado equivocadamente "testamento vital[136]" visando a suprir precavidamente a hipótese de o declarante tornar-se incapacitado para expressar sua vontade frente aos procedimentos que se pretende realizar na busca da sua cura. Problema cruciante vem a ser o de saber quais as condições para o reconhecimento da validade e eficácia de tais manifestações de vontade.

Observa LAURA FERREIRA DOS SANTOS ser o termo **testamento vital** tradução portuguesa mais comum para a locução inglesa *living will,* que habitualmente abrange apenas uma declaração antecipada de tratamento a ser submetido em caso de futura incapacidade de decidir[137]. O testamento vital inclui seja a manifestação antecipada sobre a aceitação ou recusa de certos tipos de tratamento, seja a indicação de pessoa que ajude a esclarecer a opinião dele, outorgante da missão de "procurador de saúde[138]".

---

135 REALE Júnior, Miguel. *Direito Penal – Jurisprudência em debate*, 2ª. ed., São Paulo, Saraiva, 2.016, p.

136 AVANCINI, Cristiane; GOLDIM, José Roberto; FERNANDES, Márcia Santana. *Op. Cit.*, p. 358, observam ser o termo uma tradução indevida de will do inglês como testamento, quando quer dizer desejo em vida.

137 SANTOS, Laura Ferreira. *Testamento vital – o que é? Como elaborá-lo?* Porto: Sextante, 2.011, p. 47.

138 SANTOS, Laura Ferreira. *Op. Cit.*, p. 49.

Em seminário na Faculdade de Direito de Lisboa, abordou-se o tema da sujeição a tratamentos obstinados ou inúteis, quando se encontra o paciente em estado de saúde terminal. O conhecido jurista português, José Oliveira Ascensão, iniciou sua palestra lembrando como é difícil nos colocarmos diante das consequências de eventual derrame cerebral ou desastre automobilístico que nos deixe em estado vegetativo.

Com efeito, mais facilmente estabelecemos disposições testamentárias patrimoniais, querendo abraçar a vida depois da morte, para comandar o destino e a fruição de nossos bens, estendendo nosso poder de decisão para após nossa entrada no reino dos mortos. Mais difícil, no entanto, é enfrentarmos a possível realidade de desgraça em vida que nos leve a um estado de inconsciência. Para Sartre, a vida seria uma desconversa diante da morte inexorável. Viver a pensar na morte levaria a abdicar do gosto pela vida, razão pela qual fazemos de conta que não ocorrerá. Mas, mais do que a morte, afastamos com maior vigor de nossas mentes a probabilidade da desgraça de doença terminal que nos prostrará inconscientes.

No entanto, imaginar esta hipótese passa a ser preciso, pois arte médica consegue prolongar a vida sem consciência artificialmente, impondo-se a necessidade de anteciparmos decisões para fazer prevalecer a nossa vontade quando incapacitados para expressar, nomeadamente no sentido de não querer uma vida vegetativa.

Em Portugal, foi editada em 2.011, a Lei n. 25, regulando detalhadamente a matéria, enquanto, no Brasil, apenas veio a lume em 2.012 a Resolução n. 1.995 do Conselho Federal de Medicina. Pela Resolução, em face da relevância da autonomia do paciente no contexto da relação médico-paciente, reconhece-se válido o conjunto de desejos, prévia e expressamente manifestados pelo paciente, sobre cuidados e tratamentos que quer, ou não, receber no momento em que estiver incapacitado de se expressar, livre e autonomamente[139].

---

139 Estatui a Resolução 1.995 de 2.012 do Conselho Federal de Medicina:

**Art. 1º** Definir diretivas antecipadas de vontade como o conjunto de desejos, prévia e expressamente manifestados pelo paciente, sobre cuidados e tratamentos que quer, ou não, receber no momento em que estiver incapacitado de expressar, livre e autonomamente, sua vontade.

**Art. 2º** Nas decisões sobre cuidados e tratamentos de pacientes que se encontram incapazes de comunicar-se, ou de expressar de maneira livre e independente suas vontades, o médico levará em consideração suas diretivas antecipadas de vontade.

**§ 1º** Caso o paciente tenha designado um representante para tal fim, suas informações serão levadas em consideração pelo médico.

**§ 2º** O médico deixará de levar em consideração as diretivas antecipadas de vontade

Estatui também a Resolução que, nas decisões sobre os cuidados e tratamentos de pacientes que se encontram incapazes de comunicar-se, o médico levará em consideração as diretivas informadas pelo representante designado para tal fim pelo doente.

Estas diretivas antecipadas, diz a Resolução, prevalecerão em face de qualquer outro parecer não médico, inclusive sobre os desejos dos familiares, devendo as mesmas serem registradas pelo médico no prontuário. Esta determinação torna o médico o certificador único da vontade expressa, não sendo exigida qualquer outra forma de comprovação do desejo do paciente, exceto esta anotação no prontuário, que constitui delicada assunção de responsabilidade pelo médico.

Esta disposição de se fazer constar do prontuário médico, de outro lado, pressupõe que o paciente ao adentrar no hospital tenha condições de se manifestar, o que não ocorre em percentual considerável de casos. Assim, impõe-se regular a edição de diretivas de vontade anteriores à internação hospitalar, sendo tal ordenação objeto de lei, não se mantendo no nível de Resolução de órgão de classe, que apenas serve como mera orientação em questões relevantes merecedoras de disciplina legal.

Cabe, então, reconhecer ser a Resolução, quanto ao conteúdo e a forma da diretriz antecipada de vontade, limitada, não podendo ser mesmo diverso, como mero texto regulamentar emitido pelo Conselho Federal de Medicina. Destarte, restringe-se a Resolução a generalidades, apenas reconhecendo a validade da manifestação feita pelo paciente ou por seu procurador ao médico que a certifica no prontuário. A previsão normativa reveste-se, portanto, de insuficiência e de risco para o médico. Vários pontos precisariam ser melhor disciplinados, como se verá adiante.

Pode-se tomar, então, como fonte a lei portuguesa, para regular quem é capaz de dar a declaração, por exemplo, estabelecendo a exigência de ser o declarante a pessoa maior de idade, não interditada, reconhecidamente capaz de dar seu consentimento de forma livre e consciente.

Cumpre também definir o objeto possível de tais declarações, exemplificadamente, a determinação de não ser submetido a tratamento de suporte artificial das funções vitais ou a procedimento fútil, inútil ou desproporcionado no seu quadro clínico.

Quanto à forma, cabe saber se a declaração há de ser feita por instrumento público; se seria suficiente documento particular com testemunhas; se basta a explicitação da vontade por meio de redes sociais ou em e-mails

---

do paciente ou representante que, em sua análise, estiverem em desacordo com os preceitos ditados pelo Código de Ética Médica.

para amigos[140]. Evidentemente, deve-se autorizar a lavratura de declaração antecipada em cartório, deixando-se expresso em documento público, que, em caso de perda da capacidade de consentir, seja cumprida vontade declarada de não ser mantido vivo por meios artificiais, para vivenciar o processo natural da morte iminente e inevitável.

Como se resolve a hipótese de confronto entre o disposto pelo paciente e o dito pelo procurador, quanto à adoção, por exemplo, da utilização de medicamento em fase de experimentação? É outra questão a ser disciplinada.

Por fim, cumpre limitar no tempo a eficácia da declaração, pois uma manifestação feita aos dezoito anos não poderia prevalecer aos trinta, fixando-se prazo de caducidade de cinco anos ou mais. É certo que se trata de Declaração Prospectiva ou para o Futuro, como assinala ANDRÉ GONÇALO DIAS PEREIRA[141], porém é de todo justificado que se atribua um prazo, para se ter uma manifestação não longínqua no tempo.

O melhor, no entanto, está em se adotar a figura da "pessoa de confiança" do direito francês, a ser designada pelo paciente, por documento público ou particular com duas testemunhas, ou, ao dar entrada no hospital. Esta pessoa poderá, então, inteirar-se e discutir com os médicos, bem como tomar decisões em seu nome, dando cumprimento aos desejos manifestados.

Em suma, falará pelo outorgante, se preciso. Neste sentido manifesta-se ASCENÇÃO, segundo quem, com cautelas, a um amigo próximo seja confiada a "vontade válida para esse momento terminal", sendo considerada antes de mais como um *núncio*, ou seja, aquele que tem por missão transmitir a vontade do paciente que por este lhe foi transmitida para ser manifestada em caso não mais poder se expressar[142].

Hoje, há um ou outro cartório que admite registrar declarações antecipadas de vontade, contudo, sente-se a ausência de uma normatização legal para se consolidar o respeito à autonomia da pessoa na definição do modo de morrer, para preservar sua dignidade nos últimos dias de existência.

---

140 Sobre manifestação por meio de rede social na Internet, vide AVANCINI, Cristiane; GOLDIM, José Roberto; FERNANDES, Márcia Santana. *Op. Cit.*, p. 360.

141 PEREIRA, André Gonçalo Dias. Declarações antecipadas de vontade: meramente indicativas ou vinculativas. In: *As novas questões em torno da vida e da morte em direito penal.* Organizado por José Faria Costa e Ines Fernandes Godinho, Coimbra editora e Wolters Kluwer, 2.010, p. 49 e seguintes

142 A terminalidade da vida. In: *Bioética e responsabilidade.* Organizadoras Judith Martins Costa e Letícia Ludwig Möller. Rio de Janeiro: Forense, 2.009, p. 438.

Por outro lado, entendo que se deva admitir, também, a validade de declaração antecipada em cartório no sentido de que, em caso de perda da capacidade de consentir, seja feita a vontade então expressa de não ser mantido vivo por meios artificiais, desejando viver o processo natural da morte quando iminente e inevitável. O melhor, no entanto, está em se adotar a figura da "pessoa de confiança" do direito francês, a ser designada pelo paciente ao dar entrada no hospital e que por ele falará se preciso.

**Confronto de leis – prevalência do paciente**

Pelos termos constantes do Código de Ética Médica, malgrado as declarações grandiloquentes nos "Considerandos" e nos Princípios, resta, todavia, um grave empecilho quanto à eficácia da manifestação de vontade do paciente, pois termina-se no Código de Ética a dar relevo às escolhas do doente *"desde que adequadas ao caso e cientificamente reconhecidas"* e desde que não haja "iminente perigo de morte".

Diante destas restrições à validade da manifestação de vontade, o Código de Ética permanece em posição indefinida, com uma perna em cada canoa. Deve-se, contudo, por respeito ao princípio da dignidade humana e de seu corolário, o princípio da autodeterminação, da autonomia privada, dar maior peso à decisão do paciente.

Ao se exigir que a manifestação do paciente esteja adequada ao caso e seja cientificamente aceita, e sem risco de vida, na verdade, deixa-se de dar qualquer efetividade à sua decisão, a não ser que ela corresponda à do médico, cientificamente aceita, e ainda mais apenas nos casos de menor relevo, ou seja, se não houver iminente risco de morte. Assim, todas os "considerandos" e princípios consagrados no Código de Ética se desfazem. A contradição entre as restrições à autonomia e os princípios declamados torna inválidas as limitações contrastantes com as diretrizes fixadas.

Mas, além do exame desta interpretação do Código de Ética Médica, caberia ainda indagar: continuaria a prevalecer o constante do § 3º do art. 146 do Código Penal que autoriza e legitima a imposição à força de cirurgia ou tratamento na hipótese de risco de morte[143]?

143 No Código Penal de Portugal, o art. 156 estabelece ser crime **Intervenções e tratamentos médico-cirúrgicos arbitrários.**

**Art.156** – As pessoas indicadas no artigo 150º que, em vista das finalidades nele apontadas, realizarem intervenções ou tratamentos sem consentimento do paciente são punidas com pena de prisão até 3 anos ou com pena de multa. 2 – O facto não é punível quando o consentimento: a) Só puder ser obtido com adiamento que implique perigo para a vida ou perigo grave para o corpo ou para a saúde; ou b) Tiver sido dado para certa intervenção ou tratamento, tendo vindo a realizar-se outro diferente por se ter re-

Para permanecer dono do próprio corpo mesmo inconsciente, sem riscos de conflitos éticos no exercício da medicina ou frente ao Ministério Público, é de todo conveniente que se atente para o disposto no art. 15 do novo Código Civil, que faz prevalecer a vontade do paciente em caso de risco de vida, mas não estende esta preponderância a hipóteses nas quais não exista tal perigo.

Assim, a disposição do art. 146, § 1°, I, do Código Penal confronta com o disposto no art. 15 do Código Civil de 2.002, segundo o qual, como um dos direitos da personalidade, "ninguém pode ser constrangido a submeter-se, com risco de vida, a tratamento médico ou intervenção cirúrgica". É exatamente o inverso do constante do Código Penal, pois neste, havendo risco de vida, prevalece a decisão técnica do médico; pelo Código Civil prepondera, havendo risco de morte ou de vida, a opinião do paciente.

Como se trata especificamente da mesma matéria e há absoluta incompatibilidade entre as normas, malgrado seja em dispositivos legais diversos, Código Penal e Código Civil, entendo que o §3°, I, do art. 146 do Código Penal foi revogado pelo art. 15 do Código Civil, pois, de acordo com o constante do art. 2°, § 1°, da Lei de Introdução do Código Civil, "a lei posterior revoga a anterior quando expressamente o declare, quando seja com ela incompatível ou quando regule inteiramente a matéria de que tratava a lei anterior", sendo a norma penal de 1.940 e a civil de 2.002.

**c) Formas de ação**

Examinadas a nova relação médico/paciente e o seu corolário, o direito do paciente de ser informado e de decidir livremente e seriamente sobre o tratamento a ser submetido, haja ou não ao meu ver risco de vida, cumpre verificar as formas de ação do médico que têm como resultado o não prolongamento do processo de morte, seja por via comissiva ou omissiva.

Duas formas básicas existem, a comissiva e a omissiva, a primeira por ação direta no processo de morte antecipando, graças à interferência realizada, a morte do paciente, a segunda pela não interferência, deixando-se que o curso da doença siga o seu caminho sem medidas artificiais ou de manutenção da vida, por ser inviável qualquer possibilidade de cura, com adoção exclusiva de paliativos eliminadores ou limitadores da dor.

---

velado imposto pelo estado dos conhecimentos e da experiência da medicina como meio para evitar um perigo para a vida, o corpo ou a saúde; e não se verificarem circunstâncias que permitam concluir com segurança que o consentimento seria recusado. 3 – Se, por negligência grosseira, o agente representar falsamente os pressupostos do consentimento, é punido com pena de prisão até 6 meses ou com pena de multa até 60 dias.

Em ambas as hipóteses, deve-se ter por pressuposto a anuência válida do paciente, por si mesmo ou por seu representante. Deve-se, então, inicialmente estudar a hipótese da Ortotanásia, que consiste na interrupção de qualquer tratamento visando à cura para deixar que o processo de morte siga o seu curso natural.

A Ortotanásia distingue-se da Eutanásia Passiva, pois enquanto naquela a morte é próxima e inafastável, nesta outra a morte é mais distante, malgrado já presente a doença com a aflição de sofrimentos. A figura típica da Ortotanásia precisa ser cuidadosamente descrita para garantir a não criação da denominada "escada abaixo", ou seja, o crescimento da permissão para a eliminação de vidas humanas por interesses imorais, como econômico ou de conveniência egoística, frente, por exemplo, pessoas portadoras de graves deficiências.

Participei da elaboração de dois anteprojetos de Parte Especial do Código Penal, em 1.984 e em 1.997, nos quais se previa que a ortotanásia não constituía crime, pois excluída era a criminalidade na hipótese de se *"deixar de manter a vida de alguém por meio artificial, se previamente atestada por dois médicos a morte como iminente e inevitável, e desde que haja consentimento do paciente, ou na sua impossibilidade, de ascendente, descendente, cônjuge, companheiro ou irmão"*

Desenha-se, destarte, com mais precisão o quadro em que deve se encaixar a conduta para se excluir a ilicitude do comportamento: (i) morte iminente e inevitável; (ii) atestado desta situação por dois médicos; (iii) ação consistente em deixar de manter artificialmente a vida do paciente; (iv) consentimento do paciente; (v) na impossibilidade de dar o paciente o consentimento deve este ser dado pelo ascendente, descendente, cônjuge, companheiro ou irmão; figura penal que adiante será analisada.

Mas, posteriormente aos Anteprojetos referidos, baixou o Conselho Federal de Medicina a Resolução nº 1.805/06, segundo a qual: *"é permitido ao médico limitar ou suspender procedimentos e tratamentos que prolonguem a vida do doente em fase terminal, de enfermidade grave e incurável, respeitada a vontade da pessoa ou de seu representante legal"*. Esta norma foi antecipadamente suspensa até sentença final em Ação Civil Pública interposta pelo Ministério Público.

Veio a ser prolatada, então, a sentença baseada em alentada manifestação da Procuradora da República Luciana Loureiro Oliveira, que, contrariando a orientação anterior, defendeu a legalidade do dispositivo autorizador da ortotanásia.

Com base na opinião de Luís Roberto Barroso, reconheceu a procuradora haver na ortotanásia o exercício de um direito à autodeterminação, com respeito à vontade livre do paciente, e a prevalência do princípio da dignidade da pessoa humana, que compreende o direito a uma morte digna.

Sobreveio em 2.010, o novo Código de Ética da Medicina no qual se estatui, como princípio, que o médico evitará procedimentos desnecessários, o que se completa com o disposto no art. 41, § 1º, autorizador da Ortotanásia, ou seja, deixar que transcorra o processo natural da morte, não prolongando indefinidamente por meios artificiais uma vida dolorosa em estado terminal, desde que haja consentimento do paciente.

Dispõe o parágrafo do art. 41: "*Nos casos de doença incurável e terminal, deve o médico oferecer cuidados paliativos disponíveis sem empreender ações diagnósticas inúteis e obstinadas, levando sempre em consideração a vontade expressa do paciente ou, na sua impossibilidade, a de seu representante legal*".

Determina-se, então, não serem adotadas medidas terapêuticas inúteis que visem obstinadamente prolongar a vida, mas apenas aplicar cuidados paliativos para minorar a dor.

O direito de vida digna compreende o direito de não sofrer manobras invasivas não-curativas que apenas encompridam o curso da morte, razão pela qual, em grande avanço, o Código de Ética Médica reconhece a validade da vontade do paciente, em estado incurável e terminal, no sentido de ser auxiliado "no morrer[144]", com meios paliativos e sem imposições inúteis e obstinadas de prolongar não a vida, mas sim o processo doloroso de morrer[145].

---

144 DIAS, Jorge Figueiredo. *O problema da ortotanásia...Op. Cit.*, p. 21, já designava neste artigo do início da década de 70, a ortotanásia como "auxílio médico à morte". Para o Autor, ortotanásia vem a ocorrer quando o doente se encontra em processo que segundo o conhecimento humano e uma razoável prognose médica conduzirá imediatamente e sem remissão à morte, sem que ocorra um encurtamento do período natural de vida. O auxílio médico à morte vem a ser uma não interferência para prolongar artificialmente a vida prestes a se extinguir.

145 ROXIN, Claus. A apreciação jurídico-penal da eutanásia. In: *Revista Brasileira de Ciências Criminais (IBCCRIM).* São Paulo: RT, n..32, out./dez. 2000, p. 9 e seguintes, lembra fato curioso de uma senhora que sofredora de doloroso câncer resolveu suicidar ingerindo veneno, deixando uma carta na qual explicava seu ato e pedia que não tomassem qualquer medida impeditiva de seu desiderato caso fosse encontrada ainda com vida. O medico dela, em visita costumeira a achou viva, mas em situação mais grave, paralisada e cega. Levou-a ao hospital onde a sedou e deixou o processo de morte ter seu curso. Foi processado por homicídio, do qual veio a ser absolvido não pelo reconhecimento da ortotanásia e sim porque a salvação da vida deixaria a paciente em situação muito grave, paralítica e cega, compreendendo-se que então a morte que sobreveio era melhor do que a existência que se poderia proporcionar.

A questão, todavia, não se põe apenas no campo da ética médica, pois seria e é uma contradição a ortotanásia constituir crime e ser eticamente aprovada pelo Conselho Federal de Medicina.

Independentemente da previsão da exclusão de ilicitude por meio de lei, pode-se, sem dúvida, com base na teoria do delito, considerar lícita a ação, pois não se estaria ofendendo o bem jurídico vida ao se praticar a ortotanásia, mas agindo em defesa do valor do direito de alguém determinar como quer que a sua vida se desenrole no processo de morte inevitável, para ter um fim de vida digno e uma morte digna.

É preciso ressaltar, como acima assinalado, que há duas situações diversas, mas muito próximas: a Ortotanásia e a Eutanásia Passiva. Na Eutanásia Passiva, há a manutenção artificial da vida, que se viabiliza exclusivamente por meio de respiração por aparelhos ou por meio de alimentação venosa, em uma existência vegetativa, sem risco de morte imediato.

Creio ser aconselhável que a lei penal estatua claramente a situação de ortotanásia e da eutanásia passiva, para que haja modelos de ação lícita, com os seus requisitos e limites bem fixados, visando a se definir melhor a disciplina constante das normas éticas[146].

ROXIN considera não ser o Consentimento do Ofendido uma causa excludente da ilicitude, pois as justificativas sempre decorrem, como no Estado de Necessidade e na Legítima Defesa, de um confronto de interesses, dado este inexistente no Consentimento.

Assim, para ROXIN, o Consentimento "representa um corpo estranho no sistema das causa de justificação", pois estas descansam nos princípios de ponderação de interesses e de necessidade[147]. No Consentimento, a seu ver, todavia, há uma vontade livre do portador do bem jurídico sem que haja contraposição de interesses.

Dessa forma, ROXIN não elege como um valor a se contrapor ao interesse social de proteção do bem jurídico a autodeterminação do titular do bem concreto em jogo, vista esta vontade como mera manifestação descolorida de maior significação valorativa.

146 Nos Anteprojetos de Parte Especial de 1.984 e de 1.997, de cujas Comissões Elaboradoras participei, há disposições absolutamente idênticas, não considerando crime: "*deixar de manter a vida de alguém por meio artificial, se previamente atestada por dois médicos a morte como iminente e inevitável, e desde que haja consentimento do paciente, ou na sua impossibilidade, de ascendente, descendente, cônjuge, companheiro ou irmão*".

147 ROXIN, Claus. *Derecho Penal – Parte Generale – Tomo I: Fundamentos, La Estrutura de La Teoria del Delito*, 1ª edição, 1.997.

Já não pensa dessa maneira JESCHECK, para o qual a valoração subjetiva dos bens jurídicos pelo indivíduo é de ser reconhecida. A seu ver, em um Estado de Direito Liberal, o uso sem restrições da liberdade pessoal, como um valor social, tem de ser ponderado frente ao interesse da comunidade de preservação dos bens jurídicos[148].

Igualmente, FIGUEIREDO DIAS dá relevo à autonomia pessoal e ao consequente direito "de autodeterminação do titular do bem jurídico lesado[149]", de forma a que essa vontade seja reconhecida superior ao interesse social de preservação do bem jurídico, tutelado abstratamente pela lei penal.

Haveria, a seu ver, ao contrário de ROXIN, uma colisão de interesses: de um lado o interesse de jurídico-penal de preservação do bem jurídico que o legislador elegeu tutelar; de outro o interesse relevante de preservação da autonomia pessoal e da vontade do titular do bem jurídico concretamente em jogo. Estabelece-se um confronto entre, de um lado, a efetividade do sistema social, que prevê a punição do fato lesivo ao bem jurídico que veio a ser lesado, e de outro, a efetividade da vontade manifestada pelo titular do bem jurídico, que, em sua autodeterminação, dispôs do bem.

No caso, sendo o bem de natureza estritamente particular, o interesse da comunidade deve ceder passo ao interesse de autorrealização do sujeito passivo. Diz FIGUEIREDO DIAS: "toda a vez em que a lei proteja a liberdade de disposição do indivíduo a concordância do interessado faz com que não possa nem deva falar-se em violação do bem jurídico".

Malgrado ROXIN não veja no Consentimento um confronto de interesses, considera, todavia, que, se os bens jurídicos devem servir ao desenvolvimento do indivíduo, não há qualquer lesão quando o titular do bem jurídico ferido reconhece a ação como válida. A destruição de uma coisa que o seu proprietário não se importa ver destruída e até autoriza que o seja atende à realização de seu proprietário como autodeterminação.

Por essa razão, com o mais estrito rigor, há de se repensar o consentimento com relação à omissão de medidas de prolongamento da vida de doentes terminais para manutenção artificial da existência, tendo em vista a relevância assumida nos tempos atuais pela autodeterminação pessoal, da importância da decisão livre e consciente do paciente frente ao seu processo de morte, como reflete as normas éticas em documentos internacionais e no código da medicina nacional.

148 JESCHECK, Hans-Henrich e WEIGEND, Thomas. *Tratado de Derecho Penal – parte general* – trad. Miguel Olmedo Cardenete. 5ª edição. Granada: Comares, 2.002, p. 405.

149 DIAS, Jorge Figueiredo. *Direito Penal – parte geral – tomo I –questões fundamentais – a doutrina geral do crime.* Coimbra: Coimbra Editora, 2.004, p. 443.

Assim, diante da importância reconhecida à vontade expressa do paciente, que deve ser admitida como relevante, definidora de como e quando morrer, respeitados rigidamente os requisitos previstos no Código de Ética Médica, não se estará a ofender o bem jurídico vida, mas sim a agir em vista do valor socialmente reconhecido, ou seja, o direito de alguém autodeterminar como quer que a sua vida se desenrole no processo de morte inevitável para ter um fim de vida digno, uma morte digna.

Manifesta-se, desta maneira, um direito à vida e à morte com dignidade com o reconhecimento da autonomia, aspectos estes entrelaçados que, conforme LETÍCIA MÖLLER, conformam-se aos princípios consagrados na nossa Constituição, estando ademais identificados com os direitos humanos positivados em documentos internacionais[150].

Não se verifica um menosprezo ao bem jurídico vida, não se atua em afronta à vida, mas em atendimento à dignidade da vida que compreende ter uma morte livremente decidida e digna, dando-se eficácia ao princípio da benevolência ao não se submeter o paciente a danos desnecessários.

Não se vislumbra, portanto, na Ortotanásia uma causa de exclusão de crime, mas antes uma **ação socialmente adequada**, quando só aparentemente se lesiona um bem jurídico, ao se visar exatamente a preservar esse valor, ou seja, a vida como vida digna que compreende a morte digna.

Permito-me reproduzir texto de minha Instituições[151], no qual escrevo que na ação socialmente adequada há uma coincidência de valores e fins que animam o agente com os desejados pela comunidade, pois se o *boxeur* luta para ser um bom esportista, a sociedade espera e deseja um aprimoramento do boxe como esporte; se o cirurgião faz uma incisão no paciente querendo curá-lo, há um desejo geral de que os doentes se recuperem.

Lembro a lição de FIORE, para quem é o significado e a função da ação que a tornam socialmente adequada, pois o seu significado e a sua função podem ser considerados positivos e até mesmo necessários à vida social.[152]

RENATO SILVEIRA, em trabalho definitivo sobre Adequação Social, bem indica que, na verificação da Adequação Social de uma conduta, há uma apreciação delitual já antes da tipicidade, um espaço prévio ao tipo de injusto, mas que nem por isso deixa de realizar uma "arguta ponderação de interesses".

Por via do exame da Adequação Social estabelece-se, diz RENATO SILVEIRA, o que pode ou não ser tolerável, tendo-se por consequência des-

---

150 MÖLLER, Letícia Ludwig. *Op. Cit.*, p. 39.

151 REALE JÚNIOR, Miguel. *Instituições de Direito Penal.* 4ª edição. Rio de Janeiro: Forense--Gen, 2.012, p. 151.

152 FIORE, Carlo. *L'azione socialmente adequate nel diritto penale.* Nápoles, 1.966, p. 144.

ta constatação da consonância da conduta com a ordem social, com as expectativas sociais, o afastamento do comportamento da esfera típico-penal.

Este o dado relevante: a existência de uma ponderação de interesses cuja preponderância brota em desfavor da incriminação da ação do médico em face do desejo consciente e livre do paciente de ver dignificado o seu processo de morte, como valor revelado mais recentemente como próprio da dignidade da pessoa humana.

Seria uma afronta ao desejo do paciente de ter uma morte digna, se em cada caso de ortotanásia, cotidianamente ocorrido nos hospitais, se admitisse a configuração típica a ser desconstituída pela verificação de causa supralegal de exclusão de ilicitude em inquérito policial a ser arquivado.

Assim, a ortotanásia configura causa de atipicidade, pois de imediato, *ictu oculi*, verifica-se a licitude da conduta movida por valores do respeito à decisão do paciente[153], de prestígio à dignidade da pessoa humana, em uma situação limite, impedindo que, em seu final, a existência da vida seja destituída de dignidade, torturada por ações obstinadas e inúteis de tentativa de uma cura impossível, com prolongamento de agonia sem fim, que o paciente conscientemente não deseja.

Não se trata, de outra parte, apenas de humanitarismo, compaixão no se aceder ao homicídio a pedido de quem tem fortes sofrimentos, o que poderia corresponder à hipótese da Eutanásia Ativa. Na Ortotanásia, como já acima visto, há a desistência, por parte do médico[154], com pleno conhecimento e anuência do paciente ou de pessoa por ele responsável, em não se dar continuidade a medidas obstinadas de manutenção artifi-

153 CASABONA, Carlos Maria Romeo. Decisiones ante la proximidad de la muerte del paciente: interrupción o no iniciación del tratamiento. In: O tratamento penal da eutanásia no Brasil. In: *Aspectos médicos y jurídicos del dolor y la eutanásia*. Organizado por Manuel Gómez Tomillo et al.. Madrid: Union Editorial, 2.008, p. 211, para quem: "a vontade do paciente relative a que o medico suspenda ou não continue com o tratamento deve ser respeitada, incluso quando o início ou continuação do mesmo podem ser decisivas para evitar a morte daquele".

154 ALONSO, Mercedes Álamo. *Eutanasia hoy: prespectivas teológica, constitucional y jurídico-penal ( a la vez, una contribuición sobre el tratamiento jurídico del acto medico).* In: Aspectos médicos y jurídicos del dolor y la entanasia– organizadores Manuel Gómez Tomillo, cit., p. 280, para quem a omissão no tratamento de doente que solicita de forma séria e inequívoca a sua interrupção pode ser de autoria de qualquer pessoa, não se limitando à omissão do medico. Para preservação da proteção da vida entendo, todavia, que não se deveria abrir brechas tão amplas, cumprindo exigir que a decisão venha do medico, o único com capacidade técnica de saber que o paciente está em estado terminal ou em situação de Estado Vegetativo Persistente.

cial da vida ou de prolongamento inútil do processo de morte, para se ter uma morte digna.

Nesta situação, não há tão só um fim humanitário ou de compaixão, como na eutanásia ativa, mas o respeito à vida digna para se ter uma morte digna, fruto do processo natural da doença, omitindo-se, com anuência do doente ou de seu representante, uma intervenção que, por sua obstinação, faz a vida indigna e a morte a se seguir desnecessariamente mais sofrida e sem a paz almejada[155].

Ocorre, em face da Ortotanásia, um reconhecimento imediato da licitude[156] em atenção ao valor da vida e à sua dignidade, apresentando-se uma aprovação social não sendo excludente da ilicitude, mas, *ictu oculi,* lícita, adequada aos valores hoje presentes no meio social.

LUZÓN-PEÑA considera que as causas de atipicidade não estão muito distantes das causas de exclusão da ilicitude, pois se baseiam em uma ponderação de interesses, mesmo porque, segundo entendo, e igualmente LUZÓN-PEÑA, tipicidade e antijuridicidade confundem-se e se está diante de elementos negativos do tipo. A distinção entre causa de atipicidade e de exclusão de ilicitude está na imediatidade da revelação de ser a conduta juridicamente irrelevante.

Esta imediatidade brota do reconhecimento da ausência de falta ética na Ortotanásia pelo próprio Código de Ética Médica, enquadrando-se na hipótese de uma Ação Socialmente Adequada, dada a consonância com a ordem social diante da evolução sofrida com o reconhecimento geral da plena validade da autodeterminação do paciente frente a como se deve desenrolar seu tratamento.

Seria, para segurança, dos médicos, conveniente que a lei penal trouxesse, como previsto nos Anteprojetos de Código Penal, figura específica

155 ATHENIENSE, Aristóteles. *Enfoque jurídico da ortotanásia.* In: Vida, morte e dignidade humana, coordenadores Tânia da Silva Pereira et alii. Rio de Janeiro, GZ, 2.010, p. 117, que ao justificar a ortotanásia entende não haver à luz dos valores constitucionais ser legítima a ortotanásia pois atende à liberdade e à dignidade da pessoa humana que compreende o direito a uma morte digna. Em sua argumentação lembra passagem da Encíclica Evangelium Vitae do Papa João Paulo II, na qual se diz claramente: "quando a morte se anuncia iminente e inevitável, pode-se em consciência renunciar a tratamentos que dariam somente um prolongamento precário e penoso da vida"....

156 LUZÓN PEÑA, Diego-Manuel. *Lecciones de derecho penal– parte general.* 2ª edição. Valencia: Tirant lo Blanc, 2.012, p. 331, considera que há atipicidade quando a conduta de plano não é juridicamente relevante ou não é suficientemente grave para constituir um injusto penal.

destipificando a conduta, todavia, a teoria do delito permite excluir de incidência penal a Ortotanásia. Configura-se, sem dúvida, uma hipótese de ação socialmente adequada[157].

Por fim, não entendo que, em vista do desvalor do resultado e da renúncia à tutela penal, dever-se-ia pensar na hipótese de não haver risco juridicamente desaprovado ou criação de um risco juridicamente desaprovado. E se existe um consentimento haveria não um risco desaprovado, mas um risco permitido[158].

Esta posição levaria a uma neutralidade valorativa, em que sobressai apenas a circunstância de haver uma autorização para o dano ou risco, sem avaliação do seu significado valorativo, o que empobrece o direito penal.

Creio, todavia, que é de todo aconselhável que a lei penal estatua claramente a situação de ortotanásia[159], para que haja um modelo de ação lícita, com os seus requisitos e limites bem fixados, visando a se definir melhor a disciplina constante das normas éticas.

Cumpre, então, examinar as figuras propostas nos Anteprojetos de 1.984 e de 1.997, absolutamente idênticas e que reproduzo novamente: *"deixar de manter a vida de alguém por meio artificial, se previamente atestada por dois médicos a morte como iminente e inevitável, e desde que haja consentimento do paciente, ou na sua impossibilidade, de ascendente, descendente, cônjuge, companheiro ou irmão".*

---

157 O entendimento de ser uma Ação Socialmente Adequada não significa estar a buscar legalizar situações clandestinas já existentes, que ocorrem cotidianamente nos hospitais, mas sim, captar no meio social o reconhecimento da positividade da conduta frente aos valores vivenciados na sociedade. A respeito, vide a crítica de MONTE, Mário Ferreira. Da relevância penal de aspectos onto-axiológicos-normativos na eutanásia – análise problemática. In: *As novas questões em torno da vida e da morte em Direito Penal. Op. Cit.*, p. 314.

158 VICTORIA, William Monroy, *El consentimiento: Derecho Penal y Criminologia, 22,* Universidade Externado da Colômbia, 2001, p. 36. RODRÍGUEZ, Camilo Iván Machado. *El consentimiento en materia penal: Revista Derecho Penal y Criminologia,* 33. n. 95. Universidade Externado da Colômbia, 2.012, p. 45.

159 RODRIGUEZ DE OLIVEIRA, Victor Gabriel. *O tratamento penal da eutanásia no Brasil.* In: Aspectos médicos y jurídicos del dolor y la entanasia– organizadores Manuel Gómez Tomillo et alii. Madrid, Union Editorial, 2.008, p. 359. Neste artigo pode-se verificar uma exata síntese do tratamento penal da eutanásia e da ortotanásia seja na legislação penal, como nas Resoluções do Conselho Federal de Medicina. Conclui com razão o Autor que o Conselho Federal de Medicina deveria ser mais rigoroso na conceituação de Ortotanásia, impondo requisites para a configuração do quadro de prolongamento artificial da vida.

Quanto à descrição típica, creio que poderia haver acréscimos relativamente ao assentimento, que se deve exigir seja reiterado, por escrito ou verbalmente, perante duas testemunhas isentas, além de se prever o reconhecimento das diretrizes antecipadas de vontade, o chamado "testamento vital", como acima examinado.

De outra parte, o elenco constante do tipo referentemente a quem pode representar aquele sem condições pessoais de se manifestar deve ser modificado, pois a indicação pode ser tida como uma preferência, que não pode ser do ascendente, mas sim primeiramente do cônjuge, depois do descendente, depois pelo ascendente e por fim do colateral.

Destarte, poder-se-ia pensar em um tipo semelhante, mas com pequenas modificações:

> "Art... Não se configura o homicídio se o médico *deixar de manter a vida de alguém por meio artificial, quando previamente atestada por dois médicos a morte como iminente e inevitável e haja reiterado consentimento do paciente confirmado por duas testemunhas ou declaração antecipada de vontade em cartório.*
> *"Parágrafo único. Na impossibilidade de declaração pelo paciente devem ser colhidos elementos indicativos de sua vontade em manifestações anteriores ou supri-la pela decisão, devidamente atestada, do cônjuge, companheiro, ascendente, descendente, ou irmão".*



**Eutanásia**[160]

A Eutanásia ficou marcada pelo regime nazista como medida profilática de cunho de eugenia ou para eliminação de pessoas deficientes.

Atualmente, além da Holanda, que a partir de 1.973 passou a permitir, primeiramente pela jurisprudência e por disposições regulamentares da

160 A primeira legislação a prever a eutanásia, sob o título de homicídio piedoso foi a do Uruguai, como ação direta para abreviar a vida de pessoa gravemente enferma. O Código Penal do Uruguai, art. 37 estipulava: (Del homicidio piedoso) *"Los Jueces tiene la facultad de exonerar de castigo al sujeto de antecedentes honorables, autor de un homicidio, efectuado por móviles de piedad, mediante súplicas reiteradas de la víctima".* Como assinala GOLDIM, José Roberto, Eutanásia-Holanda, http://www.ufrgs.br/bioetica/eutanhol.htm, na Holanda, desde 1.973, ampliou-se a discussão em face de casos concretos, o primeiro de Geertrud Postma, sendo que o Ministério da Justiça e a Real Ordem dos Médicos terminou em 1.990 por admitir a eutanásia desde que devidamente notificada. Em 1.993, a denominada Lei Funeral, estabeleceu cinco critérios para a admissão da eutanásia e três ações a serem empreendidas após o ato.

Real Ordem de Medicina, e depois em 2.002 no Código Penal, a Bélgica também, no mesmo ano veio a prever em lei a Eutanásia[161].

Primeiramente creio que cumpre, desde o início, distinguir o caso do paciente em estado terminal do paciente vitimado por doença grave, incurável, que causa sofrimento psíquico sem risco de morte, mas em situação desesperante, como estar em estado vegetativo, imobilizado, alimentado artificialmente.

Assim, como já assinalei há, a meu ver, diferença[162], ao contrário da opinião de alguns autores, entre Eutanásia Passiva e Ortotanásia. Esta últi-

Os critérios são os seguintes: 1) A solicitação para morrer deve ser uma decisão voluntária feita por um paciente informado; 2) A solicitação deve ser bem considerada por uma pessoa que tenha uma compreensão clara e correta de sua condição e de outras possibilidades. A pessoa deve ser capaz de ponderar estas opções, e deve ter feito tal ponderação; 3) O desejo de morrer deve ter alguma duração; 4) Deve haver sofrimento físico ou mental que seja inaceitável ou insuportável; 5) A consultoria com um colega é obrigatória.

De outra parte, deve-se seguir o seguinte procedimento em caso de Eutanásia: 1) O médico que realizar a eutanásia ou suicídio assistido não deve dar um atestado de óbito por morte natural. Ele deve informar a autoridade médica local utilizando um extenso questionário; 2) A autoridade médica local relatará a morte ao promotor do distrito; 3) O promotor do distrito decidirá se haverá ou não acusação contra o médico.

Em 2.001, aprovaram-se os artigos 293 e 294 do Código Penal holandês, segundo os quais a Eutanásia é considerada legal se o paciente tiver uma doença incurável e estiver com dores insuportáveis, ter pedido, voluntariamente, para morrer, tendo um segundo médico emitido sua opinião sobre o caso.

161 Consultado, LORDA, Pablo Simón e BARRIO CANTALEJO, Inés M. *La eutanásia en Bélgica* http://scielo.isciii.es/scielo.php?. Confira-se a versão impressa na Revista Española de Salud Publica, vol.86 no.1 Madrid ene.-feb. 2012. A eutanásia pela lei consiste no ato intencional de dar término à vida de pessoa a pedido desta, desde que seja maior, capaz e consciente (em fevereiro de 2.014 aprovou-se a possibilidade da eutanásia realizar-se também em menor de idade). Requer-se haver prognóstico de inexistir recuperação possível, com sofrimento físico ou psíquico insuportável em face de enfermidade grave, sem condições de alívio. O pedido há de ser voluntário, refletido, reiterado, sem pressão externa. Se não houver petição escrita e possibilidade de verbalizar a decisão pode ser de pessoa anteriormente indicada, sem interesse na morte da pessoa. O paciente deve ser informado inteiramente pelo médico de sua condição de saúde, com o qual discutirá a inexistência de alternativas. A questão deve ser debatida pelo médico com a equipe de enfermaria. Outro médico, que não o do paciente, deve avaliar a gravidade da doença. A lei estatui também que terceiro especialista seja consultado se o paciente não está em risco de vida. Nesta hipótese, sem haver estado terminal, o médico deve discutir a questão, também, com médico psiquiatra acerca do sofrimento físico e psíquico insuportável, não suscetível de alívio.

Em caso de eutanásia, o medico deve notificar a ocorrência da mesma.

162 VILLAS-BOAS, Maria Elisa. *Da eutanásia ao prolongamento artificial: aspectos polêmicos na disciplina jurídico-penal do final da vida.* Rio de Janeiro: Forense, 2005, p. 73 e seguinte.

ma configura-se quando, frente a morte próxima, com assentimento do paciente, deixa-se de tomar medidas que prolongam o processo de morte por meios artificiais, impedindo-se a obstinação na busca de uma cura impossível. Já na Eutanásia Passiva, há uma situação de saúde grave, por exemplo Estado de Coma irreversível, mas sem risco de morte iminente.

Fatos desta natureza têm se repetido, relata NÚÑEZ PAZ[163], e mais recentemente é o que ocorreu com a moça americana Terri Schiavo, que vivia em estado vegetativo persistente havia quinze anos, sendo alimentada artificialmente por um tubo no esôfago. Após batalha judicial, a opinião do marido prevaleceu frente à posição dos pais de Terri, desligando-se o tubo que a alimentava, vindo a morrer de inanição.

Situação ainda mais grave a de Jahi McMath, de Oakland, Califórnia e Marlise Muñoz, de Fort Worth, Texas, pois tiveram morte cerebral, que seria melhor dizer encefálical[164], de vez não conseguirem respirar sem aparelhos. Não estavam apenas em estado vegetativo, mas sim de morte cerebral, ou melhor encefálica,[165] o que caracteriza a morte, por não mais haver reação do sistema nervoso central.



163 NÚÑEZ PAZ, Miguel Angel. Op., cit., p. 100 e seguintes.

164 Sobre conceito de morte e morte cerebral, vide CASABONA, Carlo Maria Romeo, *El derecho y la bioética...Op. Cit.*, p. 437; JONAS, Hans, *Técnica, medicina y ética,* Barcelona: Paidós, p. 145 e seguintes. A lei brasileira, Lei n. 9.434/97, ao regular o transplante de órgãos, estabelece que se deve considerar que a morte se dá com a morte cerebral, a se ver o art. 3°, segundo o qual "a retirada post mortem de tecidos, órgãos ou partes do corpo humano destinados a transplante ou tratamento deverá ser precedida de diagnóstico de morte encefálica, constatada e registrada por dois médicos não participantes das equipes de remoção e transplante, mediante a utilização de critérios clínicos e tecnológicos definidos por resolução do Conselho Federal de Medicina". A Resolução 14 de 1.997 do Conselho Federal de Medicina estabelece que a morte encefálica ocorre quando se demonstra de forma inequívoca: a) ausência de atividade elétrica cerebral ou, b) ausência de atividade metabólica cerebral ou, c) ausência de perfusão sanguínea cerebral. Critica-se com razão o termo morte cerebral, que constitui linguagem vulgar, sendo correto falar-se em morte encefálica.

165 Quatro elementos, como explicam BENEDICT CARROEY e DENISE GRADY do "NEW YORK TIMES" em material na Folha de São Paulo de 11 de janeiro de 2.014, no caderno equilíbrio e saúde, precisam estar presentes para que seja determinada a morte cerebral. Primeiro, o médico precisa excluir outras explicações possíveis do estado não responsivo, como anestesia, coma diabético ou hipotermia. Também é preciso determinar a ocorrência de uma lesão, como um golpe na cabeça ou hemorragia.
Em seguida, os médicos testam a função dos chamados nervos cranianos, incluindo o nervo que vai até o olho e ativa o ato de piscar; outro, na garganta, que provoca asfixia; e um terceiro no ouvido interno que permite que os olhos foquem um objeto enquanto a cabeça se move. Cada um desses requer a participação do tronco cerebral. Se o ato de encostar um cotonete na córnea do paciente não o leva a piscar, ou se tocar o fundo da garganta não gera um movimento reflexivo de quase vômito, o tronco cerebral está fora de ação ou perto disso.

Em ambas as situações, evidentemente o consentimento para desligamento dos aparelhos foi dado pelos parentes da paciente, porém o problema não diz respeito ao consentimento, pois a dúvida perdura mesmo que haja solicitação do doente para morrer, como ocorreu na Itália com o poeta Piergeorgio Welby, em 2.006, vitimado por uma distrofia há uma década, sobrevivendo graças a aparelho respirador e a alimentação por tubo. Consciente, o poeta peticionara, repetidamente, pedindo para ter os aparelhos desligados, e o anestesista, que finalmente atendeu seu reclamo, terminou sendo processado.

Nestes casos, o paciente não falece em razão da doença que o acomete, mas sim em vista da omissão de se fornecer alimentação ou respiração artificial. Não há na situação perigo de morte diretamente decorrente do mal que aflige o doente, que se não sofre dores lancinantes, vive, todavia, paralisia desesperante.

Assim, creio dever se distinguir o tratamento jurídico a ser dado à Eutanásia Passiva do a ser ofertado à Eutanásia Ativa, que consiste na interferência do médico ou de terceiro para antecipar a morte, que tem esta intervenção como sua causa direta.

Quanto à Eutanásia Ativa ou Direta[166], entendo, contrariamente ao admitido pela legislação holandesa ou belga que não se há de admitir a

---

O último passo é o chamado teste de apneia. Para isso, os médicos permitem que o nível de dióxido de carbono no sangue do paciente suba lentamente; quando a concentração atinge um certo grau, qualquer pessoa que tiver tronco cerebral parcialmente funcional vai respirar chiando. Esse é um verdadeiro teste infalível para determinar a morte cerebral. Pode levar 20 minutos para ser realizado, período durante o qual os médicos não devem deixar a sala por um instante sequer, disse o Dr. Panayiotis N. Varelas, diretor da UTI de neurociências do Hospital Henry Ford, em Detroit. "Se o paciente tenta respirar, você aborta o teste imediatamente e declara que não há morte cerebral." O timing exato desses testes, e o número de vezes que são realizados – alguns médicos fazem todos uma vez; outros repetem todos duas vezes, com várias horas de intervalo – variam de hospital para hospital, segundo pesquisas. Mas, dizem os especialistas, os casos de diagnóstico equivocado são muito raros; as pessoas que recebem diagnóstico de morte cerebral não voltam a viver.

---

166 Denomina-se Eutanásia Indireta antecipar a morte de alguém mediante paliativos que têm por efeito secundário apressar os males da doença, devendo-se justificar tal ato pois atende à necessidade de minorar o sofrimento mesmo que a custo de contribuir para piorar o estado de saúde do paciente. Hoje, com o avanço da qualidade dos paliativos, torna-se bem pequena a hipótese de haver em razão da ingestão de paliativos efeitos secundários nocivos. Como ressalta MONTE, Mário Ferreira. *Da relevância penal de aspectos onto-axiológicos-normativos da eutanásia*...cit., p. 336, para quem não se trata sequer de pôr em causa o bem jurídico vida, mas apenas permitindo ao titular da vida definir como quer viver aceitando um tratamento, que, se encurta a vida, no entanto, concede existência com qualidade, sem dores e por isso com mais dignidade.

atipicidade ou exclusão da ilicitude. De acordo com o que constou de dois Anteprojetos de Parte Especial de cuja elaboração participei, pondero que a Eutanásia Ativa deva ser um tipo especial com tratamento ainda mais benéfico, contudo, do que o cominado pelo Código Penal de 1.940 com relação ao homicídio privilegiado, art. 121, § 1°, do Código Penal.

Nos dois anteprojetos de Parte Especial do Código Penal, em 1984 e em 1.997, previa-se a figura penal da eutanásia, com pena bem inferior à cominada ao homicídio simples, dois anos de reclusão, e consistente em dar causa à morte de alguém por compaixão, a pedido da vítima, imputável e maior, para abreviar-lhe sofrimento físico insuportável, em razão de doença grave incurável.

No art. 134 do Código Penal de Portugal, prevê-se o Homicídio a Pedido da Vítima, assim tipificado: "Quem matar outra pessoa determinado por pedido sério, instante e expresso que ela lhe tenha feito, é punido com pena de até 3 anos".

Primeiramente, não se prevê no Código Penal português e nos Anteprojetos que o pedido possa ser feito por terceiro, parente ou pessoa de confiança previamente designada para decidir pela vítima. Só por pedido consistente da própria pessoa, imputável e maior, devidamente comprovado, pode-se configurar a Eutanásia Ativa, a ser efetivada por qualquer pessoa, não sendo o médico o sujeito ativo próprio do tipo penal.

Já a Eutanásia Passiva, causa de atipicidade do homicídio, consiste em abreviar o **médico**, pela omissão de manutenção artificial, a vida de alguém por pedido seu, reiterado e firme, escrito ou verbal, atestado por testemunha ou formulado por pessoa responsável, cabendo ao médico consultar outro facultativo acerca da irreversibilidade do estado vegetativo causador de desespero intransponível.

Esta situação pode ocorrer em face de Testamento Vital, ou, Declaração Antecipada de Vontade, mediante a qual uma pessoa deixa expresso que em caso de vir a suceder de ficar em Estado Vegetativo Persistente, como refere-se ANDRÉ GONÇALO DIAS PEREIRA, em uma autonomia prospectiva define seu desejo firme de não ser mantido em vida vegetativa artificial, malgrado não haja morte iminente. Destarte o Testamento Vital é de caráter vinculativo.

Assim, a pessoa "merece em nome de sua liberdade, fundamento de sua dignidade, ser dona de seu destino", dando-se plena eficácia à declaração para se realizar o seu desejo, respeitando-se a declaração feita, desde que dada com capacidade, informação e liberdade[167].

167 PEREIRA, André Gonçalo Dias. *Declarações antecipadas de vontade: meramente indicativas ou vinculativas.* In: *As novas questões em torno da vida e da morte em direito*

Ademais o médico deve registrar a conduta tomada descrevendo o processo decisório e a medida implementada para abreviar a vida do paciente[168].

ROXIN claramente estabelece que "o limite entre a eutanásia ativa, punível, e a passiva, impunível, não deve ser traçado de modo naturalista, levando em conta somente a prática ou não de um movimento corpóreo. Interessa, isso sim, se, do ponto de vista normativo, a ação deve ser entendida como uma suspensão do tratamento. Neste caso, haverá, em sentido jurídico, uma omissão impunível se condizente com a vontade do adoentado[169]".

Assim, haveria duas situações de atipicidade do homicídio: Ortotanásia e Eutanásia Passiva, ambas impuníveis. E por que causa de atipicidade? Em ambas há sem dúvida, a vontade do paciente em que se lhe abrevie a morte, porém, esta circunstância também está presente na Eutanásia Ativa. Na Ortotanásia e na Eutanásia Passiva, o consentimento se dá, contudo, em um quadro bem restrito de não prática de medidas obstinadas ou de manutenção artificial da vida, no qual se deve dar relevo ao assentimento do paciente[170] na abreviação da morte, restando a conduta como socialmente adequada.

Como já se frisou, e vale repetir, na Ortotanásia e na Eutanásia Passiva busca o médico garantir um fim de vida digno mediante uma morte digna, sem medidas obstinadas e inúteis que apenas prolongam o processo de morte, impondo novos sofrimentos ou desesperante existência sem qualquer autonomia, dependente de instrumentos artificiais mantenedores da vida.

O valor que anima o agente, médico, é o de respeito à vida, omitindo, com anuência do doente ou de seu representante, uma intervenção que por

---

*penal,* organizadores, José Faria Costa e Ines Fernandes Godinho, Coimbra editora e Wolters Kluwer, 2.010, p. 49 e seguintes.

168 Sugiro, então, a criação da seguinte norma tipificadora da situação de Eutanásia Passiva: "Não há homicídio se o médico interromper a manutenção artificial da vida de paciente em estado vegetativo, desde que haja pedido firme e reiterado deste ou de pessoa por ele responsável, atestada a irreversibilidade desta situação do por dois médicos independentes".

169 ROXIN, Claus. A apreciação jurídico...*Op. Cit.,* p. 5.

170 NAVARRETE, Miguel Polaino. *Lecciones de derecho penal: parte general – Tomo I II.* Madrid: Tecnos, 2013, p. 133, após afirmar que não são disponíveis os bens personalíssimos, como a integridade física, pondera que em relação ao bem jurídico vida reclama-se o reconhecimento da capacidade de disposição por parte do doente, ou seja, na hipótese de eutanásia. Entendo, todavia, que este relevo para se reconhecer uma causa de atipicidade fundada no consentimento deve caber apenas na hipótese de eutanásia passiva.

sua obstinação faz a vida indigna e a morte a se seguir desnecessariamente mais sofrida e sem a paz almejada.

O próprio Código de Ética Médica recomenda ao médico a não adoção de medidas obstinadas e inúteis, com a utilização de meios artificiais de manutenção da vida. A ação do médico na Ortotanásia e na Eutanásia Passiva não vem animada do desvalor do bem jurídico vida, pois não se atua para eliminar uma vida: omite-se um tratamento obstinado que, tão só, prolonga o sofrimento diante de quadro clínico de doença grave irreversível com morte próxima ou com existência apenas artificialmente mantida.

Assim, apesar de aparentemente indicar-se a realização de uma conduta típica, na verdade, tal não sucede, pois a conduta é considerada socialmente, de forma majoritária, como normal, adequada, desfazendo-se qualquer indício de injusto, como assinala LUZÓN-PEÑA[171].

Há um reconhecimento imediato da licitude[172] apresentando-se uma natural aprovação social se presentes todos os elementos das figuras normativas (Ortotanásia e Eutanásia Passiva), não se apresentando tais condutas como excludentes da ilicitude, mas como, *ictu oculi,* lícitas, adequadas aos valores presentes no meio social.



171 LUZÓN-PEÑA, Diego-Manuel. Op., cit., p. 335.

172 LUZÓN PEÑA, Diego-Manuel. Op., cit., p. 331, considera que há atipicidade quando a conduta de entrada não é juridicamente relevante ou não é suficientemente grave para constituir um injusto penal.

## AUXÍLIO AO SUICÍDIO

**BIBLIOGRAFIA:** ALBUQUERQUE, Roberto Chacon de. Lei relativa ao Término da Vida sob Solicitação e Suicídio Assistido e a Constituição holandesa. In: *Revista da Faculdade de Direito da Universidade de São Paulo*, v. 103, jan./dez. 2008 •• ANDRADE, Manuel da Costa. Liberdade de imprensa e tutela penal da liberdade de imprensa – a experiência portuguesa. In: *Revista Brasileira de Ciências Criminais,* ano 5, nº 20, out/dez de 1.997 •• ARENDT, Hannah. *A condição humana*. 5ª edição. Rio de Janeiro: Forense Universitária, 1.991 •• BANFI, Antonio. *Introduzione – Prolegomeni a ogni metafisica futura.* Verona: Mondadori, 1.932 •• CACHAPUZ, Maria Clara. *Intimidade e vida privada no novo Código Civil brasileiro – uma leitura orientada no discurso jurídico.* Porto Alegre: Sérgio Fabris, 2.006 •• DIAS, Augusto Silva. *Crimes contra a vida e a integridade física,* 2ª edição. Lisboa: AAFDL, 2.007 •• DOTTI, René Ariel. *Proteção da vida privada e liberdade de informação.* São Paulo, 1980 •• DWORKIN, Gerald. El paternalismo. In: BETEGÓN CARRILLO, Jerônimo, PÁRAMO ARGÜELLES, Juan Ramón (coord.) *Derecho y moral*: ensayos analíticos. Barcelona: Ariel, 1.990 •• FEINBERG, Joel. *Harm to self*. Oxford: Oxford University Press, 1.986, v.3 •• FERNANDES, Antonio Scarance (org.). *Sigilo no processo penal – eficiência e garantismo.* São Paulo: Revista dos Tribunais, 2.008 •• GOLDIM, José Roberto, *Eutanásia – Holanda,* disponível em: <https://www.ufrgs.br/bioetica/eutanhol.htm> •• HUNGRIA, Nelson. *Comentários ao Código Penal* – v. V. – arts. 121 a 136. 4ª edição. Rio de Janeiro: Forense, 1.958 •• KANT, Immanuel. Fundamentação da metafísica dos costumes. In: *Os pensadores,* v. XXV. São Paulo: Editora Victor Civita •• KANT. Immanuel. *Principes metaphysiques de la morale,* 3ª edição. Trad. Joseph Tissot. Paris: Ladrange, 1.854 •• MARTINS-COSTA, Judith (org.). *A reconstrução do direito privado.* São Paulo: Revista dos Tribunais, 2.002 •• MARTINS-COSTA, Judith. Contrato de seguro. Suicídio do segurado. Art. 798, Código Civil. Interpretação. Diretrizes e princípios do Código Civil. Proteção ao Consumidor. Parecer. In: *Revista Brasileira de Direito Civil.* Vol. 1. Jul/Set 2.014 •• MARTINS-COSTA, Judith. *Princípio da exclusividade,* no prelo •• MILL, Stuart. *Ensaio sobre a liberdade*. Trad. Orlando Vitorino. Lisboa: Arcádia, 1.964 •• MÖLLER, Letícia Ludwig, *Direito à morte com dignidade e autonomia,* Curitiba, Juruá. 2.008 •• NÚÑEZ PAZ, Miguel Ángel. *Historia del derecho a morir – análisis histórico y antecedentes jurídico-penales.* Oviedo: Forum, 1.999 •• PINTO, José Manuel e CUNHA, Teresa Montalvão da Cunha. Eutanásia e Suicídio Assistido – legislação comparada. Divisão de Informação Legislativa e Parlamentar – DILP, *Coleção Temas n. 60,* Lisboa, abr. 2.016 •• PITOMBO, Cleunice; A. Valentim Bastos.

Considerações sobre a tutela da intimidade e da vida privada no processo penal, In: *Revista Brasileira de Ciências Criminais*, ano 7, nº 26, abr/jun, 1.999 •• REALE JÚNIOR, Miguel. *Direito penal aplicado*. São Paulo: Revista dos Tribunais, 1.990 •• REALE Júnior, Miguel; COSTA, Helena Regina Lobo da. *Privacidade,* artigo no prelo •• REY MARTÍNEZ, Fernando, El debate de la euthanasia y el suicidio asistido en perspectiva comparada, In: *Aspectos medicos y jurídicos del dolor la enfermedad terminal y la euthanasia,* GÓMEZ TOMILLO, Manuel e outros (orgs.), Madrid: Union Editorial, 2.008 •• RODRÍGUEZ, Victor Gabriel. *Tutela penal da intimidade,* São Paulo: Revista dos Tribunais, 2.008 •• SABORIT, David Felip I. In: SILVA SANCHEZ, Jesús-Maria (dir.). *Lecciones de Derecho Penal – parte especial.* Barcelona: Atelier, 2.011 •• SAMPAIO, José Adércio Leite. *Direito à intimidade e à vida privada.* Belo Horizonte: Del Rey, 1.998 •• SANTO AGOSTINHO, *Ciudad de Dios,* trad. Jose Cayetano Diaz de Beyra, Tomo Primeiro, Buenos Aires, Poblet, 1942 •• WEINGARTNER NETO, Jayme. *Honra, privacidade e liberdade de imprensa.* Porto Alegre: Livraria do Advogado, 2.002.



## COMENTÁRIO

O suicídio constitui tema gerador de intensa controvérsia sob o enfoque de diversas disciplinas, indo-se da exaltação, como ato heroico, ao profundo desprezo como sinal de covardia[173]ou grave pecado[174]. Como ato extremo, a decisão de por fim à própria vida reside na mais plena e profunda autodeterminação, escolhendo quando e como se morre, como expressão máxima de autonomia.

173 Para um escorço histórico, veja-se: NÚÑEZ PAZ, Miguel Ángel. *Historia del derecho a morir – análisis histórico y antecedentes jurídico-penales.* Oviedo: Forum, 1.999; MARTINS-COSTA, Judith. Contrato de seguro. Suicídio do segurado. Art. 798, Código Civil. Interpretação. Diretrizes e princípios do Código Civil. Proteção ao Consumidor. Parecer. In: *Revista Brasileira de Direito Civil.* Vol. 1. Jul/Set 2.014 p. 353-424.

174 O pensamento cristão desde os primórdios condenou o suicídio, tendo Santo Agostinho considerado que se matar um homem é crime, crime comete quem mata a si mesmo, pois o que mata a si, mata um homem. Interfere-se na ordem de Deus que concede a vida ao se retirar a própria por suas mesmas mãos (SANTO AGOSTINHO, *Ciudad de Dios,* trad. Jose Cayetano Diaz de Beyra, Tomo Primeiro, Buenos Aires, Poblet, 1942, p. 48 – Livro I, capítulo XX). Como assinala NÚÑEZ PAZ (*Op. cit.,* p. 67), o cristianismo condenou o suicídio e consequentemente a eutanásia por atentar contra o amor devido a si mesmo, contra a sociedade e contra o direito de Deus sobre a vida do homem).

Autonomia, todavia, consistia para Kant no exercício de uma vontade racional. Assim, a autonomia da vontade é aquela sua propriedade graças à qual ela é para si mesma a sua lei, sendo o princípio da autonomia não escolher senão de acordo a que as máximas da escolha estejam simultaneamente incluídas no querer mesmo, como lei universal[175].

Autonomia, destarte, seguiria um imperativo moral, incondicionado e que tem por objeto uma ação boa em si mesma, e, portanto, necessária a uma vontade racional, expressão de uma legislação universal, de uma ordem de razão entre os homens, e da absoluta autonomia racional da pessoa. Assim, age-se de forma tal que a sua vontade possa se considerar como instituidora de uma ordem universal; de modo a tratar a sua humanidade e a dos outros como um fim em si mesmo[176].

O suicídio poderia tornar-se em lei universal da natureza? Indaga Kant. A máxima que preside ao suicídio é a de que se a vida ameaça mais com desgraça do que com alegria, pode-se encurtá-la, por amor a si mesmo. Mas é uma contradição destruir uma vida em vista do mesmo sentimento de amor a si mesmo que suscita a conservação da vida. Dessa maneira, esta máxima não pode se dar como lei universal da natureza, sendo contrária absolutamente ao princípio supremo de todo o dever[177].

Segundo os ensinamentos de Kant, o suicídio, além de ser um crime cometido sobre sua própria pessoa, atinge, por via de consequência, outras pessoas, sendo, por exemplo, transgressão de dever do esposo frente à esposa, do pai em face dos filhos. Para Kant, o homem enquanto vive não pode se desfazer de sua personalidade, sendo uma contradição admitir-se que venha a se libertar de toda a obrigação, subtrair seus atos de toda a espécie de direito. Com o suicídio, atinge-se a moralidade, pois se avilta o homem na sua pessoa, na sua essência, que ao menos devia conservar o homem material[178].

Percebe-se a influência do pensamento kantiano em NELSON HUNGRIA, para quem o suicídio, apesar de não constituir crime, "não deixa de ser um fato ilícito ou antijurídico, pois representa um mal social".

Sob a premissa de a vida não pertencer apenas ao indivíduo, mas à sociedade, pois em cada vida humana insere-se uma função social, reconhece

175 KANT, Immanuel. Fundamentação da metafísica dos costumes. In: *Os pensadores*, v. XXV. São Paulo: Editora Victor Civita, p. 238.

176 BANFI, Antonio. *Introduzione – Prolegomeni a ogni metafisica futura.* Verona: Mondadori, 1.932, p. 28.

177 KANT, Immanuel, Fundamentação...*Op. Cit.*, p. 224.

178 KANT, Immanuel. *Principes metaphysiques de la morale,* 3ª edição. Trad. Joseph Tissot. Paris: Ladrange, 1.854, p. 215 e seguintes.

um direito à vida, mas não sobre a vida. Assim, é o suicídio ato merecedor de reprovação moral e jurídica pois "o sacrifício da própria vida excede a atividade juridicamente lícita do indivíduo". Em conclusão, pondera HUNGRIA que se é inegável a antijuridicidade do suicídio, é perfeitamente legítima a incriminação da participação no mesmo, sendo irrelevante o consentimento do suicida. Via-se, portanto, o suicídio antes de mais como uma ação "contrária aos interesses morais e demográficos do Estado[179]".

Não se vislumbrava a autonomia no amplo sentido de que hoje se reveste, como autodeterminação, que se projeta sobre o direito de morrer e de decidir como morrer. Por outro lado, a tutela à inviolabilidade da intimidade, constante da Convenção Europeia dos Direitos do Homem, art. 8º. e igualmente de nossa Constituição, art. 5º., inciso X, estende-se à proibição de não intervenção na esfera íntima de decidir como morrer e de dar efetividade a este querer, sem acolhida ao sempre presente paternalismo estatal.

O direito à privacidade constitui atributo da personalidade, requisito essencial à realização da pessoa humana, instaurando a expectativa de respeito à própria singularidade[180], de que é corolário o exercício da autonomia.



---

179 HUNGRIA, Nelson. *Comentários ao Código Penal* – v. V – arts. 121 a 136. 4ª edição. Rio de Janeiro: Forense, 1.958, p. 226 e seguintes. Para HUNGRIA, a "vida de um homem não pertence a ele só, mas também ao agregado social" e mais adiante diz: "a vida de cada homem diz com a própria existência da sociedade e representa uma função social".

180 Consulte-se, especialmente, na literatura jurídica brasileira mais antiga, DOTTI, René Ariel. *Proteção da vida privada e liberdade de informação.* São Paulo, 1980, p. 22 e ss.; e mais recentemente CACHAPUZ, Maria Clara. *Intimidade e vida privada no novo Código Civil brasileiro – uma leitura orientada no discurso jurídico.* Porto Alegre: Sérgio Fabris, 2.006; RODRÍGUEZ, Victor Gabriel. *Tutela penal da intimidade,* São Paulo: Revista dos Tribunais, 2.008; PITOMBO, Cleunice A. Valentim Bastos. *Considerações sobre a tutela da intimidade e da vida privada no processo penal,* na Revista Brasileira de Ciências criminais, ano 7, nº 26, abr/jun, 1.999, p. 69 e seguintes, que entende ser o termo vida privada mais amplo e abrangente, enquanto a intimidade diz respeito a uma área nuclear inviolável, do homem no seu ser para si mesmo, que chega a entender merecer **proteção absoluta**; SAMPAIO, José Adércio Leite. *Direito à intimidade e à vida privada.* Belo Horizonte: Del Rey, 1.998; WEINGARTNER NETO, Jayme. *Honra, privacidade e liberdade de imprensa.* Porto Alegre: Livraria do Advogado, 2.002; SOUZA, Maria Isabel de Azevedo. *O princípio da exclusividade como nota distintiva do direito privado,* na coletânea, *A reconstrução do direito privado.* Organizadora – Judith Martins Costa. São Paulo: Revista dos Tribunais, 2.002, p. 306; MARTINS, Luciana Mabilia. *O direito civil à privacidade e à intimidade,* na coletânea *A reconstrução do direito privado,* cit, p. 337; FLACK, Daniel. *O direito à intimidade e à vida privada e a disciplina dos meios de comunicação,* na coletânea *A reconstrução do direito privado,* cit., p. 372. Veja-se na literatura portuguesa de forma especial esta distinção com relação à liberdade de imprensa em ANDRADE, Manuel da Costa. *Liberdade de imprensa e tutela penal da liberdade de imprensa – a experiência portuguesa,* na *Revista Brasileira de Ciências Criminais,* ano 5, nº 20, out/dez de 1.997, p. 25 e seguintes.

Muito se discute sobre a distinção constante de nossa Constituição entre **intimidade** e **vida privada**[181], divergindo os autores sobre esta delimitação. Alguns consideram mesmo que apenas a riqueza de nossa língua levou a esta diferenciação, pois ambos os aspectos integram a *privacy* do direito anglo-saxão[182].

A nosso ver, no campo da exclusividade, podem-se ter duas esferas, uma de grande reserva e interioridade, ligada às próprias convicções e expressões de pensamento, como se pensa e sente a vida e a morte, bem como relativamente ao que se passa entre quatro paredes[183], e outra menos restrita, relativa à vida doméstica acessível a outras pessoas, aos hábitos cotidianos, às conversas no trabalho relativas a assuntos particulares e aos próprios papéis de trabalho[184], em que se dá um compartilhamento do modo de ser com pessoas nas quais se confia.

Há, como diz Hannah Arendt, uma zona de exclusividade[185], de reserva, onde, sem cuidados, desenvolve-se a própria existência. Essa exclusividade, diz JUDITH MARTINS COSTA, rege aquela especial esfera da vida privada em relação à qual é defesa a interferência alheia[186], pois é o *locus,* material e espiritual, em que cada qual fixa a sua singularidade, a sua forma de encarar a vida e compreender a morte, seus valores e crenças, seus gostos particulares a serem usufruídos reservadamente.

Há, portanto, uma diferença de intensidade de exclusividade, pois a intimidade diz respeito ao modo de ser singular que cada qual tem na esfera nuclear

181 CACHAPUZ, Maria Cláudia, *Op. Cit,* p.122, entende que vida privada e intimidade integram a esfera da exclusividade, mas a intimidade é relativa às escolhas singulares do indivíduo – crença moral, sexual, religiosa – ou o simples fato de querer viver de determinada forma, garantindo—se o direito de destoar da média social, o direito à diferença. Refere-se, portanto, a uma esfera de interesse exclusivo e privado do indivíduo. Já o conceito de vida privada, também sujeito à exclusividade, concerne às relações privadas da pessoa, com familiares e amigos com os quais mantém ligação de confiança.

182 RODRÍGUEZ, Victor Gabriel. *Op. Cit.*, p 24 e seguintes, para o qual a distinção é uma questão de riqueza de linguagem. No entanto, reconhece o Autor existir uma diversidade semântica, pois, podem haver fatos pertencentes à vida privada que não sejam íntimos, razão pela qual a expressão vida privada tem significado mais amplo.

183 REALE JÚNIOR, Miguel e COSTA, Helena Regina Lobo da. *Privacidade,* artigo no prelo.

184 REALE JÚNIOR, Miguel. *Direito penal aplicado*. São Paulo: Revista dos Tribunais, 1.990, p. 129 e seguintes.

185 ARENDT, Hannah. *A condição humana*. 5ª edição. Rio de Janeiro: Forense Universitária, 1.991, p. 81 e seguinte, para a qual a esfera da exclusividade é aquela a ser ocultada, a ser mantida oculta a fim de não perder sua profundidade.

186 MARTINS-COSTA, Judith. *Princípio da exclusividade,* no prelo.

de sua existência, dados de foro íntimo, enquanto a vida privada tem referência à forma de ser à qual apenas quem se quer e é próximo tem acesso, ou seja, aspectos variados da existência que não se deseja caiam no domínio público[187].

A distinção é relevante, pois mesmo na condição de indiciado ou acusado em processo penal há fatos da intimidade, do círculo da exclusividade que apenas excepcionalmente devem ser objeto de qualquer intromissão. E não há campo mais recôndito do que o da decisão sobre como viver e especialmente como morrer, seja na admissão ou não de tratamentos médicos, seja na opção de por fim à própria vida.

O suicídio pode evidentemente afetar a terceiros, tal como a decisão de o casal se separar afeta os filhos. Já STUART MILL alertava poder o dano feito a si mesmo afetar seriamente às pessoas que lhe são próximas e à própria sociedade[188]. Seria isto suficiente para justificar a ação protetiva do Estado, interferindo para punir, ou a sociedade deve sofrer esta inconveniência por amor maior à liberdade humana?



Argumenta, então, MILL que ninguém deve ser punido simplesmente por estar embriagado. Se o fato desagrada pode-se evitar a convivência, mas sem que se julgue autorizado a lhe atribular a vida. Deve-se refletir, segundo MILL, que essa pessoa já sofre e não se deve arruiná-la ainda mais com uma punição, não devendo ser tratada como *"inimiga da sociedade*[189]*"*.

Trata-se de uma presunção de sabedoria racional sobre a melhor forma de viver, como assinala STUART MILL, considerar-se um absurdo a pessoa proceder de forma diversa do que a experiência universal indica ser um modo sadio de viver. Pior ainda justificar-se a instituição de uma "polícia moral", que invada a legítima liberdade do indivíduo e incrimine o não proceder exatamente como o Estado entende que deve se compor-

---

187 DOTTI, René Ariel. *Proteção da vida privada e liberdade de informação,* cit., p. 22. SOUZA, Diego Fajardo Maranha Leão e LEITE, Rosimeire Ventura. *O sigilo no processo criminal e o interesse público à informação,* na coletânea *Sigilo no processo penal – eficiência e garantismo,* Coordenação de Antonio Scarance Fernandes et alii. São Paulo: Revista dos Tribunais, 2.008, p. 209 refere ser o âmago da vida privada o campo no qual a pessoa pode guardar seus mais ocultos segredos, seus anseios, sofrimentos, desejos os quais deseja ver protegidos por segredo, não compartilhados por ninguém.

188 MILL, Stuart. *Ensaio sobre a liberdade*. Trad. Orlando Vitorino. Lisboa: Arcádia, 1.964, p. 163 e ss., ponderando que ninguém é inteiramente isolado, sendo impossível que uma pessoa faça um mal grave a si mesmo sem que algum dano chegue ao menos às suas próximas relações e muitas vezes além delas. Igualmente, FEINBERG, Joel. *Harm to self*. Oxford: Oxford University Press, 1.986, v.3, p. 22.

189 MILL, Stuart. *Op. Cit.*, p. 162.

tar, em evidente oposição ao livre desenvolvimento moral e intelectual do indivíduo[190].

O paternalismo tem por justificativa o benefício de se interferir no âmbito de terceiro para seu próprio bem, com o risco de, no plano político, cair-se no despotismo. Tal ocorre quando a imposição da ação correta fundamenta-se presunção absoluta de ser o cidadão um ser frágil a ser devidamente orientado. Esta imprescindibilidade de indicar a ação correta aos cidadãos infantilizados, quando se transforma na base de uma ação política, tem, como assinala BERLIN, por consequência, a instalação do despotismo.

O paternalismo[191], denominado por JOEL FEINBERG de benevolent paternalism, consiste em tratar os adultos como se criança fossem, "forçando-os a agir de certas maneiras para seu próprio bem não importando seus próprios desejos na matéria[192]". O exemplo dado por FEINBERG de paternalismo benevolente seria imposição de estilo de vida prudente, pela determinação, por via do Direito Penal, para que todos se abstivessem de fumar ou de comer frituras, ou fossem obrigados a praticar exercícios[193].

---

190 MILL, Stuart. *Op. Cit.*, p. 169 e 178. STUART MILL lembra que para muitos qualquer conduta que lhe desagrade constitui uma afronta a seus sentimentos, um ultraje.

191 O paternalismo, como interferência no âmbito de liberdade de outra pessoa visando ao bem-estar e felicidade da mesma, pode ser classificado com puro, quando se referem a ações que não extrapolam o campo da pessoa coagida pela determinação paternalista. No paternalismo puro, segundo GERALD DWORKIN, o tipo de pessoas cuja liberdade se restringe é idêntica à classe de pessoas cujo benefício se intenta promover mediante tais restrições. No paternalismo impuro pretende-se proteger o bem-estar de uma classe de pessoas mediante o único caminho de impor restrição de liberdade de outras pessoas. O paternalismo, ressalta DWORKIN, "sempre implicará nas limitações à liberdade de alguns em seu próprio interesse, porém, também pode estender-se a interferências na liberdade de outras pessoas cujos interesses não estão envolvidos". (DWORKIN, Gerald. El paternalismo. In: BETEGÓN CARRILLO, Jerônimo, PÁRAMO ARGÜELLES, Juan Ramón (coord.) *Derecho y moral*: ensayos analíticos. Barcelona: Ariel, 1.990, p. 150). Para FEINBERG, o paternalismo pode ser classificado como ***presumivelmente censurável,*** consistente em tratar adultos com crianças, que se subdivide em ***benevolente,*** **quando interfere para o próprio bem da pessoa coagida; e não benevolente, quando interfere para o bem de outras pessoas, professores, gerentes de empresas.** O paternalismo pode ser **presumivelmente não censurável** quando interfere para defender pessoas vulneráveis, impotentes, desamparadas (FEINBERG, Joel. *Harm to self*. Oxford: Oxford University Press, 1.986, v.3, p. 5).

192 FEINBERG, Joel. *Op. Cit.*, p. 5 e 22, citando aqui tradução de Heloisa Estellita.

193 FEINBERG, Joel, *Op. Cit.*, p. 22, relata que alguns entendem justificável por meio de repressão dessa natureza reduzir danos, pois haveria um grande ganho social, enquanto outros consideram os novos crimes ofensivos ao senso comum.

Por sua vez, GERALD DWORKIN considera paternalismo o uso da coerção para alcançar um bem não reconhecido com tal pelas pessoas, mas que se pretende promover a todos mesmo à força, mediante a ameaça de um mal maior[194].

O paternalismo para GERALD DWORKIN[195] pressupõe que os fins dos seres racionais ajustam-se segundo um padrão universal, que uns veem melhor que outros. Os homens devem se submeter a leis racionais de suas naturezas, quando então serão livres, não havendo coação em ser obrigado a fazer o que se indica com clareza ser o melhor, por virtude de uma percepção esclarecida.

Mesmo FEINBERG, contestador do paternalismo, para quem há de se reconhecer o direito de autodeterminação das pessoas, subordina este, contudo, ao bem da pessoa, em casos raros nos quais a autodeterminação e o benefício podem não coincidir. Nesta hipótese, o bem da pessoa deve ter prioridade sobre a autodeterminação, como no caso extremo de alguém submeter-se à escravidão ou a viver na rua em estado de penúria.

Assim, de certa forma, FEINBERG, com subterfúgios, termina por admitir o paternalismo, sem o admitir, aderindo a uma justificativa que denomina de "não paternalista", mas que a meu ver não passa de um disfarce[196], em hipóteses nas quais deve prevalecer o fim de promover o bem da pessoa, definido racionalmente, acima de sua autodeterminação.

A relação médico/paciente mencionada no exame acima da Ortotanásia, modifica totalmente a admissão do reconhecimento da autonomia, que constitui um dos pilares da Bioética construída a partir dos anos 70 do século passado.

A autonomia, sob o viés da Bioética, vem a ser a capacidade de ter e impor decisões fruto do entendimento e da liberdade acima de naturais coerções externas, de forma a se poder considera-las, como diz LETÍCIA LUDWIG MÖLLER, **substancialmente autônomas**[197], pois a ação integralmente isenta de influências inexiste.

SEGUNDA PARTE

---

194 DWORKIN, Gerald. *Op. Cit.*, p. 151.

195 DWORKIN, Gerald. *Op. Cit.*, p. 161, afirma que no trabalho sugeriu uma série de situações em que parece plausível que pessoas racionais concordariam em ceder aos poderes legislativos da sociedade impor restrições a condutas que afetam exclusivamente a própria pessoa, desde que se comprovem a natureza exata dos efeitos danosos que devem ser evitados.

196 FEINBERG, Joel. *Op. Cit.*, p. 57 e ss.

197 MÖLLER, Letícia Ludwig, *Direito à morte com dignidade e autonomia,* Curitiba, Juruá. 2.008, p. 90.

O direito de ter opiniões, de fazer escolhas e de agir com base em valores e crenças, destacado por LETÍCIA LUDWIG MÖLLER, deve ser garantido, respeitado, para que a liberdade de decidir seja efetiva, transpondo-se o limiar da intimidade ao se transformar em ação.

A decisão de realizar o suicídio, desde que fundada em uma decisão pensada, fruto de seu repetido entendimento, livre de qualquer tipo de coerção ou interesse alheio, deve ser respeitada como questão própria da profunda intimidade da pessoa, decisão íntima, que diz respeito a questão absolutamente exclusiva, mesmo que naturalmente venha a afetar o sentimento de perda por parte de terceiros.

Diante dessas premissas, modifica-se a compreensão do significado valorativo do auxílio ao suicídio a se realizar conforme requisitos que assegurem, em circunstâncias anormais de elevado sofrimento, a autonomia do doente para em decisão pensada e reiterada vir a morrer serenamente, devidamente assistido, com os que ama ao seu lado.

Como realça NÚÑEZ PAZ, desde o último quartel do século passado, o "indivíduo não apenas tem o direito à vida, mas também o de dispor dela, o que se permite hoje especialmente na Suíça e na Holanda, cujas legislações e práticas merecem ser adiante examinadas.

O Código Penal da Suíça estatui:

> **Art. 114**
> *Meurtre sur la demande de la victime. Celui qui, cédant à un mobile honorable, notamment à la pitié, aura donné la mort à une personne sur la demande sérieuse et instante de celle-ci sera puni d'une peine privative de liberté de trois ans au plus ou d'une peine pécuniaire2.*
>
> **Art. 115**
> *Incitation et assistance au suicide. Celui qui, poussé par un mobile égoïste, aura incité une personne au suicide, ou lui aura prêté assistance en vue du suicide, sera, si le suicide a été consommé ou tenté, puni d'une peine privative de liberté de cinq ans au plus ou d'une peine pécuniaire*[198]*.*

198 Tradução livre: Art. 114: morte a pedido da vítima. Aquele que, cedendo a um móvel honorável, especialmente a piedade, matou uma pessoa por pedido sério e reiterado desta será punido com pena privativa de liberdade no máximo de três anos ou com pena de multa. Art. 115: Incitação ou assistência ao suicídio. Aquele que levado por um móvel egoísta incitou uma pessoa ao suicídio ou lhe prestou assistência em vista do suicídio, será, se o suicídio se consumou ou tentado, punido com pena privativa de liberdade de cinco anos no máximo ou com pena de multa.

A legislação dos cantões também regula a matéria como pode-se verificar de recente lei do Cantão de Neuchâtel, modificadora da lei de Saúde de 1.995. O art. 35ª estabelece que qualquer pessoa com discernimento tem direito de escolher a modalidade e o momento de sua morte.

Dispõe, também, que as instituições de utilidade pública devem respeitar a escolha de um paciente de se beneficiar de assistência ao suicídio no seu seio, desde que atendidos os seguintes requisitos: (i) a pessoa sofre de doença ou de sequelas de acidente graves e incuráveis; (ii) todas as medidas terapêuticas cabíveis, em especial as de cunho paliativo, foram apresentadas ao paciente que tomou posição a respeito; (iii) a pessoa não tem mais domicílio.

As instituições não reconhecidas de caráter público devem informar os pacientes a respeito de sua política interna em matéria de assistência ao suicídio.

No Cantão de Vaud, baixou-se diretiva em janeiro de 2.013 acerca da Assistência ao Suicídio a ser prestada por estabelecimentos de reconhecido interesse público. Fixa-se, então, que: (i) o pedido de assistência ao suicídio deve ser formulado por escrito pelo paciente à direção do estabelecimento; (ii) a direção do estabelecimento envia o pedido ao médico responsável; (iii) o médico responsável, de acordo com o médico que particular do paciente e com os seus próximos, deve verificar se o paciente é capaz de discernimento, sofre de uma doença grave incurável e persiste na vontade de suicidar; (iv) o médico responsável pode solicitar o conselho de outro médico, ou se desconfia de perturbações psíquicas deve solicitar o conselho de um psiquiatra.

O médico responsável deve motivar por escrito sua determinação, e estabelecer se as condições estão preenchidas. Uma Comissão do Departamento de Saúde deve acompanhar as medidas de assistência ao suicídio.

Na Suíça, há duas instituições que se dedicam a realizar, sob rígidas condições, o suicídio assistido, a *Exit* e a *Dignitas*[199]. Em ambas as instituições, por seus regulamentos, percebe-se o extremo cuidado na concessão do pedido de suicídio assistido.

Em síntese, exige-se que haja um pedido manuscrito, com declaração expressa da vontade de se submeter a suicídio, tendo em vista o sofrimento intolerável decorrente de doença incurável, de invalidez importante ou de múltiplas patologias ligadas à idade avançada, avaliado por médicos. O essencial está em se verificar convictamente ser o pedido para o suicídio uma decisão voluntária e pensada.

199 Esclarecimentos sobre a organização e funcionamento destas instituições podem ser colhidas nos sites: www.dignitas.ch/index e www.exit-geneve.ch

A *Dignitas*, por exemplo, busca submeter o pretendente ao suicídio a tratamentos paliativos, de vez que, em geral, os médicos não conhecem recursos neste sentido que poderão amenizar o sofrimento, levando à desnecessidade de adoção do suicídio. Outras vezes, sugere a instituição que se adote a Ortotanásia, com cessação de medidas artificiais que estendem o processo de morte.

O médico da instituição responsável pela assistência ao suicídio e o paciente devem chegar em conjunto à conclusão de não haver alternativa outra que não o suicídio. Recentemente, estabeleceu-se ser necessária a anuência de dois médicos.

Assim, a diretriz que preside a atuação de ambas as entidades é a de viabilizar o suicídio assistido por um médico, a fim de não prolongar a agonia e o sofrimento para permitir morrer dignamente e serenamente.

Na Holanda[200], após decisões jurisprudenciais, acabou-se por adotar na legislação a eutanásia e o suicídio assistido, com a edição da Lei Funeral de 1.993 e, em abril de 2.002, da Lei da Cessação da Vida por Solicitação e Suicídio Assistido.

Primeiramente, cabe registrar ter sido modificado o Código Penal em seus artigos 293 e 294. No art. 293, I, criminaliza-se a conduta de fazer cessar a vida a pedido expresso e determinado da vítima. No inciso seguinte, excepciona-se o ato do médico que atenda aos requisitos exigidos pela Lei de Cessação de Vida e Pedido de Suicídio.

No art. 294, I, considera-se crime incitar outrem a cometer suicídio, enquanto no inciso II prevê-se a conduta de assistir ou fornecer recursos para que alguém venha a cometer suicídio. Com relação a esta conduta, exclui-se a ilicitude no caso disposto no parágrafo segundo do artigo anterior, ou seja, com relação ao médico que respeita o fixado na Lei de Cessação da Vida e Suicídio Assistido.

São requisitos para se determinar a eutanásia ou o suicídio assistido: (i) que o médico esteja convencido de que houve uma solicitação vo-

---

200 Sobre a evolução no sentido de legitimação do suicídio assistido e da eutanásia na Holanda, vide, em especial, ALBUQUERQUE, Roberto Chacon de. Lei relativa ao Término da Vida sob Solicitação e Suicídio Assistido e a Constituição holandesa. In: *Revista da Faculdade de Direito da Universidade de São Paulo*, V. 103, p. 357 – 378 jan./dez. 2008; GOLDIM, José Roberto, *Eutanásia – Holanda,* no site https://www.ufrgs.br/bioetica/eutanhol.htm. Sobre a legislação em diversos países relativamente ao auxílio a suicídio, veja-se: PINTO, José Manuel e CUNHA, Teresa Montalvão da Cunha. Eutanásia e Suicídio Assistido – legislação comparada. Divisão de Informação Legislativa e Parlamentar – DILP, *Coleção Temas n. 60*, Lisboa, abr. 2.016.

luntária e bem pensada do paciente; (ii) que o médico esteja convencido de que o paciente sofre de dores insuportáveis e doença incurável, sem perspectiva; (iii) o paciente deve ser esclarecido sobre sua situação e perspectivas; (iv) deve haver convencimento conjunto (médico/paciente) da inexistência de outra solução razoável para a situação; (v) deve-se consultar ao menos um outro médico independente que tenha visto o paciente e escrito um parecer sobre as exigências de cuidado; (vi) deve se executar o término da vida ou suicídio assistido cuidadosamente sob o ponto de vista médico.

Por fim, a execução da morte não-natural deve ser comunicada de maneira motivada ao Instituto Médico Legal, submetido todo o procedimento a uma Comissão verificadora do cumprimento de todas as exigências.

Em ambos os países, constata-se que a assistência ao suicídio reconhecida como lícita é a realizada por médico, atendidas condições de consentimento e solicitação conscientes e livres por parte do portador de doença ou invalidez incuráveis, com sofrimento de dores insuperáveis, sendo o término da via a única via possível para a situação.

O Código Penal da Suíça apenas refere que o motivo para a assistência ao suicídio não seja egoístico, isto é, que seja altruístico, mas a legislação dos cantões e as diretrizes das entidades que se dedicam a promover o suicídio assistido deixam claras as exigências acima mencionadas.

Nos Estados Unidos, no Estado de Oregon, editou-se a Lei de Morte com Dignidade, com respectivo guia de sua aplicação, realizando-se o suicídio assistido por via de médicos particulares, médicos da família, médicos oncologistas e médicos de hospitais, admitida essa assistência a adultos em estado terminal que consentem em se submeter ao suicídio mediante pedido verbal por duas vezes e por um pedido por escrito, assinado por testemunha. Evita-se a admissão do suicídio assistido a pessoa com processo depressivo, sendo necessária a constatação do estado terminal por dois médicos.

Como se acentua, em todos os casos é o próprio paciente que auto-administra por via oral a medicação letal[201].

Cabe, todavia, indagar qual a diferença relevante entre o suicídio assistido e a eutanásia. Esta pergunta procede não apenas por se enquadrar cada hipótese em um tipo penal, como em face da legislação acima referi-



201 Sobre a prática e a legislação do suicídio assistido no Estado do Oregón, nos EUA, vide: REY MARTÍNEZ, Fernando, El debate de la euthanasia y el suicidio asistido en perspectiva comparada, In: *Aspectos medicos y jurídicos del dolor la enfermedad terminal y la euthanasia,* GÓMEZ TOMILLO, Manuel e outros (orgs.), Madrid: Union Editorial, 2.008, p. 130 e seguintes.

da, pois, enquanto na Holanda justifica-se tanto o suicídio assistido como a eutanásia praticados por médicos, na Suíça, admite-se a licitude apenas do suicídio assistido e não da eutanásia.

No suicídio, deixa-se o último ato por conta do paciente, sendo tão próximas as condutas que se transforma, comumente na Holanda, o suicídio assistido em eutanásia, por dificuldade de atuação do suicida a exigir a participação efetiva do médico assistente. GOLDIM refere que muitas "solicitações de suicídio assistido acabaram tornando-se eutanásia pela necessidade de o médico intervir diretamente na administração da droga em dose letal devido à inabilidade dos pacientes em executar o procedimento[202]".

Esta possibilidade de no meio do procedimento de suicídio assistido haver conversão em eutanásia, em vista da precisão de interferência direta do médico não poderia, tal como sucede na Holanda, ocorrer na Suíça, onde se permite o suicídio assistido, mas não a eutanásia[203].

SABORIT considera que apesar de a morte ser causada por um terceiro, haverá suicídio assistido se quem vai morrer está em condições de interromper em qualquer momento a atuação daquele que auxilia[204]. Se o último e eficiente ato pertence ao suicida, não haverá homicídio, eutanásia, mas suicídio assistido. Em suma, ocorreria uma coautoria, suicida e auxiliador na consecução da morte. Mas, é mais complicada a situação caso o suicida não possua capacidade de controle no momento exato da execução da morte.

O exemplo dado por AUGUSTO SILVA DIAS indica toda a dificuldade da questão[205]. Diz ele: se Abel pretende se suicidar, sobe em um banco e pede a Bento que lhe coloque corda com laço no pescoço, mas realizando ele mesmo, Abel, o afastamento do banco o ato final de execução da morte é do suicida. No entanto, se o empurrão no banco vier a ser dado por Bento haverá um homicídio a pedido, pois o domínio do ato executivo final é do auxiliador e não do candidato à morte.

Como acentua NÚÑEZ PAZ, a eutanásia não deixa de ser uma forma de suicídio, que se vale do auxílio de terceiro ao qual se outorga não apenas a

---

202 GOLDIM, José Roberto. *Op. Cit.*

203 Sobre este controvertida situação, vide: REY MARTÍNEZ, Fernando, *Op. Cit.*, p. 117 e segs.

204 SABORIT, David Felip I. In: SILVA SANCHEZ, Jesús-Maria (dir.). *Lecciones de Derecho Penal – parte especial.* Barcelona: Atelier, 2.011, p. 47.

205 DIAS, Augusto Silva. *Crimes contra a vida e a integridade física,* 2ª edição. Lisboa: AAFDL, 2.007, p. 74.

assistência no preparo, na concessão dos meios para a consecução da morte desejada, mas a ação final de efetivação da morte.

Seria mesmo fundamental este último ato? Definiria exclusivamente este último ato a real vontade do paciente, do candidato ao suicídio? O ato desencadeador do processo de morte, sem dúvida, se acionado pela própria pessoa, revela acima de qualquer dúvida a sua vontade. Mas, esta também pode defluir de outros comportamentos anteriores de sua parte, em especial manifestações por escrito, declarações com testemunhas, constatação por dois ou mais médicos, inclusive com assistência de psiquiatra.

Assim, mostra-se desnecessário seja o último ato do solicitante do processo de morte, cuja obra final não precisa ser materialmente sua, bastando que decorra de solicitação firme e reiterada, constatada como pensada e livre, mas sua consecução decorre de médico obediente aos requisitos como os exigidos no direito holandês e suíço.

Destarte, o suicídio assistido deve ser considerado legítimo, fixando-se em lei as exigências a serem cumpridas, a começar pela necessidade absoluta de ser praticado por médico, com parecer confirmador de outro facultativo, admitindo-se igualmente a eutanásia como uma forma de suicídio assistido, com igual rigor na colheita da verdadeira expressão de vontade do paciente.

Na hipótese de se realizar, seja o suicídio assistido, como a eutanásia ativa, fora do modelo permissivo, deve-se considerar como crime de homicídio privilegiado em ambas as hipóteses.

No capítulo referente à eutanásia disse e agora repito: entendo que a Eutanásia Ativa há de ser qualificada como uma forma de homicídio privilegiado. Quanto ao suicídio assistido, no entanto, cumpre criar—se, a exemplo do admitido no direito holandês, o modelo permissivo, sendo a ortotanásia e o suicídio assistido justificados se realizados por médicos, cumpridos requisitos rígidos de colheita fidedigna da vontade do paciente, em circunstância extrema de dor insuportável em estado terminal, sendo ineficazes os cuidados paliativos e iminente a morte.

A eutanásia passiva consiste na interrupção da vida vegetativa, sem a mínima possibilidade de sair o paciente deste estado e sem visualizar-se morte próxima, devendo-se reconhecer a legitimidade da interrupção da continuidade da vida artificial, caso seja esta a vontade do doente e dos seus familiares. A meu ver, o que distingue a ortotanásia da eutanásia passiva é que nesta não se apresenta a morte como destino próximo irreversível, sendo a vida mantida por aparelhos e irreversível o estado vegetativo do paciente.

Desse modo, em todos os três casos, ortotanásia, eutanásia passiva e suicídio assistido, dá-se prevalência à autonomia, à autodeterminação do paciente.

## ABORTO E ABORTO DE ANENCEFÁLICO

**ABORTO PROVOCADO PELA GESTANTE OU COM SEU CONSENTIMENTO**

**Art. 124.** Provocar aborto em si mesma ou consentir que outrem lho provoque:
*Pena – detenção, de um a três anos.*

**ABORTO PROVOCADO POR TERCEIRO**

***Art. 125.*** *Provocar aborto, sem o consentimento da gestante:*
*Pena – reclusão, de três a dez anos.*

***Art. 126.*** *Provocar aborto com o consentimento da gestante:*
*Pena – reclusão, de um a quatro anos.*
*Parágrafo único. Aplica-se a pena do artigo anterior, se a gestante não é maior de quatorze anos, ou é alienada ou debil mental, ou se o consentimento é obtido mediante fraude, grave ameaça ou violência.*

**FORMA QUALIFICADA**

***Art. 127.*** *As penas cominadas nos dois artigos anteriores são aumentadas de um terço, se, em conseqüência do aborto ou dos meios empregados para provocá-lo, a gestante sofre lesão corporal de natureza grave; e são duplicadas, se, por qualquer dessas causas, lhe sobrevém a morte.*

***Art. 128.*** *Não se pune o aborto praticado por médico:*

**ABORTO NECESSÁRIO**

*I – se não há outro meio de salvar a vida da gestante;*

**ABORTO NO CASO DE GRAVIDEZ RESULTANTE DE ESTUPRO**

*II – se a gravidez resulta de estupro e o aborto é precedido de consentimento da gestante ou, quando incapaz, de seu representante legal.*

**BIBLIOGRAFIA**: BECHARA, Ana Elisa Liberatore S. *Manipulação genética humana e direito penal*. Porto Alegre: Zouk, 2007; BITENCOURT, Cezar Roberto. *Tratado de direito penal*. São Paulo: Saraiva, 2016, v. 2; BRANDÃO, Cláudio. O aborto no contexto da ciência penal. *Revista Justiça e Ciência Criminal*, v. 5, n. 9, jul./dez.2013, pp. 119-130; BUSATO, Paulo César. *Direito penal*: parte especial. São Paulo: Atlas, 2014, v. 1; CUELLO

CALÓN, Eugenio. *Cuestiones penales relativas al aborto*. Barcelona: Bosch, 1951; FILIPPO, Thiago Baldani Gomes De. Aborto Estados Unidos e Brasil: um estudo comparado. São Paulo: IPAM, 2015; FRANÇA, Genival Veloso de. *Medicina legal*. Rio de Janeiro: GEN, 2015; GALEOTTI, Giulia. *História do aborto*. Lisboa: 70, 2003; GANATRA, B.; GERDTS, C.; ROSSIER, C.; JOHNSON, B.R.; TUNCALP, O.; ASSIFI, A., SEDGH, G.; SINGH, S.; BANKOLE, A.; POPINCHALK, A. BEARAK, J.; KANG, Z; ALKEMA, L. *Global, regional, and subregional classification of abortions by safety, 2010–14*: estimates from a Bayesian hierarchical model. (2017) *The Lancet*, 390 (10110), pp. 2372-2381; GARCÍA CAVERO, Percy. Caso de la depresión reactiva. *In*: SÁNCHEZ-OSTIZ GUTIÉRREZ, Pablo. *Casos que hicieron doctrina en derecho penal*. Madrid: La Ley, 2011, pp. 129-142; HENSHAW, Stanley K.; SINGH, Susheela; HASS, Taylor. *The incidence of abortion worldwide*: international family planning perspectives, vol. 25, 1999; HUNGRIA, Nélson. *Comentários ao Código Penal* – v. V. 4ª edição. Rio de Janeiro: Forense, 1958; LIMA, Carolina Alves de Souza. *Aborto e anencefalia*: direitos fundamentais em colisão. Curitiba: Juruá, 2009; PAPALEO, Celso Cezar. *Aborto e contracepção* (atualidade e complexidade da questão). Rio de Janeiro: Renovar, 2000; REALE JÚNIOR, Miguel (Coord.). *Direito penal*: jurisprudência em debate. São Paulo: Saraiva, 2016; TRIBE, Laurence H. *El aborto*: guerra de absolutos. Trad. Dubravka Suznjevic. México, FCE, INACIP, 2012; VIVES ANTÓN, Tomás S.; CUERDA ARNAU, María Luisa. *El debate acerca de la legalización del aborto*. Valencia: Tirant lo Blanch, 2012.



## COMENTÁRIO

O tema do tratamento penal do aborto reveste-se de controvérsias há tempos, fundamentalmente por conta do pano de fundo que antepõe ideários religiosos[206] com concepções emancipatórias de grupos sociais, notadamente feministas, consoante sinaliza de modo preciso Cláudio Brandão[207]. Noutras palavras, a polêmica é ínsita ao assunto, como as próprias palavras

206 A reprovação social do aborto consolidou-se com o cristianismo, sendo prática disseminada anteriormente, cf. HUNGRIA, Nélson. *Comentários ao Código Penal* – v. V. 4ª edição. Rio de Janeiro: Forense, 1958, p. 264.

207 BRANDÃO, Cláudio. O aborto no contexto da ciência penal. *Revista Justiça e Ciência Criminal*, v. 5, n. 9, jul./dez.2013, p. 120. Analisando especificamente esse confronto ideológico, na doutrina espanhola, cf. VIVES ANTÓN, Tomás S.; CUERDA ARNAU, María Luisa. *El debate acerca de la legalización del aborto*. Valencia: Tirant lo Blanch, 2012, p. 13 e ss.

de Hungria[208] – refratário de uma visão permissiva – denotavam, ao procurar rebater os argumentos contrários.

Tal observação, no entanto, estaria restrita ao campo das ideias doutrinárias que debatem a ponderação entre o direito à vida do produto da concepção em contraponto com a autonomia da vontade feminina, ou de discussões parlamentares com escopo de alterações legais – o que existe, inclusive, com intensidade nos últimos anos -, não fosse o fato de que, nesse ínterim, novas problemáticas foram postas ao Poder Judiciário brasileiro, que impôs, dessa maneira, novos delineamentos ao tema, apesar de legislativamente, a configuração dos artigos 124 a 128 do Código Penal permanecer tal qual produzida na década de 1940.

Essa última constatação, aliás, enseja a verificação de que a legislação brasileira não acompanhou a tendência do hemisfério norte no mesmo período, no sentido de um tratamento mais permissivo da matéria[209]. Há que se observar que, ao longo da segunda metade do século passado, as legislações dos países desenvolvidos foram se aplainando acerca da temática.

Não mais se aplica, então, a observação de Hungria no sentido de constatar-se a generalização da incriminação *"seja qual for a fase da gestação"*[210], o que hoje apenas representa um recorte histórico de meados da década de 50 da centúria passada[211]. Protagonismo de movimentos feministas, avanço das ciências e mudanças de costumes se deram de modo relevante a seguir, alterando-se a história do tratamento legal do aborto[212]. Ademais, novas problemáticas surgiram.

Diante disso, atualmente, muitos países, inclusive de maioria cristã, admitem o aborto sem maiores restrições, desde que, em geral, perpetra

208 HUNGRIA, Nélson. *Comentários ao...*, cit., p. 268 e ss.

209 E que vem se expandindo, cf. PAPALEO, Celso Cezar. *Aborto e contracepção* (atualidade e complexidade da questão). Rio de Janeiro: Renovar, 2000, p.48.

210 HUNGRIA, Nélson. *Comentários ao...*, cit., p. 266.

211 Era o que também se aferia na doutrina europeia do período, cf. CUELLO CALÓN, Eugenio. *Cuestiones penales relativas al aborto*. Barcelona: Bosch, 1951, p. 127.

212 Sobre essa trajetória, desde a Antiguidade até a recente prevalência do valor autonomia feminina sobre aquele preponderantemente anterior, qual seja, da vida do produto da concepção como privilegiado, cf. GALEOTTI, Giulia. *História do aborto*. Lisboa: 70, 2003, *passim*.

dos até a 10ª ou 12ª semana de gestação, como são os casos de Portugal[213],

213 O artigo 142 do Código Penal português foi modificado pela Lei nº 16/2007, de 17 de abril, tornando lícita a possibilidade de aborto por opção da mulher até a 10ª semana de gestação. Atualmente, o dispositivo possui a seguinte redação: "*Artigo 142.º – Interrupção da gravidez não punível. 1 – Não é punível a interrupção da gravidez efectuada por médico, ou sob a sua direcção, em estabelecimento de saúde oficial ou oficialmente reconhecido e com o consentimento da mulher grávida, quando: a) Constituir o único meio de remover perigo de morte ou de grave e irreversível lesão para o corpo ou para a saúde física ou psíquica da mulher grávida; b) Se mostrar indicada para evitar perigo de morte ou de grave e duradoura lesão para o corpo ou para a saúde física ou psíquica da mulher grávida e for realizada nas primeiras 12 semanas de gravidez; c) Houver seguros motivos para prever que o nascituro virá a sofrer, de forma incurável, de grave doença ou malformação congénita, e for realizada nas primeiras 24 semanas de gravidez, excepcionando-se as situações de fetos inviáveis, caso em que a interrupção poderá ser praticada a todo o tempo; d) A gravidez tenha resultado de crime contra a liberdade e autodeterminação sexual e a interrupção for realizada nas primeiras 16 semanas; e) For realizada, por opção da mulher, nas primeiras 10 semanas de gravidez. 2 – A verificação das circunstâncias que tornam não punível a interrupção da gravidez é certificada em atestado médico, escrito e assinado antes da intervenção por médico diferente daquele por quem, ou sob cuja direcção, a interrupção é realizada, sem prejuízo do disposto no número seguinte. 3 – Na situação prevista na alínea e) do n.º 1, a certificação referida no número anterior circunscreve-se à comprovação de que a gravidez não excede as 10 semanas. 4 – O consentimento é prestado: a) Nos casos referidos nas alíneas a) a d) do n.º 1, em documento assinado pela mulher grávida ou a seu rogo e, sempre que possível, com a antecedência mínima de três dias relativamente à data da intervenção; b) No caso referido na alínea e) do n.º 1, em documento assinado pela mulher grávida ou a seu rogo, o qual deve ser entregue no estabelecimento de saúde até ao momento da intervenção e sempre após um período de reflexão não inferior a três dias a contar da data da realização da primeira consulta destinada a facultar à mulher grávida o acesso à informação relevante para a formação da sua decisão livre, consciente e responsável. 5 – No caso de a mulher grávida ser menor de 16 anos ou psiquicamente incapaz, respectiva e sucessivamente, conforme os casos, o consentimento é prestado pelo representante legal, por ascendente ou descendente ou, na sua falta, por quaisquer parentes da linha colateral. 6 – Se não for possível obter o consentimento nos termos dos números anteriores e a efectivação da interrupção da gravidez se revestir de urgência, o médico decide em consciência face à situação, socorrendo-se, sempre que possível, do parecer de outro ou outros médicos. 7 – Para efeitos do disposto no presente artigo, o número de semanas de gravidez é comprovado ecograficamente ou por outro meio adequado de acordo com as leges artis*".

Itália[214], Espanha[215], França[216], Alemanha[217], Áustria[218], Dinamarca[219], Suíça[220], Inglaterra[221], Holanda[222], Bélgica[223], Estados Unidos da América[224], Austrália[225], *etc.*

---

214 A Lei nº 194, de 22 de maio de 1978, estabeleceu que a mulher pode interromper voluntariamente sua gravidez nos primeiros 90 dias de gestação e, em se tratando de hipótese terapêutica, até o segundo trimestre.

215 O aborto legal em Espanha foi regulado de forma permissiva em 1985. Atualmente, o tema é regido pela Lei Orgânica nº 2/2010, que versa sobre a saúde sexual e reprodutiva e a interrupção voluntária da gravidez. Houve uma alteração dessa última em setembro de 2015, com respeito às menores de idade. Desse modo, a prática é permitida por vontade autônoma da gestante até a 14ª semana de gestação, ou, ainda, até a 22ª, desde que a gravidez possa comprometer a vida ou a saúde dela ou se constatada malformação no feto, certificada por dois médicos. Após esse período, o aborto ainda é possível, desde que verificada anomalia fetal que signifique risco à vida ou quando o feto sofrer de doença grave e incurável. A reforma da lei do aborto que ocorreu em setembro de 2015, e que foi realizada pelo governo do Partido Popular, mudou a situação das menores grávidas que desejem abortar. A partir de então, as menores de 18 anos precisam do consentimento de seus pais ou representantes legais para tanto.

216 Em França, desde meados dos anos 1970, o aborto é permitido até 12ª semana de gestação a pedido da mulher, caso não possua condições para a maternidade, por razões sociais ou econômicas, desde que se submeta a um aconselhamento. Após esse período, a prática ainda é possível, desde que dois médicos constatem risco para a saúde da mulher ou malformação fetal.

217 O § 218ª do Código Penal admite o aborto perpetrado até a 12ª semana por solicitação da gestante.

218 Desde 1975 o aborto é permitido no país até a 12ª semana de gestação por vontade da mulher grávida.

219 O aborto é permitido até as doze semanas a pedido da gestante.

220 A prática é permitida no país por vontade da gestante até a 12ª semana de gravidez.

221 Desde 1967, o aborto é permitido no país até a 24ª semana e gestação por razões sociais, médicas ou econômicas. Após, somente nos casos de risco para a vida ou saúde da gestante, ou de malformação do feto.

222 Em regra, o aborto é lícito até a 13ª semana de gravidez, a pedido da mulher.

223 Permite-se a prática até as doze semanas quando a gravidez colocar em risco a gestante, por razões sociais ou econômicas. Após esse período, ainda é possível na hipótese de sério risco para a saúde da mulher.

224 Muito embora os Estados possuam liberdade para legislar sobre a matéria, no país a Suprema Corte firmou entendimento no sentido de preponderar a liberdade de escolha da gestante, como decorrência do direito à privacidade, nos primeiros meses de gestação. Sobre o tema, cf. FILIPPO, Thiago Baldani Gomes De. Aborto Estados Unidos e Brasil: um estudo comparado. São Paulo: IPAM, 2015, *passim*.

225 Na Austrália, a regulação depende do Estado, sendo, todavia, em geral bastante permissiva. Em South Australia, é possível sua prática até a 28ª semana de gestação.

Atualmente, forçoso notar, estudos[226] demonstram que as taxas de aborto não são mais baixas em países onde o aborto é amplamente criminalizado em comparação com aqueles onde o aborto é legalmente permitido. Na Europa Ocidental[227], que revela leis mais permissivas quanto à temática, a taxa é baixa. Entre os países onde o aborto é legal sem restrições quanto ao motivo, as taxas de aborto mais baixas são aferidas em países como Bélgica e Holanda[228].

Nos dias que correm, em nosso entorno sociocultural, o assunto mostra-se disciplinado de modo mais recrudescido na América Latina[229], onde o maior exemplo de intolerância legal ocorre na Nicarágua[230], país no qual desde legislação aprovada em 2006 proíbe-se o aborto em qualquer caso, mesmo se houver risco de morte para a mulher grávida. O sistema de previsões permissivas do aborto do país trazia até então apenas essa última possibilidade[231], que se viu deliberadamente revogada após campanha política nesse sentido.

No Brasil, tal qual na quase totalidade dos países latino-americanos – à exceção apenas das legislações mais permissivas de Cuba[232] e do Uruguai[233]



---

226 GANATRA, B.; GERDTS, C.; ROSSIER, C.; JOHNSON, B.R.; TUNCALP, O.; ASSIFI, A., SEDGH, G.; SINGH, S.; BANKOLE, A.; POPINCHALK, A. BEARAK, J.; KANG, Z; ALKEMA, L. *Global, regional, and subregional classification of abortions by safety, 2010–14*: estimates from a Bayesian hierarchical model. (2017) *The Lancet*, 390 (10110), pp. 2372-2381.

227 TRIBE, Laurence H. *El aborto*: guerra de absolutos. Trad. Dubravka Suznjevic. México, FCE, INACIP, 2012, p. 210 e ss.

228 HENSHAW, Stanley K.; SINGH, Susheela; HASS, Taylor. *The incidence of abortion worldwide*: international family planning perspectives, vol. 25, 1999, p. S33 e S36.

229 Na América Latina, apesar da ampla proibição penal, a taxa anual de abortos é quase o quádruplo da verificada na Europa Ocidental, cf. GANATRA, B.; GERDTS, C.; ROSSIER, C.; JOHNSON, B.R.; TUNCALP, O.; ASSIFI, A., SEDGH, G.; SINGH, S.; BANKOLE, A.; POPINCHALK, A. BEARAK, J.; KANG, Z; ALKEMA, L. *Global, regional...*, cit., p. 2376.

230 Em novembro de 2006, o então presidente da República, Enrique Bolaños, na presença de representantes católicos e evangélicos, promulgou a Lei de Revogação do Artigo 165 do Código Penal então em vigência (de 1974), eliminando assim a figura do aborto terapêutico no país, prevista havia mais de cem anos. Isso foi mantido no Código Penal subsequente, trazido com a Lei nº 641/2007, que, ademais, incriminou o aborto culposo, figura inexistente no Brasil.

231 Consoante o artigo 165 do Código Penal de 1974: "*El aborto terapéutico será determinado científicamente, con la intervención de tres facultativos por lo menos, y el consentimiento del cónyuge o pariente más cercano a la mujer, para los fines legales*".

232 Desde 1965 o aborto é permitido no país, desde que praticado até a 10ª semana de gestação.

233 O tema foi disciplinado pela Lei de Interrupção da Gravidez, em dezembro de 2012.

e da citada normativa de intolerância nicaraguense -, a regra é de proibição do aborto, admitindo-se exceções, consoante o sistema de indicações legais. Ou seja, proíbe-se, com ressalvas.

Nesse sentido, a lei pátria somente autoriza a prática abortiva se não houver outro meio de salvar a vida da gestante (o chamado aborto necessário) ou se a gravidez resultar de crime sexual, malgrado a lei refira-se à palavra *"estupro"*. Isto é, aborto sentimental, piedoso, ético ou humanitário. Fora dessas situações, a prática dolosa é vedada tanto para a gestante como para terceiros, com respostas distintas a depender do caso. Outrossim, há previsão de duas causas de aumento de pena no artigo 127 do *Codex*.

A tipificação mostra-se, assim, extensa e complexa[234], sendo, no fundo, um refinamento do já estatuído no Código Criminal do Império (1830) – que apenas se olvidou de insculpir a figura do autoaborto – e, a seguir, do Código Penal Republicano (1890) -, o qual, por sua vez, possuía aberrante diferenciação de pena conforme o produto da concepção fosse ou não expulso do corpo da gestante.

Desta feita, a legislação nacional estabelece três figuras incriminadoras: a do autoaborto (ou consentimento ao aborto), no artigo 124; a do aborto sofrido, no artigo 125 e a do aborto consentido (ou consensual), no artigo 126. Já o referido artigo 127 prevê causas de aumento de pena – erroneamente alcunhadas de *"forma qualificada"* pelo legislador, enquanto o artigo subsequente fixa as hipóteses chamadas de aborto legal, citadas.

Da maneira posta, sem qualquer necessidade de alteração legal, já se vê ser possível um enorme giro no tratamento da questão. Isso porque a essência da temática escora-se na compreensão do momento exato em que se inicia a vida humana para fins de proteção penal. Em outras palavras, sendo um crime contra a vida, fundamental aclarar-se o elemento normativo implícito, verificando-se em que condições pode-se falar de sua configuração.

Das quatro correntes fundamentais[235], a saber, da fecundação, da nidação, dos batimentos cardíacos e dos impulsos cerebrais, como sabido,

---

Dessa maneira, o aborto pode se dar em qualquer circunstância até a 12ª semana de gestação e, em caso de estupro, até a 14ª semana. Nas hipóteses de risco para a mãe ou de má formação do produto da concepção, pode ser realizado em qualquer momento. Interessante notar que Hungria referiu-se à legislação uruguaia em sua obra, denotando o viés restritivo assumido em 1936. Cf. HUNGRIA, Nélson. *Comentários ao...*, cit., p. 267.

---

234 BRANDÃO, Cláudio. O aborto..., cit., p. 121.

235 Sobre o tema, cf. BECHARA, Ana Elisa Liberatore S. *Manipulação genética humana e direito penal*. Porto Alegre: Zouk, 2007, p. 107 e ss.; LIMA, Carolina Alves de Souza. *Aborto e anencefalia*: direitos fundamentais em colisão. Curitiba: Juruá, 2009, p. 57 e ss.

doutrina e jurisprudência consagraram a segunda[236]. Em termos dogmáticos, não deixa de haver na adoção dessa concepção uma incoerência sistemática, vez que a Lei de Transplantes – Lei nº 9.434/1997 – adota o critério da parada dos impulsos cerebrais para fins de caracterização de fim da vida humana.

Se essa última finda com a parada da atividade cerebral, mostrar-se-ia bastante defensável que se considerasse então seu início com a revelação da mesma atividade, o que normalmente se dá por volta da 9ª semana de gestação. Como vida cuida-se de um conceito produto de uma construção cultural, não seria estranha a adoção de tal pensamento, que modificaria completamente o tratamento da questão sem a necessidade de qualquer mudança legislativa.



De qualquer forma, não é esse o trilhar da sinalização de maior tolerância judicial com a questão que tem despontado nos últimos anos, a partir de ações concretas apresentadas ao Supremo Tribunal Federal (STF). Nesse sentido, é o Excelso Pretório o protagonista das mudanças de rumos que se desenham.

Neste sentido, marco da questão deu-se com o chamado caso do aborto de feto anencéfalo. A anencefalia consiste na ausência total ou parcial do encéfalo[237]. Trata-se de uma má-formação congênita letal, inexistindo possibilidade de existência extrauterina por período significativo (a quase totalidade das mortes ocorrem em, no máximo, uma semana)[238]. Entende-se, em termos médicos, que não há vida viável em formação[239].

A problemática de abortos de anencéfalos foi levada ao STF por meio da Ação de Descumprimento de Preceito Fundamental (ADPF) nº 54, de 2012, tendo, após ampla e noticiada coleta de provas, a Corte declarado a constitucionalidade da interrupção da gravidez nestes casos[240].

---

236 Sobre o tema, insta observar que apesar de a Convenção Americana de Direitos Humanos, assinada na Conferência Especializada Interamericana sobre Direitos Humanos, em San José da Costa Rica, em 22 de novembro de 1969, da qual o Brasil é signatário, estatuir em seu artigo 4.1 que *"toda pessoa tem o direito de que se respeite sua vida. Esse direito deve ser protegido pela lei e, em geral, desde o momento da concepção"*, a Corte Interamericana de Direitos Humanos (CIDH) já reconheceu que o direito à vida é gradual e incremental, sendo progressivamente ampliado no decorrer da gravidez.

237 Conforme FRANÇA: *"A anencefalia é uma grave alteração fetal caracterizada por um defeito no fechamento do tubo neural, estrutura que dá origem ao cérebro, cerebelo, bulbo e à medula espinhal"*. FRANÇA, Genival Veloso de. *Medicina legal*. Rio de Janeiro: GEN, 2015, p. 301.

238 LIMA, Carolina Alves de Souza. *Aborto e...*, cit., p. 78.

239 Neste sentido, cf. FRANÇA, Genival Veloso de. *Medicina legal...*, cit., p. 302.

240 Conforme a decisão final: *"O Tribunal, por maioria e nos termos do voto do Relator, julgou procedente a ação para declarar a inconstitucionalidade da interpretação segundo*

Foi consagrada, dessa forma, uma visão mais permissiva quanto à temática.

Entendeu-se, então, sinalizando-se retórica argumentativa com vistas a se evitar maiores polêmicas, não se tratar a hipótese de crime de aborto, mas tão somente de antecipação consentida do parto de vida não viável, fato atípico o qual, ademais, não necessita de autorização judicial[241]. A gestante, advirta-se, tem a livre escolha de realizar a conduta ou não.

Esse pensamento vai ao encontro do que já afirmava Hungria[242], ao analisar a gravidez extrauterina, no sentido de que só há aborto se o produto da concepção é fisiológico, não patológico. Desumano seria obrigar a gestante a levar adiante inutilmente todo o processo de gravidez. Demais disso, embora não tenha sido essa a tônica do *decisium*, consoante parte da doutrina, se a morte é cerebral, conforme a Lei nº 9.434/1997, o feto anencefálico jamais foi vivo[243]-[244].

Posteriormente a esse caso emblemático, a partir de 2015, lamentavelmente, o Brasil revelou um surto do chamado vírus Zika (em inglês, *Zika vírus*, abreviatura, ZIKV), cuja transmissão ocorre por meio da picada de um mosquito infectado do gênero *Aedes*, principalmente o *Aedes aegypti*, em regiões tropicais. O vírus Zika, quando transmitido a mulheres grávidas, pode causar microcefalia e síndrome de Guillain-Barré.

Essa última é patologia que ataca o sistema nervoso, provocando fraqueza muscular. Já na microcefalia, mais grave, constata-se que o cérebro do nascituro não cresce o suficiente durante a gestação, o que provoca comprometimentos físicos e mentais. Assim, o produto da concepção em regra

*a qual a interrupção da gravidez de feto anencéfalo é conduta tipificada nos artigos 124, 126, 128, incisos I e II, todos do Código Penal".*

241 Detalhe, aliás, muito importante em nossa realidade, diante da verdadeira *via crucis* enfrentada por gestantes que se encaixam em uma das hipóteses de aborto legal.

242 HUNGRIA, Nélson. *Comentários ao...*, cit., p. 290.

243 Sobre isso, cf. BITENCOURT, Cezar Roberto. *Tratado de direito penal*. São Paulo: Saraiva, 2016, v. 2, pp. 203-205. Em sentido similar, cf. BUSATO, Paulo César. *Direito penal*: parte especial. São Paulo: Atlas, 2014, v. 1, p. 89. Em sentido oposto, entendendo que anencefálico possui vida porque detém tronco encefálico, cf. LIMA, Carolina Alves de Souza. *Aborto e...*, cit., p. 84 e ss.

244 Compreensão que gera um problema prático essencial no caso de terceiro que interrompe a gestação de anencefálico contra a vontade da grávida, pois não incidiria no caso no crime de aborto do artigo 125 do Código Penal, respondendo por constrangimento ilegal ou lesões corporais. Nesse sentido, cf. REALE JÚNIOR, Miguel (Coord.). *Direito penal*: jurisprudência em debate. São Paulo: Saraiva, 2016, p. 120.

sobreviverá, mas muito provavelmente apresentará problemas motores, de visão e audição, além de comprometimento mental e quadro de epilepsia.

Assim como o caso da anencefalia, a hipótese não se encontra contemplada no sistema de indicações. Os críticos, em geral, dizem tratar-se de situações completamente distintas, aproximando-se a eventual possibilidade de aborto em caso de gravidez de produto da concepção com microcefalia da lógica de eugenia. Outro grave problema que se põe é que a doença em foco somente será detectada com certeza após vinte e quatro semanas de gestação, o que se afasta da lógica de dez ou doze semanas da maioria dos países com legislação mais permissiva a respeito do tema.

Apesar disso tudo, a Organização das Nações Unidas (ONU), por meio de seu Alto Comissariado de Direitos Humanos, manifestou-se favoravelmente ao aborto nessas hipóteses. Ademais, no caso brasileiro, foi intentada ação no STF (Ação Direta de Inconstitucionalidade nº *5581)* com fundamento no reconhecimento do estado de necessidade, direito à saúde e dignidade da mulher que opte por não levar adiante a gravidez *in casu*.

O tema desvela-se, por conseguinte, como complexo, merecendo, caso a caso, apurada análise judicial. De todo modo, essas hipóteses, segundo pensamos, sinalizam a necessidade de superação do modelo de indicações de aborto legal, conforme o ocorrido na Alemanha já nos idos de 1927, com o chamado *"caso da depressão reativa"* (Sentença do *Reichsgericht* de 11 de março de 1927).

Cuidou-se de uma situação concreta[245] em que uma mulher alemã que engravidara de um turista que partiu culminou por desenvolver fortes transtornos nervosos durante a gestação, por esta razão, os quais reverberaram em uma ideia fixa de suicídio. Diante do quadro, seu psiquiatra entrou em contato com seu ginecologista, recomendando o abortamento, em seguida efetivamente realizado. A decisão judicial emblemática do caso reconheceu o estado de necessidade supralegal, que afasta antijuridicidade.

Esse *leading case* germânico demonstrou claramente que não é possível ao legislador prever todas as hipóteses de razoabilidade de autorização do aborto, havendo de se consagrar na jurisprudência o princípio da ponderação de bens. Outra hipótese que se pode imaginar, equivalente ao caso da gravidez resultante de estupro, é o de gravidez incestuosa, também não contemplada no sistema de indicações e normalmente aceita em termos judiciais.

245 Para detalhes do caso, cf. GARCÍA CAVERO, Percy. Caso de la depresión reactiva. *In*: SÁNCHEZ-OSTIZ GUTIÉRREZ, Pablo. *Casos que hicieron doctrina en derecho penal*. Madrid: La Ley, 2011, p. 129 e ss.

Demais disso, o tema suscita o importante debate da autonomia da vontade das mulheres, o que, a despeito de não ser enfrentado no Poder Legislativo, despontou recentemente, uma vez mais, na seara judicial, nos autos de *Habeas Corpus* nº 124.306/RJ, relatado pelo ministro Luís Roberto Barroso. O caso concreto, revelou a seguinte ementa, a qual se colaciona por sua importância:

> DIREITO PROCESSUAL PENAL. *HABEAS CORPUS*. PRISÃO PREVENTIVA. AUSÊNCIA DOS REQUISITOS PARA SUA DECRETAÇÃO. INCONSTITUCIONALIDADE DA INCIDÊNCIA DO TIPO PENAL DO ABORTO NO CASO DE INTERRUPÇÃO VOLUNTÁRIA DA GESTAÇÃO NO PRIMEIRO TRIMESTRE. ORDEM CONCEDIDA DE OFÍCIO.
> 1. O *habeas corpus* não é cabível na hipótese. Todavia, é o caso de concessão da ordem de ofício, para o fim de desconstituir a prisão preventiva, com base em duas ordens de fundamentos.
> 2. Em *primeiro lugar*, não estão presentes os requisitos que legitimam a prisão cautelar, a saber: risco para a ordem pública, a ordem econômica, a instrução criminal ou a aplicação da lei penal (CPP, art. 312). Os acusados são primários e com bons antecedentes, têm trabalho e residência fixa, têm comparecido aos atos de instrução e cumprirão pena em regime aberto, na hipótese de condenação.
> 3. Em *segundo lugar*, é preciso conferir interpretação conforme a Constituição aos próprios arts. 124 a 126 do Código Penal – que tipificam o crime de aborto – para excluir do seu âmbito de incidência a interrupção voluntária da gestação efetivada no primeiro trimestre. A criminalização, nessa hipótese, viola diversos direitos fundamentais da mulher, bem como o princípio da proporcionalidade.
> 4. A criminalização é incompatível com os seguintes direitos fundamentais: *os direitos sexuais e reprodutivos da mulher*, que não pode ser obrigada pelo Estado a manter uma gestação indesejada; a *autonomia* da mulher, que deve conservar o direito de fazer suas escolhas existenciais; a *integridade física e psíquica* da gestante, que é quem sofre, no seu corpo e no seu psiquismo, os efeitos da gravidez; e a *igualdade* da mulher, já que homens não engravidam e, portanto, a equiparação plena de gênero depende de se respeitar a vontade da mulher nessa matéria.
> 5. A tudo isto se acrescenta o impacto da criminalização sobre as mulheres pobres. É que o tratamento como crime, dado pela lei penal brasileira, impede que estas mulheres, que não têm acesso a médicos e clínicas privadas, recorram ao sistema público de saúde para se submeterem aos procedimentos cabíveis. Como

> consequência, multiplicam-se os casos de automutilação, lesões graves e óbitos.
> 6. A tipificação penal viola, também, o princípio da proporcionalidade por motivos que se cumulam: (i) ela constitui medida de duvidosa adequação para proteger o bem jurídico que pretende tutelar (vida do nascituro), por não produzir impacto relevante sobre o número de abortos praticados no país, apenas impedindo que sejam feitos de modo seguro; (ii) é possível que o Estado evite a ocorrência de abortos por meios mais eficazes e menos lesivos do que a criminalização, tais como educação sexual, distribuição de contraceptivos e amparo à mulher que deseja ter o filho, mas se encontra em condições adversas; (iii) a medida é desproporcional em sentido estrito, por gerar custos sociais (problemas de saúde pública e mortes) superiores aos seus benefícios.
> 7. Anote-se, por derradeiro, que praticamente nenhum país democrático e desenvolvido do mundo trata a interrupção da gestação durante o primeiro trimestre como crime, aí incluídos Estados Unidos, Alemanha, Reino Unido, Canadá, França, Itália, Espanha, Portugal, Holanda e Austrália.
> 8. Deferimento da ordem de ofício, para afastar a prisão preventiva dos pacientes, estendendo-se a decisão aos corréus.



Apesar de incidental, o caso concreto, somado àquele do aborto de anencéfalo, pode vir a demarcar uma mudança de compreensão no âmbito da jurisprudência. Inclusive, a esse respeito, atualmente tramita no Excelso Pretório a ADPF nº 442, ajuizada por partido político (PSOL) com o pedido de interpretação conforme dos artigos 124 a 126 do Código Penal de modo a descriminalizar o aborto realizado até a 12ª semana de gestação[246]-[247].

---

246 O pedido aduzido na exordial foi o de "(...) *procedência da presente Ação de Descumprimento de Preceito Fundamental para que, com eficácia geral e efeito vinculante, esta Suprema Corte declare a não recepção parcial dos art. 124 e 126 do Código Penal, para excluir do seu âmbito de incidência a interrupção da gestação induzida e voluntária realizada nas primeiras 12 semanas, por serem incompatíveis com a dignidade da pessoa humana e a cidadania das mulheres e a promoção da não discriminação como princípios fundamentais da República, e por violarem direitos fundamentais das mulheres à vida, à liberdade, à integridade física e psicológica, à igualdade de gênero, à proibição de tortura ou tratamento desumano ou degradante, à saúde e ao planejamento familiar, de modo a garantir às mulheres o direito constitucional de interromper a gestação, de acordo com a autonomia delas, sem necessidade de qualquer forma de permissão específica do Estado, bem como garantir aos profissionais de saúde o direito de realizar o procedimento*".

247 A importante ação contou com solicitação de ingresso na condição de *Amicus Curie* do Núcleo de Prática Jurídica em Direitos Humanos (NPJ-DH), grupo de pesquisa e extensão universitária da Faculdade de Direito da Universidade de São Paulo (USP), em parceria

Apesar desse possível despontamento de inclinação progressista em termos judiciais, a questão mostra-se em tendência oposta em termos de discussões no Poder Legislativo. Isso porque, comumente, despontam projetos de lei no sentido do cerceamento da questão, inclusive de modo a limitar as hipóteses atuais de aborto legal.

Dois exemplos são paradigmáticos a denotar referida postura. Em primeiro lugar, quando da elaboração por comissão de juristas do mais recente anteprojeto de Código Penal, em 2012, previu-se a possibilidade de interrupção lícita da gestação até a 12ª semana. No entanto, no substitutivo ofertado no Senado Federal, logo a seguir, convertido no criticado Projeto de Lei (PLS) nº 236/2012, sem qualquer discussão social, suprimiu-se essa possibilidade.

Mais recentemente, em novembro de 2017, quando da tramitação da Proposta de Emenda Constitucional (PEC) nº 181, na Câmara dos Deputados, que originariamente pretendia tão somente ampliar o direito à licença maternidade, foi incluída alteração da redação do artigo 5º da Constituição, assegurando-se a inviolabilidade do direito à vida *"desde a concepção"*, com claro intuito de se restringir a possibilidade do aborto legal.

O projeto ainda tramita e, segundo notícias da imprensa[248], ao final de 2017, possui escassa possibilidade de aprovação. Contudo, a menção serve para sinalizar a tendência de posicionamento de parcela significativa do Legislativo Federal. Ao que tudo indica, portanto, a polêmica continuará ainda pelos próximos anos.

com o Centro Acadêmico XI de Agosto, dentre outras entidades. A peça alegou que as normas penais ora vigentes sobre o assunto implicam violação à igualdade (art. 5º, caput, CF), ao direito à saúde (art. 6º, caput, CF), à autonomia e aos direitos sexuais e reprodutivos das mulheres, sendo que a falha na atuação do Estado (positiva e negativa) em assegurar essas garantias dificulta o exercício da agência humana por parte das mulheres. Assim, a perpetuação de desigualdades reforçadas pela criminalização do aborto seria um entrave ao desenvolvimento pleno e universal da consciência da sua capacidade de agir e de fazer escolhas, o que é um elemento nuclear da ideia de cidadania, garantida constitucionalmente no artigo 1º, II, da Constituição.

248 Projeto que proíbe aborto não passa na Câmara, diz Maia. *Folha de S. Paulo*, 11.11.2017, p. B5.

## OPERAÇÃO DE MUDANÇA DE SEXO: LESÃO CORPORAL OU ATO ATÍPICO?

**BIBLIOGRAFIA:** CARVALHO, Hilário Veiga de. Parecer em aditamento ao já concedido, datado de 16 de outubro de 1.978 •• CHAVES, Antonio. Castração – esterilização – mudança artificial de sexo. In: *Doutrinas essenciais de Direitos Humanos,* v. 4 – RT. São Paulo, 2.011 •• CHAVES, Antonio. *Direito à vida e ao próprio corpo: Intersexualidade, transexualidade, transplantes.* 2ª edição. São Paulo: Revista dos Tribunais, 1.994 •• CHAVES, Antonio. Responsabilidade médica, operações de mudança de sexo. Transmissão do vírus da AIDS. In: *Revista dos Tribunais,* vol. 707, São Paulo, RT, 1.994 •• COSTA, Eduardo Maia. Mudança de sexo – hermafrodismo – transexualidade. In: *Revista do Ministério Público,* out./dez. 1993, n. 56 •• FIORE, Carlo. *L'azione socialmente adequata nel diritto penale.* Nápoles, 1.966 •• FRAGOSO, Heleno Cláudio. Transexualismo, cirurgia, lesão corporal. In: *Revista de Direito Penal,* n. 25, Rio de Janeiro, Forense, 1.979 •• FRANÇA, Genival Veloso de. Visão jurídica da transexualidade. In: *Revista do colégio brasileiro de cirurgiões,* nov./dez. 1.975, Rio de Janeiro •• GARCIA, Emerson. A mudança de sexo e suas implicações jurídicas: breves notas. In: *Revista Jurídica De Jure,* n. 18, jan./jul. de 2.012 •• KLABIN, Aracy Augusta Leme. *Aspectos jurídicos do transexualismo,* disponível em <https://www.revistas.usp.br/rfdusp/article/view/67295/69905> •• LUZÓN PEÑA, Diego-Manuel. *Lecciones de derecho penal– parte general.* 2ª edição. Valencia: Tirant lo Blanc, 2.012 •• MEDINA, Graciela. El transsexual condenado y la condena de ser transsexual. In: *Revista de Derecho Penal – Rubinzal-Culzon,* n. 2, 2001 •• MENEZES, Holdemar Oliveira de. Transexualismo. In: *Arquivos da Polícia Civil: revista tecno-científica.* n. 28, 1.976 •• NASCIMENTO, Vanderlei de Freitas; LEHFELD, Lucas de Souza. O tratamento social igualitário destinado aos transexuais enquanto expressão dos direitos fundamentais. In: *Revista de Direito Constitucional e Internacional,* v. 95, ano 24, São Paulo, RT, 2.016 •• PERES, Ana Paula Ariston Barion. *Transexualismo: o direito a uma nova identidade sexual.* Rio de Janeiro, Renovar, 2.001 •• REALE JÚNIOR, Miguel. Aspectos jurídicos do ato medico no transplante de órgãos. In: *Revista dos Tribunais,* n. 424 •• REALE JÚNIOR, Miguel. *Instituições de Direito Penal.* 4a. ed. Rio de Janeiro, Forense-Gen, 2.012 •• SALGADO, Murilo Rezende. O transexual e a cirurgia para a pretendida mudança de sexo. In: *Doutrinas essenciais de Direito Penal,* vol. 5, São Paulo, RT, 2.010 •• SILVEIRA, Renato de Mello Jorge. *Fundamentos da adequação social* em Direito Penal. São Paulo: Quartier Latin, 2010 •• SUTTER, Matilde Josefina. Transexualismo: o dilema entre dois sexos. A determinação do sexo. In: *Cadernos de bioética*, n. 5, v. 4, 2000 •• SZANIAWSKI, Elimar. *Limites e possibilidades do direito da redesignação do estado sexual: estudo sobre o transexualismo: aspectos médicos e jurídicos*. São Paulo, RT, 1998 •• TRINDADE, Malby. *Aspectos históricos do processo transexualizador no Rio de Janeiro*, Gramma Editora, 2.016.

## COMENTÁRIO

Malgrado se ter consolidado, junto ao Conselho Federal de Medicina, o reconhecimento da licitude do ato médico cirúrgico de mudança anatômica do sexo dos denominados "transexuais", ainda hoje se encontra resistência em julgados a esse entendimento.

O transexual, segundo conceito adotado pela Associação Paulista de Medicina, vem a ser "o indivíduo com identificação psicossexual oposta aos seus órgãos genitais externos, com desejo compulsivo de mudança dos mesmos[249]".

Vem a ser uma *anima mulieris in corpore virile inclusa*[250], como lembra KLABIN, correspondente à escala 6 da orientação da sexualidade segundo Kinsey, ou seja, apresenta a pessoa vitimada pela síndrome um sexo psicológico incompatível com a natureza do sexo somático: um transexual de alta intensidade.

---

249 O Médico Paulista, jornal da Associação Paulista de Medicina, n. 169, ano X.

250 KLABIN, Aracy Augusta Leme. *Aspectos jurídicos do transexualismo*, acessível em https://www.revistas.usp.br/rfdusp/article/view/67295/69905, que, no entanto, opina no sentido de ser considerado crime qualquer mutilação praticada pelo próprio indivíduo ou por terceiro (o médico), não se permitindo alteração do registro civil. Igualmente pensa FRANÇA, Genival Veloso de. *Visão jurídica da transexualidade. In:* Revista do colégio brasileiro de cirurgiões, nov/dez 1.975, Rio de Janeiro, p. 311, para quem a castração ou emasculação não constituem forma lícita de intervenção, mas simples convivência com o homossexualismo.
Em sentido contrário, a maioria da doutrina, em especial, CHAVES, Antonio. Responsabilidade médica, operações de mudança de sexo. Transmissão do vírus da AIDS. In: *Revista dos Tribunais*, vol. 707, São Paulo, RT, 1.994, p. 7 e seguintes; MEDINA, Graciela. El transsexual condenado y la condena de ser transsexual. In: *Revista de Derecho Penal – Rubinzal-Culzon*, n. 2, 2001, p. 353 e seguintes; NASCIMENTO, Vanderlei de Freitas; LEHFELD, Lucas de Souza. O tratamento social igualitário destinado aos transexuais enquanto expressão dos direitos fundamentais. In: *Revista de Direito Constitucional e Internacional*, v. 95, ano 24, São Paulo, RT, 2.016, p. 83 e seguintes; SZANIAWSKI, Elimar. *Limites e possibilidades do direito da redesignação do estado sexual: estudo sobre o transexualismo: aspectos médicos e jurídicos*. São Paulo, RT, 1998; PERES, Ana Paula Ariston Barion. *Transexualismo: o direito a uma nova identidade sexual*. Rio de Janeiro, Renovar, 2.001.

Trata-se de uma doença reconhecida hoje pela OMS – Organização Mundial de Saúde – patologia catalogada como CID 10 – F.64[251], permitindo-se a cirurgia consistente em retirar os órgãos genitais masculinos, construindo-se órgãos genitais femininos, adequando-se o sexo anatômico à sexualidade psíquica.

Foi longo, todavia, o caminho para o reconhecimento, seja pela ciência médica, seja pelo Direito, da licitude desta conduta médica, reconhecendo-se ser a única medida terapêutica cabível para solucionar a patologia da síndrome transexual.

Em dezembro de 1.965, o Conselho Regional de Medicina de São Paulo[252], por unanimidade considerou ilícita a operação de conversão de sexo por infração ao art. 32 do então vigente Código de Ética Médica, segundo o qual: "não é permitido ao médico indicar ou executar terapêutica de intervenção cirúrgica desnecessária ou proibida pela legislação do país".

Posteriormente, o Conselho Regional de Medicina de Santa Catarina reputou ilícita a cirurgia de conversão de sexo, fundada a decisão em parecer do Professor de Medicina Legal da Faculdade de Medicina de Florianópolis, HOLDEMAR OLIVEIRA MENEZES[253], segundo quem a cirurgia dos transexuais é ilegal por não ser corretora e sim mutiladora, para concluir, com base em BONNET, que se retificar um sexo não é lesão, todavia, emascular, sabendo-se que isso vai servir para a oficialização de uma homossexualidade, não é intervenção cirúrgica, mas mutilação cirúrgica e lesão sob o ponto de vista penal.

Neste processo na fase perante o Conselho Regional de Santa Catarina, outro parecer de médico psiquiatra considera que o tratamento psicoterápico prolongado seria mais eficaz que a cirurgia, quando uma das características do transexual está na mais forte resistência a se submeter a tratamento psicológico.



---

251 Se a catalogação como doença cuja cura, por via da cirurgia, é medida imprescindível para realização gratuita da operação, como destaca GARCIA, Emerson (A mudança de sexo e suas implicações jurídicas: breves notas. In: *Revista Jurídica De Jure*, n. 18, jan./jul. de 2.012, p. 242) , no entanto, tal caracterização encontra resistência junto a movimentos de direitos humanos e LGBT, pois seria uma patologização de um fato natural carregada de preconceito, como dizem TRINDADE, Malby e ALMEIDA, Guilherme no prefácio do livro (TRINDADE, Malby. *Aspectos históricos do processo transexualizador no Rio de Janeiro*, Gramma Editora, 2.016, acessível em books.google.com.br/books).

252 Referência contida em Voto do Conselheiro Clarimesso Arcuri em processo do Conselho Federal de Medicina, processo n. 28 de 1.975, apreciando em recurso decisão do Conselho Regional de Santa Catarina em idêntico caso de cirurgia de conversão anatômica de sexo. Igualmente referido em artigo de MENEZES, Holdemar Oliveira de. Transexualismo. *In: Arquivos da Polícia Civil: revista tecno-científica.* n. 28, 1.976, p. 91.

253 MENEZES, Holdemar Oliveira de. *Op. Cit.*, p. 93.

Parecer de cunho jurídico veio a integrar o processo, da lavra do Professor de Direito Privado, MURILO REZENDE SALGADO, segundo o qual a operação transexual não é corretiva, mas mutiladora, e constitui lesão sob o ponto de vista penal, além do que após a cirurgia não poderá o paciente homem contrair casamento sob o sexo feminino, pois homem continuaria a ser, apesar de "emasculado e portador de uma neovagina", não podendo casar validamente com outro homem[254].

No julgamento perante o Conselho Federal de Medicina, o relator, Dr. Clarimesso Arcuri, conclui que, em caso de transexual, mesmo no grau 6, a cirurgia é unicamente mutiladora, "jamais restauradora psicossocial, consequentemente sem nenhuma finalidade restauradora[255]", podendo os médicos estar incursos no Código Penal e no Código de Ética Médica. O parecer foi aprovado por unanimidade.

Em 1.990, o Conselho Regional de Medicina de São Paulo, como noticia ANTONIO CHAVES[256], adotou parecer do Conselheiro Wilson Rubens Andreoni, no sentido da ilicitude da operação, e, em grau de recurso ao Conselho Federal de Medicina, manteve-se o mesmo entendimento.

Na jurisprudência, destaca-se a decisão relativa à condenação em primeira instância e depois sua absolvição por maioria de votos em segunda instância, em que foi réu o cirurgião plástico Roberto Farina, que adiante será melhor examinado, dado o conjunto de pareceres que ilustrou o processo, bem como o bem lançado acórdão.

Contudo, a maioria das sentenças é contrária, no último quartel do século XX, à realização da cirurgia de mudança de sexo, conforme relato de ANTONIO CHAVES, segundo o qual pedidos feitos à justiça eram constantemente indeferidos, bem como solicitações de alteração de registro civil. ANTONIO CHAVES excetua, todavia, decisões do Rio Grande do Sul, em especial, do Juízo de Registro Público, que autorizou sete casos de retificação de nome.

O percurso de reversão de sexo e depois de reconhecimento de novo registro civil ao longo do tempo, com especial referência ao caso da conhecida modelo Roberta Close, foi objeto de livro[257], no qual se relata todo o

254 SALGADO, Murilo Rezende. O transexual e a cirurgia para a pretendida mudança de sexo. In: *Doutrinas essenciais de Direito Penal*, vol. 5, São Paulo, RT, 2.010, p. 721 e seguintes.

255 Processo CFM. 28/75 – notas taquigráficas da sessão de 12 de setembro de 1.975.

256 CHAVES, Antonio. Responsabilidade..., *Op. Cit.*, p. 7 e seguintes.

257 TRINDADE, Malby. *Aspectos históricos do processo transexualizador no Rio de Janeiro*, Gramma Editora, 2.016, acessível em <books.google.com.br/books?id=mRN4DAAAQBAJ&pg=PT112&lpg=PT112&dq=processo+Roberta+Close+-+Rio+de+Janeiro&source>.Parte inferior do formulário

procedimento adotado pela equipe médica multidisciplinar, bem como o processo judicial. Roberta Close, em 1.989, fez na Inglaterra cirurgia para mudança anatômica de sexo.

Conseguiu Roberta Close o reconhecimento para alteração do registro civil, a fim de constar ser do sexo feminino em sentença da 8ª Vara de Família, mas desde que houvesse a indicação transexual, sem dúvida um constrangimento impeditivo da vida normal. A expressão "feminino operado" foi determinada na decisão judicial, apenas suprimida para constar, tão só, "feminino" em sentença da 9ª Vara da Família do Rio de Janeiro de 2.005. Hoje se reconhece o direito de mudança do registro civil sem qualquer anotação[258].

Nesta sentença da Juíza Conceição A. Mousnier, da 8ª Vara de Família do Rio de Janeiro, bem ponderou: "Manter-se um ser amorfo, por um lado mulher, psíquica e anatomicamente reajustada, e por outro lado homem, juridicamente, em nada contribuiria para a preservação da ordem social e da moral, parecendo-nos muito pelo contrário um fator de instabilidade para todos aqueles que com ela contatassem, quer nas relações pessoais, sociais, profissionais, além de constituir uma solução amarga, destrutiva, incompatível com a vida[259]".

Em outra sentença, da 1ª. Vara de Família da Comarca de Belo Horizonte[260], de 2.002, o juiz Newton Teixeira Carvalho bem explanou:



---

258 CHAVES, Antonio. Castração – esterilização – mudança artificial de sexo. In: *Doutrinas essenciais de Direitos Humanos,* v. 4 – RT. São Paulo, 2.011, p. 1187 e seguintes, dá notícia de decisões da Corte de Cassação da Itália, seja no sentido da impossibilidade de retificação do registro civil, considerando ser impossível em face da legislação, o "reconhecimento de um sexo diferente daquele que resulta do registro de nascimento, seja admitindo, em vista do exame dos caracteres somáticos, de personalidade e da psique, pois com o lado externo concorre o elemento psicológico". Em Portugal, decisão do Tribunal de Relação de Lisboa, processo n. 7440, 1ª Seção, considerou, em decisão de 1.993, que no transexual a intervenção cirúrgica adequa o corpo às pulsões psíquicas, reconhecendo haver no sexo fatores biológicos-morfológicos psicológicos e sociais. Reconhece-se que "a identidade pessoal comporta a identidade sexual, que exige não só o respeito da esfera pessoal e a proteção contra a ingerência de outros, como também a garantia de livre e consciente escolha dessa identidade e com ela do modo de viver em sociedade e na família". Quem se submete a essa intervenção cirúrgica para pacificar o conflito que vive, não o faz por capricho mas para alcançar um bem-estar físico-psíquico. Comentando esta decisão, COSTA, Eduardo Maia (Mudança de sexo – hermafrodismo – transexualidade. In: *Revista do Ministério Público,* out./dez. 1993, n. 56, p. 155-164) observa que o sexo não é imutável e o Estado deve reconhecer a mudança, tendo a pessoa direito de viver em consonância com o princípio da identidade sexual.

259 CHAVES, Antonio. *Direito à vida e ao próprio corpo: Intersexualidade, transexualidade, transplantes.* 2ª edição. São Paulo: Revista dos Tribunais, 1.994, p. 160.

260 Acessível em //www.gontijo-familia.adv.br/2008/artigos_pdf/Newton_Teixeira/%28Senten_347atransex%29.pdf

> "O requerente nasceu homem e assim foi registrado, em razão apenas da aparência física (genitália). Entretanto, provado restou que, psicologicamente, o postulante sempre foi "a outra". Suas atitudes, diárias, sempre foram de mulher: comportamento, vestimentas, companheiros, acabando por desaguar na cirurgia que o transformou, com perfeição, em mulher, conforme se vê das fotografias de fls. A partir da cirurgia, antes citada, realizada com sucesso, houve o encontro do querer do requerente com a aparência física dele. A Medicina, como visto, fez a parte dela. E o JUDICIÁRIO, continuará omisso, numa hipocrisia irritante? Pretender insistir que a pessoa referida nas fotografias de fls. 19 a 23, com destaque para a de fls. 22 a 23, através das quais o requerente aparece totalmente nu, com seios e com genitália feminina, não é mulher, é desfazer o já acontecido... "Data venia", não consigo ver o requerente como homem, apenas com os seios e a genitália de mulher... Portanto, também repilo a impossibilidade jurídica do pedido, socorrendo-me, para tanto, do art. 5º, X, da Constituição da República e art. 55, parágrafo único, c/c art. 109, ambos da Lei 6.015/73, bem como do sempre lembrado art. 5º da Lei de Introdução ao Código Civil, que persistirá mesmo com a chegada do novo Código Civil, segundo o qual, na interpretação da lei há que se atender à finalidade social a que ela se destina, qual seja, no caso presente, "a de servir ao ser humano, evitando que seja ridicularizado e discriminado seja qual for sua condição".

Mas, bem antes do caso de Roberta Close, houve importante decisão no Tribunal de Justiça de São Paulo, que modificou sentença condenatória de primeira instância contra o médico plástico Roberto Farina, que lhe havia imposto a pena de dois anos de reclusão pela prática do crime de lesão corporal gravíssima.

Este processo ficou famoso, como *leading case.* Tratou-se de operação de alteração anatômica dos órgãos genitais de paciente submetido a diversos exames por médicos e jurista, no sentido da correção e conveniência dessa cirurgia de mudança de sexo.

Com efeito, endocrinologista, psiquiatra, médico– legista, bem como reconhecido professor de direito, o saudoso civilista Washington de Barros Monteiro, unanimemente opinaram, no caso, no sentido de dever-se realizar a cirurgia de transgenitalização do tipo neocolpovulvoplastia.

O médico, em 1.978, veio a ser condenado em primeira instância. O Ministério Público foi tomado de paixão condenatória, como bem ressaltou a defesa entregue aos cuidados do advogado e ex-magistrado Octávio Reys, adentrando em considerações de ordem moral ofensivas ao réu. Em apelação, com pareceres médicos de Armando Canger Rodrigues e de Hilário Veiga de Carvalho e do penalista Heleno Cláudio Fragoso, o cirurgião veio a ser absolvido por maioria de votos, por decisão da Quinta Câmara do Tribunal de Justiça de São Paulo[261].

Noticia o acórdão que o fato em julgamento se realizou em 1.971 no Hospital Oswaldo Cruz, consistente a operação em ablação dos órgãos sexuais da "vítima" (falo-escroto-testículos) abrindo no períneo uma fenda à imitação de vulva postiça, ofendendo assim a integridade física do paciente, tipificando-se o crime de lesão corporal gravíssima, consistente em emasculação, supressão dos órgãos genitais.

O fato veio a ser de conhecimento do Ministério Público, pois em congresso médico, o cirurgião plástico Roberto Farina relatou a realização bem-sucedida da operação, que atendeu ao desejo firme do paciente que referiu seu contentamento, pois passara a ter relações sexuais que antes jamais tivera quando anatomicamente homem, alcançando até mesmo o orgasmo na condição física de mulher, que correspondia à sua psique.

Relata o acórdão que o paciente foi inicialmente atendido por conhecida endocrinologista que diagnosticou a transexualidade. Esta conclusão da Dra. Dorina Epps foi endossada pelos ilustres médicos e professores Pedro Henrique Saldanha, psicólogo e geneticista, pelo legista Armando Canger Rodrigues, pela psicóloga Aidyl Macedo de Queirós Ramos[262] e pelos psiquiatras Jorge Amaro e Luis Miller de Paiva[263].

Os tratamentos psicoterápicos mostraram-se ineficientes, impróprios para o caso, sendo a medida certa a ser adotada a correção cirúrgica, o que se firmou ainda mais em face do parecer do jurista Washington de Barros Monteiro segundo o qual nenhum óbice jurídico havia. Assim, diante desse conjunto de opiniões abalizadas, com o consentimento do paciente, foi realizada a cirurgia.

Diz o acórdão que o paciente vivia infeliz desde a infância com sua condição masculina. Os órgãos genitais eram atrofiados e sexualmente inope-



261 Tribunal de Justiça de São Paulo, Apelação n. 201.999, Acórdão n. 00656 de 03/03/1980, Relator DENSER DE SÁ.

262 A psicóloga Aydil Macedo de Queirós afirmou que "o paciente demonstra possuir personalidade com características claramente femininas, estruturadas desde a infância".

263 O psiquiatra Luis Miller de Paiva, em parecer juntado aos autos com recomendação da cirurgia, asseverou tratar-se o paciente de transexual primário, definitivamente transexual, que deve imperiosamente ser objeto de cirurgia por imprescindível no momento.

rantes, sendo o caminho único a cirurgia já adotada na Europa e nos Estados Unidos para casos de transexuais puros, que se distinguem do homossexual ou do travesti.

O acórdão considera, primacialmente, não haver dolo, socorrendo-se, para tanto, do ensinamento de HELENO FRAGOSO, que, em parecer juntado aos autos, concluía: "Não haver a menor dúvida de que o Dr. Roberto Farina agiu de boa fé, com o propósito curativo, tendo presente a positiva e cuidadosa indicação médica que lhe foi feita pela equipe médica que vinha atendendo o paciente".

Arremata a decisão do Tribunal de Justiça de São Paulo que não houve dolo, pois seguiu-se apenas a terapêutica indicada pela equipe de especialistas como forma de estancar ou minorar o sofrimento do paciente, não agindo o operador dolosamente "a toda evidência, dada a superioridade de seu propósito".

Em seu parecer[264], HELENO CLÁUDIO FRAGOSO distingue o transexualismo do homossexualismo, que haviam sido confundidos na sentença condenatória, pois "os homossexuais convivem com o próprio sexo e estão certos de pertencer a ele". Já os transexuais "sentem-se como indivíduos 'fora do grupo' desde o início". De outra parte, os travestis, homens que gostam de se vestir de mulher, podem levar uma vida dupla e distinguem-se dos transexuais por não terem "o desejo compulsivo de reversão sexual".

Como ressalta HELENO CLÁUDIO FRAGOSO, "a cirurgia no transexual visa ajustar o seu físico ao sexo a que corresponde seu psiquismo". O mesmo consta do parecer complementar emitido pelo emérito professor Hilário Veiga de Carvalho, para o qual a cirurgia era o único tratamento viável visando a "compatibilizar o antagonismo contra a estrutura morfo-fisiológica e a conformação mental[265]".

No campo jurídico, a partir dessa realidade no âmbito médico, o parecerista estabelece, de início, que há dois pressupostos a serem tidos: o consentimento e a necessidade médica. Ambos estavam presentes no caso em exame, atuando o consentimento como causa autônoma de exclusão da

264 FRAGOSO, Heleno Cláudio. Transexualismo, cirurgia, lesão corporal. In: *Revista de Direito Penal*, n. 25, Rio de Janeiro, Forense, 1.979, p. 25-34.

265 CARVALHO, Hilário Veiga de. Parecer em aditamento ao já concedido, datado de 16 de outubro de 1.978. Encontra-se nos autos da Ação Penal, ref. à Apelação n. 201.999, Tribunal de Justiça de São Paulo, fls. 718 e seguintes. No mesmo sentido, SUTTER, Matilde Josefina. Transexualismo: o dilema entre dois sexos. A determinação do sexo. In: *Cadernos de bioética*, n. 5, v. 4, 2000, p. 72, segundo quem o transexualismo ocorre quando se dá o conflito no mais alto grau entre o psicológico e o biológico, com rejeição do sexo biológico e aceitação do sexo psicológico.

ilicitude em vista da disponibilidade da integridade corporal, tanto que para BETTIOL "nessun limite legale dovrebbe sussistere ala libera disponibilità del próprio corpo".

Mas o aspecto mais relevante no sentido da licitude do comportamento do médico, neste caso, está no reconhecimento de que este age para curar e não para ferir, exatamente o fim oposto ao do que dirige o ato de cometer uma lesão corporal. Diz FRAGOSO: "a atividade do médico é no sentido de favorecer e não de diminuir o valor que a lei penal tutela. É este o grande critério decisivo de adequação social como princípio de validade geral na exclusão do tipo de ilícito".

Lembra FRAGOSO a lição de CARLO FIORE, para quem o importante está no conteúdo da conduta, ou seja, no valor positivo consistente no respeito ao mesmo bem que a conduta põe em perigo.

Se está, portanto, diante de uma ação socialmente adequada, razão pela qual entendo que não há apenas uma causa de exclusão da ilicitude, pois o fato é atípico, faltando, então, adequação típica em face da adequação social.

Já em 1.970 manifestara, com relação ao ato médico no transplante de órgãos, este aspecto da imbricação entre o valor positivado no meio social e o valor conducente da ação, concluindo que o casamento entre o fim socialmente almejado e o fim dirigente da conduta tornam atípica a ação que no seu viés exterior poderia induzir a correspondência a um tipo penal.

Diziam, então: "Todo agir é um conduzir-se. A ação não se resume a um aspecto objetivo, mas, é na sua origem a expressão de um valor. Toda a ação é uma atividade fundada em valores que se põem como um fim do agir mesmo. A relevância de um ato não está na eficiência de ocasionar a lesão a um bem jurídico, mas antes na direção da ação, ou seja, no respeito ou desrespeito ao valor implícito ao bem lesado[266]".

As dificuldades de aceitação da reversão de sexo e do direito à alteração do registro civil continuaram, malgrado a adoção pelo Conselho Federal de Medicina do reconhecimento da licitude da cirurgia plástica de supressão dos órgãos genitais masculinos ou femininos com construção artificial de órgãos de outro sexo.

Assim, em 1.997, pela Resolução 1.482, o CFM – Conselho Federal de Medicina -, em vista de a cirurgia de transformação plástico-reconstrutiva da genitália externa, interna e caracteres sexuais secundários não constituir crime de mutilação previsto no artigo 129 do Código Penal, tendo propósito

---

266 REALE JÚNIOR, Miguel. Aspectos jurídicos do ato medico no transplante de órgãos. In: *Revista dos Tribunais*, n. 424, p. 463 e seguintes.

terapêutico específico de adequar a genitália ao sexo psíquico e em face da viabilidade técnica para as cirurgias de neocolpovulvoplastia e ou neofaloplastia, autorizou a realização de cirurgia de transgenitalização, a título experimental.

São estabelecidas condições para a cirurgia, devendo o paciente passar por avaliação multidisciplinar, ser maior de 21 anos e dar consentimento livre e esclarecido.

Em 2.002, o CFM editou nova Resolução, a de n. 1.652, na qual após reiterar as motivações que levaram à autorização em caráter experimental da cirurgia de transgenitalização, decidiu, em razão da viabilidade técnica da cirurgia e do bom resultado cirúrgico, seja do ponto de vista estético, como funcional, autorizar definitivamente a operação de neocolpovulvoplastia e, ainda em caráter experimental, a operação de neofaloplastia.

Como afirmei faz décadas, a respeito do Ato Médico referentemente ao transplante de órgãos, a ação do cirurgião vem a ser socialmente adequada[267], revelando-se de plano atípica.

Pode-se reproduzir o manifestado a respeito da ortotanásia, ou seja, que, também, com relação à cirurgia de mudança anatômica de sexo, ocorre o reconhecimento imediato da licitude[268] deste comportamento em atenção ao valor da integridade e saúde do paciente e não ofensa a ela, apresentando-se uma natural aprovação social, se presentes todos os elementos de consentimento do mesmo e aprovação da medida por grupo médico multidisciplinar. Tal conduta surge, *ictu oculi,* como lícita, pois destituída de dolo e adequada aos valores presentes no meio social.

A distinção ente causa de atipicidade e de exclusão de ilicitude, como acentuado anteriormente, está na imediatidade da revelação de ser a conduta juridicamente irrelevante.

Permito-me reproduzir texto de minha Instituições[269], no qual escrevo que na ação socialmente adequada há uma coincidência de valores e fins que animam o agente com os desejados pela comunidade, pois se o *boxeur*

267 Sobre adequação social no Direito Penal, veja-se a análise exaustiva de SILVEIRA, Renato de Mello Jorge. *Fundamentos da adequação social* em Direito Penal. São Paulo: Quartier Latin, 2010.

268 LUZÓN PEÑA, Diego-Manuel. *Lecciones de derecho penal – parte general.* 2ª edição. Valencia: Tirant lo Blanc, 2.012, p. 331, considera que há atipicidade quando a conduta de entrada não é juridicamente relevante ou não é suficientemente grave para constituir um injusto penal.

269 REALE JÚNIOR, Miguel. *Instituições de Direito Penal.* 4a. ed. Rio de Janeiro, Forense-Gen, 2.012, p. 151.

luta para ser um bom esportista, a sociedade espera e deseja um aprimoramento do boxe como esporte; se o cirurgião faz uma incisão no paciente querendo curá-lo, há um desejo geral de que os doentes se recuperem.

Lembro a lição de FIORE, para quem é o significado e a função da ação que a tornam socialmente adequada, pois o seu significado e a sua função podem ser considerados positivos e até mesmo necessários à vida social.[270]

RENATO SILVEIRA, em trabalho definitivo sobre Adequação Social, bem indica que na verificação da Adequação Social de uma conduta, há uma apreciação delitual já antes da tipicidade, um espaço prévio ao tipo de injusto, mas que nem por isso deixa de realizar uma "arguta ponderação de interesses".

Por via do exame da Adequação Social, estabelece-se, diz RENATO SILVEIRA, o que pode ou não ser tolerável, tendo-se por consequência a constatação da consonância da conduta com a ordem social, com as expectativas sociais e, logo, o afastamento do comportamento da esfera típico-penal.

Este é o dado relevante: a existência de uma ponderação de interesses cuja preponderância brota em desfavor da incriminação da ação do médico em face do desejo consciente e livre do paciente de ver modificado o seu sexo, de acordo com sua psique, com respeito ao conflito entre o corpo e a mente, visando a valorizar a identidade sexual como próprio da dignidade da pessoa humana.

Seria uma afronta ao desejo do paciente manter o sexo apenas anatomicamente existente, impossibilitando-se a cirurgia que consiste no caminho único para a redução ou a eliminação do sofrimento de ter um sexo que contraria sua marcada tendência.

Assim, a cirurgia consentida de mudança de sexo enquadra-se como ausência de tipicidade, pois de imediato, *ictu oculi*, verifica-se a licitude da conduta movida por valores do respeito à decisão do paciente, de prestígio à dignidade da pessoa humana, em uma situação limite, impedindo a continuidade do sofrimento e do constrangimento do paciente torturado psíquica e socialmente.

No plano legislativo, o Congresso Nacional aprovou em maio de 1.984 o projeto de lei PL 1.909-A que introduzia o § 9º ao art. 129 do Código Penal, com a seguinte redação:

270 FIORE, Carlo. *L'azione socialmente adequata nel diritto penale.* Nápoles, 1.966, p. 144.

> "§ 9º. Não constitui ato punível a ablação de órgãos e partes do corpo humano quando considerada necessária em parecer unânime de Junta médica precedida de consentimento expresso de paciente maior e capaz".

O projeto de lei foi vetado pelo então presidente Batista Figueiredo, mantendo-se, então, como divisor de águas na matéria, a posição assumida pelo Conselho Federal de Medicina[271], como anota o promotor de justiça EMERSON GARCIA.

Atualmente, pacificou-se o reconhecimento da licitude das cirurgias de alteração anatômica de sexo, em atenção à dignidade da pessoa humana, desfeitos os pré-juízos de caráter discriminatório, atendendo-se ao fim almejado pelo cirurgião, que é o de minorar ou eliminar o sofrimento do transexual, coincidente com o fim desejado pelo meio social, sem a carga negativa de julgamentos morais que viam na operação um capricho sob um olhar homofóbico.

271 GARCIA, Emerson. *Op. Cit.*, p.224.

## OMISSÃO DE ATENDIMENTO MÉDICO EMERGENCIAL

> "**Art. 135-A.** *Exigir cheque-caução, nota promissória ou qualquer garantia, bem como o preenchimento prévio de formulários administrativos, como condição para o atendimento médico-hospitalar emergencial.*
> *Pena – detenção, de 3 (três) meses a 1 (um) ano, e multa".*
> *Parágrafo único. A pena é aumentada até o dobro se da negativa de atendimento resulta lesão corporal de natureza grave, e até o triplo se resulta a morte.*

**BIBLIOGRAFIA:** AMARAL, Francisco. *Direito Civil – introdução.* 5ª ed., Rio de Janeiro: Renovar, 2.003 •• DOTTI, René Ariel. *Comentários ao Código Penal.* v. 01 – Tomo II. 7ª ed. Rio de Janeiro: GZ Editora, 2016 •• LOBO, Paulo. *Direito Civil – parte geral.* São Paulo: Saraiva, 2.009 •• NEVARES, Ana Luiza Maia. O erro, o dolo, a lesão e o estado de perigo no novo Código Civil. In: TEPEDINO, Gustavo (coord.). *A parte geral do novo código civil – estudos na perspectiva civil-constitucional.* Rio de Janeiro: Renovar, 2.002 •• PRADO, Luiz Regis. *Curso de direito penal brasileiro.* 14ª ed. São Paulo: Revista dos Tribunais, 2.015.

### COMENTÁRIO

O tipo penal da exigência imposta a alguém para atendimento em situação de emergência médica foi introduzido no Código Penal por força da Lei n. 12.653 de 2.012.

Trata-se o previsto neste art. 135-A do Código Penal de corolário de figura constante no Código Civil de 2.002, cujo teor é o seguinte:

> "**Art. 156.** *Configura-se o estado de perigo quando alguém, premido da necessidade de salvar-se, ou a pessoa de sua família, de grave dano conhecido pela outra parte, assume obrigação excessivamente onerosa.*
> **Parágrafo único**. *Tratando-se de pessoa não pertencente à família do declarante, o juiz decidirá segundo as circunstâncias".*

SEGUNDA PARTE

Este vício da vontade assemelha-se à coação[272], que vem prevista no Código Civil, em seu art. 151, consistente em ameaça que incute ao paciente "fundado temor de dano iminente e considerável à sua pessoa, à sua família, ou a seus bens".

Na avaliação da ameaça como coação, indica o Código Civil dever-se levar em conta "o sexo, a idade, a condição, a saúde, o temperamento do paciente e todas as demais circunstâncias que possam influir na gravidade dela".

A diferença da Coação, frente à situação de Estado de Perigo, está na circunstância de que o mal ameaçado na Coação decorre de promessa de malefício feita pelo coator, a ser evitado pela submissão da vontade do ameaçado à vontade do coator, enquanto no Estado de Perigo o mal já se encontra dado na realidade[273], do qual o agente se aproveita[274] para impor condições abusivas visando a possibilitar vir a ser minimizado ou debelado. Na Coação, ameaça-se um mal futuro e certo de natureza grave; no Estado de Perigo, o mal já existe e dele se aproveita.

O Estado de Perigo do Código Civil refere, portanto, a um vício do consentimento, que vem a constituir um defeito do negócio jurídico, pois na hipótese assume-se uma obrigação, excessivamente onerosa, sob estado de necessidade, visando à salvação em face de grave dano à sua pessoa ou a alguém de sua família, de cuja existência tem conhecimento a contraparte.

Os elementos são similares a do Estado de Necessidade, quais sejam, a ocorrência de um perigo atual grave e sério voltado a si próprio ou a pessoa de sua família[275], inevitável de outro modo que não a realização do negócio.

---

272 NEVARES, Ana Luiza Maia. O erro, o dolo, a lesão e o estado de perigo no novo Código Civil. In: TEPEDINO, Gustavo (coord.). *A parte geral do novo código civil – estudos na perspectiva civil-constitucional*. Rio de Janeiro: Renovar, 2.002, p. 284, para quem a semelhança entre ambos é notória. Destaca, então, que no Estado de Perigo a situação de necessidade caracteriza-se pela necessidade de salvar-se ou pessoa de sua família, de grave dano.

273 NEVARES, Ana Luiza Maia. *Op. Cit.*, p. 284, para quem, na Coação, a ameaça provém de quem tem interesse na prática do ato; no Estado de Perigo, a ameaça provém de simples circunstâncias de fato que exercem influência sobre a vontade do agente; AMARAL, Francisco. *Direito Civil – introdução*. 5a. ed., Rio de Janeiro: Renovar, 2.003, p. 510, segundo o qual, o Estado de Perigo pode derivar de fato humano ou natural. Se decorrente de fato humano, distingue-se da coação sempre que o Estado de Perigo não tenha sido criado com o fim de exigir da vítima a conclusão do negócio.

274 LOBO, Paulo. *Direito Civil – parte geral*. São Paulo: Saraiva, 2.009, p. 290, segundo quem o "direito repele esse aproveitamento do estado de risco de vida ou de saúde de outrem, para fins de imposição de negócio jurídico injusto, por sua evidente imoralidade".

275 LOBO, Paulo. *Op. Cit.*, p. 290 assevera dever o dano ser atual ou iminente e grave e exemplifica com a hipótese de hospital que exige valor elevado pecuniário para garantia de internação de pessoa em situação de risco de vida.

Desta situação necessitada, aproveita-se a contraparte para extrair a assunção de obrigação excessivamente onerosa.

Há uma indevida e dolosa interferência na formação da vontade ao se exigir a assunção de obrigação em situação na qual a decisão encontra-se premida por imediata e angustiante necessidade de evitar dano a si próprio ou a um familiar.

Na figura penal em comento, a conduta incriminada está mais delimitada pois se refere, exclusivamente, à exigência de assunção de obrigações pecuniárias frente a médico ou entidade de assistência médica, como condição para o atendimento médico-hospitalar emergencial.

O requisito básico está na existência de uma situação de necessidade, consistente na imperiosidade de atendimento médico-hospitalar emergencial. O mal já existe e a coação consiste em não se agir[276] para impedir a continuidade do mal ou para curar o mal vivido, por via de atendimento emergencial, a não ser com exigências de garantias pecuniárias.

A emergência vem definida pela doutrina médica e de enfermagem como:

> "quadro grave, clínico ou cirúrgico ou misto, de aparecimento ou agravamento súbito e imprevisto, causando risco de vida ou grande sofrimento ao paciente e necessitando de solução imediata, a fim de evitar mal irreversível ou morte[277]."

Para a Conselho Federal de Medicina, emergência vem a ser "a constatação médica de condições de agravo à saúde que impliquem em risco iminente de vida ou sofrimento intenso, exigindo, portanto, tratamento médico imediato"[278].

Bem destacou-se, em julgamento no Tribunal de Justiça de São Paulo[279], que a exigência de caução afronta a Resolução Normativa nº 44 de 24/07/2003, da Agência Nacional de Saúde, que veda, em qualquer situação, a exigência de caução, depósito de qualquer natureza, nota pro-

---

276 Sobre teoria-jurídico penal da omissão, vide DOTTI, René Ariel. *Comentários ao Código Penal.* v. 01 – Tomo II. 7ª ed. Rio de Janeiro: GZ Editora, 2016, p. 460 e seguintes.

277 http:comentáriosemenfermagem.blogspot.com.br/2009/diferença– entre-urgência-e--emergência; 1227 p: //cipauniplac.blogspot.com.br/2012/05 diferença-entre-urgência-e– emergência.html.

278 Art. 1º, parágrafo 2º, da Resolução CFM n° 1451/95

279 TJSP– Apelação no 0003161-38.2006.8.26.0477, 9ª. Câmara de Direito Privado, Rel. Piva Rodrigues.

missória ou quaisquer outros títulos de crédito, no ato ou anteriormente à prestação do serviço.

Em outro julgado no campo cível, pondera-se, com razão, que o fato de parentes do apelado terem subscrito declarações que autorizam a internação sob a modalidade particular não traz como consectário lógico a possibilidade do hospital corréu exigir, como garantia de pagamento dos serviços a serem prestados, a emissão de cheques[280].

A imposição de concessão de cheque caução para internação hospitalar era classificada como coação moral irresistível[281], vindo a ser, sem dúvida, um ato de constrangimento.

Todavia, a dicção do art. 146 do Código Penal, relativo ao Constrangimento Ilegal, não se enquadra na hipótese da exigência de cheque ou promissórias para internação hospitalar. Diz ser crime o **art. 146** – "**Constranger** alguém, mediante **violência** ou **grave ameaça**, ou depois de lhe haver reduzido, por qualquer outro meio, a capacidade de resistência, a **não fazer** o que a lei permite, ou a **fazer** o que ela não manda".

A lei não manda assumir a obrigação de pagar ou se comprometer a pagar pelos gastos em estabelecimento hospitalar privado, que visa lucro ou cobertura dos gastos havidos.

Diferentemente do tipo do Estado de Perigo do art. 156 do Código Civil, a figura do art. 135-A do Código Penal restringe-se à hipótese de exigência de garantia para internação ou atendimento médico em caso de emergência médica, sem, todavia, constar do tipo penal a relação de parentesco com o paciente ou de ser o coagido o próprio paciente.

Por outro lado, não compõe o tipo penal o dado da onerosidade excessiva que integra a norma do art. 156 do Código Civil. O crime se perfaz com a exigên-

280 Apelação Cível no 9295453-07.2008.8.26.0000, voto 17354, julgada em 27 de novembro de 2.012, na qual se remete igualmente à Resolução n. 44 da ANS – Agência Nacional de Saúde, na qual se estabelece: *"fica vedada, em qualquer situação, a exigência, por parte dos prestadores de serviços contratados, credenciados, cooperados ou referenciados das operadoras de planos de assistência à saúde e seguradoras especializadas em saúde, de caução, depósito de qualquer natureza, nota promissória ou quaisquer outros títulos de crédito, no ato ou anteriormente à prestação de serviço".*

281 TJSP – Ap. 996549-0/6, Rel. Des. CELSO PIMENTEL, 28ª Câmara, julgada em 24/10/06: "Configura coação moral irresistível, que anula o negócio e exonera o devedor da obrigação, para não se falar de ofensa a preceitos do Código de Defesa do Consumidor (artigos 42 e 46), a exigência de assinatura de contrato de prestação de serviços hospitalares, com entrega de cheque-caução, na emergência de atendimento médico de familiar desfalecida, cuja tentada transferência para hospital público não se admitia pela gravidade do quadro. Por isso, mantém-se o decreto de improcedência da demanda ajuizada pelo hospital particular".

cia, independente do valor exigido ser excessivo ou indevido. O que se tutela é não se condicionar o atendimento à assunção de garantias, como cheque caução, promissórias ou o preenchimento prévio de formulários administrativos[282].

O crime se consuma no momento da exigência, tendo, portanto, consumação antecipada, por ser um crime formal, cujo aperfeiçoamento independe de a vítima dar a garantia ou assinar promissórias. Basta, destarte, a exigência para configurar-se o delito em exame.

O bem jurídico tutelado vem a ser o valor da solidariedade por parte dos profissionais da saúde, diante de quadro grave clínico ou cirúrgico, requerendo medidas imediatas para afastar o perigo de morte iminente. Não se refere o tipo penal a imposição de encargo excessivamente oneroso, ao contrário da lei civil. Basta a exigência de garantias como condição da adoção das medidas curativas urgentes para se perfazer o delito, independentemente de qualquer resultado, maior dano ou maior perigo decorrentes da exigência, pois o perigo é ínsito à conduta, sendo que entendo ser o mesmo crime de mera conduta ou crime formal.

No caso há um crime formal, de perigo abstrato.



**O parágrafo único**

Dispõe o parágrafo único que "a pena é aumentada até o dobro se da negativa de atendimento resulta lesão corporal de natureza grave, e até o triplo se resulta a morte".

Assim, o evento lesão corporal grave ou morte do paciente determinam um aumento da pena, constituindo-se um crime qualificado pelo resultado. A pena mínima em face da ocorrência de lesão corporal vem a ser de seis meses, e de nove meses se ocorrer o resultado morte.

O tipo qualificado estabelece uma relação de causalidade, pois estatui que se da negativa de atendimento resulta lesão corporal ou morte. Mas o *caput* não menciona não atendimento e sim, apenas, exigência de garantia como condição. O não atendimento é conduta posterior à eventual não satisfação da condição.

Assim, para que se configure o tipo penal descrito no parágrafo único do art. 135-A, é preciso que se haja omitido o atendimento, em tipificação do crime de omissão de socorro, que possui tipos qualificados pelo resultado com penas superiores ao previsto no parágrafo único ora em comento.

É uma contradição do legislador, que opera sem técnica legislativa. Doravante, em caso de omissão de socorro consistente em ausência de

282 Utiliza-se, sem técnica legislativa, a expressão "formulários administrativos", com o intuito de se coibir a assinatura de contratos de adesão, que possam conter cláusulas abusivas.

atendimento médico de emergência, a pena aplicável será a do parágrafo único do art. 135-A e não a pena cominada no parágrafo único do art. 135, que é mais gravosa, pois edita este parágrafo:

> "A pena é aumentada de metade, se da omissão resulta lesão corporal de natureza grave, e triplicada, se resulta a morte".

Como a pena mínima da Omissão de Socorro é de seis meses, no caso de lesão corporal grave a mínima passaria a ser de nove meses, e na hipótese de morte viria a ser de um ano e seis meses de detenção.

Aplica-se a pena mais benéfica. Logo, a pena prevista no parágrafo único do art. 135-A deverá ser aplicada, no caso de omissão de socorro em atendimento médico emergencial, da qual resulte lesão corporal grave ou morte.

## O HOMICÍDIO E A LESÃO CORPORAL NO CÓDIGO DE TRÂNSITO

**BIBLIOGRAFIA:** BITENCOURT, Cezar Roberto. *Tratado de Direito Penal – Parte Especial 2*. 11ª edição. São Paulo: Saraiva, 2.011 •• COSTA JR., Paulo José da; QUEIJO, Maria Elizabeth. *Comentários aos Crimes do Código de Trânsito* – São Paulo: Saraiva, 1999 •• MIGLIARI JÚNIOR, Arthur. *Lei das Contravenções Penais e Leis Especiais Correlatas: Porte de Arma, Bingo, Código de Trânsito*. São Paulo: Lex, 2000 •• PRADO, Luiz Regis. *Curso de Direito Penal Brasileiro*. 14ª edição. São Paulo: Revista dos Tribunais, 2.015 •• REALE Júnior, Miguel. *Direito Penal – jurisprudência em debate*. Coordenado por Miguel Reale Júnior. 2ª edição. São Paulo: Saraiva, 2.016. •• RIZZARDO, Arnaldo. *Comentários ao Código de Trânsito brasileiro*. 6ª edição. São Paulo: Revista dos Tribunais, 2007.



### COMENTÁRIO

O Código Brasileiro de Trânsito, Lei n. 9.503/97, veio a dar tratamento diverso ao homicídio e à lesão corporal culposos, bem como ao resultado decorrente de disputa em corrida em via pública e ao fato praticado em estado de embriaguez. A estes aspectos prende-se o comentário a seguir, sendo importante, inicialmente, trazer à luz os textos normativos.

Consta, então, do Código Brasileiro de Trânsito uma disciplina diversa com relação aos crimes culposos contra a vida e a integridade física, como se pode verificar pela simples leitura das normas a seguir transcritas:

> **Art. 291.** *Aos crimes cometidos na direção de veículos automotores, previstos neste Código, aplicam-se as normas gerais do Código Penal e do Código de Processo Penal, se este Capítulo não dispuser de modo diverso, bem como a Lei nº 9.099, de 26 de setembro de 1995, no que couber.*
> *§ 1º Aplica-se aos crimes de trânsito de lesão corporal culposa o disposto nos arts. 74, 76 e 88 da Lei nº 9.099, de 26 de setembro de 1995, exceto se o agente estiver:*
> *I – sob a influência de álcool ou qualquer outra substância psicoativa que determine dependência;*
> *II – participando, em via pública, de corrida, disputa ou competição automobilística, de exibição ou demonstração de perícia em manobra de veículo automotor, não autorizada pela autoridade competente;*

*III – transitando em velocidade superior à máxima permitida para a via em 50 km/h (cinqüenta quilômetros por hora).*

*Art. 296. Se o réu for reincidente na prática de crime previsto neste Código, o juiz aplicará a penalidade de suspensão da permissão ou habilitação para dirigir veículo automotor, sem prejuízo das demais sanções penais cabíveis.*

**Art. 297.** *A penalidade de multa reparatória consiste no pagamento, mediante depósito judicial em favor da vítima, ou seus sucessores, de quantia calculada com base no disposto no § 1º do art. 49 do Código Penal, sempre que houver prejuízo material resultante do crime.*

*§ 1º A multa reparatória não poderá ser superior ao valor do prejuízo demonstrado no processo.*

*§ 2º Aplica-se à multa reparatória o disposto nos arts. 50 a 52 do Código Penal.*

*§ 3º Na indenização civil do dano, o valor da multa reparatória será descontado.*

**Art. 298.** *São circunstâncias que sempre agravam as penalidades dos crimes de trânsito ter o condutor do veículo cometido a infração:*

*I – com dano potencial para duas ou mais pessoas ou com grande risco de grave dano patrimonial a terceiros;*

*II – utilizando o veículo sem placas, com placas falsas ou adulteradas;*

*III – sem possuir Permissão para Dirigir ou Carteira de Habilitação;*

*IV – com Permissão para Dirigir ou Carteira de Habilitação de categoria diferente da do veículo;*

*V – quando a sua profissão ou atividade exigir cuidados especiais com o transporte de passageiros ou de carga;*

*VI – utilizando veículo em que tenham sido adulterados equipamentos ou características que afetem a sua segurança ou o seu funcionamento de acordo com os limites de velocidade prescritos nas especificações do fabricante;*

*VII – sobre faixa de trânsito temporária ou permanentemente destinada a pedestres.*

**Art. 302.** *Praticar homicídio culposo na direção de veículo automotor:*
*Penas – detenção, de dois a quatro anos, e suspensão ou proibição de se obter a permissão ou a habilitação para dirigir veículo automotor.*
*§ 1º No homicídio culposo cometido na direção de veículo automotor, a pena é aumentada de 1/3 (um terço) à metade, se o agente:*
*I – não possuir Permissão para Dirigir ou Carteira de Habilitação;*
*II – praticá-lo em faixa de pedestres ou na calçada;*
*III – deixar de prestar socorro, quando possível fazê-lo sem risco pessoal, à vítima do acidente;*
*IV – no exercício de sua profissão ou atividade, estiver conduzindo veículo de transporte de passageiros.*

**Art. 303.** *Praticar lesão corporal culposa na direção de veículo automotor:*
*Penas – detenção, de seis meses a dois anos e suspensão ou proibição de se obter a permissão ou a habilitação para dirigir veículo automotor.*
*Parágrafo único. Aumenta-se a pena de 1/3 (um terço) à metade, se ocorrer qualquer das hipóteses do § 1º do art. 302.*

**Art. 306.** *Conduzir veículo automotor com capacidade psicomotora alterada em razão da influência de álcool ou de outra substância psicoativa que determine dependência:*
*Penas – detenção, de seis meses a três anos, multa e suspensão ou proibição de se obter a permissão ou a habilitação para dirigir veículo automotor.*
*§ 1º As condutas previstas no caput serão constatadas por:*
*I – concentração igual ou superior a 6 decigramas de álcool por litro de sangue ou igual ou superior a 0,3 miligrama de álcool por litro de ar alveolar; ou*
*II – sinais que indiquem, na forma disciplinada pelo Contran, alteração da capacidade psicomotora.*
*§ 2º A verificação do disposto neste artigo poderá ser obtida mediante teste de alcoolemia ou toxicológico, exame clínico,*

*perícia, vídeo, prova testemunhal ou outros meios de prova em direito admitidos, observado o direito à contraprova.*
*3º O Contran disporá sobre a equivalência entre os distintos testes de alcoolemia ou toxicológicos para efeito de caracterização do crime tipificado neste artigo.*

**Art. 308.** *Participar, na direção de veículo automotor, em via pública, de corrida, disputa ou competição automobilística não autorizada pela autoridade competente, gerando situação de risco à incolumidade pública ou privada:*
*Penas – detenção, de 6 (seis) meses a 3 (três) anos, multa e suspensão ou proibição de se obter a permissão ou a habilitação para dirigir veículo automotor.*
*§ 1º Se da prática do crime previsto no caput resultar lesão corporal de natureza grave, e as circunstâncias demonstrarem que o agente não quis o resultado nem assumiu o risco de produzi-lo, a pena privativa de liberdade é de reclusão, de 3 (três) a 6 (seis) anos, sem prejuízo das outras penas previstas neste artigo.*
*§ 2º Se da prática do crime previsto no caput resultar morte, e as circunstâncias demonstrarem que o agente não quis o resultado nem assumiu o risco de produzi-lo, a pena privativa de liberdade é de reclusão de 5 (cinco) a 10 (dez) anos, sem prejuízo das outras penas previstas neste artigo.*

**Art. 312-A.** *Para os crimes relacionados nos arts. 302 a 312 deste Código, nas situações em que o juiz aplicar a substituição de pena privativa de liberdade por pena restritiva de direitos, esta deverá ser de prestação de serviço à comunidade ou a entidades públicas, em uma das seguintes atividades:*
*I – trabalho, aos fins de semana, em equipes de resgate dos corpos de bombeiros e em outras unidades móveis especializadas no atendimento a vítimas de trânsito;*
*II – trabalho em unidades de pronto-socorro de hospitais da rede pública que recebem vítimas de acidente de trânsito e politraumatizados;*
*III – trabalho em clínicas ou instituições especializadas na recuperação de acidentados de trânsito;*

*IV – outras atividades relacionadas ao resgate, atendimento e recuperação de vítimas de acidentes de trânsito.*

No art. 291, estabelece-se que aos crimes praticados na direção de veículos automotores aplicam-se as regras gerais contidas no Código Penal e na Lei n. 9.099/95, salvo em face do que o Código de Trânsito dispuser em contrário.

Como se pode verificar, muitas disposições singulares são editadas no Código de Trânsito que devem, evidentemente, prevalecer em confronto com o disposto no Código Penal, em razão do princípio da especialidade, mormente no que respeita ao homicídio e à lesão corporal culposos.

A primeira indagação a ser feita é acerca da correção do legislador em aumentar a pena, cominando-a em dobro, para a conduta culposa de que resulta morte ou lesão corporal grave em comparação com a reprimenda prevista no Código Penal[283], arts. 121, § 3°, e 129, § 6°.

Trata-se de medida de Política Criminal, de vez que o bem jurídico atingido em ambas as figuras do homicídio e da lesão corporal são os mesmos tutelados no Código Penal e no Código Brasileiro de Trânsito. A vida ou a integridade física, violadas na conduta culposa praticada na direção de



---

283 **Homicídio culposo**

§ 3º Se o homicídio é culposo

Pena – detenção, de um a três anos.

**Aumento de pena**

§ 4º No homicídio culposo, a pena é aumentada de 1/3 (um terço), se o crime resulta de inobservância de regra técnica de profissão, arte ou ofício, ou se o agente deixa de prestar imediato socorro à vítima, não procura diminuir as consequências do seu ato, ou foge para evitar prisão em flagrante. Sendo doloso o homicídio, a pena é aumentada de 1/3 (um terço) se o crime é praticado contra pessoa menor de 14 (quatorze) ou maior de 60 (sessenta) anos.

§ 5º – Na hipótese de homicídio culposo, o juiz poderá deixar de aplicar a pena, se as conseqüências da infração atingirem o próprio agente de forma tão grave que a sanção penal se torne desnecessária.

**Lesão corporal culposa**

**Art. 129**

......................................

§ 6° Se a lesão é culposa:

Pena – detenção, de dois meses a um ano.

**Aumento de pena**

§ 7º Aumenta-se a pena de 1/3 (um terço) se ocorrer qualquer das hipóteses dos §§ 4º e 6º do art. 121 deste Código.

§ 8º – Aplica-se à lesão culposa o disposto no § 5º do art. 121.

uma embarcação ou na direção de veículo automotor em vias terrestres, são as mesmas. A conduta culposa, caracterizada pela inobservância do devido cuidado, pela falta de diligência, é a mesma, seja na direção de uma lancha, seja na condução de um carro. Em suma, são idênticas.

Por que razão, então, cominar penas tão relevantemente elevadas no Código Brasileiro de Trânsito, para ações culposas em vias terrestres na direção de veículo, em face do previsto no Código Penal que se aplica a todas as demais ações culposas com resultado morte ou lesão?

A resposta não pode ser senão porque, em vista da grande incidência de ocorrências culposas no trânsito, com números no Brasil assustadores de desastres nas estradas e nas cidades, cumpre, diante deste quadro, promover, com o fito intimidativo, o aumento das penas. Se foi essa a finalidade buscada, pode-se constatar que aos vinte anos da edição do Código Brasileiro de Trânsito que o pretendido efeito de prevenção geral não se deu. Pelo contrário, a cada ano aumentam os números de pedestres atropelados, motociclistas acidentados com mortes e lesões gravíssimas crescentes, passageiros de automóveis e ônibus feridos e mortos[284].

---

284 Esse não é um fenômeno brasileiro. A OMS apresenta um quadro trágico dos acidentes de trafêgo, com números alarmantes, confira-se em: <https://www.metrojornal.com.br/.../brasil-e-o-quinto-pais-mundo-em-mortes-no-transito>.

De acordo com dados da Organização Mundial da Saúde (OMS), todos os anos aproximadamente 1,3 milhões de pessoas morrem vítimas da imprudência ao volante. Dos sobreviventes, cerca de 50 milhões vivem com sequelas. O levantamento foi feito em 2009 em 178 países. Além disso, o trânsito é a nona maior causa de mortes do planeta. .... O Brasil aparece em quinto lugar entre os países recordistas em mortes no trânsito, atrás da Índia, China, EUA e Rússia. Segundo o Ministério da Saúde, em 2015, foram registrados 37.306 óbitos e 204 mil pessoas ficaram feridas. O Seguro de Danos Pessoais Causados por Veículos Automotores de Via Terrestre (DPVAT) pagou, em 2015, 42.500 indenizações por morte no país e 515.750 pessoas receberam amparo por invalidez.

Segundo a Polícia Rodoviária Federal (PRF), entre as principais causas dos acidentes com mortes ocorridos em 2016 estão falta de atenção (30,8% dos óbitos registrados); velocidade incompatível (21,9%); ingestão de álcool (15,6%); desobediência à sinalização (10%); ultrapassagens indevidas (9,3%); e sono (6,7%). As colisões frontais responderam por 29% das vítimas mortas no ano passado, seguidas pelos atropelamentos de pedestres (18,2%). Condutores ou passageiros de motocicletas foram 17,8% dos mortos; ciclistas, 4,1%.

Visa-se, assim, atual.estado de embriaguez. sando impor rigor, mas artificalmente,otorista.xar de prestar socorro ito intimidadA cada quatro mortes, três ocorreram em pista seca. Mais de 70%, em retas. Mais da metade foram registradas à noite (53,8%), em trechos de pista simples (61,7%) e em regiões rurais (68,9%). Os jovens de 20 a 24 anos são a faixa etária mais atingida, somando 14,2% dos mortos. Idosos acima de 60 anos, 12,3%. Os homens representaram 79,3% das vítimas que perderam a vida. Ao longo de todo o ano de 2016, a PRF flagrou, apenas no Paraná, 3.567 motoristas dirigindo sob

O efeito intimidativo não tem alcançado resultado. O problema é de Política Criminal[285], não apenas na vertente da política legislativa. Trata-se de educar para dirigir, diminuindo a pressa existente nos espíritos da civilização da urgência e de controle eficiente do respeito às regras de trânsito.

Deve-se instituir o "politicamente correto" no trânsito, decorrente do respeito ao pedestre, na contenção da pressa que gera a imprudência, passando-se por cima do menor cuidado, visando a fazer prevalecer a velocidade e a omissão de cuidados evidentes que afastariam o acontecimento do evento indesejado.

Enquanto a pena do homicídio na direção de veículo automotor em vias terrestres é de dois a quatro anos de detenção, mais suspensão ou proibição de autorização para dirigir, no Código Penal a pena cominada para o homicídio culposo é de um a três anos de detenção.

A pena no homicídio culposo é majorada no Código Brasileiro de Trânsito de um terço até a metade se o agente não possuir permissão para dirigir ou carteira de habilitação; se o acidente se der na faixa de pedestres ou na calçada; se deixar-se de prestar socorro, ou tiver o acidente sido praticado no exercício de profissão ou na direção de transporte coletivo.

Revela-se o desprezo pela ação pedagógica em benefício da crença, se não ingênua, comodista, de se contar apenas com a ameaça penal, pois se aumenta de 1/3 a 1/2 a pena se o homicídio do pedestre ocorrer na faixa, quando o que se verifica no nosso cotidiano, na maioria das cidades brasileiras, é o fato reiterado de o motorista não parar na faixa para o transeunte. Tal sucede, mormente, quando a faixa, mal colocada na esquina, é desrespeitada pelo carro que vira à direita, estando o sinal fechado nesta direção, autorizando o pedestre a atravessar.

A falta de educação no trânsito, causa maior dos acontecimentos infaustos, é esquecida pela Administração Pública em benefício do rigor penal ineficaz.



---

efeito de bebidas alcoólicas; 22,8 mil manobras irregulares de ultrapassagem; e mais de 235 mil veículos acima da velocidade máxima permitida.

---

285 Conforme se pode verificar em matéria da Folha de S. Paulo, de 31 de maio de 2.017, intitulada "Trânsito no Brasil mata 47 mil por ano e deixa 400 mil com alguma sequela", várias medidas a partir do Código de Trânsito foram positivamente aplicadas, como uso da cadeirinha para crianças, Lei Seca, airbag. Contudo, de 2.009 a 2.016 o total de óbitos cresceu de 19 para 23,4 por 100 mil habitantes. Como solução apontam-se medidas de engenharia, redução da velocidade; formação dos condutores; preparo do instrutor. Mas, acentua-se que o investimento em educação é fundamental e a existência ativa de fiscalização no trânsito, com o eficiente controle para impedir infrações. Confira-se em http://www1.folha.uol.com.br/seminariosfolha/2017/05/1888812-transito-no-brasil-mata-47-mil-por-ano-e-deixa-400-mil-com-alguma-sequela.shtml.

Mas, as causas de aumento de pena do homicídio, incidentes também com relação à lesão corporal, por força do disposto no parágrafo único do art. 303 do CBT, refere-se ao desrespeito a outros valores ou a normas regulamentares. Com efeito, a pena é aumentada se o motorista não tem carteira de habilitação ou está proibido de dirigir; se o fato ocorre na faixa de pedestre ou na calçada.

Poder-se-ia pensar em maior reprovabilidade do descuido se o desastre vem a atingir pessoas que se encontram na calçada para assim justificar o aumento de pena. Porém, nem sempre a circunstância de o carro ao bater em outro e ser arremessado à calçada, alcançando um transeunte é sinal de merecimento de maior reprovação. Desse modo, a causa de aumento cabe ser aplicada na hipótese de o resultado se ter dado na calçada se esta circunstância na dinâmica do acontecimento revela maior desprezo pelo cuidado necessário por parte do motorista.

Mas a pena é aumentada, também, se o motorista ofender a outro valor, qual seja o da solidariedade humana, ao deixar de prestar socorro à vítima. O aumento se impõe, igualmente, na hipótese de o fato se dar na direção de transporte coletivo, quando, então, se exigiria ainda maior cautela por importar na preservação da incolumidade de número indeterminado de pessoas.

O Código Penal já previa causa de aumento no caso de omissão de socorro (se o agente deixa de prestar imediato socorro à vítima, não procura diminuir as consequências do seu ato, ou foge para evitar prisão em flagrante), bem como se o crime resulta de inobservância de regra técnica de profissão, arte ou ofício. Pode-se considerar que o motorista profissional, taxista ou motorista de ônibus, enquadra-se nesta hipótese: inobservância de regra técnica de profissão. Contudo, mais direto é o CBT ao estabelecer que cabe a majorante se o crime é praticado no exercício de profissão ou na direção de transporte coletivo.

Além destas circunstâncias majorantes, o CBT também indica outras circunstâncias que se não aumentam a pena, todavia, impedem a aplicação das medidas substitutivas criadas pela Lei do Juizado Criminal Especial, a Lei n. 9.099/95, ou seja proíbe que se adotem a transação penal ou a suspensão condicional do processo na hipótese de: I – estar o condutor sob a influência de álcool ou qualquer outra substância psicoativa que determine dependência; II – estar participando, em via pública, de corrida, disputa ou competição automobilística, de exibição ou demonstração de perícia em manobra de veículo automotor, não autorizada pela autoridade competente; III – estar transitando em velocidade superior à máxima permitida para a via em 50 km/h (cinquenta quilômetros por hora).

Na verdade, há figuras específicas para a circunstância de participar o condutor de "racha" na rua ou de estar em estado de embriaguez. O art. 308 do CBT estatui ser crime: "Participar, na direção de veículo automotor, em via pública, de corrida, disputa ou competição automobilística não autorizada pela autoridade competente, gerando situação de risco à incolumidade pública ou privada".

Nos parágrafos, estabelece-se que, nesta hipótese, se não houver dolo direto ou eventual e ocorrer o evento de lesão corporal grave, a pena será de reclusão de 3 (três) a 6 (seis) anos. Se não houver dolo, direto ou eventual, nestas circunstâncias de "racha", mas resultado morte, a pena será de 5 (cinco) a 10 (dez) anos.

A direção em Estado de Embriaguez vem estatuída como crime no art. 306 do CBT, mas a pena é relativamente baixa em face do risco que provoca, cominando-se a mesma pena prevista para o crime de participar de "racha", art. 308, cuja forma qualificada pelo resultado homicídio ou lesão corporal decorrentes de negligência e não dolo, direto ou indireto, comina pena bem elevada.

Não há figura idêntica para o crime de embriaguez ao volante, muitas vezes confundindo o Ministério Público o ato como doloso na forma eventual[286]. Visa-se, assim, a impor rigor, mas artificialmente, com a hipótese de homicídio doloso ao resultado decorrente de ato culposo provocado em estado de embriaguez, o que não se verifica correto muitas vezes.

O melhor seria criar-se para a Embriaguez ao Volante a figura do crime qualificado pelo resultado, tal como se vê com relação ao crime de participação em "racha", art. 308, §§ 1º e 2º.

---

286 A respeito vide a análise crítica em REALE Júnior, Miguel. *Direito Penal – jurisprudência em debate* – coordenado por Miguel Reale Júnior. 2ª edição. São Paulo: Saraiva, 2.016, p. 48 e seguintes, especialmente confira-se a observação: "isto não quer dizer que não seja possível caracterizar-se homicídio com dolo eventual na direção de veículo, o que pode suceder, mesmo sem que haja embriaguez ou "racha", mas desde que a posição subjetiva de se admitir o resultado como provável decorra de um conjunto de circunstâncias reveladoras desta atitude anímica de aceitação indiferente do evento nefasto, atuando-se, igualmente, diante da não confiança de que este resultado não ocorrerá pelo que recebe o seu assentimento. E mais adiante:
Se a direção de veículo automotor em estado de embriaguez e a disputa em corrida pelas ruas de uma cidade constituem condutas por si mesmas tipificadas como crime, como já assinalado, por serem manifestamente ações que vão muito além do risco permitido, nem por isso pode-se de sua realização concluir que o agente não confiava que o resultado morte não ocorreria como consequência delas. É grandemente possível que se o agente nestas hipóteses tivesse como certo a ocorrência do resultado ele não praticaria a ação de dirigir".

Mas a lei de trânsito é fértil em criar circunstâncias agravantes, com grave repetição e superposição de normas. Assim, verifica-se que inova ao impor as seguintes circunstâncias no art. 298:

> **Art. 298.** *São circunstâncias que sempre agravam as penalidades dos crimes de trânsito ter o condutor do veículo cometido a infração:*
> *I – com dano potencial para duas ou mais pessoas ou com grande risco de grave dano patrimonial a terceiros;*
> *II – utilizando o veículo sem placas, com placas falsas ou adulteradas;*
> *III – sem possuir Permissão para Dirigir ou Carteira de Habilitação;*
> *IV – com Permissão para Dirigir ou Carteira de Habilitação de categoria diferente da do veículo;*
> *V – quando a sua profissão ou atividade exigir cuidados especiais com o transporte de passageiros ou de carga;*
> *VI – utilizando veículo em que tenham sido adulterados equipamentos ou características que afetem a sua segurança ou o seu funcionamento de acordo com os limites de velocidade prescritos nas especificações do fabricante;*
> *VII – sobre faixa de trânsito temporária ou permanentemente destinada a pedestres.*

Destarte, o homicídio ou a lesão corporal culposos decorrentes da direção de veículo automotor em via terrestre pode ter a pena agravada se ocorreu em faixa de pedestre, segundo o disposto no inciso VII do art. 298. Sucede, contudo, como acima lembrado, que esta circunstância do fato ocorrer em lugar com faixa de pedestre vem a ser, de acordo com o art. 303, causa de aumento de pena.

Estas agravantes referem-se, por vezes, a características exigidas por norma regulamentar, como a relativa a veículo sem placa ou com equipamento de segurança diverso do exigido. São circunstâncias que nada tem a ver com o fato realizado, no caso do homicídio ou da lesão culposos. Aumenta-se a pena criminal por desrespeito a uma normativa regulamentar alheia à configuração do fato delituoso, razão pela qual há imposição de inadmissível responsabilidade objetiva.

Esta última circunstância lembrada diz respeito ao carro – não ter chapa ou chapa adulterada – e nenhuma relação com a dinâmica do acontecimento culposo. O mesmo se diga da circunstância referente a existência de equipamentos em desacordo com as especificações do fabricante. Fogem estas características da natureza das circunstâncias agravantes conforme se pode constatar do art. 61 do Código Penal.

Assim, há de se rejeitar a imposição destas agravantes alheias ao fato em si, pois fere a exigência de a condenação estar fundada na responsabilização subjetiva do agente.

Prevê o CBT a imposição de pena de interdição de direito ao agente reincidente em crime de trânsito conforme edita o art. 296:

> Se o réu for reincidente na prática de crime previsto neste Código, o juiz aplicará a penalidade de suspensão da permissão ou habilitação para dirigir veículo automotor, sem prejuízo das demais sanções penais cabíveis.



Esta pena, todavia, já vem cominada cumulativamente com a pena privativa de liberdade no caso do homicídio e da lesão corporal. Vem, ademais, prevista como pena substitutiva na hipótese dos crimes de direção de veículo em Estado de Embriaguez e de condução de veículo em corrida na rua.

Destarte, resta diminuta a previsão estampada no art. 296 do CBT. Esta legislação como se pode ver peca pela mais absoluta falta de técnica, com repetições e superposições que tornam confusa a sua aplicação.

No art. 312-A, estabelece-se em que instituições e quais os serviços à comunidade devem ser adotados em face dos crimes praticados em afronta ao Código Brasileiro de Trânsito:

> **Art. 312-A.** *Para os crimes relacionados nos arts. 302 a 312 deste Código, nas situações em que o juiz aplicar a substituição de pena privativa de liberdade por pena restritiva de direitos, esta deverá ser de prestação de serviço à comunidade ou a entidades públicas, em uma das seguintes atividades:*
> *I – trabalho, aos fins de semana, em equipes de resgate dos corpos de bombeiros e em outras unidades móveis especializadas no atendimento a vítimas de trânsito;*
> *II – trabalho em unidades de pronto-socorro de hospitais da rede pública que recebem vítimas de acidente de trânsito e politraumatizados;*
> *III – trabalho em clínicas ou instituições especializadas na recuperação de acidentados de trânsito;*
> IV – outras atividades relacionadas ao resgate, atendimento e recuperação de vítimas de acidentes de trânsito.

Assim, busca-se privilegiar a aplicação da pena de prestação de serviços à comunidade, a se realizar em instituições públicas. Mas, o mais importante está na natureza dos trabalhos a serem prestados, sempre relacionados com a disciplina da correta conduta na condução de veículos.

Assim, prevê-se o trabalho em equipe de resgate de feridos ou em pronto socorro que atende feridos em acidentes automobilísticos. Igualmente, indica-se que a prestação de serviço se dê em clínicas de recuperação de acidentados. A finalidade pedagógica da prestação de serviços dessa natureza é palmar, podendo sem dúvida colaborar no sentido de a pena cumprir um fim de prevenção especial positiva.

A questão sempre presente, todavia, está na efetiva aplicação destas medidas pelo Judiciário, o que infelizmente não ocorre.

## OMISSÃO DE SOCORRO NO CÓDIGO DE TRÂNSITO

**BIBLIOGRAFIA:** BRUNO, Aníbal. *Direito Penal – Parte especial.* Tomo 4. Rio de Janeiro, 1.966 •• DALL'ORA, A. *Condotta omissiva e condotta permanente,* Milão: Giuffrè, 1950 •• COSTA JR., Paulo José da; QUEIJO, Maria Elizabeth. *Comentários aos Crimes do Código de Trânsito* – São Paulo: Saraiva, 1999 •• DOTTI, René Ariel. *Comentários ao Código Penal.* v. 01 – Tomo II. 7ª ed. Rio de Janeiro: GZ Editora, 2016 •• GALLO, Marcelo. Dolo. In: *Enciclopedia del Diritto.* v. XIII. Milão: Giuffrè, 1.964 •• JAKOBS, Gunther. La omisión: estado de la questión. In: *Sobre el estado de la teoría del delito,* Madrid: Civitas, 2000 •• MIGLIARI JÚNIOR, Arthur. *Lei das Contravenções Penais e Leis Especiais Correlatas: Porte de Arma, Bingo, Código de Trânsito.* São Paulo: Lex, 2000 •• PRADO, Luiz Regis. *Curso de direito penal brasileiro.* 7ª edição. São Paulo: RT, 2.008 •• REALE JÚNIOR, Miguel. *Direito Penal – jurisprudência em debate.* Coordenado por Miguel Reale Júnior, 2ª edição. São Paulo, Saraiva, 2.016 •• REALE JÚNIOR, Miguel, *Instituições de Direito Penal,* 4ª edição, Rio de Janeiro: Gen-Forense, 2.013 •• RIZZARDO, Arnaldo. *Comentários ao Código de Trânsito brasileiro.* 6ª edição. São Paulo: Revista dos Tribunais, 2007 •• SPASSARI, M. *L'omissione nella teoria della fattispecie penale,* Milão: Giuffrè, 1957 •• WESSELS, J. *Derecho Penal – parte geral,* trad. Juarez Tavarez, Porto Alegre: Fabris.

### COMENTÁRIO

Para exata compreensão do significado do pretendido com a norma do art. 304 do Código Brasileiro de Trânsito, que previu o crime de omissão de socorro por parte do condutor do veículo, é preciso ver o conjunto das normas que tratam da omissão de socorro no homicídio e na lesão corporal culposas no referido código.

Disciplina, então, o Código Brasileiro de Trânsito:

> **Art. 302**
>
> *§ 1º No homicídio culposo cometido na direção de veículo automotor, a pena é aumentada de 1/3 (um terço) à metade, se o agente:*
>
> ............................
>
> ............................
>
> *III – deixar de prestar socorro, quando possível fazê-lo sem risco pessoal, à vítima do acidente;*

> **Art. 303.** *Praticar lesão corporal culposa na direção de veículo automotor:*
> *Penas – detenção, de seis meses a dois anos e suspensão ou proibição de se obter a permissão ou a habilitação para dirigir veículo automotor.*
> *Parágrafo único. Aumenta-se a pena de 1/3 (um terço) à metade, se ocorrer qualquer das hipóteses do § 1º do art. 302.*

> **Art. 304.** *Deixar o condutor do veículo, na ocasião do acidente, de prestar imediato socorro à vítima, ou, não podendo fazê-lo diretamente, por justa causa, deixar de solicitar auxílio da autoridade pública:*
> *Penas – detenção, de seis meses a um ano, ou multa, se o fato não constituir elemento de crime mais grave.*
> *Parágrafo único. Incide nas penas previstas neste artigo o condutor do veículo, ainda que a sua omissão seja suprida por terceiros ou que se trate de vítima com morte instantânea ou com ferimentos leves.*

> **Art. 305.** *Afastar-se o condutor do veículo do local do acidente, para fugir à responsabilidade penal ou civil que lhe possa ser atribuída:*
> *Penas – detenção, de seis meses a um ano, ou multa.*

Como já examinei em anterior trabalho[287], não se aplica a figura do crime de omissão de socorro nos casos de homicídio ou lesão corporal culposos, pois com relação aos mesmos há regra especial no Código Penal, art. 121, § 4º, e 129, § 7º, segundo os quais nas hipóteses de homicídio ou lesão corporal culposos a pena é aumentada de um terço se o "agente não prestar imediato socorro à vítima".

O Código Brasileiro de Trânsito traz idênticas disposições, como se verifica da transcrição acima dos artigos 302, parágrafo único, e 303, parágrafo único, acrescendo-se a pena de um terço até a metade.

Se assim é, não poderia incidir a norma do art. 304, relativa à omissão de socorro do condutor do veículo na ocasião do acidente, com a majorante

287 REALE Júnior, Miguel. *Direito Penal* – jurisprudência em debate. Coordenado por Miguel Reale Júnior, 2a. ed. São Paulo: Saraiva, 2.016, p.153.

prevista nas figuras penais do homicídio e da lesão corporal culposos. Seria um *bis in idem,* como bem assinala decisão do Tribunal de Justiça do Piauí[288], só cabendo aplicar-se a norma incriminadora do art. 304 do CBT, caso não se tipifique o homicídio culposo ou a lesão corporal culposa, sendo o condutor inocente com relação a estes crimes, mas tendo se omitido de prestar assistência à vítima do acidente.

Já assinalara esta conclusão no trabalho anterior acima citado, ponderando que a norma do art. 135 do Código Penal não incide sobre o autor do fato, doloso ou culposo. Com relação ao homicídio ou à lesão corporal forem culposos ponderava que incidirão as causas de aumento de pena previstos no § 4º do artigo 121 e no § 7º do artigo 129 do Código Penal, consistente exatamente em ter o agente **deixado de prestar socorro à vítima**.

Já na hipótese de homicídio culposo ou de lesão corporal culposa, ocasionados por meio de veículo automotor em via pública, há também a incidência da causa de aumento prevista nos parágrafos únicos dos artigos 302 e 303 do Código de Trânsito, não sendo aplicável, portanto, o artigo 135 do Código Penal.

Neste trabalho, dava razão a Regis Prado no sentido de que o previsto no artigo 304 do Código de Trânsito cabe apenas na hipótese do motorista que **sem culpa**[289] vier a omitir o socorro necessário à vítima, que, por exemplo, lançou-se abruptamente à frente do veículo.

Por fim, acerca da limitada incidência à hipótese de não configuração do homicídio culposo ou da lesão corporal culposa, cabe saber se um réu acusado de homicídio culposo qualificado pela omissão de socorro (art. 302, parágrafo único do CBT), ao ser absolvido do homicídio culposo pode ser condenado em face do art. 304 do mesmo Código, pois norma referente ao condutor inocente do homicídio culposo que deixa de prestar socorro à vítima?

Tal sucedeu em processo submetido ao Tribunal de Justiça de São Paulo: "O apelante foi denunciado por infração aos artigos 302, paragrafo único, inciso III em c.c. artigo 305 da Lei 9.503/97 sendo absolvido por estes crimes e condenado por crime não capitulado na denúncia, por entender que o apelante teria deixado de prestar socorro à vitima, embora possível fazê-lo, condenando-o como incurso no artigo 304 do Código de Trânsito[290]".

A descrição típica do art. 304 é diversa da constante dos parágrafos únicos dos arts. 302 e 303, nos quais não há referência à irrelevância de ser a

288 TJPI – Apelação n. 2012.0001.001268-5, Relator Des. Raimundo Nonato da Costa Alencar.

289 PRADO, Luiz Regis. *Curso de direito penal brasileiro.* 7ª edição. São Paulo: RT, 2.008, p. 188.

290 **TJSP** – Apelação no 0008795-20.2011.8.26.0063, 3ª. Câmara, Rel. Ruy Alberto Leme Cavalheiro

omissão suprida por terceiro, nem que a omissão se configura mesmo no caso de morte instantânea da vítima ou de esta apenas apresentar lesão leve.

Portanto, a qualificação jurídica é diversa, sendo diferentes as figuras típicas das majorantes previstas nos parágrafos únicos dos arts. 302 e 303 do constante na descrição presente no art. 304 e seu parágrafo único.

Além do mais, a pena privativa de liberdade do art. 304 apresenta uma curiosa relação com as previstas nos parágrafos únicos dos arts. 302 e 303 do Código Brasileiro de Trânsito, pois é inferior à prevista no parágrafo do art. 302, mas superior à prevista no parágrafo do art. 303.

Assim, se está diante de uma nova definição jurídica, cabendo o juiz se valer do previsto no art. 384 e seu parágrafo do Código de Processo Penal, segundo os quais se o fato não estiver contido na imputação, de forma implícita ou explícita, deve ser oportunizado à defesa manifestar-se e produzir provas, podendo ser ouvidas até três testemunhas.

Se for o caso de pena mais grave, de acordo com o parágrafo único do art. 384 do Código de Processo Penal, o juiz deve remeter os autos ao Ministério Público para aditar a denúncia.

Mas, o art. 304 propõe outras questões, além do problema da resolução da incidência apenas na hipótese de ser o autor do acidente inocente, por exemplo, se a vítima se jogar sob as rodas do veículo.

O parágrafo único do art. 304 deixa expresso que a omissão se caracteriza mesmo que a vítima seja atendida por terceiros ou tenha morte instantânea ou apresente tão só ferimentos leves.

Em decisão do Superior Tribunal de Justiça, entendeu-se que

> "não cabe ao réu, no instante do acidente, supor as reais condições físicas da vítima, uma vez que tal responsabilidade é do especialista médico, legalmente habilitado, para determinar o momento e a causa da morte[291]".

Há precedente significativo em acórdão da lavra do Min. Gilson Dipp[292], no qual se pondera:

> "A prestação de socorro é dever do agressor, não cabendo ao mesmo levantar suposições acerca das condições físicas da vítima, medindo a gravidade das lesões que causou e as conseqüên-

291 AgRg no Ag n.o 1.140.929/MG, Rel. Ministra LAURITA VAZ, QUINTA TURMA, julgado em 13/08/2009, DJe 08/09/2009.

292 REsp n.o 277.403/MG, Rel. Ministro GILSON DIPP, QUINTA TURMA, DJ de 2/9/2002.

> cias de sua conduta, sendo que a determinação do momento e causa da morte compete, em tais circunstâncias, ao especialista legalmente habilitado. Irrelevante o fato de a vítima ter falecido imediatamente, tendo em vista que não cabe ao condutor do veículo, no instante do acidente, supor que a gravidade das lesões resultou na morte para deixar de prestar o devido socorro".

Esta posição decorre de uma consequência retirada da constatação de ser a omissão um não fazer imediato, a configurar de plano a infração penal. Se é certa esta ponderação sobre a natureza da conduta omissiva, no entanto, merece crítica a conclusão extraída no sentido de serem indiferentes as circunstâncias de a vítima estar morta ou da eficaz assistência prestada por terceiro.

Nas ações, comportamento comissivo, há uma atuação, um agir gerador de resultado (lesão corporal) ou criador de nova parcela que passa a integrar a realidade (um falso testemunho), enquanto na omissão há **um não agir** em desrespeito ao que se esperava que se fizesse. Se a omissão possui um substrato naturalístico, a sua relevância penal, no entanto, está sujeita a um **enfoque normativo**, graças ao qual se ressaltam e se sobressaem, dentre as tantas omissões, aquelas que se enquadram como *típicas* por ser um não fazer que deveria ter sido feito[293].

Na conduta omissiva, há um dado naturalístico observável, qual seja um não fazer[294] em face de uma obrigação de fazer. Na omissão, pode-se permanecer imóvel ou fazer algo que não o devido, *aliud agere*[295], como fruto de uma decisão tomada com conhecimento e vontade de se deixar de agir tal como devido. Se não há, na omissão, um dado físico, há, todavia, um sinal naturalístico constatável e passível de ser qualificado.

Mas, há um tempo para se fazer o que cumpre ser feito, um tempo próprio além do qual não mais adianta estender-se até o momento final, no



---

293 Sobre o comportamento omissivo, vide: REALE JÚNIOR, Miguel, *Instituições de Direito Penal,* 4ª ed., Gen-Forense, Rio de Janeiro, 2.013, p. 222 e seguintes; DOTTI, René Ariel. *Comentários ao Código Penal.* v. 01 – Tomo II. 7ª ed. Rio de Janeiro: GZ Editora, 2016, p. 460 e seguintes.

294 Sobre a omissão e quebra do dever positivo, vide JAKOBS, G. "La omisión: estado de la questión", *in Sobre el estado de la teoría del delito*, Madrid, Civitas, 2000, p. 133.

295 DALL'ORA, A. *Condotta omissiva e condotta permanente*, Milão, Giuffrè, 1950, p. 92, entendendo que há de certa forma *"um certo fazer"* no comportamento omissivo. Para SPASSARI, M. *L'omissione nella teoria della fattispecie penale*, Milão, Giuffrè, 1957, p. 49, para o qual se na omissão não há um elemento físico, há, no entanto, um elemento naturalístico.

qual ainda se poderia agir, pois a omissão já se deu ao não se agir no momento do dever agir[296]. A omissão, nos crimes omissivos próprios, se esgota em si mesma[297], independentemente do resultado que decorra do não fazer.

Malgrado estas características da conduta omissiva, é relevante para a configuração da omissão que o socorro omitido há de ser útil, e, assim, conforme indica Aníbal Bruno, "a assistência do agente é obrigatória sempre que não se possa dizer absolutamente desnecessária a sua intervenção[298]". Não se justifica imputar a omissão de socorro se a vítima de modo eficaz está sendo atendida por terceiros. A ação do condutor em prestar assistência seria inútil, despicienda[299].

Se inútil a intervenção e era cognoscível ao agente esta inutilidade, não se há de falar em omissão de socorro, questão a ser apenas verificável no caso concreto, sendo de se rejeitar a aplicação de forma absoluta prevista no artigo 304 do Código de Trânsito, legislação penal extravagante que peca por absoluta falta de técnica legislativa a ponto de levar, por vezes, à inconstitucionalidade de seus dispositivos.

Esta inconstitucionalidade é apontada por Regis Prado ao comentar o artigo 304 em sua locução final, que considera ocorrer a omissão de socorro mesmo que "se trate de vítima com morte instantânea", pois é impossível prestar socorro a cadáver. A necessária intervenção apenas é relevante, como se frisou, se o socorro for útil, razão pela qual se ofendem, com este dispositivo, os "mais elementares princípios penais de garantia", dos quais destaco a exclusiva proteção de bens jurídicos, a intervenção mínima, a proporcionalidade.

Outro problema suscitado pelo Código Brasileiro de Trânsito está no disposto no Art. 305, segundo o qual é crime "afastar-se o condutor do veículo do local do acidente, para fugir à responsabilidade penal ou civil que lhe possa ser atribuída".

---

296 GALLO, Marcelo. Dolo. In: *Enciclopedia del Diritto.* v. XIII. Milão: Giuffrè, 1.964, p. 760.

297 WESSELS, J., *Derecho Penal, parte geral,* trad. Juarez Tavarez, Porto Alegre: Fabris, p. 158.

298 BRUNO, Aníbal. *Direito Penal – Parte especial.* Tomo 4. Rio de Janeiro, 1.966, p. 252.

299 Neste sentido, decisão do TJSC– Apelação n. 2011.055047-5, 4ª. Câmara, Rel. Rodrigo Collaço: "Todavia, não se vislumbra a causa de especial aumento da pena do inc. III do parágrafo único do art. 302 da Lei n. 9.503/97, vale dizer, "*deixar de prestar socorro, quando possível fazê-lo sem risco pessoal, à vítima do acidente*", uma vez que, como se extrai do depoimento de Márcio Klan na delegacia (fl. 30) e em juízo (fl. 123), o réu lhe solicitou que acionasse a polícia e o corpo de bombeiros, sendo que somente se evadiu do local depois de obter a confirmação de sua solicitação e verificar o estado do motoqueiro".

Esta norma visa a impor ao condutor a permanência no lugar do acidente, independentemente da existência de vítimas, razão pela qual **se distingue da omissão de socorro**. Se houver vítima à qual, com a saída do local, deixa-se de atender, prevalecerá no conflito aparente de normas a relativa à omissão de socorro, pois nesta se acrescenta dado que a torna especial frente à previsão contida no art. 305 do Código Brasileiro de Trânsito[300].

Por outro lado, discute-se se esta norma do art. 305 é constitucional, pois violaria o direito de não se auto-incriminar.

Neste sentido, basta verificar a Manifestação do Min. Luis Fux no STF, considerando a questão da constitucionalidade ou não do art. 305 do CBT, matéria de repercussão geral, suscetível de ser apreciada pela Suprema Corte. Diz, então, o Min. Fux[301]:

> "a simples permanência na cena do crime já seria suficiente para caracterizar ofensa ao direito ao silêncio. Obrigar o condutor a permanecer no local do fato, e com isso fazer prova contra si, afrontaria ainda o disposto no artigo 8º, inciso II, alínea g, do Pacto de São José da Costa Rica (Convenção Americana de Direitos Humanos), do qual o Brasil é signatário. O Tribunal de Justiça do Estado do Rio Grande do Sul vem decidindo pela inconstitucionalidade do dispositivo legal, aplicando o entendimento sufragado nos autos do Incidente de Inconstitucionalidade nº 70047947478. Da mesma forma, declararam a inconstitucionalidade do art. 305 do CTB: i) o Órgão Especial do Tribunal de Justiça do Estado de São Paulo, na Arguição de Inconstitucionalidade nº 990.10.159020-4; ii) a Corte Superior do Tribunal de Justiça do Estado de Minas Gerais, na Arguição de Inconstitucionalidade nº 1.0000.07.456021-0/000; iii) a Segunda Câmara Criminal do

SEGUNDA PARTE

---

300 A questão veio a ser enfrentada na decisão do Tribunal do seguinte teor: "Digno de nota é que não há que se falar em bis in idem na aplicação da causa de aumento do art. 302, parágrafo único, III, e do art. 305, ambos do CTB, pois enquanto a omissão de socorro, agravadora da pena em caso de homicídio culposo no trânsito, implica maior reprimenda para aquele que falta com o dever genérico de solidariedade, o tipo do art. 305 do CTB busca punir aquele que se evade do local para furtar-se às responsabilidades civis ou penais, em detrimento da Administração da Justiça, interessada na elucidação dos fatos e na aplicação da Lei".

301 STF – Repercussão Geral no RE 971.959 /Estado do Rio Grande do Sul – Plenário – j. 27.06.2016 – v.u. Confira-se em: <http://stf.jus.br/portal/jurisprudenciaRepercussao/verPronunciamento.asp?pronunciamento=6409325>

> Tribunal de Justiça do Estado de Santa Catarina, na Arguição de Inconstitucionalidade em Apelação Criminal nº 2009.026222-9/001.00; e iv) o Órgão Especial do Tribunal Regional Federal da 4ª Região, na Arguição de Inconstitucionalidade nº 0004934-66.2011.404.0000/RS".

Igualmente participa da mesma posição a Subprocuradora-Geral da República Deborah Duprat, destacando, em síntese, os seguintes pontos: "i) com fundamento no direito geral de liberdade, na garantia do devido processo legal e das próprias regras democráticas do sistema acusatório de processo penal, não se permite ao Estado compelir os o que cidadãos a contribuírem para a produção de provas que os prejudiquem; ii) o direito à não auto-incriminação possui previsão normativa no direito internacional, no direito comparado e no direito constitucional; iii) não procede o argumento de que o direito ao silêncio limita-se à impossibilidade de exigir uma colaboração ativa do acusado; iv) a responsabilidade civil ou criminal daquele que causa um acidente de trânsito não depende de sua fuga do local do sinistro, pois a primeira é alcançável pela reparação de danos, enquanto que a segunda decorre das normas próprias do direito penal caso tenha ocorrido a violação de bens jurídicos por elas protegidos; v) em outros delitos mais graves e.g. homicídio ou estupro o legislador não criminalizou a conduta daquele que, ao perpetrá-los, venha a evadir-se do local, não sendo razoável penalizar o agente somente por se tratar de um acidente de trânsito; e vi) cria-se uma possibilidade de prisão por obrigação civil fora dos casos que a Constituição autoriza (art. 5º, LXVII)".

Em contraposição, há decisões de outros Tribunais, que consideram não haver inconstitucionalidade na incriminação do desrespeito ao dever de permanecer no local do acidente, pois **não se viola, com tal exigência objeto de tutela penal, a garantia da não autoincriminação. É de se lembrar então acórdão do STJ:**

> "a despeito de não desconhecer que os Tribunais de Justiça de São Paulo, Rio Grande do Sul, Minas Gerais e Santa Catarina, bem assim o TRF da 4ª Região declararam a inconstitucionalidade do artigo em comento, tenho que o art. 305 do Código de Trânsito, que tipifica a conduta do condutor de veículo que foge do local do acidente, para se furtar à responsabilidade penal ou civil que lhe possa ser atribuída, não viola a garantia da não auto-incriminação, que assegura que ninguém pode ser obrigado

> por meio de fraude ou coação, física e moral, a produzir prova contra si mesmo[302]."
>
> "a arguição de inconstitucionalidade também não procede, porquanto a incriminação não afronta o direito ao silencio consagrado na Carta Federal, nem implica confissão de crime por parte do motorista envolvido no acidente, por isso que nem sempre tal ocorrência significa ilícito penal, sem olvidar que a norma incriminadora não foi declarada inconstitucional pela Corte Suprema[303]".

A Advocacia Geral da União, em parecer do então Advogado Geral, Fábio Medina Osório, manifestou-se na Ação Declaratória de Constitucionalidade interposta pelo Procurador Geral da República, em favor da constitucionalidade do art. 305 do CBT[304]:

> "A observância do dispositivo (do Código de Trânsito) não afronta o princípio da não-autoincriminação, pois a permanência do motorista no local do acidente de trânsito não se confunde com confissão ou reconhecimento de culpa, e tampouco fere o princípio da ampla defesa. Ademais, a norma em comento evidencia a preocupação do legislador federal com a segurança no trânsito, e, consequentemente, com a preservação dos direitos à integridade da vítima, à incolumidade pública, e à saúde dos usuários das vias públicas, bem como com a administração da justiça, não havendo que se falar em ofensa aos princípios da razoabilidade e da proporcionalidade".

Como se vê, a Advocacia Geral da União confunde a obrigação de permanência no local com omissão de socorro, pois fala em favor da norma em comento como relativa à preservação do direito à integridade da vítima. Na verdade, como acima analisado, o crime do art. 305 do CBT **só terá incidência se não houver vítima no plano penal,** pessoa ferida.

A imposição de permanência no local por via de norma penal é absolutamente desproporcional, de vez que, como salienta a Sub-Procuradora

302 STJ, Rel. Min. Laurita Vaz, 5ª T., hc 137340/SC, julg. 20/09/201.

303 TJRJ, Rel. Des. Valmir de Oliveira Silva, 3ª C.Crim., AP n. 0008481-55.2011.8.19.0003, julg. 06/11/2012.

304 Confira-se em <https://jota.info/justica/agu-e-constitucional-punir-quem-foge-local-acidente-09082016>

de República, com relação a crime algum se impõe que o autor perdure no local da infração.

De outra parte, se o autor do acidente estiver embriagado, a exigência de permanecer no local torna-se um imperativo de auto-incriminação.

Destarte, entendo ser sem dúvida inconstitucional a norma do art. 305 do CBT, primeiramente, por violação da proporcionalidade, impondo-se pela via penal uma obrigação de interesse que pode ou não ser prejudicado pela ausência do condutor, ou seja, a apuração de responsabilidade civil. Se houver responsabilidade penal, decorrente da existência de vítima, haverá omissão de socorro. Se a responsabilidade penal decorrer de embriaguez ao volante, a exigência de permanência atinge o direito de não se auto-incriminar.

Mas, o importante está em distinguir este dever de agir, de permanecer no local do acidente, do dever de acudir a vítima.

# APÊNDICE

## O ARBÍTRIO JUDICIAL NA MEDIDA DA PENA[1]

**SUMÁRIO:** *Fundamento e individualização da pena. O positivismo jurídico e a escola clássica. Tendência transacional pragmática. A justiça do caso concreto. O art. 42 do novo Código. Livre convencimento e certeza legal. A função do juiz criminal. Critérios para a concretização da pena. Antecedentes do réu. Personalidade do agente. Intensidade do dolo ou grau da culpa. Motivos determinantes. Circunstâncias e consequências do crime. Agravantes e atenuantes. Algumas hipóteses e respectivas soluções: a) tentativa de homicídio; b) aberratio ictus; c) furto qualificado; d) furto simples; e) roubo; f) crime continuado. Conclusões.*

### Fundamento e individualização da pena

O novo Código Penal brasileiro é uma conciliação, no sentido pragmático, entre postulados e critérios que, do ponto de vista teórico, não se acomodariam, talvez, nem mesmo no caminho para o céu. O nosso legislador de 40 alheou-se à crença no caráter teleológico das verdades acessíveis ao homem e evitou certas soluções de lógica pura, para construir no terreno oportunístico e arbitrário da utilidade prática. A pena continua a ter por fundamento a *responsabilidade moral,* mas não é só *retribuição* ou *reação ético-jurídica,* segundo o pensamento hegeliano: é, também, *defesa social.* A sua irrogação permanece condicionada à imputabilidade psíquica, mas o seu fim não é apenas o restabelecimento do direito violado: é, no mesmo passo, a tutela da vida em sociedade. A ideia de justiça aliada à política de defesa social.

Afeiçoada exclusivamente à ideia de justiça, a pena somente pode ser considerada um contragolpe do crime, um mal pelo mal. Dai o postulado clássico de que o mal da pena deve ser proporcional ao mal do crime. O que importa, principalmente é o crime na sua gravidade objetiva, e não o seu autor. O crime *a parte objecti,* e não o crime *a parte subjecti.* Critério primário e decisivo é a *aestimatio delicti:* a *aestimatio sontis* não entra em linha de conta, senão secundariamente. Se um crime se apresenta, materialmente, igual a outro crime, os respectivos autores merecem a mesma pena. Para males iguais, penas iguais. É a lei de Talião estilizada. É a justiça

1 Conferência pronunciada na Faculdade de Direito de Recife, em 9 de dezembro de 1941, in *Revista Forense,* Rio, 1942, v. 59. p. 5 e ss.

de superfície. É a justiça rudimentar da balança, que equilibra *quantidades* e não *qualidades.* É a justiça que vê os fatos humanos mas ignora as almas. É a justiça segundo os velhos moldes e, para que não dizê-lo, segundo a concepção popular ainda dominante.

**O positivismo penal e a escola clássica**

Com este critério objetivista ou de apreciação *ab externo,* não se duvidou, para servir ao extremado individualismo do século XIX, que as penas podiam e deviam ser micrometricamente prefixadas na lei, sem nenhum ensejo ao arbítrio judicial. É bem conhecida a impugnação que a esse sistema de dosimetria legal da pena opôs o chamado *positivismo penal.* Proclamou este a necessidade de uma radical mudança de princípios e de formas. A expressão *culpa moral* é um vanilóquio. A psique humana não escapa ao causalismo universal. O livre arbítrio é uma ilusão. A vontade não é causa de si mesma: apenas dá o que recebe. O crime é um fatalismo natural. Ao invés de *responsabilidade moral* deve-se falar em *responsabilidade social* ou *legal,* de cunho puramente objetivo: o homem é responsável porque vive em sociedade. A pena não pode ser aplicada como *castigo,* nem se lhe pode atribuir função ética: é apenas um meio prático de defesa social contra a delinquência. Sua função é meramente preventiva. Deve ser medida, não segundo a gravidade do crime, mas conforme a temibilidade ou periculosidade do criminoso, apreciado através de sua constituição fisiopsicológica e do seu grau de adaptabilidade à vida social. Como não há dois criminosos iguais, a pena não deve ser predeterminada pelo legislador, mas *individualizada* pelo juiz, pois só este é que tem diante de si, na sua realidade viva e palpitante, o autor do crime, o elemento humano dos casos concretos.

De um reprovado excesso, porém, pretendia-se passar a outro. Ao excesso de objetivismo substituía-se o excesso de subjetivismo. A escola clássica focalizava o crime e deixava na sombra o criminoso; a escola positiva invertia as posições: o criminoso era trazido para o palco, enquanto o crime ficava na retrocena. O classicismo fazia do crime uma *entidade abstrata,* e outra coisa não fazia do criminoso o positivismo, que, com as suas generalizações apressadas, achou de classificar aprioristicamente *tipos* de delinquentes, na absurda tentativa de comprimir a infinita variedade do psiquismo humano dentro de um quadro esquemático.

**Tendência transacional pragmática**

Na ulterior evolução jurídica, entretanto, afirmou-se a tendência transacional. O direito penal alheou-se a demasias e unilateralismos. Não reza em cartilhas ortodoxas. Não conhece outra lógica além da que serve à sua própria finalidade. Aceita o que lhe parece *útil,* sem cuidar se é *racionalmente verdadeiro.* Faz filosofia, ou aceita um dado científico, ou atende à consciência da multidão, ou faz política conforme se lhe afigure mais consentâneo com os objetivos que se propõe.

É o direito penal unitarista e pragmático.

É o direito penal do novo Código brasileiro.

No seu contexto, retificando-se mutuamente, entrosam-se a doutrina clássica e a doutrina positiva. Acende-se uma vela a Carrara e outra a Ferri. As divergências apazíguam-se no *sentido* da proporção e da justa medida, segundo a lei pitagórica. As antíteses aglutinam-se numa síntese. O objetivismo e o subjetivismo aliam-se, interpenetram-se, formando um bloco incindível.

O ponto de *culminância* desse espírito de conciliação é o relativo à aplicação da pena. A fórmula unitária já foi *assim* fixada: *retribuir* o *mal concreto do crime com o mal concreto da pena, na concreta personalidade do criminoso.* Ao ser cominada *in abstracto, a pena* é individualizada objetivamente, mas, ao ser aplicada *in concreto,* não prescinde da sua individualização subjetiva. *Após* a individualização convencional da *lei,* a individualização experimental do juiz, ao mesmo tempo objetiva e subjetiva. É conservada a prefixação de *mínima* e *máxima* especiais; mas, suprimida a divisão dos graus intermédios, o juiz pode mover-se livremente entre aqueles, para realizar a "justiça do caso concreto".



**A justiça do caso concreto**

No regime do Código de 90, o juiz, depois de identificar o tipo de crime e fazer o cômputo das agravantes e atenuantes legais, estava inexoravelmente adstrito a soluções predeterminadas no texto *frio* dos artigos penais. A graduação da pena, rigidamente estabelecida *a priori,* operava-se por saltos bruscos. Cada grau importava uma quantidade certa e inflexível de pena, em flagrante desproporção, para mais ou menos) com a do grau precedente; de modo que a passagem de um grau para outro obrigava o juiz, quase sempre, a impor uma pena inadequada, excessivamente severa ou excessivamente benigna. Com o novo *Código,* porém, o juiz deixa de ser um *contador mecânico,* para tornar-se o árbitro consciente da duração ou quantidade da pena. Em certos casos, compete-lhe mesmo escolher a *qualidade* da pena (quando penas diversas são cominadas alternativamente) e, em outros, seu *arbitrium boni viri* pode substituir uma pena por outra (arts. 129, § 5º, 155, § 2º, 170 e 175, § 2º) ou ir até o *perdão judicial* (arts. 140, § 1º, 176, 180, § 3º, 240,

§ 4º, 249, § 2º); mas é na determinação do *quantum* da pena que o seu poder discricionário assume caráter genérico ou sistemático. Ao invés da lei operando sobre entidades abstratas, vamos ter o juiz operando sobre realidades. Não mais a singela e sumária contraposição de um *grau* de pena a um *grau* objetivo de crime; pois vai entrar na equação um elemento de que o juiz, até agora, quase que se desapercebia: o elemento *homem,* o agente do crime, a personalidade do criminoso. A pena deixa de ser aplicada a *modelos de fábrica* em série, para ajustar-se, de caso em caso, a um ente humano, a um indivíduo na sua personalidade real. É o critério que, como diz Carnevale, atende a uma necessidade intrínseca da própria justiça. É *ounicuique suum* de Ulpiano.

**O art. 42 do novo Código**

Amoldando-se ao critério de individualização subjetiva da pena, o novo Código, porém, não proclamou o puro arbítrio do juiz. Ficou a meio caminho entre dois sistemas opostos: o da liberdade máxima e o da legalidade rígida. O arbítrio judicial ilimitado, o retorno ao *plenum arbitrium* medieval seria perigoso. É certo que o juiz moderno dispõe de mentalidade bem diversa da que dominava nos tribunais da Idade Média; mas é lição da experiência que todo poder sem controle tende fatalmente para sua própria hipertrofia. Como *arbitrium judieis* a coberto de limitações, estaria ameaçada a própria unidade do direito.

O que o novo Código consagra, no seu art. 42, é o *arbitrium regulatum,* o arbítrio temperado, o poder discricional relativo. É a relativa elasticidade da ação do juiz, para que este, retificando os critérios inevitavelmente genéricos da lei, possa distribuir a justiça genuína e essencial, a justiça afeiçoada à realidade cambiante dos fatos humanos, a justiça do caso concreto, numa palavra: a justiça que se chama *equidade.* E quando se diz equidade, não se quer dizer negação da lei ou mero capricho do juiz. A equidade que o direito consente e reclama não é a *que* se inspira no variável sentimentalismo do juiz, mas a que se funda na boa razão e no senso da justa medida. É a equidade que seria a da própria lei, se esta pudesse realizar o milagre de enfeixar em suas fórmulas a variedade caleidoscópica da vida. É a equidade que, no conceito de Bellavista, se assemelha à régua lésbica, suficientemente dúctil para ajustar-se a todos os relevos e depressões do objeto medido. É a equidade que permite a avaliação conscienciosa e real das modalidades ou circunstâncias particulares de cada caso, examinado na sua complexidade fisiopsicológica, e tanto pode resultar em brandura e perdão, como em severidade e acréscimo de castigo.

**Livre convencimento e certeza legal**

Para essa equidade é que o novo Código Penal confia na magistratura brasileira. E foi inspirado nessa mesma confiança que o recentíssimo Código de Processo Penal unitário, em complemento do sistema do *arbitrium regulatum,* inscreveu no seu texto o princípio do *livre convencimento* do juiz na apreciação das provas. Também, aqui, não se trata de um *discricionalismo irrestrito.* Não é demais que eu repita conceitos por mim expendidos, há já três anos passados, em defesa e explicação desse critério processualístico. Dizia eu, então: "Houve um tempo em que a justiça criminal se exercia na conformidade de dogmáticas fórmulas legais. Só havia uma lógica: a lógica da lei. Só havia uma *certeza moral* para os juízes: a que a lei subordinava, *a priori,* a certas condições miudamente estabelecidas. A consciência dos juízes descansava nos prefixos critérios legais. Ao invés da opinião concreta e relativa do juiz, a solução formulada de antemão pela lei. Era a fé sagrada no prestígio mágico das fórmulas, em que se cuidava de codificar ou *fossilizar* as sugestões da experiência. As *presunções legais* prescindiam da necessidade da real convicção do juiz. A verdade formal sobrelevava a verdade material. A forma subvertia o fundo. *Forma dat esse rei* – era a ominosa máxima de decisão. Era o sistema chamado da *certeza legal.* Nenhuma possibilidade de livre apreciação das provas pelo juiz. Estava este adstrito a regras indeclináveis e fatais. À vista de certos elementos de prova, tinha de julgar o fato provado, ainda que outra fosse a sua convicção; e não podia considerar o fato provado, não obstante sua convicção em contrário, se não ocorresse um certo *minimum* de prova. A lei traçava ao juiz não somente as normas gerais sobre a credibilidade das provas, como também as regras particulares próprias a cada um dos meios probantes admitidos em juízo. Havia uma tarifa legal de provas. A confissão era considerada *regina probationun:* provava a imputação ainda mesmo contra a evidência de outras provas. Contra documentos não se admitia prova testemunhal. Acumulavam-se dentro da lei os artifícios la prevenção dialética. A certos *indícios* era atribuído decisivo valor probante, dispensada a lógica comum em torno dos casos concretos. O *cui prodest scelus,* is *fecit,* o *semel malus, semper malus* e outras falibilíssimas presunções assumiam o cunho de verdades apodíticas.

Em data relativamente recente, Carmignani assim defendia o "sistema legal de provas", correlato do processo inquisitório: "... introduziu ele a distinção entre a *certeza moral do homem,* que se forma de qualquer modo e arbitrariamente, e a *certeza moral* da lei, que se funda sobre a índole racional da prova e sobre os dados gerais e constantes da analogia e da experiência, que *somente* a sabedoria da lei está em condições de apreender e conhecer". Era ainda um resquício da velha superstição do *amnis potestas a Deo,* atribuindo à lei do Príncipe o condão divino do acerto perpétuo. Era ainda o superficialismo da crença na constância dos dados da experiência, como se a esta fosse dado atingir o campo inacessível das verdades definitivas. Com o advento, porém, do processo contraditório, em que se assegurou livre ensejo à plenitude da defesa dos acusados, o sistema medieval esboroou-se como um edifício construído na areia. A verdade material voltou a triunfar sobre a artificiosa verdade formal.

Foram relegadas para o museu do pensamento humano muitas das velhas regras apriorísticas do processo penal. Foi abolida a preordenada hierarquia das provas. Foram exiladas da processualística penal, como teratologias jurídicas, as presunções ou ficções legais de culpa. Com a nova estrutura do processo, já não havia lugar para as desconfianças e restrições preventivas da lei. Os juízes foram restituídos à sua própria consciência. A convicção deles, em face dos processos, passou-se a formar-se livremente, apreciando as provas, em cada caso ocorrente, segundo o seu entendimento e raciocínio. O famoso aforismo de Bacon, de que "a melhor lei é a que menos arbítrio deixa ao juiz", foi renegado, reconhecendo-se que repelir o *arbitrium judicis,* para dar-se prevalência aos critérios estandardizados da lei, era incidir no desmarcado absurdo de tratar igualmente coisas desiguais. O juiz deixou de ser um autômato, um aplicador mecânico de fórmulas legais, para ser um livre pesquisador da verdade material, guiando-se peio seu próprio critério e sua própria lógica. Deixou-se de temer o arbítrio do juiz, pois o juiz moderno, evangelizado na doutrina dos "direitos do homem", dispõe de aquisições morais que o não deixam confundir-se com os ferrenhos e prepotentes juízes medievais. Mudaram-se as situações: ao invés da *certeza moral da lei,* a *certeza moral do homem;* ao invés da *teoria formal,* a *teoria material* das provas; ao invés dos rígidos critérios legais, o *livre convencimento* do juiz. Foi o Código de Processo Penal da culta Alemanha um dos primeiros a proclamar o novo princípio: "Sobre o resultado das provas decide o juiz segundo o seu livre convencimento deduzido do complexo dos elementos do processo". *("Über das Ergebnis der Beweisaufnahme entscheidet das Gericht nach seiner freien, aus dem Inbegriffe der verhandlung geschöpften Überzeugung.")*

*Livre convencimento,* como se vê desse preceito da lei germânica, não quer dizer puro capricho de opinião ou anarquia na apreciação das provas. O *juiz* é *livre na apreciação das provas, mas não independente destas.* Não se trata de dar ensejo a julgamentos incontrolavelmente arbitrários, mas, sim, lógicos, realísticos, desprendidos de qualquer preconceito legal no reconhecimento da verdade material. Não está o juiz dispensado de *motivar* a sua sentença. E nisto, precisamente, reside a suficiente garantia do direito das partes e do interesse social. A decisão do juiz está sujeita a recurso para o tribunal superior e a *motivação* dela é justamente que oferece matéria de censura aos seus possíveis erros e defeitos, quer do ponto de vista lógico, quer do ponto de vista jurídico. A liberdade de convencimento não significa que o juiz possa alhear-se ao conteúdo da prova aduzida no processo. É-lhe vedado, assim, julgar extra-autos, segundo sua ciência particular ou pela notoriedade do fato, uma vez que tal notoriedade não se apresente como resultado mesmo da prova. Continua defeso o julgamento *de credulitate* ou *ex informata conscientia.* Permanece em vigor o princípio de que *quod non est in actis non est de hoc mundo*... Mas, dentro dos autos, no exame das provas coligidas, não está o juiz adstrito a nenhuma *fictio juris* ou a critérios prefixos. No campo dos fatos humanos, a correspondência estatística de um dado efeito a uma dada causa não autoriza a proclamar-se *como* um axioma que esse *efeito* se dará, impreterivelmente, sempre que ocorrer essa causa. Se as próprias leis físicas, as mais incontestadas, são relativas e estão sujeitas a retificações, não se compreende que a lei social adote prévios critérios invariáveis e hirtos para tratamento de fatos do homem, que, embora idênticos na sua aparência, podem ser profundamente diversos na sua essência, no seu sentido e finalidade. No sistema do *livre convencimento,* a lei abdica no juiz a função de raciocinar. Terá o juiz uma ampla liberdade de ação na indagação e reconhecimento da verdade material que é base indeclinável de uma justiça consentânea com a evolução jurídica. Não é lei de um povo civilizado a que desconfia dos juízes que a vão aplicar, procurando restringir-lhes a liberdade de convicção e julgamento. Urge que restituamos os nossos juízes à inteira coragem de si mesmos, à plenitude de sua consciência, que não pode continuar a ser supliciada no leito de Procusto dos estereótipos e padrões legais.

**A função do juiz criminal**

Perante o novo direito brasileiro, o juiz criminal é, assim, chamado a exercer o seu nobre ofício com a sua própria consciência, com o seu próprio raciocínio, com a sua livre crítica. Já não será um intérprete escolástico da lei, um aplicador de justiça tarifada, um órgão de pronunciamento automático de fórmulas sacramentais; mas uma consciência livre a regular destinos humanos. É preciso acentuar, entretanto, que a responsabilidade do juiz vai ser incomparavelmente maior do que aquela que atualmente lhe cabe. Já não terá na lei o *Chernoviz* para todos os casos, o *vade mecum* para todas as soluções. Terá ele de ser um pouco *pelicano,* a dar alguma coisa de si mesmo em cada um de seus julgamentos. Não poderá limitar-se a silogismos de pura técnica forense, pois terá, também, de perscrutar a realidade dos fatos humanos, descendo da *turris eburnea* das abstrações do direito para rastrear caracteres e almas no rés do chão da vida. Não terá, é certo, a faculdade de formar direito novo, à margem da lei; não poderá abstrair os ensinamentos da doutrina e da jurisprudência; mas fará sentir, ao lado da lei e do direito científico, a voz da própria consciência e da consciência coletiva, diante da realidade de cada crime e de cada criminoso. Não apenas a identificação técnico-jurídica do crime, mas também a identificação psicológica do criminoso. Advirta-se para logo, porém, que não se trata de fazer psicologia livresca ou erudita, mas psicologia que todos nós sabemos fazer, psicologia intuitiva ou ensinada pelo traquejo da vida, psicologia acessível a todo homem sensato e de perspicácia comum, embora ignorante dos biopsicogramas de Kretschmer ou dos processos catárticos de Freud.

**Critérios para a concretização da pena**

Convém insistir, para sossego dos individualistas românticos, que o arbítrio judicial concedido pelo novo Código não é *absoluto.* Não é a antiga *aequitas cerebrina,* que de si mesma se alimentava. Não é um arbítrio que possa exercer-se *fora de vila* e *termo* ou por *ignavas rationes.* Não é um arbítrio *in extensum,* ou *à la dérive,* deixado ao mero impulso do sentimento, à mercê da atrabílis ou da euforia *do* juiz: mas um arbítrio limitado, moderado, controlado. O que se pretende é a individualização racional da pena, a adequação da pena ao crime e à personalidade do criminoso, e não a ditadura judicial, a justiça de *cabra-cega,* o juiz *a legibus solutus.* Para evitar que redunde em puro capricho o poder discricional do juiz, a *lei* traça diretrizes ao seu exercício. De par com as *agravantes* e *atenuantes* e as *causas de especial aumento ou diminuição de pena,* que não dependem do arbítrio judicial, funcionando *ope legis,* são fixados, embora em fórmula amplíssima, os critérios segundo os quais deve o juiz pautar a concretização da pena. O art. 42 é *taxativo* e não meramente *exemplificativo:*

> "Compete ao juiz, atendendo aos *antecedentes* e *à personalidade do agente, à intensidade do dolo ou grau da culpa, aos motivos, às circunstâncias* e *consequências do crime:*
> *I, determinar a pena aplicável, dentre as cominadas alternativamente;*
> *II, fixar, dentro dos limites legais, a quantidade da pena aplicável."*

Não pode o juiz adotar critério algum de medida da pena além dessa órbita. Certamente, será difícil imaginar-se um elemento informativo que não esteja compreendido no texto acima transcrito; mas, ainda que a versatilidade dos casos concretos apresente algum outro, o juiz terá de abstraí-lo.

Como se vê, a fórmula do art. 42 é unitária, no sentido de que engloba, inseparavelmente, o critério da individualização objetiva e o da individualização subjetiva. Não há prevalência de um sobre outro, mas conjunção, sincronismo, entrosamento. A *quantidade* do crime e a *qualidade* do criminoso, o *mal externo* e o *mal interno* completam-se, integram-se, fundem-se numa unidade orgânica, para a apreciação do juiz. Todos os fatores e elementos circunstanciais do crime imputado, no seu duplo aspecto subjetivo e objetivo, podem ser levados em conta pelo juiz, desde que lhe pareçam ponderáveis, dentro do quadro do art. 42.

Segundo a ordem em que são enumerados no texto legal, são estes os elementos a que o juiz deve ater-se:

*a)* antecedentes do réu;

b) personalidade do réu;

c) intensidade do dolo ou grau da culpa;

*d)* motivos determinantes;

*e)* circunstâncias e consequências do crime.

Correspondendo à necessidade da apuração de tais elementos em cada caso concreto, o novo Código de Processo Penal, logo ao regular o inquérito policial, determina que, de par com "todas as provas que servirem para o esclarecimento do fato e suas circunstâncias", devem ser averiguadas a vida pregressa do indiciado, sob o ponto de vista individual, familiar e social, sua condição econômica, sua atitude e estado de ânimo antes e depois do crime e durante ele, e quaisquer outros elementos, que contribuírem para a apreciação do seu temperamento e caráter". No curso da ação penal, o juiz, por sua vez, não poderá descuidar de suprir, tanto quanto possível, quaisquer falhas da investigação policial, sendo-lhe facultada uma ampla atividade processual, independente de provocação das partes, no sentido do esclarecimento integral do crime em si mesmo e em função do seu autor.

Vamos discorrer, ainda que de relance, sobre cada um dos elementos informativos acima referidos. Cumpre, porém, que se faça uma advertência preliminar: para o efeito da medida da pena, há que distinguir entre as *circunstâncias judiciais,* isto é, as circunstâncias que, na órbita do art. 42, têm o seu reconhecimento e influxo deixados ao poder discricional do juiz, e as *causas expressas de aumento ou diminuição de pena.* Estas últimas dividem-se em duas classes:

*a) circunstâncias legais* ou causas de obrigatório aumento ou diminuição de pena dentro dos *minima* e *maxima* cominados *in abstracto,* e são elas as *agravantes* e *atenuantes (accidentalia delicti)* previstas nos arts. 44,

45 e 48 do Código, à parte a *reincidência específica,* que é disciplinada particularmente (art. 47, n. I); *b)* causas especiais de obrigatório ou facultativo aumento ou diminuição de pena em quantidade fixa (um sexto, um terço, metade, dobro etc.) ou dentro de determinados limites (um sexto até metade, um a dois terços etc.). As causas *sub b* repartem-se, por sua vez, em dois grupos, segundo sejam previstas na *parte geral* (arts. 12, parágrafo único, 20, § 2º, 22, parágrafo único, 24, § 2º, 43, parágrafo único, 48, parágrafo único, 51, §§ 1º e 2º, 53, 2ª alínea, e 54 *in fine)* ou na *parte especial* (arts. 121, §§ 1º e 4º, 122, 129, §§ 4º e 7º, 133, § 3º, 135, parágrafo único, 141 e parágrafo único, 146, § 1º, 150, § 2º, 151, § 2º, 155, §§ 1º e 2º, 157, § 2º, 158, § 1º, 168, § 1º, 170, 171, §§ 1º e 3º, 175, § 2º, 187, parágrafo único, 208, parágrafo único, 209, parágrafo único, 221, 226, 244, parágrafo único, 250, § 1º, 251, § 2º, 258, 263, 264, parágrafo único, *in fine,* 266, parágrafo único, 267, § 1º, 268, parágrafo único, 281, § 4º, 285, 288, parágrafo único, 295, 296, § 2º, 297, § 1º, 299, parágrafo único, 312, § 3º, 317, § 1º,332, parágrafo único, 333, parágrafo único, 334, § 2º, 339, §§ 1º e 2º, 342, § 2º, 347, parágrafo único, e 357, parágrafo único). No cálculo a fazer-se segundo o art. 42, não devem entrar as circunstâncias legais (agravantes ou atenuantes) e as causas de especial aumento ou diminuição, pois que aquelas e estas só serão atendidas, sucessivamente, depois de apurada a *pena-base,* isto é, a pena primacialmente fixada na conformidade do citado artigo. Por outras palavras: o art. 42 traça critérios de orientação para toda vez que o juiz tenha de exercer o seu poder discricional, isto é, na fixação da pena fundamental *in concreto* e na ulterior fixação do aumento ou diminuição desta, quando não haja limite de quota ou a quota possa variar, embora dentro de determinados limites; mas no cálculo da pena-base só devem entrar as circunstâncias judiciais (cabíveis no quadro do art. 42), abstraídas as circunstâncias legais e as causas de especial aumento ou diminuição; pois, de outro modo, umas e outras, entressachadas, funcionariam duas vezes, isto é, no cálculo da pena-base e no cálculo dos aumentos ou diminuição subsequentes.

Feita esta observação prévia, passemos à análise do art. 42.

**Antecedentes do réu**

Os *antecedentes* a que se refere o art. 42 são todos os fatos ou episódios da *vita ante acta* do réu, próximos ou remotos, que possam interessar, de qualquer modo, à avaliação subjetiva do crime. Tanto os *maus* e os *péssimos* antecedentes, quanto os *bons* e os *ótimos.* Em primeiro lugar, devem ter-se em conta os antecedentes *judiciais.* As condenações penais anteriores, porém, serão abstraídas, desde que importem o reconhecimento da *reincidência,* pois esta, se específica, tem disciplina especial, e se genérica, deve ser computada, como qualquer outra agravante, depois de fixada a pena-base. Do contrário, incidir-se-ia na censura do *non bis in idem.* Segundo o livre convencimento do juiz, devem ser apreciados os demais antecedentes penais: processos paralisados por superveniente extinção da punibilidade antes da sentença final irrecorrível, inquéritos arquivados por causas impeditivas da ação penal, condenações ainda não passadas em julgado, sujeição a medida de segurança por fato não constitutivo de crime (art. 76, parágrafo único), processos em andamento, até mesmo absolvições anteriores por deficiência de prova. Os antecedentes judiciais compreendem também os de natureza cível ou comercial *(in exemplis:* suspensão ou perda do pátrio poder, condenação em ação *de* desquite, insolvência fraudulenta, falência). Por outro lado, deve ser pesquisado, na medida do possível, o sistema de vida pregressa do réu, quer do ponto de vista individual, quer do ponto de vista familiar ou social. Deve ser o réu identificado, notadamente, no seu ambiente social, no clima de moralidade em que se fez homem, nas suas boas ou más condições de educação. Cumpre indagar se o crime praticado é um episódio acidental de sua vida, ou se é um consectário de sua propensão ou habitual orientação para o mal e a indisciplina. Embora sem antecedentes judiciários, um indivíduo pode ter uma vida pontilhada de deslizes, de pequeninas infâmias ou faltas morais, que revelam nele um elemento mal ajustado à ordem social. Para que se reconheçam bons antecedentes ao réu, não basta que ele seja *sceleris purus:* é também necessário que seja *integer vitae.* Pode acontecer igualmente que um indivíduo *com* antecedentes judiciários já tenha praticado atos de benemerência ou de especial valor social. Ao juiz compete extrair-lhe a *conta-corrente,* para ver se há *saldo credor* ou *devedor.*

**Personalidade do agente**

Quando se diz *personalidade,* quer-se dizer, antes de tudo, caráter, síntese das qualidades morais do indivíduo. É a psique individual no seu modo de ser permanente. O juiz deve ter em atenção a boa ou má índole do delinquente, seu modo ordinário, de sentir, de agir ou reagir, a sua maior ou menor irritabilidade, o seu maior ou menor grau de entendimento e senso moral. Deve retraçar-lhe o perfil psíquico. Deve procurar reconhecê-lo no seu temperamento, na sua *moralité foncière* (como diz Saleilles), quer em face do crime, quer fora dele. É por essa identificação psicológica que se pode apurar a *criminosidade* do réu ou a sua *capacidade de delinquir,* não se devendo, porém, confundir esta com a *periculosidade,* que é critério para a imposição de *medida de segurança* (arts. 76, n. II, e 77), de caráter meramente *preventivo,* e não para fixação da *pena,* de cunho essencialmente *repressivo.* Como ensina Petrocelli, a capacidade de delinquir não é a probabilidade futura de que o réu venha a cometer novos crimes, mas o grau atual de rebeldia contra a lei. A pena *não* pode ser irrogada pelo que pode acontecer, mas pelo que já realmente aconteceu.

**Intensidade do dolo ou grau da culpa**

Por *intensidade do dolo* se deve entender a maior ou menor afirmação da *mens rea.* O dolo tem uma escala, que vai desde uma intervenção mínima de consciência e vontade até o pleno domínio da inteligência sobre a violação. Intensidade do dolo é o grau de determinação consciente com que se realiza a ação criminosa. Assim o *dolo eventual* é um *minus* de intensidade em relação ao *dolo direto.* Costuma-se dizer que no extremo inferior da escala do dolo está o *dolo de ímpeto* e no extremo superior o *dolo premeditado.* Não se deve, porém, neste particular, proceder com um critério apriorístico. Nem sempre a *premeditação* é início de maior criminosidade, da mesma forma que o *impetus* não revela, em todos os casos, menor perversidade. O novo Código não inclui a *premeditação* entre as agravantes *obrigatórias,* deixando-a entre as circunstâncias *inominadas* ou *indeterminadas* do art. 42, para ser apreciada, de caso em caso, pelo juiz. Havia razões de sobra para tal critério. Muito antes do advento da Escola Positiva (que pleiteia o radical cancelamento da agravante da premeditação), já Holtzendorff evidenciara que a premeditação, ao contrário do conceito tradicional, não revela, por si mesma, perversidade ou abjeção de caráter, senão resistência à ideia criminosa. É mais perverso aquele que mata *ex improviso,* mas por um motivo *imoral,* do que aquele que mata depois de longa reflexão, mas por um motivo de valor moral ou social. O indivíduo ponderado, cujo poder de autoinibição oferece resistência aos motivos determinantes de uma conduta antissocial, não é mais capaz de crime do que o indivíduo impulsivo, que não sabe *sobrestar antes de começar.* Segundo a clássica definição de Carmignani, a premeditação caracteriza-se pelo *intervalo de tempo (mora habens)* e a *frieza e calma de ânimo (frigidus pacatusque animus).* Ora, o primeiro elemento é tudo quanto há de mais arbitrário e inconcludente. Quanto ao segundo, não passa, como justamente acentua Costa, de um atributo da personalidade psicofísica ou psicofisiológica do agente, e nada tem a ver com o processo volitivo. A frieza e calma de ânimo é um modo de ser do temperamento. Com frieza e calma de ânimo, tanto se pode cometer um crime quanto uma ação nobilíssima (Ferri). Na tentativa de reabilitar a premeditação como agravante, cuidou-se de ampliar o seu conceito: deve se referida à índole moral dos motivos determinantes e à escolha dos meios que tornem mais fácil ou menos aleatória a execução do crime. Tal critério, porém, levou à conclusão lógica de que se devia abolir, por inexpressiva e inútil, a agravante em questão, bastando que se formulassem agravantes referidas aos motivos e aos meios empregados ou modo de execução.

Não impediu o descrédito da *premeditação* a defesa que lhe fez Rocco (Alfredo), na *Relazione* sobre o projeto do atual Código italiano (devendo notar-se que nos anteprojetos não figurava essa agravante): *"Vi sarebbe ragione di escluderla, se la premeditazione non fosse altro che quella specie di dolo che si contrappone al dolo d'impeto. Ma nel dolo vi e una scala, che sale per gradi, dal cosidetto dolo d'impeto) alla riflessione normale, ed infine alla premeditazione. Questa aggiunge un quid pluris a quel grado di riflessione, che è comune alla maggior parte delle azioni delittuose."* Mas, que é o *quid pluris* a que se refere Rocco? Para Angioni, a *tensão do propósito até a fixação* é que constitui esse *quid pluris,* em cotejo com o grau de reflexão comum à maior parte das ações delituosas. Ora, semelhante *tensão,* sobre ser inaferível, não significa outra coisa senão a continuada predominância do *motivo mais forte;* de modo que este, sim, é que deve ser apreciado na sua *qualidade,* para dele se deduzir a maior ou menor punibilidade do agente. Quando da elaboração do projeto de Código suíço, com toda razão observou Gautier: *"La préméditation est um critère qui manque tout-à-fait de précision, puisque l'on n'a pas pu, jusqu'ici, se mettre d'accord sur le sens* de ce *mot. C'est un critère extrêmement incertain aussi* pour *la raison que la préméditation, qu'on l'entende dans l'un ou dans l'autre sens, est toujours un fait purement intérieur et qui peut fort bien ne pas se traduire par des actes perceptibles. C'est de plus un critère faux et incomplet, em se qu'il ne dénote pas avec certitude et dans tous les cas sans exception un caractere criminel particulièrement dangereux."* Entre nós, a premeditação tem adversários declarados. Osmã Loureiro acentua e aplaude a tendência moderna no sentido de "proscrever dos códigos a premeditação, como agravante, por se confundir com o simples mecanismo da vontade criminosa, substituindo-se esta indicação pela investigação dos motivos". Costa e Silva assim se pronuncia: "Os modernos autores de psicologia criminal despiram a premeditação de sua antiga importância. Hoje ela nem sempre indica, na pessoa do delinquente, grau mais elevado de depravação moral." Cândido Mota FILHO é dos que defendem ponto de vista diverso, na sua erudita monografia *Da premeditação;* mas esta foi o *canto de cisne* da velha agravante no direito brasileiro. A premeditação é desconhecida dos Códigos peruano, argentino, soviético, dinamarquês e polonês. Os projetos Galdino, Sá Pereira e Alcântara Machado já a haviam abolido, quer como agravante genérica, quer como agravante específica. O novo Código não tinha outro caminho a seguir. Na visão de conjunto do fato criminoso *in concreto,* a premeditação poderá eventualmente ser levada em conta pelo juiz; mas deixou de ser uma circunstância obrigatória de exasperação de pena.

Tal como o dolo, a culpa tem igualmente a sua graduação, determinada pela maior ou menor previsibilidade do evento lesivo. A escala sobe desde o grau mínimo da culpa *aquiliana* ou a culpa levíssima, a entestar com o *caso fortuito,* até a culpa consciente ou com previsão, fronteiriça do dolo eventual. Mas, aqui, também, não se devem adotar critérios prefixos. A culpa com previsão pode revelar *antenas menos insensíveis* do que a culpa inconsciente. Ter-se previsto o evento lesivo, mas *esperando* que este não ocorra, pode ser menos grave do que não se ter previsto coisa alguma. Não foi, aliás, por outro raciocínio que o nosso novo Código, enjeitando o exemplo do Código italiano, não incluiu entre as agravantes obrigatórias a *previsão do evento no crime culposo.*

**Motivos determinantes**

*Motivos* são os antecedentes psíquicos da ação, a força propulsora da vontade atuante. Constituem, na expressão feliz de Schopenhauer, "a causalidade vista de dentro". Os motivos determinantes (motivos conscientes da ação) representam, no direito penal moderno, a *pedra de toque* do crime. Não há crime *gratuito* ou sem motivo, e é no motivo que reside, como diz Vergara, a significação mesma do crime. O motivo é o *adjetivo* do elemento moral do crime. É através do "porquê" do crime, principalmente, que se pode rastrear o valor psicológico do criminoso e aferir da sua maior ou menor antissociabilidade. Para a medida da pena, é imprescindível ter-se em conta a *qualidade* dos motivos que impeliram o indivíduo ao crime. Desprezadas miúdas subdistinções, os motivos podem ser classificados em duas grandes categorias: motivos *imorais* ou *antissociais* e motivos morais ou *sociais,* conforme sejam, ou não, contrários às condições ético-jurídicas da vida em sociedade. O amor à família, o ,sentimento de honra, a gratidão, a revolta contra a injustiça, as paixões nobres em geral podem levar ao crime; mas o juiz terá de distinguir entre esses casos e aqueles outros em que o *movens* é o egoísmo feroz, a cólera má, a prepotência, a malvadez, a improbidade, a luxúria, a cobiça, a *auri sacra fames,* o mesquinho espírito de vingança, a empolgadura dos vícios. É na consideração dos motivos do crime que o juiz há de sempre encontrar um critério essencial na individualização da pena.

**Circunstâncias e consequências do crime**

As *circunstâncias* são as modalidades da ação criminosa, particularmente no que respeita à sua natureza, à espécie dos *meios* empregados, ao objeto, ao tempo, ao lugar, à atitude ou estado de ânimo do réu antes, durante ou após o crime. Muito em atenção deve ter o juiz o comportamento do réu contemporâneo ou subsequente à atividade criminosa. Profunda é a diferença, por exemplo, entre o assassino que agiu com sangue frio e cinismo, regozijando-se, ou ficando indiferente em face do cadáver da vítima, e o homicida que revela angústia e remorso. Bem diverso daquele que, de sua própria iniciativa, vai entregar-se à prisão, para prestar contas à justiça, é o criminoso que, não obstante a evidência dos fatos comprovados, nega obstinadamente a autoria do crime, ou procura embaraçar a investigação da verdade.

Por último, refere-se o art. 42 às *consequências* do crime, isto é, à maior ou menor gravidade do dano ou perigo de dano ocasionado à vítima e o maior ou menor alarma social provocado. Em face de todos esses elementos, unitariamente apreciados, é que o juiz terá de fixar o *quantum* da pena-base, abstraídas as agravantes ou atenuantes e as causas de especial aumento ou diminuição. Pode acontecer que haja discrepância entre os dados coligidos no processo: maus antecedentes do réu e motivo de valor social, abjeção de caráter e insignificância do *effectus sceleris* etc. Em tais condições, deve o juiz *balancear* os *prós* e *contras:* se estes prevalecem, deve a pena-base aproximar-se do máximo da pena *in abstracto;* se, ao contrário, prevalecem aqueles, a pena-base tomará a direção do mínimo; se uns e outros se equiparam, a pena-base será um termo médio entre o mínimo e o máximo. Fixada a pena-base, sobre esta, a seguir, terá de versar o aumento ou diminuição decorrente das agravantes ou atenuantes, se houver, respeitados os *minima* e *maxima* da pena cominada ao crime. Se ainda ocorre alguma causa de especial aumento ou diminuição, versará esta ou aquela sobre o *quantum* precedentemente fixado. O primeiro cálculo (isto é, o cálculo discricional, na conformidade do art. 42) é feito tendo-se em vista, necessariamente, a pena *in abstracto;* mas cada aumento ou diminuição subsequente se fará sobre o *quantum anteriormente concretizado.* É a aplicação da regra do art. 50: "A pena que tenha de ser aumentada ou diminuída, de quantidade fixa ou dentro de determinados limites, é a que o juiz aplicaria se não existisse causa de aumento ou de diminuição".



**Agravantes e atenuantes**

Convém repetir que, no fixar a quantidade do aumento ou diminuição decorrente de agravantes ou atenuantes, isoladas ou em concurso, ou de causas de especial aumento ou diminuição variável dentro de determinados limites, os critérios guiadores são ainda os do art. 42, aplicável sempre que o juiz tenha de usar sua faculdade de arbítrio.

Nos casos em que a quota de aumento ou diminuição *é* rígida ou fixa, o juiz nada mais terá a fazer do que adicioná-la ou descontá-la do *quantum* precedentemente apurado.

Tratando-se de causas de especial aumento ou diminuição, o juiz não fica adstrito aos mínimos e máximos da pena *in abstracto,* podendo transpô-los, salvo, quanto ao aumento, os limites estabelecidos no art. 55 (isto é, 30 anos para as penas privativas de liberdades e cem mil cruzeiros para a pena pecuniária).

No concurso de causas de especial aumento ou de causas de especial diminuição previstas na *parte geral,* os aumentos ou diminuições se farão cumulativamente, enquanto, no concurso de causas de aumento ou de diminuição previstas na *parte especial,* o juiz deve limitar-se a um só aumento ou a uma só diminuição, dando prevalência, todavia, à causa que mais aumente ou diminua (art. 50, parágrafo único).

No concurso de agravantes e atenuantes, o critério de solução é marcadamente subjetivista: "a pena deve aproximar-se do limite indicado pelas circunstâncias preponderantes, entendendo-se como tais as que resultam dos motivos determinantes, da personalidade do agente e da reincidência" (art. 49). É de notar-se, mais uma vez, porém, que a *reincidência específica* tem disciplina peculiar, importando, necessariamente, a "aplicação da pena acima da metade da soma do mínimo com o máximo" (art. 47, n. I), e tal efeito não pode ser impedido por quaisquer atenuantes concorrentes: estas, de par com outras agravantes acaso também concorrentes e as circunstâncias judiciais (art. 42), influirão tão somente na fixação da pena além da "metade da soma do mínimo com o máximo".

Não cuida o Código, expressamente, da equivalência entre agravantes e atenuantes concorrentes, pois é óbvio que, em tal caso, a influência de umas é neutralizada pela de outras, de modo que é como se não existissem.

Se concorre causa de especial aumento com causa de especial diminuição, compensam-se as respectivas quantidades e o *saldo,* se houver, a favor ou contra o réu, é o que subsistirá para ser aditado ou subtraído.

Acontece, às vezes, que, em virtude de uma circunstância especial, a lei estabelece, não já um aumento ou diminuição da pena ordinária do crime, mas uma pena de espécie diversa (exemplos: art. 129 e seus §§ 1º e 3º, art. 351 e seus §§ 1º e 3º), ou uma pena da mesma espécie, mas independente da pena ordinária ou dentro de novos limites (exemplos: arts. 121, § 2º, 129, § 3º, 133, §§ 1º e 2º, 155, § 4º, 227, §§ 1º e 2º). Em tais hipóteses, se ocorre somente a circunstância que produz tal efeito, não há senão que aplicar a pena autônoma ou de espécie diversa, segundo a regra geral do art. 42; mas, se concorrem outras circunstâncias ou causas *legais,* o aumento ou diminuição delas resultante se opera, não sobre a pena ordinária, mas sobre a pena independente ou diversa.

O aumento de pena pelo *cúmulo jurídico,* no concurso de crimes (concurso formal, crime continuado, *aberratio ictus* com duplicidade de resultado), deve operar-se depois de fixada a pena para cada crime concorrente, como se não houvesse o concurso. Somente depois desse cálculo múltiplo é que se pode saber qual a pena única *in concreto* a ser aumentada. A redução ou aumento por circunstâncias comuns a todos os crimes concorrentes deve fazer-se, previamente, sobre a pena-base de cada um deles separadamente. No crime continuado, o aumento deve ser feito de modo que a pena unificada seja inferior à soma das penas dos crimes-membros, pois o instituto da *continuação* foi criado em favor, e não em detrimento dos réus. Também no concurso formal, a pena complexiva não deve ser igual ou superior à soma das penas dos crimes concorrentes, salvo quando estes resultem de desígnios autônomos, não obstante a unidade da ação ou omissão. Admitir-se solução contrária importaria abstrair-se a razão de ser da *unidade complexa,* que a lei, no caso, reconhece, para tratamento diverso do estabelecido em relação ao *concurso material.*

**Algumas hipóteses e respectivas soluções**

Formulemos, agora, algumas hipóteses, para resolvê-las na conformidade das regras que vimos de expor.



## A) TENTATIVA DE HOMICÍDIO

Figure-se que certo indivíduo, possuído de violenta emoção, logo em seguida a uma injusta provocação, desfecha toda a carga do seu revólver sobre o adversário, que, entretanto, escapa ileso. Trata-se de uma *tentativa* de homicídio, e dispõe o art: 12: "Salvo disposição em contrário, pune-se a tentativa com a pena correspondente ao crime consumado diminuída de um a dois terços". Tem-se, pois, na espécie, de começar por um *processo hipotético,* mediante o qual o juiz deve determinar, *in abstracto,* dentro dos respectivos limites, a pena que, segundo os critérios diretivos do art. 42, teria de aplicar, se o crime se tivesse consumado. No exemplo figurado, se o crime se consumasse, teríamos uma das modalidades de *homicidium privilegiatum* (art. 121, § 1º), em que ao juiz é facultado reduzir de um sexto a um terço a pena ordinária do homicídio simples. É um caso de facultativa diminuição especial de pena, de modo que o juiz não está adstrito ao *minimum* prefixado na lei. Suponhamos que o juiz, em face dos bons antecedentes do acusado, da sua comprovada boa índole, do arrependimento que revelou após o crime etc., e na ausência de qualquer agravante, lhe devesse aplicar, ainda que tivesse atingido a *meta optata,* a pena mínima do homicídio simples, isto é, seis anos de reclusão. Será esta a pena-base, sobre a qual versará a redução de um a dois terços, determinada no art. 12. Admita-se que o juiz, atendendo às circunstâncias da tentativa em si mesma, entre as quais a de não ter sido cruenta, resolva descontar a fração máxima, isto é, dois terços: teremos a pena-base reduzida a dois anos de reclusão. Finalmente, usando da faculdade que lhe confere o § 1º do art. 121, e orientando-se de novo pelos critérios do art. 42, poderá o juiz ainda diminuir de um terço esse *quantum.* E, assim, a pena concretizada será de um ano e quatro meses de reclusão. Em condições idênticas, perante o Código de 90, o juiz estaria obrigado, inflexivelmente, a aplicar a pena de quatro anos de prisão celular, evidentemente excessiva.

Figuremos outra hipótese:

**B) *ABERRATIO ICTUS***

Tício desfecha tiros contra o septuagenário Mévio, que fica apenas ferido, mas acontecendo que um dos projetis também atinge e mata Caio, que estava junto de Mévio. É um caso de *aberratio ictus* com duplicidade de resultado. O novo Código vê na *aberratio* uma *unidade simples* (isto é, um só crime doloso) ou uma *unidade complexa,* conforme fique ou não incólume a pessoa visada. Se esta é também atingida, tem-se de aplicar a regra do concurso formal. Eis o que dispõe o art. 53: "Quando, por acidente ou erro no uso dos meios de execução, o agente, ao invés de atingir a *pes*soa que pretendia ofender, atinge pessoa diversa, responde como se tivesse praticado o crime contra aquela, atendendo-se ao disposto no art. 17, § 3º, 2ª parte. No caso de ser também atingida a pessoa que o agente pretendia ofender, aplica-se a regra do § 1º do art. 51". Assim, no caso figurado, Tício responderá por homicídio doloso na sua forma simples, mas aumentada a pena de um sexto até metade. Suponha-se que o juiz se convença de que há equivalência entre os elementos desfavoráveis e favoráveis ao acusado: teria este agido por simples vingança, mas não é censurável o seu *curriculum vitae,* e a execução do crime não se teria revestido de circunstância indiciária de maior perversidade. É razoável, portanto, que a pena-base represente um termo médio entre o mínimo (seis anos) e o máximo (20 anos) da pena *in abstracto,* ou seja 13 anos de reclusão. Em seguida, dentro do mesmo critério de proporção, o aumento da pena-base, dada a ocorrência de uma das agravantes previstas no art. 44, II, letra i ("ter o agente cometido o crime contra velho"), deve ser uma quantidade igual ou próxima à metade da diferença entre 13 e 20 anos (grau máximo da pena *in abstracto),* digamos três anos. Sobre a pena, assim concretizada, de 16 anos, irá versar o especial aumento determinado no art. 53, *in fine.* Ainda pelo mesmo critério anterior, o *quantum* desse aumento deve ser uma quota intermédia entre um sexto e a metade de 16 anos (isto é, entre dois anos e oito meses e oito anos), digamos, cinco anos. Teríamos, assim, a pena total fixada em 21 anos.

Suponhamos, no caso figurado, que, ao invés de uma agravante, houvesse uma atenuante, por exemplo, a da menoridade do agente. Como tal atenuante é do mais alto-relevo, e nada, além do crime em si mesmo, deporia contra o réu, o juiz poderia reduzir a pena-base até o mínimo da pena *in abstracto,* isto é, seis anos. O aumento especial seria uma quantidade média entre um sexto e a metade de seis anos, ou seja, dois anos. A pena total seria de oito anos.

Figure-se, agora, o seguinte caso:

**C) FURTO QUALIFICADO**

Tício, penetrando na casa de Mévio, mediante arrombamento, dali subtrai um objeto valioso. Trata-se de um *furto qualificado,* a que é cominada a pena de reclusão por dois a oito anos, além da multa de dois a 12 mil cruzeiros (art. 155, § 4º, n. I). Segundo se verifica dos autos, o acusado é um indivíduo de mau caráter e péssimos costumes, degradado pelos vícios, calaceiro, além de ser um *reincidente específico.* Há, porém, uma nota favorável: o acusado sempre foi um desprotegido da sociedade, tendo nascido e crescido em meio miserável, sem nenhuma orientação para o caminho do bem. Como é reincidente específico, a pena tem de ser fixada, necessariamente, além da metade da soma do mínimo com o máximo abstratos, isto é, deve ser superior a cinco anos de reclusão. O juiz, tendo em consideração a mísera condição de vida social do réu, poderá limitar-se ao acréscimo de um mês apenas a esse prazo, e a fixar a multa no mínimo, abstraída a *periculosidade presumida* (art. 78, n. IV), que só diz com a sucessiva imposição da medida de segurança a que ficará sujeito o condenado após o cumprimento da pena.

**D) FURTO SIMPLES**

Suponha-se, a seguir, um caso de *furto simples,* cuja pena *in abstracto* é reclusão por um a quatro anos e multa de Cr$ 500,00 a Cr$ 10.000,00. O valor da coisa subtraída é mínimo e o acusado é primário, demonstrando os autos que se trata de um *sem trabalho,* levado ao crime apenas *pela* tentação de uma boa oportunidade (criminoso de emergência). Pode o juiz escolher entre as várias soluções que lhe oferece o § 2º do art. 155. Demos que ele opte pela metamorfose da reclusão em detenção, que ainda poderá diminuir de um a dois terços. Considerando as circunstâncias especiais do caso, fixará o juiz em um ano a pena-base de detenção e em dois terços a *especial* diminuição desta, obtendo, assim, o resto de quatro meses, que, com a multa, naturalmente aplicada no mínimo, será a pena *total.*

Suponha-se, porém, que entre as circunstâncias do fato *se* apresente a de ter sido o crime praticado "durante o sossego noturno"; o juiz terá de aumentar de um terço a pena-base (art. 155, § 1º) e, em seguida, quanto à detenção, fazer a redução de *dois* terços, ou fazer esta redução e *depois* aquele aumento: o *resultado* será, em qualquer caso, cinco meses e 10 dias (além da *multa* de Cr$ 660,00, desprezadas as frações de Cr$ 10,00, de acordo com o art. 9º).

Ainda uma outra hipótese:

**E) ROUBO**

Tício, Mévio e Caio, mediante prévio concerto, assaltam a casa de Semprônio e, *ali,* enquanto um deles domina a resistência da vítima, apontando-lhe um revólver, os outros subtraem as joias que encontram. É um caso de *roubo,* com duas causas de especial aumento de pena (art. 157, § 2º, n. I e II). Apura-se dos autos que Tício é reincidente específico, Mévio é reincidente genérico e Caio, primário. Tício e Mévio são indivíduos de má casta, inimigos do trabalho e propensos ao mal, enquanto Caio é apenas um indivíduo de vontade fraca, súcubo de Tício e *Mévio.* Façamos os cálculos quanto à pena de reclusão, que é cominada entre os *limites* de quatro a 10 anos.

A pena-base, em relação a Tício, deve ser superior a sete anos (art. 47, n. I), podendo o juiz, de acordo com o art. 42, fixá-la, digamos, em oito anos.

Quanto a Mévio, a pena-base poderá ser fixada, razoavelmente em sete anos.

Finalmente, no tocante a Caio, pode ser calculada em quatro anos. Verifica-se do processo que Tício foi quem organizou e dirigiu o assalto, de modo que o Juiz, em razão dessa agravante (art. 45, n. I), elevará a pena-base, digamos, a nove anos.

Quanto a Mévio, em razão da reincidência genérica, poderá o juiz fazer o aumento de um ano, resultando a pena de oito anos.

Como ambas as causas de especial aumento de pena são previstas na parte especial, o juiz pode limitar-se a um só aumento (parágrafo único do art. 50), dentro dos limites de um terço até metade, estabelecidos no § 2º do art. 157. Admita-se que ele julgue razoável fazer o aumento de metade, quanto a Tício e a Mévio, e de um terço apenas quanto a Caio, e, assim, teremos: Tício condenado a 13 anos e seis meses de reclusão, Mévio a 12 anos, e Caio a seis anos e oito meses.

No que respeita à multa, devendo o juiz atender, principalmente (e não exclusivamente), à situação econômica dos réus (art. 43), poderá ser fixada em Cr$ 3.000,00 para Caio, Cr$ 4.000,00 para Mévio e Cr$ 5.000,00 para Tício.

### F) CRIME CONTINUADO

Formulemos, por último, uma hipótese de *crime continuado:* X comete furto de gado na estância de Y e, por vezes sucessivas, realiza o abigeato, sendo que, da última vez, se faz acompanhar de dois auxiliares, para maior segurança e proveito. Calculadas *in concreto* as penas dos crimes-membros (abstraída a circunstância da *continuação),* verifica-se que duas delas são, respectivamente, de reclusão por um e dois anos e a restante (dada a agravante do inciso n. I do art. 45) é de reclusão por cinco anos. Sobre esta última versará o aumento especial, decorrente da *continuação,* posto que o *quantum* desse aumento não pode redundar numa pena total que iguale ou ultrapasse a soma das penas dos crimes-membros. Suponha-se que o juiz entenda não comportar o caso o aumento máximo (dois terços), mas apenas o de um terço: a pena total será a de seis anos e oito meses de reclusão (afora multa).

### Conclusões

Aí ficam delineadas algumas soluções que, na prática, talvez parecessem menos fáceis. Por necessidade de síntese da explicação, teve esta de assumir caráter um tanto esquemático; mas longe de mim o intuito de aconselhar ou inculcar, em relação ao arbítrio judicial, maiores restrições que as prescritas na lei. Não é possível enfeixar em fórmulas constantes para todos os casos a extensiva função que o novo Código Penal atribui ao juiz. Apenas procurei aduzir, de par com as genéricas diretrizes legais, alguns critérios lógicos e práticos sobre o *modus faciendi* da mensuração da pena, mas sem querer *estandardizá-los.* Na solução de cada caso concreto, há de forçosamente entrar a *alma,* o *contingente pessoal* do juiz, para dizer, à margem de induções de lógica abstrata na exegese dos textos legais, a justiça moldada na realidade humana, plasmada na *carne viva* dos que delinquem.

## AINDA SOBRE A APLICAÇÃO DA PENA[2]

**Arts. 44, 45, 48, 49 e 50 do Código Penal**

Ao tratarmos do "arbítrio judicial na medida da pena", sustentamos que o art. 42 do novo Código Penal serve ao objetivo de fixação de uma *pena-base,* sobre a qual deverão versar os aumentos ou diminuições decorrentes das agravantes ou atenuantes obrigatórias (arts. 44, 45 e 48) ou das "causas de *especial* aumento ou diminuição", quando umas ou outras existam. Entendemos que esse é o critério lógico, ditado, aliás, pelo art. 50, que não distingue entre causas *genéricas* e causas *especiais* de aumento ou diminuição de pena. Em contraste com o nosso ponto de vista, entretanto, tem-se pretendido que, quando se apresentem agravantes ou atenuantes obrigatórias (circunstâncias legais), devem estas ser apreciadas em *globo* com as circunstâncias judiciais (isto é, as circunstâncias deixadas ao arbítrio judicial, segundo o art. 42). Tal critério, porém, é inaceitável:

*a)* porque abstrai a necessidade de um *ponto de referência* (ou seja, de um *quantum* certo de pena), para que se proceda à agravação ou atenuação resultante, *obrigatoriamente,* das circunstâncias legais;

*b)* porque importaria, logicamente, que o juiz pudesse contrapor as circunstâncias judiciais às circunstâncias legais, de modo que estas viessem a ser *compensadas* ou *superadas* por aquelas (podendo acontecer, por exemplo, que a pena fosse aplicada no mínimo, não obstante a presença de alguma agravante), e isto contra o iniludível enunciado dos arts, 44 e 48;

c) porque as circunstâncias judiciais existem *sempre* (embora nem sempre possam ser apuradas no caso concreto), ao passo que as legais têm caráter *excepcional,* representando um *plus* ou um *minus* em relação aos casos comuns, e, assim, devendo importar um *quantum* de pena a ser *somado* ou *subtraído* ao *quantum* da pena que deveria ser aplicada nos casos comuns;

*d)* porque não há razão para se excluírem as circunstâncias legais de agravação ou atenuação dentre as "causas de aumento ou diminuição dentro de determinados limites" a que *genericamente* se refere o art. 50, pois se trata, sem dúvida alguma, de causas que aumentam ou diminuem a pena "dentro de determinados limites", isto é, dentro dos *minima* e *maxima* cominados *in abstracto;*

*e)* porque, se se calcula a pena-base (interpretado restritivamente o art. 50) sem abstração das circunstâncias legais, poderia acontecer que estas importassem, incontrolavelmente, um *quantum* de agravação ou de

---

2 In *Revista Forense,* Rio, 1942, v. 90, p. 525.

atenuação que, em si mesmo, fosse superior ao próprio *quantum* da pena que se acharia, se tais circunstâncias não existissem *(quod est absurdum);*

*f)* porque, antes de serem *medida* do *quantum* de agravação ou atenuação consequente às circunstâncias legais, as circunstâncias judiciais são um critério geral de mensuração da pena *in concreto* relacionada ao crime considerado *substancialmente* ou nos limites de sua definição legal;

*g)* porque, englobando-se as circunstâncias judiciais com as circunstâncias legais, confunde-se a *medida* com o *objeto a medir-se,* isto é, o critério de mensuração da influência dos *accidentalia delicti* (circunstâncias legais) com os próprios *accidentalia delicti.*

Outro ponto de vista que sustentamos é que o cálculo da pena-base deve procurar um *termo médio,* quando se compensarem (ou não ficarem apuradas) as circunstâncias judiciais favoráveis e desfavoráveis ao réu. Argui-se que *se*melhante critério importaria um retorno ao Código de 90, em dissonância com o sistema do novo Código. Ora, o *termo médio* a que nos referimos não obedece a rigor aritmético (como no Código revogado) e resulta de uma injunção de lógica e de bom senso, a que não poderia alhear-se o novo Código. Se as circunstâncias judiciais pró e contra o réu se equivalem (ou se não puderam ser apuradas no caso ocorrente), a *boa razão* não permite outra solução que não seja a de ser a pena-base uma pena *média* entre o mínimo e o máximo cominados *in abstracto.* Se, a seguir, verificar-se a inexistência de agravantes ou atenuantes obrigatórias, ou umas e outras se compensarem, *neutralizando-se* (solução ditada, *a contrario sensu,* pelo art. 49), a pena média (calculada como pena-base) passará a ser a pena aplicável *in concreto* (caso não ocorram causas de *especial* aumento ou diminuição). O novo *Código* suprimiu a *dosimetria* penal, e não a justeza do raciocínio.

# BIBLIOGRAFIA

ALCÂNTARA MACHADO – *A deformidade nas lesões corporais*, 1901.

ALIMENA (Bernardino) – *L'omicidio*, na *Enciclopedia de PESSINA*, v. IX.
– *I limite e i modificatori dell'imputabilità*, 1899.
– *Principii di diritto penale*, v. II, 1912.
– *Dei delitti contro la persona*, na *Enciclopedia de PESSINA*, v. IX, 1908.
– *Diritto Penale*, 1910.
– *L' aborto*, na *Enciclopedia de PESSINA*, v. IX.
– *Sulla violenza carnale* e *il diritto di aborto*, in *Scuola Positiva*, v. XXV, 1915.
– L'abuso dei mezzi di correzione e disciplina e i maltrattamenti in famiglia o verso i fanciulli, na Enciclopedia de PESSINA, v. IX.

ALIMENA (Francesco) – La questione dei mezzi inidonei nel tentativa, 1930.
– Le *condizioni di punibilità*, 1938.

ALLFELD-MEYER – *Lehrbuch des deutschen Strafrecht*, 1907.

ALMEIDA JÚNIOR – O *exame médico pré-nupcial*, 1927.
– *Lições de Medicina Legal*, 1948.

ALTAVILLA – *Delitti contra la persona, delitti contra la integrità* e *la sanità della stirpe*, 1934.
– *Difesa legittima*, in *Nuovo Digesto Italiano*.
– *Omicidio*, in *Nuovo Digesto Italiano*.
– *Teoria soggettiva del reato*, 1933.
– *La psicologia del suicidio*, 1910.

ANGIOLINI – *Dei delitti colposi*, 1901.

ANGIONI – *Il problema della causalità materiale* (in *Scritti in onore del prof.* U. CONTI).
– Le *cause* che *escludono l'illecità obbiettiva penale*, 1930.
– *La premeditazione, 1936.*
– *La volontarietà del fatto nel reato.*

ANTOLISEI – *Omissione di soccorso*, in *Rivista Penale.*
– *L'obbligo di impedire l'evento*, in *Rivista Italiana di Diritto Penale*, 1936.
– *Il rapporto di causalità nel diritto penale*, 1934.
– *L'offesa* e *il danno nel reato*, 1930.

ARAGÃO (Frutuoso de) – *Delitos* do *automóvel*, 1924.

ASSIS RIBEIRO (C. J.) – *Lesões corporais no crime e no cível*, 1944.

ASÚA (Jiménez de) – *Teoria del delito*, in *La Ley*, de Buenos Aires", n. de 16.7.41.
– *Libertad de amar y derecho a morir*, 1929.
– *Il delitto di contagio venereo*, trad. ital., 1929.

BALDASSARE – *I moventi a delinquere*, 1930.

BAR (von) – *Gesetz und Schuld in Strafrecht (Lei e culpabilidade in direito penal),* v. II e III, 1909.

BATTAGLINI – *Diritto Penale,* 1937.
– *La questione della responsabilità obbiettiva nel diritto penale,* in *Rivista Penale,* 1936.

BECCARIA – *Des délits et des peines,* trad. francesa de DUFEY, 1821.

BELING – *Die Lehre von Verbrechen (A doutrina do crime)*, 1906.

BENTO DE FARIA – *A criminalidade nos esportes*, 1929.

BENVENUTO – *I delitti contra l'integrità* e *la sanità della stirpe*, 1934.
– *I delitti di aborto nel nuovo codice penale*, 1931.

BERNAU – *Causalità adequata?,* in *Scuola Positiva,* v. XII.

BERRA (Colombo) – *El delito de contagio venereo,* in *Revista de Medicina Legal y Jurisprudencia médica,* ano IV, n. 3-4.

BEVILÁQUA (Clóvis) – *Código civil comentado,* v. II, 1916.

BIAMONTE – *Revisione critica del concetto di pericolo di vita*, 1909.

BINDING – *Handbuch des Strafrechts,* v. I.
– *Normen,* I, IV.

BINDING e HOCHE – *Die Freigabe des Vernichtung des lebensuwertem Lebens (A liberdade de eliminação* do *homem sem valor vital),* 1920.

BORRI-CEVIDALLI-LEONCINI – *Trattato di Medicina Legale*, 1932.

BOUZA – *El homicidio por piedad*, 1935.

BOVENSIEGER – *Der Kindermord und sein Bestrafung* (*O infanticídio e sua punição),* in *Archiv f. Kriminologie,* 1923.

BROUARDEL – *L'avortement*, 1901.
– *L'infanticide,* 1897.

CABANELLAS – *El aborto*, 1945.

CALOGERO – *Del procurato aborto,* in *Trattato de COGLIOLO*, v. II, parte 2ª
– *Di reati di indolenza colpevole,* na *Enciclopedia de PESSINA.*
– *Dell'abbandono di fanciulli e di altre persone,* in *Trattato* de *COGLIOLO*, v. II, parte 2ª
– *Abuso dei mezzi di correzione* e *disciplina* e i *maltrattamenti in famiglia* o *verso* i *fanciulli,* in *Trattato de COGLIOLO*, v. 2º, parte 2ª

CAMPILI – *Condizioni* e *limitti di punibilità della colpa,* 1903.

CARNELUTTI – *Teoria generale del reato*, 1933.

CARRARA – *Programma,* parte especial, v. I e II, 8. ed. 1906.
– *Opuscoli,* v. I e III, 1898.

CARRARA (M.) – *Medicina Legale*, 1928.

CASTORI – *Il tentativo,* in *Trattato* de COGLIOLO, v. I, parte III.

CAVALLO (Vincenzo) – Il *delitto tentato,* 1934.
– *La responsabilità obbiettiva nel diritto penale,* 1937.

CECCHI – *L'uccisione in combattimento di box*, 1931.
– *Teoria dei evento nel reato,* 1937.

CEVIDALLI, BORRI e LEONCINI – *Trattato di medicina legale,* 1922.

CHAUVEAU ET HÉLIE – *Théorie du code pénal,* 1862.

CIAMPOLINI – *Sessualità* e *medicina legale,* 1936.

CICALA – *Malattie celtiche* e *reati veneri,* in *Scuola Positiva,* 1927, I.

CIVOLI – *Trattato di diritto penale,* v. IV, 1916.
 – *Del tentativo,* in *Enciclopedia* de PESSINA, v. V.

CLARUS (Julius) – *Practica criminalis,* verb. 1.568.

CLEMENT – Le *droit de l'enfant à naître,* 1931.

CONTI (Ugo) – *Dell'imputabilità,* in *Trattato de COGLIOLO,* v. I, parte 2ª

CONTIERI – Lo *stato* di *necessità,* 1939.

CORRE – *Crime et suicide*, 1891.

COSTA (Antenor) – *Conceito médico-legal da deformidade,* 1916.

COSTA E SILVA – *Código penal,* 1930.

CRIVELLARI – *Il codice penale*, v. VII, 1896.

CUELLO CALÓN – *Cuestiones penales relativas al aborto,* 1931.
 – *El nuevo código penal argentino,* 1928.
 – *Qualche osservazione sull'art.* 588 *del prog. defin. ital.*, in *Studi di diritto penale comparato dei Istituto degli Studi Legislativi,* 1930.

DEL GIUDICE – *Fondamento e condizione della punibilità dei reati colposi,* 1918.

DELITALA – *Il fatto nella teoria generale dei reato,* 1930.

DELMAS – *La psychologie pathologique du suicide,* 1932.

DELOGU – *Teoria del consenso dell'avente diritto*, 1936.

DEL VECCHIO – *Morte benefica*, 1928.
 – *La nozione generale del tentativo,* in *Scuola Positiva,* fasc. mai.-jun., 1934.

DE MARSICO – *Diritto Penale,* 1935.
 – *Coscienza* e *volontà nella nozione del dolo*, 1930.

DE MORSIER – *Le délit de contamination vénérienne,* in *Revue Pénal Suisse,* 1924, fasc. IV.

DIAZ (Emilio) – *El código penal*, 1928.

DI FALCO-SALTELLI – *Commento teorico-pratico ai codice penale,* v. 2º, parte 2ª, 1930.

DI VICO – *L'omesso impedimento di un evento,* in *Annali di Diritto e Processo Penale,* 1933.

DOLLÉANS – *La police des moeurs,* 1903.

DUBUIS, GAUTIER, ZÜRCHER – in *Protokoll der zweiten Expertenkommission* (de revisão do anteprojeto do Código Penal suíço), v. n.

DURKHEIM – *El suicidio,* trad. esp. de RUIZ FUNES, 1928.

EBERMEYER – *Abtreigung (Aborto),* in *Handwörterbuch der Rechtswissenschaft,* de STIER-SOMLO-ELSTER.
 – *Kindestötung,* in *Handwörterbuch der Rechtswissenschaft,* de STIER-SOMLO-ELSTER.

ELSTER – *Eutanásia, in Zeitschrift für die ges. Stratfrechtswissenschaft,* v. 35, 1915.

FALCHI – *Diritto penale romano,* v. II, 1932.

FAUCONNET – *La responsabilité.*

FERRAI e HOFFMANN – *Trattato di medicina legale,* 1928.

FERRI – *L'omicida. 1925.*
– *L'omicidio-suicidio,* 1925.

FERRINI – *Esposizione storica e dottrinale del diritto penale romano,* in *Enciclopedia* de PESSINA, 1905.
– *Diritto penale romano,* na *Enciclopedia de PESSINA,* v. I, 1905.

FIAUX – *Le délit pénal de contamination intersexuelle,* 1907.

FINZI – *Il delito preterintenzionale,* 1925.

FIORETTI – *Su la legitima difesa,* 1894.

FLORIAN – *Delitti contro la fede pubblica,* 1935.
– *Introduzione ai delitti in specie,* 1915.
– *Trattato,* 1934.

FRANCO (Ari) – *Dos crimes contra a pessoa, 1941.*
– *O desportista e o direito penal, 1936.*

FRANK (Hans) – *Nationalsozialistisches Handbuch für Recht und Gesetzgebung,* 1935.
– *Strafgesetzbuch für das Deutsch Reich* (O código penal do império alemão), 1908.

FROSALI – *L'errore nella teoria del diritto penale,* 1936.

FULCI – *L'intenzione nei singoli reati,* 1927.

FUNES (Ruiz) – *Etiologia del suicídio en Espana,* 1928.

GALDINO SIQUEIRA – *Direito penal brasileiro, 1924.*

GARCIA PINTOS – *El respeto a la vida,* 1935.

GARÇON – *Code Pénal annoté,* 1906.

GARRAUD (René e Paul) – *Traité,* v. IV, 1935.

GARRAUD – *Traité théorique et pratique de droit pénal français, 1914.*

GAUTIER – *In Protokoll der zweiten Expertenkommission* (do projeto de Código Penal suíço), v. II.

GAUTIER, DUBUIS, ZÜRCHER – in *Protokoll der zweiten Expertenkommission* (de revisão do anteprojeto do Código Penal suíço), v. II.

GAUTIER e SILBERNAGEL – in *Protokoll der zweiten Expertenkommission,* v. II.

GAUTIER, ZÜRCHER, SILBERNAGEL, GABBUZZI e KRONAUER – in *Protokoll,* da II Comissão de peritos do projeto suíço, v. II.

GEMELLI – Le *dottrine moderne della delinquenza.*

GEOFFREDI – *Abuso dei mezzi di correzione e i maltrattamenti in famiglia* o *verso i fanciulli,* in *Nuovo Digesto Italiano.*

GERLAND – *Deutsches Reichsstrafrecht* (Direito Penal do Império Alemão).

GIDE (André) – *Retour de l' U.R.S.S.,* 1936.

GINGER – *Lehrbuch des deutschen Strafrecht,* I, 1904.

GLEISPACH – *Tötung (Homicídio),* in *Das kommende deutsche Strafrecht* (*O futuro direito penal alemão),* de GÜRTNER, 1936.

– *Kindesmord (Infanticídio)*, in *Handwörterbuch der Kriminologie* de ELSTER.

GÓMEZ (Eusébio) – *Tratado de derecho penal*, 1941, v. 5.

GOYENA (Irureta) – *El delito de homicídio*, 1928.
– *Delitos de aborto, bigamia y abandono de niños*, 1932.
– *Lesiones personales*, in *Obras completas*, 1929, v. IV.
– *Delitos de abandono de niños y de otras personas incapaces*, 1932.

GRASSET – *La biologie humaine.*

GRISPIGNI – *Introduzione alla sociologia criminale.*
– *Il consenso dell'offeso*, 1924.
– *La pericolosità*, in *Scuola Positiva*, 1920, p. 104.

GUARNERI – *Il delitto di omissione di soccorso*, 1937.

GUYANGA (Jannitti di) – *Concorso di più persone* e *valore del pericolo nel delitti colposi*, 1913.

HABERDA-HOFFMANN – *Lehrbuch der gerichtlichen Medizin*, 1919.

HAFTER – *Schweizerisches Strafrecht, Delikte gegen Leib und Leben (Direito penal suíço, delitos contra o corpo e a vida)*, 1937.
– *Schweizerisches Strafrecht, besonderer Teil*, 1937.

HAUS – *Droit Pénal Belge*, 1879.

HELLER – *La dottrina del tentativa nel Progetto* Rocco, *in Il Progetto* Rocco *nel pensiero giuridico contemporaneo.*

HILFIKER – *in Schweizerische Zeitschrift f. Strafrecht*, v. 33.

HIPPEL (von) *Deutsches Strafrecht*, v. II, 1930.

HOFFMANN e FERRAI – *Trattato di medicina legale*, 1928.

HOFFMANN e HABERDA – *Lehrbuch der gerichtlichen Medizin*, 1919.

HOFFSTADT – *Der kriminelle Abort, in Zeitschrift f. die gesammte Stratfrechtswissenschaft*, v. XLII.

HOLTZENDORFF – *Das Verbrechen des Mordes und die Todesstrafe (O assassinato e a pena de morte)*, 1857.

HOPFNER – *Zur Lehre von Unterlassungsdelikte*, in *Zeitschrift f. die ges. Stratfrechtswissenschaft*, v. 36.

HUNGRIA (Nélson) – *Legitima defesa putativa*, Ed. Jacinto, 1936.
– *Direito penal*, parte especial, v. I.

IMBRECQ – *L'automobile devant la justice.*

IMPALLOMENI – *Delitti contro la persona*, in *Trattato de COGLIOLO*, v. 2º, parte 2ª, 1889.
– *L'omicidio nel diritto penale*, 1900.

JAMES (Wiliam) – *Précis de psychologie*, trad. de BAUDIN e BERTIER.

JANKA – *Das österreichische Strafrecht*, § 25, *apud* JANNITTI DI GUYANGA – *Concorso di più persone e valore del pericolo nei delitti colposi*, 1913.

JUAN P. RAMOS – *Curso de derecho penal*, 1928.

KLEINSCHMIDT – *Abtreibung*, in Handwörterbuch *der Kriminologie* de ELSTER.

KOHLER – *Dolo, colpa, errore*, in Il *Progetto Rocco nel pensiero contemporaneo*, 1930.

KÖSTLIN – *System des deutschen Strafrechts*, 1855.

KRAEPELIN – *Trattato di psichiatria.*

KRAFFT EBING – *Stati d'incoscienza morbosa in rapporto col parto, in Trattato di Medicina Legale* de MASCHKA, trad. it al. de BIANCHI e MEYER, v. 4, 1889.

LANG (Otto) – *Protokoll der zweiten Expertenkommission,* V.

LANGE (Johannes) – *Die Folgen der Entmannung Erwachsener en der Hand der Kriegerfahrungen dargestellt.*

– Les *émotions, étude psychologique,* trad. de DUMAS.

LEMOS (Floriano de) – *Direito de matar e curar,* 1933.

LEMOS SOBRINHO – *Da legítima defesa*, 1931.

LEONCINI, BORRI e CEVIDALLI – *Trattato di medicina legale,* 1922.

LEONÍDIO RIBEIRO – O *novo código penal e a medicina legal.*

LESTER – *Selbstmord* (Suicídio), in *Handwörterbuch der Rechtswissenschaft* e *Handwörterbuch der Kriminologie.*

LETO – *Il reato colposo,* 1913.

LICURZI – *El derecho de matar,* 1934.

LIRA (Roberto) – *Polícia* e *justiça, para* o *amor,* 1938.

LISZT-SCHMIDT – *Lehrbuch des deutschen Strafrechts (Tratado de direito penal alemão),* 1927.

LISZT (von) – *Tratado de direito penal,* trad. de JOSÉ HIGINO, v. 2º, 1899.

LÖFFLER – *Die Schuldformen des Strafrechts,* 1895.

LOGOZ – *Commentaire du code pénal suisse*, 1940.

LOMBARDI – *Costume sociale* e *delinquenza,* 1933.

LONGHI – *Le donne violentate in guerra e lo stato di necessità,* in *Scuola Positiva,* v. XXV, 1915.

LONGO – *Commento al codice penale italiano,* v. II, 1911.

LOUREIRO (Osmã) – *Modificativos da pena no direito brasileiro,* 1933.

LUCCHINI – *Abuso dei mezzi di correzione e disciplina,* in *Digesto Italiano.*

MADUREIRA DE PINHO (Demóstenes) – O *valor* do *perigo no direito penal,* 1939.

MAETERLINK – *La mort*, 1925.

MAGGIORE – *Principii di diritto penale,* v. II, 1932.

MAGRI – *Una nuova teoria penale della criminalità,* 1891.

MANCI – *Il delitto passionale.*

MANFREDINI – *Delitti contro la famiglia,* in *Trattato* de FLORIAN, 1934.

MANZINI – *Trattato di diritto penale,* 1937, v. IV, VII e VIII.

– *L'omicidio.*

MARCIANO – *Colpa con previsione e dolo eventuale,* in *Scritti in onore del prof.* UGO CONTI.

– *Il nuovo codice penale,* 1932.

MASCHKA – *Trattato di medicina legale,* v. IV.

MASSARI – *Il momento del reato,* 1923.

– *Le dottrine generali del diritto penale.*

MAURACH – *Deutsches Strafrecht, besonderer Teil,* 1953.

MAYER (M. E.) – *Der allgemeine Teil des Deutschen Strafrechts,* 1923.
– *Strafrecht, allgemeiner Teil,* 1923.

MELONI – *La colpa penale e la colpa civile,* 1917.

MELLUSI – *Quelli che amano e uccidono,* 1924.
– *Delinquenti del amare,* 1932.

MENDES PIMENTEL – Parecer in *Revista Forense,* v. 45, p. 485.

MERKEL – *Derecho penal,* trad. esp. de DORADO, II.

MEYER-ALLFELD – *Lehrbuch des deutschen Strafrecht,* 1907.

MEZGER – *Tratado de derecho penal,* 2. ed., trad. esp. de MUÑOZ, 1933.

MILLER – *Handbook of criminal law,* 1934.
– *On Criminal Law,* 1934.

MINEIRO (B.) – *Código de menores,* 1929.

MIRICKA – *Die Formen der Strafschuld (As formas da culpabilidade penal),* 1903.

MOLINARIO (A.) – *El delito de lesiones,* 1938.

MOMMSEN – *Derecho romano,* trad. esp. de DORADO, v. I e II, 1898.

MONTALBANO – *Il rapporto di causalità materiale nel codice penale,* in *Scuola Positiva,* fasc. mar.-abr., 1937.

MONTESQUIEU – *L'esprit des lois,* ed. Génève, 1771.

MORSELLI – *L'uccisione pietosa,* 1923.

MOTA FILHO (Cândido) – *Da premeditação.*
– Do *estado de necessidade,* 1938.

MUNOZ (Ortiz) – *Nociones generales de derecho penal,* 1937.

NÁGERA (Vallejo) – *Psicosis sintomáticas, 1941.*

NAPODANO – *Abbandono di infanti,* in *Enciclopedia Giuridica.*

NAPOLITANO – *L'aborto nella [legge penale sovietica,* in *Scuola Positiva,* fasc. 1-2, de 1934.
– *La política criminale sovietica, 1936.*

NIETHAMMER – *Lehrbuch des Besonderen Teil des Strafrechts, 1950.*

NORDAU (Max) – *Mentiras convencionais da nossa civilização,* trad. de M. C. ROCHA.

NUCCI – *Preterintenzione e previsione dell'evento,* in *Scuola Positiva,* 1934.

NUDELMAN (Santiago) – *El delito de lesiones,* 1953.

NU*NEL* (Galena) – *Del delito de contagio venereo,* 1937.

OETKER – *Die Legislative Behandlung der Abtreibung* (*O tratamento legal do aborto),* in *Mitteilungen der Internationalen Kriminalistichen Vereinigung,* v. XXI, 1914.

OLSHAUSEN – *Kommentar,* v. I.

OPPENHEIM – *Die Objekte des Verbrechen,* I, 1894.

OVERBECK e THORMANN – *Das schweizerische Strafgesetzbuch,* 1940, fascs. 1º, v. II, e 4º.

PALAZZO (Donato) – *Il suicidio sotto l'aspetto fisiopatologico, sociale* e *giuridico,* 1953.

PANNAIN – *Infanticidio,* in *Nuovo digesto italiano.*
– *Istigazione e aiuto al suicídio,* in *Nuovo digesto italiano.*
– *Omicidio,* in *Nuovo digesto italiano.*
– *Omissione di soccorso,* in *Nuovo digesto italiano,* IX.

PAOLI – *Principii,* 1929.

PECO – *El aborto en el código penal,* in *Revista Penal Argentina,* v. VI, 1920.
– *Homicidio, suicidio,* in *Revista Penal Argentina, 1932.*

PEIXOTO (Afrânio) – *Elementos de medicina legal, 1910.*

PELLEGRINI – *Trattato di medicina legale,* 1932.

PENSO – *Studi sul progetto preliminare di un nuovo codice penale italiano,* 1929.
– *La difesa legittima,* 1939.

PERGOLA – *Il reato,* 1930.

PESSINA – *Elementi di diritto penale,* v. II.
– *Elementi,* v. 2, 1883.

PFENNINGER – *Das Strafrecht in Kampfe gegen die Geschlechtskrankeiter,* in *Schweizerische Zeitschrift f. Strafrecht,* v. XL, 1927.

PINHO (Madureira de) – *Algumas inovações do novo código penal,* in *Jornal do Comércio* de 2.11.41.

PIRAGIBE (Vicente) – *Dicionário de jurisprudência penal.*

PIRMALO (Jannitti) – in *Il codice penale illustrato,* sob a direção de UGO CONTI, 1935.

POLLOCK – *The law of torts,* 1887.

POZZOLINI – I *casi di giustificazione,* in *Scritti in onore di ENRICO FERRI.*

PUGLIA – *Delitti contro la persona,* in *Trattato de COGLIOLO,* 1889.
– *La psicologia della colpa,* in *Scuola Positiva,* 1898.

QUEIRÓZ (Narcélio de) – *Teoria da "actio libera in causa",* 1936.

RABINOWICZ – O *crime passional,* trad. de F. MIRANDA, 1933.

RADBRUCH – in *Vergl. des deutschen u. ausländischen Strafrechts,* v. II, 1908.
– in *Vergleichende Darstellung, bes. Teil,* V.

RAITER – *Avortement criminel et dépopulation,* 1925.

RAMOS (J. P.) – *Curso de derecho penal,* 1929.

RANIERI – *Colpevolezza* e *personalità del reo,* 1933.
– *La causalità nel diritto penale,* 1936.
– *Il concorso di più persone in un reato,* 1938.

RATIGLIA – *Il reato di pericolo nella dottrina* e *nella legislazione,* 1932.

RAVÀ – 1 *diritti sulla propria persona,* 1901.

REDSLOB – *Die Kriminelle Unterlassung,* in *Strafrechtliche Abhandlungen,* 1906, fasc. 70.

ROCCO (Arturo) – *L'oggetto del reato e della tutela giuridica penale,* 1932, n. 192 e ss.
– *L'oggetto del reato,* 1932.

ROJAS (Nerio) – *Medicina legal,* 1936.

ROJAS y BONNET – *El contagio venereo ante la medicina forense,* 1938.

ROMERO – *Dicionário de direito penal,* verbs. *homicídio* e *tentativa.*

ROSSI (P.) – *Traité de droit pénal,* 1872.

ROUX – *Droit pénal et procédure pénale,* 1920.

RUBINO (O.) – *Três cadernos de medicina forense,* 1942.

RUSSELL – *On crimes and misdemeanors,* v. I, 1926.

SABBATINI – in *Il Codice penale* de UGO CONTI, v. II.
– *Il consenso dell'offeso nel progetto preliminare Rocco,* in *Scuola Positiva,* 1928.
– *Istituzioni di diritto penale,* 1933.
– *Obbligo di fare rispetare la Legge e Obbligo di impedire l'evento dannoso* e *pericoloso,* in *Foro Italiano,* 1935.

SAINCTELLETE – *Responsabilité des propriétaires et conducteurs d'automobiles.*

SALES (Nílton) – O *infanticídio na legislação brasileira,* 1945.
– *Contribuição ao estudo do suicídio no Rio de Janeiro,* 1943.

SALTELLI-DI FALCO – *Commento teorico-pratico al codice penale,* v. 2º, parte 2ª, 1930.

SALVAGNO CAMPOS – *El suicidio, in Revista de Est. de Abogacia,* 1932.

SANTO TOMÁS DE AQUINO – *Summa Theologica, 1894.*

SANTORO – *Il caso fortuito nel diritto penale,* 1937.
– *Teorie delle circostanze del reato,* 1933.

SARDINHA – *A tentativa impossível, 1941.*
– *Homicídio culposo, 1936.*

SÄXINGER (von) – *Aborto procurato,* trad. de FILOMUSI GUELFI, in *Trattato di Medicina Legale* de MASCHKA, 1896.

SCHIAPPOLI – *Diritto penale canonico,* na *Enciclopedia de PESSINA,* I, 1905.

SCHMIDT-LISZT – *Lehrbuch des deutschen Strafrechts (Tratado de direito penal alemão),* 1927.

SCHOPENHAUER – *Aphorismen zur Lebensweisheit.*

SEABRA JÚNIOR – *Acidentes de automóveis,* 1918.

SETTI – *Dell'imputabilità,* 1882.

SEUFFERT – *Versuchsstraf und Erfolgshaftung bei vorsätzlichen Straffaten,* in *Bulletin* de *l'Union Intern. de Droit Pénal,* v. IX.
– *Ein neues Strafgesetzbuch für Deutschland,* 1902.

SEVERIANO (Jorge) – *Comentários ao código penal brasileiro,* v. 1.
– *Justificativas penais,* 1936.
– *Criminosos passionais, criminosos emocionais, 1940.*

SILBERNAGEL e GAUTIER – in *Protokoll der zweiten Expertenkommission,* v. II.

SIMONIN – *Médicine légale judiciaire,* 1947.

SIQUEIRA (Galdino) – *Direito penal brasileiro,* 1924.

SOARES DE MELO – *O delito impossível,* 1936.

SOLER (Sebastián) – *Derecho penal argentino*, 1940.

SOUSA LIMA – *Medicina legal*, 1924.

STEVENSON (Oscar) – *Da exclusão de crime*, 1941.

STOOS – *Lehrbuch des oesterreischen Strafrechts (Tratado de direito penal austríaco)*, 1913.
– *Zeitschrift für die gesammte Stratfrechtswissenschaft*, 1895.

STOPPATO – *L'evento punibile, 1898.*
– *Infanticídio e procurato aborto*, 1887.

STUART MILL – *A system of logic* (ed. L. Green & Co., 1919).

TAVARES (Adelmar) – Do *delito* do *automóvel*, in *Revista Forense*, fasc. 459, 1941.

THORMANN – *in Protokoll*, v. II.

THORMANN e OVERBECK – *Das schweizerische Strafgesetzbuch* (Código Penal Suíço), 1940, 2º v., introdução.

TOSCANO (Nicola) – *La incriminabilità* de *contagio intersessuale*, in *Rivista di Diritto* e *Procedura Penale*, 1917.

TOSTI – *La colpa penale*, 1907.

TUOZZI – *Abbandono di fanciulli e di altre persone incapaci*, in *Rivista Penale*, supl., v. II.

VABRES (Donnedieu) – *La politique criminelle des etats autoritaires.*

VANNINI – *Il tentativo nella dottrina e nel codice penale italiano*, 1912.
– *Il delitto di omicidio*, 1935.
– *Lineamenti di diritto penale*, 1933.
– *I reati commissivi mediante omissione*, 1916.

VERGARA (Pedro) – *Da legítima defesa subjetiva*, 1929.
– *Dos motivos determinantes no direito penal*, 1937.

VIDAL-MAGNOL – *Cours de droit criminel*, 1928.

VIEIRA (Benjamim) – *Delitos de contaminação*, 1941.

VISCO (Ant.) – *L'aborto criminoso*, 1941.

VITOCOLONNA – *Teoria generale della colpa incriminabile*, 1914.

VON LISZT – in *Vergleichende Darstellung* des *deutschen und auslandischen Strafrechts (Exposição comparada do direito penal alemão* e *estrangeiro)*, v. 5.

WEGNER – *Fahrlässigkeit*, in *Wörterbuch der Rechtswissenschaft*, de SOMLO-ELSTER.

WESTPHAL – in *Trattato di psichiatria* de BINSWANGER e SIEMERLING, trad. ital., de DALMA, 1927.

WHARTON – *On homicide*, 1907.
– *Criminal law*, v. I.

WINDSCHEID – *Pandette*, trad. ital. de FADDA e BENSA, liv. II.

XAVIER (Carlos) – *Estatutos penais*, 1941.

ZÜRCHER, GAUTIER, DUBUIS – *in Protokoll der zweiten Expertenkommission* (de revisão do anteprojeto do código penal suíço), v. 11.

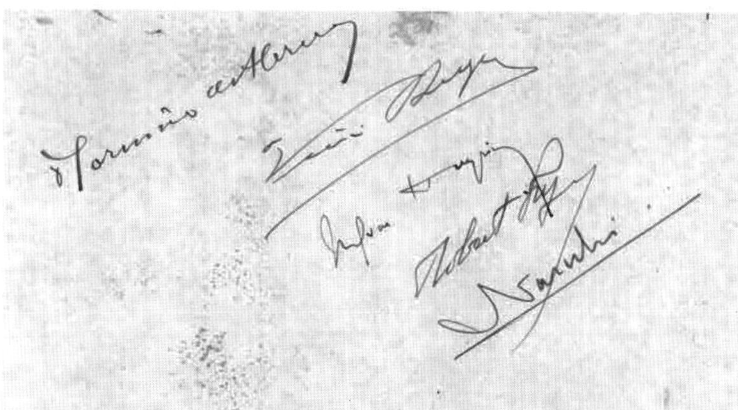

FACULTAD DE DERECHO Y CIENCIAS SOCIALES
UNIVERSIDAD DE BUENOS AIRES
DEPARTAMENTO DE DERECHO PENAL Y CRIMINOLOGIA
*PROF. EUGENIO RAUL ZAFFARONI*
DIRECTOR

Buenos Aires, marzo 1° de 1995.

Sr. Dr. D. Clemente Hungria
Rio de Janeiro.

Querido amigo:

Muchísimas gracias por su amable carta y por el material que me entrega sobre la vida y obra de su Sr. padre. No creo que mis recuerdos personales del Prof. Nelson Hungria puedan agregar mucho a la riquísima información disponible. En rigor, con el ilustre Maestro del período dogmático del derecho penal brasileño, tuve un trato más frecuente a través de sus obras que en lo personal. Creo que nadie puede ignorar en América sus famosos "Comentários" y, aunque el derecho penal haya acelerado el pasaje de doctrinas y teorías en su parte general, en la parte especial la obra de su padre conserva plena vigencia y creo que la conservará por muchos años. No es un testimonio del pasado, de un pensamiento que, por luminoso que sea, se ha convertido en histórico, sino que, al menos en la parte especial, quien quiera abrir nuevos rumbos debe discutir con su padre.

Por supuesto que todo esto debe ser dicho sin omitir que la depurada técnica de construcción de los tipos del código de 1940, que sin duda es el aporte más importante de este texto -y el que es saludable cuidar en el futuro- muestra la pluma más certera y precisa que haya conocido la codificación penal del continente. Hungria impuso un estilo de legislación penal, que será germánico y poco elegante para algunos, pero que es el más adecuado a un estado de derecho y a la legalidad. Quienes lo critican por amor a lo farragoso y por sentir ofendida su exquisita sensibilidad literaria, sería mejor que se dediquen a las letras, pero que no se confundan, que recuerden que los tipos penales no se escriben para deleite estético, sino para decir qué es lo que está prohibido con la mayor claridad posible, sabiendo que ninguna es suficiente.

Siendo estudiante, le conocí personalmente en Buenos Aires en 1960, en las "Jornadas de Derecho Penal" que se realizaron en la Facultad de Derecho en conmemoración del sesquicentenario de la Revolución de Mayo. Volví a verle en 1965, en la reunión de la comisión del "Código Tipo" en México D.F. Recuerdo que sus intervenciones eran tan precisas como su escritura, pero más ricas, por la ardiente defensa de sus posiciones, brindando el agradable espectáculo del hombre que defiende con fuerza e inteligencia su verdad, con profundo convencimiento de la misma. Pero todo eso no puede hacer pensar en un hombre agresivo, por el contrario: su trato era afabilísimo y extraordinariamente cordial, diría que, por momentos, hasta tímido. Particularmente, lo que impresionaba era su sencillez, marcadamente contrastante con las actitudes dominantes entre los profesores de su tiempo, quizá por ello ese sea el rasgo que más recuerdo y que, sin duda, mi memoria selecciona como el más valioso de su rica personalidad.

Espero tener la suerte de verle muy pronto y, en tanto, le envío un fuerte y fraternal abrazo,

Zaffaroni

O PROF. ZAFFARONI É CONSIDERADO, NA ATUALIDADE, UM DOS MAIORES PENALISTA DO MUNDO. HOJE É MINISTRO DA SUPREMA CORTE DA ARGENTINA.

## PLANO GERAL DOS COMENTÁRIOS AO CÓDIGO PENAL

NÉLSON HUNGRIA, vol. I tomo I: arts. 1º a 10, RJ: Forense. 4ª ed. 1958

NÉLSON HUNGRIA, vol. I tomo II: arts. 11 a 27, RJ: Forense, 4ª ed. 1958

NÉLSON HUNGRIA – HELENO CLÁUDIO FRAGOSO, vol. I, tomo I: arts. 1 a10, RJ: Forense, 5ª ed. 1977

NÉLSON HUNGRIA – HELENO CLÁUDIO FRAGOSO, vol. I, tomo II: arts. 11 a 27, RJ: Forense, 5ª ed. 1978

NÉLSON HUNGRIA- RENÉ ARIEL DOTTI, vol. I, tomo I: arts. 1 a 10, RJ: Forense, 4ª ed., 1958 e 1 a 12, RJ: GZ Editora, 6ª ed., 2014

ROBERTO LYRA, vol. II: arts. 28 a 74, RJ: Forense, 3ª ed., 1958 (2ª tiragem)

ANÍBAL BRUNO, vol. II: arts. 28 a 74, RJ: Forense, 1ª ed., 1969

NÉLSON HUNGRIA, vol. III: arts. 75 a 101, RJ: Forense, 4ª ed., 1958

ALOYSIO DE CARVALHO FILHO, vol. IV: arts. 102 a 120, RJ: Forense, 4ª ed., 1958

ALOYSIO DE CARVALHO FILHO – JORGE ALBERTO ROMEIRO, vol. IV: arts. 102 a 120, RJ: Forense, 5ª ed., 1979

NÉLSON HUNGRIA, vol. V: arts. 121 a 136, RJ: Forense, 4ª ed., 1958

NÉLSON HUNGRIA, vol. VI: arts. 137 a 154, RJ: Forense, 4ª ed., 1958

NÉLSON HUNGRIA – HELENO CLÁUDIO FRAGOSO, vol. VI: arts. 137 a 154, RJ: Forense, 5ª ed., 1980

NÉLSON HUNGRIA, vol. VII: arts. 155 a 196, RJ: Forense, 2ª ed., 1958

NÉLSON HUNGRIA – HELENO CLÁUDIO FRAGOSO, vol. VII: arts. 155 a 196, RJ: Forense, 4ª ed., 1980

# ÍNDICE ALFABÉTICO REMISSIVO

## A

## D

E

M



N



O



P